Revue des Nouvelles Technologies de l'Information
Sous la direction de Djamel A. Zighed et Gilles Venturini

RNTI E.34 - ISBN 979-10-96289-07-3

Extraction et Gestion des Connaissances, EGC'2018

Rédacteurs invités : Christine Largeron (UJM), Hanane Azzag (LIPN) &
Mustapha Lebbah (LIPN)

LE MOT DES DIRECTEURS DE LA COLLECTION RNTI

Très chers lecteurs et lectrices,

La collection RNTI s'enrichit par l'arrivée de ce nouveau numéro dédié aux actes de la conférence EGC. Comme vous avez pu le constater vraisemblablement, nous nous sommes assurés d'utiliser tous les moyens pour offrir la plus large diffusions des publications que nous accueillons dans notre collection. Outre la diffusion en ligne et gratuite, nous avons mis en place également une diffusion en support papier via les grands circuits de distributions d'ouvrages comme Amazon, la FNAC ou d'autres distributeurs en France et dans le monde.

La collection RNTI a maintenant pris sa place dans l'édition scientifique francophone. Elle s'impose dans le paysage éditorial scientifique puisque tout son contenu est référencé dans les banques de données bibliographiques et notamment DBLP. La communauté scientifique, notamment francophone, la considère comme l'une des publications de référence du domaine. Le nombre de pages publiées chaque année avoisine les 2000, représentant des articles sélectionnés sur la base d'une évaluation rigoureuse selon les normes internationales. Le taux de sélection, autour de 30%, positionne RNTI parmi les publications les plus exigeantes. Les publications de RNTI respecte toutes la même charte éditoriale qui s'inscrit dans les standards internationaux en matière de transparence et de qualité. Nous tenons encore une fois à exprimer toutes notre gratitude aux auteurs, aux rédacteurs invités et à tous nos collègues qui nous ont fait l'amitié de proposer des articles ou des numéros spéciaux.

Nous continuons à faire paraître des numéros dans les thèmes liés à l'Extraction de connaissances à partir des données, à la Fouille de données et à la Gestion des connaissances, mais nous ouvrons l'espace RNTI plus largement à d'autres domaines de l'Informatique, toujours avec les mêmes niveaux d'exigence sur les numéros publiés. Nous vous invitons à nous proposer des projets éditoriaux rentrant dans la politique éditoriale de RNTI et dont les principes assez simples font la distinction entre deux deux sortes de publications :

- des numéros à thème faisant l'objet d'un appel à communication. Chaque numéro à thème est édité par un ou plusieurs rédacteurs en chef invités. Un comité de programme spécifique d'une quinzaine de personnes est formé à cette occasion. Si vous avez un projet éditorial vous pouvez nous le soumettre et s'il est dans le créneau de RNTI vous serez désigné rédacteur invité et vous vous chargerez ensuite de manière libre et indépendante de la mise en place de la collecte, de l'évaluation, de la sélection et de la publication du numéro,
- des actes de conférences sélectives garantissant une haute qualité des articles. Si vous présidez une conférence dans des thématiques liées aux technologies de l'information, vous pouvez nous contacter.

Nous remercions chaleureusement la communauté EGC de faire de nouveau confiance à RNTI pour la parution de ce numéro et nous espérons vivement qu'il vous donnera à toutes et à tous une entière satisfaction. Pour tout renseignement, nous vous invitons à consulter notre site Web et à nous contacter.

Nous terminons ce petit mot en vous adressant nos meilleurs voeux pour 2018.

Djamel A. Zighed et Gilles Venturini.

PRÉFACE

Le développement du numérique dans la plupart des secteurs s'est traduit par une explosion du volume de données complexes qui ont suscités des nouveaux besoins en termes de traitement pointu pour acquérir ces données, les classifier, les intégrer, les représenter, les stocker, les indexer, les visualiser et en extraire des connaissances pertinentes et respectueuses de nos droits. La science des données répond à ces nouveaux défis posés non seulement par la complexité des données, leur volumétrie ou au contraire leur rareté, leur hétérogénéité, leur dynamicité, leur qualité plus ou moins bonne ou leur incomplétude mais aussi par les nouvelles modalités de leur traitement souvent réalisé en temps réel ou de façon distribuée.

La conférence Extraction et Gestion des Connaissances (EGC) est le rendez-vous annuel de chercheurs et praticiens, travaillant dans les domaines de la science des données et des connaissances, qui cherchent à répondre à ces défis scientifiques. Elle fournit un cadre d'échange et de diffusion des travaux de recherche récents, de développement industriel et applicatif autour de ces sujets. Enfin, elle constitue une occasion privilégiée de faire se rencontrer des spécialistes issus des milieux académique et industriel, privé et public, de partager les expertises et de favoriser la fertilisation croisée des idées.

La sélection d'articles publiés dans le présent recueil constitue les actes de la 18e édition de la conférence (EGC 2018) qui s'est déroulée à la Maison des Sciences de l'Homme - Paris Nord et Université de Paris 13 du 22 janvier au 26 janvier 2018. L'objectif de ces journées était de rassembler dans un même lieu les chercheurs de disciplines connexes (Bases de Données, Statistiques, Apprentissage, Représentation des Connaissances, Gestion des Connaissances, Fouille de Données et Science des données) et les ingénieurs qui mettent en œuvre sur des données réelles des méthodes d'extraction et de gestion des connaissances afin de contribuer à l'activité de recherche et à la formation de cette communauté scientifique dans le monde francophone.

Les articles sélectionnés couvrent des thématiques très diverses mais au cœur de cette la communauté telles que l'apprentissage automatique, l'ingénierie et la représentation des connaissances, la fouille de données, les systèmes d'information, les bases de données, le Web sémantique et les données ouvertes, le traitement de données de nature diverse : numériques et symboliques, textuelles ou images ou encore données relationnelles issues des réseaux sociaux. Les applications présentées sont également variées allant de l'imagerie satellitaire à l'étude de la biodiversité microbienne en passant par la prévention du suicide.

Ces articles sont issus de 373 relectures réalisées sur 76 soumissions complètes. De manière à rendre l'évaluation la plus juste et la plus équitable possible, le processus a été réalisé *via* des soumissions anonymes, avec un droit de réponse des auteurs avant la réunion du comité de programme et avec l'aide de neufs modérateurs sur les grands thèmes de la conférence : les fondements de l'extraction et de la gestion des connaissances, ses aspects méthodologiques, ses nouveaux verrous scientifiques et ses applications. Ces modérateurs sont intervenus à deux périodes clés pour le succès de la conférence qui sont la vérification des articles affectés aux membres du comité de programme et le choix des articles éligibles aux prix des meilleurs articles EGC.

Pour assurer un retour de qualité, 10 articles ont eu 3 relectures, 63 articles ont eu 4 relectures, 3 articles ont eu 5 relectures. Chaque article a aussi fait l'objet d'une méta-relecture pour synthétiser les retours et les discussions, arbitrer les échanges et recommander une décision. Au final, nous avons retenu 20 articles longs, 20 articles courts, 2 articles de défi et 18 posters.

EGC héberge aussi une école qui nous permet de nous former aux dernières méthodes et nouveaux outils. Cette année, elle était consacrée aux réseaux sociaux.

Pour cette édition 2018, nous avons eu le plaisir d'accueillir des chercheurs internationaux de renom notamment dans ce domaine. Le recueil inclut également les résumés de ces conférences invitées :

- Antoine CORNUÉJOLS, LINK (Learning and INtegration of Knowledge) UMR-MIA 518 AgroParisTech-INRA
- Ernesto ESTRADA, Department of Mathematics and Statistics, University of Strathclyde, UK
- Santo FORTUNATO, Director of the Center for Complex Networks and Systems Research (CNetS) School of Informatics and Computing Indiana University
- Fosca GIANNOTTI, Information Science and Technology Institute of the National Research Council at Pisa
- Christopher KERMORVANT, Consultant R&D Machine learning, Teklia

La conférence est aussi complétée par 7 ateliers sélectionnés sur un spectre de thématiques là encore très large : Fouille de Textes, Gestion et Analyse des données Spatiales et Temporelles, Fouille de Données Complexes, Visualisation d'informations et Interaction, Humanités numériques et science des données, Penser la Recherche en Informatique comme pouvant être Située, Multidisciplinaire Et Genrée et une journée commune EGC-IA intitulée " Données personnelles, vie privée et éthique".

Elle donne également lieu à un défi qui nous permet d'évaluer nos méthodes et d'éprouver nos résultats sur un problème concret posé à notre communauté. Les sessions des posters, démos et " 2 minutes of madness " complètent le programme et facilitent rencontres et échanges.

Remerciements : Nos remerciements les plus sincères vont tout d'abord aux auteurs pour la qualité scientifique de leurs contributions. Nous remercions aussi les membres du comité de programme et les relecteurs sollicités pour la qualité de leurs rapports d'évaluations et le temps consacré malgré des périodes chargées et difficiles. Nos remerciements chaleureux vont également à toute l'équipe du comité d'organisation pour leur travail, leur implication, leur mobilisation, leur réactivité et leur enthousiasme communicatif. Ils vont également aux membres du bureau de l'association pour leur appui tout au long de la préparation de cete édition. Nous remercions spécialement pour leur soutien financier et aides diverses, le Réseau Francilien en Sciences Informatiques (RFSI-Île-de-France), Le Laboratoire d'Informatique de Paris-Nord (LIPN,

UMR 7030), Fédération de recherche Math-STIC de l'université Paris 13 - FR3734, Le groupe DMA (Data Mining et Apprentissage) et la SFdS (Société Française de Statistique), le Laboratoire de Recherche en Informatique (LRI), l'IUT de Villetaneuse, la SATT Ile-de-France Innov, l'équipe INRIA : MOdels for Data Analysis and Learning, le Laboratoire d'Informatique Avancée de Saint-Denis (LIASD), l'Université Paris Descartes, l'AMIES: Agence pour les Mathématiques en Interaction avec l'Entreprise et la Société, et le CVT Athéna (Consortium de Valorisation Thématique Athéna). Sans leur soutien, ni la conférence EGC 2018, ni ce recueil n'auraient vu le jour.

Hanane AZZAG   Mustapha LEBBAH   Christine LARGERON
LIPN, Université Paris 13   LHC, Université Jean Monnet (UJM)
Coprésidents du Comité d'Organisation   Présidente du Comité de Programme

Sophia Antipolis
Cécile Favre - ERIC - Université Lyon 2
Francoise Fessant - France telecom R&D
Frédéric Flouvat - Universiy of New Caledonia
Francoise Fogelman-Soulié - Tianjin University - School of Computer Software
Germain Forestier - Université de Haute Alsace
Agnès Front - LIG - SIGMA - Grenoble University
Esther Galbrun - Inria Nancy – Grand Est
Patrick Gallinari - LIP6 - University of Paris 6
Pierre Gancarski - LSIIT
Fabien Gandon - Inria
Dominique Gay - Université de La Réunion
Christophe Gravier - Université jean Monnet
Daniela Grigori - Laboratoire LAM-SADE, University Paris-Dauphine
Adrien Guille - ERIC, Université Lumière Lyon 2
Christiane Guinot - Université François Rabelais de Tours
Thomas Guyet - AGROCAMPUS OUEST, UMR6074 IRISA, F-35042 Rennes
Hakim Hacid - Zayed University
Fayçal Hamdi - CEDRIC - Conservatoire National des Arts et Métiers
Georges Hebrail - EDF R&D
Gilles Hubert - IRIT
Dino Ienco - IRSTEA
Antonio Irpino - Second University of Naples, Italy
Mohamed Nidhal - Jelassi UTIC : Research Unit of Technologies of Information and Communication ESSTT
Mehdi Kaytoue - LIRIS - INSA de Lyon
Zoubida Kedad - University of Versailles
Ali Khenchaf - Lab-Sticc, ENSTA Bretagne
Pascale Kuntz - Laboratoire d'Informatique de Nantes Atlantique
Vincent Labatut - Université d'Avignon
Nicolas Labroche - Universite François-Rabelais, Tours
Nicolas Lachiche - University of Strasbourg
Frederique Laforest - Laboratoire Hubert Curien, Univ. Saint Etienne
Stéphane Lallich - Universit Lyon 2
Sylvain Lamprier - LIP6 - UPMC
Luigi Lancieri - University of Lille
Christine Largeron - Université de Lyon
Chiraz Latiri - Laboratoire de recherche LIPAH - Faculté des sciences de Tunis
Anne Laurent - LIRMM - UM
Florence Le Ber - icube
Mustapha Lebbah - Université Paris 13, LIPN-CNRS
Yves Lechevallier - INRIA
Sébastien Lefèvre - Université de Bretagne Sud
Maxime Lefrançois - MINES Saint-Etienne
Vincent Lemaire - Orange Labs - Equipe Profiling et Data Mining
Philippe Lenca - IMT Atlantique
Philippe Leray - LINA/DUKe - Nantes University
Marie-Jeanne Lesot - LIP6 - UPMC
Stephane Loiseau - leria
Stéphane Lopes - PRiSM Laboratory - Versailles University
Sabine Loudcher - Laboratoire ERIC, Université Lyon 2
Sofian Maabout - LaBRI. University of Bordeaux
Mondher Maddouri - Unité de Recherche en Programmation, Algorithmique et Heuristiques - URPAH, Faculté des Sciences de Gafsa, Tunisie
Claudia Marinica - ETIS - ENSEA UCP CNRS - UMR 8051
Beatrice Markhoff - LI - Université

Bouadi Tassadit - IRISA-Université Rennes 1
Maguelonne Teisseire - Irstea - UMR Tetis
Alexandre Termier - Université de Rennes 1
Andrea Tettamanzi - Université de Nice Sophia Antipolis
Virginie Thion - Université Rennes 1 / ENSSAT, IRISA
Christophe Thovex - French-Mexican Laboratory of Informatics and Automatic Control (LAFMIA - UMI CNRS 3175)
Fabien Torre - Université de Lille
Ronan Tournier - IRIT
Julien Velcin - Université de Lyon 2
Gilles Venturini - LI, Université François Rabelais Tours
Emmanuel Viennet - L2TI, Institut Galilée, Université Paris 13
Nicole Vincent - Universite Paris Descartes Paris 5
Christel Vrain - LIFO - university of Orléans
Haifa Zargayouna - LIPN, University of Paris 13
Antoine Zimmermann - École des Mines de Saint-Étienne

Relecteurs additionnels

Mael Gueguen, Ludovic Journaux, Yann Dauxais, Jiefu Song, Laurence Rozé, Jérémie Sublime, Brigitte Safar, Rémy Kessler, Clément Gautrais,

Comité d'organisation

Coprésidents

Hanane Azzag & Mustapha Lebbah (LIPN UMR CNRS 7030, Université Paris 13)

Responsables des ateliers

Camille Kurtz, LIPADE Univ. Paris Descartes
Nicolas Loménie, LIPADE Univ. Paris Descartes

Comité d'organisation de l'école é-EGC

Claudia Marinica, ETIS, Université de Cergy-Pontoise
Fatiha Sais, LRI, Université Paris-Sud 11
Dimitris Kotzinos, ETIS, Université de Cergy-Pontoise

Responsables Défi EGC

Dominique Bouthinon, LIPN, Université Paris 13
Arnaud Martin, IRISA
Vincent Lemaire, Orange Lab

Responsables de la session démonstrations

Adrien Guille, ERIC, Université Lyon 2
Nadi Tomeh, LIPN UMR CNRS 7030, Université Paris 13,

Autres membres

Rakia Jaziri, LIASD, Université de Paris 8,
Nathalie Tavares, LIPN, Univ. Paris 13, Sorbonne Paris Cité,
Bruno Pinaud, Labri, Univ. Bordeaux

TABLE DES MATIÈRES

Conférences invitées

Articles longs

Articles courts

Posters

Déjà publié à l'international

Défis

Démonstrations

Qu'est-ce qu'un bon système d'apprentissage ? La réponse a évolué avec le temps. Et demain?

Antoine Cornuéjols

AgroParisTech
Dept. MMIP (Modélisation Mathématique, Informatique et Physique)
16, rue Claude Bernard
75005 Paris Cedex (France)
antoine.cornuejols@agroparistech.fr

Summary

L'apprentissage automatique, pardon le « machine learning », a envahi la sphère médiatique grâce à des succès impressionnants comme la victoire d'une machine au Go, ou la promesse de véhicules autonomes arrivant très prochainement sur nos routes. De fait, tant l'exploitation des données massives que la production de code machine à partir de l'expérience de la machine plutôt que par des humains, met l'apprentissage automatique au coeur de l'intelligence artificielle. Très certainement cela signifie que nous savons répondre à la question « qu'est-ce qu'un bon système d'apprentissage ? » et qu'il ne nous reste plus qu'à en décliner la réponse pour obtenir des systèmes adaptés à chaque domaine applicatif. Pourtant, la réponse à cette question a profondément évolué au cours des 60 dernières années, au point que les publications sur l'apprentissage automatique d'il y a quelques décennies semblent venir d'une autre planète et ne sont d'ailleurs plus enseignés aux étudiants. Et ceci pas seulement parce que les connaissances passées seraient jugées obsolètes, mais parce qu'elles ne semblent pas pertinentes. Avons-nous donc raison ? Nos précurseurs avaient-ils tort ? Et nos successeurs nous citeront-ils dans leurs manuels ? Dans cette présentation, nous examinerons quelques moments clés de l'histoire de l'apprentissage automatique correspondant à des tournants dans la manière de considérer ce qu'est un bon système d'apprentissage. Et nous nous demanderons si nous vivons un autre moment charnière dans lequel changent notre perspective, la question que nous cherchons à résoudre dans nos recherches, les concepts manipulés et la manière d'écrire nos papiers.

Biography

Antoine Cornuéjols est professeur d'informatique à AgroParisTech et est responsable de l'équipe LINK (Learning and INtegration of Knowledge) de l'UMR 518 MIA-Paris. Il a réfléchi et travaillé sur l'intelligence artificielle et l'apprentissage automatique depuis ses études doctorales à UCLA en Californie et à l'université d'Orsay où il a obtenu son doctorat, puis son

HDR. Il est spécialement intéressé par l'apprentissage en-ligne à partir de flux de données, l'apprentissage par transfert et l'apprentissage collaboratif, des cadres qui à la fois sont importants pour de nombreux domaines applicatifs et demandent de ré-examiner les approches classiques de l'apprentissage automatique fondées sur l'hypothèse d'un environnement stationnaire.

Il est co-auteur de deux ouvrages : l'un sur l'« apprentissage artificiel. Concepts et algorithmes » (la 3ème édition vient d'être publiée) et l'autre intitulé « Phase transitions in machine learning ». Il a publié de nombreux articles dans les revues et conférences majeures du domaine et est régulièrement membres de comités de lecture. Il est spécialement intéressé par l'histoire de l'intelligence artificielle et de l'apprentissage automatique.

Long-range influences in (social) networks

Ernesto Estrada

ERNESTO ESTRADA
Department of Mathematics and Statistics
University of Strathclyde,
26 Richmond Street
Glasgow G1 1XH, UK
ernesto.estrada@strath.ac.uk

Summary

In this talk I will introduce some problems that motivate the necessity of considering (non-random) long-range influences in social interactions. This motivation will be developed on the basis of the diffusion of innovations in social networks and a couple of examples will be provided. Then, I will develop a mathematical framework that allow to generalise the Laplacian operator on networks and propose a generalised diffusion equation on graphs. I will prove analytically that in one- and two-dimensional cases this new scheme gives rise to superdiffusive behaviours on networks. I will show how to extend this model to a random multi-hopper to be applied in real-world networks. Finally I will return to the problem of social systems showing some implications of the new model for selection of leaders, influence of leaders cohesiveness and diffusion of innovations.

Biography

Ernesto Estrada has an internationally leading reputation for shaping and developing the study of complex networks. His expertise ranges in the areas of network structure, algebraic network theory, dynamical systems on networks and the study of random models of networks. He has a distinguished track record of high-quality publications, which has attracted more than 10,000 citations. His h-index (number of papers with at least h citations) is 56. His publications are in the areas of network theory and its applications to social, ecological, engineering, physical, chemical and biological real-world problems. Professor Estrada has published two text books on network sciences both published by Oxford University Press in 2011 and 2015, respectively. He has demonstrated a continuous international leadership in his field where he has been invited and plenary speaker at the major conferences in network sciences and applied mathematics. He is the Editor-in-Chief of the Journal of Complex Networks (Oxford University Press) as well as an Editor of SIAM Journal of Applied Mathematics and of Proceedings of the Royal Society A

Community structure in complex networks

Santo Fortunato

Center for Complex Networks and Systems Research (CNetS)
School of Informatics and Computing. Indiana University
santo.fortunato@aalto.fi

Summary

Complex systems typically display a modular structure, as modules are easier to assemble than the individual units of the system, and more resilient to failures. In the network representation of complex systems, modules, or communities, appear as subgraphs whose nodes have an appreciably larger probability to get connected to each other than to other nodes of the network. In this talk I will address three fundamental questions: How is community structure generated? How to detect it? How to test the performance of community detection algorithms? I will show that communities emerge naturally in growing network models favoring triadic closure, a mechanism necessary to implement for the generation of large classes of systems, like e.g. social networks. I will discuss the limits of the most popular class of clustering algorithms, those based on the optimization of a global quality function, like modularity maximization. Testing algorithms is probably the single most important issue of network community detection, as it implicitly involves the concept of community, which is still controversial. I will discuss the importance of using realistic benchmark graphs with built-in community structure.

Biography

Santo Fortunato is the Director of the Center for Complex Networks and Systems Research (CNetS) at Indiana University and a Scientific Director of Indiana University Network Science Institute (IUNI). Previously he was professor of complex systems at the Department of Computer Science of Aalto University, Finland. Prof. Fortunato got his PhD in Theoretical Particle Physics at the University of Bielefeld In Germany. He then moved to the field of complex systems, via a postdoctoral appointment at the School of Informatics and Computing of Indiana University. His current focus areas are network science, especially community detection in graphs, computational social science and science of science. His research has been published in leading journals, including Nature, Science, PNAS, Physical Review Letters, Reviews of Modern Physics, Physics Reports and has collected over 21,000 citations (Google Scholar). His review article Community detection in graphs (Physics Reports 486, 75-174, 2010) is one of the best known and most cited papers in network science. He received the Young Scientist Award for Socio- and Econophysics 2011, a prize given by the German Physical Society, for his outstanding contributions to the physics of social systems.

Big Data for understanding human dynamics: the power of networks

Fosca Giannotti

Istituto di Scienza e Tecnologie dell Informazione.
National Research Council of Italy (ISTI-CNR)

Summary

The digital traces of human dynamics, such as mobile phone data and vehicular GPS trajectories, when observed for sufficiently long periods and suitably interpreted, allow to reconstruct the detailed networks of individual mobility of large masses of people. This has been the starting point for the discovery of various data science models aimed at understanding the complexity of human mobility as a base to construct smart cities for smarter citizens. My talk gives a brief account of both collective models of urban dynamics and individual models of personal behavior. The first category includes: i) the real-time demography of urban stocks and inter-city flows of city-users (residents, commuters, and visitors), ii) the returners-explorers dichotomy, iii) the relation between mobility diversity and economic development, v) the emergence of the polycentric city. The personal models include activity recognition, i.e., how to discover the purpose of a user's movements, and proactive ride matching for carpooling, based on the individual and collective networks of users' mobility. I'll close the talk showing the social mining resources available at the RI SoBigData.eu.

Biography

Fosca Giannotti, is a director of research of computer science at the Information Science and Technology Institute 'A. Faedo' of the National Research Council, Pisa, Italy. Fosca Giannotti is a pioneering scientist in mobility data mining, social network analysis and privacy-preserving data mining. Fosca leads the Pisa KDD Lab - Knowledge Discovery and Data Mining Laboratory http://kdd.isti.cnr.it, a joint research initiative of the University of Pisa and ISTI-CNR, founded in 1994 as one of the earliest research lab centered on data mining. Fosca's research focus is on social mining from big data: smart cities, human dynamics, social and economic networks, ethics and trust, diffusion of innovations. She has coordinated several European projects and industrial collaborations. Fosca is now the coordinator of SoBigData, the European research infrastructure on Big Data Analytics and Social Mining, an ecosystem of ten cutting edge European research centres providing an open platform for interdisciplinary data science and data-driven innovation http://www.sobigdata.eu.

Reconnaissance et indexation automatique des registres de la chancellerie française (1300-1483)

Christopher Kermorvant

TEKLIA
www.teklia.com

Summary

Les documents manuscrits sont parmi les témoins les plus importants de l'histoire européenne. Ces dernières années, d'importantes collections de manuscrits historiques ont été numérisées et mises à disposition du public et des chercheurs. Cependant, la richesse des informations qu'ils contiennent est encore largement inaccessible car seul les images et quelques méta-données sont disponibles. L'idéal pour les utilisateurs serait de pouvoir faire des recherches textuelles comme pour les livres imprimés modernes (https://books.google.fr/). Si les technologies d'analyse de documents historiques et de reconnaissance d'écriture manuscrite sont encore trop peu performantes pour permettre l'utilisation directe de la transcription brute, il est possible de mettre à la disposition des utilisateurs un moteur de recherche textuel basé sur une indexation automatique des images de documents manuscrits. Cette indexation se base sur une transcription automatique mais tire profit de la capacité de la machine à générer des hypothèses reconnaissance multiples et pondérées.

Cette technologie a permis de rendre accessible pour la première fois à la recherche textuelle les registres de la chancellerie royale française (1302 -1483), un des corpus de documents historiques les plus emblématiques pour la France, ouvrant ainsi la voie à de nouvelles méthodes de recherche en histoire : http://www.himanis.org/

Biography

Christopher Kermorvant, est ingénieur ENSIIE (1996) et docteur en informatique (2002). Depuis 20 ans, il travaille au développement d'applications utilisant des technologies de Machine Learning. Après une expérience académique en France (doctorant au laboratoire Hubert Curien de l'Université de Saint-Etienne) et à l'étranger (ingénieur de recherche au laboratoire IDIAP de l'Ecole Polytechnique Fédérale de Lausanne, post-doctorant au laboratoire MILA de l'Université de Montréal), il a dirigé pendant 8 ans une équipe de recherche au sein d'A2iA, une PME high-tech, spécialisée dans la reconnaissance d'écriture manuscrite. Avec son équipe, il a développé de nouveaux systèmes de reconnaissance d'écriture basés sur des réseaux de neurones profonds. Ces systèmes se sont classés premier lors d'évaluations internationales de reconnaissance d'écriture en français, anglais, arabe (Rimes, OpenHart, Maurdor) et sont depuis été intégrés dans la gamme des produits de la société A2iA.

Depuis 2015, il travaille en tant qu'expert indépendant en Machine Learning (www.teklia.com) pour aider les entreprises à développer des produits innovants basés sur des technologies de Machine Learning tout en poursuivant des projets de recherche collaborative en Digital Humanities.

Méta-analyse ordinale d'enquêtes d'opinion
Application aux usages de l'*Internet des objets* en entreprise

Rostand Affogbolo*, Claire Gauzente*, Alain Guénoche**, Pascale Kuntz***

*Laboratoire d'Economie et de Management, Université de Nantes
claire.gauzente@univ-nantes.fr
rostand.affogbolo@etu.univ-nantes.fr
** Institut de Mathématiques de Marseille (AMU - CNRS)
alain.guenoche@univ-amu.fr
*** Laboratoire des Sciences du Numérique, Université de Nantes
pascale.kuntz@univ-nantes.fr

Résumé. La multiplicité des enquêtes d'opinion sur un même sujet nécessite la construction de synthèses qui agrègent les résultats obtenus dans des conditions indépendantes. Dans cet article, nous proposons une nouvelle approche ordinale de méta-analyse qui consiste à rechercher un ordre consensus qui rend compte « au mieux » des ordres partiels entre les modalités issus des résultats des différentes enquêtes. Nous modélisons ce problème par une variante d'une recherche d'un ordre médian sur les sommets d'un graphe orienté pondéré et nous développons un algorithme de séparation-évaluation pour le résoudre. Notre approche est appliquée sur un ensemble d'enquêtes internationales portant sur les motivations et les freins à l'intégration de l'Internet des Objets dans les entreprises.

1   Introduction

La prolifération du nombre de publications scientifiques et d'enquêtes sur un sujet donné s'accompagne de l'essor croissant des méthodologies de synthèse des connaissances. Les méthodes agrégatives, souvent regroupées sous le terme de procédures « méta-analytiques », visent à combiner des résultats quantitatifs d'études indépendantes. Si l'historique de la méta-analyse remonte aux travaux de Pearson au début du XXème siècle sur l'analyse de plusieurs études portant sur le vaccin contre la fièvre typhoïde, puis à ceux de Fisher et Cochran dans les années 30, les articles de Cohen (1962), Light et Smith (1971) et Glass (1976), qui a introduit le terme de méta-analyse dans le contexte statistique, ont contribué au développement du domaine. Aujourd'hui, la médecine reste un terrain d'application privilégié mais la méta-analyse connaît également un fort engouement en sciences sociales où elle complète et précise les synthèses issues de méthodes interprétatives (Laroche, 2015).

Dans son schéma classique issu des travaux historiques, la méta-analyse vise essentiellement à estimer le degré de relation entre des variables d'intérêt en tenant compte des variations observées entre différentes études. Cependant, ses définitions dans la littérature offrent souvent un cadre plus large qui met l'accent sur la combinaison de résultats quantitatifs de multiples recherches pour produire une connaissance empirique sur un sujet donné (Littell et al., 2008). C'est dans ce cadre que se positionne cet article qui propose une nouvelle approche méta-analytique basée sur une analyse ordinale pour contribuer à établir une synthèse de résultats d'enquêtes d'opinions. Plus précisément, on considère ici un ensemble $E = \{e_1, e_2, \ldots, e_m\}$ de m enquêtes portant sur une même thématique et $X = \{x_1, x_2, \ldots, x_n\}$, l'ensemble de toutes les modalités considérées sur E qui correspondent à des points de vue ou opinions que les personnes interrogées peuvent approuver ou non. On dispose de la fréquence d'approbations $P_A(x_i, e_k)$ de la modalité x_i dans l'enquête e_k. La distribution observée des $P_A(x_i, e_k)$ permet de déduire un ordre sur les modalités pour chaque enquête : x_i est préférée à x_j dans l'enquête e_k si $P_A(x_i, e_k) > P_A(x_j, e_k)$. L'objectif est d'établir, à partir de ces fréquences, un ordre global sur l'ensemble X de toutes les modalités qui permettra d'obtenir une vue générale des opinions des plus aux moins approuvées. Notre démarche n'est pas seulement basée sur les ordres partiels induits sur chaque enquête, difficilement combinables, ni sur les sommes ou moyennes des fréquences d'approbation, très variables d'une enquête à l'autre, mais sur des comparaisons par paires des modalités comparables dans chaque enquête.

D'un point de vue opérationnel, deux questions délicates se posent. La première difficulté est méthodologique : les enquêtes ayant été menées indépendamment par des organismes différents, les modalités de X ne sont pas nécessairement présentes dans chaque enquête et de plus un codage préalable est nécessaire pour homogénéiser les réponses. La deuxième difficulté, plus importante, est algorithmique car la recherche d'ordres consensus se heurte à des problèmes de complexité (Barthelemy et Monjardet, 1981). S'appuyant sur des travaux antérieurs sur la recherche d'ordres médians dans un tournoi (Barthelemy et al., 1989; Charon et al., 1997), nous proposons dans cet article d'améliorer une méthode de Branch & Bound pour calculer efficacement un ordre total sur X qui soit le «plus compatible» avec les ordres sur les opinions exprimées pour chacune des enquêtes de E.

Nous appliquons notre approche sur un ensemble d'enquêtes portant sur les motivations et les freins à l'intégration de l'Internet des Objets (IdO) dans les entreprises. Si ce sujet est très présent dans l'actualité économique, car les entreprises cherchent à tirer partie de cette technologie transformatrice, il a été encore peu exploré dans les sciences sociales. Nous avons donc recueilli les résultats de huit enquêtes récentes réalisées par des organisations et entreprises de premier plan dans le conseil et la technologie (World Economic Forum, The Economist Intelligence Unit, etc) qui ont interrogé des interlocuteurs positionnés en haut de la chaîne hiérarchique (directeur de département, de business unit, etc) dans 6237 entreprises réparties dans le monde. Il s'agit à notre connaissance de la première méta-analyse sur ce sujet et les premiers résultats obtenus semblent questionner des opinions souvent diffusées dans les discours du moment ainsi que des hypothèses adoptées dans les « Business Models » récemment développés dans le contexte de l'industrie 4.0.

2 Modélisation du problème et état de l'art

Dans cette partie nous considérons que les modalités renvoyant à des concepts similaires mais rédigées avec des variations ont été recodées sous une même formulation et nous renvoyons au paragraphe 4 consacré à l'application pour les détails du codage. Néanmoins, les enquêtes ayant été menées indépendamment, toutes les modalités x_i n'apparaissent pas nécessairement dans toutes les enquêtes, et les ordres induits sur les modalités dans chaque enquête

e_k ne sont donc pas directement comparables. Pour contourner cette difficulté intrinsèque à la nature des données, nous construisons préalablement un ordre partiel P sur X en comparant les modalités deux à deux ; ce qui nous permet de poser notre problème de méta-analyse comme un problème de recherche d'un ordre total «le plus compatible» avec l'ensemble ordonné (X, P).

La recherche d'un ordre total compatible avec un ensemble ordonné a donné lieu à des travaux dans les domaines de la *Théorie du choix social* (vote) et de l'*Agrégation des préférences* (Monjardet, 1973; Barthelemy et Monjardet, 1981). Le problème classique se modélise à l'aide d'un *tournoi T*. Un tournoi est un graphe complet orienté, qui peut être pondéré ou non, dont les sommets sont les éléments de X (ici les modalités) et pour lequel il existe un arc entre deux sommets x_i et x_j si x_i est supérieur à x_j pour P.

La construction de P se déduit naturellement de la comparaison des fréquences d'approbation des modalités. Pour toute paire de modalités $\{x_i, x_j\}$ de X on compare leurs différences de fréquence d'approbation sur les seules enquêtes dans lesquelles elles ont été proposées :

$$Dif(x_i, x_j) = \sum_{e_k | P_A(x_i, e_k) > 0 \land P_A(x_j, e_k) > 0} P_A(x_i, e_k) - P_A(x_j, e_k)$$

Ceci permet de munir l'ensemble des modalités X d'un ordre sur les paires. Ainsi, x_i est supérieur à x_j si $Dif(x_i, x_j) > 0$ et on pose un arc dans T de x_i vers x_j de poids $w(x_i, x_j) = Dif(x_i, x_j)$. Si $w(x_i, x_j) > 0$ on a $w(x_j, x_i) = 0$ et réciproquement.

Si l'ensemble des relations entre paires n'induit pas de circuit, le tournoi est dit *transitif* et tout ordre qui respecte l'orientation des arcs de T est compatible avec l'ensemble ordonné (X, P). En revanche, si il existe un circuit, par exemple $x_i \to x_j \to x_k \to x_i$, alors aucun ordre total n'est compatible, puisque l'un des arcs $\{(x_i, x_j), (x_j, x_k), (x_k, x_i)\}$ est orienté en sens contraire de l'ordre. Ces arcs orientés à l'opposé d'un ordre total sont appelés *arcs-retour*.

2.1 Exemple

Considérons le cas de trois enquêtes qui portent sur cinq modalités dont la table des pourcentages d'approbation est donnée dans le Tableau 1. Les cases vides correspondent aux modalités non proposées dans les enquêtes.

	x_1	x_2	x_3	x_4	x_5
e_1	40	50		20	
e_2		40	60		30
e_3		10		60	40

TAB. 1 – *Pourcentage d'approbation des 5 modalités dans les 3 enquêtes de l'exemple.*

Les comparaisons par paires de ces modalités, sur les seules enquêtes où elle sont simultanément proposées donnent le Tableau 2 des poids des arcs du graphe orienté.

Il lui correspond le graphe orienté de la Figure 1. Il ne contient qu'un seul circuit (x_1, x_4, x_2) dont les poids des arcs sont les seuls indiqués. L'arc de poids minimum est (x_2, x_1) de poids 10. C'est le seul arc retour de l'ordre optimal $(x_3, x_1, x_4, x_5, x_2)$

	x_1	x_2	x_3	x_4	x_5
x_1	-	0	0	20	0
x_2	10	-	0	0	0
x_3	0	20	-	0	30
x_4	0	20	0	-	20
x_5	0	20	0	0	-

TAB. 2 – *Poids des arcs du graphe orienté issu des comparaisons par paires de modalités*

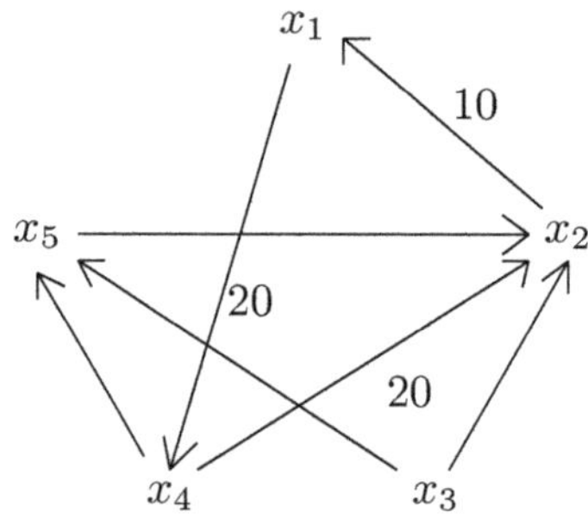

FIG. 1 – *Graphe orienté correspondant au Tableau 2*

2.2   Méthodologie

Dans le cas pondéré qui nous intéresse dans la suite, l'ordre le plus compatible avec l'ensemble ordonné (X, P) est celui pour lequel la somme des poids des arcs-retour est minimale. Cette somme est appelée *écart* à l'ensemble ordonné et, quand le tournoi modélise les comparaisons par paires d'éléments qui proviennent d'ordres totaux, un ordre associé à l'écart minimal est appelé *ordre médian* car il minimise la somme de la distance de Kendall aux ordres totaux. Ce n'est plus nécessairement vrai dans le cas d'ordres partiels que nous avons ici, mais nous conservons dans la suite le terme de médian pour désigner un ordre à écart minimum d'un ensemble ordonné quelconque.

La recherche d'un ordre médian, aussi connue sous le nom de problème de Kemeny (Kemeny, 1959), revient à rendre le tournoi transitif par retournement des arcs-retour dont la somme des poids est minimale. Ce problème a une longue histoire algorithmique, qui débute avec Slater (1961) pour les tournois non pondérés, puis s'est étendue aux tournois pondérés (Barthelemy et al., 1989; Charon et al., 1997). Le problème a été prouvé NP-difficile (Hudry, 1989).

En pratique, son calcul s'effectue par une méthode de Branch & Bound qui consiste à développer une arborescence dont les sommets sont les sections commençantes d'un ordre qui peut se prolonger en ordre médian (Guénoche, 1977). Cependant, lorsque le tournoi contient de nombreux circuits, le parcours de l'arborescence de recherche peut rapidement devenir inapplicable, même pour quelques dizaines de sommets (Barthelemy et al., 1989). En effet, la taille de l'arborescence peut dépasser le million de noeuds et le temps de recherche de la feuille à explorer pour prolonger la section commençante est pénalisant.

Dans notre contexte applicatif, l'ensemble ordonné (X, P) n'est pas un tournoi : environ 40% des paires de modalités ne sont pas ordonnées puisque toutes les modalités n'apparaissent pas dans toutes les enquêtes. Cependant, nous avons développé une méthode de Branch & Bound fortement inspirée de celle utilisée pour la recherche d'un ordre médian dans un tournoi pondéré et nous améliorons l'exploration de l'arborescence eu égard aux travaux antérieurs en tenant compte du meilleur ordre construit sur chaque section commençante et d'un coût minimum de l'établissement d'un ordre sur les éléments non classés.

3 Algorithme pour un ordre médian

Dans la suite, nous considérons un graphe pondéré G associé à l'ensemble ordonné (X, P) construit selon le même principe qu'un tournoi où la pondération d'un arc entre deux modalités x_i et x_j est égale à $w(x_i, x_j)$. Nous cherchons un ordre total sur X dont la somme des poids des arcs-retour sur G soit minimale. Comme dans le cas de la construction d'un ordre médian sur un tournoi, nous développons une arborescence de recherche dont les sommets sont des *sections commençantes*, c'est à dire des débuts d'ordres totaux sur une partie de X que l'on prolonge aux étapes suivantes jusqu'à l'obtention d'un ordre total sur X. Dans la suite, on note $O = (o_1, o_2, \ldots, o_n)$, avec $o_i \in X$, un ordre total sur X. Une feuille de l'arborescence courante est une section commençante $(o_1, o_2, \ldots, o_k)$ d'un ordre total sur une partie $X_s \subset X$. Le complément de X_s dans X est noté $Y = X - X_s$.

L'algorithme de B & B peut se décrire en trois étapes :

1. Etablir par une (ou plusieurs) heuristique(s) une borne supérieure, notée B_{sup} de l'écart d'un ordre total au tournoi ; elle doit être la plus faible possible ;

2. Initialiser les feuilles de l'arbre de recherche avec tous les sommets o_i tels que $W^1(o_i) \leq B_{sup}$ où $W^1(o_i)$ est le poids de o_i ;

3. Tant que la section commençante prolongée n'est pas un ordre total
   — Considérer une section commençante (une feuille) de poids minimum ;
   — Tester le coût de son extension avec chaque sommet non placé dans la section ;
   — Si le poids de la section étendue reste inférieur ou égale à B_{sup}, créer une nouvelle feuille dans l'arbre

3.1 Evaluation des sommets de l'arborescence

L'efficacité de la recherche arborescente repose en grande partie sur le calcul d'une borne pour le poids $W^k(o_1, o_2, \ldots, o_k)$ d'une section commençante. Ce poids doit être inférieur ou égal au poids de tout ordre total ayant cette section commençante. Il est défini par la somme de trois termes :
   — la somme des poids des arcs-retour du sous-graphe de G induit par les sommets de X_s. Cette somme est égale à $\sum_{1 \leq i < j \leq k} w(o_j, o_i)$
   — la somme des poids des arcs de G dont l'origine y est dans Y et l'extrémité dans X_s : $\sum_{y \in Y} \sum_{j=1,\ldots,k} w(y, o_j)$
   — une borne inférieure $B_{inf}(Y)$ du poids de l'ordre non encore déterminé sur la partie finissante Y.

Le calcul de la borne inférieure B_{inf} est une adaptation du calcul d'une borne inférieure pour le problème de Slater proposée dans (Charon et al., 1996). Rappelons que, dans le cas d'un tournoi qui est un graphe complet, pour supprimer tous les circuits et donc construire un ordre médian, il suffit d'éliminer les circuits de longueur 3 par retournement d'arcs. On peut alors évaluer une borne inférieure du coût de ces suppressions de la façon suivante. La suppression d'un 3-circuit coûte au moins le plus petit poids des trois arcs, noté w_{min}. Mais si on retourne l'arc de poids w_{min}, on supprime également tous les 3-circuits qui contiennent cet arc. Il faudrait donc rechercher un ensemble d'arcs de poids minimum dans l'ensemble des 3-circuits arc-disjoints. A défaut d'optimum, ceci peut être approximé par un algorithme glouton. Il suffit de ranger tous les 3-circuits dans l'ordre des poids décroissants et de parcourir cette liste ; chaque fois que l'on retient un arc, on ignore les 3-circuits suivants qui contiennent cet arc. La somme des poids des arcs retenus est une borne inférieure de l'écart d'un ordre médian.

On remarque que cette procédure peut en fait s'appliquer à tout sous-graphe induit par un sous-ensemble de sommets du tournoi. On peut donc l'utiliser pour calculer une borne inférieure $B_{inf}(Y)$ sur une partie finissante Y. Notons cependant que dans notre cas G n'étant pas un graphe complet, pour avoir la précision de la borne inférieure calculée sur un tournoi il faudrait considérer tous les circuits minimaux (sans corde) puisqu'il se peut qu'il n'y ait pas de 3-circuits. Ce calcul pouvant s'avérer très coûteux en temps, nous nous en tenons aux 3-circuits en acceptant une dégradation possible de la précision de la borne inférieure $B_{inf}(Y)$.

Au total, l'évaluation $W^k(o_1, o_2, \ldots, o_k)$ d'une section commençante $(o_1, o_2, \ldots, o_k)$ est donc définie par :

$$W^k(o_1, o_2, \ldots, o_k) = \sum_{1 \le i < j \le k} w(o_j, o_i) + \sum_{y \in Y} \sum_{j=1,\ldots,k} w(y, o_j) + B_{inf}(Y).$$

Puisqu'elle ne tient pas complètement compte de l'ordre non encore déterminé sur Y, elle est inférieure ou égale au poids de tout ordre total commençant par $(o_1, o_2, \ldots, o_k)$.

Par rapport à l'algorithme détaillé dans (Guénoche, 2017), nous avons conservé la procédure d'optimisation locale (qui teste les transpositions des extrémités des arcs-retour) et la procédure de décomposition du tournoi. Elles permettent de calculer un ordre approché et donc une borne supérieure de l'écart au tournoi. Mais nous avons introduit deux améliorations qui permettent de limiter l'exploration de l'arborescence de recherche :
— la prise en compte de la borne inférieure du coût d'un ordre sur toute partie finissante, décrite ci-dessus ;
— la gestion du meilleur ordre sur une partie commençante.
Plus, précisément, lors du premier calcul d'une partie commençante on l'enregistre avec son évaluation et on prolonge l'arborescence. Si l'on retrouve cette partie, la décision dépend de la comparaison de son évaluation avec celle obtenue précédemment : si elle est plus élevée on rejette la partie et on ne prolonge pas l'arborescence ; si elle est plus faible on la conserve en mettant à jour l'évaluation et on prolonge l'arborescence, et en cas d'égalité si on ne cherche qu'un seul ordre médian on peut également la rejeter. Cette stratégie nécessite la construction d'une structure de donnée pour les fonctions caractéristiques des parties de X afin de mémoriser la valeur du meilleur ordre sur X_s.

Nous avons mesuré expérimentalement que ces procédures permettent un gain significatif en temps de calcul et en taille de l'arborescence. Cette efficacité se mesure par le rapport entre la taille de l'arbre sans les utiliser et la taille de l'arbre quand on les applique.

3.2   Efficacité des nouvelles procédures

Nous avons réalisé des simulations en tirant deux pourcentages pour chaque paire de modalités. La comparaison des valeurs permet de quantifier la préférence de l'une en faveur de l'autre. On construit tout d'abord un tournoi en prenant comme poids de chaque arc la différence positive de ces pourcentages. Le tournoi généré est transitif car les arcs sont orientés dans le sens des indices croissant des modalités. Il est donc transitif et le seul ordre médian est l'ordre naturel.

Pour simuler le fait que toutes les modalités ne sont pas systématiquement évaluées, nous avons introduit un taux d'incomparabilité, noté Inc. Les $Inc \times n(n-1)/2$ valeurs tirées au hasard sont mises à 0, et ainsi les deux modalités sont incomparables. Et pour graduer l'écart à la transitivité, nous bruitons le tournoi par des échanges aléatoires de valeurs de poids symétriques : $w(x_j, x_i) \leftarrow w(x_i, x_j)$ et $w(x_i, x_j) = 0$. Plus ces échanges sont nombreux, plus on s'écarte de la transitivité et plus l'ordre médian est difficile à calculer et donc les arbres de recherche sont grands. Ce second paramètre est donc le taux d'échanges à partir du tournoi transitif noté $Swap$ qui correspond au nombre de paires échangées, soit $Swap \times n(n-1)/2$.

Pour construire un ordre médian, on commence par calculer une borne supérieure, par application de l'heuristique d'optimisation locale, puis par décomposition en $1 + \lfloor \frac{n}{10} \rfloor$ classes et enfin par une nouvelle optimisation locale, on calcule une borne supérieure de l'écart. C'est alors que démarre la construction de l'arborescence une fois avec les procédures à évaluer et l'autre fois sans ; cette dernière ne peut n'aboutir que si la place mémoire est suffisante. Notre programme limite la taille de l'arborescence à 2 000 000 de noeuds. Le Tableau 3 indique, pour $n = 20$, le rapport moyen des tailles des arbres, sur 100 essais pour $swap = 5$ ou10, pour 50 essais pour $swap = 15$ et pour 10 essais si $swap = 20$. On remarquera que nous n'avons pas pu établir de valeur moyenne de la taille de l'arbre sans appliquer les procédures pour $swap = 20$ et $Inc = 30$, non plus que quand $Inc = 40$ pour $Swap = 15$ ou 20, parce que l'un des arbres, construit sans les procédures, dépassait les limites autorisées. Pourtant, la taille moyenne des arbres avec les procédures reste inférieure à 6000 noeuds !

$Inc\backslash Swap$	5	10	15	20
0	3,7	8,6	13,3	25,4
10	6,6	20,7	27,3	46,4
20	17,6	27,5	46,0	54,0
30	19,2	25,6	41,2	?
40	41,0	93,8	?	?

TAB. 3 – *Valeurs moyennes des rapports entre les tailles des arbres de B&B sans les procédures nouvelles et avec ces procédures.*

Ces estimations, montrent que l'on gagne un facteur très important sur la taille de l'arborescence. Ce facteur va croissant quand l'écart à la transitivité augmente et aussi quand le taux d'incomparabilité devient plus important. Ceci est prévisible, du fait que nos graphes sont loin d'être complets et donc qu'il y a beaucoup d'ordres sur les sections commençantes qui sont ex-aequo. C'est en n'en conservant qu'un seul qu'on gagne en efficacité.

Pour vérifier que l'on peut calculer des ordres médians sur des graphes plus importants, nous avons testé des séries de 5 graphes aléatoires. Pour $n = 30, Swap = 10, Inc = 30$, un ordre médian est construit à l'aide d'un arbre de 65 000 noeuds en moyenne, le maximum observé étant 228 072. De même pour $n = 40, Swap = 5, Inc = 40$, la taille moyenne des arbres étant 181 493 et le maximum 361 458 noeuds.

4 Application

Notre cadre applicatif concerne le déploiement de l'*Internet des Objets* (IdO) dans les entreprises. Le terme Internet des Objets a émergé à l'Auto-ID Center du MIT à la fin des années 1990 pour désigner « une infrastructure intelligente mettant en lien des objets, de l'information et des humains à travers des réseaux d'ordinateurs, avec la RFID comme technologie de base pour sa réalisation » (Brock, 2001). Différentes définitions ont été proposées depuis, et l'essor de l'IdO démarre véritablement avec le rapport « Internet Reports – The Internet of Things » de l'ITU (International Telecommunication Union) en 2005 qui présente à la fois les technologies mobilisées par l'IdO et le potentiel du marché. Aujourd'hui, les capacités offertes par l'IdO dans le secteur industriel visent essentiellement quatre usages - le monitoring, le contrôle, l'optimisation et l'autonomie - et les exemples de déploiement se multiplient (Porter et Heppelmann, 2014). Cependant, selon une étude américaine récente du Boston Consulting Group (Rose et al., 2016), nombre d'industriels ne perçoivent pas encore l'étendue des opportunités offertes par l'industrie 4.0 ou n'en font pas un impératif même si ils en reconnaissent le potentiel. Les raisons profondes de ces différentes attitudes, qui oscillent entre l'adhésion enthousiaste et la réticence craintive, sont dues aux présentations plus orientées vers le « grand public » que vers le milieu industriel.

Pour éclaircir la question, avant de mener une étude de terrain plus approfondie, nous avons analysé les résultats proposés par des enquêtes internationales récentes et nous proposons ici une première méta-analyse. Ces enquêtes, menées sur un total de plus de 6 000 cadres de haut niveau, comportent deux familles de questions : celles concernant les facteurs incitant à l'adoption de l'IdO et celles concernant les barrières limitant leur adoption. Dans l'analyse menée dans cet article, nous traitons ces deux familles de façon indépendante et calculons donc un ordre consensus pour chaque ensemble de modalités associé à ces deux familles. La première (facteurs incitatifs) comporte au total 38 modalités et la seconde (facteurs de réticence) 45 modalités.

4.1 Codage préalable des modalités

D'un point de vue méthodologique, les enquêtes ayant été menées indépendamment, un codage des modalités de réponses a été nécessaire pour construire une base d'analyse homogène. Ce codage est basé ici sur les concepts déployés dans la construction des « Business Models » (BM) en sciences de gestion. De façon générale, un BM repose sur le triptyque création de valeur (l'offre), délivrance de valeur (le service aux clients) et capture de valeur (les revenus) (Teece, 2010). A partir de ces trois éléments de base, différentes architectures à la fois descriptives et explicatives ont été proposées et nous retenons ici celle proposée par Osterwalder et Pigneur (2010) qui est reconnue comme l'une des plus complètes. Elle est organisée autour de neuf blocs qui sont liés entre eux par des relations identifiées :

1. La proposition de valeur (offre de produits et services),

2. le segment de clientèle,

3. le réseau de distribution,

4. la relation client,

5. les activités clés ou configuration de valeur (arrangement des activités et ressources),

6. les ressources et compétences clés (nécessaires à la mise en œuvre du BM),

7. le réseau de partenaires ou réseau de valeur,

8. la structure de coûts, et

9. le modèle de revenus.

Ces blocs contiennent eux-mêmes des sous-blocs que nous ne détaillons pas ici. Nous avons utilisé cette structuration pour classer l'ensemble des modalités de réponses proposées dans les différents questionnaires. Puis, les modalités classées dans un même sous-bloc et jugées similaires ont été requalifiées en une seule modalité. Par exemple, les modalités « réaliser de la croissance sur des marchés connexes » et « adresser de nouveaux clients » ont été requalifiées en la modalité « pénétrer un nouveau marché » du bloc (2) « segment de clientèle ».

4.2   Résultats

A titre indicatif, la taille des arborescences de recherche est pour les modalités d'incitation de 13 742 sommets et pour les modalités de frein de 418 140 sommets.

Pour cette première analyse, nous avons retenu pour chaque ordre médian ses deux extrémités (modalités pas ou peu dominées et modalités très dominées). Cependant, en pratique, il était nécessaire de définir un indice qui puisse guider cette dichotomie. Nous n'avons pas trouvé de question équivalente dans la littérature et nous avons donc développé un nouvel indice de contribution des modalités à l'ordre qui se définit comme suit. Pour chaque modalité o_i de l'ordre médian O_M, sa contribution $C(o_i)$ est égale à la somme des poids des arcs sortants de o_i ayant pour extrémités des sommets dominés (à droite de o_i dans O_M) moins la somme des poids des arcs dominant o_i, ayant des sommets d'origine à gauche de o_i dans O_M.

$$C(o_i) = \sum_{j>i} w(o_i, o_j) - \sum_{j<i} w(o_j, o_i)$$

Plus il y a d'arcs sortant à droite plus la modalité est dominante et inversement plus il y a d'arcs venant de gauche plus la modalité est dominée. Les modalités qui sont associées à peu d'arcs dans le graphe G ou qui en ont autant venant de part et d'autre sont plus « neutres » eu égard à la force des opinions exprimées et sont donc situées au milieu de l'ordre.

Pour l'adoption de l'IdO, les modalités les plus dominantes concernent majoritairement deux blocs du BM : le modèle de revenus (9) avec les modalités « améliorer la rentabilité », « nouveaux revenus » et les ressources et compétences (6) avec les modalités « collecter de nouvelles données », « optimiser la productivité des actifs », « améliorer l'efficacité opérationnelle des ressources ». S'y ajoute le bloc structure de coût (8) avec la modalité «réduire les coûts récurrents ou opérationnels». Ces résultats vont à rebours des discours souvent relevés dans la communication professionnelle ainsi que dans certaines conclusions de travaux théoriques récents sur les Business Models qui soutiennent que la proposition de valeur est le bloc le plus impacté par l'introduction de l'IdO au sein des activités de l'entreprise (Arnold et al.,

2016; Dijkman et al., 2015). Cette priorité ne ressort pas de notre méta-analyse : les modalités portant sur la création de valeur (e.g. « créer une nouvelle proposition de valeur », « changer de proposition de valeur », etc) se retrouvent à la fois en fin de l'ordre médian associé aux facteurs incitatifs de l'IdO et en fin de celui associé aux difficultés d'adoption. En revanche, l'impact de l'IdO sur la transformation à travers la ré-ingénierie des processus business, également soulignée dans la littérature (Ferretti et Schiavone, 2016), est confirmé par l'analyse (e.g. « améliorer l'efficacité opérationnelle des ressources », « optimiser la productivité des actifs »).

Pour les barrières rencontrées, le bloc (7) partenariats et environnement est le moins dominé avec les modalités « faiblesse de l'infrastructure publique », « absence de standard ouvert pour la technologie », « incertitude sur la stabilité des partenaires ». Ainsi, les entreprises conçoivent bien que l'IdO contribue à améliorer leurs revenus et leurs ressources et compétences, mais à condition que les interactions avec les parties prenantes externes soient plus efficaces.

5 Conclusions

Dans cet article nous avons proposé une nouvelle démarche de méta-analyse permettant d'extraire un ordre consensus sur les modalités évaluées dans un ensemble d'enquêtes d'opinion conduites indépendamment. Cet ordre permet de refléter les principales tendances exprimées et, en particulier, de distinguer les modalités dominantes dans l'ensemble des enquêtes de celles qui sont dominées, c'est-à-dire qui sont peu souvent préférées à d'autres. La recherche de l'ordre consensus a été posée ici comme une recherche d'un ordre médian des sommets dans un graphe orienté pondéré qui modélise les comparaisons par paire des modalités sur l'ensemble des enquêtes. Ce problème se ramenant à un problème NP-difficile nous avons adapté une approche de *Branch & Bound* pour le résoudre. Nous avons nettement amélioré un programme existant pour l'appliquer à un graphe orienté relativement peu dense, par rapport à un graphe orienté complet [1]. Il permet de construire un ordre optimal à l'aide d'arborescences de plusieurs centaines de milliers de sommets et s'avère bien adapté à la méta-analyse d'enquêtes où la taille des échantillons interrogés peut être grande mais où l'ensemble des modalités à ordonner ne dépasse pas quelques dizaines.

Avec peu de travaux préalables sur lesquels nous appuyer, pour commencer l'analyse, nous avons partitionné initialement l'ensemble des modalités de réponse en deux familles (facteurs incitatifs / facteurs de réticence) que nous avons traitées indépendamment. Cependant, les questions sur les « corrélations » entre ces différents facteurs se posent naturellement et nous prévoyons de les analyser prochainement. Elles soulèvent des problèmes statistiques non triviaux puisque nous ne disposons pas des réponses individuelles mais des réponses agrégées à l'échelle de chaque enquête.

Les premiers résultats obtenus concernant l'analyse des motivations et les freins à l'intégration de l'Internet des Objets dans les entreprises sont particulièrement intéressants car ils questionnent des hypothèses récentes de la littérature en sciences de gestion sur l'impact de l'IdO sur les « Business Models ». Par la mise en lumière de résultats contre-intuitifs et à rebours de la théorie, cette nouvelle approche de méta-analyse comporte des implications

---

1. Ce programme en C peut être obtenu par simple demande aux auteurs.

de deux ordres. Pour les chercheurs en sciences de gestion, elle invite à examiner de façon plus approfondie les modèles théoriques sur lesquels se fondent leurs observations et analyses des organisations. Pour les praticiens, elle suggère de revisiter les perceptions de l'IdO afin d'aller au-delà du discours général et de concentrer les efforts de transformation et d'accompagnement managérial sur les points les plus saillants. En sus de la méta-analyse, les questions posées devront être approfondies à travers une étude de terrain qui est en cours de planification.

Références

Arnold, C., D. Kiel, et K. Voigt (2016). How the industrial internet of things changes business models in different manufacturing industries. *International Journal of Innovation Management 20*(08), 1640015.

Barthelemy, J., A. Guenoche, et O. Hudry (1989). Median linear orders : Heuristics and a branch and bound algorithm. *European Journal of Operational Research 42*(3), 313 – 325.

Barthelemy, J. et B. Monjardet (1981). The median procedure in cluster analysis and social choice theory. *Mathematical Social Sciences 1*(3), 235 – 267.

Brock, D. (2001). The Electronic Product Code (EPC) - A Naming Scheme for Physical Objects. *MIT Auto-ID Center White Paper*.

Charon, I., A. Guénoche, O. Hudry, et F. Woirgard (1997). New results on the computation of median orders. *Discrete Mathematics 165-166*(Supplement C), 139 – 153. Graphs and Combinatorics.

Charon, I., O. Hudry, et F. Woirgard (1996). Ordres médians et ordres de slater des tournois. *Mathématiques et Sciences humaines 133*, 23–56.

Cohen, J. (1962). The statistical power of abnormal-social psychological research : A review. *The Journal of Abnormal and Social Psychology 65*(3), 145–153.

Dijkman, R., B. Sprenkels, T. Peeters, et A. Janssen (2015). Business models for the internet of things. *International Journal of Information Management 35*(6), 672 – 678.

Ferretti, M. et F. Schiavone (2016). Internet of things and business processes redesign in seaports : The case of hamburg. *Business Process Management Journal 22*(2), 271–284.

Glass, G. (1976). Primary, secondary, and meta-analysis of research. *Educational Researcher 5*(10), 3–8.

Guénoche, A. (1977). Un algorithme pour pallier l'effet condorcet. *RAIRO - Operations Research - Recherche Opérationnelle, 11*(1), 77–83.

Guénoche, A. (2017). Analyse des Préférences et Tournois Pondérés. *Journal of Interdisciplinary Methodologies and Issues in Science Graphs and social systems.*

Hudry, O. (1989). *Recherche d'ordres medians, complexité, algorithmique et problemes combinatoires.* Ph. D. thesis, Ecole Nationale Superieure des Telecommunications.

Kemeny, J. (1959). Mathematics without numbers. *Daedalus 88*(4), 577–591.

Laroche, P. (2015). *La méta-analyse – Méthodes et applications en sciences sociales.* Editions de Boeck.

Light, R. et P. Smith (1971). Accumulating evidence : Procedures for resolving contradictions among different research studies. *Harvard Educational Review 41*(4), 429–471.

Littell, J., J. Corcoran, et P. V. (2008). *Systematic reviews and meta-analysis, Pocket Guide to Social Work Research Methods.* Oxford University Press.

Monjardet, B. (1973). Tournois et ordres médians pour une opinion. *Mathématiques et Sciences humaines 43*, 55–70.

Osterwalder, A. et Y. Pigneur (2010). *Business Model Generation : A Handbook for Visionaries, Game Changers, and Challengers.* Hoboken : Wiley & Sons Inc.

Porter, M. et J. Heppelmann (2014). How smart connected products are transforming competition. *Harvard Business Review 92*(11), 64–88.

Rose, J., V. Lukic, T. Milon, , et A. Cappuzzo (2016). Sprinting to value in industry 4.0.

Slater, P. (1961). Inconsistencies in a schedule of paired comparisons. *Biometrika 48*(3/4), 303–312.

Teece, D. (2010). Business models, business strategy and innovation. *Long Range Planning 43*(2), 172 – 194. Business Models.

Summary

The multiplicity of opinion surveys on a same topic requires the construction of summaries which agregate results obtained in independent conditions. In this paper, we propose a new ordinal meta-analysis which consists in computing a consensus order reflecting the partial orders between modalities deduced from the results of the different surveys. We set this problem as a variant of the median linear order of vertices on a weighted digraph and we develop a branch and bound algorithm to solve it. Our approach is applied on a set of international surveys on drivers and concerns about the adoption of Internet of Things in companies.

Contraintes prescriptives compatibles avec OWL2-ER pour évaluer la complétude d'ontologies

Philippe Martin*,** Jun Jo***

*EA2525 LIM, University of La Réunion, F-97490 Sainte Clotilde, France
Philippe.Martin@univ-reunion.fr,
http://www.phmartin.info
**Adjunct researcher of the School of I.C.T. at Griffith University, Australia
***School of I.C.T., Griffith University, SOUTHPORT QLD 4222, Australia
j.jo@griffith.edu.au

Résumé. L'article définit les contraintes prescriptives comme des règles permettant aux moteurs d'inférence de vérifier que certains objets formels sont réellement utilisés – pas seulement inférés – ou non, dans certaines conditions. Il montre que ces contraintes nécessitent de ne pas exploiter de mécanisme d'héritage (ou autres mécanismes ajoutant des relations à des objets) durant les tests des conclusions des règles. Il donne une méthode générale pour effectuer cela et des commandes SPARQL pour implémenter cette méthode lorsque les règles sont représentées via des relations sous-classe-de entre conditions et conclusions. L'article illustre ces commandes avec la vérification de patrons de conception d'ontologies. Plus généralement, l'approche peut être utilisée pour vérifier la complétude d'une ontologie, ou représenter dans une ontologie (plutôt que par des requêtes ou des procédures *ad hoc*) des contraintes permettant de calculer un degré de complétude d'ontologie. L'approche peut ainsi aider l'élicitation, la modélisation ou la validation de connaissances.

1   Introduction

Les représentations de connaissances (RCs) sont des descriptions formelles permettant des inférences logiques et ainsi des comparaisons automatiques, recherches, fusions, etc. Les RCs sont des formules logiques, e.g. les *prédicats binaires* de la logique du 1er ordre aussi appelés *triplets* ou *instances de propriété* dans RDF (RDFS 1.1, 2014) et *relations binaires* dans les Graphes Conceptuels (GCs) (Sowa, 1992). Dans cet article, par souci de clarté, nous utilisons la terminologie intuitive des GCs : les *objets* d'information sont des *types* ou bien des *individus*, et les types sont des *types de relations* ou bien des *types de concepts* (*classes* et *types de données* dans RDF). Une base de connaissances formelle (BC) est une collection de tels objets écrits via un langage de RCs (LRC). Une ontologie est une BC portant essentiellement sur des types.

Créer ou évaluer une BC étant difficile, une de ses sous-tâches est souvent *l'évaluation du degré de complétude de la BC selon certains critères* ou, par abréviation, "sa complétude". Une telle évaluation est effectuée dans diverses tâches, mais de manière différente suivant les outils et parfois de manière implicite ou *ad hoc*. Des exemples de telles tâches ou domaines sont : i) l'extraction automatique ou manuelle de connaissances ou la création d'une BC, ii) l'exploitation de modèles de conception d'ontologies, et iii) l'évaluation d'ontologies ou, plus généralement, de données. Dans ce dernier domaine, comme noté par Zaveri et al. (2016), "complétude" réfère communément au *degré de présence* des informations *requises* pour satisfaire certains critères ou une certaine requête. Soit ces informations sont trouvées dans une *BC de référence* complète, soit ce degré est estimé via des *oracles de complétude* (Galárraga et al., 2017), i.e. des règles ou des requêtes permettant d'estimer ce qui manque à la BC pour répondre aussi bien qu'une hypothétique *BC de référence* complète.

Dans cet article, nous adoptons cette définition générale mais avec une légère extension ou précision : ce qui est *requis* doit être représenté explicitement, i.e. via des contraintes dans la BC, e.g. des contraintes d'intégrité. En effet, s'il existe une *BC de référence* complète, elle peut souvent être utilisée directement, et si elle n'existe pas, les *oracles de complétude* peuvent être au moins partiellement implémentés en exploitant des contraintes. Dans tous les cas, il est avantageux de représenter *dans la BC* (donc via des contraintes plutôt que par exemple via des requêtes) ce qui est requis, pour faciliter l'exploitation ou la réutilisation de ces informations. L'usage de contraintes permet de *vérifier* la complétude d'une BC avec n'importe quel moteur d'inférence pouvant exploiter ces contraintes : une implémentation *ad hoc* n'a pas à être effectuée. Si une simple *vérification* n'est pas suffisante, i.e., si un *degré de complétude* est recherché, un moyen simple de le définir précisément et de le calculer est de diviser "le nombre de faits (dans la BC) satisfaisant les contraintes" par "le nombre total de faits dans la BC". Cette méthode est basique par rapport à celles qui agrègent les résultats d'*oracles de complétude* mais elle n'est pas le sujet de cet article. Celui-ci est de fournir un moyen simple de représenter des contraintes puis de les vérifier (avec SPARQL) pour pouvoir évaluer ou calculer une complétude de BC.

La section 2 distingue les contraintes descriptives des contraintes prescriptives positives et montre que i) ces dernières ne peuvent être représentées dans les logiques classiques, même avec l'hypothèse du monde fermé, et ii) sont nécessaires pour vérifier la complétude d'une BC. Cette section introduit ensuite i) des types spéciaux indiquant que certaines expressions sont des contraintes, ii) une méthode pour vérifier des contraintes prescriptives, iii) OWL2-ER, un sous-ensemble de OWL (Profils OWL2, 2014), et iv) les *contraintes compatibles avec OWL2-ER*, comme un moyen simple de représenter des contraintes dans tout LRC dont l'expressivité est au moins égale à RDFS (RDFS 1.1, 2014).

La section 3 montre comment cette méthode de vérification de contraintes prescriptives peut être implémentée via un ensemble réduit de commandes SPARQL. La section 4 illustre l'exploitation de ces commandes et ainsi aussi les limites de ce que la *compatibilité avec OWL2-ER* induit. La section 5 compare notre approche avec d'autres, l'évalue et conclut.

2   Contraintes prescriptives compatibles avec OWL2-ER

2.1   Contraintes : positives vs. négatives, descriptives vs. prescriptives

Dans cet article, comme dans (Chein et Mugnier, 2008), les contraintes peuvent être *positives* ou *négatives*, pour respectivement exprimer des faits de la forme "*si A est vrai, B doit aussi l'être*" et "*si A est vrai, B ne doit pas l'être*".

Comme noté par Assmann et Wagner (2006), les modèles d'ingénierie peuvent être i) *descriptifs* d'une réalité, tels la plupart des ontologies, ou ii) *prescriptifs* de ce que les informations représentées doivent être, tels les spécifications de systèmes, les méta-modèles, les schémas XML ou de bases de données, etc. Similairement, nous distinguons deux sortes de contraintes positives. Les *contraintes descriptives* sont comme des définitions ou des axiomes : ils permettent aux moteurs d'inférence de vérifier *l'utilisation* de certains termes formels (s'ils sont utilisés). Les *contraintes prescriptives* permettent aux moteurs d'inférence de vérifier que certains termes formels sont réellement utilisés (pas seulement inférés) ou bien non utilisés, dans certaines conditions. E.g., les contraintes prescriptives peuvent être utilisées pour vérifier que si un type est défini comme ayant (nécessairement) certaines relations, ces relations sont *explicitement* données par les utilisateurs lorsqu'ils créent une instance d'un tel type. Le mot "explicitement" signifie ici que ces relations ne doivent pas simplement exister suite à une déduction automatique, e.g. par héritage, mais parce qu'elles ont été créées par un utilisateur.

Peu de LRCs permettent d'utiliser des contraintes et ils ne permettent généralement pas de spécifier des *contraintes prescriptives positives*. À titre d'exemple, supposons qu'une BC inclut la règle "Si X est une personne, X a un parent" ou la définition "toute personne a (nécessairement) un parent", et qu'un utilisateur ajoute le fait "Jean est une personne". Même si cette BC contient aussi la contrainte descriptive "Si X est une personne, X a un parent", aucun message d'erreur ne sera généré puisque cette contrainte sera satisfaite (par inférence) sans que l'utilisateur n'ait à décrire un parent pour Jean. Par contre, si cette même règle est marquée comme prescriptive, elle signifie que "Si X est une personne, X doit avoir un parent" et l'ajout de Jean en tant que personne mais sans relation à un parent doit alors être refusé. En d'autres termes, si un mécanisme associe automatiquement des relations à des objets – e.g., par héritage dynamique ou, statiquement, via une saturation par chaînage avant – ce mécanisme doit être adéquatement désactivé ou contourné pour vérifier des contraintes prescriptives positives. Les contraintes négatives sont à la fois descriptives et prescriptives puisqu'elles permettent la détection de RCs incorrects qu'ils aient été ajoutés automatiquement ou non.

Les contraintes prescriptives permettent ainsi des vérifications autres que via les contraintes descriptives, et elles ne sont *pas équivalentes à l'utilisation de l'hypothèse de monde fermé*. Les expressions logiques classiques sont seulement descriptives. E.g., comme vu ci-dessus, indiquer que "toute personne a (nécessairement) un parent" est seulement descriptif. Des règles (marquées comme) représentant des contraintes prescriptives positives nécessitent donc une interprétation spéciale, e.g. via une commande ou procédure spéciale.

2.2 Méthode générale et types pour contraintes prescriptives

Tao et al. (2010) montrent que représenter et vérifier des contraintes d'intégrité exploitant certaines formes de *l'hypothèse du nom unique* et de *l'hypothèse de monde fermé* peut être effectué via des *requêtes* SPARQL, une requête différente pour chaque contrainte différente. Notre but est plutôt de permettre la représentation de contraintes dans les BCs, et ce quel que soit le LRC utilisé, afin d'augmenter les possibilités d'exploitation et de réutilisation de ces contraintes, e.g. via *quelques* requêtes SPARQL prédéfinies. De plus, nous souhaitons aussi et surtout prendre en compte les contraintes prescriptives.

Pour cela, notre approche est d'introduire des types de contraintes. En reliant des RCs à ces types via des relations instance-de ou sous-type-de, les créateurs de BCs peuvent signifier que ces RCs sont des contraintes. Ainsi, elles peuvent être retrouvées ou interprétées d'une manière spéciale par un moteur d'inférence. L'ontologie OWL2 est similairement utilisée pour augmenter l'expressivité de RDF. Le nom de notre ontologie de types de contraintes est CSTR. Dans cette ontologie, `cstr:Constraint` est le supertype de tous les types de contraintes. Similairement, le type `cstr:Prescriptive_constraint`, un sous-type de `cstr:Constraint`, permet de retrouver ou spécifier (seulement) des contraintes prescriptives. Le type `cstr:Constraint_via_types` est le supertype des types de contraintes qui se représentent via des relations entre types. Ce dernier est instance du type de 2ᵉ ordre `cstr:Type_of_constraint_via_types`. Indiquer qu'un type est sous-type de `cstr:Constraint_via_types` est suffisant pour spécifier que toutes les définitions de ce type sont aussi des contraintes. Pour éviter un tel héritage, il faut plutôt indiquer que le type est instance de `cstr:Type_of_constraint_via_types`. La partie "cstr:" de ces identifiants est une abréviation XML de l'espace de noms `http://www.webkb.org/kb/it/CSTR`.

Pour une vérification adéquate des contraintes prescriptives positives, la sous-section 2.1 a introduit la nécessité de temporairement désactiver ou contourner les mécanismes d'inférence associant automatiquement des relations à des objets. Toutefois, ces mécanismes sont utiles pour vérifier si un objet vérifie ou non la condition d'une contrainte prescriptive positive. Ainsi, ils ne doivent être désactivés ou contournés que pour le principal (alias, 1ᵉʳ) objet de la conclusion de cette contrainte, i.e. l'objet dont les relations sont obligatoires pour tous les objets satisfaisant la condition de la contrainte. Nous proposons la méthode de contournement suivante : statiquement via un pré-traitement de la BC ou dynamiquement lors de la vérification de telles contraintes, créer un "clone sans type" de chaque objet vérifiant la condition d'une telle contrainte puis, lors de la vérification de sa conclusion, l'effectuer sur ce clone. Un tel clone a les mêmes relations que l'original sauf pour les relations *instance-de* (il n'en a pas ; de plus, s'il s'agit d'un individu non anonyme, il doit avoir un identifiant différent de l'objet original). Avec un tel clone, les "inférences exploitant les types pour associer les relations à un objet" sont évitées. Pour abrévier, nous écrirons désormais que cette méthode permet d'éviter *l'héritage*. Cette méthode ne fonctionne pas pour les "inférences n'exploitant pas les types" (e.g., celles basées sur le "typage canard" plutôt que l'héritage), ni si une *saturation par chaînage avant* est automatiquement effectuée avant le pré-traitement cité ci-dessus, mais ces deux cas sont rares.

Cette méthode repose sur une modification temporaire des RCs avant leur vérification par un moteur d'inférence. Ainsi, cette méthode ne repose *pas* sur – i.e., est *indépendante* de – un LRC ou un moteur d'inférence particulier. Ainsi, pour différent domaines ou applications, des moteurs d'inférence différents peuvent être utilisés pour vérifier ou évaluer la complétude d'ontologies. Avec certains langages de requête tels que les versions actuelles de SPARQL, la modification temporaire ne peut être effectuée dynamiquement, un pré-traitement de la BC est nécessaire. Ceci est une limitation car peu de serveurs de BC autorisent (la plupart de) leurs utilisateurs à modifier la BC pour la vérifier.

2.3   Contraintes compatibles avec OWL2-ER

Comme les contraintes sont des règles particulières et comme nous souhaitons représenter les contraintes de manière simple et indépendante de LRCs ou notations particulières, nous avons tout d'abord considéré OWL2-RL (Profils OWL2, 2014). Celui-ci peut être entièrement défini via des règles de Horn définies et l'égalité, donc avec Datalog, un sous-ensemble purement déclaratif de Prolog. Cependant, dans de telles règles, la conclusion ne peut inclure des objets anonymes existentiellement quantifiés. Ceci est possible avec les "règles existentielles" ou Datalog+. Baget et al. (2015) montrent qu'un sous-langage de OWL2 qu'ils nomment OWL2-ER peut représenter de nombreuses sortes de règles existentielles (d'où le suffixe "-ER") simplement en utilisant une relation `rdfs:subClassOf` (RDFS 1.1, 2014) entre deux expressions de classe de OWL2, l'expression de la superclasse représentant la conclusion de la règle. En d'autres termes, la relation `rdfs:subClassOf(C1,C2)`, ici exprimée dans une notation fonctionnelle, peut être traduite de la manière suivante dans une notation Peano-Russel pour la logique du 1er ordre : $\forall x$`(C1(x)` $\Rightarrow$ `C2(x))`. OWL2-ER correspond donc à peu près à la partie de Datalog+ pouvant être exprimée en utilisant seulement un sous-ensemble de OWL2, donc seulement avec des relations binaires et sans variables partagées à la fois par la condition et la conclusion d'une règle. Dans OWL2-ER, une contrainte négative peut être représentée de deux manières : i) via une expression de classe équivalente au type `owl:Nothing` dans la conclusion d'une règle, i.e. via une règle de la forme $\forall x$ `(ClassExpression(x)` $\Rightarrow \perp)$, et ii) via le type `owl:NegativeObjectPropertyAssertion` pour exprimer une négation de la forme $\neg \exists x$ `ClassExpression(x)`. Ni OWL2-ER ni Datalog+ ne peuvent *directement* représenter une contrainte positive mais, comme expliqué dans la sous-section 2.2, ceci peut être exprimé en spécifiant qu'une règle est instance de `cstr:Constraint`.

Dans cet article, les contraintes sont toujours représentées par des règles (nous n'exploitons pas la forme négative citée ci-dessus) et en utilisant des relations `rdfs:subClassOf` car c'est une façon simple (quoique restrictive) de représenter des règles. Baget et al. (2015) montrent que OWL2-ER peut être traduit en Datalog+ (même si tout OWL2 ne peut être représenté en Datalog+), puis dans RuleML (RuleML 1.01 deliberation, 2015). Comme elles n'exploitent que des relations `rdfs:subClassOf`, nos techniques peuvent travailler avec n'importe quel LRC ayant au moins l'expressivité de RDFS (RDFS 1.1, 2014) ou, tel RDF, permettant de réutiliser RDFS. Ce dernier point est le sens de l'expression "contraintes compatibles avec OWL2-ER". En d'autres termes, ces techniques n'exigent *pas qu'au moins ou au plus* OWL2-ER soit utilisé dans les RCs exploitées. Il ne serait donc pas pertinent pour cet article de donner plus de détails sur OWL2-ER ou une formalisation de ce que représenter une règle avec une relation `rdfs:subClassOf` implique. Baget et al. (2015) et Swan (2016) offrent une exploration formelle de ce que ceci implique. Pour cet article, le code SPARQL de la section suivante fournit les détails formels nécessaires. De même, pour cet article, une formalisation des contraintes prescriptives autres que celle donnée via le code SPARQL ne serait pas utile.

Les *contraintes compatibles avec OWL2-ER* pourraient être généralisées en utilisant une relation sous-type-de au lieu d'une relation `rdfs:subClassOf` entre la condition et la conclusion d'une contrainte. Conformément à la terminologie donnée dans l'introduction, ceci permettrait l'utilisation de types de relations ou de données (donc pas seulement des classes) dans la condition et la conclusion d'une contrainte. Cependant, la vérification d'objets tels les relations ou les instances de types de données peut le plus souvent s'effectuer via des contraintes sur des instances de classe liées à ces objets. E.g., les relations peuvent généralement être vérifiées via leurs sources ou destinations, ou via chaque *fait portant sur des relations* tel chaque instanciation de `owl:NegativeObjectPropertyAssertion`. Dans cet article, nous n'utilisons donc que des relations `rdfs:subClassOf` entre les conditions et conclusions de contraintes.

Pour signifier qu'une (expression de) classe est la condition d'une contrainte compatible avec OWL2-ER, le type de 1er ordre `cstr:OWL2-ER-like_constraint_condition` et le type de 2e ordre `cstr:Type_of_OWL2-ER-like_constraint_condition` sont proposés par notre ontologie CSTR. Ils s'utilisent respectivement comme indiqué plus haut pour les types `cstr:Constraint_via_types` et `cstr:Type_of_constraint_via_types`. Les requêtes SPARQL de cet article n'utilisent que `cstr:OWL2-ER-like_prescriptive_constraint_condition` et `cstr:OWL2-ER-like_constraint_condition` car ce sont des types du 1er ordre. En effet, la plupart des *moteurs d'inférence pour logiques de description* ne peuvent gérer une BC exploitant des types de 2e ordre non prédéfinis dans ces logiques. Pour cette même raison, si des contraintes portant sur des définitions de type doivent être vérifiées avec *ces* moteurs d'inférence, un pré-traitement de la BC afin d'en ôter les individus est requis. Dans un tel cas, les classes de 1er ordre deviennent des individus et leurs relations sous-type doivent également être retirées. Inversement, avant de vérifier les individus *avec de tels outils*, les types de 2e ordre non pré-définis doivent être supprimés.

Plus d'exemples sont donnés dans (Martin, 2017), le document Web associé à cet article.

3   Commandes SPARQL pour l'exploitation de contraintes prescriptives compatibles avec OWL2-ER

Dans des extensions de SPARQL telle LDScript (Corby et al., 2017), les commandes suivantes peuvent être séquencées dans des scripts ou des fonctions. Dans SPARQL, les noms de variables commencent par " ?". Dans cet article, pour des raisons de clarté, les noms des types de relations débutent par une lettre minuscule tandis que les autres noms débutent par une majuscule. Comme SPARQL réutilise la notation Turtle (Turtle, 2014), nous l'utilisons aussi dans la section 4. Un fait de la forme " Source rel1 Destination1_1 , Destination1_2 ; rel2 Destination2_1 , Destination2_2 " peut être lu " Source a pour rel1 Destination1_1 et Destination1_2, et a pour rel2 Destination2_1, et a pour rel2 Destination2_2 ".

Commande 1 : pré-traitement de la BC retirant temporairement des individus pour vérifier des contraintes sur des types via des moteurs d'inférences de logiques de description classiques.   La clause WHERE de la commande ci-dessous sélectionne chaque objet ?o qui n'a *pas* de type rdfs:Class, donc qui est un individu. La clause DELETE supprime les relations rdf:type depuis ?o et, depuis leurs destinations, supprime les relations rdfs:subClassOf lorsqu'elles existent. Pour remplacer ces relations rdfs:subClassOf, la clause INSERT ajoute les relations cstr:type et cstr:subClassOf. En effet, elles n'ont de signification particulière pour un moteur d'inférence et donc ne gênent pas l'appariement d'objets avec des classes, i.e. l'inférence de relations rdf:type. Enfin, elles permettent plus tard de ré-affirmer les relations rdf:type et rdfs:subClassOf initiales via une commande similaire.

```
DELETE { ?o rdf:type  ?t .  ?t rdfs:subClassOf ?superClass . }
 INSERT{ ?o cstr:type ?t .  ?t cstr:subClassOf ?superClass . }
 WHERE { ?o rdf:type  ?t .  ?t rdfs:subClassOf ?superClass .
         FILTER NOT EXISTS { ?o rdf:type rdfs:Class }         }
```

Commande 2 : pré-traitement de la BC créant des "clones sans type" d'objets pour exploiter ces objets sans mécanisme d'héritage.   SPARQL ne fournit pas de moyen pour supprimer l'héritage lors de l'exécution d'une requête. E.g, il ne permet pas de sélectionner un "régime d'inférence" (SPARQL 1.1 entailments, 2013) particulier dans une requête. Toutefois, la méthode de contournement de l'héritage donnée en section 2.2 peut être implémentée en SPARQL. La commande ci-dessous fournit un exemple où, par souci de clarté, il est supposé que la BC ne contient pas de type de 2e ordre. Pour chaque objet ?o dans la BC, si cet objet est un individu, la commande crée ?o2, une copie partielle de ?o qui a les mêmes relations moins les relations `rdf:type`. Cette copie partielle a pour identifiant celui de ?o mais avec le suffixe "_cloneWithoutType". Cette commande relie aussi ?o à ?o2 par une relation `cstr:cloneWithoutType`. Martin (2017) montre qu'avec une extension de SPARQL telle que STTL (Corby et Faron-Zucker, 2015), il n'est pas utile d'effectuer un tel pré-traitement du BC pour la commande 3 (seule commande qui le nécessite) car une requête CONSTRUCT peut être inclue dans une requête SELECT et permettre ainsi la création des clones "à la volée ".

```
INSERT { ?o cstr:cloneWithoutType ?o2 . ?o2 ?r ?dest } WHERE
{ ?o ?r ?dest .   FILTER (?r != rdf:type)
  FILTER NOT EXISTS { ?o rdf:type rdfs:Class }
  BIND (uri(concat(str(?o), "_cloneWithoutType")) as ?o2)
}
```

Commande 3 : vérification des contraintes prescriptives positives.   Cette commande est une requête. Elle liste tous les objets violant une contrainte prescriptive *positive*. Comme le montre le code, un tel objet satisfait deux conditions. Tout d'abord, il peut être apparié – et donc avoir pour type – la condition d'une contrainte ?posConstr qui est sous-classe de `cstr:OWL2-ER-like_prescriptive_constraint_condition` et qui n'a pas `owl:Nothing` dans sa conclusion. Par ailleurs, un tel objet ne peut être apparié – et donc ne peut avoir pour type – la conclusion de la contrainte, i.e. sa superclasse. Ainsi, cette requête nécessite un moteur SPARQL qui a un régime d'inférence permettant l'appariement (alias, catégorisation) d'un individu par rapport à une expression de classe et donc la déduction d'une relation `rdf:type` entre eux. Dans le code des commandes ci-dessous, chaque ligne utilisant une telle déduction finit par un commentaire débutant par "#appariement". Si, par exemple, tous les individus, conditions de contraintes et conclusions de contraintes sont décrits dans OWL2-QL, un *régime d'inférence* OWL2-QL est requis et suffisant. Dans ce cas, un moteur d'inférence capable de gérer l'expressivité de OWL2-QL est requis.

```
SELECT ?objectNotMatchingPosConstr ?posConstr  WHERE
{ #corps de cette seconde commande: entre ce premier '{' et le dernier '}'
  ?posConstr rdfs:subClassOf cstr:OWL2-ER-like_prescriptive_constraint_condition ,
                       ?posConstr_conclusion . #initialisation de ?posConstr
  FILTER NOT EXISTS { ?posConstr rdfs:subClassOf owl:Nothing } #-> contrainte non négative
  ?objectNotMatchingPosConstr rdf:type ?posConstr. #appariement de la condition
  FILTER NOT EXISTS  #-> objets satisfaisant la conclusion non listés
  { ?objectNotMatchingPosConstr rdf:type ?posConstr_conclusion } #appariement
}
```

Commande 4 : vérification des contraintes prescriptives négatives.   Cette requête liste chaque objet violant une contrainte négative, i.e. chaque objet s'appariant – et donc ayant pour type – un type ?negConstr intance du type `cstr:Contrainte_in_OWL2-ER` et qui a `owl:Nothing` dans sa conclusion. Le fait qu'il n'y ait pas de distinction entre descriptif ou prescriptif pour les contraintes négatives rend cette requête plus simple que la précédente, et même inutile si le moteur d'inférence utilisé pour l'appariement est utilisé directement pour vérifier toute la BC.

```
SELECT ?objectMatchingNegConstr ?negConstr  WHERE
{ ?negConstr rdfs:subClassOf cstr:OWL2-ER-like_constraint_condition , owl:Nothing .
  ?objectMatchingNegConstr rdf:type ?negConstr . #appariement
}
```

Commande 5 : vérifier des relations binaires au lieu d'individus. Pour lister des *relations binaires* violant des contraintes prescriptives, plutôt que de lister des individus ayant des relations violant de telles contraintes, il suffit de remplacer la relation `rdf:type` par une relation d'implication entre formules logiques dans les deux requêtes précédentes. Pour référer à une telle implication, Tim Berners-Lee utilise l'identifiant `log:implies` (Berners-Lee et al., 2008). Pour que ce remplacement fonctionne, le moteur SPARQL utilisé doit exploiter un moteur d'inférence pouvant déduire l'existence d'une telle implication quand elle existe entre les formules appariées. Comme les requêtes sur les individus, celles sur les relations peuvent utiliser des filtres supplémentaires. E.g., pour que la commande 4 fonctionne *seulement* sur les formules négatives, on peut ajouter à la fin de son corps :

```
?objectMatchingNegConstr rdf:type owl:NegativeObjectPropertyAssertion. #appariement
```

Commande 6 : évaluation de la complétude d'une ontologie. Un moyen simple de définir ou calculer le degré de complétude d'une BC est de diviser "le nombre de relations (dans la BC) ne violant pas de contraintes prescriptives" par "le nombre total de relations (liées à au moins un autre objet)". Au lieu de relations, la commande ci-dessous recherche des individus mais peut être adaptée comme indiqué dans le précédent paragraphe pour implémenter la définition de complétude ci-dessus.

```
SELECT ( ((?nbObjs - ?nbAgainstPosCs - ?nbMatchingNegCs) / ?nbObjs) AS ?completeness)
{ {SELECT (COUNT(DISTINCT ?o) AS ?nbObjs)
     WHERE { ?o ?r ?o2 } } #tout objet (lié à un autre objet)
  {SELECT(COUNT(DISTINCT ?objectNotMatchingPosConstr) AS ?nbAgainstPosCs)
     WHERE { ... #le corps de la commande 3 peut être copié ici
         } }
  {SELECT (COUNT(DISTINCT ?objectMatchingNegConstr) AS ?nbMatchingNegCs)
     WHERE { ... #le corps de la commande 4 peut être copié ici
         } }
}
```

4 Exemples de contraintes prescriptives ainsi exploitables

Pour la construction de hiérarchies de sous-types, divers travaux de recherche conseillent d'utiliser des structures d'arbres, e.g. (Rector et al., 2012). Martin (2017) montre qu'utiliser des partitions de sous-types au lieu de structures d'arbre a les mêmes avantages et moins d'inconvénients, mais que cette approche est inutilement lourde pour classer des "types non naturels". Pour catégoriser des classes via un LRC réutilisant OWL2, Martin (2017) propose donc de n'utiliser que des relations de type `cstr:equivDisjointUnion`, `cstr:subclassOfDisjointUnion`, `cstr:nonNaturalSubclass` ou des sous-types d'un de ces trois types. Il définit ces trois types en OWL2, ainsi que leur supertype commun :

`cstr:nonNaturalOrPartitionSubclass`. Le patron de conception proposé peut alors être vérifié via la contrainte prescriptive positive suivante : "s'il existe une relation sous-classe-de entre deux classes, cette relation doit être de type `cstr:nonNaturalOrPartitionSubclass`". Une contrainte équivalente est : "si une classe C1 a une relation sous-classe vers une classe C2, cette relation doit être de type `cstr:nonNaturalOrPartitionSubclass`". OWL2 ne permettant pas d'utiliser de variable pour référer à ladite relation ou à C2, une version compatible avec OWL2-ER est : "si une classe C1 a une relation sous-classe, C1 doit avoir une relation de type `cstr:nonNaturalOrPartitionSubclass`". Une représentation en Turtle est ci-dessous. Pour contourner l'ambiguïté inhérente à cette dernière version et effectuer la vérification voulue, il ne faut pas vérifier chaque objet de la BC (i.e., il ne faut pas utiliser la commande 3 directement) mais vérifier chaque relation, une par une (i.e., utiliser `log:implies` comme indiqué dans le texte associé à la commande 5).

```
cstr:Subclass #classe ayant une sous-classe ; condition de contrainte associée à cela
  rdfs:subClassOf cstr:OWL2-ER_prescriptive_constraint_condition ,
  owl:equivalentClass              #définition de la condition de la contrainte :
   [rdf:type owl:Restriction ;   # "classe qui a une sous-classe"
    owl:onProperty cstr:subclass ;   owl:someValuesFrom rdfs:Class ];
  rdfs:subClassOf  #conclusion (les types de relations qui doivent être présents) :
   [rdf:type owl:Restriction ;  owl:onProperty cstr:nonNaturalOrPartitionSubclass;
    owl:someValuesFrom rdfs:Class ].
```

Martin (2017) généralise cette contrainte (et les types qu'elle exploite) à la vérification de tout type de relation transitive. Plus exactement, il propose une commande SPARQL qui génère et ajoute à la BC une contrainte pour chaque type de relation transitive instance d'un certain types du 2ᵉ ordre. Avec certains moteurs d'inférence, un pré-traitement de la BC est donc à effectuer pour temporairement supprimer de tels types avant de vérifier les contraintes. De manière similaire, Martin (2017) définit une autre contrainte (et les types qu'elle exploite) pour vérifier que les types de relations instances d'un certain type sont systématiquement utilisés lorsque leur signature le permet, sauf sous des conditions données.

5   Évaluation, comparaisons et conclusion

Notre approche permet de représenter des contraintes prescriptives dans tout LRC dont l'expressivité est au moins égale à RDFS et permet d'exploiter n'importe quel moteur d'inférence, y compris via des requêtes SPARQL. C'est son originalité. La contribution de cet article est d'avoir montré comment, jusqu'à quel point (i.e., moyennant quelles sortes de pré-traitements de la BC pour compenser des limites de SPARQL ou de OWL2), et pourquoi : i) la possibilité de représenter des contraintes prescriptives via des RCs plutôt que via des requêtes ou des procédures *ad hoc*, et donc aussi ii) la possibilité de réutiliser ces contraintes et des moteurs d'inférences dans diverse tâches liées à la vérification ou l'évaluation de la complétude d'une BC. E.g., pour construire une BC, il est possible d'utiliser des contraintes prescriptives pour représenter des patrons de conception d'ontologies ou des modèles de tâches génériques, puis d'utiliser un moteur d'inférences pour vérifier la complétude de la BC et, en fonction des résultats, éliciter la connaissance manquante auprès d'experts.

Notre approche est difficile à évaluer théoriquement puisqu'elle repose sur d'autres méthodes ou outils. Elle hérite de leurs avancées théoriques ou pratiques. Baget et al. (2015) et

Swan (2016) listent des avancées théoriques pertinentes pour cette approche. Nous n'avons validé notre approche qu'expérimentalement en l'utilisant pour vérifier des ontologies ou calculer leur degré de complétude. Ce degré est faible pour des contraintes implémentant des patrons de conception peu connus, tels ceux de la section 4. Nous poursuivrons ces expériences et ajouterons leurs analyses à (Martin, 2017). En ce qui concerne l'usage de SPARQL pour vérifier des contraintes, Tao et al. (2010) montrent que SPARQL peut être utilisé pour à la fois exprimer et valider des contraintes d'intégrité utilisant des formes partielles de "l'hypothèse du monde fermé" et de "l'hypothèse des noms uniques", et ce de manière cohérente et complète si certaines conditions sur l'expressivité utilisée dans la BC et pour les contraintes sont respectées. Dans notre approche, les requêtes ne servent qu'à valider des contraintes, pas à les exprimer, mais ceci n'est qu'une généralisation de l'approche de Tao et al. (2010) qui ne change pas leurs résultats théoriques. Dans (Tao et al., 2010), les formes partielles des hypothèse du monde fermé ou des noms uniques sont dans SPARQL spécifiables via les opérateurs `EXISTS` et `NOT EXISTS` de SPARQL et les relations `owl:sameAs` et `owl:differentFrom`. Ces formes peuvent similairement s'exprimer via les commandes vues en section 3 et l'usage des relations `owl:sameAs` et `owl:differentFrom` dans les contraintes.

Notre approche est basée sur une utilisation particulière de RDFS. Elle doit donc être comparée à SHACL (Shapes Constraint Language) (SHACL, 2017), une ontologie de langage (telle OWL2) proposée par le W3C pour permettre de définir des contraintes en RDF. SHACL ne réutilise pas OWL2 pour définir des contraintes : il introduit de nouveaux termes. Il ne permet donc pas de réutiliser – pour vérifier les contraintes – des moteurs d'inférence comprenant le sens spécial de termes de OWL2 : un moteur d'inférence dédié à SHACL doit être utilisé et un nouveau LRC (SHACL) doit être appris. De plus, SHACL ne fait pas de distinction entre contraintes descriptives et prescriptives, et ne traite donc que très partiellement ces dernières. En effet, le fait que SHACL permette de spécifier quel régime d'inférence doit être utilisé avec quelle contrainte, y compris l'absence d'inférence, est insuffisant : un régime expressif peut être nécessaire pour apparier des objets à la condition d'une contrainte prescriptive même si pour sa conclusion l'héritage doit en effet être supprimé. Enfin, la flexibilité d'un langage tel que SPARQL – e.g. via les pré-traitements de BC qu'il permet – n'est pas atteinte par SHACL. Les exemples de contraintes de la section 4 ne semblent pas pouvoir se représenter en SHACL.

Certains langages ou systèmes de transformation exploitent des RCs. Zamazal et Svátek (2015) et Corby et Faron-Zucker (2015) présentent de tels systèmes. Quoique peu d'entre eux permettent d'utiliser directement une fonction d'appariement de motifs de RCs sans aussi transformer les RCs appariés – PatOMat (Zamazal et Svátek, 2015) est une exception – ces langages ou systèmes pourraient être adaptés pour avoir une telle fonction et ainsi être utilisés pour gérer des contraintes prescriptives. Toutefois, à notre connaissance, tous ces systèmes utilisent des langages plus expressifs que OWL2-ER. E.g., ils utilisent généralement des langages basés sur des règles permettant l'usage de variables pour relier les objets partagés par la condition et la conclusion de la règle. Utiliser de tels langages peut simplifier l'écriture des contraintes prescriptives. Cependant, concernant *ce qui peut être exprimé* et vérifié via des contraintes prescriptives, cet article et (Martin, 2017) montrent que i) beaucoup peut être réalisé *simplement en utilisant OWL2-ER et SPARQL*, et ii) la puissance de notre approche est liée à la puissance du moteur d'inférence utilisé pour les appariements, pas seulement au langage utilisé.

Certains systèmes de transformation, tel PatOMat (Zamazal et Svátek, 2015), génère des requêtes SPARQL (pour détecter des motifs) basées sur des spécifications de *motifs et leurs transformations* dans un autre langage. Certains autres systèmes de transformation offrent directement une extension de SPARQL telle STTL (Corby et Faron-Zucker, 2015) pour écrire des spécifications de motifs et leurs transformations. E.g., comme montré par Corby et al. (2016), STTL peut être combiné avec LDScript pour i) spécifier des requêtes STTL (compilées dans des requêtes SPARQL) détectant des modèles, puis ii) transformer les résultats. Toutefois, Corby et al. (2016) ne mentionnent pas l'exploitation de moteurs d'inférence pour apparier des objets, et ne fait pas de distinction entre contraintes descriptives et prescriptives. Nos commandes SPARQL, y compris celles générant des contraintes prescriptives, pourraient donc utilement être réutilisées dans ces systèmes de transformation, sous une forme adaptée. Nous allons explorer ceci en utilisant STTL+LDScript.

Références

Assmann, U. et G. Wagner (2006). Ontologies, Meta-models, and the Model-Driven Paradigm. In *Ontologies for Software Engineering and Software Technology*, pp. 249–273. Springer.

Baget, J., A. Gutierrez, M. Leclère, M. Mugnier, S. Rocher, et C. Sipieter (2015). Datalog+, RuleML and OWL 2 : Formats and Translations for Existential Rules. In *Challenge+DC@RuleML*. Berlin, Germany.

Berners-Lee, T., D. Connolly, L. Kagal, Y. Scharf, et J. Hendler (2008). N3Logic : A Logical Framework For the World Wide Web. *Theory and Practice of Logic Programming 8*(3), 249–269.

Chein, M. et M.-L. Mugnier (2008). *Graph-based Knowledge Representation : Computational Foundations of Conceptual Graphs*. Springer.

Corby, O. et C. Faron-Zucker (2015). STTL : A SPARQL-based Transformation Language for RDF. In *WEBIST 2015, 11th International Conference on Web Information Systems and Technologies*, pp. 466–476. Lisbon, Portugal.

Corby, O., C. Faron-Zucker, et F. Gandon (2017). LDScript : A Linked Data Script Language. In *ISWC 2017, 16th International Semantic Web Conference*, pp. 208–224. Vienna, Austria.

Corby, O., C. Faron-Zucker, et R. Gazzotti (2016). Validating Ontologies Against OWL 2 Profiles with the SPARQL Template Transformation Language. In *RR 2016, Web Reasoning and Rule Systems*, pp. 39–45. Springer.

Galárraga, L., K. Hose, et S. Razniewski (2017). Enabling completeness-aware querying in SPARQL. In *WebDB 2017*, pp. 19–22. Chicago, IL, USA.

Martin, P. (2017). OWL2-ER Compatible Prescriptive Constraints to Evaluate Ontology Completeness. Web page, http://www.webkb.org/kb/it/o_knowledge/d_constraints_owl2er.html.

Profils OWL2 (2014). OWL 2 Web Ontology Language Profiles (Second Edition), W3C Recommendation 11 December 2012. Web page, http://www.w3.org/TR/owl2-profiles/.

RDFS 1.1 (2014). RDF Schema 1.1, W3C Recommendation 25 February 2014. Web page, http://www.w3.org/TR/rdf-schema/.

Rector, A., S. Brandt, N. Drummond, M. Horridge, C. Pulestin, et R. Stevens (2012). Engineering use cases for modular development of ontologies in OWL. *Applied Ontology 7*(2), 113–132.

RuleML 1.01 deliberation (2015). Deliberation RuleML 1.01. Web page, http://wiki.ruleml.org/index.php/Specification_of_Deliberation_RuleML_1.01.

SHACL (2017). Shapes Constraint Language (SHACL), W3C Recommendation 20 July 2017. Web page, http://www.w3.org/TR/shacl/.

Sowa, J. F. (1992). Conceptual Graphs Summary. In *Conceptual Structures : Current Research and Practice*, pp. 3–51. Ellis Horwood.

SPARQL 1.1 entailments (2013). SPARQL 1.1 Entailment Regimes, W3C Recommendation 21 March 2013. Web page, http://www.w3.org/TR/sparql11-entailment/.

Swan, R. (2016). *Querying Existential Rule Knowledge Bases : Decidability and Complexity*. PhD thesis, University of Montpellier.

Tao, J., E. Sirin, J. Bao, et D. L. McGuinness (2010). Integrity constraints in owl. In *AAAI'10*, pp. 1443–1448. AAAI Press.

Turtle (2014). RDF 1.1 Turtle (Terse RDF Triple Language), W3C Recommendation 25 February 2014. Web page, http://www.w3.org/TR/turtle/.

Zamazal, O. et V. Svátek (2015). PatOMat - Versatile Framework for Pattern-Based Ontology Transformation. *Computing and Informatics 34*(2), 305–336.

Zaveri, A., A. Rula, A. Maurino, R. Pietrobon, J. Lehmann, et S. Auer (2016). Quality Assessment for Linked Data : A Survey. *Semantic Web Journal 7*(1), 63–93.

Summary

This article defines prescriptive constraints as rules enabling inference engines to check that certain formal objects are used – not just inferred – or not, in certain conditions. It shows why these constraints require not exploiting inheritance mechanisms (or other mechanisms automatically adding relations to objects) during the tests of rule conclusions. It gives a general method to do this and then SPARQL commands to implement this method when the rules are represented via a subclassOf relation from the condition to the conclusion, i.e. as in OWL2-ER. The article illustrates these commands to check some ontology design patterns. More generally, the approach can be used to check the completeness of an ontology, or to represent constraints in an ontology (rather than via requests or *ad hoc* procedures) to calculate a degree of ontology completeness. The approach can thus help elicitation, modeling or validation of knowledge.

Echantillonnage de motifs séquentiels
sous contrainte sur la norme

Lamine Diop***, Cheikh Talibouya Diop**, Arnaud Giacometti*, Dominique Li*, Arnaud Soulet*

*Université de Tours, France
{arnaud.giacometti, dominique.li, arnaud.soulet}@univ-tours.fr
**Université Gaston Berger de Saint-Louis, Sénégal
{diop.lamine3,cheikh-talibouya.diop}@ugb.edu.sn

Résumé. L'échantillonnage de motifs est une méthode non-exhaustive pour découvrir des motifs pertinents qui assure une bonne interactivité tout en offrant des garanties statistiques fortes grâce à sa nature aléatoire. Curieusement, une telle approche explorée pour les motifs ensemblistes et les sous-graphes ne l'a pas encore été pour les données séquentielles. Dans cet article, nous proposons la première méthode d'échantillonnage de motifs séquentiels. Outre le passage aux séquences, l'originalité de notre approche est d'introduire une contrainte sur la norme pour maîtriser la longueur des motifs tirés et éviter l'écueil de la « longue traîne ». Nous démontrons que notre méthode fondée sur une procédure aléatoire en deux étapes effectue un tirage exact. Malgré le recours à un échantillonnage avec rejet, les expérimentations montrent qu'elle reste performante.

1   Introduction

Les motifs séquentiels ont été introduits par Agrawal et Srikant (1995) il y a plus de 20 ans et leur utilité a été prouvée dans différents domaines de recherche et d'applications comme la fouille d'usage du Web, la fouille de textes, la bioinformatique, la détection de fraudes, etc. Depuis la première publication, de nombreuses méthodes ont optimisé l'extraction des motifs séquentiels (Zaki, 2001; Pei et al., 2001) et ont introduit des variantes (Lo et al., 2008; Gomariz et al., 2013). Malgré toutes ces avancées, l'extraction des motifs séquentiels reste une tâche coûteuse qui génère souvent trop de motifs. Cette limite aussi atteinte par l'extraction des motifs ensemblistes a été contournée par l'échantillonnage de motifs. Une telle approche tire un nombre limité de motifs où la probabilité de tirer un motif est proportionnelle à sa fréquence. Cette approche a l'avantage de contrôler la taille de la sortie et d'apporter une collection de motifs qui reflète l'intégralité de l'espace de recherche. A notre connaissance, une telle approche n'a encore pas été envisagée pour les motifs séquentiels.

Adapter la procédure d'échantillonnage de motifs en deux étapes (Boley et al., 2011) aux données séquentielles n'est pas trivial. D'une part, une limite importante de l'échantillonnage de motifs est d'avoir tendance à retourner des motifs rares correspondant à la longue traîne. En effet, la longue traîne signifie que la très grande majorité des motifs ont une fréquence très faible et elle occulte les motifs les plus fréquents. Ce problème est exacerbé dans le cas des séquences où le nombre de motifs séquentiels de fréquence 1 explose dans les jeux de données réels. Malgré un tirage proportionnel à la fréquence, l'échantillonnage se concentrerait uniquement sur des séquences très longues et de fréquence 1. Pour éviter cet écueil de la longue traîne, nous choisissons d'introduire une contrainte sur la norme (i.e., sur le nombre d'items) pour contrôler la taille des motifs tirés. D'autre part, le coeur de cette approche requiert de dénombrer pour chaque séquence le nombre de sous-séquences distinctes. Cette tâche n'est pas aisée car une même séquence peut contenir plusieurs occurrences d'une même sous-séquence. A cette fin, nous généraliserons le travail de Egho et al. (2015) afin de dénombrer les sous-séquences en tenant compte de la norme.

Dans cet article, notre objectif est d'échantillonner les motifs séquentiels proportionnellement à la fréquence avec une contrainte sur la norme. Premièrement, dans la section 4, nous proposons une méthode en deux étapes grâce à la généralisation de la formule de dénombrement des sous-séquences de Egho et al. (2015). Nous démontrons que cette méthode effectue un échantillonnage exact. Deuxièmement, dans la section 5, nous expérimentons cette approche sur plusieurs jeux de données réels. Nous montrons que notre approche est suffisamment performante pour retourner des centaines de motifs séquentiels par seconde. Nous montrons également l'apport de la contrainte sur la norme pour mieux maîtriser la qualité des motifs retournés et éviter la malédiction de la longue traîne.

2   Travaux relatifs

Cet état de l'art distingue les méthodes d'échantillonnage de motifs en entrée et en sortie. L'échantillonnage en entrée (Toivonen et al., 1996) consiste à régénérer depuis un échantillon de données tous les motifs qui auraient été extraits depuis le jeu de données complet. L'échantillonnage en sortie (Al Hasan et Zaki, 2009) consiste à générer un échantillon de motifs parmi les motifs qui auraient été extraits depuis le jeu de données complet. Plusieurs approches ont été proposées pour l'échantillonnage en entrée des motifs séquentiels (Raissi et Poncelet, 2007), mais à notre connaissance, cet article propose la première approche d'échantillonnage de motifs séquentiels en sortie. Comme la complexité de l'échantillonnage de motifs est indépendante de la taille du langage, elle est propice aux langages structurés dont la combinatoire est forte. D'ailleurs, des méthodes ont été proposées pour les sous-graphes.

Plusieurs procédures ont été proposées pour l'échantillonnage de motifs. La première famille (Al Hasan et Zaki, 2009) repose sur les méthodes de Monte-Carlo par chaînes de Markov. L'idée est que la loi stationnaire de la marche aléatoire corresponde à la distribution à échantillonner. La limite de telles approches stochastiques est la vitesse de convergence qui peut être lente. La seconde famille (Boley et al., 2011) consiste à tirer une instance du jeu de données, puis à tirer un motif contenu dans cette instance. En choisissant judicieusement les deux distributions de tirage, il est alors possible d'obtenir un tirage exact selon la distribution désirée. Nous avons opté pour une telle approche en deux étapes pour sa rapidité et sa précision. Outre la difficulté de traiter des séquences plutôt que des itemsets, nous avons également ajouté une contrainte sur la norme des motifs. A notre connaissance, seule une approche (Dzyuba et al., 2017) permettrait de traiter à la fois des langages complexes et des contraintes. Fondée sur la satisfaction de contraintes, elle requière de disposer d'un solveur intégrant efficacement des contraintes XOR et elle n'a été utilisée que pour des motifs ensemblistes. Par ailleurs, Dzyuba et al. (2017) soulignent que leur approche générique rivalisera difficilement avec des approches dédiées à un seul langage et/ou classe de contraintes.

3 Préliminaires

Après avoir rappelé quelques définitions, cette section formalise le problème de l'échantillonnage de motifs séquentiels sous-contraintes sur la norme.

3.1 Définitions

Soit $\mathcal{I}$ un ensemble fini de littéraux nommés *items*. Un *itemset* ou *motif* X est un sous-ensemble non vide de $\mathcal{I}$. Une *séquence* s définie sur $\mathcal{I}$ est une liste ordonnée $s = \langle X_1, \ldots, X_n \rangle$ d'itemsets non-vides $X_i \subseteq \mathcal{I}$ ($1 \leq i \leq n$, $n \in \mathbb{N}$). n est la *taille* de la séquence s noté $|s|$. La *norme* d'une séquence s, notée $\|s\|$, est la somme des cardinalités de ses itemsets, i.e. $\|s\| = \sum_{i=1}^{n} |s_i|$. Par la suite, on note s^l le préfixe $\langle X_1, \ldots, X_l \rangle$ de s ($0 \leq l \leq n$, $l \in \mathbb{N}$), s^0 étant la séquence vide (représentée par $\langle \rangle$) et $s[j] = X_j$ le j-ième itemset de s ($1 \leq j \leq n$, $j \in \mathbb{N}$). Enfin, on note $\mathbb{S}$ l'ensemble universel de toutes les séquences définies sur $\mathcal{I}$, et une base de données séquentielles $\mathcal{S}$ sur $\mathcal{I}$ est un multi-ensemble de séquences définies sur $\mathcal{I}$.

Nous rappelons maintenant les définitions de *sous-séquences* et d'*occurrences* d'une sous-séquence dans une séquence donnée.

Définition 1 (Sous-séquence) *Une séquence $s' = \langle X'_1, \ldots, X'_m \rangle$ est une sous-séquence d'une séquence $s = \langle X_1, \ldots, X_n \rangle$, noté $s' \sqsubseteq s$, s'il existe une séquence d'indices $1 \leq i_1 < i_2 < \cdots < i_m \leq n$ telle que pour tout $j \in [1..m]$, on ait $X'_j \subseteq X_{i_j}$. Etant donnée une séquence s, on note $\phi(s)$ l'ensemble des sous-séquences de s, i.e. $\phi(s) = \{s' \in \mathbb{S} \mid s' \sqsubseteq s\}$, et $\Phi(s)$ la cardinalité de cet ensemble, i.e. $\Phi(s) = |\phi(s)|$.*

Etant donnée une séquence $s = \langle X_1, \ldots, X_n \rangle$, une sous-séquence $s' = \langle X'_1, \ldots, X'_m \rangle$ de s peut apparaître plusieurs fois au sein de s s'il existe plusieurs séquences d'indices $1 \leq i_1 < i_2 < \cdots < i_m \leq n$ telles que pour tout $j \in [1..m]$, on ait $X'_j \subseteq X_{i_j}$. Dans ce cas, on parle d'*occurrences* multiples de la sous-séquence s' au sein de s. La définition suivante précise comment ces différentes occurrences peuvent être représentées.

Définition 2 (Occurrence) *Etant donnée une séquence $s = \langle X_1, \ldots, X_n \rangle$, une liste ordonnée d'itemsets $o = \langle Z_1, \ldots, Z_n \rangle$ de même taille que s est une occurrence d'une sous-séquence $s' = \langle X'_1, \ldots, X'_m \rangle$ de s s'il existe une séquence d'indices $1 \leq i_1 < \cdots < i_m \leq n$ telle que pour tout $j \in \{i_1, \ldots, i_m\}$, on ait $Z_{i_j} = X'_j$, et tout $j \in \{1, \ldots, n\} \setminus \{i_1, \ldots, i_m\}$, on ait $Z_j = \emptyset$. Cette séquence d'indices, appelée signature de o, est unique par définition.*

Exemple 1 *Pour $s = \langle (ab)(cd)(ce) \rangle$, $o_1 = \langle (a)(c)\emptyset \rangle$ et $o_2 = \langle (a)\emptyset(c) \rangle$ sont deux occurrences de $s' = \langle (a)(c) \rangle$ avec pour signature respective $\langle 1, 2 \rangle$ et $\langle 1, 3 \rangle$.*

3.2 Formalisation du problème

Une méthode d'extraction de motifs par échantillonnage a généralement pour objectif de tirer aléatoirement un motif par rapport à une mesure d'intérêt donnée. Dans notre cas, la mesure considérée est la fréquence du motif dans une base de données séquentielles.

Définition 3 (Fréquence) *Etant données une base de données séquentielles $\mathcal{S}$ définie sur $\mathcal{I}$ et une sous-séquence $s \in \mathbb{S}$. La fréquence de s dans $\mathcal{S}$, noté $freq(s, \mathcal{S})$ ou plus simplement $freq(s)$, est définie par : $freq(s, \mathcal{S}) = |\{s' \in \mathcal{S} \mid s \sqsubseteq s'\}|$.*

Notre objectif est de tirer aléatoirement des motifs séquentiels par rapport à la fréquence et sous une contrainte de norme. Etant donnés deux entiers m et M tels que $m \leq M$, on notera $\mathbb{S}_{[m,M]}$ l'ensemble des séquences de $\mathbb{S}$ de norme comprise entre m et M, i.e. $\mathbb{S}_{[m,M]} = \{s \in \mathbb{S} \mid m \leq \|s\| \leq M\}$. Le problème posé peut finalement s'énoncer comme suit :

Etant données une base de données séquentielles $\mathcal{S}$, des normes minimale m et maximale M, notre problème consiste à tirer aléatoirement une sous-séquence $s \in \mathbb{S}_{[m,M]}$ telle que la probabilité de tirage $p(s)$ de s soit égale à la fréquence de s dans $\mathcal{S}$ normalisé par la somme des fréquences des sous-séquences de $\mathcal{S}$ dans $\mathbb{S}_{[m,M]}$, i.e.

$$p(s) = \frac{freq(s, \mathcal{S})}{\sum_{s' \in \mathbb{S}_{[m,M]}} freq(s', \mathcal{S})}.$$

4 Méthode d'échantillonnage en deux étapes sous contrainte

4.1 Aperçu de l'approche

Dans l'approche proposée par Boley et al. (2011), les auteurs montrent comment échantillonner des itemsets proportionnellement à leur support dans une base de données transactionnelles. Nous proposons d'utiliser une solution comparable en deux étapes, mais en ajoutant une contrainte sur la norme des motifs extraits.

Tirage d'une séquence Soient $\mathcal{S}$ une base de données séquentielles et deux entiers m et M tels que $m \leq M$. Dans une première étape (voir lignes 1 et 2 de l'algorithme 1), nous commençons par calculer pour toute séquence $s \in \mathcal{S}$ le nombre $\Phi_{[m,M]}(s)$ de sous-séquences de s de norme comprise entre m et M, i.e. $\Phi_{[m,M]}(s) = |\{s' \sqsubseteq s \mid m \leq \|s\| \leq M\}|$. En se basant sur les travaux de Egho et al. (2015), nous montrons dans la section 4.2 comment calculer un tel nombre de sous-séquences. Ensuite, cette première étape se poursuit par le tirage aléatoire d'une séquence s de $\mathcal{S}$ proportionnellement à son poids $w(s) = \Phi_{[m,M]}(s)$.

Tirage d'un motif séquentiel Dans la deuxième étape, nous commençons par tirer aléatoirement (ligne 3 de l'algorithme 1), la norme k de la sous-séquence de s qui sera finalement retournée. Ce nombre k est tiré proportionnellement au nombre de sous-séquences de s de norme exactement égale à k, i.e. selon la distribution de probabilité $\mathbb{P}_{[m,M]}$ définie pour tout $k \in [m..M]$ par : $\mathbb{P}_{[m,M]}(k) = \frac{\Phi_{[k,k]}(s)}{\Phi_{[m,M]}(s)}$. Finalement, l'algorithme 1 retourne à la ligne 4 une sous-séquence s' de s de norme k selon une distribution uniforme, ce qui signifie que toute sous-séquence s' de s de norme k sera tirée avec la même probabilité $\frac{1}{\Phi_{[k,k]}(s)}$. Nous montrons dans la section 4.3 comment effectuer un tel tirage uniforme grâce à une méthode par rejet. Le problème principal posé est qu'une sous-séquence s' de s peut avoir plusieurs occurrences dans s et qu'il ne faut donc pas tirer avec une probabilité plus élevée des sous-séquences de s ayant un nombre d'occurrences plus important.

Algorithm 1 Echantillonnage de motifs séquentiels sous contraintes de norme

---

Input: Une base de données séquentielles $\mathcal{S}$, et deux entiers m et M tels que $m \leq M$

Output: Une sous-séquence $s \in \mathbb{S}_{[m,M]}$ tirée aléatoirement, i.e. $s \sim freq(\mathbb{S}_{[m,M]}, \mathcal{S})$

  1: Soient les poids w définis par $w(s) = \Phi_{[m,M]}(s)$ pour tout $s \in \mathcal{S}$

  2: Tirer une séquence de $\mathcal{S}$ proportionnellement à $w : s \sim w(\mathcal{S})$

  3: Tirer un entier k entre m et M selon la distribution $\mathbb{P}_{[m,M]}(k)$

  4: **return** Une sous-séquence $s' \sim u(\{s' \sqsubseteq s \mid \|s'\| = k)$ de s où u est la distribution uniforme

---

4.2 Poids et tirage d'une séquence

Dans cette section, nous montrons comment calculer le nombre de sous-séquences d'une séquence s sous contrainte de norme en généralisant la proposition de Egho et al. (2015). La principale difficulté est de ne pas compter plusieurs fois une même sous-séquence même si elle possède plusieurs occurrences dans s.

Sans contrainte sur la norme Soient une séquence $s = \langle X_1, \ldots, X_n \rangle$ et un itemset Y. Par la suite, nous notons $s \circ Y$ la concaténation de s et Y définie par : $s \circ Y = \langle X_1, \ldots, X_n, Y \rangle$. Intuitivement, si Y est disjoint de tous les itemsets de la séquence s, il est aisé de vérifier que le nombre de sous-séquences distinctes de $s \circ Y$ est égal au nombre de sous-séquences de s multiplié par le nombre de sous-ensembles de Y, i.e. $\Phi(s \circ Y) = \Phi(s) \times 2^{|Y|}$. Si Y n'est pas disjoint des itemsets de S, $\Phi(s \circ Y)$ sera inférieur à $\Phi(s) \times 2^{|Y|}$ et Egho et al. (2015) introduisent un terme correcteur $R(s, Y)$ pour calculer le nombre exact de sous-séquences distinctes. Pour ce faire, ils commencent par introduire un ensemble de positions précisant où les répétitions d'items de l'itemset Y sont localisées dans la séquence s :

Définition 4 (Ensemble de positions - Egho et al. (2015)) *Soient une séquence s et un itemset Y. $L(s, Y) = \{i \in \mathbb{N} \mid i \leq |s| \wedge s[i] \cap Y \neq 0 \wedge (\forall j > i)(s[i] \cap Y \not\subseteq s[j] \cap Y)\}$ est l'ensemble des positions où l'itemset Y a une intersection maximale avec les différents itemsets de s.*

Exemple 2 *Soit la séquence $s = \langle (ab)c(ac) \rangle$. Nous avons $s^1 = \langle (ab) \rangle$, $s[2] = (c)$ et $L(s^1, s[2]) = \emptyset$ car $s[2]$ n'intersecte aucun itemset de s^1. Calculons maintenant $L(s^2, s[3])$. $s[3] = (ac)$ intersecte à la fois le premier itemset $s[1] = (ab)$ de s ($s[1] \cap s[3] = (a)$) et le second itemset $s[2] = (c)$ de s ($s[2] \cap s[3] = (c)$). De plus, ces deux intersections sont disjointes. Par conséquent, nous avons $L(s^2, s[3]) = \{1, 2\}$, ce qui indique qu'en concaténant des sous-ensembles de $s[3]$ à des sous-séquences de s^2 des répétitions de sous-séquences de s^2 pourront être générées du fait que des items de $s[3]$ se retrouvent aux postions 1 et 2 de s^2.*

A partir de cet ensemble de positions, il est possible de calculer le nombre de sous-séquences distinctes d'une séquence s grâce à la formule récursive suivante.

Théorème 1 (Nombre de sous-séquences - Egho et al. (2015)) *Etant donnés une séquence s et un itemset Y, le nombre de sous-séquences distinctes de $s \circ Y$, noté $\Phi(s \circ Y)$, est défini par $\Phi(s \circ Y) = \Phi(s) \times 2^{|Y|} - R(s, Y)$ où $R(s, Y)$ est un terme correcteur :*

$$R(s, Y) = \sum_{\emptyset \subset K \subseteq L(s,Y)} (-1)^{|K|+1}(\Phi(s^{min(K)-1}) \times (2^{|s[K] \cap Y|} - 1))$$

avec $s[K] = \cap_{k \in K} s[k]$ pour toute séquence s et ensemble d'indices K.

L'exemple suivant permet de donner une intuition de la formule récursive introduite précédemment, et en particulier de son terme correcteur.

Exemple 3 *Poursuivons l'exemple 2. L'ensemble $\phi(s^1)$ des sous-séquences de $s^1 = \langle(ab)\rangle$ est défini par $\phi(s^1) = \{\langle\,\rangle, \langle a\rangle, \langle b\rangle, \langle(ab)\rangle\}$. Nous avons donc $\Phi(s^1) = 4$. Comme $L(s^1, s[2]) = 0$ et $R(s^1, s[2]) = 0$, nous avons $\Phi(s^2) = \Phi(s^1)\times|2^{(c)}| = 4\times2 = 8$. En effet, les sous-séquences de s^2 sont obtenues par simple concaténation de l'itemset vide ou de l'itemset (c) avec une sous-séquence de s^1. Nous détaillons maintenant le calcul de $\Phi(s^3) = \Phi(s^2) \times |2^{(ac)}| - R(s^2, s[3]) = 8 \times 4 - R(s^2, s[3])$ et du terme correcteur $R(s^2, s[3])$. Comme $L(s^2, s[3]) = \{1, 2\}$, nous avons $R(s^2, s[3]) = (-1)^2\Phi(s^0) \times (2^{|(a)|} - 1) + (-1)^2\Phi(s^1) \times (2^{|(c)|} - 1) = 1+4 = 5$. Le premier terme de $R(s^2, s[3])$ permet de ne pas recompter la sous-séquence $\langle a\rangle$ de s^2 en la construisant par concaténation de l'itemset (a) (inclus dans $s[3]$) à la sous-séquence vide de s^0 . Quant au second terme de $R(s^2, s[3])$, il permet de ne pas recompter les sous-séquences $\langle c\rangle, \langle ac\rangle, \langle bc\rangle, \langle(ab)c\rangle$ de s^2 en les construisant par concaténation de l'itemset (c) (inclus dans $s[3]$) aux sous-séquences $\langle\rangle, \langle a\rangle, \langle b\rangle, \langle(ab)\rangle$ de s^1. Nous avons finalement $\Phi(s^3) = 32 - R(s^2, s[3]) = 27$.*

Avec contrainte sur la norme Nous proposons une généralisation du théorème 1 permettant de calculer le nombre de sous-séquences de norme inférieure ou égale à M d'une séquence s.

Théorème 2 (Nombre de sous-séquences de norme bornée) *Etant donnés une séquence s, un itemset Y et un entier $j \leq \|s\|$, le nombre de sous-séquences distinctes de norme inférieure ou égale à j de $s \circ Y$, noté $\Phi_{\leq j}(s \circ Y)$, est défini ci-dessous :*

$$\Phi_{\leq j}(s \circ Y) = \left(\sum_{k=0}^{min\{j,|Y|\}} C_{|Y|}^k \times \Phi_{\leq j-k}(s) \right) - R_{\leq j}(s, Y)$$

où $R_{\leq j}(s, Y)$ est un terme correcteur défini par :

$$R_{\leq j}(s, Y) = \sum_{\emptyset \subset K \subseteq L(s,Y)} (-1)^{|K|+1} \left(\sum_{k=1}^{|s[K]\cap Y|} C_{|s[K]\cap Y|}^k \times \Phi_{\leq j-k}(s^{min(K)-1}) \right)$$

sachant que $R_{\leq j}(s, Y) = 0$ si $L(s, Y) = \emptyset$.

Ce théorème est une généralisation du théorème 1. Notons par exemple que le premier terme $\Phi(s) \times 2^{|Y|}$ de $\Phi(s \circ Y)$ est remplacé par $\sum_{k=0}^{min\{j,|Y|\}} C_{|Y|}^k \times \Phi_{\leq j-k}(s)$ pour calculer $\Phi_{\leq j}(s \circ Y)$. Intuitivement, pour construire une sous-séquence de norme inférieure à j de $s \circ Y$, on peut concaténer tout sous-ensemble de taille k de Y à une sous-séquence de norme inférieure à $j - k$ de s. Ainsi, on est certain d'obtenir une sous-séquence de $s \circ Y$ de norme inférieure à $k + (j - k) = j$, et il faut répéter ce principe pour toute taille possible d'un sous-ensemble de Y. La même intuition explique la généralisation du terme correcteur $R(s, Y)$. En poursuivant l'exemple 3, l'exemple suivant illustre le principe de fonctionnement de la formule du théorème 2.

Exemple 4 *L'ensemble $\phi_{\leq 2}(s^1)$ des sous-séquences de $s^1 = \langle(ab)\rangle$ de norme inférieure à 2 est défini par $\phi_{\leq 2}(s^1) = \{\langle\,\rangle, \langle a\rangle, \langle b\rangle, \langle(ab)\rangle\}$. Nous avons donc $\Phi_{\leq 2}(s^1) = 4$, et on voit aussi aisément que $\Phi_{\leq 1}(s^1) = 3$ (la sous-séquence $\langle(ab)\rangle$ étant de norme strictement supérieure à 1). Comme $L(s^1, s[2]) = 0$, nous avons $R_{\leq 2}(s^1, s[2]) = 0$ et $\Phi_{\leq 2}(s^2) = \sum_{k=0}^{|(c)|} C_{|(c)|}^k \times \Phi_{\leq 2-k}(s^1) = C_1^0 \times \Phi_{\leq 2}(s^1) + C_1^1 \times \Phi_{\leq 1}(s^1) = 4 + 3 = 7$. Le premier terme de la somme correspond aux 4 sous-séquences de s^3 obtenues par concaténation du sous-ensemble vide aux sous-séquences de s^2, alors que le deuxième terme correspond aux 3 sous-séquences de s^3 obtenues par concaténation de l'itemset (c) aux sous-séquences de s^2 de norme inférieure à 1. Détaillons maintenant le calcul de $\Phi_{\leq 2}(s^3) = \sum_{k=0}^{|(ac)|} C_{|(ac)|}^k \times \Phi_{\leq 2-k}(s^2) - R_{\leq 2}(s^2, s[3]) = \Phi_{\leq 2}(s^2) + 2 \times \Phi_{\leq 1}(s^2) + \Phi_{\leq 0}(s^2) - R_{\leq 2}(s^2, s[3]) = 7 + 2 \times 4 + 1 - R_{\leq 2}(s^2, s[3])$. Le second terme de $\Phi_{\leq 2}(s^3)$, égal à 2×4, correspond par exemple au nombre de sous-séquences de s^3 pouvant être obtenues par concaténation d'un sous ensemble de taille 1 de (ab) (au nombre de 2) avec une sous-séquence de s^2 de norme inférieure à 1. Pour finir, le calcul du terme correcteur $R_{\leq 2}(s^2, s[3])$ se présente comme suit : $R_{\leq 2}(s^2, s[3]) = (-1)^2 C_{|(a)|}^1 \times \Phi_{\leq 1}(s^0) + (-1)^2 C_{|(c)|}^1 \times \Phi_{\leq 1}(s^1) = 1 + 3 = 4$. On en déduit ainsi que $\Phi_{\leq 2}(s^3) = 7 + 2 \times 4 + 1 - 4 = 12$.*

La formule présentée au théorème 2 est récursive. Néanmoins, étant données une séquence s et une borne $M \leq \|s\|$, cette récursivité peut facilement être supprimée en calculant ligne par ligne les matrices T et R définies par :

— $T[i][j] = \Phi_{\leq j}(s^i)$ pour $i \in [0..|s|]$ et $j \in [0..M]$. $T[i][j]$ représente le nombre de sous-séquences de norme inférieure ou égal à j de la séquence s^i.

— $R[i][j] = R_{\leq j}(s^{i-1}, s[i])$ pour $i \in [2..|s|]$ et $j \in [0..M]$. Ce terme correcteur représente le terme à soustraire quand on souhaite calculer le nombre de sous-séquences de norme inférieure à j de $s^i = s^{i-1} \circ s[i]$ à partir du nombre de sous-séquences de norme inférieure à j de s^i en y concaténant des sous-ensembles de $s[i]$.

Des exemples de matrices T et R sont données en figure 1 pour la séquence $s = \langle(ab)c(ac)\rangle$, l'exemple 4 illustrant comment calculer $R[3][2] = R_{\leq 2}(s^2, s[3])$ et $T[3][2] = \Phi_{\leq 2}(s^3)$.

T[i][j]	≤ 0	≤ 1	≤ 2	≤ 3
$s^0 = \langle\rangle$	1	1	1	1
$s^1 = \langle(ab)\rangle$	1	3	4	4
$s^2 = \langle(ab)c\rangle$	1	4	7	8
$s^3 = \langle(ab)c(ac)\rangle$	1	4	12	21

R[i][j]	≤ 0	≤ 1	≤ 2
$s^1, s[2] = c$	0	0	0
$s^2, s[3] = (ac)$	2	4	5

FIG. 1 : Exemples de matrices T et R

Pour conclure cette section, notons qu'à partir du théorème 2, étant donnés une séquence s et deux entiers m et M tels que $1 \leq m \leq M \leq \|s\|$, il est possible de calculer le nombre de sous-séquences distinctes de s de norme comprise entre m et M. En effet, nous avons $\Phi_{[m,M]}(s) = \Phi_{\leq M}(s) - \Phi_{\leq m-1}(s)$. Dans l'algorithme 1, cette formule permet de calculer à l'étape 1 le poids initial $w(s)$ des séquences s de la base de données séquentielles $\mathcal{S}$.

4.3 Tirage par rejet d'une sous-séquence

Après avoir tiré aléatoirement une séquence $s \in \mathcal{S}$ proportionnellement à son poids $w(s)$ (ligne 2 de l'algorithme 1) et un entier k entre m et M selon la distribution $\mathbb{P}_{[m,M]}(k)$ (ligne

3), l'objectif est maintenant de montrer comment retourner une sous-séquence de norme k tirée uniformément depuis la séquence s (ligne 4). La difficulté est de ne pas favoriser les séquences qui disposent de plusieurs occurrences au sein de la séquence.

Afin de contourner cette difficulté, nous proposons d'utiliser une méthode par rejet, en tirant uniformément une occurrence de la séquence s et en la rejetant si cette occurrence n'est pas la première. Comme chaque séquence dispose d'une unique première occurrence, cette approche garantit un tirage uniforme des motifs séquentiels. Pour commencer, nous formalisons la notion de première occurrence :

Définition 5 (Première occurrence) *Soient o_1 et o_2 deux occurrences d'une sous-séquence s' de s, de signatures respectives $\langle i_1^1, i_2^1, \ldots, i_m^1 \rangle$ et $\langle i_1^2, i_2^2, \ldots, i_m^2 \rangle$. On dit que o_1 précède o_2, noté $o_1 < o_2$, s'il existe un indice $l \in [1..m]$ tel que pour tout $j \in [1..l-1]$, on ait $i_j^1 = i_j^2$, et $i_l^1 < i_l^2$. Enfin, on appelle* première occurrence *de s' dans s sa plus petite occurrence (selon l'ordre défini précédemment).*

Exemple 5 *Dans la continuité de l'exemple 1, comme $\langle 1, 2 \rangle$ et $\langle 1, 3 \rangle$ sont les signatures respectives des deux occurrences $o_1 = \langle (a)(c)\emptyset \rangle$ et $o_2 = \langle (a)\emptyset(c) \rangle$ de la sous-séquence $s' = \langle (a)(c) \rangle$ de $s = \langle (ab)(cd)(ce) \rangle$, et que $\langle 1, 2 \rangle$ précède $\langle 1, 3 \rangle$, nous avons $o_1 < o_2$. Enfin, il est aisé de vérifier que o_1 est la première occurrence de s' dans s, o_1 et o_2 étant les deux seules occurrences de s' dans s.*

En pratique, nous devons surtout vérifier si une occurrence de la sous-séquence $s' \sqsubseteq s$ est la première occurrence de s' au sein de la séquence s :

Propriété 1 *Etant donnée une occurrence o d'une sous-séquence $s' \sqsubseteq s$ de signature $\sigma = \langle i_1, i_2, \ldots, i_m \rangle$, o est la première occurrence de s' si et seulement si pour $i_j \in \sigma$, il n'existe pas $l \in [i_{j-1}+1..i_j-1]$ tel que $o[i_j] \subseteq s[l]$ (avec $i_0 = 0$).*

Exemple 6 *Toujours dans la continuité de l'exemple 1, supposons qu'après avoir tiré $k = 2$ items de la séquence $s = \langle (ab)(cd)(ce) \rangle$, à savoir les items aux positions d'index 1 et 5, nous ayons généré l'occurrence $o = \langle (a)\emptyset(c) \rangle$ de signature $\langle 1, 3 \rangle$ de la sous-séquence $s' = \langle (a)(c) \rangle$ de s. Dans ce cas, comme il existe $l = 2$ appartenant à $[1+1..3-1]$ tel que $o[3] = (c) \subseteq s[2] = (cd)$, o n'est pas une première occurrence de s' et cette occurrence sera rejetée.*

Grâce à la propriété 1, il est finalement aisé de tirer uniformément une sous-séquence de norme k d'une séquence s. En tirant aléatoirement k positions distinctes entre 1 et $\|s\|$ de s, on commence par tirer uniformément une occurrence de norme k d'une sous-séquence de s. Si cette occurrence est une première occurrence, on l'accepte et on la retourne. Sinon on la rejette et on effectue un tirage aléatoire d'une nouvelle occurrence de s. Même si cet algorithme repose sur une technique d'échantillonnage avec rejet, nous montrons dans la section suivante que le nombre moyen de tirages avant acceptation est calculable.

4.4 Analyse de la méthode

La propriété suivante indique que l'algorithme 1 retourne un échantillon exact des motifs séquentiels avec une contrainte sur la norme :

Propriété 2 (Correction) *Soient une base de données séquentielles $\mathcal{S}$, des normes minimale m et maximale M, l'algorithme 1 effectue le tirage d'une sous-séquence de $\mathcal{S}$ de norme comprise entre m et M et proportionnellement à sa fréquence.*

Concernant la complexité, nous pouvons distinguer deux grandes phases dans notre approche : le pré-traitement (où la distribution des motifs séquentiels en fonction de la norme est calculée pour chaque séquence) et le tirage de sous-séquences.

Complexité du pré-traitement Le pré-traitement s'avère coûteux avec une complexité temporelle en $O(|\mathcal{S}| \cdot L \cdot M^2 \cdot 2^P \cdot T^2)$ où L est la longueur maximale d'une séquence, M est la norme maximale des sous-séquences tirées, P est la taille maximale d'un ensemble de positions $L(s^{i-1}, s[i])$ et T est la taille maximale d'un itemset d'une séquence. Néanmoins, $P \leq L$ peut être petit en pratique et ce pré-traitement (ligne 1 de l'algorithme 1) est réalisé une unique fois avant de pouvoir tirer N sous-séquences de $\mathcal{S}$.

Complexité du tirage Le tirage effectif des sous-séquences est moins coûteux. Tout d'abord, le tirage d'une séquence (ligne 2 de l'algorithme 1) se réalise en $O(\ln |\mathcal{S}|)$. Il est plus difficile d'estimer la complexité au pire du tirage d'une sous-séquence car le nombre de rejets n'est pas borné. Néanmoins, une bonne façon de mesurer l'efficacité de l'approche est de calculer le nombre moyen de tirages nécessaires, noté $\mu_{[m,M]}(\mathcal{S})$, pour tirer une sous-séquence de $\mathcal{S}$ de norme comprise entre m et M. Intuitivement, $\mu_{[m,M]}(\mathcal{S})$ dépend à la fois de la probabilité qu'une séquence $s \in \mathcal{S}$ soit tirée et du nombre moyen de tirages nécessaires, noté $\mu_{[m,M]}(s)$, pour tirer une occurrence d'une sous-séquence de s qui soit une première occurrence. La propriété suivante montre comment ces termes peuvent être calculés :

Propriété 3 (Nombre moyen de tirages) *Soient une base de données séquentielles $\mathcal{S}$, des normes minimale m et maximale M, le nombre moyen de tirages pour tirer un motif séquentiel de norme compris entre m et M est défini par :* $\mu_{[m,M]}(\mathcal{S}) = \sum_{s \in \mathcal{S}} \frac{\Phi_{[m,M]}(s)}{\sum_{s' \in \mathcal{S}} \Phi_{[m,M]}(s')} \times \mu_{[m,M]}(s)$ *avec* $\mu_{[m,M]}(s) = \frac{\sum_{k=m}^{M} C_{\|s\|}^{k}}{\Phi_{[m,M]}(s)}$.

Lorsque le nombre moyen de tirages est proche de 1, cela signifie que le tirage d'un motif séquentiel ne donnera pas lieu à un rejet. Pour une séquence donnée, il n'y a pas de rejet si chaque occurrence est la première occurrence i.e., il n'y a pas de répétition au sein de la séquence. Dans la pratique, le nombre moyen de tirages mesuré sur des jeux de données réels est souvent très faible (voir la section expérimentale suivante). Finalement, la complexité temporelle du tirage d'une occurrence de norme égale à $k \in [m..M]$ d'une séquence s étant dans le pire des cas en $O(M^2)$, la complexité en moyenne du tirage de N sous-séquences d'une base de données $\mathcal{S}$ (après la phase de pré-traitement) est en $O(N \cdot M^2 \cdot \mu_{[m,M]}(\mathcal{S}))$.

5 Expérimentations

L'objectif de cette section expérimentale est d'évaluer la rapidité de notre méthode et d'observer l'impact de la contrainte sur les motifs extraits. Pour cela, nous avons utilisé six jeux de données. `bms` et `sign` sont des jeux de données réels disponibles avec SPMF[1]. Les quatre autres ont été construits avec le générateur de données de IBM également disponible sur le site

---

1. `www.philippe-fournier-viger.com/spmf`

Jeu de données	Caractéristiques générales				Nombre moyen de tirages pour $M =$				
	$|\mathcal{S}|$	$|\mathcal{I}|$	$|S|_{moy}$	$\|S\|_{moy}$	3	4	5	6	7
bms	59,601	497	2.5	5.0	1.0	1.0	1.0	1.0	1.0
sign	730	267	52.0	104.0	1.0	1.0	1.0	1.0	1.0
D10K5S2T6I	10,000	6	5.6	15.9	11.4	16.9	23.5	30.8	38.4
D10K6S3T10I	10,000	10	6.0	21.9	10.4	14.4	18.5	22.4	25.7
D100K5S2T6I	100,000	6	4.8	13.3	8.5	11.5	14.9	19.0	23.9
D100K6S2T6I	100,000	6	5.6	16.0	11.1	16.0	21.4	27.0	32.4

$$\text{TAB. 1: Caractéristiques des benchmarks}$$

de SPMF. Un des intérêts des jeux de données synthétiques est d'avoir des exemples de jeux de données avec un nombre moyen de tirages nécessaires $\mu_{[m,M]}(\mathcal{S})$ supérieur à 1 (grâce à l'ajout de répétitions au sein des séquences). Le tableau 1 présente les caractéristiques générales des jeux de données (partie gauche) et le nombre moyen de tirages nécessaires $\mu_{[m,M]}(\mathcal{S})$ pour extraire un motif avec $m = 1$ et $M \in [3..7]$ (partie droite). Notre méthode est implémentée avec le langage Python. Toutes les expériences sont faites sur un PC avec un processeur AMD 2.5 GHz Quad Core A8-7410, une RAM de 8GB, avec Ubuntu 16.04 LTS 64 bits.

Jeu de données	Prétraitement (s)					Tirage d'un motif (ms)				
	M					M				
	3	4	5	6	7	3	4	5	6	7
bms	11	15	20	21	24	1.1	1.4	1.5	1.7	1.8
sign	10	15	20	24	27	0.6	0.6	0.6	0.7	0.7
D10K5S2T6I	10	15	19	25	30	0.8	1.3	2.5	2.7	4.7
D10K6S3T10I	18	28	38	48	59	0.9	1.2	2.0	2.9	2.5
D100K5S2T6I	71	109	141	165	193	0.6	0.9	1.4	1.7	2.6
D100K6S2T6I	105	155	198	247	271	0.8	1.3	2.2	2.7	3.9

TAB. 2: Temps d'exécution de l'échantillonnage de sous-séquences de norme inférieure à M

Rapidité de l'approche Le tableau 2 indique le temps d'exécution de la méthode en distinguant le temps de prétraitement et le temps moyen pour tirer un motif séquentiel dont la norme est comprise entre 1 et $M \in [3..7]$. On constate que le temps de préparation augmente avec la taille du jeu de données (du nombre de séquences et d'items) et avec la norme maximale. Même pour D100K6S2T6I qui est de grande taille, le temps d'exécution de ce prétraitement (qui peut se faire hors-ligne) est tout à fait raisonnable (moins de 5 min). Concernant la phase de tirage, quel que soit le jeu de données et M, le temps d'exécution est de l'ordre de quelques millisecondes (au plus 4 ms pour D100K6S2T6I avec $M = 7$). Malgré un nombre moyen de tirages nécessaires $\mu_{[m,M]}(\mathcal{S})$ supérieur à 1 (et donc du rejet lors du tirage), les performances sur les jeux de données synthétiques sont bonnes. On observe une hausse du temps d'exécution avec M mais celle-ci reste limitée avec des durées moyennes de tirage inférieures à 4 ms.

Impact de la contrainte La figure 2 montre la répartition de 10 000 motifs séquentiels échantillonnés selon la fréquence avec une contrainte de norme inférieure à 4 ou 7 (en gris) et sans contrainte (en noir) pour les différents jeux de données. Dans tous les cas, la méthode sans contrainte retourne uniquement des motifs de fréquence très faible (en particulier de fréquence unitaire sur les jeux de données réels). A l'inverse, la méthode d'échantillonnage avec contrainte sur la norme retourne des sous-séquences de fréquence significativement plus élevée

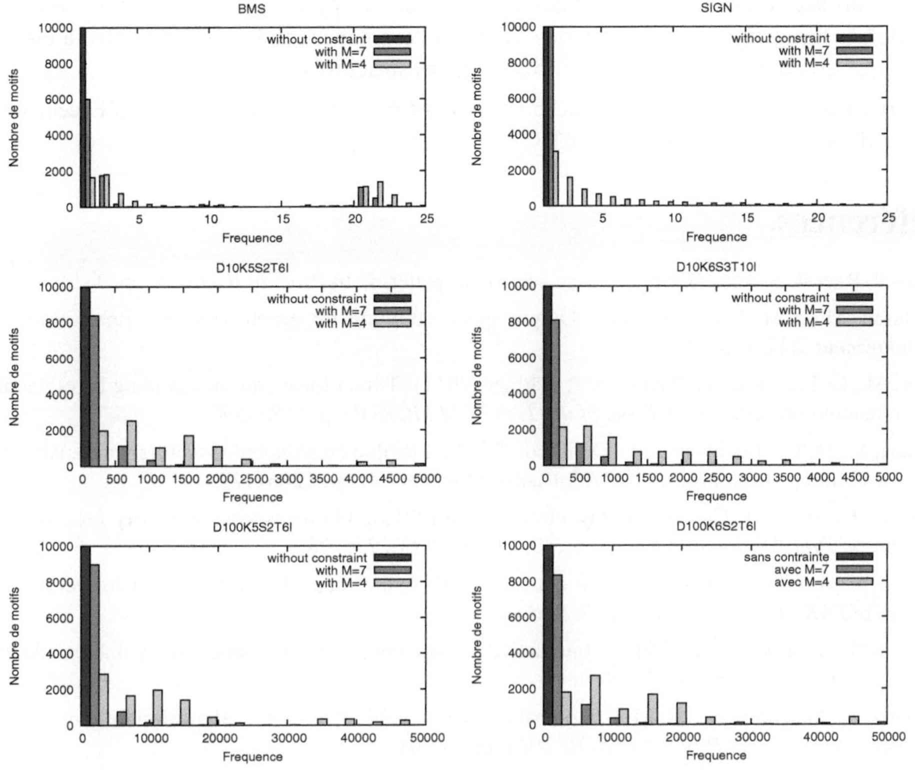

FIG. 2: Répartition de 10 000 motifs séquentiels selon leur fréquence

(de 100 à 1000 fois plus élevées), ce qui démontre l'importance d'introduire des contraintes sur la norme. Notons que pour `sign`, l'effet est peu significatif avec $M = 7$ mais la diminution de la norme maximale parvient à juguler l'explosion des motifs de fréquence peu élevée.

6 Conclusion

Cet article propose la première méthode pour échantillonner en sortie des motifs séquentiels. Elle permet en outre de spécifier un intervalle sur la norme des motifs séquentiels afin de mieux contrôler les motifs retournés. Nous avons démontré que notre approche est exacte et nous avons estimé son efficacité en fonction du nombre de rejets moyen qui se dégrade avec le nombre de répétitions au sein d'une séquence. Néanmoins, la partie expérimentale a montré que l'approche s'avère très performante sur des jeux de données réels où le taux de répétition est très faible. De plus, les expérimentations montrent que l'ajout d'une contrainte sur la norme évite de retourner trop de motifs trop rares. Dans l'immédiat, nous voudrions appliquer l'échantillonnage de motifs séquentiels à la détection de données aberrantes (Giacometti et Soulet, 2016) ou au sein de systèmes interactifs (Giacometti et Soulet, 2017) pour démontrer son utilité. Nous souhaiterions aussi étendre notre approche à tout système ensembliste. En effet, le tirage uniforme au sein de structures complexes rendu possible grâce à une forme canonique est envisageable avec d'autres langages structurés.

Remerciements. Lamine Diop est partiellement financé par le CEA-MITIC, Centre d'Excellence Africain en Mathématiques, Informatique et TIC.

Références

Agrawal, R. et R. Srikant (1995). Mining sequential patterns. In *Proc. of ICDE 95*, pp. 3–14.

Al Hasan, M. et M. J. Zaki (2009). Output space sampling for graph patterns. *Proc. of the VLDB Endowment 2*(1), 730–741.

Boley, M., C. Lucchese, D. Paurat, et T. Gärtner (2011). Direct local pattern sampling by efficient two-step random procedures. In *Proc. of the 17th ACM SIGKDD*, pp. 582–590.

Dzyuba, V., M. van Leeuwen, et L. De Raedt (2017). Flexible constrained sampling with guarantees for pattern mining. *Data Mining and Knowledge Discovery 31*(5), 1266–1293.

Egho, E., C. Raïssi, T. Calders, N. Jay, et A. Napoli (2015). On measuring similarity for sequences of itemsets. *Data Mining and Knowledge Discovery 29*(3), 732–764.

Giacometti, A. et A. Soulet (2016). Frequent pattern outlier detection without exhaustive mining. In *Proc. of PAKDD 2016*, pp. 196–207. Springer.

Giacometti, A. et A. Soulet (2017). Interactive pattern sampling for characterizing unlabeled data. In *Proc. of IDA 2017*, pp. 99–111. Springer.

Gomariz, A., M. Campos, et R. M. B. Goethals (2013). ClaSP : An efficient algorithm for mining frequent closed sequences. In *Proc. of PAKDD 2013*, pp. 50–61.

Lo, D., S.-C. Khoo, et J. Li (2008). Mining and ranking generators of sequential patterns. In *Proc. of SDM 2008*, pp. 553–564.

Pei, J., J. Han, B. Mortazavi-Asl, et H. Pinto (2001). PrefixSpan : Mining sequential patterns efficiently by prefix-projected pattern growth. In *Proc. of ICDE 2001*, pp. 215–224.

Raissi, C. et P. Poncelet (2007). Sampling for sequential pattern mining : From static databases to data streams. In *Proc. of ICDM 2007*, pp. 631–636. IEEE.

Toivonen, H. et al. (1996). Sampling large databases for association rules. In *Proc. of VLDB 96*, Volume 96, pp. 134–145.

Zaki, M. J. (2001). SPADE : An efficient algorithm for mining frequent sequences. *Machine Learning 42*(1-2), 31–60.

Summary

Pattern sampling is a method for discovering patterns with strong statistical guarantees. In this paper, we propose the first method for sampling sequential patterns. Beyond addressing the sequential data, the originality of our approach is to constrain the norm of sequential patterns to avoid the long tail issue. We demonstrate that our constrained two-step random procedure performs an exact sampling which is efficient in practice.

Classification de Données Complexes par Globalisation de Mesures de Similarité via les Moyennes Quasi-Arithmétiques

Étienne-Cuvelier*, Marie-Aude-Aufaure**

*ICHEC - Brussels Management School
etienne.cuvelier@ichec.be
**Datarvest
marie-aude.aufaure@datarvest.com

Résumé. La plupart des méthodes de classification sont conçues pour des types particuliers de données: données numériques, textuelles, catégoriques, fonctionnelles, probabilistes ou encore de type graphes. Cependant, les données générées dans notre quotidien sont en général composées de données de types mixtes. Par exemple, si nous considérons la prévention cardiaque dans le domaine de la santé, les applications vont combiner des données issues de capteurs avec d'autres données telles que l'âge, le niveau d'effort, la fréquence cardiaque maximale, des histogrammes de fréquences cardiaques moyennes lors de précédents efforts, etc. Ceci nous amène à la problématique de construire des classes en tenant compte de ces différentes données, et de définir une mesure de similarité à partir des similarités de paires d'objets sur les différents types de variables. Dans cet article nous proposons une méthode de classification basée sur la fusion des matrices de similarité à l'aide des moyennes quasi-arithmétiques qui permet de choisir les différentes "dimensions" des données à considérer, et ce quel que soit le type de données, pour autant qu'une mesure, de similarité ou de dissimilarité existe pour chacun des types de données, ce qui est très souvent le cas.

1   Introduction

A l'ère des Big Data, le volume et la diversité des données disponibles de manière numérique ne cesse de croître. Ces données proviennent de capteurs, de réseaux sociaux, du web, des traces laissées par nos appareils mobiles, de nos achats, des données ouvertes, etc. Cette diversité est d'une grande richesse et est valorisée par les entreprises à travers des applications toujours plus personnalisées. Si les architectures informatiques passent bien à l'échelle, avec notamment du stockage dans de nouveaux outils de type NoSQL, l'utilisation des technologies distribuées avec Hadoop et son écosystème ou encore le traitement en temps contraint avec Spark et les librairies associées, le croisement de toutes ces données restent encore un défi à l'heure actuelle. De nombreuses méthodes de classification ont été conçues pour un type de données particulier. Or, il peut être utile dans de nombreuses applications, de pouvoir résumer et synthétiser un ensemble de données de types divers provenant de sources hétérogènes. Par exemple, si nous considérons dans le domaine des smart cities une application permettant à un piéton dans une zone urbaine de déterminer la trajectoire optimale pour minimiser l'exposition à la pollution, il sera nécessaire de tenir compte de données issues de capteurs, de la météo, de la vitesse et de la direction du vent, de la tranche horaire de la journée pour estimer la densité de trafic, de l'âge du piéton et d'éventuels éléments de santé pour déterminer le degré de risque d'exposition, etc. Des solutions pour pouvoir gérer ces données mixtes ont été proposées dans la littérature. Liu et al. (2016) catégorisent les méthodes de classification de données mixtes de la manière suivantes : méthodes basées sur la conversion d'attributs, méthodes dites d'ensemble, méthodes basées sur les prototypes et les autres méthodes.

Les méthodes de conversion d'attributs convertissent les différents types d'attributs en un type unifié, puis utilisent une méthode de classification appropriée à ce type. Dans les méthodes de type ensemble, développées en classification supervisée, chaque classifieur tente de résoudre la même tâche pour améliorer la précision et la robustesse, et les résultats sur l'application à des jeux de données variés donne de bons résultats. Cette approche a également été appliquée à la classification non supervisée pour combiner de multiples partitionnements d'un ensemble d'objets dans une seule classification consolidée. Les difficultés sont liées à la mise en correspondance des labels des clusters, et le fait que le nombre et la forme des clusters peuvent varier. La classification de données mixtes peut être réalisé en deux étapes : une étape consistant à générer un ensemble de clusters sur le même jeu de données, et une étape pour les combiner et former le résultat final. Durant la première étape, différents algorithmes peuvent être utilisés, ou différentes initialisations des paramètres ou encore différents sous-ensembles d'objets. La seconde étape est la plus critique et consiste à trouver une fonction de consensus pour générer le résultat final. Strehl et al. (2002) proposent trois algorithmes différents pour la fonction de consensus, basés sur la transformation de l'ensemble des labels des clusters en une représentation sous forme d'hypergraphe. Plusieurs scénarios ont été testés sur des jeux de données réels et synthétiques (classification sur des ensembles d'objets différents, sur le même jeu de données mais avec des ensembles de caractéristiques différents, sur le même jeu de données avec pour objectif d'améliorer la qualité et la robustesse). Les méthodes basées sur les prototypes comme les k-moyennes consistent à utiliser un prototype pour représenter la classe. Ces méthodes ont été appliquées aux données mixtes : Cheung et Jia (2013) a défini un algorithme itératif basé sur la notion de similarité objet-classe et fourni une métrique de similarité unifiée pouvant s'appliquer à des données catégoriques, numériques et mixtes. Ahmad et Dey (2007) ont proposé une nouvelle fonction de coût et une mesure de distance pour les données mixtes basée sur la co-occurrence des valeurs. Les expérimentations ont été réalisées sur des jeux de données numériques, catégoriques et mixtes. Enfin, la dernière catégorie de méthodes regroupe les méthodes hiérarchiques ou basées sur la densité. L'algorithme proposé dans Rodriguez et Laio (2014) est basé sur le fait que le centre de la classe est caractérisé par une densité plus forte que ses voisins et est à une distance assez grande de points avec une densité plus forte. Pour chaque point, on calcule sa densité locale et sa distance des points ayant une densité plus forte. Une fois les centres des clusters identifiés, chaque point restant est associé à la même classe que son plus proche voisin de densité supérieure en une seule passe. Plusieurs extensions de cet algorithme aux données mixtes (Liu et al. (2017) et Jinyin et al. (2017)) ont défini une mesure de distance unifiée et une extension de l'algorithme proposé dans Rodriguez et Laio (2014). Li et Biswas (2002) ont proposé un algorithme hierarchique basé sur une approche agglomérative et la mesure de similarité définie par Goodall (1966) pour construire les partitions. La plupart de ces travaux s'appliquent à des données mixtes de type numérique et/ou catégorique.

Nous souhaitons proposer un cadre théorique pour traiter conjointement tous types de données pour lesquels une mesure de similarité ou de dissimilarité existe. Dans la section 2 nous décrivons ce cadre de globalisation de mesures de similarité/dissimilarité fondée sur les moyennes quasi-arithmétiques. La section 3 illustre un cas d'usage mixant des données numériques et probabilistes. Et enfin nous terminons avec les conclusions et perspectives dans la section 4 .

2 Globalisation de Mesures de Similarité/Dissimilarité

Beaucoup de techniques de classification, supervisées ou non, sont basées sur les notions de mesures de similarité ou de dissimilarité. Nous commencerons donc par rappeler brièvement ces deux concepts et la façon dont ils sont liés. Nous détaillerons ensuite comment nous nous proposons de combiner des mesures de ces deux types en une mesure résultante à l'aide des moyennes quasi-arithmétiques.

2.1 Mesures de Similarité et de Dissimilarité

Sur un domaine de données, noté V, les notions de mesures de similarité et de dissimilarité peuvent être définies comme suit.

Définition 1 :   *Une mesure de similarité entre deux éléments de $u, v \in V$ est toute fonction $s : V \times V \to \mathbb{R}^+$ qui satisfait les propriétés suivantes :*

Séparation : $s(u, u) = k$*, où k est une constante,*

Symétrie : $s(u, v) = s(v, u)$,

Maximalité : $s(u, v) \leq s(u, u) = k$.

Définition 2 :   *Une mesure de dissimilarité entre deux éléments de $u, v \in V$ est toute fonction $d : V \times V \to \mathbb{R}^+$ qui satisfait les deux propriétés suivantes :*

Séparation : $d(u, u) = 0$,

Symétrie : $d(u, v) = d(v, u)$.

Toute mesure de dissimilarité d peut être transformée en mesure de similarité s, et vice et versa, au travers d'une fonction ϕ strictement décroissante :

$$s(u, v) = \phi(d(u, v)) \text{ et } d(u, v) = \phi^{-1}(s(u, v)) \tag{1}$$

avec comme condition que $\phi(0) = k$. La fonction de densité gaussienne est un exemple de fonction utilisée dans ce cas.

Si un phénomène est décrit, non seulement par plusieurs variables, mais surtout par plusieurs types de variables (numériques, catégorielles, probabilistes, intervalles, arborescentes, fonctionnelles, ...) alors la plupart du temps il est possible de calculer la similarité (dissimilarité) entre deux objets sur base d'un type de variable choisi, mais il n'est en général pas possible de calculer de telles mesures en prenant en compte plus de deux types de variables, voire tous en même temps. Une solution pour contourner ce problème serait donc de disposer d'un moyen pour calculer une mesure de similarité/dissimilarité résultante sur base de différentes mesures existant entre deux objets.

Définition 3 : *Si $s_i (i \in \{1 \cdots p\})$ sont différentes mesures de similarité calculées entre deux objets $u, v \in V$, alors nous appellerons mesure de similarité jointe (ou résultante) toute mesure de similarité σ calculée sur base des s_i à l'aide d'un opérateur $\mathcal{M} : \mathcal{I}m(s_1) \times \cdots \times \mathcal{I}m(s_p) \rightarrow [0, K]$ (avec $K \in \mathbb{R}_0^+$) :*

$$\sigma(u, v) = \mathcal{M}\left(s_1(u, v), \cdots, s_p(u, v)\right). \tag{2}$$

Si $\forall i \in \{1 \cdots, n\}, \mathcal{I}m(s_i) = \mathcal{I}m(\sigma) = [0, K]$ alors σ est appelée mesure de similarité jointe normalisée.

On définira aisément de façon similaire une mesure de dissimilarité jointe.

Comme on ne peut raisonnablement comparer que des choses comparables, dans la suite nous ne considérerons que des mesures de similarité jointes normalisées avec, de façon assez classique, $K = 1$.

Toute la difficulté étant de trouver un opérateur $\mathcal{M}$ satisfaisant. Nous proposons d'utiliser les moyennes quasi-arithmétiques.

2.2   Les Moyennes Quasi-Arithmétiques

Définition 4 : *Soit $[a, b]$ un intervalle réel fermé et $p \in \mathbb{N}_0$. Une moyenne quasi-arithmétique est une fonction $\mathcal{M}_\phi^{(p)} : [a, b]^p \rightarrow [a, b]$ définie comme suit :*

$$\mathcal{M}_\phi^{(p)}(\overline{u}) = \mathcal{M}_\phi^{(p)}(u_1, \ldots, u_p) = \phi^{-1}\left(\sum_{i=1}^{p} \alpha_i \phi(u_i)\right) \tag{3}$$

avec ϕ fonction continue strictement monotone définie sur $[a, b]$, $\forall i \in 1, \cdots, p : \alpha_i \in [0, 1]$ et $\displaystyle\sum_{i=1}^{p} \alpha_i = 1$.

Les moyennes quasi-arithmétiques forment une extension des moyennes classiques (Fodor et Roubens (1994)). Ainsi, si $\phi(x)$ est respectivement égale à x, x^2, $\log(x)$ et x^{-1}, l'expression (3) génère respectivement les moyennes classiques suivantes : arithmétique, quadratique, géométrique et harmonique. Dans la suite nous noterons $\mathcal{M}_{id}^{(p)}$ la moyenne arithmétique.

Une propriété de base des moyennes quasi-arithmétiques est que (Bullen et al. (1988)) :

$$\min(u_1, \ldots, u_p) \leq \mathcal{M}_\phi^{(p)}(u_1, \ldots, u_p) \leq \max(u_1, \ldots, u_p). \tag{4}$$

Kolmogorov (1930) a montré que les moyennes quasi-arithmétiques possèdent aussi les propriétés suivantes :

Idempotence : $\mathcal{M}_\phi^{(p)}(u, \ldots, u) = u$, $\forall u \in [a, b]$,

Continuité : pour tout $p \in \mathbb{N}_0$, $\mathcal{M}_\phi^{(p)}$ est une fonction continue sur $[a, b]^p$,

ϕ	Croissant	Décroissant
Convexe	$\mathcal{M}_{id}^{(p)}(\overline{u}) \leq \mathcal{M}_{\phi}^{(p)}(\overline{u})$	$\mathcal{M}_{id}^{(p)}(\overline{u}) \geq \mathcal{M}_{\phi}^{(p)}(\overline{u})$
Concave	$\mathcal{M}_{id}^{(p)}(\overline{u}) \geq \mathcal{M}_{\phi}^{(p)}(\overline{u})$	$\mathcal{M}_{id}^{(p)}(\overline{u}) \leq \mathcal{M}_{\phi}^{(p)}(\overline{u})$

TAB. 1 – *Comparaison du résultat de la Moyenne Arithmétique $\mathcal{M}_{id}^{(p)}(\overline{u})$ comparée à une Moyenne Quasi-Arithmétique $\mathcal{M}_{\phi}^{(p)}(\overline{u})$ selon les propriétés du générateur ϕ.*

Croissance Stricte : pour chaque argument

$$u_i < u_i' \Rightarrow \mathcal{M}_{\phi}^{(p)}(u_1, \ldots, u_i, \ldots, u_p) < \mathcal{M}_{\phi}^{(p)}(u_1, \ldots, u_i', \ldots, u_p),$$

Symétrie : si π est une permutation de $\{1, \ldots, p\}$, alors

$$\mathcal{M}_{\phi}^{(p)}(u_1, \ldots, u_p) = \mathcal{M}_{\phi}^{(p)}(u_{\pi(1)}, \ldots, u_{\pi(p)}),$$

Décomposable : si $\mathcal{M}_k = \mathcal{M}_{\phi}^{(k)}(u_1, \ldots, u_k)$, alors

$$\mathcal{M}_{\phi}^{(p)}(u_1, \ldots, u_k, u_{k+1}, \ldots, u_p) = \mathcal{M}_{\phi}^{(p)}(\mathcal{M}_k, \ldots, \mathcal{M}_k, u_{k+1}, \ldots, u_p).$$

Certaines de ces propriétés vont permettre de répondre à la question fondamentale suivante : *la moyenne quasi-arithmétique de plusieurs mesures de similarité est-elle une mesure de similarité ?* La conservation de la symétrie est assez évidente. La séparation est conservée via la propriété d'idempotence des moyennes quasi-arithmétiques. Et enfin la propriété de maximalité l'est aussi via la croissance stricte en chaque argument. Par l'inégalité de Jensens, qui établit que si ϕ est convexe, alors

$$\phi\left(\frac{\sum \alpha_i u_i}{\sum \alpha_i}\right) \leq \frac{\sum \alpha_i \phi(u_i)}{\sum \alpha_i} \tag{5}$$

et comme la croissance de ϕ implique la croissance de son inverse, on en conclut donc que dans le cas d'un générateur convexe et croissant la moyenne arithmétique sera inférieure à la moyenne quasi-arithmétique. Bien entendu si la fonction est décroissante, l'ordre entre les deux moyennes sera inversé. Enfin si on tient compte du fait que l'inégalité (5) s'inverse si ϕ est concave, alors on obtient le tableau 1.

Si pour un vecteur de similarités $\overline{s} = (s_i, \cdots, s_p)$ mesurées entre deux objets u et v on a deux moyennes quasi-arithmétiques $\mathcal{M}_{\phi'}^{(p)}$ et $\mathcal{M}_{\phi''}^{(p)}$ telles que (en tenant compte de (4))

$$\min(\overline{s}) \leq \mathcal{M}_{\phi'}^{(p)}(\overline{s}) \leq \mathcal{M}_{x}^{(p)}(\overline{s}) \leq \mathcal{M}_{\phi''}^{(p)}(\overline{s}) \leq \max(\overline{s}) \tag{6}$$

alors on peut interpréter cela comme le fait que $\mathcal{M}_{\phi'}^{(p)}$ "favorise" la dissimilarité entre u et v dans le résultat final alors que $\mathcal{M}_{\phi''}^{(p)}$ favorise la similarité. Reste la question du choix du générateur ϕ. Le tableau 1 montre, sur base de la convexité ou concavité, et en fonction de la croissance ou décroissance du générateur choisi, dans lequel des cas figures montrés dans l'inégalité (6) on se situera. Pour éclairer le choix du générateur, rappelons que les mesures de similarité et de dissimilarité sont liées via une fonction strictement décroissante (1). Supposons que nous disposions pour nos deux objets à comparer u et v à la fois d'une mesure de similarité s_1 et d'une mesure de dissimilarité d_2. Si le générateur choisi pour calculer la moyenne a aussi les propriétés requises pour être utilisé dans l'expression (1) alors $s_2 = \phi^{-1}(d_2)$ est une similarité induite à partir de d_2 et nous pouvons alors écrire que :

$$\sigma(u,v) \;\; = \;\; \phi^{-1}\left(\alpha\phi\left(s_1(u,v)\right) + (1-\alpha)d_2(u,v)\right) \tag{7}$$

avec $\alpha \in [0,1]$. Ce qui signifie que si le choix se porte sur un générateur strictement décroissant et utilisable dans (1), non seulement nous pourrions joindre des similarités mais aussi des dissimilarités dans le même calcul.

2.3   Familles de Générateurs

Il existe un ensemble de fonctions qui satisfont aux différentes conditions souhaitables, à savoir, être définies sur $[0,1]$ et être décroissantes : les générateurs de copules archimédiennes.

Les copules sont des fonctions de distributions multivariées utilisées pour joindre des marginales (Nelsen (1999)). La définition des copules archimédiennes est particulièrement proche de la définition des moyennes quasi-arithmétiques :

Définition 5 :   *Une copule archimédienne est une fonction $C[0,1]^p \to [0,1]$ définie par l'expression*

$$C(u_1, ..., u_p) = \phi^{-1}\left[\sum_{i=1}^{p} \phi(u_i)\right] \tag{8}$$

où $\phi : [0,1] \to [0,\infty]$ est une fonction continue strictement décroissante, telle que $\phi(1) = 0$. Si $p = 2$, alors ϕ doit aussi être convexe, et pour $p > 2$, alors ϕ^{-1} doit de plus être complètement monotone.

Définition 6 :   *Widder (1941) Une fonction continue ϕ définie sur un intervalle $[a,b]$ est complètement monotone ssi*

$$\forall a < t < b \text{ et } \forall k \geq 1 : (-1)^k \frac{d^k}{dt^k} f(t) \geq 0. \tag{9}$$

Si on se souvient qu'une fonction deux fois différentiable est convexe si et seulement si sa dérivée seconde est non-négative, on constate donc qu'une fonction complètement monotone est aussi convexe, et il en est de même pour sa réciproque. On trouvera dans Nelsen (1999) une liste de familles de générateurs de copules archimédiennes. Dans notre cas nous utiliserons le générateur 4.2.2 extrait de cette liste car son paramètre θ ($\theta \geq 1$) permet d'agir assez souplement sur sa courbure :

$$\phi_\theta(t) = (1-t)^\theta. \tag{10}$$

3   Un Cas d'Usage en Classification

3.1   Les Stations Climatiques Chinoises

Pour illustrer l'utilisation de cette globalisation des mesures de similarité sur différents types de variables, nous aurions pu prendre un exemple classique mixant données catégorielles et données numériques, comme dans les solutions évoquées dans l'introduction. Néanmoins pour montrer l'étendue de la méthode proposée, nous avons choisi d'illustrer notre propos en mixant des données numériques et des données de nature probabiliste. Les données climatiques chinoises (http://cdiac.ornl.gov/ndps/tr055.html) regroupent 14 variables climatiques pour chacune des 4 saisons, et ce pour 60 stations dont les coordonnées et l'élévation sont données. On trouvera la représentation des 60 stations sur la carte de Chine dans les figures 2 et 3. Ces données ont été collectées mensuellement de 1978 à 1988, ce qui donne donc 132 enregistrements pour chacune des variables. Les 132 valeurs de chaque variable peuvent être résumées sans trop de pertes d'information en un histogramme des valeurs pour chaque station, ce qui a été fait dans le package R HistDAWass (Histogram-Valued Data Analysis, Irpino (2016)). Notre choix s'est porté sur les variables concernant les températures moyennes. Quatre variables de type histogramme (ou distributionnel) existent dans le package à ce propos : une pour chaque saison. Conjointement à ces variables probabilistes, nous considérerons les trois variables classiques suivantes : l'altitude, la longitude et la latitude, ces deux dernières variables étant considérées ensembles puisqu'elles donnent la localisation de la station.

Pour des raisons de facilité de mise en oeuvre nous avons choisi d'appliquer une classification hiérarchique ascendante, car un seul calcul des distances ou similarités suffit contrairement à ce qui se passe pour les k-moyennes par exemple. Une classification spectrale aurait pu être appliquée directement pour les mêmes raisons.

3.2   Classification Hiérarchique

Nous avons pratiqué la classification hiérarchique en utilisant le lien moyen. Les distances entre altitudes ont été calculées simplement en utilisant la distance euclidienne unidimensionnelle. La distance "à vol d'oiseau" à été utilisée pour calculer les dissimilarités entre les coordonnées de localisations. Pour les variables distributionnelles la distance utilisée est la L2 de Wasserstein (Irpino et Romano (2007)), implémentée dans le package HistDAWass.

Comme nous l'avons évoqué dans la section 2.1, la conversion d'une dissimilarité en similarité peut se faire à l'aide d'une fonction strictement décroissante (cf. équation (1)). Le choix de la fonction, et notamment la "vitesse" de sa décroissance aura un impact sur les similarités résultantes. Ainsi, par exemple, une même fonction ϕ appliquée à des dissimilarités $d_1(u, v)$ et $d_2(u, v)$ calculées à partir variables numériques différentes et ayant des échelles non comparables, aura des impacts différents sur le calcul des deux similarités résultantes s_1 et s_2. Quand on travaille avec des données quantitatives classiques, le problème ne se pose pas si l'on veille à réduire chacune des variables en la divisant par son écart-type. Dans le cas de données complexes, de par l'hétérogénéité des types de données possibles (quantitatives, qualitatives, intervalles, distributionnelles, fonctionnelles, ...) cette approche n'est pas applicable pour tous les types de variables. C'est pourquoi nous avons décidé d'appliquer la réduction aux dissimilarités, et ensuite d'appliquer la fonction gaussienne, ce qui revient à appliquer la

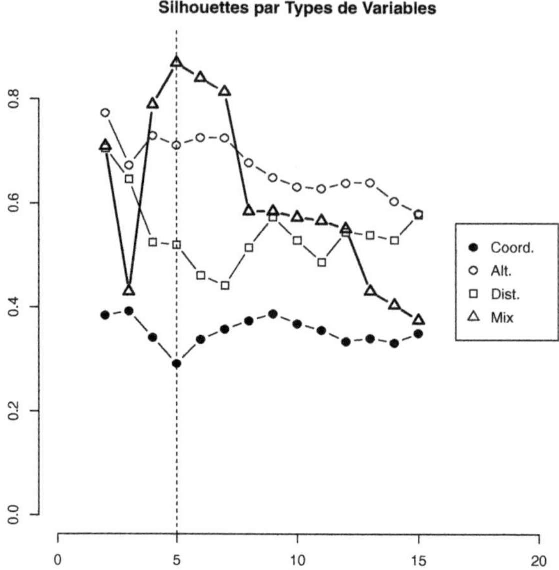

FIG. 1 – *Les silhouettes calculées pour les différentes variables : les coordonnées (Coord.),*
les altitudes (Alt.), les distributions de températures (Dist.) et la composition des précédentes
via les moyennes quasi-arithmétiques (Mix.).

conversion suivante

$$s(u_i, v_j) = \exp -\frac{d(u_i, v_j)^2}{2s^2}$$

où s est l'écart-type de l'ensemble des valeur $d(u_i, v_j)$ pour la dissimilarité considérée d. La fonction gaussienne a pour avantage que l'effet de la réduction est bien connu dans son cas, et de plus si $d = 0$ alors $s = 1$ ce qui permet de générer des similarités déjà normalisées.

Le choix des poids dépend bien entendu des données et du contexte de la classification effectuée. Dans notre cas la solution des poids égaux pour les trois types de variable été utilisée. Une autre piste possible à explorer pour un choix "automatique" de ces poids serait d'utiliser la mesure d'entropie de chaque variable (Shannon (1948)) quand elle existe.

La détermination du choix du générateur de la moyenne quasi-arithmétique et la valeur optimale de son paramètre sont encore à explorer en profondeur, mais comme nous l'avons écrit précédemment, pour ce premier test nous avons choisi le générateur 4.2.2 présenté en (10) pour de simples raisons pratiques : son paramètre θ permet une maîtrise fine de la courbure, et pour $\theta = 1$ ce générateur donne la moyenne arithmétique classique. Dans notre cas nous avons choisi "arbitrairement" $\theta = 2$.

La similarité résultante devant être convertie en dissimilarité pour l'application de la classification hiérarchique, le choix d'une fonction de conversion (1) est nécessaire. Notre choix, empirique, s'est porté sur la densité d'une normale de moyenne nulle et d'écart-type $\frac{1}{4}$, car sa décroissance est modérée et telle que sa valeur en 1 est assez proche de zéro. Bien entendu d'autres choix sont envisageables.

Sur base des trois matrices de dissimilarités calculées à partir, des altitudes, des coordonnées, des distributions de températures et enfin avec la matrice des dissimilarités calculée à partir des moyennes quasi-arithmétiques des similarités, nous sommes en mesure d'utiliser la classification hiérarchique ascendante.

Nous sommes aussi en mesure d'appliquer la méthode des silhouettes (Rousseeuw (1987)) pour déterminer le nombre optimal de classes. Succinctement expliquée, la silhouette mesure l'adéquation de chaque élément à sa propre classe : plus la silhouette moyenne d'une classification est élevée, plus on peut considérer que les éléments ont été correctement classifiés. La figure 1 montre les résultats pour chaque type de variable. On peut y lire le nombre optimal de classes (selon ce critère) pour chaque type de variable : $k_{opt} = 3$ pour les coordonnées, $k_{opt} = 2$ pour les altitudes et les distributions de températures et enfin, $k_{opt} = 5$ sur base de l'ensemble des variables. On y constate aussi que c'est sur base de l'ensemble des variables que la silhouette moyenne est la plus importante. On peut donc conclure que le calcul d'une similarité par les moyennes quasi-arithmétiques ne détériore pas automatiquement la qualité de la classification résultante. L'amélioration constatée, elle, s'est répétée en utilisant aussi les liens complet et de Ward, alors que pour le lien simple la similarité résultante ne donnait pas une qualité meilleure que pour les autres variables, mais sans faire moins bien [1].

Sur base des silhouettes nous avons effectués la classification avec $k = 5$ pour chaque matrice de dissimilarité et pour les matrices concernant les coordonnées, les altitudes et les distributions nous avons aussi utilisé les valeurs optimales de k données par la méthode des silhouettes, à savoir, respectivement $k = 3$, $k = 2$ et $k = 2$.

Par économie de place nous n'illustrons pas ici les résultats des classifications basée sur les altitudes et sur les coordonnées car ils sont assez prévisibles. Dans le premier cas, avec deux classes, la station himalayenne, culminant à plus de 3700 mètres, forme une classe, et les autres stations forment la seconde. Avec cinq classes, les stations se regroupent en "strates" : de 0 à 300 mètres, de 400 à 1100 mètres, de 1500 à 1900 mètres et enfin les deux stations les plus élevées, 2300 mètres et 3700 mètres, forment à chaque fois un singleton. Dans le cas de la classification sur base des coordonnées, les classes formées sont homogènes et, pour $k = 3$, les classes sont formées des stations du Nord-Est d'une part, des stations de l'Ouest d'autre part, les stations du Sud-Est formant la dernière classe. Pour cinq groupes, c'est la classe de l'Est, la plus clairsemée qui se subdivise, la station himalayenne s'isolant de nouveau.

La classification sur bases des distributions de températures, pour $k = 5$, est illustrée dans la figure 2. On peut y constater que les groupes sont approximativement séparés suivant des axes allant du sud-ouest au nord-est, avec une tendance à la décroissance de l'altitude quand on se dirige dans cette dernière direction.

Enfin si nous examinons maintenant les résultats de la classification sur l'ensemble des variables considérées, nous devons pouvoir espérer que les classes formées tiennent compte des trois groupes de variables pris en comptes. Et c'est ce que nous pouvons constater dans la figure 3 et dans la table 2. Les classes sont réparties en zones géographiques assez homogènes : au nord-est pour la classe 1, à l'ouest pour la classe 2, formant une mince bande centrale pour le 3ème, se regroupant au sud-est pour l'avant dernière et avec la singularité himalayenne pour dernière classe. En ce qui concerne les altitudes, on retrouve la stratification évoquée précédemment avec un peu de recouvrement entre les groupes 1 et 4. Enfin l'ensemble des températures moyennes caractérise clairement les classes 1 (stations les plus froides) et 4

---

1. Cas non illustrés par manque de place.

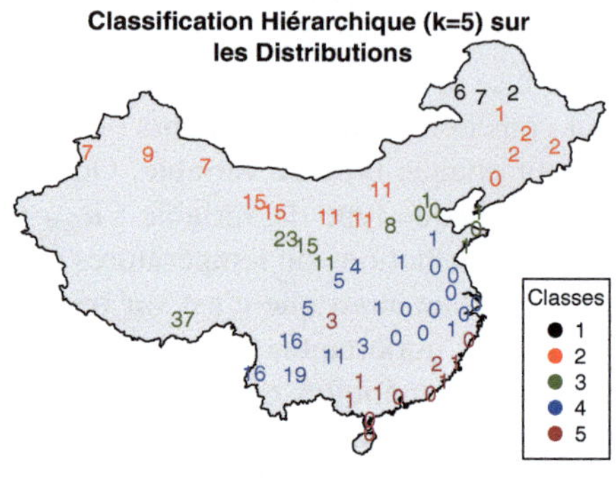

FIG. 2 – *La classification sur base des variables distributionnelles.*

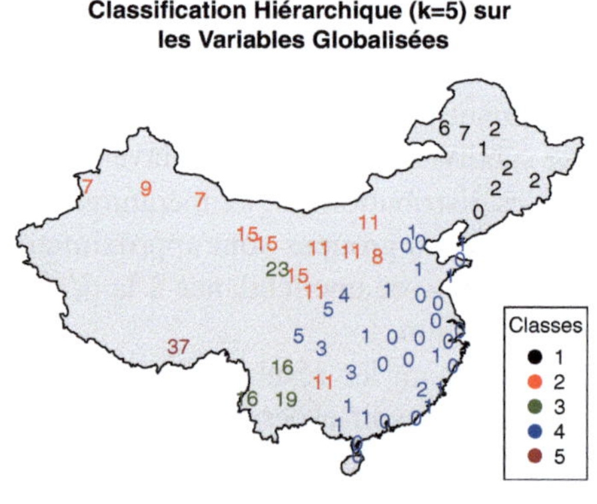

FIG. 3 – *La classification sur base de l'ensemble des variables considérées.*

Classe	Alt	Lat	Long	mTW	mTSp	mTSu	mTF
1	304	46	124	-14	12	18	-7
2	1084	38	102	-3	17	21	2
3	1848	29	101	8	17	19	9
4	103	30	115	7	21	26	13
5	3658	30	91	2	13	14	3

TAB. 2 – *Centres des classes sur l'ensemble des variables considérées : altitudes (Alt), latitudes (Lat), longitudes (Long), températures moyennes en hiver (mTW), au printemps (mTSp), en été (mTSu) et en automne (mTF).*

(stations les plus chaudes), alors que les classes 2 et 3 se distinguent essentiellement par leurs différences de températures hivernales et automnales.

Notre classification sur l'ensemble des variables a donc bien pris en compte des variables de natures différentes, et dont les dissimilarités et/ou similarités ont été calculées en fonction du type de chaque variable mais aussi en fonction de leur signification.

4   Conclusions et Perspectives

Nous proposons dans cet article une façon de calculer une mesure de similarité entre deux objets qui globalise, via les moyennes quasi-arithmétiques, les mesures de similarité et/ou de dissimilarité calculées sur des variables de types différents. Son utilisation pour la classification hiérarchique ascendante d'un ensemble de données ayant des variables numériques et distributionnelles montre des résultats encourageants pour la classification future de situations décrites par des variables de différents types. La méthode devra encore être éprouvée avec plus de types de variables et avec d'autres algorithmes de classification, supervisée ou non. L'impact du choix du générateur et des poids sur le résultat sont une piste de développements futurs à étudier prioritairement.

Références

Ahmad, A. et L. Dey (2007). A k-mean clustering algorithm for mixed numeric and categorical data. *Data & Knowledge Engineering 63*(2), 503–527.

Bullen, P., D. Mitrinovic, et P. Vasic (1988). *Means and their inequalities*. D.Reidel Publishing Company.

Cheung, Y.-M. et H. Jia (2013). Categorical-and-numerical-attribute data clustering based on a unified similarity metric without knowing cluster number. *Pattern Recognition 46*(8), 2228–2238.

Fodor, J. et M. Roubens (1994). *Fuzzy Preference Modelling and Multicriteria Decision Support*. Kluwer Academic Publishers.

Goodall, D. W. (1966). A new similarity index based on probability. *Biometrics*, 882–907.

Irpino, A. (2016). *HistDAWass : Histogram-Valued Data Analysis*. R package version 0.1.4.

Irpino, A. et E. Romano (2007). Optimal histogram representation of large data sets : Fisher vs piecewise linear approximations. *Revue des nouvelles technologies de l'information 1*, 99–110.

Jinyin, C., H. Huihao, C. Jungan, Y. Shanqing, et S. Zhaoxia (2017). Fast density clustering algorithm for numerical data and categorical data. *Mathematical Problems in Engineering 2017*.

Kolmogorov, A. N. (1930). Sur la notion de moyenne. *Rendiconti Accademia dei Lincei 12*(6), 388–391.

Li, C. et G. Biswas (2002). Unsupervised learning with mixed numeric and nominal data. *IEEE Transactions on Knowledge and Data Engineering 14*(4), 673–690.

Liu, S., B. Zhou, D. Huang, et L. Shen (2017). Clustering mixed data by fast search and find of density peaks. *Mathematical Problems in Engineering 2017*.

Liu, S.-H., L.-Z. Shen, et D.-C. Huang (2016). A three-stage framework for clustering mixed data. *WSEAS TRANSACTIONS on SYSTEMS*.

Nelsen, R. (1999). *An introduction to copulas*. London : Springer.

Rodriguez, A. et A. Laio (2014). Clustering by fast search and find of density peaks. *Science 344*(6191), 1492–1496.

Rousseeuw, P. J. (1987). Silhouettes : A graphical aid to the interpretation and validation of cluster analysis. *Journal of Computational and Applied Mathematics 20*(Supplement C), 53 – 65.

Shannon, C. E. (1948). A mathematical theory of communication. (27), 623–655.

Strehl, A., E. Strehl, et J. Ghosh (2002). Cluster ensembles-a knowledge reuse framework for combining partitionings. In *Journal of Machine Learning Research*. Citeseer.

Widder, D. V. (1941). *The Laplace Transform*. Princeton University Press.

Summary

Most clustering methods have been designed for specific data types i.e. numerical, textual, categorical, functional, probabilistic or graph. However, datasets generated in our daily life are made of mixed data. Let's consider the health domain, in particular for cardiac disease prevention. The apps developed in this domain will combine data from sensors with many data types like the age of the patient, the effort level, the maximum cardiac frequency, histograms of average cardiac frequency, etc. For summarizing all these data, it would be useful to be able to build clusters on these different data types and to define a global similarity measure from similarities of pairs of objects based on different data types. In this paper, we propose a clustering method based on merging similarity matrices using quasi-arithmetic means, adapted for choosing the different dimensions of data with different types, based on the assumption that a similarity measure exists for each data type.

Contextualisation de Singularités en Temps-Réel par Extraction de Connaissances du Web des Données

Badre Belabbess*,** Jeremy Lhez *
Musab Bairat ** Olivier Curé **

*Innovation Lab, ATOS, F-95870, Bezons, France
prénom.nom@atos.net,
**LIGM (UMR 8049), CNRS, F-77454, MLV, France.
prénom.nom@univ-paris-est.fr

Résumé. L'émergence de l'IoT et du traitement en temps-réel oblige les entreprises à considérer la détection d'anomalies comme un élément clé de leur activité. Afin de garantir une haute précision dans le processus de détection, des métadonnées fournissant un contexte spatio-temporel sur les mesures des capteurs sont nécessaires. Dans cet article, nous présentons un système générique qui aide à capturer, analyser, qualifier et stocker les informations contextuelles d'un domaine d'application donné. L'approche proposée est basée sur des méthodes sémantiques qui exploitent des ontologies pour évaluer la pertinence de l'information contextuelle. Après une description des composants principaux de l'architecture, la performance et la pertinence du système sont démontrées par une évaluation sur des ensembles de données du monde réel.

1 Introduction

Les capteurs de l'Internet des Objects (IoT) génèrent en continu de grandes quantités de données accumulées et traitées par des plates-formes spécialisées. L'analyse de ces données se fait par le biais de processus avancés basés sur de l'apprentissage automatique (*i.e.*, calcul numérique) ou des approches plus sémantiques (basées sur la représentation des connaissances et l'inférence). Parmi les problématiques phares, l'identification de singularités conduisant à la détection d'anomalies est un domaine de recherche d'actualité. En effet, ce sujet touche à des domaines aussi variés que la médecine (*e.g.*, identification de tumeurs malignes via imagerie IRM), la finance (*e.g.*, découverte de cas de fraudes lors de transactions financières), les technologies de l'information (*e.g.*, détection de piratage de réseaux informatiques).

Dans le cadre du projet Waves [1], nous nous sommes intéressés à la détection d'anomalies dans les grands réseaux d'eau potable gérés par un leader national expert dans le domaine de l'eau. La détection automatique de telles anomalies est une question importante à la fois sur le plan environnemental et économique. On notera que le volume de pertes d'eau potable enregistré dans le monde dépasse les 32 milliards de m3 / an (soit 14 milliards d'euros par an) dont 90 % reste difficilement identifiable en raison de la nature souterraine du réseau. Théoriquement,

---

1. https ://www.waves-rsp.org/

ces fuites d'eau peuvent être détectées en fonction de la pression et des mesures d'écoulement extraites des capteurs installés à des points stratégiques du réseau. Dans cet article, nous nous intéressons à un réseau national Français qui est constitué d'environ 100 000 km de canaux équipés de plus de 3 000 capteurs et distribuant de l'eau potable à plus de 12 millions de clients. Selon les experts, il est possible de garantir une grande précision lors du processus de détection si une contextualisation des mesures est effectuée lorsqu'une singularité apparaît. Par exemple, des signaux anormaux de haute pression ou de flux importants pourraient indiquer une fuite d'eau.

Cependant, dans de nombreux cas d'événements particuliers tels que les compétitions sportives, les rencontres culturelles, ou les catastrophes naturelles, ces singularités pourraient aisément s'expliquer rendant les réactions de l'exploitant du réseau plus efficaces. De plus, les conditions météorologiques telles que la canicule, un arrosage important ou un incendie d'origine criminelle impliquent l'utilisation de quantités importantes d'eau et ne sont donc pas de véritables anomalies. Par conséquent, une approche efficace de détection d'anomalies ne peut faire l'économie d'une contextualisation précise intégrant à la fois une dimension spatiale, une dimension temporelle et une dimension sémantique. Conçu pour être un système générique, Scouter vise à simplifier toutes ces tâches en proposant une implémentation efficace et en facilitant considérablement la configuration des composants.

2   Architecture

Scouter a été développé pour être un système complet qui peut traiter à la fois des événements statiques et dynamiques ainsi que les analyser à l'aide d'un puissant ensemble de fonctions du traitement du langage naturel (TLN) et de méthodes sémantiques avancées. Entièrement configurable, l'objectif principal de Scouter est d'extraire des données efficacement à partir de différentes sources dans le Web, les traiter rapidement afin de quantifier le potentiel de chaque événement à expliquer les anomalies détectées par la plate-forme. Les principaux composants de notre système sont les suivants : un ensemble de connecteurs de données Web, une unité d'analyse multimédia, une unité de géolocalisation, un centre de stockage, un gestionnaire de messages et un fournisseur de services Web.

Les connecteurs Web consomment les données provenant de différentes sources à une certaine fréquence et en fonction de configurations prédéfinies dans une interface Web. Ces sources incluent **(a) des réseaux sociaux** tels que Twitter et Facebook (*e.g.*, les citoyens commentant les fuites d'eau à proximité),**(b) des sources médiatiques** via des flux RSS de divers journaux (*e.g.*, un article du Monde mentionnant un incendie), **(c) des informations météorologiques** provenant d'API open-source (*e.g.*, les conditions climatiques lors d'un événement spécifique), **(d) des événements organisés** extraits de fournisseurs open-source (*e.g.*, des concerts, des expositions ou des événements sportifs), **(e) et des informations de profilage** extraites de DBpedia (*e.g.*, nombre d'habitants ou type de quartier).

Les concepts et propriétés utilisées pour rechercher des données sont représentés par une ontologie qui formalise les différentes relations d'appartenance, elle est détaillée dans la section 3. L'unité d'analyse médiatique synthétise les flux provenant de Kafka et s'appuie sur Apache Spark pour analyser les flux en temps réel. Ces derniers sont enregistrés comme des événements annotés d'une géolocalisation, d'une date de début et de fin ainsi que d'une description. Afin de filtrer les événements les plus pertinents sans conserver de doublons dans

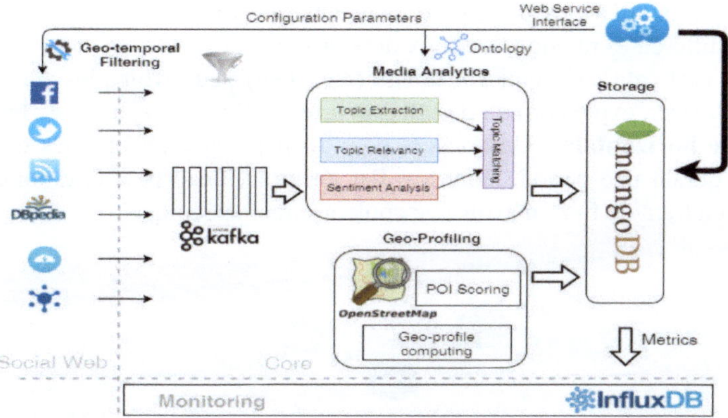

FIG. 1 – *Scouter Architecture*

la base de données, une approche d'extraction du résumé et une analyse de sentiment sont combinées. L'extraction de résumé analyse le texte des flux pour découvrir les occurrences de termes. Ensuite, le module de scoring tire parti des pondérations définies par l'utilisateur (*i.e.*, entre 0 et 1) associées aux concepts de l'ontologie pour fournir une note globale à chaque texte. L'analyse du sentiment classe les flux dans des catégories positives ou négatives en utilisant l'algorithme d'entropie maximum Adam Berger et Pietra (1996). Simultanément, l'unité de géo-profilage fournit des caractéristiques géographiques pour la zone analysée. Elle détermine le type de zone autour de l'emplacement de l'anomalie en générant un profil donné (*i.e.*, résidentiel, touristique, industriel ou agricole).

Suite aux étapes d'annotation et de scoring, les événements sont enregistrés dans une base de données distribuée orientée documents (MongoDB). Le résultat final obtenu est une contextualisation spatio-temporelle en temps réel pouvant expliquer une anomalie détectée dans le réseau d'eau potable. Scouter fournit également un outil de suivi des performances du système grâce à une panoplie de métriques telles que le temps d'exécution des requêtes ou la durée d'extraction des résumés. Ces métriques sont stockées dans une base de données orientée séries temporelles (InfluxDB) permettant un accès en lecture/écriture très rapide. Enfin, le composant de services Web est utilisé pour configurer le système de manière conviviale via une interface Rest.

3   Media Analytics & Traitement du Langage Naturel

Dans cette section, nous détaillons la méthodologie de collecte des données issues de différentes sources disponibles sur le Web.

3.1   Ontologie d'Extraction

Les systèmes de scrapping reposent généralement sur un fichier de configuration qui répertorie les propriétés des mots, des concepts ou des événements qu'il tentera d'extraire de S Sirisuriya (2015). Dans Scouter, l'extraction est optimisée et améliorée grâce à une ontologie pré-construite qui énumère les principaux concepts que l'utilisateur recherche, elle permet d'organiser les différentes relations en deux dimensions :

Hiérarchie verticale : Un concept donné (*e.g.*, Feu) peut avoir plusieurs sous-concepts (*e.g.*, incendie, brasier, explosion) ou des alias et erreurs d'orthographe (*e.g.*, brazier, pheu).

Dépendance horizontale : Un concept peut avoir plusieurs propriétés qui décrivent un état spécifique durant une période données. Par exemple, l'eau peut être potable, mais peut également être en train de fuir ou avoir une couleur/odeur spécifique.

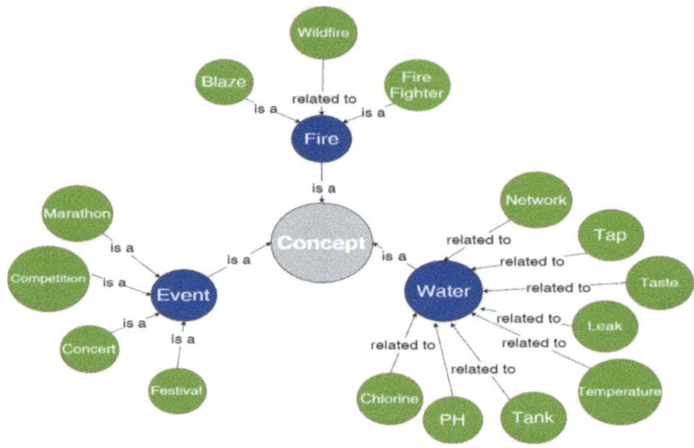

FIG. 2 – *Aperçu de l'ontologie d'extraction*

En combinant les concepts et les propriétés avec les prédicats, nous pouvons créer une ontologie expressive telle que celle de la figure 2 utilisée pour le cas d'utilisation des fuites d'eau. Ce type de structure est plus expressif qu'une liste classique de mots-clés de par sa modularité et son extensibilité.

3.2 Extraction de Résumés

Après avoir récupéré les événements pertinents des différentes sources de données en se basant sur l'ontologie de concepts et de propriétés, l'étape suivante consiste à extraire des résumés significatifs des événements en suivant le processus décrit dans la Figure 3.

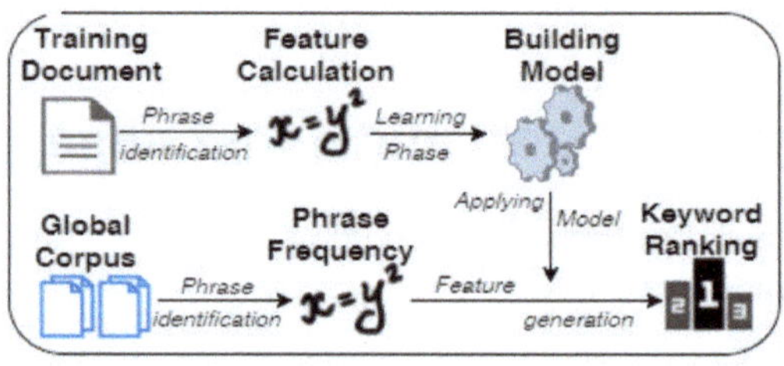

FIG. 3 – *Processus d'extraction de résumés*

Le prétraitement initial concerne le nettoyage du texte en entrée, l'identification des candidats potentiels et, enfin le tri ainsi que l'harmonisation des majuscules/minuscules. Les fichiers en entrée sont filtrés pour régulariser le texte et déterminer les limites des phrases, puis interviennent le fractionnement en tokens ainsi que quelques opérations de nettoyage (*i.e.*, suppression des apostrophes ou séparation de certaines expression en plusieurs mots). Ensuite, nous considérons toutes les sous-séquences générées afin de pouvoir déterminer celles qui conviennent en tant que phrases complètes et compréhensibles. Pour augmenter la précision, nous utilisons une liste de mots français contenant plus de 500 entrées dans différentes classes syntaxiques (*e.g.*, conjonctions, articles, particules, etc.). Nous trions et harmonisons tous les mots via une méthode itérée très utilisée dans le domaine du TLN Lovins (1968), le processus est répété jusqu'à ce qu'il n'y ait plus d'amélioration possible.

Quant au traitement principal, il est relatif au calcul de deux valeurs distinctes pour chaque phrase candidate : la fréquence des phrases dans le texte d'entrée par rapport à sa rareté dans l'utilisation générale et la première occurrence, qui correspond à une distance dans le texte d'entrée indiquant la première apparition de la phrase. Ces deux valeurs sont converties en données nominales pour faciliter le processus de d'apprentissage automatique et une table de discrétisation pour chacune des valeurs est dérivée des données d'entraînement. Enfin, nous générons un modèle qui donne les scores pour chaque candidat et le classons en utilisant des techniques bayésiennes naïves Domingos et Pazzani (1997).

3.3 Pertinence des Résumés

Plusieurs travaux de recherche abordent la question du résumé automatique Ellouze et al. (2017). Dans notre cas, nous avons choisi une approche basée sur une similarité distribuée qui compare le contenu d'entrée et le résumé. Nous considérons qu'un bon résumé devrait être caractérisé par une faible divergence entre les distributions de probabilité des mots en entrée et le résumé généré, et par une forte similitude avec l'entrée. À cette fin, nous avons utilisé deux mesures complémentaires : la divergence de Kullback Leibler et la divergence de Jensen Shannon. Tout d'abord, les mots en entrée et dans le résumé sont triés et segmentés avant tout calcul. Ensuite, nous calculons les deux mesures :

Divergence de Kullback Leibler (KL) : Elle correspond au nombre moyen de bits utilisés pour le codage d'échantillons appartenant à P en utilisant une autre distribution Q, approximative de P. Elle est donnée par :

$$D_{\mathrm{KL}}(P\|Q) = \sum_i P(i) \log \frac{P(i)}{Q(i)}.$$

Dans notre cas, les deux distributions de probabilités sont estimées à partir du texte en entrée et du résumé. Étant donné que la divergence de KL n'est pas symétrique, les divergences du texte en entrée et de son résumé sont introduites en tant que mesures. En outre, nous effectuons un lissage simple via une fonction d'approximation qui capture des comportements spécifiques tout en excluant le bruit et d'autres nuisances à faible échelle.

Divergence de Jensen Shannon (JS) : Elle s'appuie sur le fait que la distance entre deux distributions ne peut pas être trop éloignée de la moyenne des distances de leur distribution moyenne. Elle est donnée par la formule suivante :

$$\mathrm{JSD}(P \parallel Q) = \frac{1}{2}D(P \parallel M) + \frac{1}{2}D(Q \parallel M) \; avec \; M = \frac{1}{2}(P + Q) \tag{1}$$

Contrairement à la divergence de KL, la divergence de JS est symétrique et toujours définie. Nous calculons à la fois les versions lissées et non lissées de ces divergences en tant que résultats du résumé. La dernière étape est d'utiliser la sortie de ces deux fonctions pour classer les résumés extraits et ne conserver que ceux ayant le meilleur résultat de résumé (*i.e.*, les divergences les plus faibles).

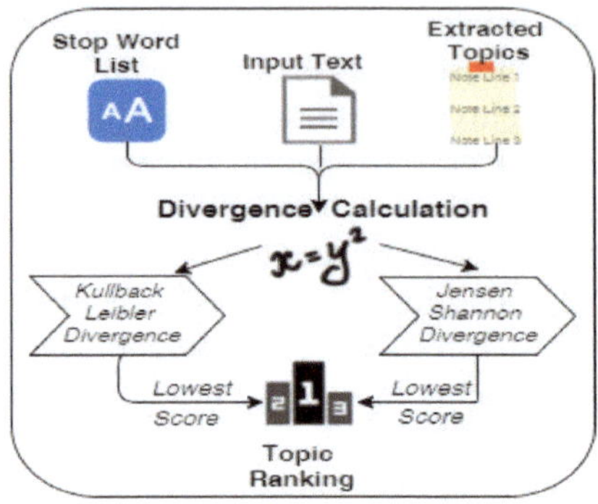

FIG. 4 – *Processus d'estimation de la pertinence du résumé*

3.4   Analyse Sentimentale

Au cours de la dernière décennie, l'analyse du sentiment a connu un développement exponentiel, de nombreuses solutions ont été proposées sur diverses technologies A. Collomb et Brunie (2014). Nous proposons dans cette section une approche simple et efficace mêlant des outils variés dont le toolkit fourni par Stanford CoreNLP Manning et al. (2014).

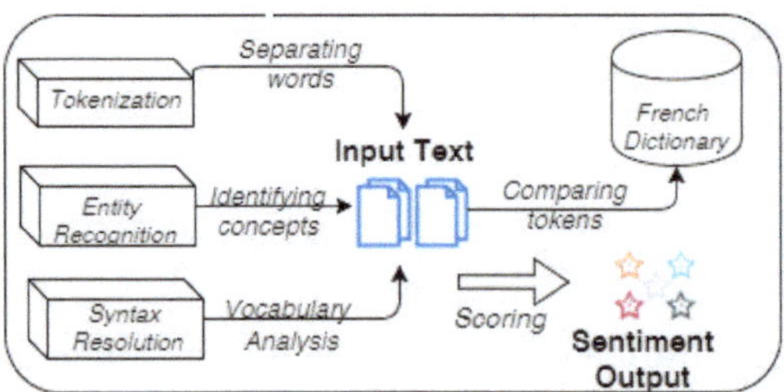

FIG. 5 – *Processus d'Analyse sentimentale*

Avant d'appliquer le modèle, nous devons effectuer plusieurs étapes de prétraitement qui améliorent la précision du score final en sortie. Les trois étapes réalisées ici sont **(a) la Tokenisation** (séparation du texte en une séquence de tokens et division chaque séquence en phrases significatives, **(b) la Reconnaissance d'entités** (inférence d'informations sur le genre puis annotation en tant que personnes, emplacements, organisations, nombres, etc) et **(c) la Résolution syntaxique** (recherche de dépendances grammaticales et utilisation d'un dictionnaire français).

Après la phase de prétraitement, nous appliquons le modèle de composition sur arbres basé sur une approche d'apprentissage profond. Il s'appuie sur les nœuds d'un arbre binarisé pour chaque phrase, y compris en particulier le nœud racine, chaque nœud étant annoté d'un score de sentiment. Afin de saisir le sentiment d'un texte en entrée, un modèle de réseau de neurones récursifs (*i.e.*, Recursive Neural Tensor Network ou RNTN) est construit en fonction des caractéristiques des phrases en entrée. Cette approche est inspirée des modèles récursifs et profonds développés par l'équipe Stanford Richard (2013).

3.5 Correspondance des Résumés

L'objectif des différentes étapes du module analytique est d'extraire les événements uniques les plus pertinents en les annotant avec un résumé expressif. Le système permet d'éviter de stocker des événements en doublons faisant référence à la même occurrence. Pour chaque événement extrait, le système proposera une liste de résumés potentiels basés sur une approche bayésienne. Ensuite, ces résumés seront classés en utilisant les divergences les plus faibles (*i.e.*, divergence KL et divergence JS) afin d'évaluer leur précision. Parmi les mieux classés, nous vérifierons s'ils disposent du même sentiment (*i.e.*, positif, neutre ou négatif). Si deux résumés sélectionnés au cours de ce processus ont le même score de pertinence et le même sentiment, nous supposons alors qu'ils se réfèrent au même événement. Par conséquent, nous concluons que ces événements sont des doublons et nous ne conserverons que le contenu d'un seul. Le processus global de notre module analytique est détaillé dans la figure6.

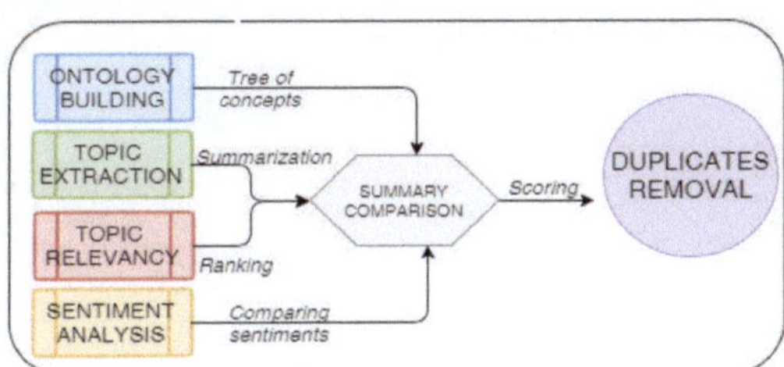

FIG. 6 – *Processus de correspondance des résumés*

Même si ce module fournit des fonctions puissantes pour filtrer les événements uniques et pertinents, une dimension spatiale est nécessaire afin de parfaire la contextualisation de l'anomalie détectée. Cette partie sera expliquée dans la section suivante.

4 Profilage Géographique

Afin de pouvoir établir la pertinence des événements détectés comme origine potentielle d'une anomalie, et pour pouvoir ajuster le score de probabilité qui leur est attribué, Scouter se base sur un système de profilage géographique Lhez et Curé (2016) ; L'objectif est de pouvoir déterminer la composition des secteurs de consommation étudiés en termes de terrain.

Le profilage est réalisé à partir de données cartographiques provenant d'OpenStreetMap Haklay et Weber (2008), un projet international sous licence libre. Le programme établit à partir des informations sur les secteurs de consommation les données à extraire, en construisant

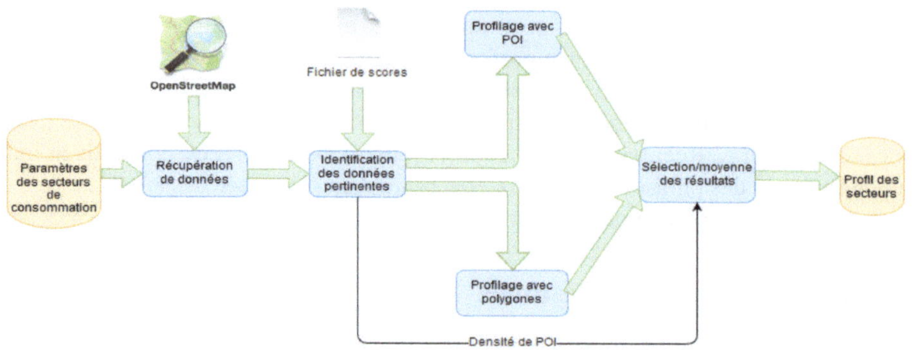

FIG. 7 – *Architecture du système de profilage*

une *bounding box* adaptée. Un fichier de configuration est également fourni au programme, afin de pouvoir établir quelles sont les grandes catégories de terrain à considérer, et quels tags définis par OSM appartiennent à ces catégories. A chaque tag est attribué une note, qui correspond à sa pertinence pour décrire la catégorie de terrain à laquelle il appartient. Le fichier, au format JSON, est donc organisé en une hiérarchie de catégories, incluant les tags en tant que feuille, mais aussi les différentes classes définies par OSM ; cela permet à l'utilisateur de créer ou modifier la configuration du profilage si nécessaire. Un exemple issu du fichier de scores pour le cas d'usage de Waves est fourni en figure 8.

```
"amenity": {
        "tourism": {
                "entertainment": {
                        "arts_centre": 0.8,
                        "casino": 1.0,
                        "community_centre": 0.8,
                        "fountain": 0.3,
                        "gambling": 1.0,
                        "planetarium": 0.8,
                        "theatre": 1.0}
        }
```

FIG. 8 – *Extrait de l'arborescence du fichier de configuration du profilage de Waves*

A partir de ces informations, deux profilages distincts sont réalisés : à partir des points d'intérêt (POI) et des polygones. La première méthode se base sur les *nodes* récupérés d'OSM, ainsi que sur les notes attribuées aux tags dans le fichier de configuration. Pour chaque mot clef identifié à la fois au sein des données cartographiques et au sein de la classification du fichier, on ajoute la note qui lui est attribuée au score total de la catégorie de terrain qu'il représente. Les catégories les plus représentées dans le secteur auront ainsi un score plus important, et il suffit ensuite d'un simple calcul de proportions finales pour obtenir la répartition finale. Cette méthode est très adaptée pour identifiées les zones denses en POI. La deuxième méthode se base sur l'utilisation des polygones pour établir la répartition. Le procédé est le même que précédemment pour l'identification des tags pertinents ; toutefois, à la place des notes attribuées arbitrairement dans le fichier de configuration, on calcule à la place la surface des polygones.

La répartition finale se calcule de la même manière, avec des scores pour chaque catégorie obtenus différemment, parfaits pour les secteurs riches en polygones.

Chaque méthode de profilage convient donc mieux à un cas précis, et il s'avère qu'elles sont également complémentaires. En effet, les zones géographiques comportant beaucoup de POI sont souvent dépourvues de polygones, car il s'agit de secteurs très divers, sans parcelles de terrain uniforme. A l'inverses, les secteurs riches en polygones seront également la plupart du temps très pauvres en POI, car il s'agit de terrains sans éléments remarquables. Ainsi, dans certains cas, les méthodes peuvent être sélectionnées, voire adaptées pour obtenir un résultat plus précis. Pour cela, il suffit de calculer la densité (proportion) de POI au kilomètre carré à partir des données d'OSM : de la sorte, l'utilisateur peut choisir quel profilage est le plus adapté à ses besoins. En cas de densité moyenne, il peut être pertinent de calculer la moyenne des résultats des profilages pour ajuster les proportions.

L'ensemble du système de profilage est donc configurable à partir du fichier de score, ce qui permet d'effectuer des ajustements. Par ailleurs, il est parfaitement possible de réaliser sa propre méthode de combinaison des profilage si l'approche générique ne convient pas.

5 Évaluation

Dans cette section, nous évaluons la performance du système sur plusieurs dimension tant quantitatives que qualitatives.

5.1 Media Analytics

Lors de cette expérimentation, nous avons collecté des flux durant 9 heures depuis des sources telles que Facebook, Twitter, des feeds RSS, Open Agenda, DBPedia et Open Weather Map. Notre cible géographique était l'agglomération de Versailles. Les paramètres utilisés pour chaque source sont présentés dans la Table 1. Par exemple, en utilisant l'API de streaming de Twitter, nous récupérons les flux de la zone géographique de Versailles mais aussi depuis les comptes *e.g.*, @Versailles et @monversailles. Les mots clés utilisés pour requêter ces tweets sont associés à 12 concepts de l'ontologie pour lesquels un score de pertinence est associé.

Source	Fréquence (heures)	Pages & Comptes	Concepts & Scores
Facebook	12	Mon Versailles, Versailles Officiel, Public Events	meter :1
Twitter	Streaming	@Versailles, @monversailles, @prefet78 #sdis78	damage :10 concert :10
Open Agenda	24		spray :1, fire :10 water :10, blaze :1
Open Weather Map	4		wildfire :10, flow :5 tank :1, chlore :5
DBpedia	24		pressure :5
RSS News Papers	12	Le Parisien, 78 Actu, versailles.fr, Sdis78 yvelines.gouv.fr	

TAB. 1 – *Sources de Données & Scores des Concepts*

Performance du système : Deux métriques permettent de déterminer la performance de Scouter pour les fonctions les plus demandeuses en ressources. Le tableau 2 montre le temps moyen nécessaire pour annoter tous les événements collectés, il est calculé en divisant la somme des temps de scoring pour chacun des événements par le nombre d'événements collectés. Il montre également le temps d'entraînement pour l'algorithme d'extraction de résumés visant à construire le modèle approprié. Nous pouvons voir que Scouter reste performant malgré un nombre relativement important d'événements traités par le système sans pour autant subir une panne ou un retard.

Mesure	Temps en Millisecondes
Temps Moyen de Traitement	7.43
Temps d'Entrainement Extraction de Résumés	474

TAB. 2 – *Temps de Traitement Scouter*

Qualité des événements collectés : Nous avons considéré notre cas d'utilisation sur les fuites d'eau durant l'année courante (2017). Notre système a tourné durant 9 heures pour collecter les événements de diverses sources du web, en utilisant l'ontologie explicitée dans la section et les scores assignés dans le tableau . L'exploitant du réseau d'eau potable a fourni l'horodatage et l'emplacement de toutes les anomalies rapportées en 2017 dénombrées à 15 au total. À partir de la base de données, nous avons récupéré tous les événements stockés correspondant à l'horodatage et l'emplacement de chaque anomalie et les avons présentés à cinq experts du domaine. Pour chaque événement, on leur a demandé d'estimer si cet événement pouvait fournir une explication pertinente à l'anomalie signalée. Une contrainte a été imposée, la réponse devait être se borner à "oui" ou "non," afin de simplifier l'interprétation des résultats.

Eval-uateur	Evénements														
	1	2	3	4	5	6	7	8	9	10	11	12	13	14	15
1	×	✓	×	✓	✓	✓	×	✓	×	×	✓	×	×	×	×
2	×	✓	×	✓	✓	×	×	✓	×	✓	✓	×	×	×	×
3	×	✓	×	✓	✓	×	✓	×	×	✓	×	✓	✓	×	×
4	×	✓	×	✓	✓	×	×	✓	×	✓	×	×	✓	×	×
5	×	×	×	✓	×	×	×	✓	×	×	✓	×	×	×	×

TAB. 3 – *Évaluation des Experts de Domaine*

Pour évaluer la fiabilité de l'annotation, nous avons utilisé la mesure kappa de Fleiss Fleiss et al. (1971). Il s'agit d'une mesure statistique visant à évaluer la fiabilité de l'accord entre un certain nombre d'évaluateurs lors de l'attribution d'étiquettes à des sujets catégoriels. Cette mesure est exprimée par l'équation ci-dessous dont les résultats sont calculés pour un scénario avec 5 évaluateurs :

$$kappa = \frac{\bar{P} - \bar{P}_e}{1 - \bar{P}_e} = \frac{0.84 - 0.5256888889}{1 - 0.5256888889} = 0.6626686657$$

D'après le tableau d'interprétation des valeurs kappa Landis et Koch (1977), les évaluateurs ont un accord substantiel sur les événements annotés comme pouvant fournir une explication pertinente pour une anomalie de fuite d'eau. Par conséquent, Scouter a été assez efficace pour sélectionner les événements les plus pertinents.

5.2 Profilage Géographique

L'évaluation de la précision du profilage géographique a été réalisée à partir de divers échantillons de données fournis par notre client. Nous présentons ici un exemple basé sur la zone de Versailles en France. Nous allons présenter les résultats des deux méthodes de profilage pour chaque secteur de consommation, et détailler les performances de chaque méthode du programme.

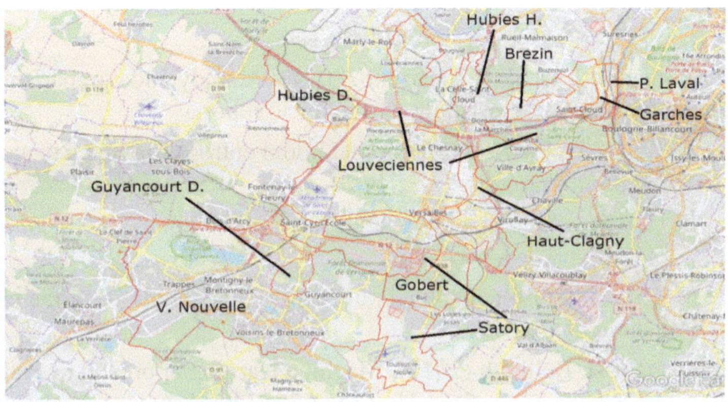

FIG. 9 – *Secteurs de consommations de Versailles, superposés aux données d'OpenStreetMap*

La figure 9 donne un aperçu de l'organisation du système de profilage. Le profilage utilise 5 types de terrains différents : résidentiel, agricole, naturel, industriel et touristique. Certaines zones sont plus facilement détectables en utilisant des POI, d'autres seront majoritairement représentées par des polygones. Les résultats finaux sont présentés dans le tableau 4. Nous avons utilisé la technique décrite en section 4, et nous réalisons la moyenne des deux méthodes si la densité est jugée moyenne. Une fois que nos ajustements finalisés, nous avons présenté nos résultats à un groupe d'experts du domaine pour recueillir leur avis (4ème colonne du tableau). Leurs évaluations sont majoritairement satisfaisantes, avec quelques remarques pour certains secteurs ne comportant pas de type de terrain majoritaire.

Zone	Catégorie	Densité de POI	Évaluation	Données OSM	Profilage POI	Profilage Polygones
P. Laval	résidentielle	élevé	correct	5.4Mo	25ms	605ms
V. Nouvelle	rés. - nat.	moyen	correct	53.8Mo	282ms	630ms
Hubies D.	rés. - agr.	faible	nuancé	5.8Mo	13ms	30ms
Brezin	rés. - nat.	moyen	nuancé	3.1Mo	8ms	72ms
Guyancourt D.	rés. - nat.	moyen	correct	4.2Mo	13ms	50ms
Louveciennes	rés - tour.	élevé	correct	123.2Mo	1118ms	1290ms
Hubies H.	naturelle	faible	correct	37.15Mo	163ms	180ms
Haut-Clagny	résidentielle	élevé	correct	8.6Mo	21ms	32ms
Garches	touristique	élevé	correct	7.0Mo	205ms	46ms
Gobert	naturelle	faible	correct	15.4Mo	36ms	105ms
Satory	industrielle	faible	nuancé	32.5Mo	103ms	215ms

TAB. 4 – *Évaluation des résultats finaux*

Les dernières colonnes du tableau 4 détaillent les performances pour chaque méthode de profilage. La taille des données à télécharger dépend de la surface du secteur. Les données des polygones sont généralement plus volumineuses que celles des POI, même quand ces dernières sont plus nombreuses, leur représentation étant plus complexe. Ainsi, la méthode de profilage par polygone est généralement bien plus longue que celle des POI. Le temps d'exécution peut donc être potentiellement long pour des zones vastes, mais le profilage des secteurs ne dépend d'aucune des données du flux reçu par Scouter, et peut donc être exécuté hors ligne pour ne pas impacter les performances.

Références

A. Collomb, C. Costea, D. J. O. H. et L. Brunie (2014). A study and comparison of sentiment analysis methods for reputation evaluation. Technical report.

Adam Berger, S. D. P. et V. D. Pietra (1996). A maximum entropy approach to natural language processing. *Computational Linguistics-MIT*, 22–1.

de S Sirisuriya, S. (2015). A comparative study on web scraping. *International Research Conference*.

Domingos, P. et M. Pazzani (1997). On the optimality of the simple bayesian classifier under zero-one loss. *Machine Learning*.

Ellouze, S., M. Jaoua, et H. Belguith (2017). Machine learning approach to evaluate multilingual summaries. In *Proceedings of the MultiLing 2017 Workshop*. Association for Computational Linguistics.

Fleiss, J. et al. (1971). Measuring nominal scale agreement among many raters. *Psychological Bulletin 76*.

Haklay, M. et P. Weber (2008). Openstreetmap : User-generated street maps. *IEEE Pervasive Computing*, 12–18.

Landis, J. R. et G. G. Koch (1977). The measurement of observer agreement for categorical data. *Biometrics*.

Lhez, J. et O. Curé (2016). Profilage sémantique et probabiliste de zones géographiques.

Lovins, J. (1968). Development of a stemming algorithm. *Mechanical Translation and Computational Linguistics*.

Manning, C. D., M. Surdeanu, J. Bauer, J. R. Finkel, S. Bethard, et D. McClosky (2014). The stanford corenlp natural language processing toolkit. Association for Computer Linguistics.

Richard, S. (2013). Recursive deep models for semantic compositionality over a sentiment treebank. Association for Computational Linguistics.

Summary

Anomaly detection is a key feature of applications processing singularities using IoT sensor measures. To guarantee high quality detections, meta-data providing spatio-temporal contexts on sensor measures are needed. In this paper, we introduce Scouter, a generic tool that helps in capturing, analyzing, scoring and storing the contextual information of a given application domain. The process depends on a semantic-based approach that exploits ontologies to score the relevancy of contextual information. The paper provides details on the system's architecture, describes its components and evaluates the performance based on real-world datasets.

Temporal hints in the cultural heritage discourse: what can an ontology of time *as it is worded* reveal?

Gamze Saygi, Jean-Yves Blaise, Iwona Dudek

UMR CNRS/MCC 3495 Modeles et Simulations pour l'Architecture et le Patrimoine
Campus CNRS Joseph Aiguier - Bat. Z',
31 chemin Joseph Aiguier 13402, Marseille Cedex 20, France.
(gamze.saygi, jean-yves.blaise, iwona.dudek)@map.cnrs.fr
http://map.cnrs.fr

Abstract. Time is an indispensable component of CH information: implementing appropriate knowledge models carry crucial importance in order to provide deeper understanding of heritage elements' evolution, to uncover concurrences, and to weigh *quality* factors. It is a challenging task though due to the uncertain characteristics of temporal data, and to the *wording of time* in the CH discourse. Existing KR models are either not designed for these distinctive characteristics, or spatial aspects tend to upstage the temporal dimension. This research aims at deciphering and proposing a formal representation of the way temporal hints are formalized in historical narratives. An OWL ontology is introduced that provides a core support mechanism allowing for a semantic representation of temporal statements, and for structural analysis. The objective is to facilitate the cross-examination of temporal hints in and across CH collections so that specialists can have extensive *reading* possibilities of heritage information.

1   Introduction

As pointed out by Jurisica et al. (2004), with more and more computer-readable pieces of information, analysts today need to rethink their knowledge extraction strategies. Ontologies offer significant capabilities for knowledge management, especially in large volumes of information (Davies et al., 2003) by providing controlled and consistent vocabularies defined as a set of representational primitives (information types, their properties and relationships) coherent with the meanings and constraints in a domain of knowledge (Gruber, 1993).

On the other hand, *time* is a feature that appears in many pieces of information (Faucher et al., 2010), and ontologies of time can be of concern for various disciplines. In this research, we focus on the concept of time in the *cultural heritage* (CH) discourse: temporal aspects are there an inseparable and central role-player for historical analysis, and in any reasoning task performed on the evolution, transformation, reuse, status of heritage assets. But in the CH discourse past events or facts anchored in time in a large variety of forms (e.g., [...] it goes back to the second half of the 13th or 14th Century, [...] after the Revolution, etc.). These wordings do not fit into "classical" quantification systems such as date formats in DB management systems (e.g., "1942-03-19").

In order to reach a more accurate representation of the temporal dimension of historic narratives, it is important to analyze with care the actual wording of the temporal hints. Only once this analysis has been carried out and confronted to the reality of the historical data sets, can one expect to build a generic formal model, providing interoperable means to decipher and represent temporal structures.

The idea behind the research is that, as analysts of historical evidence, and prior to any interpretation steps, we first need to understand and depict in a structured and sharable manner the nature of the data we handle, in particular of temporal statements.

Such a formalization targets reasoning tasks on verbalization patterns: correlating them to types of information providers, to historical periods they concern, to particular geographic or cultural areas, to particular authors, etc. The background objective of this research is to do a comprehensive analysis of the temporal hints in the CH discourse. To do so, we introduce a hands-on application scenario, encompassing the extraction of "real" hints from "real" data and an experimental implementation using the OWL (Web Ontology Language) / Protégé technological suite (Musen, 2015). Such an ontology not only helps reaching a formal model of time *as it is worded* but also renews the way heritage specialists extract different interpretations from the data they handle.

We however make no claim that we have developed a generic ontological framework that would be suited to historic sciences at large. We do acknowledge the fact that temporalities, and the way they are worded, can be dependent on distinctive parameters such as region, typology or collection. Nevertheless, we highlight particular tendencies of *wording* in the CH discourse and focus on typical challenges while acquiring and formalizing temporal information in the domain. In Section 2, we draw the outline of the research context in a twofold manner; first by outlining how the time concept is handled in the general research context, and second by focusing on what has been experimented so far in the specific context of the CH domain. Section 3 introduces our approach to the representation of time as it is worded: concepts, notions, and their interrelations. Section 4 discusses the technical implementation and its experimental evaluation. In the final section, we list outcomes and shortcomings at this stage of the research, and some lessons learnt from the experiment.

2   State-of-the-art

Useful standards, definitions, specifications and recommendations already exist aiming at diverse concerns and steps of temporal information processing. Time-oriented data analysis is a concern within many research communities, such as the TIME community that deals with temporal theories, logics, representation languages, reasoning and ontologies (Ermolayev et al., 2014). ISO 8601 describes a standardized way of presenting dates and times, whereas ISO 19108 sets the information technology standards for the interchanging of temporal information. ISO TimeML targets a very crucial concern; Natural Language Processing (NLP) tasks for creating controlled temporal expressions from unstructured text. It does not only take into account quantities but also relevant semantic operators. OWL-Time, which is a candidate W3C recommendation, aims at providing a vocabulary for expressing facts about topological relations among temporal instants and intervals. It has been recently extended (Cox, 2016) to support the encoding of temporal reference systems other than the Gregorian calendar. There is a growing interest on extending regular time concept to a wider non-absolute perspective, i.e., research dealing with dirty datasets. For instance, Tao et al. (2010) develop an ontology called **CNTRO** for representing temporal information in clinical narratives as RDF (Resource Description Framework) triples supporting time oriented queries in semantic web. Anagnostopoulos et al. (2013) draw attention to the frequency of qualitative expressions in temporal expressions (e.g., before, after), and develop a reasoner named **CHRONOS** for uncovering temporal relations. Golden and Shaw (2016) ease the task of linking among datasets that define temporal periods differently. Poveda-Villalón et al. (2014) highlight the importance of integrating recurrent events, whereas Diallo et al. (2015) consider different granularities in addition to recurrences. Faucher et al. (2010) experiment a pipeline from bottom to top, i.e., for acquiring temporal knowledge from texts in order to populate a constrained computable model.

Nevertheless, uncertainty, vagueness and imprecision in the wording of temporal hints (e.g., late 1980s, end of November) remain tough to represent formally. Besides, none of the above mentioned research works yet take into account contradictory notations or alternative wordings that can be combined, even in a single source (e.g., in the 14th Century, probably around 1380), although such ways of saying are common in the CH discourse.

In the CH domain, the CIDOC CRM, also known as ISO 21127, is a core ontological model aiming at creating semantic glue between different sources of information, such as that published by museums, libraries and archives. In CRM model spatiality and temporality go hand in hand. Particular to CRM based experimentations, some researchers represented temporal periods on 4 dimensional volumes (Papadakis et al., 2014), being associated with spatio-temporalities (Hiebel et al., 2016). Approximate, definite and indefinite bounds of periods are considered. Although, they state the approach could be embedded in an information system such as GIS, there is no solid test-case, yet. Moreover, Papadakis et al. (2014) point out that their model does not allow representing periods which retreat to the same place several times (i.e., recurrent events) or occur at disjoint places (e.g., festive events). This is a quite critical issue in CH, considering for example sets of transformations/additions/extensions shaping a heritage artefact's lifespan. They focus on modeling reality using only material evidence about past periods or events derived from the observation of traces. However although time may leave physical traces on tangible heritage assets it does not always do so, in particular in the case of intangible heritage (e.g., practices, traditions, festive events). Binding (2010) adopt CRM entities and properties for controlled vocabularies, and demonstrate a temporal reasoning method for modelling temporal relationships for archaeological records. They make use of conventional agreements for temporal subdivisions. This allows aligning data records with known time periods and representing the approximate lower and upper bounds of the time periods with numeric values. For instance, they split centuries into years of 01-32 if indicated early, 33-66 for mid or 67-100 for late with reference to advice received from English Heritage. As shown in Section 3.1 our contribution reuses this concept of *conventional mapping (agreements)*, but extends it in terms of granularities, and proposes a level of flexibility that allows for a user-chosen or user-specific *conventional mapping*.

Kauppinen et al. (2010) stress the imprecision of temporal information in the CH discourse. They deal with fuzzy boundaries and exact boundaries of time intervals, and formalize each temporal interval by constraining the earliest and latest possible start and end dates. Nevertheless, they do not take into account open-end indications like before and after statements. Besides they solely analyze the potential overlapping of intervals. Nurminen and Heimburger (2012) discuss representation and retrieval of uncertain temporal information in museum databases with a specific focus on anchored time intervals. They underline the shift from item-centric (i.e., structured around physical entities) to event-centric cataloguing (i.e., concentrating on various events) of museum artefacts. It is particularly important when considering events as clusters linking heritage entities to the cultural actions of human beings and the social setting.

Generally speaking a large number of research efforts on temporal reasoning build on the concepts introduced by Allen (1983, 1991), and there is no doubt that such efforts are welcome for instance in the context of artificial intelligence applications. But there is quite a distance between the way historical hints are actually worded, and a sound application of Allen's formal relations. Our research fits in that gap: temporal statements (both quantitative values and lexical modifiers) first need to undergo a process of extraction in order to uncover their structure, and a fine-grain analysis so that scientists can get a critical understanding of how doubts pervade their reasoning processes. This key challenge in historical sciences was taken on in the context of heritage data cross-examination and visualization Blaise et al. (2016) but an in-depth investigation of how it can be addressed in the KR context remains to be carried out. Efficient temporal reasoning, based on Allen's relations or not, will only be possible if a complete formal model of the specific wordings of historians has been introduced. In order to fulfill this aspect, a basic approach could be following the footsteps of a standard temporal ontology (such as OWL-Time) by extending it or reusing the spatio-temporal ontology by CIDOC CRM. Nevertheless, the way time is verbalized in the historical discourse would require a very significant move away from these standards' original versions. The approach presented in this paper is not to work on the concept of time itself, or on spatio-temporal entities, but to try and assess the potential added-value of a formal representation of temporal statements *as worded* in the CH discourse.

3   Analysis and representation of temporal statements

In this section we discuss the formal model of temporal statements. To start with we define the main notions, the top-level organization and relations, and detail the time-related concepts classification.

3.1   Main notions and general organization of the formal model

A *TemporalStatement* is some sequence of words that tell us when something hap-pened and/or how long something lasted within a temporal reference. A *TemporalStatement*'s semantic field is the notion of time alone, it does not extend to the concept of spatial/physical property which it affects or refers to. Any *TemporalStatement* is composed of one or more time-related concepts (points, intervals, etc.), which may be accompanied by one or more *LexicalOperator*s (during, before, end of, etc.).

There is a set of basic but important elements we associate to a temporal statement (figure 1). First and foremost, granularity describes the mapping of time into conventional units upon human decision. That mapping is basically aimed at dealing with time in an easier way, and can be specified in multiple ways (in larger or smaller units) depending on the needs of the analyst (Aigner et al., 2011). In a *TemporalStatement* like "The first quotation dates back to 20 April 1687", the temporal granularity can be fixed to "a day". But the day can be subdivided into smaller segments such as 24 hours or 1440 minutes (and incidentally the "standardization" of time dates back to 1884, with the definition of an "average" hour in response to the multiplicity and variability of solar hours, hence serious interpretation bottlenecks when observing such statements today). The non-decomposable unit for a given granularity is called *chronon*, a term coined by Lévi (1927). For instance, in Java, date class uses milliseconds as *chronon*. Naturally in the historical discourse there can be a disjunction between a statement's intrinsic granularity and the temporality of the fact that is reported. For instance, in a temporal statement like "A *great fire* damaged the building extensively *in the winter of 1920*", the granularity of the statement is a season whereas the "great fire" mentioned in the statement most probably lasted some days at most or even some hours. The notion of *UnfoldableTimePoint* (see Section 3.1.3) is a pragmatic answer to that concern.

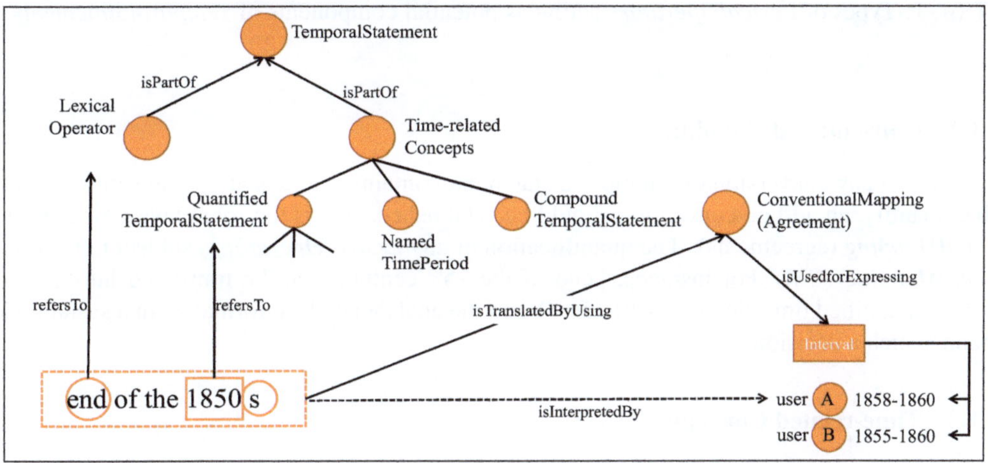

FIG. 1: Components of a *TemporalStatement* and their interrelations.

A difference is made between Temporal Reference Systems (calendars, part of OWL-Time) and the notion of periodization in history, that can be used as a reference in the wording of temporal hints but that is not a systematic discretization of time (e.g., *Gothic* appears before *Renaissance* in European architectural styles, nevertheless we can not specify the exact temporal boundaries of these trends). This notion is mapped in a concept called *NamedTimePeriod*.

Consequently, the proposed model is organized as follows:
— A *LexicalOperator* concept matching the "verbal modifiers" (around, before, etc.),
— A utility concept called *ConventionalMapping* used to interpret qualitative expressions when needed, and turn them into workable quantities,
— Classes that represent the time-related concepts present in the *TemporalStatements*.

3.1.1 LexicalOperator

Lexicals refining the qualitative extent of time and supporting the anchoring of *TemporalStatements* are defined as *LexicalOperators* (table 1). These qualitative components of the hint determine the "extent" of a *TemporalStatement*.

Type of usage	Defines quantity by	Examples
ExplicitOperator covers the words that do not impact the worded quantity.	Pointing at	in ‖ on ‖ at
	Bounding	from-to ‖ between-end
	Defining frequency	every ‖ annually
ImpreciseOperator enlarges or extends the worded quantity.	Anchoring at a median point	around ‖ about ‖ towards
	Bounding at one direction	before ‖ after ‖ since
RefinementOperator narrows the extent of the *TemporalStatement* by creating a subdivision.	Ordering Subdivisions	early ‖ late beginning of ‖ end of middle of
	Natural Subdivisions	seasons ‖ tides

TAB. 1: Types of *LexicalOperator*s acting as potential components of *TemporalStatement*s.

3.1.2 ConventionalMapping

Prior to any conversion of a temporal statement containing a lexical operator into a workable quantity, an ad-hoc convention should be established: this is the role played by *ConventionalMapping* (agreements). The quantification of any *LexicalOperator* is subject to *ConventionalMapping* (CM). For instance, "end of the 15th century" can be translated into a user-chosen quantified time slot as "1480-1500", and the analyst needs to formalize in a sustainable manner such a decision.

3.1.3 Time-related Concepts

Time-related concepts are represented through three major classes / hierarchy of classes: *NamedTimePeriod*, *QuantifiedTemporalStatement*, *CompoundTemporalStatement*. In this section, we address their definitions, properties and specifications.

NamedTimePeriod. *NamedTimePeriod*s correspond to *TemporalStatement*s that provide an ordered reference rather than a temporal coordinate system (e.g. *after the reign of* rather than *between X and Y*). The sequence of *NamedTimePeriod*s can overlap on each other. It can be related to diverse frame of references such as art movements (e.g., Art Nouveau), political events (e.g., 30 Year Wars) or natural facts. A *NamedTimePeriod*, whether it is accompanied with a *LexicalOperator* or not, implies the use of CM. The concept matches the notion of periodization in historical analyses.

QuantifiedTemporalStatement. A *QuantifiedTemporalStatement* is a temporal hint expressed in numbers (or with universally accepted lexicals such as a decade). It can represent either a *TimePoint*, an *Interval* or an *UnanchoredDuration*. A *QuantifiedTemporalStatement* has two properties: a temporal reference system, and a *chronon*. Although the *QuantifiedTemporal-Statement* is the quantified part of a hint, its value should still be interpreted in relation with any *LexicalOperator* present in the statement, e.g., "before 1650" does not point out to "the year of 1650" itself, but to a "time slot that precedes 1650".

TimePoint: definition and subclasses. At the conceptual level a time point represents an instant, with a *zero* length. Depending on the granularity, a *TimePoint* de facto can have a temporal extent. Three concepts refining the classic *TimePoint* (tp) class are introduced to deal with temporal statements that are verbalized as *TimePoint*s (table 2).

FuzzyTemporalStatement (tp_F) is a wording that refers to an event confined in an ambiguous way to a *TimePoint*. The fuzziness of the information delivered by such a *TemporalStatement* comes from a doubt concerning the alignment of the granularity possibly needed to analyze the event and this of the *TimePoint*.

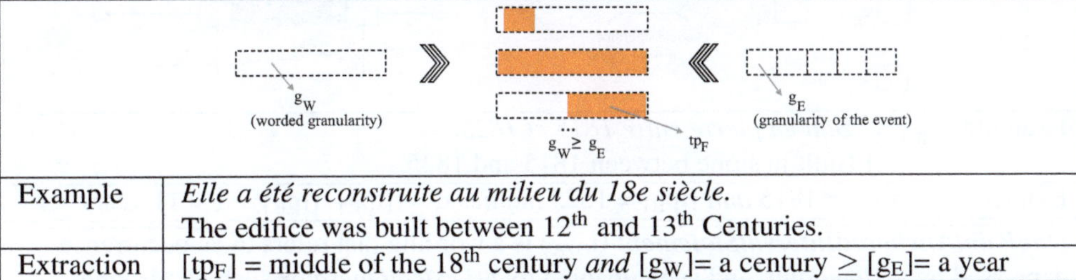

Example	*Elle a été reconstruite au milieu du 18e siècle.* The edifice was built between 12th and 13th Centuries.
Extraction	$[tp_F]$ = middle of the 18th century *and* $[g_W]$= a century $\geq$ $[g_E]$= a year

UnfoldableTemporalStatement (tp_U) is a wording that refers to an event expressed as a *TimePoint*. Unlike in the case of *FuzzyTemporalStatement* the duration of the event is here for sure shorter than the chronon corresponding to the *TimePoint*.

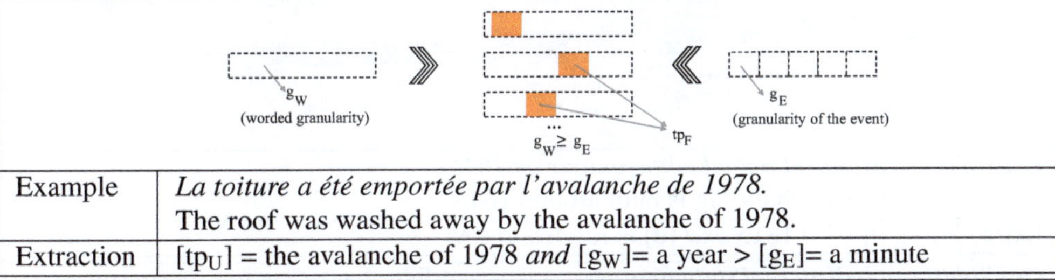

Example	*La toiture a été emportée par l'avalanche de 1978.* The roof was washed away by the avalanche of 1978.
Extraction	$[tp_U]$ = the avalanche of 1978 *and* $[g_W]$= a year > $[g_E]$= a minute

RecurrentTemporalStatement (tp_R) is dedicated to *TemporalStatement*s for periodic/cyclic occurrences. Its structure is as same as the *TimePoint* but with frequency descriptors (f).

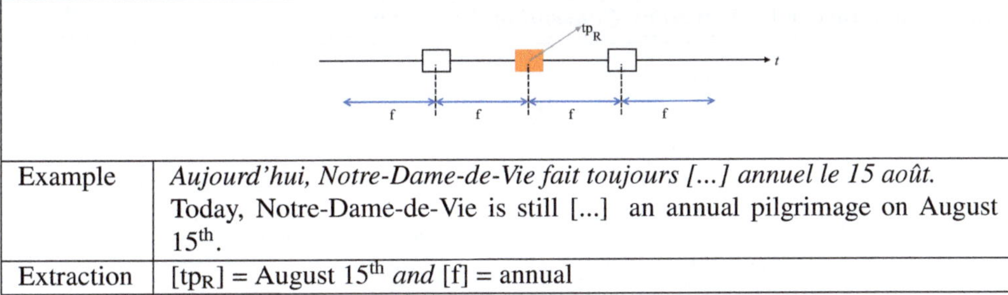

Example	*Aujourd'hui, Notre-Dame-de-Vie fait toujours [...] annuel le 15 août.* Today, Notre-Dame-de-Vie is still [...] an annual pilgrimage on August 15th.
Extraction	$[tp_R]$ = August 15th *and* $[f]$ = annual

TAB. 2: Subclasses of *TimePoint*.

Interval: definition and subclasses. At the conceptual level a time interval represents a segment of time with a duration. Six concepts are introduced to deal with temporal statements that are verbalized as time intervals (table 3). They share common features: they are defined by one or two *TimePoint*s and are anchored in time.

ProperIntervalStatement (i_{PR}) is a wording corresponding to an *Interval* expressed with 2 *TimePoint*s (beginning boundary: tp_B, and end boundary: tp_E). These two *TimePoint*s are connected by an *ExplicitOperator*.

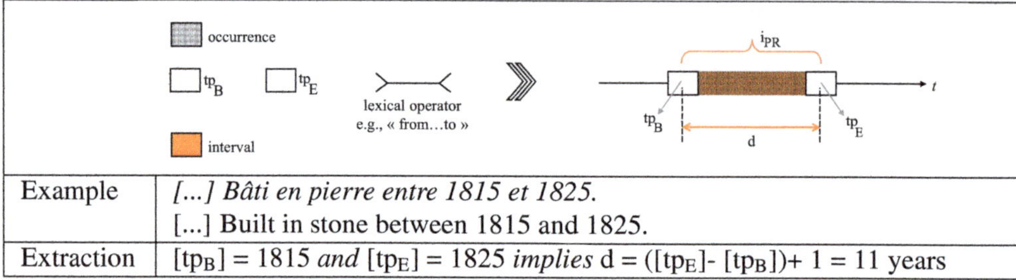

Example	*[...] Bâti en pierre entre 1815 et 1825.* [...] Built in stone between 1815 and 1825.
Extraction	$[tp_B] = 1815$ *and* $[tp_E] = 1825$ *implies* $d = ([tp_E] - [tp_B]) + 1 = 11$ years

OnePointAnchoredIntervalStatement (i_{OPA}) is a wording that refers to an occurrence expressed by a *TimePoint*, and accompanied by a *LexicalOperator* such as "around". The *LexicalOperator*'s effect is to create two equal durations (d) on both sides of the point. The value of the durations is user-chosen (*ConventionalMapping*).

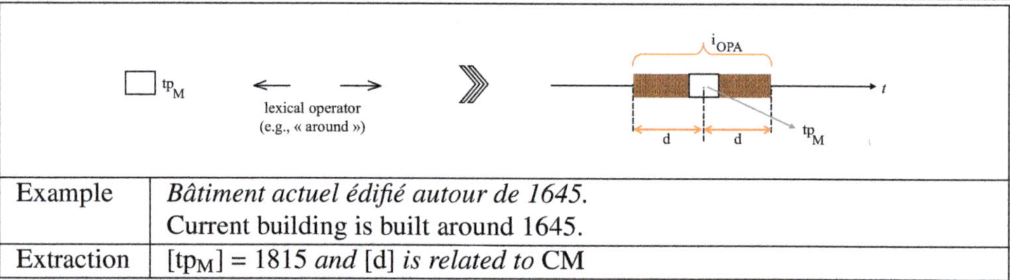

Example	*Bâtiment actuel édifié autour de 1645.* Current building is built around 1645.
Extraction	$[tp_M] = 1815$ *and* $[d]$ *is related to* CM

OneSideBoundedIntervalStatement (i_{OSB}) is a wording that refers to an occurrence expressed by a *TimePoint* (tp), and accompanied by a *LexicalOperator* such as "before" or "after". The *TimePoint* acts as a boundary (beginning or end) and the *LexicalOperator*'s effect is to create an undefined duration on one side. A conventional value for the duration can be defined by *ConventionalMapping*.

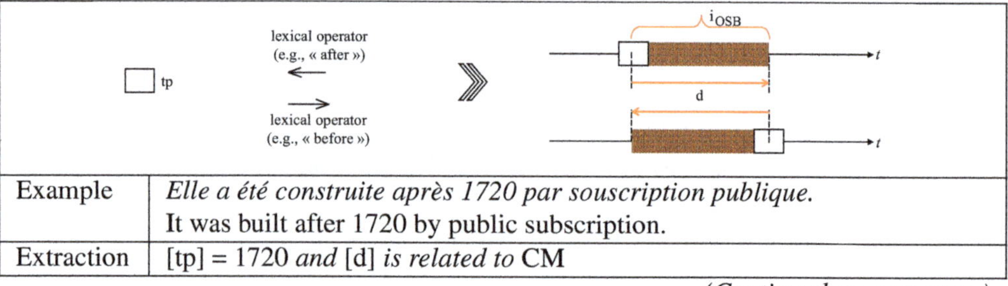

Example	*Elle a été construite après 1720 par souscription publique.* It was built after 1720 by public subscription.
Extraction	$[tp] = 1720$ *and* $[d]$ *is related to* CM

(Continued on next page.)

RelativeIntervalStatement (i_R) is a wording where a *TimePoint* is used to anchor an occurrence located at a distance in the past or in the future of the *TimePoint*. The "temporal gap" between the *TimePoint* and the occurrence is expressed, but the duration of the occurrence is not.

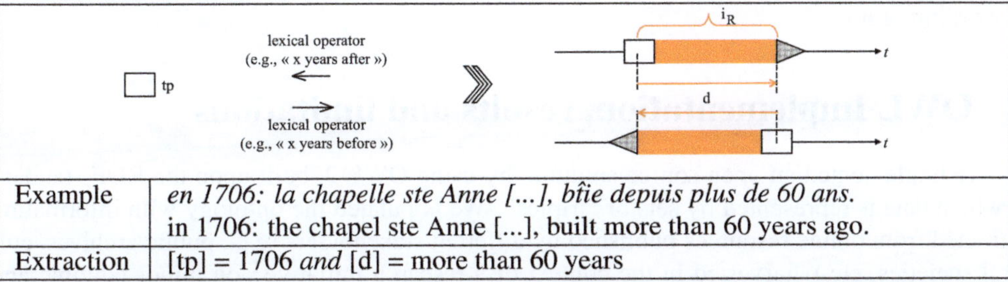

Example	*en 1706: la chapelle ste Anne [...], bîie depuis plus de 60 ans.* in 1706: the chapel ste Anne [...], built more than 60 years ago.
Extraction	[tp] = 1706 *and* [d] = more than 60 years

PertinentIntervalStatement (i_{PE}) is a wording where one only boundary is defined, and by an instance of *NamedTimePeriod* ("WWII", "the great plague", etc.). The concept is used to refine i_{OSB} and i_R when the anchoring cannot be done through a *TimePoint*, but is done through an instance of *NamedTimePeriod*.

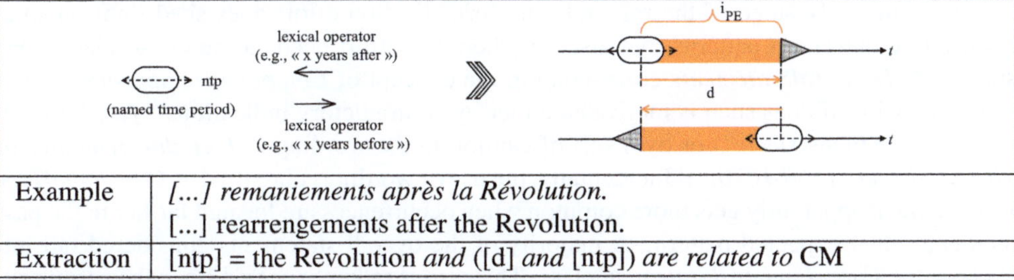

Example	*[...] remaniements après la Révolution.* [...] rearrengements after the Revolution.
Extraction	[ntp] = the Revolution *and* ([d] *and* [ntp]) *are related to* CM

UnfoldableIntervalStatementt (i_U) is a wording expressed with two *TimePoints*, and where the duration of the occurrence is for sure shorter than the distance separating the two *TimePoints*.

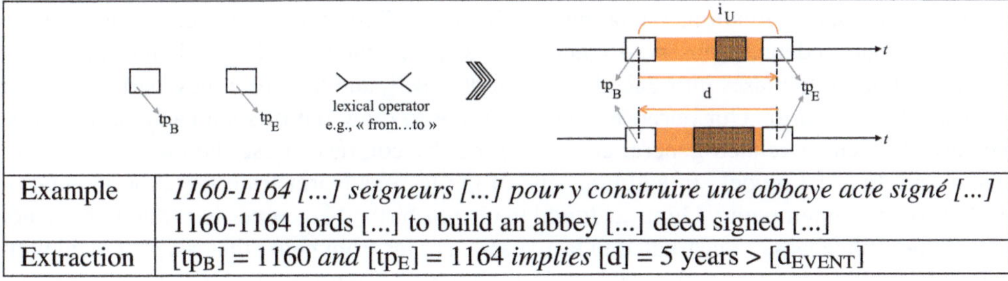

Example	*1160-1164 [...] seigneurs [...] pour y construire une abbaye acte signé [...]* 1160-1164 lords [...] to build an abbey [...] deed signed [...]
Extraction	[tp_B] = 1160 *and* [tp_E] = 1164 *implies* [d] = 5 years > [d_{EVENT}]

TAB. 3: Subclasses of Interval.

UnanchoredDuration.   An *UnanchoredDuration* represents any temporal statement that mentions a segment of time with a duration but without explicit boundaries (anchored in time). This concept is used to represent hints such as "the renovation lasted for 40 days."

CompoundTemporalStatement.   It is quite common to have multiple temporal indications within one *TemporalStatement*, e.g., "it dates back to the 13th or 14th century". *CompoundTemporalEntity* represents such cases in which the statement contains two or more alternative *QuantifiedTemporalEntities*, may they overlap or not, and may they be consistent in terms of wording or not.

4   OWL Implementation, results and limitations

We implemented an open-source solution, by using OWL 2, built upon the RDF standard in which data is represented by sets of "triples". We populated the ontology with information extracted from online resources published by different stakeholders (e.g., public archives, cultural societies, etc.) harvested in the context of a research initiative [1] on minor tangible and intangible heritage. These information sets, being verbalized by various parties, correspond to the heterogonous, imprecise and uncertain nature of the temporal information often met in the CH domain. We selected 1576 statements and in addition to standard OWL data types, we reused OWL-time datatypes such as time:generalDay, time:generalMonth.

At this still early stage of the research, the formalization effort does shed light on some significant verbalization patterns, but also on where the effort needs to be consolidated. For instance, 90 *TemporalStatement*s correspond to the concept of *CompoundTemporalStatement* but their classification as such is motivated either by contradictory indications " *[...]datées du XIème ou du XIIème siècle*") or by a sort of caution in the wording (" *[...] doit remonter au XVIIe siècle (vers 1668-1670)*"). Incidentally, the use of wordings classified as *CompoundTemporalStatement* apparently gets more common when occurrences are located farther in the past, which is a rather expected pattern. A majority of the overall statements considered fall into one class: the *FuzzyTemporalStatement* class. This also is rather expected since the granularity alignment between a hint and an occurrence is quite often out of reach in Historical Sciences, and in particular when dealing with Minor Heritage. Some more question-opening tendencies can be observed also, for instance when observing the variety of linguistic figures used to verbalize one same situation: bounding the "beginning" of an occurrence. But it has to be said clearly that tendencies observed could very well be related to the particular dataset we have worked on, or to biases introduced in the model itself, and therefore they should be taken for what they are worth. Our purpose is certainly not to draw out of such early observations a Historical-Sciences related general conclusion but by contrast to use the observations as a mean to question the model. In addition, one of the lessons learnt from the experimentation was that some "contemporary" hints as found in citizen-birthed e-sources harvested on the net, such as "the edifice was reconstructed in last years", are far from being the easiest to deal with.

Briefly said, our formalization efforts do highlight the extreme diversity of temporal information in the CH discourse, but also uncover some significant patterns such as a relative disconnection between lexical operators and temporal granularity (operators used whatever granularity). As a consequence, it appears clearly that what the research also underlines is the amount of *unsaid* in the reasons why this or that verbalization modality has been chosen by an information provider.

---

1. The ontology is available on the Territo*graphie* project web site (http://map.cnrs.fr/territographie/), portal of an exploratory research project on citizen science and minor heritage conducted in co-operation with MuCEM (Museum of European and Mediterranean Civilizations) and funded by the région Provence-Alpes-Côte d'Azur authorities.

5 Conclusions and Future Works

In this paper, we analyzed imperfect temporal statements used in the CH discourse, and introduced an ontology for enabling and encoding temporal knowledge. Our contribution, small though it may be, aims at facilitating the cross-examination by analysts of historical evidence of *the temporal evidence* itself, prior to interpretation steps. Our experimental results show that the ontology carries the potential to shed light on (ill-defined) temporal information effectively. Nevertheless, we acknowledge the necessity to validate the ontology on larger datasets, and test its extraction capability in heritage collections where regional and typological parameters are extensively circumscribed.

In addition, we acknowledge the necessity to inspect the proposed ontology by external domain experts. However the services expected, as well as the information providers, correspond to a variety of domains ranging from linguistics ("wording as such") to museology, ethnology, art history (if not historical sciences at large), etc. Hence a robust validation helping to recalibrate the proposition will require a multidisciplinary investigation, and is definitely part of the research agenda we have ahead of us. Future works will include a critical analysis of the applicability of the approach beyond the initial corpus (rules of assignment in particular), a visualization effort, and a deeper attention to the interdisciplinary issue of elicitation: not only how a temporal statement is worded but also why.

References

Aigner, W., S. Miksch, H. Schumann, and C. Tominski (2011). *Visualization of time-oriented data*. Springer Science & Business Media.

Allen, J. F. (1983). Maintaining knowledge about temporal intervals. *Commun. ACM 26*(11).

Allen, J. F. (1991). Time and time again: The many ways to represent time. *International Journal of Intelligent Systems 6*(4), 341–355.

Anagnostopoulos, E., S. Batsakis, and E. G. Petrakis (2013). Chronos: A reasoning engine for qualitative temporal information in owl. *Procedia Computer Science 22*(Supplement C), 70 – 77. 17th Int. Conf. in Knowledge Based and Intelligent Inf. and Eng. Systems.

Binding, C. (2010). *Implementing Archaeological Time Periods Using CIDOC CRM and SKOS*, pp. 273–287. Berlin, Heidelberg: Springer.

Blaise, J.-Y., I. Dudek, W. Komorowski, and T. Weclawowicz (2016). *Architectural transformations on the Market Square in Krakow - A systematic visual catalogue*. Krakow: Oficyna Wydawnicza AFM.

Cox, S. J. D. (2016). Time Ontology Extended for Non-Gregorian Calendar Applications. *Semantic Web Journal 7(2)*, 201 – 209.

Davies, J., D. Fensel, and F. Van Harmelen (2003). *Towards the semantic web: ontology-driven knowledge management*. John Wiley & Sons.

Diallo, P. F., O. Corby, I. Mirbel, M. Lo, and S. M. Ndiaye (2015). HuTO: an Human Time Ontology for Semantic Web Applications. In *Ingénierie des Connaissances 2015*, Rennes.

Ermolayev, V., S. Batsakis, N. Keberle, O. Tatarintseva, and G. Antoniou (2014). Ontologies of time: Review and trends. *IJCSA 11*(3), 57–115.

Faucher, C., C. Teissèdre, J.-Y. Lafaye, and F. Bertrand (2010). *Temporal Knowledge Acquisition and Modeling*, pp. 371–380. Berlin, Heidelberg: Springer Berlin Heidelberg.

Golden, P. and R. Shaw (2016). Nanopublication beyond the sciences: the periodo period gazetteer. *PeerJ Comp Science 2*, e44.

Gruber, T. R. (1993). A translation approach to portable ontology specifications. *Knowledge acquisition 5*(2), 199–220.

Hiebel, G., M. Doerr, and Ø. Eide (2016). Crmgeo: A spatiotemporal extension of cidoc-crm. *Int Journal on Digital Libraries*, 1–9.

Jurisica, I., J. Mylopoulos, and E. Yu (2004). Ontologies for knowledge management: an information systems perspective. *Knowledge and Information systems 6*(4), 380–401.

Kauppinen, T., G. Mantegari, P. Paakkarinen, H. Kuittinen, E. Hyvönen, and S. Bandini (2010). Determining relevance of imprecise temporal intervals for cultural heritage information retrieval. *Int. J. Hum.-Comput. Stud. 68*(9), 549–560.

Lévi, R. (1927). Théorie de l'action universelle et discontinue. *J. Phys. Radium 8*(4), 182–198.

Musen, M. A. (2015). The protégé project: a look back and a look forward. *AI matters 1*(4).

Nurminen, M. and A. Heimburger (2012). Representation and retrieval of uncertain temporal information in museum databases. In *Information Modelling and Knowledge Bases XXIII*.

Papadakis, M., M. Doerr, and D. Plexousakis (2014). Fuzzy times on space-time volumes. In *eChallenges e-2014, 2014 Conference*, pp. 1–11. IEEE.

Poveda-Villalón, M., M. C. Suárez-Figueroa, and A. Gómez-Pérez (2014). A pattern for periodic intervals. *Semantic Web Journal Oct14*, 1–10.

Tao, C., W.-Q. Wei, H. R. Solbrig, G. Savova, and C. G. Chute (2010). Cntro: a semantic web ontology for temporal relation inferencing in clinical narratives. In *AMIA annual symposium proceedings*, Volume 2010, pp. 787. American Medical Informatics Association.

Résumé

Dans le champ des sciences patrimoniales, la dimension temporelle de l'information joue un rôle à l'évidence majeur tant pour l'interpréter et l'analyser que pour relier des faits isolés. Mais la façon dont cette dimension est verbalisée pose des problèmes de formalisation non triviaux. Pourtant, cette verbalisation, que l'on associe souvent au terme-chapeau d'incertitude, peut être lue en dissociant d'une part le caractère *mal connu* d'un fait documenté, irréductible, et les choix faits par le producteur de l'information pour la *relativiser*. Dans cette contribution nous proposons un modèle formel permettant d'observer et d'analyser de façon systématique cette couche de verbalisation. L'expérience est menée sur des données fortement hétérogènes, souvent d'origine citoyenne, documentant le petit patrimoine matériel et immatériel. Ce cas d'étude est donc limité, mais il apparait néanmoins comme portant une question de fond allant au-delà du cas d'espèce. La contribution détaille d'abord la grille d'analyse d'indices temporels proposée, puis relate l'expérimentation concrète associée (ontologie OWL). Il n'est pas fait état d'une quelconque prétention à un résultat généralisable stricto sensu, mais cette expérience peut contribuer à nourrir de façcon pragmatique un débat nécessaire sur la formalisation d'indices temporels dans les sciences historiques.

Une méthode pour l'estimation désagrégée de données de population à l'aide de données ouvertes

Luciano GERVASONI*, Serge FENET**, Peter STURM*

*Inria, Univ. Grenoble Alpes, LJK, F-38000, Grenoble, France
luciano.gervasoni@inria.fr, peter.sturm@inria.fr
**Université de Lyon, CNRS, INSA-Lyon, LIRIS, UMR5205, F-69621, France
serge.fenet@liris.cnrs.fr

Résumé. Nous présentons dans ce travail une méthode de désagrégation pour l'estimation de population à l'échelle locale à partir de données ouvertes globales. Notre but est d'estimer notamment le nombre de personnes résidant dans chaque bâtiment de la zone d'intérêt, à partir de données à plus grande échelle. Une description fine à l'échelle résidentielle est tout d'abord effectuée à partir des données d'OpenStreetMap. Les surfaces des bâtiments d'habitation ou d'usage mixte (habitation et activités) sont notamment identifiées. Nous effectuons ensuite une désagrégation à partir de données de grille de population à grande échelle ($1\mathrm{km}^2$ par carreau), guidée par les surfaces des bâtiments compris dans chaque carreau de la grille. Ensuite, nous effectuons une désagrégation à partir de données de grille de population à grande échelle ($1\mathrm{km}^2$ par carreau), guidée par les distributions spatiales découvertes à l'étape précédente. Nous utilisons exclusivement des données ouvertes pour favoriser la réplicabilité et pour pouvoir appliquer notre méthode à toute région d'intérêt, pour peu que la qualité des données soit suffisante. L'évaluation et la validation du résultat dans le cas de plusieurs villes Françaises sont effectuées à l'aide de données de recensement INSEE.

1 Introduction

De nombreuses recherches portant sur le contexte urbain, telles que l'étude du développement du commerce de proximité, les études démographiques ou la planification urbaine, nécessitent des données de population à une échelle assez fine, parfois jusqu'au niveau du bâti (Lu et al. (2010); Ural et al. (2011); Langford (2013); Sridharan et Qiu (2013)). Les modèles de transport par exemple, qui sont de plus en plus au cœur des questionnements urbains, nécessitent généralement des données décrivant les populations des habitations et de lieux de travail. En effet, la majorité du transport urbain est liée aux déplacements entre habitation et travail, et la précision des modèles de transport les décrivant est fortement corrélée à la connaissance des populations à l'échelle des bâtiments. Comme ces données ne sont que rarement disponibles, il est important de pouvoir efficacement les inférer à partir de données à plus grande échelle.

Les données de recensement contiennent des informations précieuses pour l'estimation d'une cartographie à haute résolution des population des bâtiments résidentiels et d'activités.

Toutefois, la faible résolution temporelle -due à la fréquence de la collecte des données- et la faible résolution spatiale sont deux désavantages reconnus de cette source de données (Lu et al. (2010)). En conséquence, ce données sont souvent disponibles uniquement sous forme de projection en grille composées de carreaux très larges. Ces derniers sont trop grands pour permettre une estimation directe des populations à l'échelle des bâtiments, et nécessitent donc une étape de désagrégation à l'aide me méthodes diverses (Bakillah et al. (2014)). Sachant que cette étape a pour rôle de prendre en compte la topologie locale des bâtiments, ainsi que leur usage réel, elle nécessite donc des donnée additionnelles absentes des données de recensement.

Une première solution pour obtenir ces données de topologie urbaine repose sur l'usage du LiDAR (Light Detection And Ranging), mais cette solution demande des campagnes de mesure dédiées, reste extrêmement coûteuse, et comporte de nombreux biais (Harvey (2002)). Une seconde méthode se repose sur l'utilisation de campagnes de questionnaires, souvent utilisés pour la construction de modèles de transport. Mais là encore, un biais important est lié au très faible pourcentage de la population interrogée. Une autre source de données, les données d'usage et de couverture du sol (Land Use Land Cover) ont déjà été utilisées pour effectuer une estimation de la population par bâtiment (Mennis (2003); Reibel et Agrawal (2007)), mais elle ne peuvent être utilisées que pour des régions d'intérêt très précises. Elles peuvent par ailleurs être en partie inférées à partir des images satellites, plus faciles à obtenir. Mais si cette méthode est directement applicable au problème de l'inférence d'usage des sols, elle est plus difficilement applicable à l'obtention de donnée d'usage et de couverture du sol : l'intensité d'usage, qui est essentielle pour calculer des estimations de lieux d'emplois et de résidence réalistes, n'est pas directement extractible (Rodrigues et al. (2013)). Il a de plus été montré que les techniques basées sur l'utilisation de données satellitaires voient leur qualité baisser lorsque la densité de population augmente (Danoedoro (2006)). Ainsi, la reconstruction de la topologie des bâtiments reste très problématique sans utiliser des sources de données complémentaires. C'est ainsi le cas dans (Ural et al. (2011)) où il est noté que "l'empreinte et la hauteur des bâtiments sont d'abord déterminés à partir d'images aériennes, de modèle numériques de terrains, et de modèles de surface". Cependant la disponibilité de ce type de données et donc l'applicabilité de cette méthode sont très limitées.

Dans Liu et al. (2008), les auteurs estiment la densité de population à partir d'images satellitaires et de données de recensement. La relation entre la population et la topologie des bâtiments a aussi été étudiée dans le contexte de données LiDAR par Lu et al. (2010), où les auteurs ont montré que l'estimation de population était meilleure en utilisant la surface plutôt que le volume. Cela s'explique par l'homogénéité de l'habitat individuel, ainsi que par les erreurs de classification potentielles liées aux données volumétriques LiDAR. Dans ces travaux, les auteurs utilisent donc des données d'imagerie pour estimer la population locale à petit échelle. Ils ne descendent cependant pas à l'échelle de l'habitation individuelle. Leur méthode repose sur (1) l'identification du nombre d'unités d'habitation, (2) l'extraction des surfaces artificielles liées aux surfaces résidentielles, (3) la classification des types d'usage des sols, et enfin (4) l'extrapolation des valeurs de population à partir des données spectrales de réflectance.

Une revue détaillée des méthodes d'estimation de population dans le contexte des Systèmes d'Information Géographique (SIG) à l'aide de données d'imagerie est disponible dans Wu et al. (2005).

La saisie volontaire de données géographiques (Voluntary Geographical Information (VGI)) est une importante source de données. Ce modèle, initialement critiqué pour des arguments de qualité, a vu un nombre croissant de contributions, une augmentation constante de qualité, et une très forte réactivité faire d'une plate-forme comme OpenStreetMap (OSM) un acteur incontournable du domaine. Les données VGI en source ouverte sont faciles d'accès et d'exploitation. Dans le cas particulier d'OSM, la plate-forme est maintenant connue pour la précision, la qualité, et la complétude de ses données, trois caractéristiques qu'on ne retrouve pas simultanément dans les jeux de données commerciaux et privés.

De nombreuses évaluations de la qualité de la base OSM ont été effectuées. Les travaux de Barrington-Leigh et Millard-Ball (2017) montrent que "dans de nombreuses applications, les chercheurs et les décideurs publiques peuvent compter sur la complétude d'OSM, ou pourront le faire très bientôt". Fan et al. (2014) évaluent les données de Munich et concluent que dans de nombreuses villes Européennes, les données d'OSM ont "une très forte complétude et précision sémantique". Par ailleurs, Touya et al. (2017) montrent que "les variations de contenu dans OSM sont parfois guidées par des désaccords entre les contributeurs, mais au final elles augmentent la qualité des données". Ainsi, la qualité supérieure des données d'OSM a été montrée pour le jeu de données officiel Meridian 2 pour la Grande-Bretagne (Haklay (2010)), et il a été montré que le réseau urbain Allemand est plus complet que celui décrit dans les jeux de données commerciaux (Neis et al. (2011)). Par exemple, celui de Hambourg est complet à 99.8% (Over et al. (2010)). Pour montrer la vivacité de cette communauté, on peut remarquer que le volume de points d'intérêt (Points Of Interest (POI)) en Chine a été multiplié d'un facteur 9 entre 2007 et 2013 (Liu et Long (2016)).

Avant que la qualité des données d'OSM n'atteigne un tel niveau, des données relatives à l'usage des sols à la fois précises et à jour étaient difficiles à trouver, notamment aux échelles continentale et régionale. Heureusement, ce n'est maintenant plus le cas.

2   Méthodologie

Contribution :   Nous proposons dans ce travail une méthode basée sur l'évaluation des surfaces d'habitation pour estimer la population des bâtiments en utilisant uniquement des données libres. Cette méthode vise une applicabilité à n'importe quelle région d'intérêt, pour peu que les données OSM associées possèdent une qualité et une complétude suffisante.

Méthode générale :   Tout d'abord, la liste des bâtiments de la zone d'intérêt est extraite de la base OSM. Cette liste est ensuite filtrée selon l'usage déclaré : bâtiment résidentiel ou bâtiment d'usage mixte. Ensuite, la surface d'habitation de chacun est évaluée à partir des annotations des "building parts" composant chaque bâtiment. Enfin, des données annexes de population disponibles sous forme de grille sont utilisées pour calculer le nombre d'habitants de chaque bâtiment, en prenant en compte les ratios des surfaces de ses différents usages. Dans ce travail, nous ré-agrégeons ensuite ces données sous forme de grille, afin de pouvoir comparer la qualité du résultat avec une vérité terrain, mais cette dernière étape n'est pas indispensable pour une application réelle.

2.1 Requête OSM

Les données OSM portant sur la région d'intérêt sont obtenues par l'intermédiaire de l'API Overpass, suivant la méthode de Boeing (2017). La région d'intérêt peut être définie de plusieurs manières :
— Par l'intermédiaire d'une forme polygonale géo-référencée.
— En utilisant une référence administrative définie dans OSM (nom de ville, limite administrative, etc.).
— À l'aide de coordonnées géographiques et d'une distance définissant un cercle.
— En définissant un cercle par une adresse postale de centre et une distance.
— En utilisant la liste des coordonnées géographiques des coins d'une boite englobante.
La requête auprès de la base OSM renvoie les données suivantes :
— Les bâtiments de la zone d'intérêt sélectionnée (*Buildings* OSM), en utilisant la même méthode que Boeing (2017).
— Les sous-parties de bâtiments (*Building parts* OSM), afin de reconstruire la surface réelle associée à chaque bâtiment.
— Les polygones d'usage des sols (*Land use polygons* OSM), afin d'effectuer l'inférence de l'usage si les données annotées dans la base sont insuffisantes.
— Les points d'intérêt (*POIs* OSM) associés aux usages des sols d'activité. Ils permettent d'identifier avec plus de précision le cas de bâtiments ayant un usage mixte d'habitation et d'activité.
Certaines sous-parties de bâtiments sont filtrées si elles se révèlent inutiles pour le traitement (*"building : part"="no"* et *"building : part"="roof"*), ou bien si le bâtiment a déjà été identifié. Ce dernier cas se pose par exemple lorsqu'à la fois le bâtiment et ses sous-parties sont annotées en tant que bâtiment.

Toutes les données géographiques sont projetées dans le système de coordonnées UTM (Universal Transverse Mercator) pour réduire les biais en fournissant des distances correctes indépendamment de la zone d'intérêt choisie.

2.2 Classification

Les structures géographiques importées à partir de la base OSM (bâtiments, partie de bâtiments, polygones et points d'intérêts) sont classifiées en fonction de leur usage des sols : "activité", "résidentiel", "mixte" ou "autre". Cela permet de reconstituer les structures des bâtiments ayant un usage résidentiel complet ou partiel.

Informations d'étiquettes : Les bâtiments, parties de bâtiments et points d'intérêt sont classés en fonction de leur étiquette. Nous suivons pour cela le processus décrit dans le wiki d'OSM [1]. Nous effectuons ensuite une étape d'inférence d'usage de bâtiment pour prendre en compte les données manquantes et gérer les étiquetages incomplets. Cette procédure est décrite en détail dans Gervasoni et al. (2016).

Points d'intérêt : La base OSM utilise les points d'intérêts pour étiqueter des caractéristiques particulières géo-localisées. Étant donné qu'ils sont essentiellement associés à un usage

---

1. http://wiki.openstreetmap.org/wiki/Map_Features

		Bâtiment		
		Activité	Résidentiel	Usage mixte
	Activité	Activité	Mixte	Mixte
POI	Résidentiel	Mixte	Résidentiel	Mixte
	Usage mixte	Mixte	Mixte	Mixte

TAB. 1: Adaptation de la classe d'usage des bâtiments en fonction des points d'intérêt qu'ils contiennent.

des sols d'activité, il sont donc utiles pour déterminer l'usage réel de nombreux bâtiments. Ainsi, dans notre méthode le bâtiment contenant un POI se verra assigner un nouvelle classe telle que défini dans la table 1. Cette procédure est motivée par le fait que de très nombreux bâtiments à usage mixte contiennent leurs activités sous forme de POI.

2.3 Calcul de la surface résidentielle

Niveaux et étages des bâtiments : Si le nombre d'étage d'un bâtiment est renseigné dans OSM, on peut l'utiliser directement. Ce n'est hélas pas souvent le cas, et l'on utilise alors les données relatives aux hauteurs des bâtiments et de leurs différentes parties. Pour approcher la relation entre le nombre d'étages et la hauteur, nous utilisons les recommandations d'un outil récent développé pour la visualisation 3D des empreintes de bâtiments à partir de données OSM qui propose une hauteur de $3m$ en moyenne par étage [2]. Le nombre d'étages est donc calculé pour chaque bâtiment en suivant cette méthode ainsi que les recommandations d'OSM [3]. Lorsque les données manquantes sont trop nombreuses, une hauteur par défaut de $3m$ ou d'un étage est supposée.

Calcul de la surface d'usage résidentiel : La surface résidentielle d'un bâtiment est calculée en fonction de sa classification et de celle de ses sous-parties. Dans le cas de bâtiments d'usage mixte sans informations plus détaillées sur leurs sous-parties, nous supposons que la moitié de sa surface totale est utilisée pour un usage résidentiel.

Afin de calculer la surface totale de résidence, nous multiplions le nombre d'étages par la surface associée à chaque bâtiment ou sous-partie de bâtiment. La surface associée à chaque usage des sols est calculée incrémentalement en considérant chaque composant de chaque bâtiment. Cela nous permet de prendre en compte le fait que différentes sous-parties peuvent être associées à différents usages, chacune contribuant différemment aux surfaces associées.

3 Estimation désagrégée de population

La procédure de désagrégation utilise l'information de surface totale d'habitation de chaque bâtiment, ainsi qu'un jeu de données de population sous forme de grille géo-référencée. En l'absence de toute donnée socio-économique géographique, nous faisons l'hypothèse d'une consommation constante de surface par habitant pour tous les bâtiments. Cela introduit un

---

2. https://www.mapbox.com/blog/mapping-3d-buildings/
3. http://wiki.openstreetmap.org/wiki/Key:building:levels

biais qui pourra être levé dans le futur en prenant en compte notamment le type d'habitation et les catégories socio-professionnelles.

Nous utilisons dans ces travaux des données de population libres disponibles sous forme de grille géo-référencée. Un premier jeu de données représente la population mondiale avec une résolution de $1km^2$ (Doxsey-Whitfield et al. (2015)). Dans le cas particulier de la France, les données de population INSEE sont utilisables, avec une résolution spatiale de $200m^2$.

Calcul de la population par bâtiment : Nous répartissons cette population proportionnellement en fonction de la surface résidentielle totale calculée dans chaque carré G_i de la grille échantillonnant la population. Les bâtiments à cheval sur plusieurs carrés de cette grille voient leur surface totale affectée à chaque carré en fonction du pourcentage d'inclusion de leur empreinte.

Si ϕ est l'opération d'obtention de la surface d'un polygone, et si $R(x)$ est la fonction qui détermine la quantité totale de surface d'habitation du bâtiment x, alors la surface résidentielle totale du bâtiment B_j se situant dans le carré G_i est déterminée par :

$$R(B_j, G_i) = R(B_j) * (\ \phi(B_{j,Polygon} \cap G_{i,Polygon}\ ) / \phi(B_{j,Polygon})\ ) \tag{1}$$

Ainsi, la somme dees surface résidentielles définit la surface totale incluse dans G_i :

$$\sum_{B_j} R(B_j, G_i) \tag{2}$$

Enfin, la population de chaque carré de la grille de population est répartie au sein de chaque bâtiment appartenant à ce carré selon pourcentage de leur surface résidentielle.

4   Résultats

Nous avons évalué notre méthode de désagrégation de données de population sur plusieurs villes. Pour ce faire, nous avons utilisé des données de population sur une grille d'une résolution de $1km^2$ pour Manhattan, New York[4], ainsi que pour des villes Françaises avec une résolution plus fine de $200m \times 200m$[5].

Aucune des sources de données n'est exempte d'erreurs, ainsi les estimations de la population ne seront pas nécessairement cohérentes entre elles.

Comme la vérité terrain (population par bâtiment) n'est pas disponible, nous évaluons notre méthode en calculant des données de population à une résolution plus grossière à partir des données connues à une résolution plus fine, en agrégeant 5×5 carrés. Puis, nous appliquons notre méthode de désagrégation en partant sur ces données à résolution grossière, ce qui nous permet de comparer le résultat à une vérité terrain et de produire des histogrammes d'erreurs.

Notons que dans le cas de données manquantes (carrés sans données sur la population), l'agrégation est simplement effectuée sur les carrés pour lesquels la population est connue.

---

4. http://sedac.ciesin.columbia.edu/data/collection/gpw-v4
5. https://www.insee.fr/fr/statistiques/2520034

La procédure d'agrégation est effectuée de manière itérative afin d'éviter une superposition des carrés de la grille. Pour chaque carré de la grille à $200m \times 200m$, nous indexons les carrés voisins afin de créer un carré simulé de cotés $1km \times 1km$, centré dans le carré initial. La procédure de désagrégation est ensuite appliquée en utilisant l'union des carrés comme géométrie et la somme de leur population comme entrée.

Les estimations de la population par bâtiment sont agrégées selon la résolution de la vérité terrain. Pour des bâtiments à cheval sur plusieurs carrés, la répartition de la population est faite de manière proportionnelle comme dans l'équation 1.

Remarquons que l'erreur croît aux bords de la région analysée pour une raison simple : des polygones larges pourraient ne pas être retrouvés aux bords de la région puisque seuls des polygones complètement contenus dans la boîte englobante sont trouvés. Ainsi, la procédure d'inférence de l'usage du sol peut donner lieu à une mauvaise classification, due à ces données manquantes.

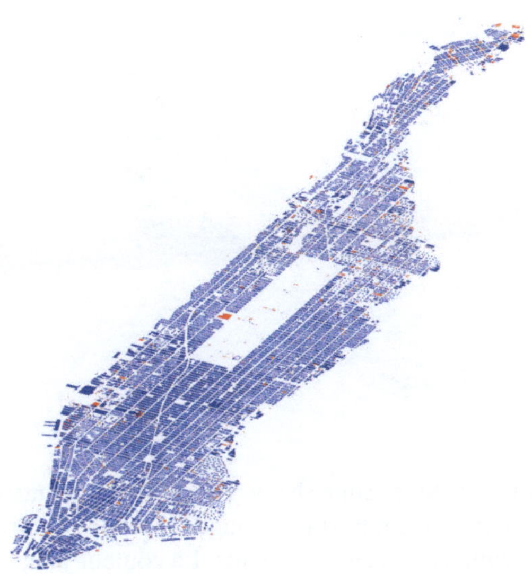

FIG. 1: Carte de hauteurs pour Manhattan, New York. Les bâtiments avec une information associée sur la hauteurs ou le nombre d'étages, sont montrés en bleu, les autres en rouge.

4.1 Manhattan, New York

La disponibilité de données sur la hauteur ou le nombre d'étages des bâtiments est variable, mais un exemple remarquable est montré sur la figure 1. Elle montre clairement que l'exploitation de l'information sur le nombre des étages est incontournable pour des lieux tels Manhattan. Leur utilisation permet une évaluation plus précise de la surface associée à l'usage résidentiel de chaque bâtiment et améliore ainsi grandement l'estimation de la population par bâtiment.

La figure 2 montre tous les bâtiments retrouvés dans la base OSM, différenciés selon leur usage de sol classifié. La partie droite de la figure montre la surimposition de la grille grossière de population.

4.2 France

Plusieurs villes Françaises ont été traitées, allant de grandes villes telles Paris et Lyon, *via* des villes moyennes telle Toulouse, à des villes de la taille de Grenoble. La figure 4 montre tous les bâtiments récupérés de la base OSM, différenciés selon leur usage de sol classifié. La partie droite de la figure montre la surimposition de la grille fine de population.

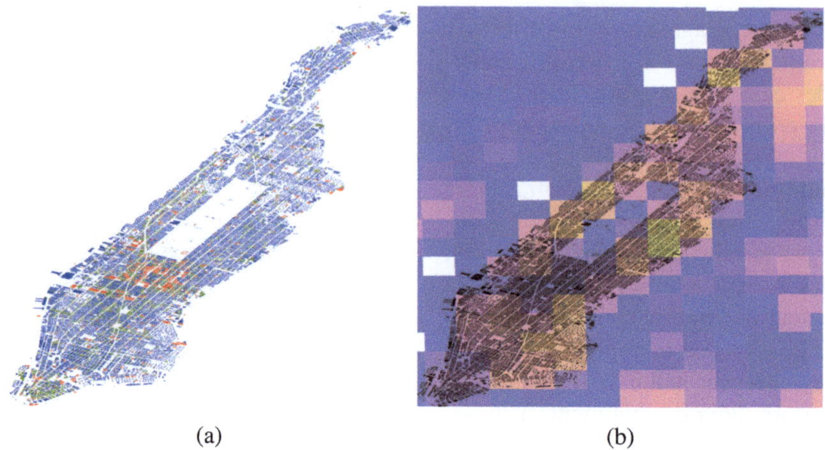

(a)   (b)

FIG. 2: Manhattan, New York. (a) Bâtiments classifiés selon leur usage de sol : résidentiel, activité et mixte (bleu, rouge et vert respectivement). (b) Grille grossière de population en surimposition aux bâtiments. La couleur jaune indique la densité de population la plus élevée.

Le tableau 2 montre les médianes des erreurs relatives et absolues, obtenues pour la méthode de désagrégation. Les erreurs relatives sont similaires à travers les différentes villes, même lorsque les densités de population sont différentes. La figure 3 montre les histogrammes des erreurs absolues pour chacune des villes. On peut observer que Paris a la médiane des erreurs absolues la plus élevée même si l'erreur relative médiane y est la plus faible ; ceci est dû à sa densité de population, plus élevée que pour les autres villes testées.

	Erreur relative médiane	Erreur absolue médiane
Grenoble	42.1%	12.08
Lyon	47.3%	36.92
Paris	41.7%	215.17
Toulouse	47.3%	35.78

TAB. 2: Médianes des erreurs relatives et absolues.

5   Conclusions et perspectives

Nous avons présenté une méthode pour l'estimation désagrégée de la population d'une ville, au niveau des bâtiments individuels. Elle n'utilise que des données ouvertes : la surface dédiée à l'usage résidentiel d'un bâtiment est estimée à partir de données OSM, et des données sur la population disponibles sur une grille sont utilisées afin de produire une estimation de la population par bâtiment.

Une validation est proposée qui procède en simulant les données de population à une résolution disponible au monde entier à partir de données plus fine disponible en France, puis en y

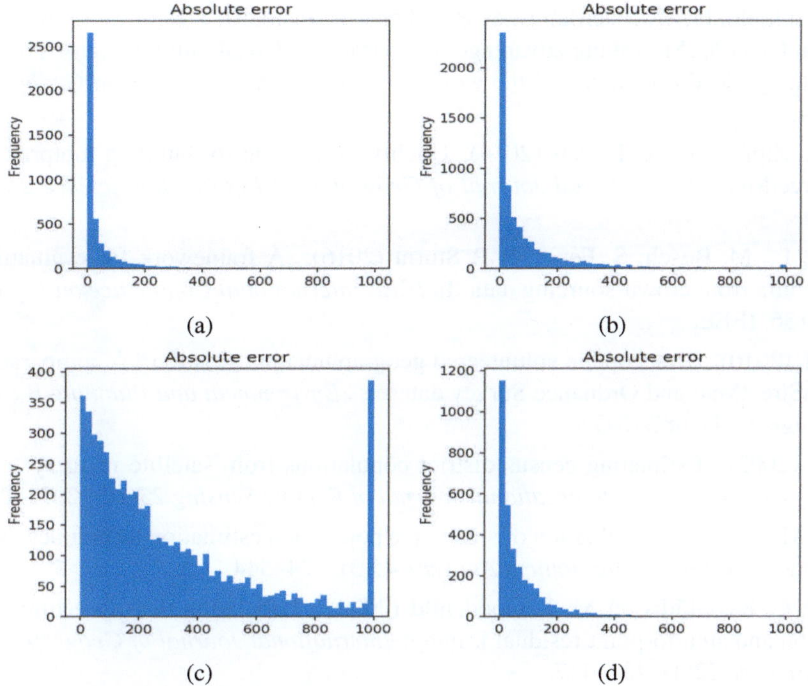

FIG. 3: Histogrammes des erreurs absolues pour (a) Grenoble (b) Lyon (c) Paris et (d) Toulouse.

appliquant la méthode de désagrégation et en comparant le résultat aux données connues. Les médianes des erreurs absolues et relatives sont calculées pour quatre villes Françaises.

Nos prochains travaux visent une amélioration de la méthode par l'exploitation de caractéristiques urbaines disponibles dans OSM, ce qui permettra de lever l'hypothèse d'une consommation constante de la surface habitable par habitant.

Références

Bakillah, M., S. Liang, A. Mobasheri, J. Jokar Arsanjani, et A. Zipf (2014). Fine-resolution population mapping using OpenStreetMap points-of-interest. *International Journal of Geographical Information Science 28*(9), 1940–1963.

Barrington-Leigh, C. et A. Millard-Ball (2017). The world's user-generated road map is more than 80% complete. *PloS ONE 12*(8), e0180698.

Boeing, G. (2017). OSMnx : New methods for acquiring, constructing, analyzing, and visualizing complex street networks. *Computers, Environment and Urban Systems 65*(Supplement C), 126 – 139.

Danoedoro, P. (2006). Extracting land-use information related to socio-economic function from quickbird imagery : A case study of Semarang area, Indonesia. *Map Asia.*

Doxsey-Whitfield, E., K. MacManus, S. B. Adamo, L. Pistolesi, J. Squires, O. Borkovska, et S. R. Baptista (2015). Taking advantage of the improved availability of census data : a first look at the gridded population of the world, version 4. *Papers in Applied Geography 1*(3), 226–234.

Fan, H., A. Zipf, Q. Fu, et P. Neis (2014). Quality assessment for building footprints data on OpenStreetMap. *International Journal of Geographical Information Science 28*(4), 700–719.

Gervasoni, L., M. Bosch, S. Fenet, et P. Sturm (2016). A framework for evaluating urban land use mix from crowd-sourcing data. In *IEEE International Conference on Big Data*, pp. 2147–2156. IEEE.

Haklay, M. (2010). How good is volunteered geographical information ? A comparative study of OpenStreetMap and Ordnance Survey datasets. *Environment and Planning B : Planning and Design 37*(4), 682–703.

Harvey, J. (2002). Estimating census district populations from satellite imagery : some approaches and limitations. *International Journal of Remote Sensing 23*(10), 2071–2095.

Langford, M. (2013). An evaluation of small area population estimation techniques using open access ancillary data. *Geographical Analysis 45*(3), 324–344.

Liu, X., P. C. Kyriakidis, et M. F. Goodchild (2008). Population-density estimation using regression and area-to-point residual kriging. *International Journal of Geographical Information Science 22*(4), 431–447.

Liu, X. et Y. Long (2016). Automated identification and characterization of parcels with OpenStreetMap and points of interest. *Environment and Planning B : Planning and Design 43*(2), 341–360.

Lu, Z., J. Im, L. Quackenbush, et K. Halligan (2010). Population estimation based on multi-sensor data fusion. *International Journal of Remote Sensing 31*(21), 5587–5604.

Mennis, J. (2003). Generating surface models of population using dasymetric mapping. *The Professional Geographer 55*(1), 31–42.

Neis, P., D. Zielstra, et A. Zipf (2011). The street network evolution of crowdsourced maps : OpenStreetMap in Germany 2007–2011. *Future Internet 4*(1), 1–21.

Over, M., A. Schilling, S. Neubauer, et A. Zipf (2010). Generating web-based 3D city models from OpenStreetMap : The current situation in Germany. *Computers, Environment and Urban Systems 34*(6), 496–507.

Reibel, M. et A. Agrawal (2007). Areal interpolation of population counts using pre-classified land cover data. *Population Research and Policy Review 26*(5-6), 619–633.

Rodrigues, F., A. Alves, E. Polisciuc, S. Jiang, J. Ferreira, et F. Pereira (2013). Estimating disaggregated employment size from points-of-interest and census data : From mining the web to model implementation and visualization. *International Journal on Advances in Intelligent Systems 6*(1), 41–52.

Sridharan, H. et F. Qiu (2013). A spatially disaggregated areal interpolation model using light detection and ranging-derived building volumes. *Geographical Analysis 45*(3), 238–258.

Touya, G., V. Antoniou, A.-M. Olteanu-Raimond, et M.-D. Van Damme (2017). Assessing crowdsourced POI quality : Combining methods based on reference data, history, and spatial relations. *ISPRS International Journal of Geo-Information 6*(3), 80.

Ural, S., E. Hussain, et J. Shan (2011). Building population mapping with aerial imagery and GIS data. *International Journal of Applied Earth Observation and Geoinformation 13*(6), 841–852.

Wu, S.-S., X. Qiu, et L. Wang (2005). Population estimation methods in GIS and remote sensing : a review. *GIScience & Remote Sensing 42*(1), 80–96.

Summary

In this article we present a method to perform dissagregated population estimation at building level using open data. Our goal is to estimate the number of people living at the fine level of individual households by using open urban data and coarse-scaled population data. First, a fine scale description of residential land use per building is built using OpenStreetMap. Then, using coarse-scale gridded population data, we perform the down-scaling for each household given their containing area for residential usage. We rely solely on open data in order to ensure replicability, and to be able to apply our method to any city in the world, as long as sufficient data exists. The evaluation is carried out using fine-grained census block data for cities in France as ground-truth.

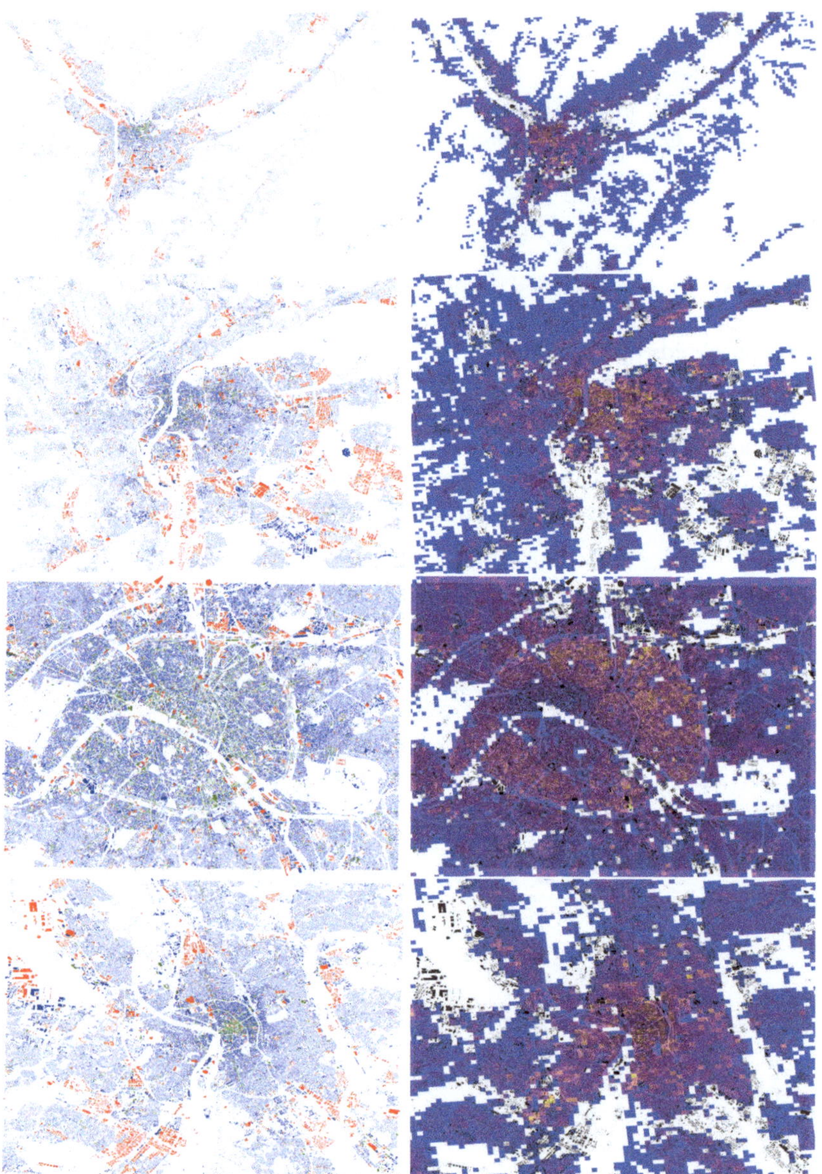

FIG. 4: Lignes : villes de Grenoble, Lyon, Paris et Toulouse. Colonnes : à gauche, les bâtiments et l'usage de sol associé (résidentiel, activité et mixte, en bleu, rouge et vert respectivement). A droite, surimposition de la grille fine de données de population. La couleur jaune indique une densité de population élevée.

A two level co-clustering algorithm for very large data sets

Bartcus Marius, Boullé Marc, Clérot Fabrice

Orange Labs
prenom.nom@orange.com

Abstract. Co-clustering is a data mining technique that aims at identifying the underlying structure between the rows and the columns of a data matrix in the form of homogeneous blocks. It has many real world applications, however many current co-clustering algorithms are not suited on large data sets. One of the successfully used approach to co-cluster large data sets is the MODL co-clustering method that optimizes a criterion based on a regularized likelihood. However, difficulties are encountered with huge data sets. In this paper, we present a new two-level co-clustering algorithm, given the MODL criterion allowing to efficiently deal with very large data sets that does not fit in memory. Our experiments, on both simulated and real world data, show that the proposed approach dramatically reduces the computation time without significantly decreasing the quality of the co-clustering solution.

1   Introduction

Co-clustering (Hartigan, 1972), also named block clustering (Govaert and Nadif, 2008) or two-mode clustering (Mechelen et al., 2004) is a data mining technique. It aims at identifying the underlying structure between the rows and the columns of a data matrix in the form of homogeneous blocks. Whereas, the principle of standard clustering is to group similar individuals (observations) with respect to a set of features, the task of co-clustering is to simultaneously group similar individuals with respect to variables and similar variables with respect to observations, thus extracting the correspondence structure between the objects and features. Another advantage of co-clustering over standard clustering techniques is its matrix reduction capacity, where a large data table can be reduced into a significantly smaller one yet having the same structure as the original matrix. Indeed, this technique finds its use in many applications like in telecommunications (Guigourès et al., 2015), text mining (Dhillon et al., 2003; Li and Abe, 1998), graph mining (Guigourès et al., 2015), etc.

Several co-clustering approaches have been proposed in the literature (Bock, 1979; Dhillon et al., 2003; Govaert and Nadif, 2008). These methods differ mainly according to the type of analyzed data (categorical or numerical), the underlying hypothesis, the extraction method and the expected results. Several families of approaches have then been proposed to perform co-clustering. Govaert and Nadif (2013, 2008) investigated probabilistic models with use of latent variables in mixture models. Difficulties arise on initialization, large number of parameters to estimate and computational efficiency, therefore large data are hard to manage. Indeed, few methods able to co-cluster large data have been proposed in literature. For instance, Papadimitriou and Sun (2008) developed a tool, named DisCo implementing a distributed data pre-processing and co-clustering using Hadoop and a map-reduce implementation. DisCo can scale well and efficiently analyze extremely large data sets, however, it needs a large distributed infrastructure. Another co-clustering method, that exploits probabilistic models for two or more variables of any type (numerical or categorical) is based on the MODL approach (Boullé, 2011). The main advantages of MODL co-clustering is that it is user-parameter-free and benefits from algorithms with sub-quadratic time complexity w.r.t. the number of instances, allowing to deal with large data sets. According to the advantages previously mentioned we focus on the MODL co-clustering approach.

Indeed, the MODL co-clustering can deal with large data sets reaching up to millions of instances and tens of thousands of values per variable, with a sub-quadratic time complexity. However, it can hardly be used with very large data, with up to billions of instances and variables having millions of values. For example, this limit is reached in the case of the analysis of Call Delay Record at a country scale, when the studied granularity goes from antenna level (application to network dimensioning) to individual customers (marketing application with identification of fine-grained communities and customer experience personalization). In this paper, we focus on extending the co-clustering optimization algorithms to these large data, given the MODL co-clustering criterion. Despite the fact that MODL can deal with numerous numerical or categorical and even mixed variables, in this paper we investigate the case of two categorical variables.

This paper is organized as follows. First, for self-containment reasons, Section 2 recalls the principles of the co-clustering method using the MODL criterion (Boullé, 2011) that estimates the joint distribution between two categorical variables. Next, Section 3 introduces the proposed two level algorithm for large data co-clustering. Section 4, gives experimental results and evaluates the proposed approach on simulated and real data. Finally, Section 5 is dedicated to discussions and concluding remarks.

2   The MODL co-clustering for two categorical variables

Let X and Y be two categorical variables with values sets $\mathbb{V}^X = \{v_i^X\}$, with $V^X = |\mathbb{V}^X|$ and $\mathbb{V}^Y = \{v_j^Y\}$, with $V^Y = |\mathbb{V}^Y|$. Let $D = \{(x_n, y_n),\ x_n \in \mathbb{V}^X,\ y_n \in \mathbb{V}^Y,\ 1 \leq n \leq N\}$ be a data set with N instances. An example of this data representation is given in Fig. 1, where $\mathbb{V}^X = \{a, b\}$ with $V^X = 2$, $\mathbb{V}^Y = \{A, B, C\}$ with $V^Y = 3$ and $N = 4$.

<table>
<tr><td>

X	Y
a	B
b	A
b	C
b	A

</td><td>

	A	B	C
a	0	1	0
b	2	0	1

</td></tr>
</table>

FIG. 1 – *Data representation example.*

The data set D, represented by it's contingency table (see Figure 1), can be summarized using a partition of the values of each variable into clusters/groups. The cross-product of the two partitions of size $I \times J$ forms a $(I \times J)$ co-clustering with one cell per pair of value parts. Note that this method differs from the traditional co-clustering (Govaert and Nadif, 2013) which considers partition of observations and of variables.

In order to choose the "best" co-clustering model $\hat{M}$ (given the data) from the model space $\mathcal{M}$, we use a Bayesian Maximum A Posteriori (MAP) approach. We explore the model space while minimizing a Bayesian criterion, called cost. The cost criterion implements a trade-off between under-fitting and over-fitting and is defined as follows:

$$c(M) = -\log p(M|D) \propto -\log p(M) - \log p(D|M) \tag{1}$$

where $p(M)$ is the prior and $p(D|M)$ is the likelihood of the data given the co-clustering model. The details about the cost criterion and the optimization algorithm (called KHC) are available in Boullé (2011). The key features to keep in mind are: (i) KHC is parameter-free, i.e., there is no need for setting the number of clusters/groups per dimension; (ii) KHC provides an effective locally-optimal solution to the co-clustering model construction, in sub-quadratic time complexity $O(N\sqrt{N}\log N)$ more precisely $O(N^*\sqrt{N^*}\log N^*)$, where $N^* = \sum_{i=1}^{V^X} \sum_{j=1}^{V^Y} \mathbb{1}_{\{n_{ij}>0\}} n_{ij}$ is the number of actual value pairs encountered at least once. However, some data sets come potentially with up to billions of instances and variables having millions of values. These data sets cannot be analyzed using KHC, unless using machines equipped with hundreds of Gb of RAM and still waiting days of computation.

3   Scaled MODL co-clustering

Our objective is to extend the co-clustering optimization algorithms to such large scale data, given the MODL co-clustering criterion, while taking into consideration the following *memory constraints for the Scaled MODL co-clustering*.
— the algorithm can store all the $\mathbb{V}^X$, $\mathbb{V}^Y$ values in the memory,
— the N^* actual pairs of values cannot be stored in memory; and they can only be stored on the disk,
— we can run our co-clustering algorithm on matrices of size at most $I_{max}^2 \ll N^*$.
Finally, the optimized co-clustering model must fit in memory with the following memory complexity $O(V^X) + O(V^Y) + O(I_{max}^2)$.

Suppose, the observed data D can hardly be co-clustered because of one or two following reasons. First, the number of instances N can be very large and second, the number of values on each dimension V^X or V^Y can be too large to be handled by current co-clustering algorithms. To handle this, we consider the memory constraints and propose a two level co-clustering algorithm that allows KHC to produce co-clustering models faster with the smallest possible decrease of their quality. The algorithm is organized in two phases. The first phase consists in the *Split phase* given by the two following steps.

1. *Partitioning step:* aims at obtaining sub data sets from the whole data, such that future co-clustering on each of them meet the memory constraints.

2. *Fine co-clustering step:* builds a co-clustering from each sub data sets using the KHC tool.

The second phase consists in the *Aggregation phase* with the following two steps.

    3. *Amalgamate step:* consists in building a global co-clustering on the initial (large) data set by merging the co-clusterings obtained from the sub data sets.

    4. *Post-optimization step:* improves the model by the following tracks. First merge clusters and second move values between clusters.

As a consequence, our proposed two level algorithm is a four steps process, that are further described more precisely.

3.1 Split Phase

In our method, we adopt a divide-and-conquer approach, that starts with the split phase.

3.1.1 Partitioning step

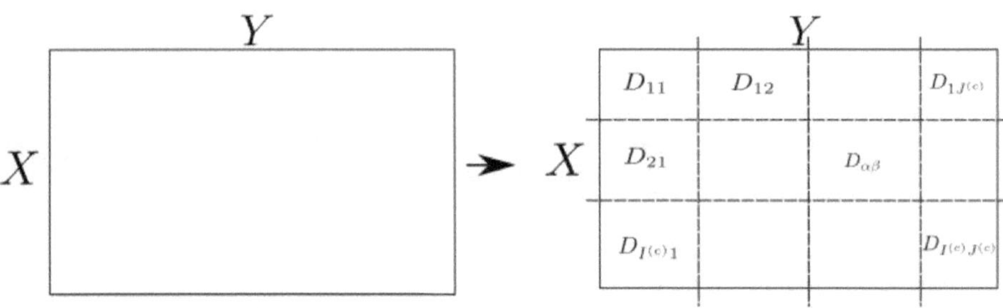

FIG. 2 – *Example of coarse co-clustering of data set D, with $I^{(c)} \times J^{(c)}$ coarse co-clusters.*

A large data set, with at least one violated memory constraint, leads us to the very first step of our proposed algorithm, the *Partitioning step*. Within the co-clustering terminology we name it *Coarse co-clustering*. This first step consists in coarse co-clustering D in order to obtain $I^{(c)}$ coarse clusters based on $\mathbb{V}^X$ and $J^{(c)}$ coarse clusters based on $\mathbb{V}^Y$. We obtain $G^{(c)} = I^{(c)} \times J^{(c)}$ coarse co-clusters. Let, $\mathbb{V}_\alpha^X$ and $\mathbb{V}_\beta^Y$ be the sets of values for respectively α and β coarse clusters, such that $\mathbb{V}^X = \bigcup_{\alpha=1}^{I^{(c)}} \mathbb{V}_\alpha^X$ and $\mathbb{V}^Y = \bigcup_{\beta=1}^{J^{(c)}} \mathbb{V}_\beta^Y$.

We propose a random partitioning algorithm, which works as follows. First, we shuffle the values of variables X and Y. Second, we partition the shuffled variable values into respectively $I^{(c)}$ and $J^{(c)}$ parts of equal size. Since our variable values are shuffled, this initial solution is likely to be blind to information patterns. Thus, using such a solution and continue to the next steps can produce a non informative co-clustering result. In order to bypass this issue, a pre-optimization step, similar to Boullé (2011), is used. This pre-optimization step consists in improving the MODL cost (1) by moving the values between clusters, thus improving the initial co-clustering solution by moving the boundaries.

The $G^{(c)} = I^{(c)} \times J^{(c)}$ coarse co-clusters are actually related to sub data sets that are further easier analyzed accordingly to a smaller data size. Note by $D_{\alpha\beta} = \{(x,y) \in D, x \in \mathbb{V}_\alpha^X, y \in$

$\mathbb{V}_{\beta}^{Y}$} the sub data sets of D, where $1 \leq \alpha \leq I^{(c)}$ and $1 \leq \beta \leq J^{(c)}$. Also, $D = \bigcup_{\alpha\beta} D_{\alpha\beta}$. Each of these sub data sets is adapted to the memory constraints. Fig.2 shows an example of coarse co-clustering on the data D.

The complexity of this step is $O(I^{(c)} J^{(c)} (V^X + V^Y)/2)$, thus the computation time grows linearly with $I^{(c)}$ and $J^{(c)}$.

3.1.2 Fine co-clustering step

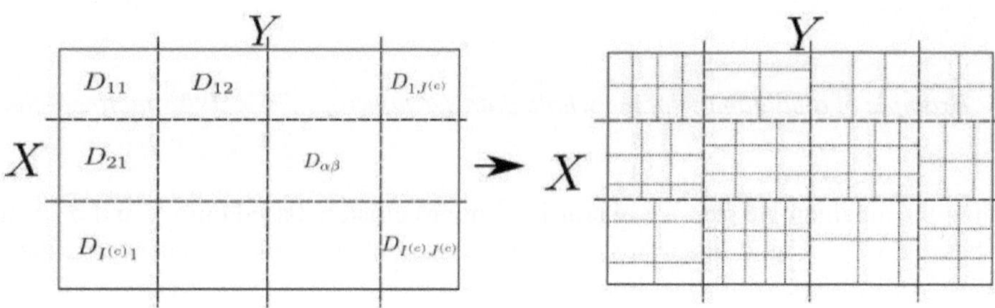

FIG. 3 – *Example of fine co-clustering for each sub data set $D_{\alpha\beta}$ into $I_{\alpha\beta}^{(f)} \times J_{\alpha\beta}^{(f)}$ co-clusters.*

This step consists in running KHC on each of the earlier obtained sub data sets. We name it the fine co-clustering step. On the basis of the fine co-clustering for all sub data sets $D_{\alpha\beta}$, $\forall \alpha = 1, \ldots, I^{(c)}$, $\forall \beta = 1, \ldots, J^{(c)}$, we obtain $I_{\alpha\beta}^{(f)}$ number of fine clusters based on $\mathbb{V}_{\alpha}^{X}$ and $J_{\alpha\beta}^{(f)}$ number of fine clusters based on $\mathbb{V}_{\beta}^{Y}$. To summarize, we have $G_{\alpha\beta}^{(f)} = I_{\alpha\beta}^{(f)} \times J_{\alpha\beta}^{(f)}$ fine co-clusters for each sub data set $D_{\alpha\beta}$. Fig. 3, shows an example of fine co-clustering for the whole data set D.

Note that this step produces different sized fine co-clusterings, with different fine clusterings, for each sub data set, thus we need to combine all the obtained co-clustering results for the whole data set D.

The complexity of this step is $O\left(N\sqrt{N/I^{(c)} J^{(c)}} \log N/I^{(c)} J^{(c)}\right)$. Observe that, contrarily to the partitioning step, a high number of partitions decreases the computation time of the fine co-clustering step, therefore Section 3.3 is dedicated to show how we choose an optimal number of parts.

3.2 Aggregation phase

In this phase we aggregate the results of the split phase.

3.2.1 Amalgamate step

The amalgamate step, that starts the aggregation phase of our two level algorithm, consists in computing clusters for the entire large data set D by combining all of the obtained fine clusters of the sub data sets. In this step, we refer to the obtained clusters as *micro clusters*.

A two level co-clustering algorithm for very large data sets

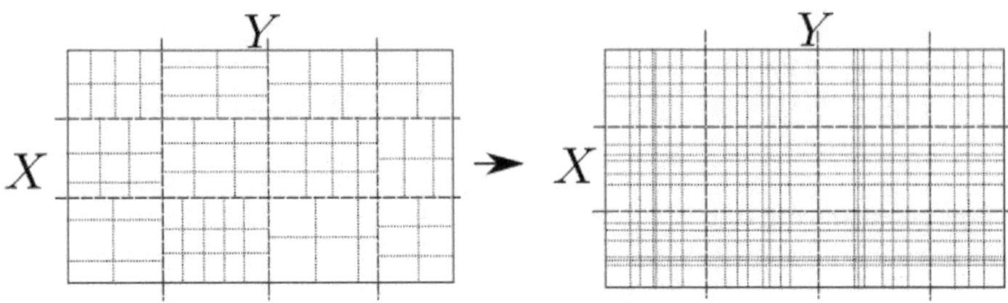

FIG. 4 – *Example of amalgamate of the whole data set D, with $I^{(m)} \times J^{(m)}$ micro co-clusters.*

Succeeding the amalgamate step we obtain $I^{(m)}$ micro clusters based on $\mathbb{V}^X$ and $J^{(m)}$ micro clusters based on $\mathbb{V}^Y$. Fig. 4 illustrates an example of amalgamate step on the entire data set.

3.2.2   Post-optimization step

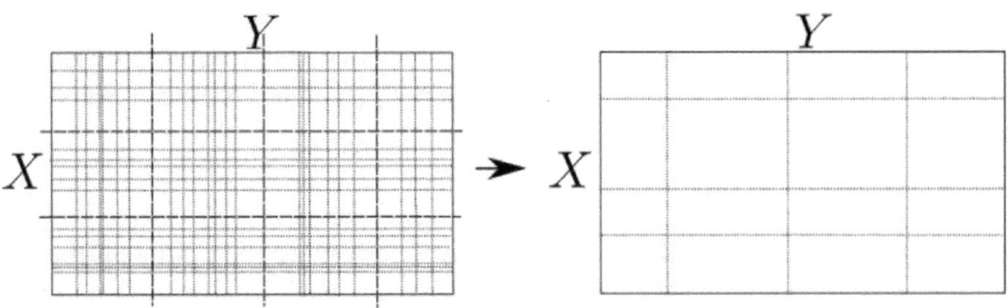

FIG. 5 – *Example of post-optimization of the whole data set D.*

As for the amalgamate step, we need to recall the memory constraint that says that our co-clustering algorithm can run on matrices of size at most I_{max}^2. However, the amalgamate step can eventually produce a too large number of micro clusters with $I^{(m)} > I_{max}$ or $J^{(m)} > I_{max}$. Before proceeding with the post-optimization step, some amalgamate results could be necessary to reduce $I^{(m)}$ and $J^{(m)}$ such that $I^{(m)} \leq I_{max}$ and $J^{(m)} \leq I_{max}$. We propose a sampling approach that consists in randomly grouping the micro clusters into the maximum number of possible clusters I_{max}. This works as follows for each dimension. First, we shuffle the micro clusters and group them into equal I_{max} clusters. Second, to improve the model we move the micro clusters between groups. This results in a randomized co-clustering model that is be further improved by the post-optimization step.

Boullé (2011) proposed two post-optimization types: the *exhaustive merge* and the *greedy post-optimization*. We use similar post-optimization approaches to merge clusters and then move values between clusters.

Merge clusters: consists in merging clusters until the null model is observed. The best co-clustering model is then retained.

Value move: moves the values between the clusters alternatively for each variable.

Fig. 5 illustrates an example of post optimization on the entire data set.

3.3 Choosing the optimal number of parts

One main encountered problem in our proposed two-level co-clustering algorithm is to choose the optimal size of partitions $I^{(c)}$ and $J^{(c)}$ in the partitioning step. We highlight the fact that for small data, KHC tool is more efficient than our two level co-clustering algorithm. This is because the time behavior on the set of processes of our algorithm is greater than the time behavior of one KHC process directly on the whole data set. According to this we assume that per sub data set, we need to have at least 200 values per variable and 10^4 instances.

Let $T = T_S + T_A$ be the global execution time of our two level co-clustering approach, where T_S is the computation time of the Split phase and T_A is the computation time of the Aggregation phase. Our experiments show that T_A is not impacted by the number of partitions, therefore we focus on T_S to minimize T. Recall that T_S is composed of the computational time of the partitioning step, which increases with partition size, and the computational time of the fine co-clustering step, which decreases with partition size. Therefore, to deduce a theoretical proposal for choosing the number of partitions, we use a heuristic approach that equalizes the time complexity of the partitioning step $O(I^{(c)}J^{(c)}(V^X + V^Y)/2)$ with the time complexity of the fine co-clustering step $O\left(N\sqrt{N/I^{(c)}J^{(c)}}\log N/I^{(c)}J^{(c)}\right)$ and assumes that the size of partitions on X and Y ($I^{(c)}$ and $J^{(c)}$) are proportional to their respective number of modalities (V^X and V^Y). We obtain:

$$J^{(c)}_* = \left\lceil c_* \sqrt{V^Y/V^X} \left(\frac{2N\sqrt{N}\log N}{V^X + V^Y} \right)^{\frac{1}{3}} \right\rceil \tag{2}$$

$$I^{(c)}_* = \left\lceil \sqrt{V^X/V^Y} J^{(c)}_* \right\rceil \tag{3}$$

where $c_* = 1/4$ is a constant factor adjusted from our experiments.

4 Experiments

We perform experiments both on simulated and real data in order to evaluate our proposed two-level co-clustering algorithm. In this experiments we run the MODL co-clustering approach on the generated and real world data sets and compare them with our two level co-clustering algorithm, given by 2L-KHC. Indeed, the MODL co-clustering runs in anytime fashion, until no significant changes are observed, and outputs intermediate solutions. Therefore, we show the results of the fist (KHC(1)) and the last (KHC) solutions of the MODL co-clustering. The goal of these experiments is to get a good and simple summary of the data set. We evaluate the quality of the co-clustering model using the normalized cost, computed by $1 - \frac{c(\mathcal{M})}{c(\mathcal{M}_0)}$, where $c(\mathcal{M})$ is the cost of the estimated model and $c(\mathcal{M}_0)$ is the cost of the null model. This normalized cost can be interpreted as a compression rate. Also, in order to show the efficiency of our proposed algorithm we provide the computation time for each approach.

4.1 Experiments on simulated data

In this experiment we first generate our data sets D with two categorical variables X and Y. To generate the data, we use the following probability distribution : $p(x_n = i, y_n = j) \propto 1 - \left| \frac{|(i-j)|}{V} \right|^b$, where (i, j) are the possible categorical values for variable X and Y respectively; $V = V^X = V^Y$ is the number of values for variable X or Y, that for simplicity are considered to be equal; and b is a parameter that controls the concentration of the data simulated on the diagonal of the data matrix.

We vary data mixtures and sparsity by generating three data type families. These are uniform, skewed and sparse families. Fig. 6 shows an example of these three data types families. First, we generate uniform and respectively skewed data families. The values of X are given

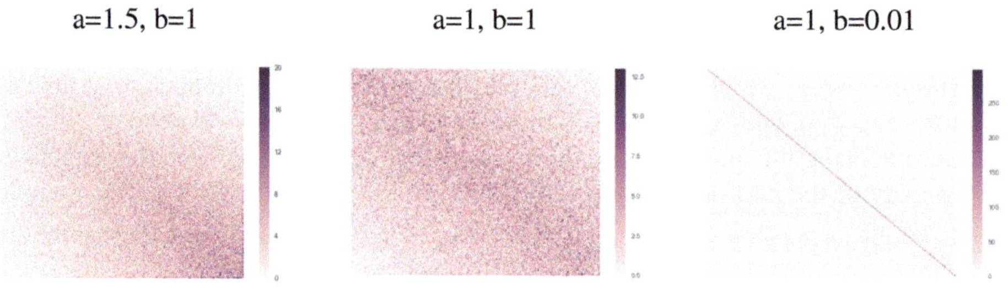

FIG. 6 – *Example plots of skewed (left), uniform (center) and sparse (right) data sets.*

by $i = \lceil u * V \rceil$ and the values of Y are given by $j = \lceil w * V \rceil$, where (u, w) are random variables drawn independently from the power law $ax^{(a-1)}$, with a a shape parameter controlling the balance in our data. For $a = 1$ the uniform data family is generated, while for a higher a skewed data family are generated. For our experiments we fix $a = 1.5$ for to generate skewed data. For a better comprehension of the difference between uniform and skewed data sets, the skewed data generates less data for first generated (i, j) value pairs. Also, setting a small $b = 0.01$ concentrates the data in the diagonal, thus obtaining the sparse data family.

To show the effectiveness of our two level co-clustering algorithm we generate six types of data sets by varying the number of instances and values per variable. Table (1) summarizes the generated data sets.

Dataset	D_1	D_2	D_3	D_4	D_5	D_6
N	10^6	10^6	10^6	10^7	10^7	10^7
V	200	2000	20000	200	2000	20000

TAB. 1 – *Generated data sets.*

First, we run our experiments on uniform data sets. Table 2, shows the obtained normalized cost and the computation time, for KHC and for our two level co-clustering approach. Recall that KHC runs in any time fashion providing intermediate solutions. In our results we present the first and the last retrieved solutions noted by respectively KHC(1) and KHC. Our two level co-clustering approach is given by 2L-KHC. Observe that when the number of values is small, $V = 200$ $(D1, D4)$, the 2L-KHC approach obtains a better solution than that of KHC(1) given the same optimization time. The final solution of KHC is improved by 0.5%, while our approach is ten times faster. For $D2$, $D3$, $D5$ and $D6$ when the numbers of values per variable are $V = 2000, 20000$ we can see that the 2L-KHC approach obtains a better solution than that of KHC(1) with approximately 15-50 less time. Also, it is approximately 70-150 times faster than KHC, while obtaining models of comparable quality.

	Normalized cost			Time(s)		
Data	2L-KHC	KHC(1)	KHC	2L-KHC	KHC(1)	KHC
D1	0.005354	0.005311	0.005381	8	10	84
D2	0.003270	0.003127	0.003282	277	3885	20324
D3	0	0	0	361	18113	18113
D4	0.005534	0.005525	0.005537	11	11	116
D5	0.003792	0.003718	0.003793	1036	32015	204137
D6	0.002533	0.002447	0.002538	4056	196974	602534

TAB. 2 – *The obtained co-clustering results on uniform data sets.*

Second, we run our experiments on sparse data sets. Table 3, shows the obtained results on our sparse data. Note that, for $V = 200$ $(D1, D4)$, the 2L-KHC approach obtains the same co-clustering quality as that of the KHC(1) and KHC, while the computation times for all of these approaches are rather small. However, when we have $V = 2000$ values per variable $(D2, D5)$, we observe that our two level co-clustering approach is $2 - 10$ times faster than KHC(1) and $15 - 60$ faster than KHC, while having a normalized cost 5% worse than that of KHC. Finally, with $V = 20000$ $(D3, D6)$, our co-clustering approach gives a slightly better solution being 40 times faster than KHC(1) and 80 times faster than KHC.

	Normalized cost			Time(s)		
Data	2L-KHC	KHC(1)	KHC	2L-KHC	KHC(1)	KHC
D1	0.08474	0.08474	0.08474	48	35	342
D2	0.01535	0.01484	0.01587	2282	3939	34326
D3	0.0041	0	0	427	21586	21586
D4	0.08951	0.08951	0.08951	43	23	262
D5	0.01750	0.01749	0.01750	2409	29449	142887
D6	0.01076	0.01045	0.01046	4966	193273	405939

TAB. 3 – *The obtained co-clustering results on sparse data sets.*

Because of lack of space, the skewed data sets results are not shown in this paper. However the obtained results are similar to those of the uniform data.

To conclude, the proposed two level co-clustering approach outperforms KHC in computation time without considerably degrading the quality of the co-clustering solutions.

4.2 Experiments on real world data

We perform experiments on real data which enables us to evaluate our two level co-clustering approach on data with a more complex distribution as compared to the generated data.

4.2.1 Data

We conduct experiments on several real data sets: 20 Newsgroups (Mitchell, 1997), WebSpam (Castillo et al., 2008) and Netflix (Bennett and Lanning, 2007) (with 1% and 10% randomly chosen users), whose characteristics are summarized in Table 4.

Data set	N	V^X	V^Y	Co-clustering variables
20 Newsgroups	2.047.830	19.464	11.315	text × words
WebSpam	13.068.666	390.130	400.000	source site × target site
Netflix (1%)	960.327	16.235	4.649	users × films
Netflix (10%)	10.049.248	17.764	48.068	users × films

TAB. 4 – Real world data sets.

The 20 Newsgroups data set has become popular for experiments in text applications of machine learning techniques, such as text classification and text clustering. It consists of a collection of approximately 20.000 newsgroup documents. This data comprises 2.047.830 observations, 19.464 texts and 11.315 words.

The WebSpam data set comes from a detection challenge of spam type website. The data consists of an extract of the web graph with 13.068.666 links of 390.130 source sites and 400.000 target sites.

The Netflix data set consists of 100 millions of observations, corresponding to the ratings of 480.000 users related to 18.000 films. In order to have faster results, we choose to investigate on approximately 1% and 10% of randomly chosen users. Thus we obtain two data sets. The first one contains 1% randomly chosen users consisting of 960.327 observations with 4.649 users and 16.235 films. The second one contains 10% randomly chosen users and consists of 10.049.248 observations with 48.068 users and 17.764 films.

4.2.2 Results

Table 5 shows the obtained result on the real data sets, where we evaluate the normalized cost and the computation time.

First, observe the results on the 20 Newsgroups. One can see that our two level algorithm is two times faster, with a normalized cost is about 10% worse than that of the first KHC solution, KHC(1).

Next, our results on the WebSpam data set, shows that our two level co-clustering algorithm is two times faster than KHC(1) or 15 times faster than KHC, with a normalized cost within 10% of that of the KHC.

	Normalized cost			Time(s)		
Data	2L-KHC	KHC(1)	KHC	2L-KHC	KHC(1)	KHC
20 Newsgroups	0.0153	0.0163	0.0170	6510	12840	597600
WebSpam	0.2160	0.2331	0.2427	43130	84859	716552
Netflix (1%)	0.0184	0.0190	0.0191	1529	5534	78399
Netflix (10%)	0.0199	0.0202	0.0202	29523	354888	3548888

TAB. 5 – *The obtained co-clustering results on real world data.*

Finally our results on both Netflix data sets show good performance for our 2L-KHC proposed approach. We can see that for the Netflix with 1% of users, the computation of our two level co-clustering algorithm is three times faster than the KHC(1) and 50 times faster than KHC, obtaining 4% worse normalized cost. Also, for the Netflix with 10% of users we see that our two level co-clustering algorithm is about 12 times faster than KHC(1) and about 120 times faster than KHC, losing just 2% of co-clustering quality.

To conclude, experiments on real data show that, our two level co-clustering approach produces faster solutions without considerably decreasing the quality of the co-clustering results. This is especially noticed on data that needs hours of computation with our approach instead of days of computation with KHC. Also, it is noteworthy that our two level co-clustering approach uses much less memory than KHC. For example, the Netflix with 10% of randomly chosen users, requires a machine with at least 10 Gb RAM to run KHC, while our proposed two level co-clustering approach can run on machine with about 1 Gb of RAM.

5   Conclusions and perspectives

In this paper, we have presented a two level co-clustering algorithm using the MODL criterion, that allows processing large data sets that does not fit in memory. The first level, that is the Split phase, consists of the partitioning and the fine co-clustering steps, while the second level, that is the Aggregation phase, consists of the amalgamate and post optimize steps. We have investigated each step of our two level co-clustering algorithm.

To highlight the performance of our two level co-clustering algorithm, we have performed experiments on simulated and real world data. We note that for small data sets, the KHC tool is favorable, however for larger data, the proposed approach is more suitable if we want to obtain a faster solution, without considerably decreasing the quality of the co-clustering solutions.

Finally, in our future work, we will focus on our two level co-clustering algorithm amelioration, for example by parallelizing it. Also, experiments on larger data sets will be investigated.

References

Bennett, J. and S. Lanning (2007). The netflix prize. In *Proceedings of the KDD Cup Workshop 2007*, New York, pp. 3–6. ACM.

Bock, H. (1979). Simultaneous clustering of objects and variables. In *E. Diday (ed) Analyse des données et Informatique*, pp. 187–203. INRIA.

Boullé, M. (2011). Data grid models for preparation and modeling in supervised learning. In I. Guyon, G. Cawley, G. Dror, and A. Saffari (Eds.), *Hands-On Pattern Recognition: Challenges in Machine Learning, volume 1*, pp. 99–130. Microtome Publishing.

Castillo, C., K. Chellapilla, and L. Denoyer (2008). Web spam challenge 2008. In *4th International Workshop on Adversarial Information Retrieval on the Web (AIRWeb)*, Beijing, China.

Dhillon, I. S., S. Mallela, and D. S. Modha (2003). Information-theoretic co-clustering. In *Proc. of the Ninth ACM SIGKDD International Conference on Knowledge Discovery and Data Mining*, KDD '03, New York, NY, USA, pp. 89–98. ACM.

Govaert, G. and M. Nadif (2008). Block clustering with Bernoulli mixture models: Comparison of different approaches. *Computational Statistics & Data Analysis 52*(6), 3233–3245.

Govaert, G. and M. Nadif (2013). *Co-Clustering* (1st ed.). Wiley-IEEE Press.

Guigourès, R., D. Gay, M. Boullé, F. Clérot, and F. Rossi (2015). Country-scale exploratory analysis of call detail records through the lens of data grid models. In *Proceedings of the ECML/PKDD*, pp. 37–52. Springer International Publishing.

Hartigan, J. A. (1972). Direct Clustering of a Data Matrix. *Journal of the American Statistical Association 67*(337), 123–129.

Li, H. and N. Abe (1998). Word clustering and disambiguation based on co-occurrence data. In *Proc. of the 17th International Conference on Computational Linguistics - Volume 2*, COLING '98, Stroudsburg, PA, USA, pp. 749–755. Ass. for Comp. Linguistics.

Mechelen, I. V., H. H. Bock, and P. D. Boeck (2004). Two-mode clustering methods: a structured overview. *Statistical methods in medical research 13*(5), 363–394.

Mitchell, T. M. (1997). *Machine Learning* (1 ed.). New York, NY, USA: McGraw-Hill, Inc.

Papadimitriou, S. and J. Sun (2008). Disco: Distributed co-clustering with map-reduce: A case study towards petabyte-scale end-to-end mining. In *ICDM*, pp. 512–521. IEEE Computer Society.

Résumé

La classification croisée (co-clustering) est une technique qui permet d'extraire la structure sous-jacente existante entre les lignes et les colonnes d'une table de données sous forme de blocs. Plusieurs applications utilisent cette technique, cependant de nombreux algorithmes de co-clustering actuels ne passent pas à l'échelle. Une des approches utilisées avec succès est la méthode MODL, qui optimise un critère de vraisemblance régularisée. Cependent, pour des tailles plus importante, cette méthode atteint sa limite. Dans cet article, nous présentons un nouvel algorithme de co-clustering à deux niveaux, qui compte tenu du critère MODL permet de traiter efficacement de données de très grande taille, ne pouvant pas tenir en mémoire. Nos expériences montrent que l'approche proposée gagne en temps de calcul tout en produisant des solutions de qualité.

Contribution à l'étude de la distributivité d'un treillis de concepts

Alain Gély*, Miguel Couceiro*, Yassine Namir**, Amedeo Napoli*

*LORIA (CNRS - Inria Nancy Grand Est - Université de Lorraine),
BP 239, 54506 Vandoeuvre-les-Nancy, France
alain.gely, miguel.couceiro, amedeo.napoli@loria.fr
**Université de Lorraine
namir.yassine@gmail.com

Résumé. Nous nous intéressons aux treillis distributifs dans le cadre de l'analyse formelle de concepts (FCA). La motivation primitive vient de la phylogénie et des graphes médians pour représenter les dérivations biologiques et les arbres parcimonieux. La FCA propose des algorithmes efficaces de construction de treillis de concepts. Cependant, un treillis de concepts n'est pas en correspondance avec un graphe médian sauf s'il est distributif, d'où l'idée d'étudier la transformation d'un treillis de concepts en un treillis distributif. Pour ce faire, nous nous appuyons sur le théorème de représentation de Birkhoff qui nous permet de systématiser la transformation d'un contexte quelconque en un contexte de treillis de concepts distributif. Ainsi, nous pouvons bénéficier de l'algorithmique de FCA pour construire mais aussi visualiser les treillis de concepts distributifs, et enfin étudier les graphes médians associés.

1 Contexte et motivations

Les structures discrètes ont toujours su démontrer leur utilité pour découvrir de l'information. Parmi elles, les arbres ou leurs extensions (Bertrand et Janowitz (2002); Diatta (2005); Bertrand et Diatta (2017)) sont très souvent utilisés, notamment en biologie où les arbres phylogénétiques permettent de capturer les filiations inter-espèces. Le problème est alors de retrouver les évolutions qui ont amené la diversité du vivant actuel, généralement à partir de fragments d'ADN d'espèces contemporaines.

Lorsque plusieurs arbres possibles aboutissent au même résultat, on privilégie les arbres les plus parcimonieux, c'est à dire ceux qui nécessitent le moins de modifications (mutations) pour les espèces considérées. Cependant, même ainsi, plusieurs arbres restent possibles. C'est le cas par exemple si l'on observe des mutations dites inverses (un gène retrouve un état antérieur suite à une nouvelle mutation) ou parallèles (la même mutation se produit chez des espèces sans liens direct). Si on ne souhaite pas privilégier un de ces arbres, la question de la représentation de cette famille se pose. Peut-on trouver une structure encodant l'ensemble des arbres phylogénétiques parcimonieux ?

Pour répondre à cette question, Bandelt a proposé l'utilisation de graphes médians (Bandelt et Hedlíková (1983); Bandelt et al. (1999)). En quelques mots, ces derniers sont des graphes qui ont la particularité que pour tout triplet de sommets, les plus courts chemins entre paires de sommets s'intersectent en un sommet unique, appelé sommet médian. On retrouve l'idée de parcimonie (le croisement des chemins se faisant en un point unique). Un graphe médian est un moyen de représenter l'ensemble des arbres parcominieux.

Toujours parmi les structures discrètes, les treillis des concepts sont au coeur de l'analyse de concepts formels (FCA pour "*Formal Concept Analysis*", (Ganter et Wille (1999))). Ils sont utilisés dans de nombreux champs applicatifs (Carpineto et Romano (2004)) par une communauté de recherche qui va en s'étoffant, notamment pour des problématiques de classification. Les méthodes de FCA utilisent généralement en entrée une table binaire (appelée contexte), ce qui ne pose pas de véritable problème pour s'intéresser à la filiation inter-espèce et aux problèmes de phylogénie. Il suffira en effet de pré-traiter les données de façon à se ramener à ce cadre. C'est par exemple possible en utilisant un contexte mettant en relation les espèces avec un génome de référence, en indiquant 1 s'il n'y a pas eu mutation sur un gène par rapport à ce génome, et 0 sinon. Il y a des liens forts entre les graphes médians d'un coté et certains treillis de l'autre, ceux ayant la propriété d'être distributifs comme discuté ci-après.

Uta Priss (Priss (2012, 2013)) propose de tirer profit de ces liens pour ré-utiliser l'ensemble des outils à disposition dans la communauté FCA pour traiter les problèmes de phylogénétique utilisant un graphe médian. Cependant, un treillis des concepts n'est pas forcément distributif, et n'est donc pas en correspondance directe avec un graphe médian. Il faut par suite modifier le treillis pour qu'il vérifie la propriété de distributivité. Si un exemple de modification est donné dans les articles d'Uta Priss, il n'y a pas dans ses travaux d'algorithme général permettant de transformer un treillis quelconque en treillis distributif de façon systématique et le travail semble avoir été fait manuellement.

L'apport principal de cet article est de proposer un tel algorithme, qui s'appuie sur le théorème de représentation de Birkhoff (Birkhoff (1933, 1967)). Notre algorithme produit le contexte d'un treillis distributif à partir du contexte d'un treillis quelconque, ce qui évite de devoir construire le treillis de départ pour le modifier par la suite. De plus, notre algorithme assure que le treillis initial peut se plonger (plongement d'ordre) dans le treillis distributif obtenu.

Le reste de l'article est structuré comme suit. Dans la section 2, nous rappelons les définitions et notations nécessaires sur les ensembles ordonnés et treillis. La section 3 est un état de l'art sur les treillis distributifs. Nous y rappelons les résultats sur lesquels nous construirons notre algorithme. L'algorithme est présenté en section 4 et l'article se termine par une discussion en section 5.

2   Définitions et notations

Dans l'ensemble de cette section, on ne considère que le cas fini. Pour la plupart des définitions et résultats de ce chapitre, on pourra se référer aux trois ouvrages de références Ganter et Wille (1999); Davey et Priestley (2002); Caspard et al. (2007).

Un *ensemble ordonné* $(P, \leq)$ est un ensemble d'éléments P muni de la relation d'ordre $\leq$. Dans cet article, les relations d'ordre seront représentées par leur diagramme de Hasse. Il s'agit du graphe ayant pour sommets les éléments de P et pour arêtes les éléments en relation de couverture (par d'arcs de transitivité ni de réflexivité). Le diagramme de Hasse est orienté du bas vers le haut.

Définition 1. *Soit un ensemble ordonné* $(P, \leq)$ *et* $X \subseteq P$, X *est un* idéal d'ordre *(resp.* filtre d'ordre) si $x \in X$ et $y \leq x$ alors $y \in X$ *(resp. ssi* $x \in X$ et $x \leq y$ alors $y \in X$).

Pour un ensemble $X \subseteq P$ quelconque, on notera $\downarrow X$ l'idéal (resp. $\uparrow X$ le filtre) construit à partir de X. Pour un élément $x \in P$, $\downarrow x$ est appelé idéal principal (resp. $\uparrow x$ filtre principal).

Sur l'exemple de la figure 2 l'idéal principal de d est $\downarrow d = \{a, b, d\}$, le filtre principal de a est $\uparrow a = \{a, d\}$. L'ensemble $\{c, d\}$ n'est ni un filtre, ni un idéal. On a $\uparrow \{c, d\} = \{c, d, e\}$, $\downarrow \{c, d\} = \{a, b, c, d\}$

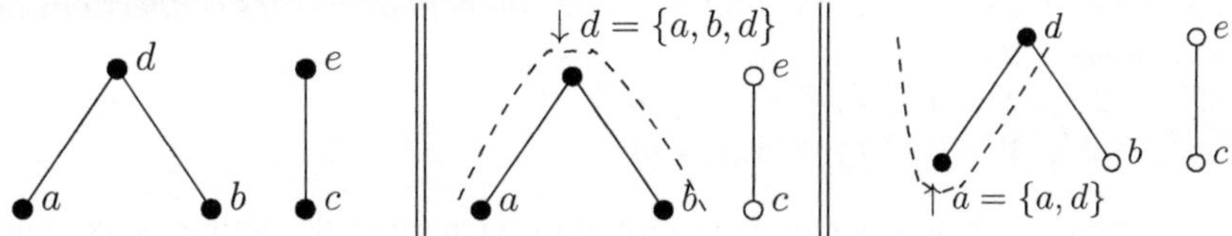

FIG. 1 – *Illustration de filtres et idéaux sur un ensemble ordonné.*

Définition 2. *Un* treillis $(T, \leq, \vee, \wedge)$ *est un ensemble ordonné* $(T, \leq)$ *muni de deux opérations de supremum (borne supérieure,* $\vee$*) et d'infimum (borne inférieure,* $\wedge$*).*

Puisque nous considérons le cas fini, un treillis possède un plus petit élément noté $\perp$ et un plus grand élément noté $\top$. Dans la suite, lorsqu'il n'y a pas d'ambiguité, pour simplifier, on utilisera parfois T pour désigner le treillis $(T, \leq, \vee, \wedge)$ et P pour désigner l'ensemble ordonné $(P, \leq)$.

Définition 3. *Soit un treillis* $(T, \leq, \vee, \wedge)$,
— $j \in T$ *est un élément* $\vee$-irréductible *ssi* $j \neq \top$ *et* $\forall x, y \in T$, $x \vee y = j$ *implique* $x = j$ *ou* $y = j$
— $m \in T$ *est un élément* $\wedge$-irréductible *ssi* $m \neq \perp$ *et* $\forall x, y \in T$, $x \wedge y = m$ *implique* $x = m$ *ou* $y = m$

Les éléments $\vee$-irréductibles (resp. $\wedge$-irréductible) sont donc les éléments de T qui ne peuvent être retrouvés comme étant le suprémum (resp. infimum) d'autres éléments. On notera $J(T)$ (resp. $M(T)$) l'ensemble des éléments $\vee$-irréductibles (resp. $\wedge$-irréductibles) de T. Sans ambiguïté sur T, on notera seulement J et M.

Ces deux ensembles ne sont pas forcément disjoints, un même élément pouvant être à la fois $\vee$-irréductible et $\wedge$-irréductible (on parle de doublement irréductible). Par convention, dans cet article, les éléments de J seront étiquetés par des lettres, et les éléments de M par des chiffres. Un même élément pourra donc être désigné par deux étiquettes s'il est doublement irréductible. C'est le cas en figure 2, par exemple pour l'élément doublement irréductible qui a pour label b lorsqu'il est considéré comme un élément $\vee$-irréductible et 1 lorsqu'il est considéré comme élément $\wedge$-irréductible. Cela nous permettra de clarifier le rôle joué par un élément dans le cadre des relations flèches définies ci-après.

Des éléments peuvent bien sûr ne pas être irréductibles. C'est le cas de l'élément au centre du treillis, qui peut être décrit comme $a \vee c$ ou encore $2 \wedge 4$.

Chaque élément x d'un treillis peut en effet être représenté par l'ensemble des éléments $\wedge$-irréductibles qui lui sont supérieurs (représentation $\wedge$-dense, $x = \{\bigwedge M \cap \uparrow x\}$) ou bien, de façon équivalente, par l'ensemble des éléments $\vee$-irréductibles qui lui sont inférieurs (représentation $\vee$-dense, $x = \{\bigvee J \cap \downarrow x\}$).

Définition 4. *La table d'un treillis T est la relation binaire $R \subseteq J \times M$ définie par jRm (relation d'incidence) si $j \leq m$.*

Une fois la table définie, on peut introduire les connections de Galois qui permettent de reconstruire le treillis à partir de cette table.

Définition 5. *Soit $(J, M, \leq)$ la table d'un treillis T, on peut définir les connections de Galois entre J et M comme suit :*
  — *$' : 2^J \to 2^M$, $O' = m \mid \forall j \in O, j \leq m$*
  — *$' : 2^M \to 2^J$, $A' = j \mid \forall m \in A, j \leq m$*

La composition $''$ est un opérateur de fermeture et permet de définir deux systèmes de fermeture sur J et M ainsi que le treillis de Galois (treillis des concepts) à partir de la table de T.

La table d'un treillis correspond au contexte réduit d'un treillis des concepts en FCA (Ganter et Wille (1999)). Un contexte réduit est un contexte (O, A, I) (une relation binaire I entre objets O et attributs A) pour lequel il n'y a pas deux lignes (resp. colonnes) identiques, et tel que chaque ligne (resp. colonne) ne soit pas l'intersection d'autres lignes (resp. colonnes). Autrement dit, un contexte réduit est réduit aux *éléments irréductibles*.

On notera $C(J, M, \leq)$ la table *(le contexte réduit)* d'un treillis. La table est souvent représenté par un tableau à double entrée avec J en colonnes, M en lignes et une croix $(\times)$ dans la cellule (j, m) ssi $j \leq m$. Cette table peut d'autre part être complétée pour servir à présenter d'autres informations, comme les relations flèches définies ci-après.

Définition 6. *Soit un treillis T, $j \in J$ et $m \in M$, on note :*
  — *$j \nearrow m$ ssi $m \in max(T \setminus \uparrow j)$*
  — *$j \searrow m$ ssi $j \in min(T \setminus \downarrow m)$*
  — *$j \nearrow\!\!\!\searrow m$ ssi $j \nearrow m$ et $j \searrow m$*
où $min(X)$ et $max(X)$ désignent les éléments minimaux et maximaux de X.

Ainsi, on a $j \nearrow m$ si m est maximal dans l'ordre induit par le treillis, moins les éléments du filtre de j. De même, on a $j \searrow m$ si j est minimal dans l'ordre induit par le treillis, moins les éléments de l'idéal de m. Une illustration d'éléments en relation double flèche est donnée figure 2

On notera $C(J, M, \leq, \searrow, \nearrow)$ la table fléchée *(le contexte réduit avec l'information supplémentaire des relations flèches)*. Par définition, si deux éléments j, m sont en relation flèche (flèche haut, flèche bas ou double flèche), alors $j \not\leq m$. Par suite, la table fléchée est un tableau à deux dimensions où la valeur d'une cellule (j, m) indique la relation entre j et m, celle ci pouvant être (de façon exclusive) $\times$ (si $j \leq m$), $\searrow$, $\nearrow$, $\nearrow\!\!\!\searrow$ ou aucune d'entres elles (la cellule est alors laissée vide).

La figure 2 montre à droite la table fléchée du treillis de gauche. Remarquons que l'ensemble $(T \setminus \uparrow a) \cap M = \{3\}$, on a donc $a \nearrow 3$. De même, $(T \setminus \downarrow 3) \cap J = \{a, b\}$ et seul a est minimal dans cet ensemble. on a donc $a \searrow 3$. Puisque $a \nearrow 3$ et $a \searrow 3$, on notera $a \nearrow\!\!\!\searrow 3$.

Définition 7. *Un sous-treillis $(S, \leq_S, \vee_S, \wedge_S)$ de $(T, \leq_T, \vee_S, \wedge_S)$ est un treillis tel que*

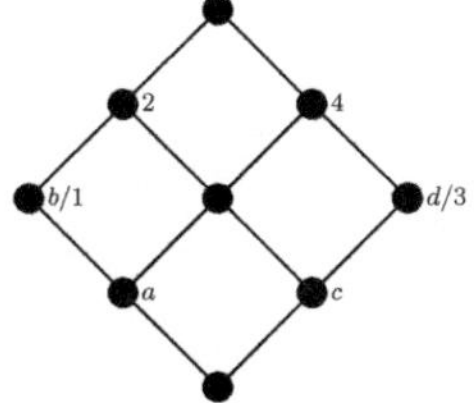

	1	2	3	4
a	×	×	↙↗	×
b	×	×		↙↗
c	↙↗	×	×	×
d		↙↗	×	×

FIG. 2 – *Exemple de treillis (distributif) avec sa table fléchée.*

— $S \subseteq T$
— $\forall x, y \in S,\ x \vee_T y \in S$
— $\forall x, y \in S,\ x \wedge_T y \in S$

Autrement dit, un sous-treillis est fermé pour les opérations $\vee$ et $\wedge$ du treillis dont il est issu. Certaines classes de treillis, dont les treillis distributif définis ci-après, peuvent être caractérisés par des sous-treillis interdits. La prochaine section donne plusieurs résultats sur les treillis distributifs.

3 Treillis distributifs

Un treillis est *distributif* ssi il vérifie la distributivité des opérations $\vee$ et $\wedge$, c'est à dire, $\forall x, y, z \in T : x \vee (y \wedge z) = (x \vee y) \wedge (x \vee z)$. Birkhoff s'est énormément intéressé aux treillis distributifs dès les années 30 avec un article dont est issu un des résultats utilisé ici (Birkhoff (1933)). Cette classe particulière de treillis dispose d'un chapitre à part entière dans son ouvrage de référence sur les treillis (Birkhoff (1967)). Les deux théorèmes repris ici sont aussi détaillés dans l'ouvrage Caspard et al. (2007) qui apporte de plus les caractérisations par relations flèches.

3.1 Caractérisations d'un treillis distributif

Caractérisations. Un treillis distributif est un treillis pour lequel les opérations $\vee$ et $\wedge$ sont distributives entre elles. Il découle de cette définition plusieurs caractérisations équivalentes que nous allons réutiliser par la suite :

Théorème 1. *Un treillis $(T, \leq, \vee, \wedge)$ est distributif ssi l'une (toutes) des conditions équivalentes suivantes est vérifiée :*

1. $x \vee (y \wedge z) = (x \vee y) \wedge (x \vee z)$

2. $x \wedge (y \vee z) = (x \wedge y) \vee (x \wedge z)$

3. $(x \wedge y) \vee (y \wedge z) \vee (z \wedge x) = (x \vee y) \wedge (y \vee z) \wedge (z \vee x)$

4. T ne contient ni N_5 ni M_3 comme sous-treillis

5. la table fléchée de T contient exactement une double-flèche ↙↗ par ligne et par colonne, à l'exclusion de toute autre relation flèche.

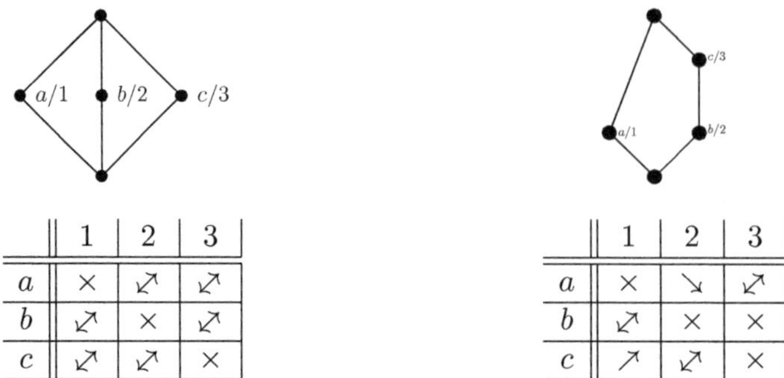

FIG. 3 – *Treillis M_3 et N_5 avec leur table fléchée.*

En particulier, la troisième caractérisation fait un lien direct entre les treillis distributifs d'un coté, et les graphes médians de l'autre. En effet, on peut définir une opération de médiane sur un ensemble M comme une fonction :

$$m : M^3 \to M$$

vérifiant

$$m(a, a, b) = a \text{ et } m(m(a, b, c), d, c) = m(a, m(b, c, d), c)$$

Or, $m(a, b, c) = (a \wedge b) \vee (b \wedge c) \vee (c \wedge a)$ défini une opération de médiane sur un treillis distributif. Ce résultat est utilisé par Bandelt (Bandelt et al. (1999)) pour rapprocher les treillis distributifs des graphes médians.

Les treillis M_3 et N_5 apparaissant dans la caractérisation sont les deux plus petits treillis non distributifs. Ils sont illustrés en figures 3 avec leur table fléchée. Contrairement à la table fléchée du treillis de la figure 2, celles-ci ne contiennent pas exclusivement une double-flèche par ligne et par colonne. Pour M_3, on peut voir deux doubles-flèches par ligne et par colonne. Pour N_5, il n'y a qu'une seule double flèche par ligne et par colonne, mais aussi des flèches simples.

3.2 Treillis distributif et treillis des idéaux

Soit l'ensemble ordonné $(P, \leq)$, on note $\mathcal{O}(P)$ l'ensemble des idéaux d'ordre de $(P, \leq)$. $\mathcal{O}(P)$ muni de la relation d'inclusion est lui-même un ensemble ordonné $(\mathcal{O}(P), \subseteq)$. C'est de plus un treillis, appelé *treillis des idéaux*. L'opération de borne inférieure est l'intersection. L'opération de borne supérieure est l'union.

Le théorème 2 du à Birkhoff (Birkhoff (1933)) permet de mettre en évidence que les éléments $\vee$-irréductibles du treillis des idéaux $(\mathcal{O}(P), \subseteq, \cap, \cup)$ sont les idéaux principaux de l'ensemble ordonné $(P, \leq)$.

Théorème 2. *Soit $(P, \leq)$ un ensemble ordonné et $x \in P$, la fonction $\epsilon : x \to\downarrow x$ est un isomorphisme d'ordre de P vers $J(\mathcal{O}(P))$.*

Une illustration de ce théorème est proposée figure 4 ou l'on voit, à gauche, un ensemble ordonné et à droite le treillis des idéaux correspondant, avec les idéaux principaux en noir, et les autres idéaux en blancs.

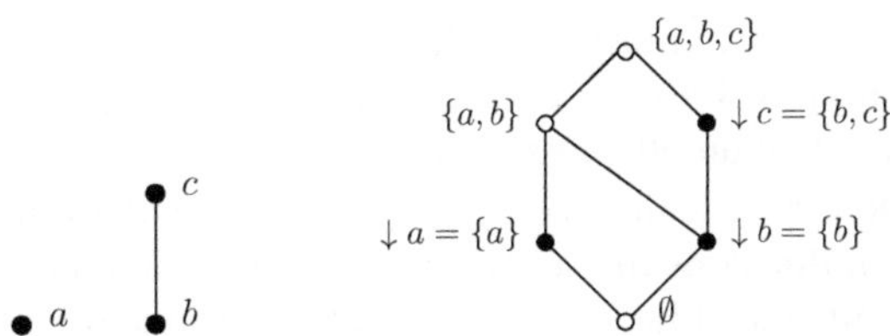

FIG. 4 – *Illustration du théorème de représentation de Birkhoff.*

Le théorème 2 indique qu'il y a isomorphisme entre les ensembles ordonnés d'un coté, et les éléments sup-irréductibles des treillis des idéaux de l'autre. Ce résultat ne donne aucune information sur les propriétés de ces derniers. Cependant, le résultat du théorème 3, toujours du à Birkhoff, permet de remarquer qu'il s'agit de la famille des *treillis distributifs.*

Théorème 3. Théorème de représentation de Birkhoff.(*Birkhoff (1933)*)
Soit T un treillis distributif, alors la fonction $\eta : T \to \mathcal{O}(J(T))$ définie par

$$\eta(a) = \{x \in J(T) \mid x \leq a\} = \{J(T) \cap\ \downarrow a\}$$

est un isomorphisme de T dans $\mathcal{O}(J(T))$.

On déduit de ce théorème que pour tout treillis $(T, \leq, \vee, \wedge)$, on peut trouver un treillis distributif $(T_d, \leq_d, \vee_d, \wedge_d)$ tel que $(J(T), \leq) = (J(T_d), \leq_d)$. Autrement dit, on peut toujours, à partir d'un treillis, obtenir un treillis distributif ayant le même ordre induit sur J. C'est ce résultat que nous allons utiliser pour proposer un algorithme construisant la table d'un treillis distributif à partir de la table d'un treillis quelconque.

4   Résultats

Le problème consiste à transformer un treillis quelconque en un treillis distributif. A moins que le treillis initial ne soit déjà lui-même distributif, il y aura donc forcément modification des données, et par suite de la table fléchée. L'idée est de calculer la table correspondant au treillis distributif à partir de la table du treillis initial quelconque, sans avoir à construire ce dernier, et dans un principe d'économie.

D'autre part, on peut se poser la question de savoir dans quelle mesure le treillis distributif obtenu est "proche" du treillis initial et quelles modifications sont autorisées sur la table de départ. Ici, en considérant $(T, \leq_T, \vee_T, \wedge_T)$ le treillis de départ et $(T_d, \leq_{T_d}, \vee_{T_d}, \wedge_{T_d})$ le treillis distributif construit, nous avons considéré les hypothèses suivantes :
— $(J(T_d), \leq) = (J(T), \leq)$ ou bien $(M(T_d), \leq) = (M(T), \leq)$ (un des deux ordres induits par les éléments irréductibles est isomorphe entre le treillis initial et le treillis distributif).
— soit $(J, M, \leq)$ et $(J, M_d, \leq_d)$ les tables des deux treillis, alors la relation $\leq$ est incluse dans la relation $\leq_d$. Autrement dit, on ne s'autorise qu'à ajouter des croix dans la table, et jamais à en retirer. L'intuition de cette deuxième hypothèse se retrouve dans la maxime "*l'absence de preuve n'est pas la preuve de l'absence* [1]". S'il y a une croix,

---

1. ce qu'on pourrait interpréter comme une variante de l'hypothèse de monde ouvert

c'est que l'existence de la mutation a été montrée pour une espèce, et on ne peut le remettre en question. S'il n'y a pas de croix, cette mutation n'a pas été repérée, mais ce n'est pas pour autant qu'elle n'existe pas.

Comme nous travaillons avec le théorème de représentation de Birkhoff, la première condition nous assure que le treillis construit a bien une structure commune avec le treillis initial. Comme un passage au treillis dual inverse les éléments $\vee$-irréductibles et $\wedge$-irréductible, nous pouvons nous appuyer sur l'une comme sur l'autre.

Dans un treillis distributif, les ordres $(J(T_d), \leq)$ et $(M(T_d), \leq)$ sont isomorphes. On a donc $|J(T_d)| = |M(T_d)|$. Dans le treillis initial, trois cas peuvent se produire :

1. $|J(T)| = |M(T)|$

2. $|J(T)| > |M(T)|$

3. $|J(T)| < |M(T)|$

Si on utilise systématiquement l'ensemble des éléments $\vee$-irréductibles (lignes de la table), alors la table modifiée aura autant (cas 1), plus (cas 2) ou moins (cas 3) de colonnes que la table initiale.

Conserver la relation d'incidence du contexte (conserver les croix existantes) n'est possible que dans les deux premiers cas. En effet, dans le troisième, certains éléments $\wedge$-irréductibles sont amenés à disparaître. On pourra cependant toujours se ramener à l'un des deux premiers cas en raisonnant sur le dual, c'est à dire en échangeant le rôle de $J(T)$ et $M(T)$.

Nous montrerons dans la suite que pour les deux premiers cas, la relation d'incidence initiale est bien conservée (plongée dans la relation d'incidence du treillis distributif.

Il serait aussi possible de raisonner sur le troisième cas en conservant $J(T)$. Dans ce cas, la table du treillis distributif ayant moins de colonnes, il y aura disparition de croix de la relation d'incidence.

Notons que dans tous les cas, de par l'utilisation du théorème de représentation de Birkhoff, y il aura un plongement du treillis de départ dans le treillis distributif, ce qui nous assure que les ensembles fermés (concepts) initiaux apparaissent toujours dans les données transformées.

L'algorithme proposé suit les deux grandes étapes suivantes :

1. Construction de $(J, \leq)$ à partir de $C(J, M, \leq)$

2. Construction de $C(J, M_{T_d}, \leq_{T_d})$ à partir de $(J, \leq)$

La méthode proposée n'a techniquement pas besoin de la table fléchée $C(J, M, \leq, \nearrow, \searrow)$ pour fonctionner. Cependant la connaissance de ces relations permet de savoir plus facilement quelles modifications sont faites sur la table initiale.

Si besoin, le calcul des relations flèches se fait en temps polynomial en la taille du contexte : $(J(T), \leq)$ et $(M(T), \leq)$ peuvent être calculés en temps polynomial (algorithme 1). Pour trouver les éléments en relation $\nearrow$ avec un élément de $j \in J$, on retire le filtre de j (c'est à dire j') de $(M(T), \leq)$ et on cherche les éléments maximaux de $(M(T) \backslash j', \leq)$. Dualement, pour trouver les éléments en relation $\searrow$ avec un élément $m \in M$, on retire l'idéal de m (c'est à dire m') de $(J(T), \leq)$ et on cherche les éléments minimaux de $(J(T) \backslash m', \leq)$.

Dans la suite, nous utiliserons la transformation du treillis N_5 en treillis distributif pour illustrer les différentes parties de l'algorithme, y compris le calcul des relations flèches.

Algorithme 1 : ordreInduitJdepuisTable.

Données : La table d'un treillis $C(J, M, \leq_C)$
Résultat : l'ensemble ordonné $(J, \leq_J)$
$\leq_J \leftarrow \emptyset$
pour chaque $j_1 \in J$ **faire**
    pour chaque $j_2 \in J$ **faire**
        si $(j_1' \subseteq j_2')$ **alors**
            $\leq_J \leftarrow \leq_J \cup (j_2, j_1)$

4.1 Construction de $(J, \leq)$ à partir d'un contexte

L'algorithme calcule d'abord $(J(T), \leq)$ à partir d'un contexte. L'algorithme 1 est basé sur le fait que tout élément d'un treillis peut être identifié par les éléments $\wedge$-irréductibles qui sont dans son filtre. Ainsi un élément j_1 est inférieur à j_2 si les éléments $\wedge$-irréductibles du filtre de j_2 (c'est à dire j_2') sont inclus dans ceux du filtre de j_1 (c'est à dire j_1'). Notons que l'algorithme peut être adapté sans mal pour obtenir $(M(T), \leq)$

La complexité de cet algorithme est de $O(|J|^2 * |M|)$ puisque pour chaque couple $j_1, j_2 \in J$, on va faire des comparaisons ensemblistes sur j_1' et j_2' ($O(|M|)$).

Illustration. On considère la table du treillis N_5 illustrée en figure 5 *(gauche)*. A partir de cette table et de l'algorithme 1, on calcule $(J, \leq)$ *(centre)* et $(M, \leq)$ *(droite)*. Pour $(J, \leq)$, puisque $c' \subset b'$ alors $b < c$. Pour $(M, \leq)$, puisque $2' \subset 3'$ alors $2 < 3$.

Calcul des relations flèches. Pour calculer les relations flèches, on cherche les éléments de M en relation $\nearrow$ avec un élément de J. Pour cela on s'appui sur l'ordre $(M, \leq)$
— Pour a, on calcule $(M \backslash a', \leq)$. En effet, $a' = \uparrow a \cap M$. Ici $a' = \{1\}$. Seul 3 est maximal dans l'ordre induit. On a $a \nearrow 3$
— Pour b, on calcule $(M \backslash b', \leq)$. $b' = \{2, 3\}$. 1 est maximal : $b \nearrow 1$
— Pour c, on calcule $(M \backslash c', \leq)$. $c' = \{3\}$. 1 et 2 sont minimaux : $c \nearrow 1$, $c \nearrow 2$
On cherche maintenant les éléments de J qui sont en relation $\searrow$ avec un élément de M.
— Pour 1, on calcule $(J \backslash 1', \leq)$. En effet, $1' = \downarrow 1 \cap J$. Ici $1' = \{a\}$. Seul b est minimal dans l'ordre induit. On a $b \searrow 1$
— Pour 2, on calcule $(J \backslash 2', \leq)$. $2' = \{b\}$. a et c sont minimaux : $a \searrow 2$, $c \searrow 2$
— Pour 3, on calcule $(J \backslash 3', \leq)$. $3' = \{b, c\}$. a est minimal : $c \searrow 3$.
A partir des éléments en relation $\nearrow$ et $\searrow$, on déduit les éléments en relation $\swarrow$: $b \swarrow 1$, $c \swarrow 2$, $a \swarrow 3$.

4.2 Construction de la table d'un treillis distributif isomorphe au treillis des idéaux

Nous avons vu précédemment qu'un treillis distributif était entièrement déterminé par l'ensemble de ses éléments $\vee$-irréductibles. Il faut alors calculer la table correspondant au treillis

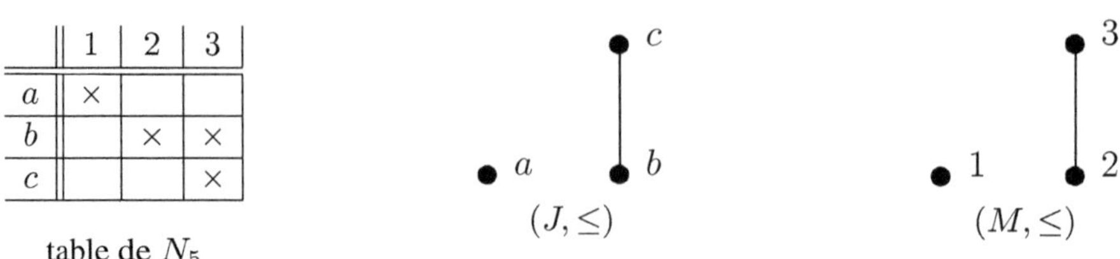

table de N_5

$(J, \leq)$

$(M, \leq)$

FIG. 5 – *Représentation de $(J, \leq)$, $(M, \leq)$ extraits de la table*

distributif $(\mathcal{O}(J(T)), \subseteq, \cup, \cap)$ à partir de $(J, \leq)$. Ainsi, le treillis de départ et le treillis distributif obtenus auront le même ordre induit par les éléments $\vee$-irréductibles. L'algorithme 2 décrit la façon de faire.

Algorithme 2 : Production du contexte d'un treillis distributif.

Données : La table $C(J, M, \leq_C)$
Résultat : La table $C_d(J, M_d, \leq_{C_d})$ correspondant à $(\mathcal{O}(J), \subseteq, \cap, \cup)$
$M_d \leftarrow \emptyset$
$\leq_{C_d} \leftarrow \emptyset$
$(J, \leq_j) \leftarrow ordreInduitJdepuisTable(C(J, M, <_C))$
pour chaque $j \in J$ **faire**
$\quad$ $M_d \leftarrow M_d \cup m_j$ // m_j est l'élément $\wedge$-irréductible tel que $j \nearrow m_j$
$\quad$ $X \leftarrow J \backslash \uparrow j_{\leq_j}$
$\quad$ **pour chaque** $x \in X$ **faire**
$\quad\quad$ $\leq_{C_d} \leftarrow \leq_{C_d} \cup (x, m_j)$

Propriété 1. *L'algorithme 2 produit la table du treillis des idéaux associé à l'ordre $J(T)$.*

Démonstration. Le treillis des idéaux d'un ordre est un treillis distributif ayant pour élément $\vee$-irréductible les idéaux principaux de cet ordre. Par construction, l'algorithme produit un unique élément m pour chaque j tel que $j \nearrow m$.

Puisque $j \nearrow m$, alors $\downarrow m \subseteq T \backslash \uparrow j$. Comme il n'y a pas d'autres relations flèches pour m (théorème 1, caractérisation 5), alors $\downarrow m = T \backslash \uparrow j$. L'ordre induit par J n'est pas modifié par l'algorithme et la table produite est alors par construction celle d'un treillis distributif ayant le même ordre induit par J, c'est à dire le treillis des idéaux de l'ordre $(J, \leq)$. $\qquad\square$

Illustration. A l'issue de l'étape précédente, nous disposons de l'ordre $(J, \leq)$ et des relations flèches. Puisque nous connaissons les éléments en relation double flèche, et qu'il n'y en a qu'une par ligne et par colonne (malgré des flèches simples), nous allons les utiliser de façon à ce que la table produite conserve ses doubles flèches. Autrement dit :

$$
\begin{aligned}
m_b &= & 1' &= & J \backslash \uparrow b = \{a\} \\
m_c &= & 2' &= & J \backslash \uparrow c = \{a, b\} \\
m_a &= & 3' &= & J \backslash \uparrow a = \{b, c\}
\end{aligned}
$$

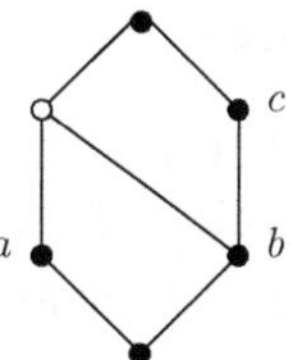

	1	2	3
a	×	×	↙
b	↙	×	×
c		↙	×

FIG. 6 – *Table modifiée et treillis distributif obtenu.*

La figure 6 montre la table modifiée (*gauche*) et le treillis distributif correspondant (*droite*) ; les nouveaux éléments apparaissent en blanc, les éléments du treillis initial en noir.

complexité. Après une étape en $O(|J|^2 * |M|)$ (calcul de $(J, \leq)$), la complexité de cet algorithme est de l'ordre de $O(|J|^2)$ (pour chaque élément $\vee$-irréductible, on calcule un filtre ($O(|J|)$) puis on fait une opération d'intersection ensembliste ($O(|J|)$). La complexité totale de l'algorithme est alors en $O(|J|^2 * |M|)$.

Propriété 2. *Soit T un treillis et T_d le treillis distributif obtenu par le théorème de représentation de Birkhoff. Pour tout $m \in M(T)$, il existe $m_{T_d} \in M(T_d)$ tel que $j <_T m$ implique $j <_{T_d} m_{T_d}$.*

Démonstration. Soit $j \in J(T)$ et $m \in M(T)$ tels que $j \nearrow m$. Alors par définition, $\uparrow j \cap \downarrow m = \emptyset$, Or, par construction, dans T_d, il existe un unique m_{T_d} tel que $m'_{T_d} = (T \setminus \uparrow j) \cap J$. Comme $m' = \downarrow m \cap J$ On a donc $m' \subseteq m'_{T_d}$ et quel que soit $j_i \in m'$, $j_i \in m'_{T_d}$. $\square$

Dans le cas ou $|J(T)| > |M(T)|$, cette propriété implique que la relation d'incidence initiale est toujours présente (rajout de croix seulement). De plus, cette preuve nous permet de constater que pour un élément, peut importe la double-flèche considérée dans la ligne ou la colonne. Il suffit alors de choisir les doubles flèches de façon à en avoir une seule par ligne et colonne dans la table du treillis distributif.

5   Discussion et Conclusion

En nous appuyant sur le théorème de représentation de Birkhoff, nous avons proposé un algorithme polynomial produisant la table d'un treillis distributif à partir de la table d'un treillis des concepts. La relation d'ordre entre éléments $\vee$-irréductibles est identique dans les deux treillis et le treillis initial peut être plongé dans le treillis distributif obtenu. On pourra aussi s'intéresser aux contextes non binaires, par exemple issus d'extension de l'analyse de concepts formel, comme les treillis de patrons (pattern stucture lattices)

Une expérimentation sur données réelles devra permettre de vérifier que la sémantique des données est bien préservée par les transformations proposées par cet algorithme. Enfin, l'algorithme proposé, actuellement en $O(|J|^2 * |M|)$ a été mis en place pour montrer la possibilité d'application en temps polynomial en la taille du contexte. Une étude plus approfondie pouvant abaisser la complexité théorique de cet algorithme devra être menée.

Références

Bandelt, H.-J., P. Forster, et A. Röhl (1999). Median-joining networks for inferring intraspecific phylogenies. *Molecular biology and evolution 16*(1), 37–48.

Bandelt, H.-J. et J. Hedlíková (1983). Median algebras. *Discrete mathematics 45*(1), 1–30.

Bertrand, P. et J. Diatta (2017). Multilevel clustering models and interval convexities. *Discrete Applied Mathematics 222*, 54–66.

Bertrand, P. et M. F. Janowitz (2002). Pyramids and weak hierarchies in the ordinal model for clustering. *Discrete Applied Mathematics 122*(1), 55–81.

Birkhoff, G. (1933). On the combination of subalgebras. In *Mathematical Proceedings of the Cambridge Philosophical Society*, Volume 29, pp. 441–464. Cambridge University Press.

Birkhoff, G. (1967). Lattice theory. In *Colloquium Publications* (3. ed.), Volume 25. Amer. Math. Soc.

Carpineto, C. et G. Romano (2004). *Concept data analysis : Theory and applications*. John Wiley & Sons.

Caspard, N., B. Leclerc, B. Monjardet, et al. (2007). *Ensembles ordonnés finis : concepts, résultats et usages*, Volume 60. Springer.

Davey, B. A. et H. A. Priestley (2002). *Introduction to lattices and order*. Cambridge university press.

Diatta, J. (2005). Galois weak hierarchies : Theoretical and computational issues. In *UK Workshop on Computational Intelligence*, pp. 3.

Ganter, B. et R. Wille (1999). *Formal concept analysis : mathematical foundations*. Springer.

Priss, U. (2012). Concept lattices and median networks. In *CLA*, pp. 351–354.

Priss, U. (2013). Representing median networks with concept lattices. In *ICCS*, pp. 311–321. Springer.

Summary

In this paper, we study distributive lattices for use in Formal Concept Analysis (FCA). Principal motivation comes from phylogeny and median graphs, to represent biological derivations and parcimonious trees. FCA proposes efficient algorithms to build concept lattices. Nevertheless, a concept lattice is not in correspondence with a median graph, except if it is a distributive one, hence comes the idea to study how to transform a concept lattice in a distributive one. In goal to achieve it, we use Birkhoff representation theorem, which allows to compute the transformation of any context in the context of a distributive lattice. So, we can use all the FCA algorithmic to build but also visualise distributive concept lattices, and to study associated median graphs.

Propositions pour améliorer une méthode de prédiction du succès d'une campagne de financement participatif

Alexandre Blansché et Xavier Mazur

LORIA (UMR 7503), Campus Scientifique B.P. 239
54506 Vandœuvre-lès-Nancy Cedex, France
alexandre.blansche@univ-lorraine.fr

Résumé. Le financement participatif est un mode de financement d'un projet faisant appel à un grand nombre de personnes qui a connu une forte croissance avec l'émergence d'Internet et des réseaux sociaux. Cependant plus de 60 % des projets ne sont pas financés, il est donc important de bien préparer sa campagne de financement. De plus, en cours de campagne, il est crucial d'avoir une estimation rapide de son succès afin de pouvoir réagir rapidement (restructuration, communication) : des outils de prédiction sont alors indispensables. Nous proposons dans cet article plusieurs pistes d'amélioration pour la prédiction du montant levé lors d'une campagne de financement participatif en utilisant l'algorithme k-NN. La première proposition consiste à utiliser un algorithme de *clustering* afin de segmenter l'ensemble d'apprentissage et faciliter le passage à l'échelle. La seconde proposition consiste à extraire des caractéristiques pertinentes depuis les séries temporelles et les informations sur les campagnes pour avoir une représentation vectorielle.

1   Introduction

En quelques années seulement, le financement participatif a connu une forte croissance. Ce phénomène émergent est encore peu étudié, mais soulève de nombreuses questions dans divers champs scientifiques. L'une des principales interrogations est de connaître à l'avance le succès d'une campagne de financement participatif par des techniques de prévisions.

Nous proposons dans cet article de reprendre la méthode de prédiction du montant final levé lors d'une campagne de financement participatif utilisant l'algorithme k-NN proposée dans Blansché et al. (2017), et d'y apporter deux améliorations afin de faciliter le passage à l'échelle sur des données de plus grande taille et d'accroître les performances des prédictions. La première amélioration proposée consiste à découper l'ensemble d'apprentissage en groupes homogènes à l'aide d'un algorithme de classification non supervisée. La recherche des k plus proches voisins pourra alors se limiter à un faible nombre de *clusters* plutôt qu'à l'ensemble d'apprentissage complet.

La seconde proposition consiste à chercher des attributs, pour décrire les campagnes de financement participatif, permettant de réaliser des prédictions plus précises.

Dans la section 2, nous présentons plus en détail la problématique qui nous intéresse. Dans la section 3, nous présentons notre première proposition, sur l'utilisation de la classification non supervisée et dans la section 4 décrivons la seconde, sur l'utilisation d'attributs extraits des séries temporelles. Enfin, dans la section 5, nous apportons une conclusion à notre travail et proposons plusieurs perspectives de recherches futures.

2 Problématique

2.1 Contexte

Le financement participatif (*crowdfunding*), qui consiste à faire appel à un grand nombre de personnes pour financer un projet (contrairement aux modes de financements traditionnels), a connu une forte croissance avec l'émergence d'Internet et des réseaux socionumériques. Il existe plusieurs formes de financement participatif, selon qu'il y ait une récompense ou non pour les contributeurs, que celle-ci prenne la forme de dividendes en cas de succès ou d'un produit livré, mais également selon la durée des campagnes de financement, limitée ou non. Kickstarter [1] est un site de financement participatif parmi les plus populaires. La durée des campagnes est limitée dans le temps, mais peut varier d'un projet à l'autre. Le créateur d'un projet choisit un seuil de financement en-dessous duquel le projet est considéré comme un échec, mais au-dessus duquel c'est un succès : plus de 60 % des projets ne sont pas financés (le montant levé n'atteint pas le seuil fixé par le créateur). Le seuil de financement est parfois inférieur au seuil de rentabilité du projet : le créateur peut vouloir afficher 100 % de financement rapidement pour augmenter sa notoriété (les contributeurs privilégient souvent les campagnes réussies) sans que cela ne corresponde à ses besoins. De plus, en cas d'échec d'une campagne, aucune somme n'est versée et le capital investi en amont est perdu et le créateur ne reçoit aucun fond : celui-ci peut alors s'assurer un remboursement partiel en choisissant un seuil de financement inférieur au seuil de rentabilité.

On peut décomposer l'évolution d'une campagne en $n+1$ états répartis dans le temps. On notera $t_i(c)$ l'horodatage du i-ième état de la campagne c, en normalisant de sorte que $0 < t_i(c) < 1$. Ainsi $t_0(c) = 0$ représente le début de la campagne et $t_n(c) = 1$ représente la fin de la campagne. On notera alors $m_i(c)$ le montant levé à l'état i d'une campagne c.

Beaucoup de publications (Etter et al., 2013; Mitra et Gilbert, 2014; Li, 2016) s'intéressent à la prédiction du succès ou de l'échec d'une campagne de financement participatif (classification supervisée). Dans cet article, nous nous intéressons à un problème de régression : l'objectif est de prédire la valeur finale $m_n(c_0)$ d'une campagne c_0 en cours, en ne connaissant que les valeurs $m_0(c_0)$ à $m_i(c_0)$, avec $i < n$, mais en disposant néanmoins d'un historique de campagnes passées. Ce problème est très peu traité jusqu'à maintenant, mais pour le créateur d'un projet, il est pourtant avantageux d'avoir une estimation précise $\hat{m}_n(c_0)$ de $m_n(c_0)$ le plus tôt possible dans la campagne

---

1. https://www.kickstarter.com/

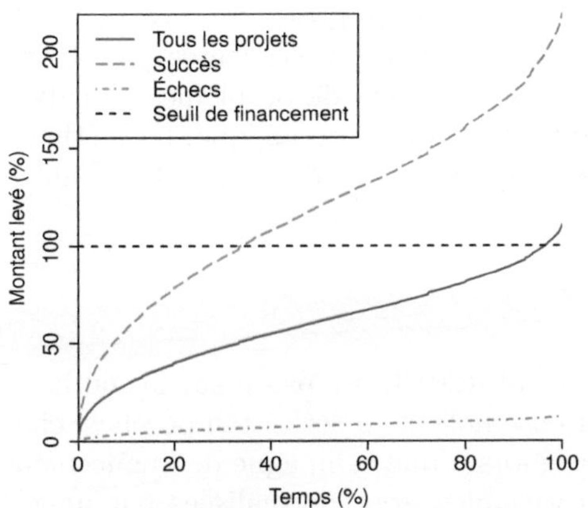

FIG. 1 – *Montant levé selon l'avancement dans la campagne*

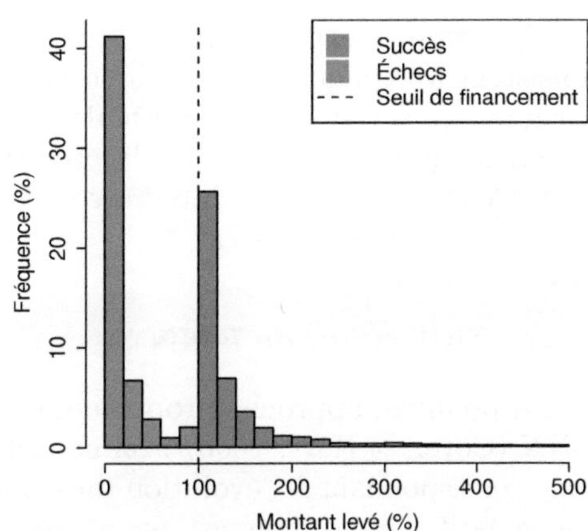

FIG. 2 – *Répartition du montant levé final*

(avec un i le plus petit possible), afin de pouvoir réagir rapidement (restructuration, communication) si les résultats sont inférieurs aux attentes.

2.2 Données utilisées

Dans Etter et al. (2013), les auteurs ont constitué une base de données portant sur 16042 campagnes Kickstarter datant de 2012 et 2013. Les séries temporelles ont été normalisées par un ré-échantillonnage en 1000 états. Il s'agit d'un petit échantillon : Kickstarter compte un total de plus de 375000 campagnes lancées depuis sa fondation en 2009 (58074 campagnes pour l'année 2016).

Sur la figure 1, on observe l'évolution du montant levé moyen au cours du temps. On remarque, en particulier pour les campagnes réussies, que la pente de la courbe est plus forte au début et à la fin de la campagne qu'au milieu de celle-ci. Sur la figure 2, on observe la répartition des montants levés à la fin d'une campagne. On remarque que la plupart des échecs sont très loin du seuil de financement et que la plupart des projets financés avec succès sont à peine au-dessus de ce seuil, bien que certains projets peuvent le dépasser très largement (plus de 500 % du montant demandé).

2.3 État de l'art

2.3.1 Méthodes « classiques »

Si les sommes levées étaient uniformément réparties durant la campagne, une approche naïve consisterait à faire une approximation linéaire. On définit alors $\hat{m}_n(c_0) = t_n(c_0) \times \frac{m_i(c_0)}{t_i(c_0)}$. Cette hypothèse n'est cependant pas vérifiée. Sur la figure 3 (évolution des contributions selon le temps) on remarque que les apports en début et fin d'une campagne sont plus importants qu'au milieu (surtout en cas de succès). On peut également tenter de prédire la valeur finale en construisant un modèle classique de régression linéaire ou polynomial. Les méthodes d'autorégression (Taylor, 2008) consistent à expliquer une variable numérique par ses valeurs précédentes plutôt que par d'autres variables. Ces méthodes s'appliquent à beaucoup de problèmes d'analyse de séries temporelles telles que la prédiction boursière ou météorologique. La méthode ARIMA (AutoRegressive Integrated Moving Average) est l'une des approches d'auto-régression les plus utilisées.

2.3.2 Utilisation de k-NN

La première approche proposée dans Etter et al. (2013) est basée sur la méthode k-NN (Cover et Hart, 2006) : on considère un ensemble de s séries temporelles, chacune correspondant à l'évolution du montant levé lors d'une campagne de financement participatif. Les campagnes, ayant des durées variables, sont normalisées par un ré-échantillonnage en un nombre fixe d'états équitablement répartis. Le montant levé est également normalisé en divisant par le seuil de financement. Pour une campagne en cours (à l'état i), les k campagnes les plus proches sur la période correspondante (sur $i+1$ états : entre 0 et i) sont déterminées et le succès d'une campagne est estimé selon le succès de ses « voisines » (vote à la majorité). Néanmoins l'approche ne prédit pas le montant levé lors d'une campagne mais prédit le succès ou l'échec de celle-ci.

Dans Blansché et al. (2017) nous avons proposé d'étendre cette approche pour estimer le montant levé final, en conservant donc la même méthodologie, mais en faisant de la régression par k-NN. Nous déterminons, parmi les s séries temporelles de l'historique, les k plus proches voisins (c_1 à c_k) d'une campagne c_0 sur les $i+1$ premiers états des campagnes. Notre objectif est d'utiliser les états finaux $m_n(c_1)$ à $m_n(c_k)$ pour obtenir une estimation $\hat{m}_n(c_0)$ de $m_n(c_0)$, l'état final de la campagne c_0. Pour cela, on définit $\mu_i = \frac{1}{k}\sum_{l=1}^{k} m_i(c_l)$ la moyenne des montants levés par les k campagnes voisines à l'état i et $\alpha_i = \frac{m_i(c_0)}{\mu_i}$, le rapport entre le montant levé à l'état i par la campagne c_0 et la moyenne des voisins au même état. Enfin, on nous définissons notre estimation $\hat{m}_n(c_0) = \frac{1}{k}\sum_{l=1}^{k} m_n(c_l) \times \alpha_i$. Dans Etter et al. (2013), pour déterminer les k voisins les plus proches, les auteurs comparent les campagnes en utilisant la distance euclidienne sur les états 0 à i. Cependant, nous avons montré que nous obtenons des prédictions de qualité équivalente en calculant la distance selon l'état i uniquement.

2.3.3 Expérimentations

Nous avons évalué l'efficacité à prédire le montant final des campagnes de financement participatif des différentes méthodes mentionnées sur les données de Etter et al. (2013). Pour comparer ces méthodes, nous avons utilisé la mesure RMSE (*Root Mean Square Error*), très souvent utilisée en régression (Hyndman et Koehler, 2006). Plus la valeur est faible, meilleure est la prédiction.

Dans cette expérimentation (et dans les suivantes), nous réalisons des prédictions pour chaque campagne après avoir produit un modèle sur un ensemble d'apprentissage. Nous avons ordonné les campagnes de financement participatif par date de fin. Pour la prédiction du montant final d'une campagne donnée, l'algorithme k-NN utilise un ensemble d'apprentissage constitué des 1000 dernières campagnes complètes. Ainsi nous

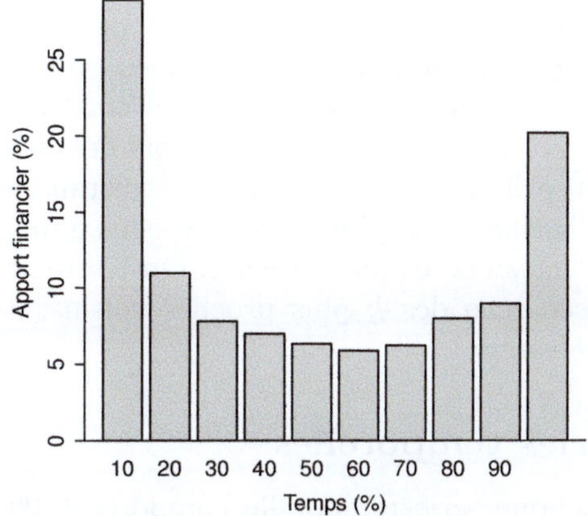

FIG. 3 – *Moyenne de l'apport financier à chaque état (campagnes normalisées en 10 états)*

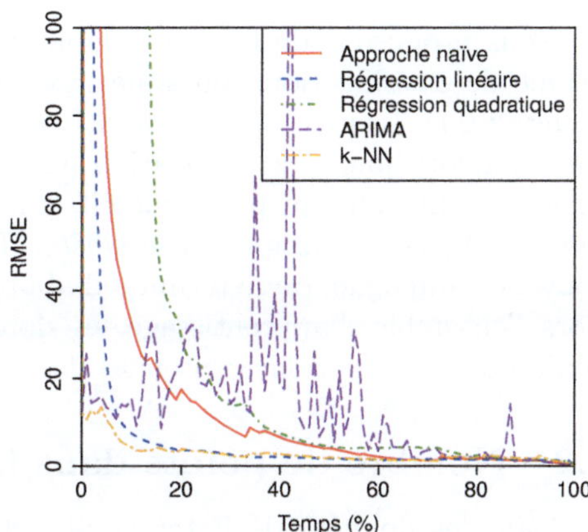

FIG. 4 – *Évolution dans le temps de la performance des méthodes selon le RMSE*

avons réalisé les prédictions sur 12670 campagnes. Le paramètre k de k-NN a été déterminée par validation croisée.

Nous avons calculé les prédictions des différents modèles de régression à partir de différents états de la campagne en cours afin de pouvoir observer l'évolution des performances dans le temps (figure 4). On remarque que les plus mauvaises performances sont obtenues par la méthode d'autorégression ARIMA. L'approche naïve et la régression polynomiale ont également des résultats peu satisfaisants. Étonnamment, les performances de la régression linéaire sont correctes, mais c'est l'approche proposée dans Blansché et al. (2017) qui produit les meilleures prédictions. Ce résultat semblent indiquer que la fouille de données, en exploitant un historique de campagnes passées, est une voie à privilégier pour prédire le montant final d'une campagne.

3 Classification non supervisée

3.1 Méthodologie

L'approche proposée est prometteuse, mais nous ne l'avons appliquée que sur une base de donnée de 16042 campagnes. Or il ne s'agit que d'un petit échantillon des campagnes lancées sur Kickstarter. Depuis sa création, plus de 375000 projets ont été lancés sur la plateforme et il peut y avoir simultanément plus de 4000 projets en cours de financement. De plus, pour chaque campagne, il est nécessaire de répéter la méthode de prédiction pour chaque nouvel état enregistré, afin d'avoir en permanence des prédictions à jour selon les données que l'on possède. La méthode proposée utilise le principe de l'algorithme k-NN et donc, pour chaque prédiction, il est nécessaire de calculer la distance par rapport à toutes les entrées de la base de données.

Nous proposons de réduire le nombre de calculs de distance en utilisant un algorithme de classification non supervisée, en s'inspirant d'une approche proposée dans Wang (2011). L'ensemble d'apprentissage est découpé en groupes homogènes (*clusters*) par un algorithme de classification non supervisée. Chaque *cluster* peut alors être résumé par un individu représentatif, qui minimise la somme des carrés des distances avec les objets qui composent le *cluster*. Pour identifier les k plus proches voisins d'une nouvelle campagne, on détermine d'abord les k' *clusters* les plus proches. On restreint alors l'ensemble d'apprentissage, et donc la recherche des k plus proches voisins, à l'union des observations contenues dans ces k' *clusters*.

3.2   Nombre de points dans les séries temporelles

Dans les données de Etter et al. (2013), chaque série temporelle comporte 1000 états uniformément répartis. On peut légitiment se demander si ce nombre d'états est nécessaire ou s'il est possible d'avoir une représentation fidèle avec moins d'états.

Pour réduire le nombre d'états d'une série temporelle, il existe plusieurs techniques. La plus simple est de faire un ré-échantillonnage avec un nombre d'états réduits, pris uniformément dans temps. D'autres approches, comme le Piecewise Aggregate Approximation (Keogh et al., 2001), consistent à découper la série temporelle en segments et de calculer une moyenne pour chaque segment. Certaines méthodes cherchent des points d'intérêt de la série temporelle tels que les pics les plus saillants (Chung et al., 2001), mais cette approche ne convient pas aux séries temporelles de financement participatif, car ces séries sont souvent monotones croissantes. Les transformées de Fourier (Bloomfield, 2004) sont très utilisées pour traiter des séries temporelles bruitées comme les signaux sonores, mais ont peu d'intérêt pour notre problème.

Nous nous sommes finalement intéressés à l'approche la plus simple et avons étudié l'impact de la réduction du nombre d'état par ré-échantillonnage.

3.3   Mesure de dissimilarité

Dans un deuxième temps, nous nous sommes intéressés au choix de la mesure de dissimilarité. De nombreuses mesures ont été développées pour traiter ce type de données (Giusti et Batista, 2013; Pereira et R.F. de Mello, 2013; Aghabozorgi et al., 2015). Les plus populaires restent la distance euclidienne et la dissimilarité *Dynamic Time Warping* (DTW), développée spécifiquement pour les séries temporelles (Sakoe et Chiba, 1971). La distance euclidienne nécessite d'avoir des séries de longueur identique. La mesure DTW est une mesure « élastique » qui permet d'associer des points particuliers des séries malgré un décalage temporelle. Cette mesure est cependant très coûteuse en temps de calcul.

3.4   Expérimentations

Pour étudier l'impact de la longueur des séries temporelles, nous avons appliqué l'algorithme k-means sur les séries complètes (1000 états) et les séries réduites par un ré-échantillonnage uniforme en 100 états et 10 états, ainsi que des séries représentées uniquement par l'état final. Nous avons utilisé la distance euclidienne et la mesure

	1000 états	100 états	10 états	1 état
1000 états	1	1	0,95	0,79
100 états		1	0,95	0,79
10 états			1	0,78
1 état				1

TAB. 1 – *Comparaison des* clusters *obtenus par la distance euclidienne selon la longueur des séries (κ de Cohen)*

DTW pour construire les *clusters*. Le nombre de *clusters* a été déterminé selon l'indice de Calinski-Harabasz (Caliński et Harabasz, 1974). Pour chaque configuration, nous avons appliqué l'algorithme k-means 100 fois, en six *clusters*, et conservé le meilleur résultat en terme d'inertie intra-classe. Les *clusters* ont été comparés entre eux en utilisant l'indice κ de Cohen. En raison du coût de calcul très élevé de la mesure DTW, nous nous sommes limités à un échantillon de 1000 séries choisies aléatoirement.

Nous avons choisi d'utiliser l'algorithme k-means qui est simple à mettre en œuvre. Le calcul du centroïde, l'individu représentatif au centre d'un *cluster*, va dépendre de la mesure de dissimilarité utilisée. Si la distance euclidienne est utilisée, le barycentre une simple moyenne sur chaque état de la série. Si la mesure DTW est utilisée, le calcul du centroïde n'est pas trivial : l'algorithme *DTW Barycenter Averaging* (DBA) est alors la méthode la plus couramment employée (Petitjean et al., 2011). Pour une utilisation à grande échelle, l'algorithme k-means ne sera pas une solution envisageable. En effet, il sera nécessaire de mettre à jour les *clusters* régulièrement (chaque fois qu'une campagne se termine) et l'utilisation de k-means serait alors trop coûteuse en temps de calcul et nous perdrions le bénéfice de l'approche. Ainsi, l'algorithme k-means devra être remplacé par une approche incrémentale (Ning et al., 2010) qui sera en mesure de mettre à jour les *clusters* à faible coût lorsque de nouvelles campagnes viendront s'ajouter à l'ensemble d'apprentissage.

Les tableaux 1, 2 et 3 montrent les résultats obtenus. On remarque qu'en utilisant la distance euclidienne, les *clusters* obtenus sont très semblables quelque soit la longueur des séries temporelles (1000, 100 ou 10 états). La différence s'accentue un peu quand on n'utilise qu'un seul état. En utilisant la mesure DTW, on observe que le nombre d'états a un impact beaucoup plus fort sur les *clusters*. On remarque également que moins il y a d'états dans les séries temporelles, moins il y a de différences entre la distance euclidienne et la mesure DTW.

Nous avons enfin étudié l'impact du découpage de l'ensemble d'apprentissage en *clusters* sur la méthode de prédiction du montant levé en utilisant le même protocole expérimental que celui décrit dans la section 2.3.3. Nous avons utilisé deux mesures de dissimilarité pour construire les *clusters* : la distance euclidienne et la mesure DTW. Nous avons également fait varier la taille de l'ensemble d'apprentissage de 1000 à 15000 et mesuré le temps de calcul de différentes configurations :

— prédiction par k-NN, sans découpage en *clusters* ;

— prédiction par k-NN avec un découpage en six *clusters* et recherche des voisins dans le *cluster* le plus proche (noté 6/1) ;

	1000 états	100 états	10 états	1 état
1000 états	1	0,69	0,52	0,58
100 états		1	0,63	0,62
10 états			1	0,8
1 état				1

TAB. 2 – *Comparaison des* clusters *obtenus par la dissimilarité DTW selon la longueur des séries (κ de Cohen)*

1000 états	100 états	10 états	1 état
0,53	0,69	0,79	1

TAB. 3 – *Comparaison des* clusters *obtenus par la distance euclidienne et la dissimilarité DTW selon la longueur des séries (κ de Cohen)*

— prédiction par k-NN avec un découpage en vingt *clusters* et recherche des voisins dans les cinq *clusters* les plus proches (noté 20/5).

Sur la figure 5, nous pouvons voir l'évolution du temps de calcul selon la taille de l'ensemble d'apprentissage pour les trois configurations étudiées (ce temps de calcul ne prend pas en compte le temps de construction des *clusters*). On remarque que, comme nous pouvions nous y attendre, le temps de calcul évolue linéairement selon la taille de l'ensemble d'apprentissage. De plus, on remarque que le découpage en *clusters* améliore nettement le temps de calcul, de l'ordre de 50 % environ avec les configurations choisies.

Sur la figure 6, nous pouvons voir la performance de la prédiction des méthodes comparées, selon l'avancement dans la campagne de financement, avec un ensemble d'apprentissage composées de 1000 campagnes. Nous observons que les performances de notre approche avec et sans *clustering* sont similaires si l'on utilise la distance euclidienne pour créer les *clusters*. On observe même une amélioration en début de campagne (avant 10 % d'avancement). En revanche, en utilisant DTW, les performances sont très instables (une étude plus approfondie des *clusters* obtenus pourra nous permettre de comprendre l'impact négatif de DTW). On remarque également que les résultats sont meilleurs dans les configurations 20/6 que dans les configurations 6/1.

4   Sélection de variables

4.1   Méthodologie

Un des résultats importants de l'article Blansché et al. (2017) est que la recherche des k plus proches voisins à l'état i ne nécessite pas de calculer une mesure de distance sur l'ensemble de la série temporelle. Les prédictions obtenues en utilisant uniquement le dernier état connu de la série sont tout aussi performantes. Ce résultat remet en question la nécessité de représenter une campagne par une série temporelle de l'évolution du montant levé. Nous avons donc tenté une représentation vectorielle, par extraction

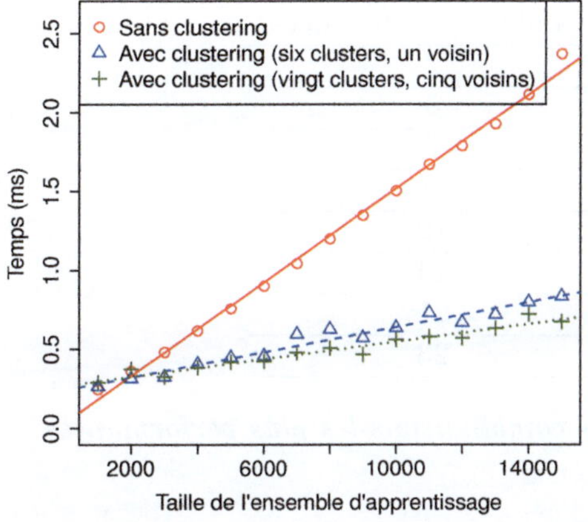

FIG. 5 – *Temps de calcul de la prédiction selon la taille de l'ensemble d'apprentissage*

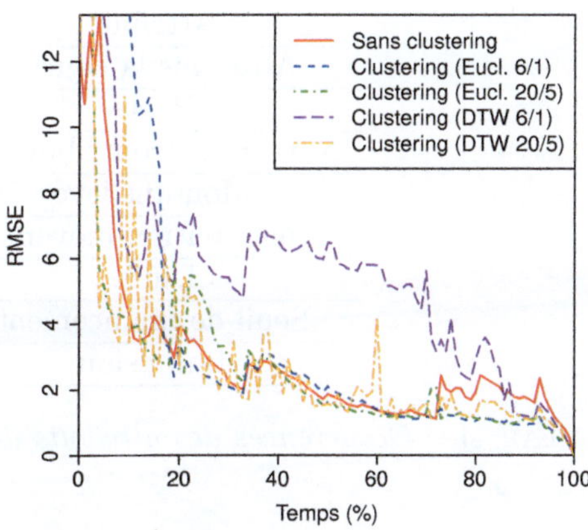

FIG. 6 – *Performance de la prédiction selon le RMSE*

de divers attributs depuis les données fournies par Etter et al. (2013). À noter que des données plus riches permettraient d'extraire un plus grand nombre d'attributs.

Nous avons construit un ensemble de huit attributs :

— $m_i(c)$: montant levé à l'état i ;

— $p_i(c)$: pente de la courbe à l'état i (différence avec l'état $i-1$) ;

— $a_i(c)$: aire sous la courbe d'évolution du montant levé jusqu'à l'état i ;

— $im_i(c)$: impulsion de la série (montant à 1 % d'avancement de la campagne) ;

— $nc_i(c)$: nombre de contributeurs à l'état i ;

— $d_i(c)$: durée de la campagne ;

— $f_i(c)$: seuil de financement en dollars américains ;

— $cm_i(c)$: contribution moyenne à l'état i ($\frac{m_i(c)}{nc_i(c)}$).

Les quatre premiers attributs sont calculés uniquement à partir des données sur le montant levé. Les quatre derniers attributs utilisent d'autres données, comme par exemple l'horodatage du début et de la fin de la campagne ou le nombre de contributeurs. Trois de ces attributs n'évoluent pas durant la campagne : la durée de celle-ci, le seuil de financement du projet et l'impulsion. Nous avons cherché quels sont le ou les attributs les plus pertinents pour prédire le montant levé final d'une campagne. Une recherche exhaustive, parmi les 255 combinaisons possibles, a été réalisée.

4.2 Expérimentations

Nous avons appliqué le même protocole expérimental que celui décrit dans la section 2.3.3. Pour chaque combinaison d'attributs, nous avons appliqué notre approche en utilisant la distance euclidienne sur l'espace vectoriel correspondant, centré et réduit, pour chercher les k plus proches voisins. Nous avons ensuite comparé les combinaisons entre elles selon la moyenne de performance sur chaque état. Nous pouvons difficilement

Attribut	Nombre d'occurrences
Aire sous la courbe	2
Pente	6
Nombre de contributeurs	7
Montant levé	11
Contribution moyenne	12
Durée	14
Seuil de financement	21
Impulsion	23

TAB. 4 – *Occurrences des attributs dans les combinaisons les plus performantes*

exposer dans le présent document l'ensemble des résultats obtenus, mais simplement une synthèse des faits les plus remarquables.

Les évaluations sont réparties entre 2,09 et 119,57. Les quartiles sont 2,73 (25 %), 2,85 (50 %) et 5,97 (75 %). La combinaison d'attributs qui a produit la meilleure performance (2,09) est composée d'un unique attribut : l'impulsion. Ce résultat est particulièrement étonnant car il s'agit d'un attribut qui est fixe tout au long de la campagne. Ainsi, ce seront toujours les mêmes k voisins qui serviront de références pour estimer le montant final levé. Ce résultat conforte l'idée que la réussite d'une campagne de financement participatif réside principalement dans son lancement, mais remet en question l'intérêt de traiter les données comme des séries temporelles.

Nous avons également observé les 10 % des combinaisons les plus efficaces (26 combinaisons) et quels attributs composent ces combinaisons : nous avons compté le nombre d'occurrences (cf. tableau 4). On observe que les trois attributs fixes dans le temps sont les trois attributs les plus utilisés parmi les meilleures combinaisons de variables et que l'attribut le plus utilisé est l'impulsion, ce qui confirme son importance.

5   Conclusion

Dans cet article, nous avons présenté deux propositions d'amélioration d'un algorithme de prédiction utilisant les k plus proches voisins. Nous avons évalué l'impact du découpage de l'ensemble d'apprentissage en groupes homogènes pour réduire le temps de calcul et l'utilisation d'attributs à la place de séries temporelles.

La plupart des articles de recherche sur la prédiction du résultat d'une campagne de financement participatif, qu'il s'agisse de prédire de son succès ou son échec ou bien le montant levé final, ont tendance à utiliser des séries temporelles (Li, 2016; Zhao et al., 2017; Fan-Osuala et al., 2018). Néanmoins, certains résultats que nous avons obtenus nous font penser que cette approche n'est peut-être pas la bonne. Il y a plusieurs éléments qui mènent à cette conclusion :

- quand on réduit la longueur des séries temporelles de 1000 états à 100, voire à 10 états, les *clusters* obtenus sont presque identiques;

- l'utilisation de la mesure DTW détériore les performances de l'algorithme de prédiction (par rapport à la distance euclidienne) ;

- l'attribut qui maximise les performances de prédiction ne dépend pas du temps.

Cette conclusion inattendue nous pousse à voir le problème sous un autre angle et à reconsidérer notre méthodologie afin de produire des prédictions plus efficaces.

Notre principale perspective est d'étudier les possibilités d'amélioration des performances (prédictions plus précises, plus tôt) en améliorant notre approche (en explorant les méthodes de raisonnement à partir de cas) ou en développant d'autres algorithmes, mais également en utilisant des données enrichies, internes au site de financement participatif (nombre de contributeurs, de commentaires, etc.) ou portant sur la réputation d'un projet, en particulier sur les réseaux socionumériques. Nous comptons également continuer à travailler sur la classification non supervisée de campagnes de financement, en particulier en utilisant un méthode incrémentale, moins coûteuse en temps de calcul.

Références

Aghabozorgi, S., A. S. Shirkhorshidi, et T. Y. Wah (2015). Time-series clustering - a decade review. *Information Systems 53*(C), 16–38.

Blansché, A., D. Da Conceicao, et D. Koby (2017). Prédiction du montant levé lors d'une campagne de financement participatif par la méthode des plus proches voisins. In *17ème Journées Francophones Extraction et Gestion des Connaissances, EGC 2017, 24-27 Janvier 2017, Grenoble, France*, pp. 387–392.

Bloomfield, P. (2004). *Fourier Analysis of Time Series : An Introduction.* Wiley Series in Probability and Statistics. Wiley.

Caliński, T. et J. Harabasz (1974). A dendrite method for cluster analysis. *Communications in Statistics-Simulation and Computation 3*(1), 1–27.

Chung, F., T.-C. Fu, R. Luk, et V. Ng (2001). Flexible time series pattern matching based on perceptually important points. In *Workshop on Learning from Temporal and Spatial Data in International Joint Conference on Artificial Intelligence.*

Cover, T. et P. Hart (2006). Nearest neighbor pattern classification. *IEEE Transactions on Information Theory 13*(1), 21–27.

Etter, V., M. Grossglauser, et P. Thiran (2013). Launch hard or go home ! Predicting the success of Kickstarter campaigns. In *Proceedings of the first ACM Conference on Online Social Networks*, COSN '13, pp. 177–182.

Fan-Osuala, O., D. Zantedeschi, et W. Jank (2018). Using past contribution patterns to forecast fundraising outcomes in crowdfunding. *International Journal of Forecasting 34*(1), 30–44.

Giusti, R. et G. Batista (2013). An empirical comparison of dissimilarity measures for time series classification. In *Brazilian Conference on Intelligent Systems, BRACIS 2013, Fortaleza, CE, Brazil, 19-24 October, 2013*, pp. 82–88.

Hyndman, R. et A. Koehler (2006). Another look at measures of forecast accuracy. *International Journal of Forecasting 22*(4), 679–688.

Keogh, E., K. Chakrabarti, M. Pazzani, et S. Mehrotra (2001). Dimensionality reduction for fast similarity search in large time series databases. *Knowledge and Information Systems 3*(3), 263–286.

Li, Y. (2016). Project success prediction in crowdfunding environments. In *Proceedings of the Ninth ACM International Conference on Web Search and Data Mining*, WSDM '16, pp. 247–256. ACM.

Mitra, T. et E. Gilbert (2014). The language that gets people to give : Phrases that predict success on kickstarter. In *Proceedings of the 17th ACM Conference on Computer Supported Cooperative Work & Social Computing*, CSCW '14, pp. 49–61. ACM.

Ning, H., W. Xu, Y. Chi, Y. Gong, et T.S Huang (2010). Incremental spectral clustering by efficiently updating the eigen-system. *Pattern Recognition 43*(1), 113–127.

Pereira, C. et R.F. de Mello (2013). Common dissimilarity measures are inappropriate for time series clustering. *RITA 20*(1), 25–48.

Petitjean, F., A. Ketterlin, et P. Gançarski (2011). A global averaging method for dynamic time warping, with applications to clustering. *Pattern Recognition 44*(3), 678–693.

Sakoe, H. et S. Chiba (1971). A dynamic programming approach to continuous speech recognition. In *Proceedings of the Seventh International Congress on Acoustics*, Volume 3, pp. 65–69.

Taylor, J. (2008). A comparison of univariate time series methods for forecasting intraday arrivals at a call center. *Management Science 54*(2), 253–265.

Wang, X. (2011). A fast exact k-nearest neighbors algorithm for high dimensional search using k-means clustering and triangle inequality. In *IJCNN*, pp. 1293–1299. IEEE.

Zhao, H., H. Zhang, Y. Ge, Q. Liu, E. Chen, H. Li, et L. Wu (2017). Tracking the dynamics in crowdfunding. In *Proceedings of the 23rd ACM SIGKDD International Conference on Knowledge Discovery and Data Mining*, pp. 625–634. ACM.

Summary

Crowdfunding is a methodology of funding a project from a large number of people. With the Internet and social networking, this type of funding rapidly gained popularity. However more than 60% of projects are not funded, thus it is necessary to prepare carefully the crowdfunding campaign. Moreover, during the campaign, it is critical to estimate the success as soon as possible in order to react adequately (reorganization, communication): prediction tools are then essential. In this article, we propose several methods to improve the prediction of the amount raised during a crowdfunding campaign using the k-NN algorithm. The first proposition consists in using a clustering algorithm in order to segment the learning set and to facilitate the scaling for big data sets. The second proposition consists in extracting relevant features from the time series and information on the campaigns, in order to have a vector representation.

Reframing for Non-Linear Dataset Shift

Md Shadman Rafid, Mohammad Mazedul Islam,
Md Naimul Hoque, Chowdhury Farhan Ahmed

Department of CSE, University of Dhaka, Bangladesh
shadmanrafiddeep@gmail.com
mazidmailbox@gmail.com
naimul.et@easternuni.edu.bd
farhan@du.ac.bd

Abstract. Discriminative classification models assume that both training and deployment data have same distributions of data attributes. These models give significantly varied performances when they are deployed under varied circumstances with different data distributions. This phenomenon is called Dataset Shift. In this paper we have provided a method which first determines whether there is a significant shift in the distributions of attributes between the training and deployment datasets. If there exists a shift in the data the proposed method then uses a Hill climbing approach to map this shift irrespective of its nature i.e. (linear or non-linear) to the equation for quadratic transformation. Experimental results on three real life datasets show strong performance gains achieved by the proposed method over previously established methods such as retraining and linear reframing.

1 Introduction

The main concerns of supervised machine learning is to learn a model for classification, regression or any other function using a set of training data and then applying this new learned model to deployment data. While deploying a particular data model it is implicitly assumed that both the training and test data will follow the same distributions. But in real life scenarios it is natural for the distributions of data attributes and decision functions to change especially when the training data is collected in one context while the deployment data is used in a different context e.g.(the training data is collected the summer season while the model is deployed on the data for the season of autumn). Such "Dataset Shift" [Han et al. (2012)] if not compensated for can greatly reduce the efficiency of the results provided by the learned model. One solution is to retrain the entire model on the deployment data. But it is not a feasible option often as collection and labelling of data in deployment may become costly. Another recent approach is reframing the data so as to make the learned model compensate for the shift in deployment data in real time and provide efficient results. We mainly focus on the shifts of continuous attributes of the data from test to deployment dataset. For example the daily food consumption of the residents of a city in North America may vary greatly from that of the residents of a similar city in South America.

In order to deal with dataset shift several research works [Lachiche and Flach (2003)], [Charnay et al. (2013)], [Zhao et al. (2011)], [Hernandez-Orallo (2013)] have been published proposing several methods of using the learnt methods in different deployment environments by adjusting the output values. Reframing is a method of transforming the input values to the learnt model in real time during deployment and thus compensating for the shift.

Let us consider a real life scenario where we consider two cities A and B. It is seen that in City A most people buy a car when they are at least 35 years old and have a minimum income of $5000 while in City B most residents buy a car once they reach the age of 40 and have an income of at least $4500. Let us consider that we use the data collected from City A as the training data to create the model and deploy the created model on the data of City B to determine which residents of City B are likely to buy cars. As the data of the two cities do not follow the same distributions a simple rescaling of the age and income parameters of the data will allow the existing model to correctly classify the data of City B without requiring any retraining or adjustments of the output. This is a very simple example of reframing which is needed whenever the decision function in case of deployment is different from the decision functions in case of training. It is also very effective when only a few labelled data is available in the deployment conditions.

This type of Dataset Shift where the input values are shifted is known as Covariate Shift [Moreno-Torres et al. (2012)], [Shimodaira (2000)]. Covariate Shift is the situation when the training and test data follow different distributions while the conditional probability distribution remains the same [Moreno-Torres et al. (2012)]. There are also other types of Dataset Shifts such as Concept Drift where the data distribution remains the same but the decision function changes [Moreno-Torres et al. (2012)]. Different kinds of approaches [Sugiyama et al. (2007)], [Bickel et al. (2009)], [Gretton et al. (2009)] have been proposed to deal with covariate shift. But most of these approaches require conspicuous retraining of the created classification models and as a result also require a large amount of labelled data to be available in the deployment context. These approaches are not very applicable in real life scenarios where the availability of labelled data is very low and very limited time is present for classifying the data and as such the aforementioned approaches are not suitable fro reframing. The *Reframing with Stochastic Hill Climbing(RSHC)* [Ahmed et al. (2014)] approach does compensate for covariate shift with real time reframing of the deployment data but it can only compensate for linear shifts in data and cannot differentiate between the linear and non-linear shifts in data.

Our proposed approach can properly address the problem of reframing the input data in deployment dataset for both linear and non linear dataset shifts. Our approach does this in a two step process whereby it first detects whether there is any shift in the data from the test to the deployment dataset. If there exists shift in the data, it then maps the shift in the data to the equation for quadratic transformation which compensates for non-linear shifts in data but can also compensate for linear shift in the data by eliminating the non linear part.

The remainder of this paper is organized in the following manner. In section 2 we discuss the related work. In section 3 we provide our proposed approach for reframing in case of dataset shift and in section 4 experimental results are provided for multiple real life datasets. Finally conclusions are drawn in section 5.

2   Background Study

Different types of score based methods have been proposed to handle classification problems in different deployment scenarios. For example, the binary classification algorithm of [Lachiche and Flach (2003)] generates scores of being positive vs. negative and define one threshold to divide these scores to predict the boundary between two classes. Depending on the deployment environment, typically a matrix of misclassification costs and the prior probability of the classes, this threshold can be tuned and the model is adapted for class prediction . Research has also been done to handle this problem for multi-class classification.

2.1   Dataset Shift

Dataset shift is the phenomenon when the data items in the deployment(testing) dataset undergo a change in the distribution of a single attribute or multiple attributes or a change in the class defining boundaries resulting in the deployment data exhibiting different behaviour than that of the training dataset.

Training Dataset: The training dataset is the set of data items with well defined class labels and attribute values from which the classification model which is being built can easily learn the range of different attributes for each class boundary.

Deployment Dataset: The deployment dataset is the dataset where the data items have no class labels but have the same attributes as the data items of the training dataset. The classification model is used on this dataset to make predictions of the classes of the data items. The classification model studies the attribute values of each data item and uses the knowledge it gained from the training dataset to make predictions about the class of the data items.

These contexts are often different in some non-trivial way. For instance, a model may be built using training data collected in a certain period of time and in a particular country, and deployed to data in a future time and/or in a different country.

2.1.1   Types of Dataset Shift

— **Covariate Shift:** Covariate shift [Shimodaira (2000)] refers to changes in the distribution of the input variables i.e. changes in the attributes of the input data items. Covariate shift is the most studied type of dataset shift. It is also known as "Population Drift" [Hand (2006)], [Kelly and Adams (1999)].

— **Prior Probability Shift :** Changes to the distributions of the class variable i.e. class distributions [Webb and Ting (2005)] is known as Prior Probability Shift.

— **Concept Shift :** It is mainly known as "Concept Drift". It is also defined as "Changes to the definitions of the classes" [Hand (2006)].

In this paper we shall mainly focus on the detection of Covariate Shift and the reframing of input variables in the deployment context in case of Covariate Shift.

2.2   Versatile Decision Tree

The Versatile Decision Tree (VD)T algorithm proposes different approaches to build Decision Trees in the presence of covariate observation shifts [Al-Otaibi et al. (2015)] i.e. this algorithm is only applicable in those cases in which covariate shifts occur in the deployment data. This algorithm makes two major contributions. The first contribution is that it proposes a new and unforeseen approach to build DTs using percentiles.

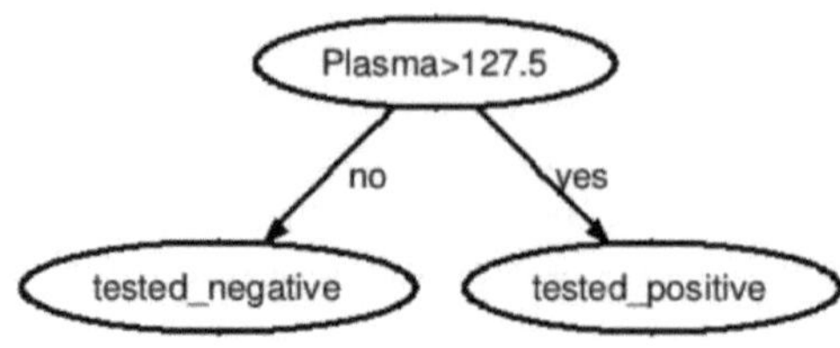

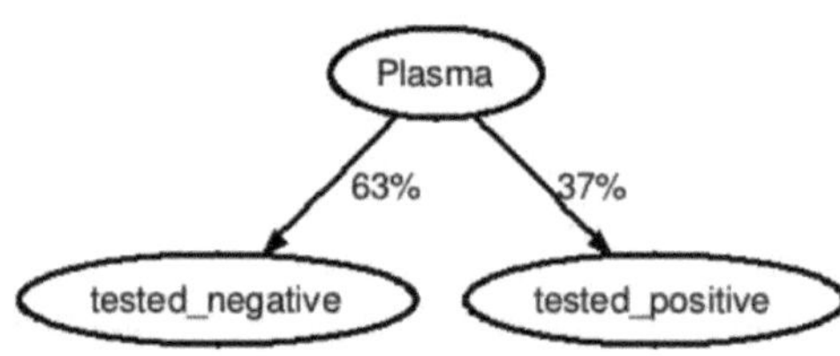

FIG. 1 – *Two types of models; the upper figure is the model using a fixed threshold while the lower figure is the model using percentiles. For each deployment context, the decision tree is deployed in such a way that the deployment instances are split to the leaves in the same percentile amounts of 63 percent and 37 percent.*

The main idea proposed in this algorithm is to learn a conventional DT and then to replace the internal decision thresholds with percentiles which can then deal with monotonic shifts in the deployment data. The second contribution of this algorithm is that it proposes a more general Versatile Model (VM) that deploys different strategies (including percentiles) to update the DT threshold for each deployment context i.e. for each different deployment dataset according to the shifts observed in the data. The shifts are identified by applying a non-parametric statistical test.

2.3 Reframing with Stochastic Hill Climbing

The Reframing with Stochastic Hill Climbing (RSHC) algorithm maps any shift in the data instances from the training to the deployment dataset to the equation for linear transformation:

$$y = \alpha x + \beta$$

By mapping the shift in the data to linear transformation the RSHC algorithm tries to compensate for the shift that occurs in the deployment instance by transforming the distribution of the attributes of the deployment data to that which is shown by the training data.

This algorithm presents the reframing concept to tackle the shift for continuous input attributes of the data items in the deployment dataset and proposes an efficient and simple process of learning the optimal parameter values of the shifted attributes for classification. The input attributes of the deployment data items will be transformed by these parameter values of linear transformation and then will be applied to the originally built classification model with the training database to provide accurate result i.e. list of accurately classified data items of the deployment dataset [Ahmed et al. (2014)].

3   Our Proposed Approach

3.1   RNLDS: Our Proposed Approach

We are proposing a new Algorithm Reframing for Non linear Dataset Shift (RNLDS) which will detect shift in dataset and will map it to a chosen non linear transformation. Our proposed algorithm is an improvement of the Reframing with Stochastic Hill Climbing (RSHC) algorithm proposed in [Ahmed et al. (2014)]. The RSHC Algorithm takes a Hill Climbing approach to determine the most appropriate values of the parameters of the equation for linear transformation. In our algorithm we used the Hill Climbing approach to determine the most appropriate values of the parameters of the equation for non linear transformation which we use. In our proposed algorithm we have used the quadratic equation to map non linear shift in the deployment data i.e. we have used the equation:

$$y = \alpha x^2 + \beta x + \gamma$$

But in real life deployment any of the equations for non linear transformations can be used to map dataset shift. In case of using a different equation the number of Hill Climbing steps in the algorithm have to be changed to the number of parameter values of the equation.

3.2   Example Scenario

Let us assume that we have 3 datasets. Each of which contains the data about the students of a school i.e. the three datasets contains information about the students of three different schools. We assume that each of these schools remain separated from each other i.e they are at different geographical locations and the information about the students of each of these schools were collected at different intervals of time. Let the datasets contain 3 types of data about each student of each of the schools, their attendance, test scores for a certain term and their extra curricular performance expressed in numerical values between 1 and 100. Let we have to classify the students into four non numerical classes of: Bad, Moderate, Good and Excellent according to their scores. Let the three datasets are as follows.

The student information of the students of the School 1 remain labelled with the class labels of the class to which each student belongs according to their test scores. The following information about the students of School 2 and School 3 also remain labelled but it will be up to the classifier to determine their classes and check with the original classification. The following datasets have less information than the first one.

Std. ID	Attendance	Test Score	Extracurricular Performance	Class Label
1	50	23	80	Bad
2	62	30	50	Good
3	57	27	90	Moderate
4	67	40	67	Good
5	70	48	75	Excellent
6	66	56	70	Good
7	20	13	33	Bad
8	70	60	87	Good
9	80	77	40	Excellent
10	60	39	72	Good
11	50	42	60	Moderate
12	72	63	85	Excellent
13	47	29	63	Bad
14	70	37	50	Excellent
15	75	47	92	Excellent

TAB. 1 – *Student performance of a particular term in School 1.*

Std ID	Attendance	Test Score	Extracurricular Performance	Class Label
1	90	88	22	Excellent
2	75	67	80	Good
3	62	52	50	Moderate
4	77	59	46	Moderate
5	57	38	88	Bad
6	60	69	62	Moderate
7	83	72	65	Good
8	97	92	45	Excellent
9	65	52	75	Bad
10	40	32	69	Bad

TAB. 2 – *Student performance of a particular term in School 2.*

We see that though there remains more or less the same percentage of students with bad, moderate, good and excellent academic performances, their performances are not at a similar level. So there is a shift of the data of the 2nd and 3rd datasets from the 1st dataset. Now if we try to map the shift of the data of the 2nd and 3rd datasets to the equation of quadratic transformation i.e.

$$y = \alpha x^2 + \beta x + \gamma$$

it will be seen that for the values of the parameters of the equation i.e. $\alpha = 0.015, \beta = 0.1$ and $\gamma = 7$ we can compensate for the shift in the data of the 2nd set and make it follow the same distribution as the data in the 1st dataset.

Std ID	Attendance	Test Score	Extracurricular Performance	Class Label
1	45	37	62	Bad
2	63	62	50	Good
3	67	70	33	Excellent
4	40	23	80	Bad
5	70	47	25	Moderate
6	23	39	90	Bad
7	90	77	75	Excellent
8	75	52	52	Moderate
9	31	21	77	Bad
10	80	59	47	Good

TAB. 3 – *Student performance of a particular term in School 3.*

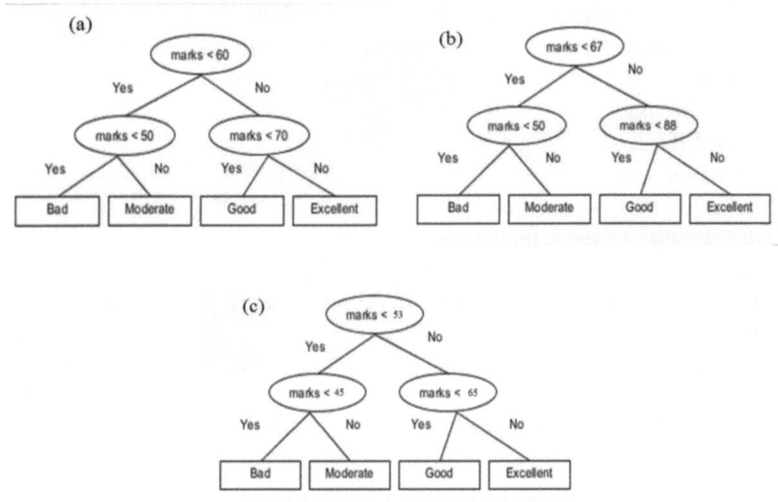

FIG. 2 – *Decision function for three different schools.*

While calculating the accurate parameter values for the quadratic equation to compensate for the shift in datasets 2 and 3 from dataset 1 we use the above given algorithm. The determination of the parameter values is a very complex task as the shift for the different data tuples might be different and we are to determine a single value for each parameter of the quadratic equation which would give the best possible result i.e. accuracy while compensating for the shift in the data during the classification of the data of the deployment dataset using the classification model.

We use the RNLDS algorithm given in Figure 3 to perform the complex task of determining the parameter values of the quadratic equation to compensate for the dataset shift in any type real life data.

1: **Input:** C, means of base model; Few deployment data T_d, Test data T_{tst}; Precision of adjustment $p > 0$

2: **Output:** Accuracy of the classifier on test datadset.

3:

4: $param \leftarrow [1, 1, 0]$

5: **for** $i \leftarrow 0$ **to** 3 **do**

6:     $param \leftarrow chooseAlphaBetaGama(param, i, p)$

7: **end for**

8:

9: **Classify** T_{tst} by applying new shift parameters ($param$) and **return** Accuracy.

10:

11: **procedure** CHOOSEALPHABETAGAMMA($param, index, p$)

12:     **for** $i \leftarrow 1$ **to** 2 **do**

13:         $param_t \leftarrow param$

14:         **while** true **do**

15:             $newAccr \leftarrow classifierAccr(T_d, param_t)$

16:             **if** $shouldContinue(newAccr) = true$ **then**

17:                 $param_t[index] \leftarrow param_t[index] + p[i];$

18:             **else**

19:                 break;

20:             **end if**

21:         **end while**

22:         $saveParam[i] \leftarrow param_t$

23:         $saveAccr[i] \leftarrow newAccr$

24:     **end for**

25:     $param \leftarrow saveParam[(\ saveAccr[0] \leq saveAccr[1] \ ? \ 0 : 1)]))$

26:     **Return** $param$

27: **end procedure**

FIG. 3 – Choosing α, β and γ using Hill Climbing

4 Experimental Results

We have performed several experiments on synthetic and real-life datasets to show the efficiency and effectiveness of our approach.In this section we shall compare the accuracy of the classification of data given by our approach while classifying the data of a particular dataset against the accuracy of the classification provided by the other approaches while classifying the data of the same dataset as before. We shall provide graphical comparison of the accuracies of the different approaches while classifying the data of a particular dataset for ease of comparison. In our approach we used the Naive Bayesian Classifier in order classify the dataset we wish to use in the deployment data. We have compared our results with the results provided by the base classifier, retraining approach and the linear approach i.e. Reframing with Stochastic Hill Climbing.

4.1　Dataset 1 : Chronic Kidney Disease

We at first run our algorithm on the chronic kidney disease dataset available in the UCI Machine Learning Data Repository. This dataset contains the complete information of patients who were admitted to Apollo hospital in Karaikudi, Tamil Nadu over a period of two months. It can be used to predict which group of people in a certain area can be affected by chronic kidney disease at a certain period of time.We split up the data using the age value i.e. we separated the patients of different age groups into different datasets. Of the different age groups the data of patients belonging to the age group of 0-30 is considered as the training data and the data of patients belonging to age age group of 70+ is considered as the test data.

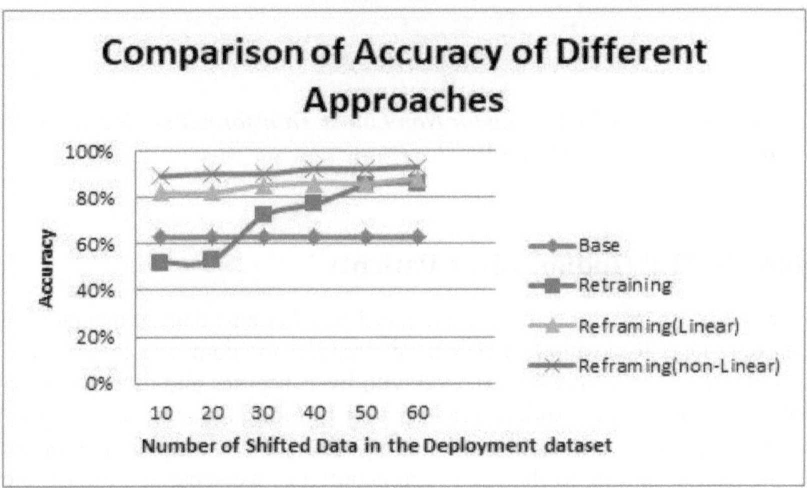

FIG. 4 – *Learning Curve for Reframing for Non Linear Transformation, Reframing for Linear Transformation, Retraining and Base Model.*

4.2　Dataset 2 : Census Income

In our second experiment we run our algorithm on the Census Income dataset available in the UCI Machine Learning Data Repository. This dataset contains the census information of a large number of people of several countries. It contains information on their sex, family, education, occupation etc. We split the dataset up according to country i.e. we consider the information of the people of U.S.A as the training dataset and the information on the people of Jamaica as the deployment dataset. Now, the classification model built using the training data can predict depending on their information if a person living in Jamaica earns a salary of less or more than 50,000.

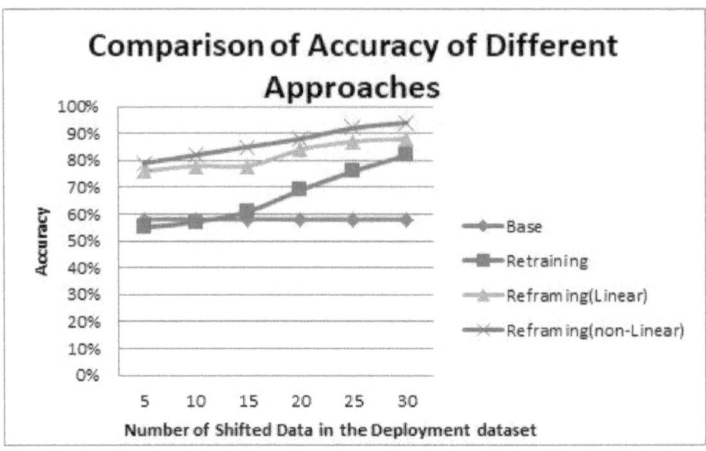

FIG. 5 – *Learning Curve for Reframing for Non Linear Transformation, Reframing for Linear Transformation, Retraining and Base Model.*

4.3   Dataset 3: ILP (Indian Liver Patient)

We now run our algorithm on the ILP (Indian Liver Patient) dataset available in the UCI Machine Learning Data Repository. This dataset contains the complete information of a collection of people of whom a lot were affected with liver diseases and others were not. It was collected from the north east of Andhra Pradesh state of India. It can be used to predict which group of people in a certain area can be affected by kidney disease at a certain period of time. We split up the data according to the sex of the people i.e. we separated the people into two different groups males and females. The dataset of males is considered as the training dataset while that of the females is considered the test dataset. Experimental results in these real-life datasets demonstrate that our approach is quite capable of learning the optimal shift parameter values for the equation for quadratic transformation using almost no labeled data at deployment in a real-life environment where the nature of a shift is unknown from source to deployment. These results also reveal the applicability of non linear shift in real-life domains by clearly expressing its strength to tackle these unknown dataset shifts between one training and different deployment contexts.

5   Conclusion

We have proven with our research that non linear shifts occur in real life datasets.In this paper, we have proposed a new approach of reframing the values of continuous input attributes. Moreover, we have designed an efficient algorithm to learn the optimal parameter values for the shifted continuous input attributes in case of classification of unlabelled data. Our algorithm has the ability to adapt to different types of changes to the distributions of data attributes and thus making the existing model usable in different deployment environments. Even with no labelled data available in the deployment scenario, it can deliver the required optimal parameter

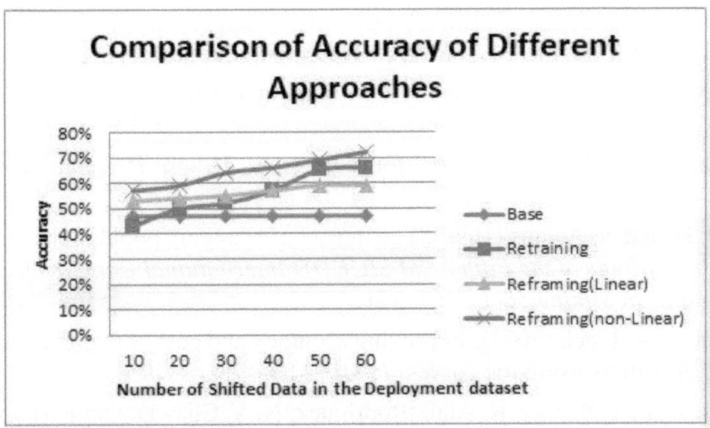

FIG. 6 – *Learning Curve for Reframing for Non Linear Transformation, Reframing for Linear Transformation, Retraining and Base Model.*

values in order to adapt to the actual dataset shift. With extensive experimental results we have shown that our approach is better than the existing reframing based approach using only linear shift in data attributes with respect to accuracy. In the worst case, the results of our approach is equivalent to the results provided by the reframing for linear shift approach which is only possible if the dataset has only linear shift in the deployment scenario. Furthermore, it is quite suitable for those environments where retraining is not applicable to learn the decision functions. Finally, we have presented the existence of dataset shift in three real-life datasets by considering differences of age, geographical area and sex respectively as the difference between the datasets. We have demonstrated the capability of our approach to approximate these unknown real-life dataset shifts accurately.

References

Ahmed, C. H., N. Lachiche, C. Charnay, and A. Braud (2014). Reframing continuous input attributes. *IEEE ICTAI*, 31–38.

Al-Otaibi, R., R. B. Prudencio, M. Kull, and P. Flach (2015). Versatile decision trees for learning over multiple contexts. *Machine Learning and Knowledge Discovery in Databases*, 184–199.

Bickel, S., M. Bruckner, and T. Scheffer (2009). Discriminative learning under covariate shift. *Journal of Machine Learning Research 10*, 2137–2155.

Charnay, C., N. Lachiche, and A. Braud (2013). Pairwise optimization of bayesian classifiers for multi-class cost-sensitive learning. *IEEE ICTAI*, 499–505.

Gretton, A., A. Smola, J. Huang, M. Schmittfull, K. Borgwardt, and B. Scholkopf (2009). Covariate shift by kernel mean matching. *Dataset Shift in Machine Learning*, 131–160.

Han, J., M. Kamper, and J. Pei (2012). *Data Mining Concepts and Techniques*. 225 Wyman Street, Waltham, MA 02451, USA: Morgan Kaufmann Publishers.

Hand, D. J. (2006). Classifier technology and the illusion of progress. *Statistical Science 21(1)*, 30–34.

Hernandez-Orallo, J. (2013). Roc curves for regression. *Pattern Recognition 46(12)*, 3395–3411.

Kelly, M.G., D. H. and N. Adams (1999). The impact of changing populations on classifier performance. *Proceedings of the Fifth ACM SIGKDD International Conference on Knowledge Discovery and Data Mining 58(1)*, 367–371.

Lachiche, N. and P. A. Flach (2003). Improving accuracy and cost of two-class and multi-class probabilistic classifiers using roc curves. *ICML*, 416–423.

Moreno-Torres, J. G., T. Raeder, R. Alaiz-Rodriguez, N. V. Chawla, and F. Herrera (2012). A unifying view on dataset shift in classification. *Pattern Recognition 45*, 521–530.

Shimodaira (2000). Improving predictive inference under covariate shift by weighting the log-likelihood function. *Journal of Statistical Planning and Inference 90(2)*, 227–244.

Sugiyama, M., M. Krauledat, and K.-R. Muller (2007). Covariate shift adaptation by importance weighted cross validation. *Journal of Machine Learning Research 8*, 985–1005.

Webb, G. and K. Ting (2005). On the application of roc analysis to predict classification performance under varying class distributions. *Machine Learning 58(1)*, 25–32.

Zhao, H., A. P. Sinha, and G. Bansal (2011). An extended tuning method for cost-sensitive regression and forecasting. *Decision Support Systems 51(3)*, 372–383.

Résumé

Les modèles de classification discriminante supposent que les données de formation et de déploiement ont les mêmes distributions d'attributs de données. Ces modèles donnent des performances très variées lorsqu'ils sont déployés dans des conditions variées avec différentes distributions de données. Ce phénomène est appelé Dataset Shift. Dans cet article, nous avons fourni une méthode qui détermine d'abord s'il y a un changement significatif dans les distributions d'attributs entre les ensembles de données d'apprentissage et de déploiement. S'il existe un changement dans les données, la méthode proposée utilise ensuite une approche de Hill climbing pour cartographier ce décalage, quelle que soit sa nature, c'est-à-dire (linéaire ou non linéaire) à l'équation pour la transformation quadratique. Les résultats expérimentaux sur trois jeux de données réels montrent de forts gains de performance obtenus par la méthode proposée par rapport aux méthodes précédemment établies telles que le reconditionnement et le recadrage linéaire.

Apport de la fouille de données
pour la prévention du risque suicidaire

Romain Billot*, Sofian Berrouiguet*,**, Mark Larsen***,
Michel Walter**, Jorge López Castroman****, Enrique Baca-García[#],
Philippe Courtet[##], Philippe Lenca*

*IMT Atlantique, Lab-STICC, UBL, F-29238 Brest, France
prenom.nom@imt-atlantique.fr
**CHRU de Brest, Pyschiatrie Adulte à Bohars, 29200 Brest, France
sofian.berrouiguet@gmail.com
***Black Dog Institute, University of New South Wales, Sydney, Australie
****CHRU de Nîmes, 30029 Nîmes, France
[#]Hospital Universitario Fundacion Jimenez Diaz, Madrid, Espagne
[##]CHRU de Montpellier, INSERM U1061, Montpellier, France

Résumé. Avec plus de 800 000 décès par an dans le monde, le suicide est la troisième cause de décès évitable. Il y a 20 fois plus de tentatives, impliquant de nombreuses hospitalisations, des coûts humains et sociétaux énormes. Ces dernières années, les modalités de collecte de données, sociologiques et cliniques, concernant les patients reçus en consultation après une tentative, ont connu de profonds changements liés aux outils numériques. Nous présentons les principaux résultats d'un processus complet de fouille de données sur un échantillon de suicidants de deux hôpitaux européens. Le premier objectif est d'identifier des groupes de patients similaires et le second d'identifier des facteurs de risque associés au nombre de tentatives. Des méthodes non supervisées (ACM et clustering) et supervisées (arbres de régression) sont appliquées pour y répondre. Les résultats mettent en lumière l'apport de la fouille de données à des fins descriptives ou explicatives.

1 Le suicide : un fléau de santé publique

On estime qu'il y a plus de 800 000 décès par suicide, par an dans le monde (WHO, 2014). Avec environ 10 000 décès en France par an, le suicide est la troisième cause de décès évitable. Le coût humain est donc colossal et bien souvent sous-estimé à cause des suicides non repérés. Ainsi, en France métropolitaine on considère une sous-estimation des décès de 9, 4%. Le chiffre officiel de 9 715 décès pour l'année 2012 (première année où le nombre de décès est inférieur à 10 000) peut ainsi être ré-évalué à 10 690 (ONS, 2016). Par ailleurs, il est estimé qu'il y a environ vingt tentatives de suicide pour un décès par suicide, ce qui représente environ 200 000 tentatives en France par an. Les proches subissent souvent des conséquences sévères (Fauré, 2008) augmentant ainsi le coût humain. Le suicide est donc un problème de santé majeur dans toutes les sociétés avec des conséquences également financières importantes (Smith, 2011). Malgré cela, comparativement à d'autres maladies, les efforts gouvernementaux, financiers et humains pour prévenir les maladies psychiatriques et le suicide en particulier sont assez récents et bien souvent jugés insuffisants (Montaigne, 2014; Lytle et al., 2016). L'Observatoire national du suicide, par exemple, n'a été créé en France qu'en 2013.

Si une première tentative représente un très grand facteur de risque (Finkelstein et al., 2015), d'autres critères doivent être pris en compte dans le processus de prise de décision thérapeutique et de prévention. Les facteurs de risque suicidaire ont déjà été étudiés parmi des populations de suicidants, qui sont une cible privilégiée pour l'élaboration de stratégies de prévention et d'intervention. Nous présentons un travail de fouille de données, réalisé avec des psychiatres, mené sur une population de suicidants. La section 2 recense quelques travaux, orientés données, menés pour analyser ce fléau et développer la prévention. Nous présentons le protocole clinique, les données, les méthodes déployées et les principaux résultats de notre étude dans la section 3. Enfin nous concluons dans la section 4.

2   Données et prévention du suicide

L'analyse de données sur le suicide n'est pas récente notamment grâce à l'attention portée par des sociologues. Durkheim (1897) a dégagé les causes du suicide et proposé une typologie des suicides, selon leurs causes, puis à l'aide d'une analyse statistique précise, l'auteur a montré que le suicide est un phénomène social normal. La statistique fait apparaître des régularités, déjà observées par Durkheim (1897), dans la fréquence des suicides, certaines évoluant avec les changements de rythmes de la vie sociale (Aveline et al., 1984).

Ces dernières années, les modalités de collecte de données, sociologiques et cliniques, concernant les patients reçus en consultation après une tentative, ont connu de profonds changements liés aux outils numériques. Cette collecte de données est augmentée par le développement et l'utilisation d'applications web et/ou mobile pour le suivi de patients (Berrouiguet et al., 2016a, 2017; Barrigón et al., 2017) ou encore par le suivi des médias sociaux, tels Facebook (Moreno et al., 2011) ou Twitter (Abboute et al., 2014), permettant également de considérer l'évolution de l'état des personnes suivies (Maigrot et al., 2016). Le nombre de variables décrivant les patients explose et dans une moindre mesure le nombre de patients suivis. Ainsi, de nouvelles opportunités apparaissent pour des analyses prenant en compte des dizaines ou encore des centaines de variables sur des échantillons de plus en plus grands pour étudier ce phénomène éminemment complexe. Un fort espoir est placé dans la fouille de données (Berrouiguet et al., 2016b; Ribeiro et al., 2016; Rakesh, 2017). Nous présentons ci-après quelques travaux intéressants et récents sans aucune exhaustivité.

L'identification de groupes de patients similaires a été l'objet de nombreux travaux avec bien souvent pour but d'identifier des facteurs de risque. Wolodzko et Kokoszka (2014a) identifient 7 groupes avec des risques accrus de conduite suicidaire dans un échantillon de 5 977 américains âgés de 15 à 54 ans. Dans une revue de la littérature, les mêmes auteurs distinguent 5 groupes et concluent à la nécessité de développer l'analyse de groupes sur des populations plus larges, représentatives et homogènes (Wolodzko et Kokoszka, 2014b). D'autres auteurs s'intéressent à la caractérisation de 418 patients asiatiques en distinguant les récidivistes des patients ayant réalisé une unique tentative (Choo et al., 2014). Enfin, notons l'étude de Lopez-Castroman et al. (2016) sur 1 009 patients qui identifie 3 groupes selon une échelle d'impulsivité et de fréquence de récidive. Les deux groupes sont classifiés ensuite par arbre de décision.

L'apprentissage supervisé, notamment pour l'évaluation du risque de passage à l'acte ou de récidive, est de plus en plus mis à contribution. Les procédures recommandent que chaque patient reçu dans les services hospitaliers après une tentative non fatale doit passer une évaluation psychologique avant sa sortie afin d'évaluer le risque de récidive (Chan et al., 2016). Il existe différents tests psychologiques. Delgado-Gómez et al. (2011) présentent une comparaison de l'échelle d'impulsivité BIS11 de Barratt version 11 (Patton et al., 1995) et le questionnaire IPDE-SQ de dépistage et d'évaluation du trouble de la personnalité (Loranger et al., 1994) afin d'évaluer leur capacité, une fois combinés avec quatre classifieurs, à distinguer des suicidants (345 individus) de non suicidants (534 individus). Les quatre classifieurs obtiennent de meilleurs résultats que la méthode traditionnelle de classification psychométrique, le SVM étant le meilleur. IPDE-SQ est jugée plus discriminante que BIS11. D'autres études, récentes, démontrent l'intérêt des méthodes supervisées pour l'évaluation du risque suicidaire parmi lesquelles celles de Tran et al. (2014), Glenn et Nock (2014), Kessler et al. (2015), Combes et al. (2016), Karmakar et al. (2016) et Walsh et al. (2017).

La plupart des études pointent qu'il est nécessaire de développer les analyses en augmentant la taille des échantillons, en intégrant de nouvelles variables dont des informations écologiques obtenues le plus objectivement possible dans le milieu naturel du patient, par exemple la qualité du sommeil. Elles mettent également l'accent sur la nécessité d'améliorer la qualité des données. Enfin notons qu'il est difficile d'extrapoler, donc de comparer, sauf sur quelques variables invariantes comme le sexe et l'âge, les résultats d'une population à une autre. Les études menées sont effectivement très dépendantes des populations de patients et des protocoles de collecte de données suivis, donc des données collectées (Lopez-Castroman et al., 2015).

3   Fouille de données pour la prévention du risque suicidaire

Nous présentons dans cette section les principaux résultats d'un processus complet de fouille de données sur un échantillon de suicidants reçus dans deux hôpitaux européens. Deux objectifs principaux discutés en concertation avec les psychiatres sont poursuivis. Le premier objectif est d'identifier des groupes de patients similaires et le second d'identifier des facteurs de risque associés au nombre de tentatives de suicide par patient. Le nombre de TS constitue un fort enjeu de santé publique car de nombreux patients sont des multi-récidivistes et les coûts humains et financiers sont colossaux.

3.1   Recrutement des patients et évaluation clinique

3.1.1   Recrutement des patients

La population est composée de patients âgés de 18 ans ou plus, reçus pour des tentatives de suicide dans deux hôpitaux universitaires, à Madrid (hôpital Ramon y Cajal), Espagne, et Montpellier (hôpital Lapeyronie), France, entre 1994 et 2006.

Les équipes médicales se sont accordées pour employer les mêmes méthodes cliniques et des procédures d'évaluation comparables. Les données sociodémographiques et cliniques des patients ont été fusionnées dans une base de données commune qui intègre également les résultats des questionnaires d'évaluation. La définition d'une tentative de suicide retenue est la suivante : *"a potentially self-injurious behavior with a nonfatal outcome, for which there is evidence (either explicit or implicit) that the person intended at some (nonzero) level to kill himself/herself.''* Les études ont été approuvées par les différents comités d'éthique et conduites selon les principes de la déclaration d'Helsinki, à propos des principes éthiques de la recherche médicale. Tous les participants ont signé un document de consentement après une explication précise des objectifs de l'étude et des procédures. Le jeu de données complet inclut des patients ne présentant pas d'historiques de tentatives de suicide, des donneurs de sang, et autres patients de "contrôle". Nous nous sommes concentrés sur la seule population des suicidants.

3.1.2 Procédure clinique

L'évaluation clinique des patients a été conduite aux urgences. Elle s'appuie sur des entretiens structurés avec notamment l'échelle Columbia (*Columbia Suicide History Form*). Cette échelle consiste en une série de questions permettant d'évaluer l'idéation suicidaire et les antécédents suicidaires chez les patients à risque. Les données ont été collectées grâce à l'application MEmind (Berrouiguet et al., 2015). L'application collecte des données sociodémographiques, de diagnostic, et pharmacologiques au sein du protocole d'évaluation. Les variables sociodémographiques incluent notamment l'âge au moment de l'épisode suicidaire, le genre, la profession, le statut marital, la situation professionnelle, le nombre d'enfants et le niveau d'éducation. Des informations sur les historiques familiaux quant à la question du suicide, l'âge de la première tentative, le caractère violent de l'acte, sont également récoltées. Les versions française et espagnole du questionnaire neuropsychiatrique international MINI (Lecrubier et al., 1997) ont été utilisées afin d'obtenir des diagnostics psychiatriques : troubles de l'humeur (par exemple troubles bipolaires, dépression), anxiété, troubles obsessionnels compulsifs, drogues et alcool, troubles psychotiques, alimentaires, somatiques, etc. Le psychiatre en charge du diagnostic complète à chaque fois les informations à l'aide du dossier médical et potentiellement à l'aide d'informations venant des proches. Le risque suicidaire a été évalué à l'aide de l'échelle SIS (*Suicide Intent Scale*, Beck et al. (1974)), une échelle de risque semi structurée à 15 items qui produit un score global de sévérité quant à l'intention suicidaire. La tentative en tant que telle est évaluée à l'aide de l'échelle RRRS (*Risk-Rescue Rating Scale*) qui est un questionnaire de 10 items qui mesure la sévérité de l'intention et du geste suicidaire au regard de la létalité et de la vraisemblance d'une intervention de sauvetage au moment du geste (Weisman et Worden, 1972). L'impulsivité du patient a été mesurée à l'aide de l'échelle BIS10 (*Barratt Impulsiveness Scale*) une série de 34 questions qui mesurent la propension du sujet à prévoir ses gestes, son comportement, dans diverses situations (Patton et al., 1995).

3.2 Construction de la base de données analysée

Bien que les données sont censées être collectées selon des processus identiques, une variabilité de la qualité est inévitable de par la diversité des équipes de recueil. De plus, le contexte particulier de l'accueil aux urgences de personnes très fragiles ne facilite pas une collecte exhaustive. Ainsi un processus robuste de qualification des données a été mené afin d'assurer une consistance et une complétude les plus grandes possibles de la base de données pour garantir des résultats aussi fiables que possible. La base de données originale contenait 2 802 patients et 263 variables. De nombreuses variables, notamment liées à la duplication de certains questionnaires (à un questionnaire correspond plusieurs dizaines de variables) codés sous différentes formes, sont redondantes et donc éliminées.

Puis, en accord avec les psychiatres, désireux d'avoir rapidement de premiers résultats, il a été décidé de ne garder que les variables qui satisfaisaient un taux de complétion minimum de 70%. La modélisation de la structure et de la typologie des données manquantes et l'utilisation de méthodes d'imputation seront réalisées ultérieurement. Ensuite, les 34 questions du questionnaire d'impulsivité de Barratt (BIS10, Patton et al. (1995)) ont été traitées afin de créer trois scores d'impulsivité : impulsivité motrice (11 questions), attentionnelle (11 questions), ou de non planification (12 questions). Pour chaque question du BIS10, le score prend une valeur entre 1 (faible impulsivité) et 4 (forte impulsivité). L'étendue théorique du score total est donc $[34 - 136]$ ($[11 - 44]$ pour les impulsivités motrice et attentionnelle, et $[12 - 48]$ pour la non planification). En appliquant le filtre strict de 70% de complétion, 26 variables sont conservées. Enfin, en accord avec les psychiatres, il a été décidé de ne conserver que les suicidants présentant un taux de complétion de 100% pour ces 26 variables, puis de supprimer 6 variables pour des questions de pertinence. Finalement, le processus de qualification conduit à un jeu de données final de 681 patients et 20 variables d'intérêt dont la qualité garantit des résultats significatifs et robustes. Le tableau 1 présente les principales caractéristiques sociologiques (à gauche) et cliniques (à droite) des 681 patients pour les 20 variables. De façon très synthétique, les patients sont plutôt jeunes (âge médian : 40 ans), plutôt des femmes, avec une situation professionnelle de salarié(e) et un statut marital varié, et ayant un historique de trouble mental, en particulier des épisodes sérieux de dépression $(70, 3\%)$ ou des troubles bipolaires (23%).

Caractéristiques sociologiques

Variables qualitatives			
Variable	Modalité	n	%
Genre	Féminin	493	72,4
	Masculin	188	27,6
Statut marital	Célibataire	239	35,1
	Marié(e)	240	35,2
	Séparé(e)/Divorcé(e)	181	26,6
	Veuf/Veuve	21	3,1
Enfants	Non	272	39,9
	Oui	409	60,1
Niveau d'éducation	Faible	31	4,6
	Intermédiaire	368	54,0
	Élevé	282	41.4
Situation professionnelle	Salarié(e)	451	66,2
	Sans emploi	110	16,2
	En incapacité	41	6,0
	Retraité(e)	79	11,6

Variables quantitatives			
Variable	Médiane	Q_1	Q_3
Age	40,6	28,0	49,6

Caractéristiques cliniques

Variables qualitatives			
Variable	Modalité	n	%
Trouble mental connu	Non	6	0,9
	Oui	675	99.1
Comportement suicidaire familial connu	Non	424	62,3
	Oui	257	37,7
Épisode dépressif connu	Non	199	29,2
	Oui	482	70,8
Trouble bipolaire connu	Non	521	76,5
	Oui	160	23,5
Trouble dysthymique connu	Non	651	95,6
	Oui	30	4,4
Trouble Compulsif Obsessionnel connu	Non	623	91,5
	Oui	58	8,5
Trouble alimentaire connu	Non	571	83,8
	Oui	110	16,2
Prise d'alcool/drogue par le passé	Non	465	68,3
	Oui	216	31,7
Prise de substance	Non	586	86,0
	Oui	95	14,0
Alcoolisme	Non	503	73,9
	Oui	178	26,1

Variables quantitatives			
Variable	Médiane	Q_1	Q_3
Nombre de TS	2	1	3
BIS10 impulsivité motrice	26	22	30
BIS10 attention	27	23	30
BIS10 non-planification	28	24	31

TAB. 1: Caractéristiques sociologiques et cliniques des 681 patients et des 20 variables retenus. Q1 et Q3 : 1er et 3ème quartiles, respectivement. BIS10 : *Barrat Impulsiveness Scale.*

3.3 Méthodes de fouille de données

Nous rappelons que, en concertation avec les psychiatres, nous cherchons à d'une part identifier des groupes de patients similaires et d'autre part identifier des facteurs de risque associés au nombre de tentatives de suicide (TS par la suite) par patient. Nous ne présentons pas les résultats de l'analyse statistique descriptive par manque de place.

3.4 Résultats

3.4.1 Clustering des patients

Afin de mettre en lumière des groupes de patients partageant des caractéristiques similaires, nous avons procédé en deux étapes. Tout d'abord, une analyse des correspondances multiples (ACM) a été effectuée sur les seules variables qualitatives. Cette méthode factorielle, bien adaptée à l'analyse de questionnaires, représente les individus dans un nouvel espace où chaque dimension est une combinaison des variables de départ. Le nombre de dimensions retenues pour l'ACM est de 5. Les variables quantitatives comme l'âge ne sont pas utilisées pour le calcul des composantes principales, mais projetées ensuite sur le plan factoriel et utilisées pour l'interprétation. Cette méthode, habituellement utilisée en tant que technique de réduction de dimension, sert ici d'étape préalable à l'obtention de clusters robustes. Elle permet également, en transformant les variables qualitatives en variables continues, de représenter les individus dans un nouvel espace auquel on peut associer une métrique. Nous appliquons alors une Classification Hiérarchique sur Composantes Principales sur les individus dans le nouvel espace factoriel. Une classification ascendante hiérarchique permet de regrouper itérativement les paires de clusters les plus proches, en partant de singletons (chaque individu est seul dans son groupe) jusqu'à réunion en un unique cluster de tous les individus. La méthode construit un arbre binaire hiérarchique nommé dendrogramme, qui permet une interprétation visuelle des données et de la proximité entre individus via la hauteur de la branche les reliant. Elle permet d'identifier ainsi des groupes de patients partageant des facteurs de risque similaires et facilite les interactions avec les experts du domaine, mais non experts en fouille de données, afin de décider du nombre de clusters. Chaque cluster peut ensuite être interprété à travers la significativité de son association avec les modalités des différentes variables de départ (*v-test*).

La figure 1 montre (a) une projection en deux dimensions des individus sur le premier plan factoriel, (b) le dendrogramme. La structure de l'arbre (en terme de gain d'inertie dans la hiérarchie) et une discussion avec les experts en santé mentale ont mené à la sélection de trois clusters, également projetés sur le plan factoriel (a posteriori). Nous avons utilisé pour cela le package R FactoMineR. Une analyse approfondie des trois groupes a été réalisée pour la phase d'interprétation. Des tests d'association mettent en exergue les modalités sur ou sous représentées au sein des trois groupes. Les principales conclusions sont les suivantes : le groupe 1 correspond à un profil moyen plutôt féminin ($p < 0,001$), sans troubles bipolaires ni prises de drogues, substance, ou consommation d'alcool ($p < 0,001$). En revanche, cette population a en moyenne déjà subi des épisodes de dépression ($p < 0,001$) ou des troubles mentaux divers ($p < 0,05$). Le troisième groupe s'oppose au premier en exhibant un profil de patients plutôt masculin ($p < 0,001$), consommateur d'alcool, substances, ou drogues ($p < 0,001$). Les patients de ce groupe sont souvent célibataires et sans enfants ($p < 0,05$), et ne sont pas associés à un historique d'épisode dépressif connu ($p < 0,05$). Entre ces deux groupes, on trouve le groupe 2, neutre en termes de genre, mais marqué par des personnes présentant une incapacité au travail ($p < 0,05$), un faible niveau d'éducation ($p < 0,05$) avec de possibles troubles bipolaires ($p < 0,001$) mais aucune consommation des produits évoqués précédemment ($p < 0,001$). Enfin, ces personnes ne présentent pas d'autres troubles de la santé mentale ou d'épisodes dépressifs connus ($p < 0,001$).

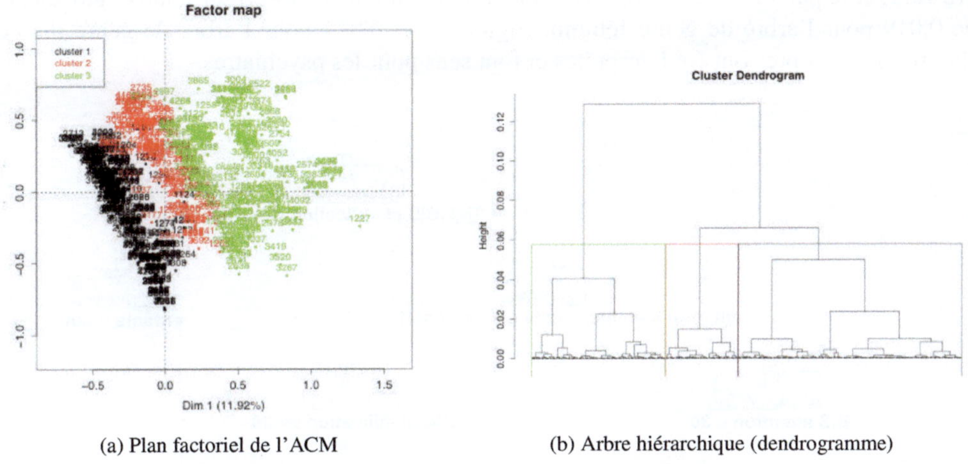

(a) Plan factoriel de l'ACM

(b) Arbre hiérarchique (dendrogramme)

FIG. 1: Approche de réduction de dimension : projection des individus statistiques sur les deux premières dimensions et dendrogramme menant au choix de trois groupes.

Ces premiers résultats montrent la capacité de la méthode à identifier des facteurs de risques déjà connus des praticiens comme le sexe, l'impulsivité, la prise de toxique. La méthode fait émerger également des facteurs de risque qui sont moins fréquemment explorés alors qu'ils semblent peser, d'après nos résultats, sur le risque de récidive. Au total, cette méthode couplée à des entretiens cliniques structurés permettrait d'obtenir pour chaque patient un niveau de risque précis sur lequel s'appuierait la décision de prise en charge.

3.4.2 Identification de facteurs de risques pour le nombre de TS

La deuxième phase de l'analyse a consisté à identifier des facteurs associés la multi-récidives. La variable d'intérêt est donc le nombre de TS que nous allons estimer par arbres binaires de régression, afin de faciliter l'interprétation des résultats par les psychiatres.

La construction d'un arbre binaire est fondée sur une séquence récursive de divisions des individus en sous-populations à l'aide de tests binaires (test d'égalité pour les variables qualitatives, test d'infériorité pour les variables quantitatives) sur les variables dites prédictives (les facteurs de risque). L'ensemble des individus est regroupé à la racine de l'arbre puis chaque division sépare chaque nœud en deux nœuds plus homogènes que le nœud parent. La variable retenue pour chaque division est celle minimisant l'écart quadratique à la moyenne de TS des individus dans les nœuds créés. L'arbre, de sa racine aux nœuds terminaux, hiérarchise ainsi les variables selon leur capacité à créer des groupes homogènes selon le nombre de TS .

Nous avons utilisé la méthode CART (Breiman et al., 1984) du package `Rpart` de R. Le paramètre de complexité, qui détermine le seuil minimal d'amélioration de l'erreur relative, pour réaliser une division, a été fixé à 0.01, et chaque nœud doit contenir au moins 10 individus. Ces choix ont été réalisés avec les psychiatres qui souhaitaient avoir des sous-groupes d'au moins une dizaine de personnes, plus facilement interprétables. Nous ne présentons ici que les résultats selon le genre. Les arbres ont été construits par validation croisée sur 10 échantillons (10-fold) et le paramètre de complexité final retenu, minimisant l'erreur relative globale, était de 0,019 pour l'arbre de genre féminin (figure 3), et 0,017 pour l'arbre de genre masculin (figure 2). Les arbres ont été interprétés et font sens pour les psychiatres.

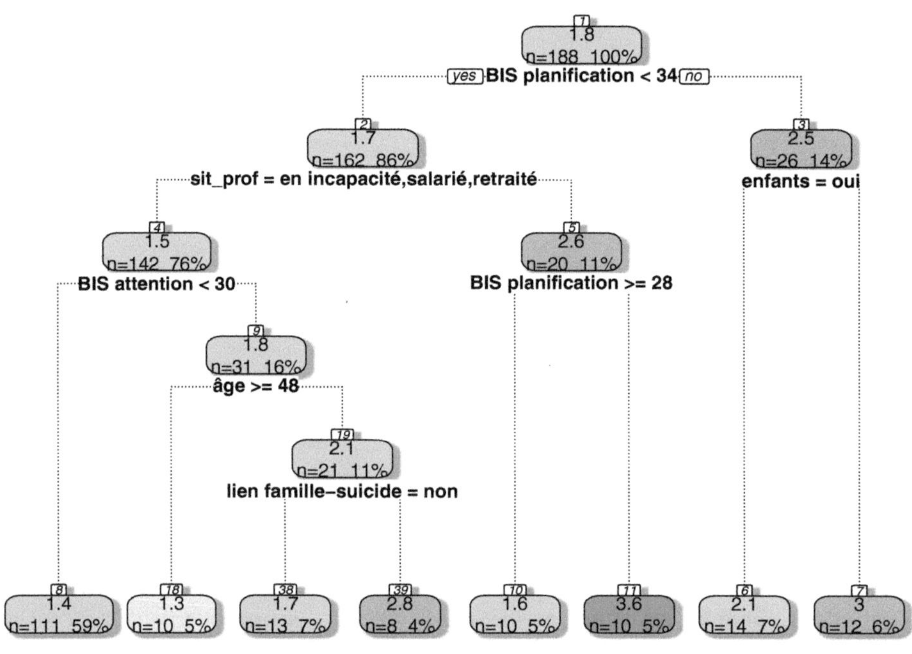

FIG. 2: Arbre de régression de la variable "nombre de TS" pour la population masculine.

L'arbre de régression des patients masculins fait apparaître des facteurs de risque propres aux hommes comme le statut professionnel ou un historique de comportement suicidaire dans la famille (nombre de TS moyen 2,8 vs. 1,7 sinon, $p < 0,05$). D'autre part, le fait de ne pas avoir d'enfants entraîne un sur-risque, qui n'apparaît pas chez les femmes. Pour les deux sous-populations, il est notable de voir que les scores d'impulsivité sont des facteurs explicatifs du nombre de TS . Pour les femmes, la notion de troubles alimentaires émerge, ce qui constitue un résultat important. En effet, pour les femmes salariées présentant une impulsivité motrice supérieure au score moyen, le nombre moyen de TS est de 2,9 pour les 68 femmes présentant des troubles alimentaires contre 2,3 pour les 202 autres ($p < 0,05$). Ce facteur de risque est peu questionné par les praticiens alors que nos résultats indiquent qu'il semble être important.

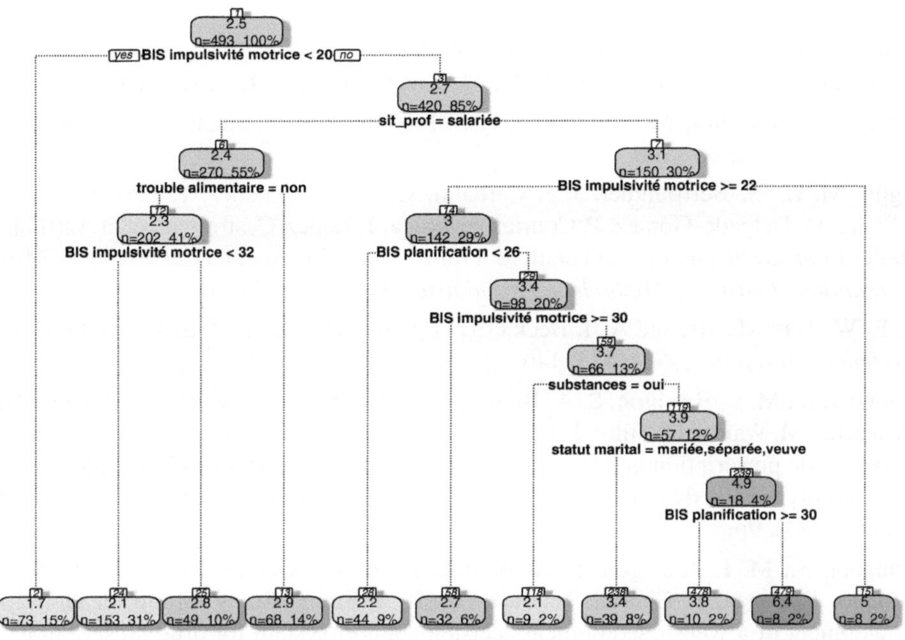

FIG. 3: Arbre de régression de la variable "nombre de TS" pour la population féminine.

4 Bilan, conclusion et perspectives

Une évaluation systématique de suicidants a permis de constituer une base de données de taille suffisante pour rendre significatif l'emploi de techniques de fouille de données. Nous avons évité d'employer le mot "prédiction". Il ne faut pas confondre évaluation du risque et prédiction du passage à l'acte. C'est sur le premier point que nous tentons modestement de contribuer, la prédiction d'un acte aussi complexe étant actuellement illusoire. Nous avons identifié des clusters de patients puis estimé le nombre de TS en fonction de facteurs de risque. Certains, comme les troubles alimentaires pour les femmes, sont aujourd'hui peu recherchés par les psychiatres participant à cette étude. Des investigations poussées sont nécessaires sur ce point pour revoir éventuellement les entretiens. Nos résultats, couplés à des entretiens structurés, permettraient d'obtenir pour chaque patient un niveau de risque précis sur lequel s'appuierait la décision de prise en charge. Le volume de données assure d'ores et déjà une représentativité statistique, mais ce travail met en évidence un problème de qualité des données dont les psychiatres ont pris conscience ainsi que des mesures à mettre en place. De nouvelles données, de meilleure qualité et contenant la temporalité des événements, sont en cours de constitution, permettront d'étudier la temporalité des TS et d'ouvrir de nouveaux champs d'investigations.

Remerciements. Nous tenons à remercier les relecteurs pour leurs remarques constructives et suggestions ayant permis d'améliorer la version finale de cet article.

Références

Abboute, A., Y. Boudjeriou, G. Entringer, J. Azé, S. Bringay, et P. Poncelet (2014). *Mining Twitter for Suicide Prevention*, pp. 250–253. Cham : Springer International Publishing.

Aveline, F., C. Baudelot, M. Beverraggi, et S. Lahlou (1984). Suicide et rythmes sociaux. *Economie et statistique 168*(1), 71–76.

Barrigón, M. L., S. Berrouiguet, J. J. Carballo, C. Bonal-Giménez, P. Fernández-Navarro, B. Pfang, D. Delgado-Gómez, P. Courtet, F. Aroca, J. Lopez-Castroman, et al. (2017). User profiles of an electronic mental health tool for ecological momentary assessment: MEmind. *International Journal of Methods in Psychiatric Research 26*(1), 9p.

Beck, R. W., J. B. Morris, and A. T. Beck (1974). Cross-validation of the suicidal intent scale. *Psychological reports 34*(2), 445–446.

Berrouiguet, S., M. L. Barrigón, S. A. Brandt, G. C. Nitzburg, S. Ovejero, R. Alvarez-Garcia, J. Carballo, M. Walter, R. Billot, P. Lenca, et al. (2017). Ecological assessment of clinicians' antipsychotic prescription habits in psychiatric inpatients: A novel web-and mobile phone–based prototype for a dynamic clinical decision support system. *Journal of medical Internet research 19*(1), 9p.

Berrouiguet, S., M. L. Barrigón, S. A. Brandt, S. Ovejero-García, R. Álvarez-García, J. J. Carballo, P. Lenca, P. Courtet, E. Baca-García, MEmind Study Group, et al. (2016a). Development of a web-based clinical decision support system for drug prescription: Non-interventional naturalistic description of the antipsychotic prescription patterns in 4345 out-patients and future applications. *PLoS ONE 11*(10), 16p.

Berrouiguet, S., R. Billot, P. Lenca, E. Baca-Garcia, B. Gourvennec, M. Simonnet, and P. Tanguy (2016b). Toward E-Health Applications for Suicide Prevention. In *CHASE 2016: IEEE First Conference on Connected Health: Applications, Systems and Engineering Technologies*, pp. 346–347. IEEE Computer Society.

Berrouiguet, S., P. Courtet, M. Perez-Rodriguez, M. Oquendo, and E. Baca-Garcia (2015). The memind project: a new web-based mental health tracker designed for clinical management and research. *European Psychiatry 30*(Supplement 1), 974.

Breiman, L., J. H. Friedman, R. A. Olshen, and C. Stone (1984). *Classification and Regression Trees*. Wadsworth.

Chan, M. K., H. Bhatti, N. Meader, S. Stockton, J. Evans, R. C. O'Connor, N. Kapur, and T. Kendall (2016). Predicting suicide following self-harm: systematic review of risk factors and risk scales. *The British Journal of Psychiatry*, 7p.

Choo, C., J. Diederich, and I. S. adn Roger Ho (2014). Cluster analysis reveals risk factors for repeated suicide attempts in a multi-ethnic asian population. *Asian Journal of Psychiatry 8*, 38–42.

Combes, P., S. Combes, et M. Monziols (2016). Tentatives de suicide, prédire la récidive avec des techniques d'apprentissage statistique. In *Atelier sur l'Intelligence Artificielle et la Santé (Journées francophones d'Ingénierie des Connaissances)*, Montpellier, France, pp. 21p.

Delgado-Gómez, D., H. Blasco-Fontecilla, A. A. Alegria, T. Legido-Gil, A. Artés-Rodríguez, et E. Baca-Garcia (2011). Improving the accuracy of suicide attempter classification. *Artificial Intelligence in Medicine 52*(3), 165–168.

Durkheim, É. (1897). *Le Suicide : Étude de sociologie.* Félix Alcan, Paris.

Fauré, C. (2008). Suicide d'un proche : l'impact sur l'entourage. *Perspectives Psy 47*(4), 359–364.

Finkelstein, Y., E. M. Macdonald, S. Hollands, M. L. Sivilotti, J. R. Hutson, M. M. Mamdani, G. Koren, et D. N. Juurlink (2015). Risk of suicide following deliberate self-poisoning. *JAMA psychiatry 72*(6), 570–575.

Glenn, C. R. and M. K. Nock (2014). Improving the short-term prediction of suicidal behavior. *American Journal of Preventive Medicine 47*(3), S176–S180368–369.

Karmakar, C., W. Luo, T. Tran, M. Berk, and S. Venkatesh (2016). Predicting risk of suicide attempt using history of physical illnesses from electronic medical records. *JMIR mental health 3*(3), 10p.

Kessler, R., C. Warner, C. Ivany, and other authors (2015). Predicting suicides after psychiatric hospitalization in us army soldiers: The army study to assess risk and resilience in servicemembers (army starrs). *JAMA Psychiatry 72*(1), 49–57.

Lecrubier, Y., D. V. Sheehan, E. Weiller, P. Amorim, I. Bonora, K. H. Sheehan, J. Janavs, and G. C. Dunbar (1997). The Mini International Neuropsychiatric Interview (MINI). A short diagnostic structured interview: reliability and validity according to the CIDI. *European Psychiatry 12*(5), 224–231.

Lopez-Castroman, J., H. Blasco-Fontecilla, P. Courtet, E. Baca-Garcia, and M. A. Oquendo (2015). Are we studying the right populations to understand suicide? *World Psychiatry 14*(3), 368–369.

Lopez-Castroman, J., E. Nogue, S. Guillaume, M. C. Picot, and P. Courtet (2016). Clustering suicide attempters: Impulsive-ambivalent, well-planned, or frequent. *J Clin Psychiatry 77*(6), e711–e718.

Loranger, A., N. Sartorius, A. Andreoli, P. Berger, P. Buchheim, S. Channabasavanna, B. Coid, A. Dahl, R. Diekstra, B. Ferguson, L. Jacobsberg, W. Mombour, C. Pull, Y. Ono, and D. Regier (1994). The International Personality Disorder Examination. The World Health Organization/Alcohol, Drug Abuse, and Mental Health Administration International Pilot Study of Personality Disorders. *Archives of General Psychiatry 51*(3), 215–224.

Lytle, M., V. Silenzio, and E. Caine (2016). Are there still too few suicides to generate public outrage? *JAMA Psychiatry 73*(10), 1003–1004.

Maigrot, C., S. Bringay, et J. Azé (2016). Concept drift vs suicide : comment l'un peut prévenir l'autre ? In *Extraction et Gestion des Connaissances*, Volume E-30 of *RNTI*, Reims, France, pp. 219–230. Hermann-Éditions.

Montaigne, I. (2014). Prévention des maladies psychiatriques : pour en finir avec le retard français. Institut Montaigne.

Moreno, M. A., L. A. Jelenchick, K. G. Egan, E. Cox, H. Young, K. E. Gannon, and T. Becker (2011). Feeling bad on Facebook: depression disclosures by college students on a social networking site. *Depress Anxiety 28*(6), 447–455.

ONS (2016). SUICIDE - Connaître pour prévenir : dimensions nationales, locales et associatives. Observatoire National du Suicide.

Patton, J. H., M. S. Stanford, and E. S. Barratt (1995). Factor structure of the barratt impulsiveness scale. *Journal of clinical psychology 51*(6), 768–774.

Rakesh, G. (2017). Suicide prediction with machine learning. *The American Journal of Psychiatry Residents' Journal 12*(1), 15–17.

Ribeiro, J. D., J. C. Franklin, K. R. Fox, K. H. Bentley, E. M. Kleiman, B. P. Chang, and M. K. Nock (2016). Letter to the Editor: Suicide as a complex classification problem: machine learning and related techniques can advance suicide prediction - a reply to Roaldset (2016). *Psychological Medicine 46*(9), 2009–2010.

Smith, K. (2011). Trillion-dollar brain drain. *Nature News 478*, 15.

Tran, T., W. Luo, D. Phung, R. Harvey, M. Berk, R. L. Kennedy, and S. Venkatesh (2014). Risk stratification using data from electronic medical records better predicts suicide risks than clinician assessments. *BMC Psychiatry 14*(1), 76.

Walsh, C., J. D. Ribeiro, and J. C. Franklin (2017). Predicting risk of suicide attempts over time through machine learning. *Clinical Psychological Science 5*(3), 457–469.

Weisman, A. D. and J. W. Worden (1972). Risk-rescue rating in suicide assessment. *Archives of General Psychiatry 26*(6), 553–560.

WHO (2014). Preventing Suicide - A global imperative. World Health Organization.

Wolodzko, T. and A. Kokoszka (2014a). Characteristics of groups after the suicide attempt. Cluster analysis of National Comorbidity Survey (NCS) 1990-1992. *Psychiatr. Pol. 48*(6), 1253–1267.

Wolodzko, T. and A. Kokoszka (2014b). Classification of persons attempting suicide. A review of cluster analysis research. *Psychiatr. Pol. 48*(4), 823–834.

Summary

Over 800 000 people die due to suicide every year and it is estimated that for each suicide there may have been more than 20 others attempting suicide, involving huge human and societal costs. In recent years, digital tools have changed the way data are collected on patients. We present the main results of a comprehensive data mining process carried out on a sample of suicidal patients from two European hospitals. The first objective is to identify groups of similar patients and the second objective is to identify risk factors associated with the number of attempts. Unsupervised methods (ACM and clustering) and supervised methods (regression trees) are applied to address these two research objectives. The results highlight the high potential of data mining for descriptive or explanatory purposes.

Interrogation de données structurellement hétérogènes dans les bases de données orientées documents

Hamdi Ben Hamadou*, Faiza Ghozzi**
André Péninou*, Olivier Teste*

*IRIT, Université de Toulouse, UT3, UT2J, CNRS
118 Route de Narbonne - 31062 Toulouse, France
{hamdi.ben-hamadou, peninou, teste}@irit.fr
**Université de Sfax, ISIMS, MIRACL
Sakiet Ezzit 3021, Tunisie
faiza.ghozzi@isims.usf.tn

Résumé. Les systèmes orientés documents permettent de stocker tout document, quel que soit leur schéma. Cette flexibilité génère une potentielle hétérogénéité des documents qui complexifie leur interrogation car une même entité peut être décrite selon des schémas différents. Cet article présente une approche d'interrogation transparente des systèmes orientés documents. Pour cela, nous proposons de générer un dictionnaire de façon automatique lors de l'insertion des documents, et qui associe à chaque attribut tous les chemins permettant d'y accéder. Ce dictionnaire permet de réécrire la requête utilisateur à partir de disjonctions de chemins afin de retrouver tous les documents quelles que soient leurs structures. Nos expérimentations montrent des coûts d'exécution de la requête réécrite largement acceptables comparés au coût d'une requête sur schémas homogènes.

1   Introduction

Les systèmes de stockage « not-only SQL » (NoSQL) ont connu un important développement ces dernières années en raison de leur capacité à gérer de manière flexible et efficace d'importantes masses de données hétérogènes, Floratou et al. (2012); Stonebraker (2012). Les approches orientées documents sont couramment utilisées comme par exemple les systèmes MongoDB (Chodorow et Dirolf, 2010) ou CouchDB (Anderson et al., 2010). Ces systèmes reposent sur le principe de « *schemaless* » consistant à ne plus considérer un schéma unique pour un ensemble de données , appelé collection de documents (Chevalier et al., 2015). Cette flexibilité dans la structuration des données complexifie l'interrogation pour les utilisateurs qui doivent connaître les différents schémas des données manipulées (Chouder et al., 2017). Cet article traite de la problématique d'interrogation de données hétérogènes dans les systèmes NoSQL orientés documents.

Il existe différents types d'hétérogénéités (Shvaiko et Euzenat, 2005) : *L'hétérogénéité structurelle* désigne le problème de structures variables entre les documents. *L'hétérogénéité syntaxique* considère que différents attributs peuvent désigner le même concept tandis que *l'hétérogénéité sémantique* considère qu'un attribut peut correspondre à différents concepts. Les travaux développés dans cet article se focalisent sur l'hétérogénéité structurelle des documents.

Pour permettre l'interrogation des données structurellement hétérogènes dans les systèmes NoSQL, deux approches sont essentiellement suivies : soit les données sont transformées pour être rendues homogènes dans un schéma unique (Tahara et al., 2014), soit les données sont conservées de manière hétérogène, mais les différents schémas possibles sont inférés pour permettre l'interrogation (Wang et al., 2015). La première approche a pour avantage de faciliter l'interrogation pour l'utilisateur qui manipule ainsi un schéma unique. Cependant cette approche nécessite des pré-traitements pouvant s'avérer coûteux et difficilement compatible avec des environnements dynamiques. La seconde approche consiste à inférer les différents schémas pour permettre leur interrogation. La variabilité des schémas rend la construction des requêtes plus complexe car elle nécessite la manipulation des différents schémas. Nos travaux se placent dans cette deuxième approche, en rendant transparente pour l'utilisateur l'hétérogénéité structurelle des documents.

La section 2 expose en détail le problème d'hétérogénéité abordé dans cet article. La section 3 propose un état de l'art et dans la section 4 nous donnons une formalisation de nos proposition. Enfin, la section 5 présente les résultats de nos premières expérimentations.

2 Problème d'interrogation des documents structurellement hétérogènes

Dans les systèmes orientés documents les données sont représentées en utilisant les notations JavaScript Object Notation (JSON). Un document est considéré comme une paire (clé, valeur) où la clé est un identifiant unique et sa valeur est représentée au format JSON (Bourhis et al., 2017)

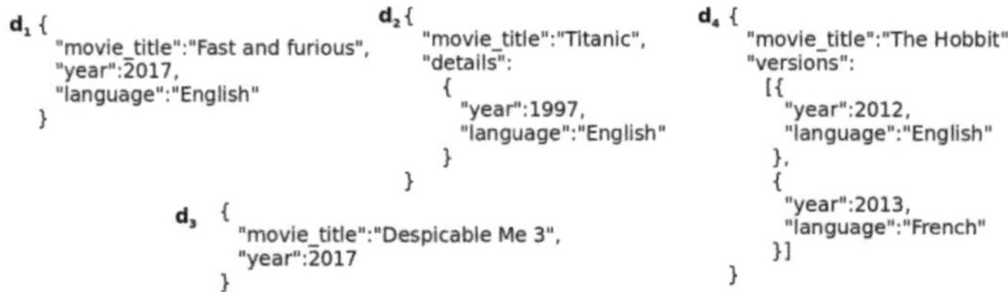

FIG. 1 – *Exemple de quatre documents au format JSON.*

Considérons une collection $C = \{d_1, d_2, d_3, d_4\}$ constituée de 4 documents structurellement hétérogènes présentés figure 1. Chaque document d_i correspond à une paire (k_i, v_i) où k_i est la clé et v_i sa valeur. Nous adoptons la notation $d[i]$ pour accéder à la valeur du document d_i. Nous accédons aux sous parties composant une valeur par une expression navigationnelle basée sur les attributs. Ainsi les expressions suivantes sont possibles :

— $d[1] = \{\ \text{"}movie\_title\text{"} : \text{"}Fast\ and\ furious\text{"},\ \text{"}year\text{"} : 2017,\ \text{"}language\text{"} : \text{"}English\text{"}\}$
— $d[1.movie\_title] = \text{"}Fast\ and\ furious\text{"}$
— $d[4.versions] = [\{\text{"}year\text{"} : 2012,\ \text{"}language\text{"} : \text{"}English\text{"}\},$
   $\{\text{"}year\text{"} : 2013,\ \text{"}language\text{"} : \text{"}French\text{"}\}]$

— $d[4.versions.2] = \{$"*year*" : 2013, "*language*" : "*French*"$\}$

Nous considérons uniquement des collections structurellement hétérogènes, en considérant qu'un attribut peut être situé à différentes positions dans les différents schémas (par exemple, "*year*" entre d_1 , d_2 et d_3), ou ne pas être présent (par exemple, "*details*" est présent dans d_2 mais pas dans d_1, d_3, d_4).

Cette hétérogénéité structurelle complexifie l'interrogation d'une collection de documents, en particulier lorsque cette collection comporte de très nombreux documents structurés avec une grande variabilité. Pour obtenir un résultat correct, l'utilisateur doit écrire autant de requêtes qu'il n'y a de versions de schémas concernées par la formulation de l'interrogation.

Considérons que l'on souhaite obtenir la liste des titres et des années de parution des films. En se basant sur la seule connaissance du schéma du document d_1, on peut formuler une requête avec les attributs "*movie_title*", "*year*" qui permet d'obtenir :

$[\{$"*movie_title*" : "*Fast and furious*", "*year*" : 2017$\}, \{$"*movie_title*" : "*The Hoobit*"$\},$
$\{$"*movie_title*" : "*Despicable Me 3*", "*year*" : 2017$\}, \{$"*movie_title*" : "*Titanic*"$\}]$

Le résultat est incorrect en raison de l'hétérogénéité structurelle de l'attribut "*year*" qui est imbriqué de différentes manières dans les documents d_2 et d_4.

Une autre formulation peut être faite avec les attributs : "*movie_title*", "*details.year*". Cette requête produit un résultat comportant le même type d'incorrections. Pour obtenir un résultat complet, il est nécessaire de construire une requête très complexe tenant compte des différents schémas des documents.

Nous proposons dans cet article une approche permettant à un utilisateur d'exprimer simplement une requête à partir des attributs, sans avoir à tenir compte des différentes positions structurelles des attributs, tout en conservant les structures originelles des documents. La requête permet d'obtenir un résultat « *complet* », de manière transparente par rapport à l'hétérogénéité structurelle de la collection de documents (sans avoir à connaître et à manipuler avec exhaustivité les différents schémas).

3 Etat de l'art

Dans cette section, nous nous intéressons aux langages de requêtes de données semi-structurées ainsi qu'aux systèmes de stockage existants pour lesquels nous analysons leur capacité à prendre en compte l'hétérogénéité structurelle des données.

Beaucoup de travaux ont étudié l'interrogation de documents semi-structurés et des BD de documents. XQuery (Li et al., 2004) est un langage de requête standardisé par le W3C [1] qui propose une syntaxe « SQL-like » pour interroger des documents XML . Il couvre la plupart des fonctionnalités offertes par SQL (interrogation, agrégations, fermeture, etc.). XQuery reprend le langage XPath (Clark et al., 1999) pour localiser et naviguer parmi les différents nœuds d'un document XML. Ces deux langages ne spécifient pas comment traiter de grandes collections de documents et très peu de mises en œuvre supportent des échelles de volumes importantes. Dans le cadre des bases de données NoSQL, différentes propositions de langages d'interrogation ont été faites, en particulier pour interroger des documents JSON. Citons JSO-Niq (Florescu et Fourny, 2013) et SQL ++ (Ong et al., 2014) qui proposent une couche prenant en charge les requêtes utilisateurs sur des données semi-structurées ou structurées. L'utilisateur doit construire ses requêtes avec ces nouveaux langages, proches de XQuery ou SQL, mais qui

---

nécessitent parfois des paramétrages fins des processeurs de requêtes, ex. : SQL ++ (Ong et al., 2014), pour répondre aux traitements particuliers de ces données. En bilan, tous ces langages ou systèmes offrent les outils pour interroger n'importe quelles données mais demandent à l'utilisateur de connaître les schémas de ces données et ne lui offrent pas de facilités pour interroger facilement des documents hétérogènes.

Une autre approche d'interrogation consiste à modifier la structure lors du stockage et à interroger les données sans langage de requête orienté document. Par exemple (Tahara et al., 2014) proposent le système Sinew qui aplatit les données et les charge dans un SGBD relationnel (tables). Jaql (Beyer et al., 2011) propose un nouveau langage de script pour interroger simultanément des documents stockés dans des magasins différents et les requêtes sont découpées pour être parallélisées en se basant sur le paradigme map-reduce (Thusoo et al., 2009). Au-delà des coûts d'évaluation des requêtes, l'utilisateur doit connaître la structure des documents pour les interroger correctement.

MongoDB est l'un des systèmes NoSQL orientés documents les plus utilisés apportant des solutions efficaces pour le passage à l'échelle (scalability) et la distribution. Dans sa version standard, le langage d'interrogation des données propre à MongoDB ne permet pas d'interroger des données structurellement hétérogènes de façon transparente. Pour y arriver, l'utilisateur doit construire des fonctions spécifiques prenant en charge les différentes structures possibles des données et les intégrer dans ses requêtes (parcours de tous les schémas possibles). Cela rend difficile et complexe l'interrogation et la rend très sensible à l'intégration de nouvelles données (nouveaux schémas).

(Wang et al., 2015) et (Herrero et al., 2016) traitent la problématique de la découverte et l'intégration de nouveaux schémas. (Wang et al., 2015) proposent de ramener tous les schémas de documents dans un même « schéma type » (skeleton) afin d'aider l'utilisateur dans la découverte d'attributs ou de sous-schémas dans la collection. (Herrero et al., 2016) proposent au contraire d'extraire séparément tous les schémas présents dans la collection afin d'aider l'utilisateur à connaître tous les schémas et tous les attributs présents dans la collection de documents. Si elles permettent de découvrir les schémas des données, ces approches laissent à l'utilisateur la responsabilité de prendre en charge l'hétérogénéité des données lors de l'interrogation.

4 Interrogation de documents hétérogènes

Notre approche permet l'interrogation de collections de documents qui sont structurellement hétérogènes dans les systèmes NoSQL. L'utilisateur exprime sa requête en se basant, d'une part, sur sa connaissance de la nature des données à traiter et, d'autre part, sur la connaissance d'au moins un schéma de donnée existant dans la collection, mais sans devoir connaître tous les schémas et/ou tous les différents chemins qui mènent aux différents attributs. Cette requête est réécrite de manière transparente pour l'utilisateur afin de prendre en compte l'hétérogénéité des documents (schémas multiples dans la collection).

4.1 Modélisation des données à schémas multiples

Définition 1 (Collection) Une collection, notée C, est un ensemble de documents

$$C = \{d_1, d_2, \ldots, d_c\}$$

Tout document est considéré comme une paire (clé, valeur) où sa valeur est de la forme $v_i = \{a_{i,1} : v_{i,1}, \ldots, a_{i,n} : v_{i,n}\}$

Définition 2 (Document) Un document, noté $\forall i \in [1, c]$, d_i, est une paire clé-valeur.

$$d_i = (k_i, v_i)$$

— k_i est la clé identifiant le document ;

— $v_i = \{a_{i,1} : v_{i,1}, \ldots, a_{i,n} : v_{i,n_i}\}$ est la valeur du document. La valeur v_i d'un document, notée également $d[i]$, est une valeur *objet*, chaque $a_{i,j}$ est appelé *attribut* et chaque $v_{i,j}$ est elle-même une valeur *atomique* (numérique, chaîne, booléenne, nulle) ou *complexe* (objet, tableau) définis ci-après ;

Une valeur atomique est formée comme suit.

— $v_{i,j} = n$ si $n \in \mathbb{N}^*$ l'ensemble valeurs numériques (entiers ou réels) ;

— $v_{i,j} = $ "s" si s est une chaîne de caractères formée dans l'ensemble des caractères $Unicode\mathbb{A}^*$;

— $v_{i,j} = b$ si $b \in B$ l'ensemble des booléens $\{true, false\}$;

— $v_{i,j} = \perp$ est la valeur nulle ;

Une valeur complexe est formée comme suit.

— $v_{i,j} = \{a_{i,j,1} : v_{i,j,1}, \ldots, a_{i,j,n_{i,j}} : v_{i,j,n_{i,j}}\}$ est une valeur objet où $v_{i,j,k}$ sont des *valeurs* et $a_{i,j,k}$ sont des chaînes de caractères dans $\mathbb{A}^*$ appelés *attributs* ;

— $v_{i,j} = [v_{i,j,1}, \ldots, v_{i,j,n_{i,j}}]$ est une valeur tableau où chaque $v_{i,j,k}$ sont des valeurs ;

Dans le cas des objets et des tableaux, les valeurs $v_{i,j,k}$ peuvent être également des valeurs complexes, permettant ainsi plusieurs niveaux d'imbrications. Lorsqu'une imbrication est présente, nous adoptons une notation par chemin de navigation. Pour les imbrications de tableaux, nous introduisons dans le chemin un entier correspondant à l'indice (Bourhis et al., 2017 ; Hidders et al., 2017) (cf. section 2).

Définition 3 (Schéma) Le schéma, noté s_i, extrait de la valeur v_i de d_i est défini par

$$s_i = \{p_1, \ldots, p_m\}$$

où p_i est un attribut apparaissant dans la valeur v_i du document d_i, ou n'importe quel chemin d'accès à un attribut non feuille ou feuille dans le cas d'imbrications de valeurs complexes dans d_i (Bourhis et al., 2017). Plus formellement, rappelant d_i a pour valeur $v_i = \{a_{i,1} : v_{i,1}, \ldots, a_{i,n} : v_{i,n}\}$, son schéma s_i est défini par : $\forall k \in [1..n]$

— si $v_{i,j}$ est atomique, $s_i = s_i \cup \{a_{i,j}\}$;

— si $v_{i,j}$ est objet, $s_i = s_i \cup \{a_{i,j}\} \cup \{\cup_{p \in s_{i,j}} a_{i,j}.p\}$ avec $s_{i,k}$ le schéma de la valeur $v_{i,j}$

— si $v_{i,j}$ est tableau, $s_i = s_i \cup \{a_{i,j}\} \cup_{j=1}^{||v_{i,j}||} (\{a_{i,j}.j\} \cup \{\cup_{p \in s_{i,j,k}} a_{i,j}.j.p\})$ avec $s_{i,j,k}$ le schéma de la j^{eme} valeur du tableau $v_{i,k}$;

Exemple. Considérons les documents d_1 et d_2. Leur schéma est constitué des ensembles d'attributs suivants.

$s_1 = \{movie\_title, year, language\}$

$s_2 = \{movie\_title, details, details.year, details.language\}$

Dans le cas du document d_2, l'attribut "*details*" contient une valeur complexe, formant deux chemins d'accès "*details.year*" et "*details.language*" dans le schéma.

Définition 4 (Schéma de collection). Le schéma S d'une collection C est défini par

$$S = \bigcup_{i=1}^{c} s_i$$

Définition 5 (Dictionnaire). Le dictionnaire d'une collection est défini par

$$dict = \{(p_i,\ \triangle_i)\} \forall p_i \in S$$

— $p_i \in S$ est un chemin appartenant au schéma d'au moins un document de la collection ;
— $\triangle_i = \{p_{p_i,1},\ \ldots,\ p_{p_i,k}\} \subseteq S$, est l'ensemble des chemins d'accès à p_i ;
Notons que pour la suite de l'article, et par abus de langage, nous nommerons les chemins p_i *"attributs"* ; nous parlerons donc de chemins du dictionnaire ou d'attributs dans le dictionnaire.

Exemple. Le dictionnaire de la collection décrite à la figure 1 est défini ci-dessous. Chaque entrée p_i permet d'accéder aux différents chemins possibles de positionnement ;

($year$, $\{year,\ details.year,\ versions.1.year,\ versions.2.year\}$) indique que l'entrée *"year"* correspond à 4 positions possibles dans les documents.

$dict = \{$
($movie\_title$, $\{movie\_title\}$),
($year$, $\{year, details.year, versions.1.year, versions.2.year\}$),
($language$, $\{language, details.language, versions.1.language, versions.2.language\}$),
($details$, $\{details\}$), ($details.year$, $\{details.year\}$), ($details.language$, $\{details.language\}$),
($versions$, $\{versions\}$), ($versions.1$, $\{version.1\}$),
($versions.1.year$, $\{versions.1.year\}$), ($versions.1.language$, $\{versions.1.language\}$),
($versions.2$, $\{versions.2\}$), ($versions.2.year$, $\{versions.2.year\}$),
($versions.2.language$, $\{versions.2.language\}$)
$\}$

4.2 Interrogation de données à schémas multiples

L'interrogation d'une collection de documents s'opère par une composition d'opérateurs unaires. Dans cet article, nous limitons l'interrogation aux opérations de projection et de sélection pouvant s'exprimer avec les commandes *"find"* et *"aggregate"* de MongoDB.

4.2.1 Noyau minimum fermé d'opérateurs élémentaires

Nous définissons un noyau minimum fermé d'opérateurs élémentaires. On note C_{in} la collection de documents interrogée, et C_{out} la collection de documents résultante.

Définition 6 (Projection) L'opérateur de projection réduit le schéma des documents à un sous-ensemble d'attributs ; on note

$$\pi_A(C_{in}) = C_{out}$$

où $A \subseteq S_{in}$ est un sous-ensemble d'attributs de S_{in} (schémas de la collection C_{in})

Définition 7 (Sélection). L'opérateur de sélection permet de restreindre une collection de documents aux seuls documents satisfaisant un prédicat de sélection ; on note

$$\sigma_p(C_{in}) = C_{out}$$

où p est un prédicat (ou condition) de sélection. Un prédicat simple est une expression $a_k\ \omega_k\ v_k$ avec $a_k \subseteq S_{in}$ est un *attribut*, $\omega_k \in \{=\ ;\ >\ ;\ <\ ;\ \neq\ ;\ \geq\ ;\ \leq\ \}$ est un opérateur de comparaison, et

v_i une valeur. Les prédicats peuvent se combiner avec les opérandes $\Omega = \{\ \vee,\ \wedge,\ \neg\ \}$ formant un prédicat complexe.

On note $Norm_p$ la forme conjonctive normale du prédicat p, notée comme suit.

$$Norm_p = \wedge_i(\vee_j a_{i,\ j}\varpi_{i,\ j}v_{i,j})$$

Définition 8 (Requête). Une requête Q est construite par composition d'opérateurs

$$Q = q_1 \circ \ldots \circ q_r$$

avec $\forall i \in [1,r]q_i \in \{\pi,\sigma\}$

Exemple. Considérons la collection des documents de la figure 1.

$q_1 : \sigma_{language=\text{``English''}}(C) = \{d_1'\}$ avec
$\quad d'[1] = \{\ \text{``movie\_title''} : \ \text{``Fast and furious''},\ \text{``year''} : 2017,\ \text{``language''} : \text{``English''}\}$

$q_2 : \pi_{movie\_title,year}(C) = \{d_1',\ d_2',\ d_3',\ d_4'\}$ avec
$\quad d'[1] = \{\ \text{``movie\_title''} : \ \text{``Fast and furious''},\ \text{``year''} : 2017\}$
$\quad d'[2] = \{\ \text{``movie\_title''} : \ \text{``Titanic''}\}$
$\quad d'[3] = \{\ \text{``movie\_title''} : \ \text{``Despicable Me 3''},\ \text{``year''} : 2017\}$
$\quad d'[4] = \{\ \text{``movie\_title''} : \ \text{''The Hobbit''}\}$

$q_3 : \pi_{movie\_title,year}(\sigma_{langugage=\text{``English''}}(C)) = \{d_1'\}$ avec
$\quad d'[1] = \{\ \text{``movie\_title''} : \ \text{``Fast and furious''},\ \text{``year''} : 2017\}$

La requête q_3 est construite par composition. On peut remarquer que les requêtes q_1 et q_3 ne retournent pas l'ensemble des documents possibles, car l'attribut *"language"* utilisé dans le prédicat de sélection est structurellement hétérogène entre les différents documents de la collection interrogée. De manière analogue la projection de l'attribut *"year"* dans la requête q_2 est également perturbée par l'hétérogénéité, ne permettant pas d'obtenir la valeur attendue pour les documents d_2' et d_4' où l'attribut projeté *"year"* est ignoré.

4.2.2 Extension de requêtes aux collections hétérogènes

L'hétérogénéité structurelle des documents complexifie l'interrogation car elle n'est pas gérée nativement par les opérateurs de la plupart des systèmes NoSQL ; par exemple MongoDB (*"find"*) ne reconnaît pas de manière automatique les différentes structures des documents d'une collection ; les attributs non positionnés de manière compatible à la requête sont ignorés.

Notre approche consiste à faciliter l'interrogation pour les utilisateurs, par reformulation automatique des requêtes. Ce processus exploite le dictionnaire des données afin de reformuler la requête en prenant en compte les multiples schémas des documents de la collection interrogée. L'algorithme 1 décrit ce processus d'extension automatique de la requête utilisateur.

— Lors d'une projection, la liste des attributs projetés A_i est étendue par l'union des chemins d'accès $\triangle_k$ à chaque attribut a_k de la liste projetée. Ces chemins sont obtenus à partir du dictionnaire des données.

— Lors d'une sélection, le prédicat de sélection p, en forme normale conjonctive, est étendu par l'ensemble des disjonctions formées à partir des chemins d'accès $\triangle_{i,j}$ de chaque attribut $a_{i,j}$.

Algorithme 1 : Extension automatique de la requête utilisateur

---

entrée : Q
sortie : Q_{ext}
$Q_{ext} \leftarrow id$ // identité
  foreach $q_i \in Q$ **do**
    switch q_i **do**
      case π_{A_i} // projection

$$A_{ext} \leftarrow \bigcup_{\forall a_k \in A_i} \triangle_k$$
$$Q_{ext} \leftarrow Q_{ext} \circ \pi_{A_{ext}}$$

      end
      case σ_{Norm_p} // sélection

$$P_{ext} \leftarrow \bigwedge_k \left(\bigvee_l \bigvee_{a_j \in \triangle_{k,l}} a_j \, \varpi_{k,l} \, v_{k,l} \right)$$
$$Q_{ext} \leftarrow Q_{ext} \circ \sigma_{P_{ext}}$$

      end
    endsw
  end

Exemple. Considérons la requête q_3 ($\pi_{movie\_title,\ year}$ ($\sigma_{langugage=\ \text{``English''}}$ (C))) de l'exemple précédent. Le moteur de réécriture des requêtes, à partir des entrées du dictionnaire suivantes :

$(movie\_title, \{movie\_title\}), (year, \{year, details.year, versions.1.year, versions.2.year\}),$
$(language, \{language, details.language, versions.1.language, versions.2.language\})$

et en appliquant l'algorithme 1, permet d'obtenir la requête étendue suivante :

$\pi_{movie\_title,\ year,\ details.year,\ versions.1.year,\ versions.2.year} (\sigma_{language=\text{``English''}} \vee$

$versions.1.language=\text{``English''} \vee details.language=\text{``English''} \vee versions.2.language=\text{``English''}$
$(C))$ dont le résultat est $\{d'_1, d'_2, d'_3, d'_4\}$ avec

$d'[1] = \{\text{``movie\_title''} : \text{``Fast and furious''}, \text{``year''} : 2017\}$
$d'[2] = \{\text{``movie\_title''} : \text{``Titanic''}, \text{''details''} : \{\text{``year''} : 2017\}\}$
$d'[3] = \{\text{``movie\_title''} : \text{``Despicable Me 3''}, \text{``year''} : 2017\text{''}\}$
$d'[4] = \{\text{``movie\_title''} : \text{``The Hobbit''}, \text{``versions''} : [\{\text{``year''} : 2017\}]\}$

5   Expérimentations

Nous avons implémenté un outil appelé *Easy-Q* afin de mettre en oeuvre l'algorithme de réécritures de requêtes proposé dans cet article ainsi que la construction du dictionnaire défini. *Easy-Q* procède à la création du dictionnaire d'une manière automatique au moment de l'insertion des données et le stocke dans une collection sous MongoDB. Il effectue aussi sa mise à jour. Notre outil prend en entrée la requête de l'utilisateur, procède à la réécriture en utilisant le dictionnaire afin d'extraire différents chemins possibles pour chaque prédicat et lance son exécution dans MongoDB.

5.1 Protocole expérimental

Pour l'ensemble de nos expériences nous avons utilisé le système orienté document MongoDB afin de stocker et exécuter nos requêtes. Nous avons choisi de travailler sur des collections de documents synthétisés. Les documents sont construits à partir d'une collection accessible sur internet qui décrit des films proposés par IMDB [2] et composés de 28 attributs qui sont tous liés à la racine (structure plate) : tous les documents sont donc homogènes.

Les caractéristiques des collections générées sont résumées dans le tableau 1. Les documents de la collection sont générés aléatoirement sans ordre particulier : les documents d'un même schéma sont aléatoirement répartis dans la collection. Les groupes d'attributs pour chaque schéma généré sont liés à ce schéma : le groupe est de la forme *"groupe_xy"* où x fait référence au numéro du groupe et y fait référence à un schéma (numérotés alphabétiquement). Exemple : le groupe *"groupe_1E"* fait référence au premier groupe du cinquième schéma généré. Deux schémas différents n'ont donc pas de sous-chemin commun. Pour les niveaux intermédiaires d'imbrication nous générons des attributs intermédiaires entre le groupe et les attributs qui contiennent les valeurs. Exemple : si l'attribut *"movie_title"* fait partie du premier groupe du schéma 2, dans un document généré, le chemin vers cet attribut sera *"groupe_1B.level0.movie_title"*.

Description des requêtes Les requêtes $Q1$, $Q3$, $Q5$ contiennent la forme conjonctive des prédicats alors que les requêtes $Q2$, $Q4$, $Q6$ contiennent la forme disjonctive des prédicats.

$$Q1/Q2 : \pi_*(\sigma_{director\_name="A\%"\ (\wedge/\vee)groos>100000}(C))$$

$$Q3/Q4 : \pi_*(\sigma_{director\_name="A\%"\ (\wedge/\vee)gross>100000(\wedge/\vee)duration<200(\wedge/\vee)title\_year<1950}(C))$$

$$Q5/Q6 : \pi_*(\sigma_{director\_name="A\%"\ (\wedge/\vee)groos>100000(\wedge/\vee)duration<200(\wedge/\vee)title\_year<1950(\wedge/\vee)}$$
$$\sigma_{pays!=""(\wedge/\vee)language="English"(\wedge/\vee)imdb\_score<4(\wedge/\vee)cast\_total\_facebook\_likes>500})(C)$$

Paramètre	Valeur
Nombre de schémas par collection	10
Nombre de sous-arbres arbitraires par schéma	{5,6,1,3,4,2,7,2,1,3}
Profondeurs des sous-arbres	{4,2,6,1,5,7,2,8,3,4}
Présence de chaque schéma dans la collection	10 %
Nombre d'attributs dans un schéma	Aléatoire
Nombre d'attributs par sous-arbres	Aléatoire
Tailles des collections utilisées	10 Go, 25 Go, 50 Go, 100 Go
Nombre de documents par collections	12 M, 30 M , 60 M, 120 M

TAB. 1 – *Paramètres de génération d'une collection*

5.2 Évaluation du module de réécriture de requêtes

La première évaluation porte sur le temps d'exécution de la même requête posée sur la collection homogène et la requête réécrite sur la collection hétérogène ; les deux requêtes retournant le même nombre de résultats. L'objectif est d'étudier le coût additionnel de notre solution par rapport à la simple exécution d'une requête sur un jeu de donnée homogène. Nous comparerons aussi ce coût à une interrogation de la collection hétérogène sans réécriture : la somme des coût des requêtes individuelles sur chaque schéma.

---

2. http ://www.omdbapi.com/

Afin d'évaluer la sélection, nous proposons d'exécuter les 6 requêtes de longueurs variables présentées ci-avant (la projection portera sur tous les attributs).

Nous avons utilisé les mesures suivantes pour chacune des requêtes :

— *QRewritten* : Le temps d'exécution de la requête réécrite par notre système sur la collection hétérogène.

— *QSeparated* : La somme des temps d'exécution des sous-requêtes sur la collection hétérogène ; requêtes sans réécriture sur tous les schémas possibles.

— *QBase* : Le temps d'exécution de la requête sur la collection homogène.

Notons que les requêtes conjonctives $Q1$, $Q3$, $Q5$ retournent au maximum 1% des documents tandis que les requêtes disjonctives $Q2, Q4, Q6$ retournent au minimum 70% des documents.

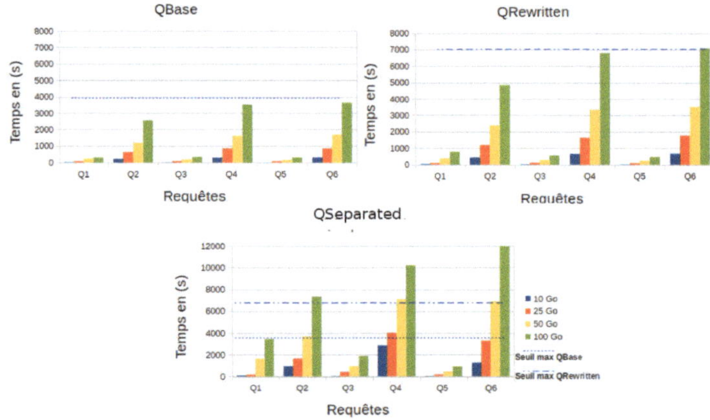

FIG. 2 – *Évaluations de la requêtes réécrite*

Les résultats présentés figure 2 montrent que notre solution ne dépasse jamais, en temps d'exécution, 2 fois en moyenne dans le cas des requête disjonctive et 1 fois et demi dans le cas des requêtes conjonctive, la durée de la requête de base (sur données homogènes) alors que la réécriture ajoute 10 disjonctions par critère de sélection (10 schémas possibles). De plus, les attributs de la collection hétérogènes sont tous imbriqués à différents niveaux qui peuvent atteindre 7 niveaux dans le cas du sixième schéma. Les évaluation montrent aussi de meilleures performances par rapport aux requêtes sur schémas séparés : jusqu'à 2 fois et demi plus rapide. Même si d'autres évaluation seront à mener, les expériences montrent une croissance du temps d'exécution de la requête réécrite linéaire par rapport à la taille de la collection et du temps d'exécution de la requête sur la collection homogène, à l'opposé de la croissance exponentielle observée dans le cas des requêtes cumulées.

5.3 Évaluation du module de création du dictionnaire

Le tableau 2 présente le temps nécessaire pour la création du dictionnaire pour 2, 4, 6, 8 et 10 schémas pour des collections de 100 Go. Le temps nécessaire pour la création du dictionnaire est influencé nettement par le nombre de schémas dans la même collection. Notons cependant qu'il s'agit d'une opération réalisée une seule fois sur la collection lorsque celle ci existe déjà. En cas d'alimentation continue d'une collection, le dictionnaire sera mis à jour au fur et à mesure de l'arrivée des données (documents). Nous avons aussi étudier l'effet d'une forte hétérogénéité sur un nombre important de schémas en testant jusqu'à 5000 schémas dans la même collection. Le dictionnaire à été généré avec pour chaque attribut 5000 schémas différents. Nous avons aussi évalué le temps mis pour la réécriture de la requête $Q6$ et nous avons un temps de réécriture très intéressant de moins de 1.5 secondes. Enfin, la taille du dictionnaire n'a jamais dépassé 12 Mo ce qui est restreint au vu des collections et de l'hétérogénéité traitées.

Nombre de schémas	2	4	6	8	10
Temps en minutes	96	108	127	143	156
Taille dict généré en Ko	4,154	9,458	13,587	17,478	22,997

TAB. 2 – *Temps de création du dictionnaire selon le nombre de schémas (base de 100 Go)*

6 Conclusion

L'hétérogénéité dans les systèmes orientés documents constitue un défi majeur lors de l'exploitation des données. Nous proposons une approche facilitant l'interrogation de documents à structures hétérogènes en simplifiant l'écriture des requêtes. Notre approche repose sur la construction d'un dictionnaire de données qui indexe tous les schémas d'une collection de documents, et qui est exploitée pour réécrire de manière transparente les requêtes des utilisateurs. Les requêtes réécrites permettent d'obtenir facilement l'ensemble des documents répondants à la requête initiale.

En perspectives de ces travaux, nous allons continuer la validation de l'algorithme de réécriture de requêtes en le validant sur d'autres systèmes orientés documents tels que couchBase. Nous étudions le passage à l'échelle sur des collections réelles de grande taille et nous menons des expériences sur des environnements distribués. A long terme, nous travaillerons sur l'extension du langage de requêtes par plus d'opérateurs (agrégation et jointure) ainsi que sur le support des hétérogénéités sémantique et syntaxique.

Références

Anderson, J. C., J. Lehnardt, et N. Slater (2010). *CouchDB : The Definitive Guide : Time to Relax.* " O'Reilly Media, Inc.".

Beyer, K. S., V. Ercegovac, R. Gemulla, A. Balmin, M. Eltabakh, C.-C. Kanne, F. Ozcan, et E. J. Shekita (2011). Jaql : A scripting language for large scale semistructured data analysis. In *Proceedings of VLDB Conference.*

Bourhis, P., J. L. Reutter, F. Suárez, et D. Vrgoč (2017). Json : data model, query languages and schema specification. In *Proceedings of the 36th ACM SIGMOD-SIGACT-SIGAI Symposium on Principles of Database Systems*, pp. 123–135. ACM.

Chevalier, M., M. El Malki, A. Kopliku, O. Teste, et R. Tournier (2015). Implementation of multidimensional databases with document-oriented nosql. In *(DAWAk'15)*, pp. 379–390.

Chodorow, K. et M. Dirolf (2010). Mongodb : The definitive guide o'reilly media.

Chouder, M. L., S. Rizzi, et R. Chalal (2017). Enabling self-service bi on document stores. In *EDBT/ICDT Workshops*.

Clark, J., S. DeRose, et al. (1999). Xml path language (xpath) version 1.0.

Floratou, A., N. Teletia, D. J. DeWitt, J. M. Patel, et D. Zhang (2012). Can the elephants handle the nosql onslaught ? *Proceedings of the VLDB Endowment 5*(12), 1712–1723.

Florescu, D. et G. Fourny (2013). Jsoniq : The history of a query language. *IEEE internet computing 17*(5), 86–90.

Herrero, V., A. Abelló, et O. Romero (2016). Nosql design for analytical workloads : variability matters. In *Conceptual Modeling : 35th International Conference, ER 2016, Gifu, Japan, November 14-17, 2016, Proceedings 35*, pp. 50–64. Springer.

Hidders, J., J. Paredaens, et J. Van den Bussche (2017). J-logic : Logical foundations for json querying. In *Proceedings of the 36th ACM SIGMOD-SIGACT-SIGAI Symposium on Principles of Database Systems*, pp. 137–149. ACM.

Li, Y., C. Yu, et H. Jagadish (2004). Schema-free xquery. In *Proceedings of the Thirtieth international conference on Very large data bases-Volume 30*, pp. 72–83. VLDB Endowment.

Ong, K. W., Y. Papakonstantinou, et R. Vernoux (2014). The sql++ query language : Configurable, unifying and semi-structured. *arXiv preprint arXiv :1405.3631*.

Shvaiko, P. et J. Euzenat (2005). A survey of schema-based matching approaches. *Journal on data semantics IV*, 146–171.

Stonebraker, M. (2012). New opportunities for new sql. *Communications of the ACM 5*(11), 10–11.

Tahara, D., T. Diamond, et D. J. Abadi (2014). Sinew : a sql system for multi-structured data. In *2014 SIGMOD*, pp. 815–826. ACM.

Thusoo, A., J. S. Sarma, N. Jain, Z. Shao, P. Chakka, S. Anthony, H. Liu, P. Wyckoff, et R. Murthy (2009). Hive : a warehousing solution over a map-reduce framework. *Proceedings of the VLDB Endowment 2*(2), 1626–1629.

Wang, L., S. Zhang, J. Shi, L. Jiao, O. Hassanzadeh, J. Zou, et C. Wangz (2015). Schema management for document stores. *Proceedings of the VLDB Endowment 8*(9), 922–933.

Summary

Documents oriented DB can store any document, whatever its data schema. This facility generates potential structural heterogeneity of documents which makes it difficult to query data because the same entity can be described according to different schemas. This paper presents an approach of transparent querying of documents oriented DB with structural heterogeneity. For that purpose, we suggest building a dictionary which associates every field with all partial schemas (paths) of the DB allowing to reach it. This dictionary is used to rewrite the user query in disjunctions of partial schemas in order to find all the documents, whatever their real schema. Our experiments show acceptable costs of execution of the rewritten query when compared to the cost of equivalent query on homogeneous schemas

Prétraitement de données spatialement imprécises pour une classification supervisée basée sur les images satellitaires

Jannaï Tokotoko*, Frédéric Flouvat*, Claire Goiran*, Laetitia Hédouin**, Antoine Collin***, Nazha Selmaoui-Folcher *

*ISEA - New Caledonia University, BP R4, 98851, Nouméa, Nouvelle-Calédonie
prénom.nom@univ-nc.nc,
http://pages.univ-nc.nc/~nom
**USR 3278 CNRS EPHE UPVD CRIOBE, 98729 Papetoai, Moorea, Polynésie Française
laetitia.hedouin@criobe.pf
***Laboratoire de Géomorphologie et Environnement Littoral,
CNRS UMR 8586 Prodig, Ecole Pratique des Hautes Etudes, Dinard, France
antoine.collin@ephe.sorbonne.fr

Résumé. Dans un problème de classification supervisée, les données d'apprentissage proviennent souvent d'inventaires acquis sur le terrain par des experts du domaine. Toutefois, la localisation de ces inventaires est approximative (en raison de la précision intrinsèque des GPS portables utilisés). Cette imprécision spatiale est particulièrement problématique lorsque ces données sont utilisées pour entrainer un classifieur sur des images satellitaires très haute résolution (THR). En effet, la précision spatiale des inventaires peut être dans certains cas bien inférieure à celles de ces images. Dans ce papier, nous proposons trois approches visant à améliorer la précision spatiale des données terrain via des prétraitements. Le principe est d'exploiter les images satellitaires THR disponibles pour corriger spatialement les données terrain. Nos expérimentations mettent en avant l'intérêt de ces pré-traitements sur un jeu de données constitué de 24 inventaires d'habitats coralliens et une image satellitaire THR (WorldView-2). [1]

1 Introduction

Le suivi et la protection de l'environnement sont des enjeux majeurs en réponse aux changements climatiques globaux. Dans ce contexte, l'intérêt de l'imagerie satellitaire pour effectuer un suivi au long terme de grands espaces, à un coût relativement faible, n'est plus à démontrer. Ce type d'approches s'appuie sur des inventaires réalisés sur le terrain (données terrain) pour identifier les habitats et construire une carte de distribution de ceux-ci en utilisant un classifieur supervisé. Nous sommes dans le cadre d'une classification *multi-target* (appelée aussi multidimensionnelle ou multi-objectifs). Les instances sont les pixels de l'image caractérisés par leurs valeurs radiométriques (une valeur pour chaque bande spectrale). Les classes

---

1. Ce travail a été soutenu par le Labex "CORAIL" et la fondation DigitalGlobe (*Satellite image courtesy of the DigitalGlobe Foundation*)

à prédire sont les habitats ou les groupes d'habitats (un pixel pouvant représenter une zone avec plusieurs habitats). Chaque classe peut avoir plusieurs valeurs (pourcentage d'un habitat donné dans le pixel). Pour entrainer ces classifieurs, des données terrain sont nécessaires. Une approche classique pour de tels inventaires écologiques est le LIT ("Line Intercept Transect"). Elle répertorie les différents habitats rencontrés le long d'un "transect" (un segment de droite matérialisé par un décamètre sur le terrain). La figure 1 montre comment cette approche est utilisée pour un récif corallien.

FIG. 1: Exemple d'inventaire réalisé sur un récif corallien.

Cependant, la position géographique de ces inventaires n'est pas exacte. Elle dépend de la précision des GPS utilisés sur le terrain. Cette imprécision spatiale peut être très importante au regard de la résolution des images satellitaires (p.ex. GPS avec une précision à 5 m, et image avec une résolution 0. m). Elle génère ainsi un biais important lors de l'entrainement du classifieur (Mustière, 2014). Des méthodes ont été développées pour traiter des données spatialement imprécises, souvent dans la phase de classification. Par exemple, la logique floue a été utilisée pour construire des classifieurs et les comparer (Hagen-Zanker et al., 2005; Fritz et See, 2005; Pontius Jr et Cheuk, 2006). (Blewitt et Taylor, 2002) s'intéressent au recalage de points localisés par un GPS mais toujours par rapport à des données de références. A notre connaissance, il n'existe pas de méthode directe et non supervisée pour corriger ce type d'imprécision spatiale. Cela reste un problème ouvert pour les experts et pour l'analyse de ces données (Hedley et al., 2016).

Si la position des inventaires était précise, chaque transect serait associé à une séquence de pixels de l'image. Dans notre cas, en raison de l'imprécision spatiale, plusieurs milliers de séquences de pixels (appelés transects candidats dans la suite de l'article) peuvent correspondre à un transect fait sur le terrain. Notre objectif est de sélectionner la séquence correspondant le mieux aux habitats rencontrés. Pour cela, nous devons évaluer si les valeurs spectrales sont cohérentes par rapport aux habitats. Malheureusement, même si nous savons que chaque habitat à une réponse spectrale spécifique, nous ne connaissons pas cette valeur. Nous ne pouvons donc qu'étudier l'homogénéité des valeurs spectrales et leur distribution.

Dans cet article, nous proposons des pré-traitements visant à améliorer cette précision spatiale des inventaires terrain à partir de l'image satellitaire Très Haute Résolution (THR) utilisée pour la classification. Tout d'abord, tous les transects candidats (i.e. les localisations possibles) sont extraits de l'image à partir d'une méthode classique de traitement d'images. Ensuite, pour chaque séquence de pixels extraite, nous générons la séquence de valeurs radiométriques associée, et calculons la séquence d'habitats correspondante à partir des données terrain. Pour finir, nous comparons ces deux séquences et sélectionnons la meilleur pour entraîner le classifieur. Trois méthodes ont été étudiées pour comparer ces deux séquences. La première méthode fait un clustering des pixels (par rapport à leurs valeurs spectrales) et compare simplement les transitions d'habitats avec celles des clusters. La deuxième fait aussi un clustering des pixels, mais considère en plus les habitats afin de caractériser chaque cluster extrait. Au final, elle compare les transitions d'habitats mais aussi leur composition. La dernière méthode considère que le clustering des pixels est donné par les données terrain, et étudie simplement la qualité de celui-ci (l'inertie inter et intra classe).

Nos expérimentations montrent l'impact positif de ces pré-traitements sur les performances de 15 classifieurs mis à disposition par l'outil *MEKA* (Read et al., 2016).

2   Données et Problématique

Une base de données terrain est un ensemble structuré d'informations spatiales incluant des objets géographiques (p.ex. des trajectoires, des zones, ...), des habitats (p.ex. rocher, sable, corail branchu, ...) et la distribution spatiale de ces habitats par rapport aux objets géographiques. Elle peut être définie comme un triplet $BD = (D_s, D_h, D_d)$ où D_s est la dimension spatiale, D_h est la dimension décrivant les habitats et D_d est la dimension précisant la distribution spatiale des habitats. Dans cet article, pour faciliter la compréhension, nous ne considèrerons que des segments comme objets géographiques, mais notre approche est généralisable à tout type de zones (un polygone étant un ensemble fini non vide de segments de droites). Ces segments représentent des trajectoires suivies par les experts sur le terrain et sur lesquelles sont inventoriés les différents habitats.

La dimension spatiale est associée à un domaine de valeurs dénoté $dom(D_s) = \{T_1, \ldots, T_n\}$ où T_i pour $i \in [1..n]$ est un *transect* (un segment de droite) délimité par deux points (x, y) et (x', y'), i.e. $T_i = [(x, y), (x', y')]$. Chacun de ces points est associé à une erreur de mesure δ, i.e. $x_{real} \in [x_{field} - \delta, x_{field} + \delta]$ et $y_{real} \in [y_{field} - \delta, y_{field} + \delta]$, où (x_{real}, y_{real}) sont les cordonnées réelles, (x_{field}, y_{field}) sont les coordonnées mesurées par le GPS, et δ est la précision de celui-ci. La dimension décrivant les habitats est associée à un domaine de valeurs dénoté $dom(D_h) = \{h_1, h_2, ...h_m\}$ où h_i pour $i \in [1..m]$ est un *type d'habitats*. La dimension précisant la distribution spatiale des habitats est associée à un domaine de valeurs dénoté $dom(D_d) = \mathbb{R}$ représentant la distance à laquelle à lieu le changement d'habitat.

Transect	Habitat	Distance par rapport au début du transect
T_1	rck	30
T_1	ca	380
T_1	rck	0
T_1	r	550
T_1	rck	570
T_1	mc	575
T_1	rck	620
T_1	ce	630
T_1	r	660
...	...	...

TAB. 1: Base de données terrain répertoriant des habitats coralliens le long d'un transect

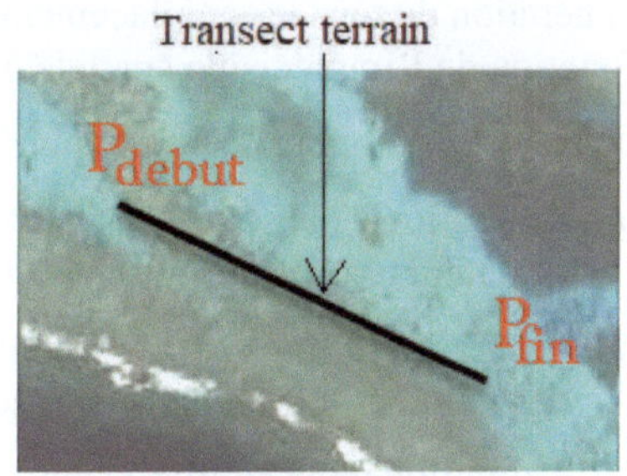

FIG. 2: Transect T_1 suivi par les experts lors de leur inventaire.

Pour illustrer ces définitions, nous utilisons l'exemple du tableau 1. Il représente un inventaire réalisé sur un récif corallien. Seulement une partie des données du transect T_1 est présentée dans le tableau. Sa localisation est quant à elle affichée dans la figure 2. Dans ce tableau, $D_s = \{T_1\}$, $D_h = \{rck, ca, r, mc, ce\}$ et $D_d = \{30, 380, 0, 550, 570, 575, 620, 630, 660\}$. Les habitats rck, ca, r, mc et ce correspondent respectivement à des rochers, des algues corallines, des débris de coraux, des coraux massifs et des coraux encroûtants. Ce tableau indique que des rochers sont présents sur les 30 premiers centimètres du transect, suivi d'algues corallines sur une longueur de 350 cm (380 - 30 = 350 cm), suivi de débris de coraux sur une longueur de 80 cm (0 - 380 = 80 cm), ...

L'image satellitaire associée à cette base de données est une image dont la résolution est beaucoup plus élevée que la précision du GPS utilisé sur le terrain (p.ex. 0. m contre une précision à 5 m pour le GPS). Chaque pixel P de cette image est associé à un n-uplet $(b_1, b_2, .. b_s)$ où $b_i \in \mathbb{R}$ est la valeur radiométrique associée à la $i$ème bande spectrale de l'image (p.ex. rouge, vert, bleu, proche infrarouge, etc). Il est également associé à une coordonnée géographique (x_P, y_P) (celle de son centre). Nous considérons que l'image satellitaire THR et la base de données terrain sont acquises à des dates proches (et aucun évènement important entre les deux).

Problème   Soit $BD = (D_s, D_h, D_d)$ une base de données terrain. Soit T un transect de cette base de données, i.e. $T \in dom(D_s)$, et soit δ l'imprécision spatiale du GPS utilisé sur le terrain pour le localiser. Soit I une image satellitaire multi-spectrale THR géo-référencée telle que $T \subset I$ et $resol_I << \delta$, où $resol_I$ est la taille des pixels de l'image (i.e. sa résolution spatiale). L'objectif est d'améliorer la précision spatiale des données terrain en exploitant l'image I, i.e. de trouver la localisation de T à une précision de $\pm resol_I$.

3   Prétraitement des données terrain à partir d'une image satellitaire

Dans cette section, nous allons introduire la chaîne de prétraitements développée pour recaler des données terrain spatialement imprécises par rapport à une image satellitaire THR. Pour chaque transect $T \in D_s$, ce processus est composé des étapes suivantes :

1. génération de tous les emplacements possibles de T dans l'image I, noté $E_{cand}(T)$, en fonction de l'imprécision spatiale δ.

2. pour chaque emplacement possible (transect candidat), $T_{cand} \in E_{cand}(T)$:

   (a) génération de la séquence de pixels correspondante, $Pix_I(T_{cand})$, et de sa séquence de valeurs radiométriques, $Rad_I(T_{cand})$

   (b) génération d'une séquence $Hab_T(T_{cand})$ représentant la distribution de l'habitats des données terrain dans chaque pixel de $Pix_I(T_{cand})$

   (c) estimation de la similarité entre $Rad_I(T_{cand})$ et $Hab_T(T_{cand})$

3. classement des transects candidats en fonction de la similarité et sélection du meilleur candidat.

3.1   Identification des transects candidats dans l'image

Pour un transect terrain donné, cette étape consiste à extraire les séquences de pixels correspondant aux positions possibles du transect dans l'image satellitaire.

En raison de l'imprécision du GPS utilisé sur le terrain, la localisation d'un inventaire est en réalité approximative. Comme le montre la figure 3, les coordonnées des points de départ et d'arrivée du transect (P_{debut} et P_{fin} de la figure 3) sont données avec une précision de $\pm\, \delta$. Les cercles E_{debut} et E_{fin} représentent cette zone d'incertitude autour des extrémités du transect. Comme la résolution du pixel de l'image est bien inférieure, il existe une multitude de positions possibles pour le transect considéré. Nous notons $E_{cand}(T)$ l'ensemble des positions possibles du transect T.

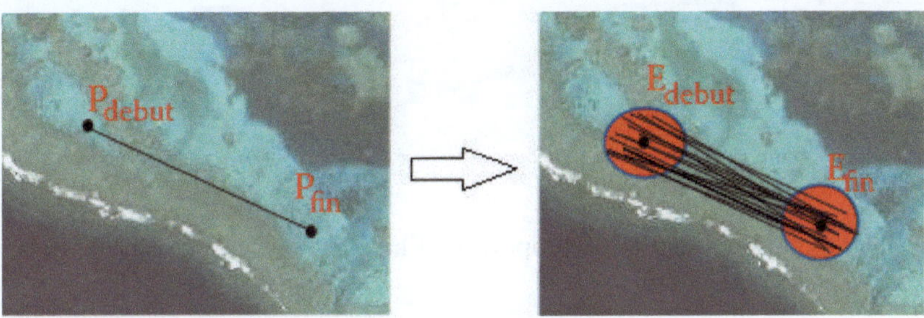

FIG. 3: Ensemble des transects candidats pour un transect T et une imprécision spatiale δ.

Pour pouvoir comparer les transects candidats à l'inventaire réalisé, il est nécessaire d'étudier plus en détail les valeurs spectrales des pixels, et donc d'extraire la séquence de pixels associée à chaque transect candidat. Pour cela, il faut tracer le segment de droite passant par les deux pixels associés aux points de départ et d'arrivée du transect candidat, et extraire la séquence de pixels correspondants. Ce traitement n'est pas trivial car il faut approximer un segment de droite continu dans un plan discret. Nous nous sommes appuyés sur l'algorithme de Bresenham (1965) de tracé de segments dans un espace discret. La figure 4 montre un exemple de séquence de pixels associée à un segment.

Suite à ce traitement, nous obtenons donc pour chaque transect candidat $T_{cand} \in E_{cand}(T)$ d'un transect inventorié $T \in D_s$, une séquence de k pixels $Pix_I(T_{cand}) =< P_1, P_2, ...P_k >$ avec $P_1 \in E_{debut}$ et $P_k \in E_{fin}$. Chaque pixel étant associé à un vecteur de valeurs spectrales, chaque séquence $Pix_I(T_{cand})$ est liée à une séquence de valeurs spectrales $Rad_I(T_{cand}) =< R_1, R_2, ...R_k >$ où $R_i \in R^s$ est le vecteur de valeurs spectrales du i-ème pixel (s est le nombre de bandes spectrales de l'image).

3.2   Redécoupage des données de l'inventaire en fonction des transects candidats

Une image est une représentation de la réalité dans un espace discret alors qu'un inventaire est exprimée de façon continue (un segment avec des transitions d'habitats). Afin de pouvoir comparer l'inventaire réalisé et un transect candidat associé à des pixels de l'image, il est nécessaire de découper l'inventaire en fonction des pixels considérés. Pour cela, il faut d'abord connaître l'endroit précis où chaque pixel "coupe" le segment considéré. La figure 4 illustre un exemple de ce découpage d'habitats suivant les pixels d'un candidat. Le pixel P_2 contient la portion du transect délimitée par $d1$ et $d2$. Une fois $d1$ et $d2$ calculées, on peut déduire les habitats (et leurs proportion) associés au pixel considéré en explorant la base de données terrain.

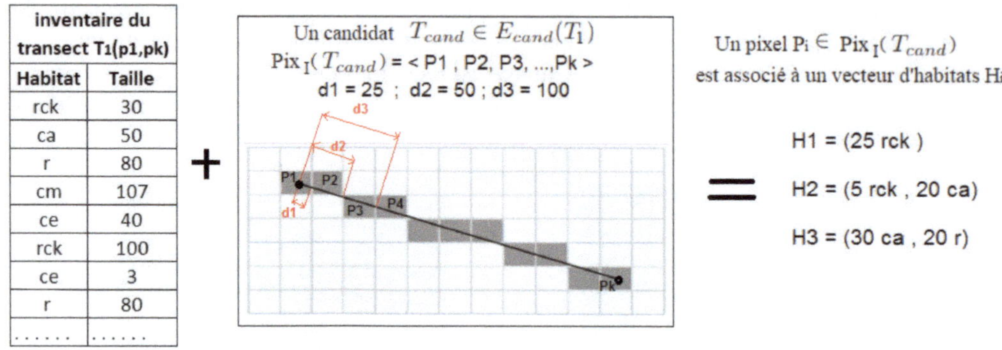

FIG. 4: Exemple illustrant la proportion d'habitats associée à chaque pixel.

Ce traitement permet pour chaque transect candidat $T_{cand} \in E_{cand}(T)$ de générer une séquence d'habitats $Hab_T(T_{cand}) = < H_1, H_2, ... H_k >$, où H_i est un vecteur décrivant la proportion de chaque habitat observé sur le terrain dans le pixel P_i de $Pix_I(T_{cand})$, $\forall i \in [1..k]$. Soit $H_i(j)$ la proportion du j-ème habitat de D_h dans le pixel P_i.

Par exemple, dans le Fig. 4, $H_2 = (5rck; 20ca)$ correspond aux habitats associés au pixel P_2. Il y a 5 cm de roche dans ce pixel (puisque $d1 = 25cm$ et la taille du premier habitat, roche, est de 30 cm), mais aussi 20 cm d'algues corallines (puisque $d2 = 50cm$). $H_2(1) = 5$ et $H_2(2) = 20$ puisque $D_h = \{rck, ca, r, mc, ce, ...\}$.

3.3 Estimation de la similarité entre transects candidats et inventaire : trois approches

Dans cette section, nous proposons trois méthodes pour estimer la similarité en la séquence de valeurs radiométriques $Rad_I(T_{cand})$ et la séquence d'habitats $Hab_T(T_{cand})$, et ainsi mesurer la similarité entre un transect candidat et l'inventaire réalisé sur le terrain.

3.3.1 Méthode basée uniquement sur les transitions d'habitats (M1)

Cette première méthode fait un clustering des pixels (par rapport à leurs valeurs spectrales) et compare simplement les transitions d'habitats avec celles des clusters.

En télédétection, un habitat (ou groupement d'habitats) est supposé avoir une signature spectrale particulière. Un clustering des pixels en fonction de leurs valeurs radiométriques génère des groupes de pixels avec des valeurs radiométriques similaires, c.à-d. des habitats supposés. Dans ce travail, nous utilisons la méthode des k-means pour trouver les changements d'habitats, avec k le nombre de changements dans les données terrain. Nous transformons donc la séquence $Rad_I(T_{cand})$ en séquence de clusters $S_{clusters} =< cluster(P_1), \ldots,$ $cluster(P_k) >$, où $cluster(P)$ est l'identifiant du cluster auquel est affecté le pixel P.

En théorie, s'il y a une bonne correspondance entre les clusters et les habitats réels, la transition des clusters de $S_{clusters}$ devrait ressembler à la transition des habitats de $Hab_T(T_{cand})$. Nous transformons donc la séquence $S_{clusters}$ et la séquence $Hab_T(T_{cand})$ en vecteurs binaires représentant les changements de clusters et les changements d'habitats. Soit $V_{clusters} =$ $(V_1, V_2, \ldots V_k)$ (resp. $V_{habitats}$) le vecteur de changements de clusters associé à $S_{clusters}$ (resp. $Hab_T(T_{cand})$). Nous avons donc $V_i = 0$ si $cluster(P_i) = cluster(P_{i+1})$ (resp. $H_i = H_{i+1}$), et $V_i = 1$ sinon, $\forall i \in [1...k-1]$. Le tableau 2 illustre cette transformation sur un exemple. La première et la deuxième colonne du tableau représentent $Hab_T(T_{cand})$ (sans les proportions) et $V_{habitats}$. La troisième colonne et la dernière représentent $S_{clusters}$ et $V_{clusters}$.

Habitats	Vecteur Habitat	Cluster	Vecteur Cluster
mc+dc	0	cluster_1	0
r	1	cluster_2	1
r	0	cluster_2	0
acb+r	0	cluster_4	1
r	0	cluster_4	0
mc	0	cluster_3	1
mc+dc	0	cluster_3	0
acb	1	cluster_1	0
acb	1	cluster_4	1
acd		cluster_4	

TAB. 2: Exemple de distribution habitats et distribution clusters

Pour comparer ces deux vecteurs de changement d'habitats, nous utilisons une mesure de similarité de type II (Rifqi, 2010) telle que celle de Rogers et Tanimoto (pour information, plusieurs mesures de type II ont été testées et fournissent les mêmes résultats). Ces mesures ont l'avantage de prendre en compte les différences entre les deux vecteurs, mais aussi les valeurs identiques (que soit un 1 ou un 0). Soit X et Y deux vecteurs binaires de $\{0,1\}^p$. On note a le nombre de 1 en commun, b le nombre de 1 dans X mais pas dans Y, c le nombre de 0 dans X mais pas dans Y, et d le nombre de 0 en commun. La mesure de similarité de Rogers et Tanimoto entre les vecteurs binaires X et Y est $\frac{a+d}{a+d+2(b+c)}$. Au final, le transect candidat ayant la similarité la plus élevée par rapport aux données terrain est conservé.

3.3.2 Méthode basée sur la réponse spectrale des habitats et leur distribution (M2)

Cette deuxième méthode fait aussi un clustering des pixels, mais considère en plus les habitats afin de caractériser chaque cluster extrait. Au final, elle compare les transitions d'habitats mais aussi leur composition.

Elle utilise aussi la méthode des k-means pour identifier des clusters (habitats supposés) et transformer $Rad_I(T_{cand})$ en $S_{clusters}$. Le nombre de clusters en entrée de la méthode des k-means est cette fois égal au nombre d'habitats différents dans la dimension D_h. Les clusters représentent ainsi des habitats supposés. On connaît leur signature spectrale mais pas encore le détail des habitats qui la compose. $Hab_T(T_{cand})$ précise la répartition des habitats observés sur le terrain en fonction de chaque pixel. Pour chaque pixel $P_i \in Pix_I(T_{cand})$, nous connaissons donc les valeurs spectrales R_i de chaque $cluster(P_i) \in S_{clusters}$, mais aussi le détail des habitats $H_i \in Hab_T(T_{cand})$ qui composent P_i. Par conséquent, il suffit de parcourir tous les pixels et de calculer la proportion totale d'habitats associés à chaque $cluster(P_i)$ (proportion normalisée).

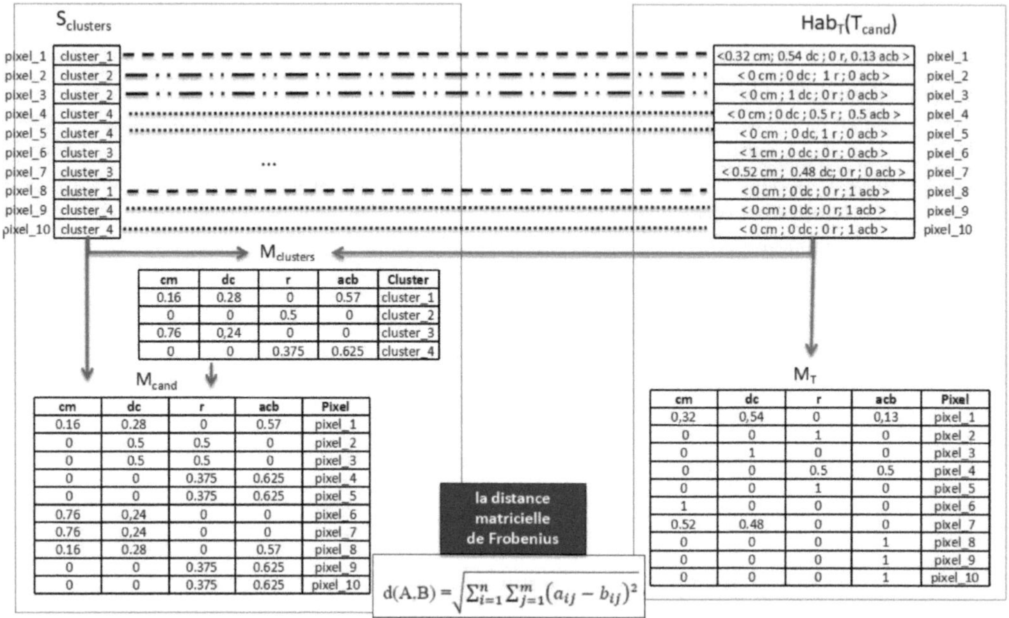

	$S_{clusters}$		$Hab_T(T_{cand})$	
pixel_1	cluster_1		< 0.32 cm; 0.54 dc ; 0 r, 0.13 acb >	pixel_1
pixel_2	cluster_2		< 0 cm ; 0 dc ; 1 r ; 0 acb >	pixel_2
pixel_3	cluster_2		< 0 cm ; 1 dc ; 0 r ; 0 acb >	pixel_3
pixel_4	cluster_4		< 0 cm ; 0 dc ; 0.5 r ; 0.5 acb >	pixel_4
pixel_5	cluster_4		< 0 cm ; 0 dc, 1 r ; 0 acb >	pixel_5
pixel_6	cluster_3		< 1 cm ; 0 dc ; 0 r ; 0 acb >	pixel_6
pixel_7	cluster_3		< 0.52 cm ; 0.48 dc; 0 r ; 0 acb >	pixel_7
pixel_8	cluster_1		< 0 cm ; 0 dc ; 0 r ; 1 acb >	pixel_8
pixel_9	cluster_4		< 0 cm ; 0 dc ; 0 r; 1 acb >	pixel_9
pixel_10	cluster_4		< 0 cm ; 0 dc ; 0 r ; 1 acb >	pixel_10

$M_{clusters}$

cm	dc	r	acb	Cluster
0.16	0.28	0	0.57	cluster_1
0	0	0.5	0	cluster_2
0.76	0,24	0	0	cluster_3
0	0	0.375	0.625	cluster_4

M_{cand}

cm	dc	r	acb	Pixel
0.16	0.28	0	0.57	pixel_1
0	0.5	0.5	0	pixel_2
0	0.5	0.5	0	pixel_3
0	0	0.375	0.625	pixel_4
0	0	0.375	0.625	pixel_5
0.76	0,24	0	0	pixel_6
0.76	0,24	0	0	pixel_7
0.16	0.28	0	0.57	pixel_8
0	0	0.375	0.625	pixel_9
0	0	0.375	0.625	pixel_10

M_T

cm	dc	r	acb	Pixel
0,32	0,54	0	0,13	pixel_1
0	0	1	0	pixel_2
0	1	0	0	pixel_3
0	0	0.5	0.5	pixel_4
0	0	1	0	pixel_5
1	0	0	0	pixel_6
0.52	0.48	0	0	pixel_7
0	0	0	1	pixel_8
0	0	0	1	pixel_9
0	0	0	1	pixel_10

$$d(A.B) = \sqrt{\sum_{i=1}^{n} \sum_{j=1}^{m} (a_{ij} - b_{ij})^2}$$

FIG. 5: Exemple illustrant le calcul des matrices M_{cand} et M_T.

Soit $M_{clusters}$ cette matrice clusters/proportions d'habitats. La proportion du j-ème habitat de D_h associée au cluster $C_l \in S_{clusters}$ est $M_{clusters}(l, j) = \dfrac{\sum_{P_i \in C_l} H_i(j)}{\sum_j \sum_{P_i \in C_l} H_i(j)}$ (matrice normalisée), où $H_i(j)$ est la proportion de l'habitat j qui apparait dans le pixel P_i (ce pixel étant dans le cluster C_l). Cette matrice permet d'associer au transect candidat une matrice M_{cand} précisant pour chaque pixel/cluster la proportion d'habitats supposés. Cette matrice peut ensuite être comparée à la matrice "terrain", notée M_T, dérivée de la séquence $Hab_T(T_{cand})$. La distance matricielle utilisée ici est celle de Frobenius (Horn et Johnson, 2012). La figure 5 illustre la construction des ces deux matrices et leur comparaison par la distance de Frobenius.

3.3.3 Méthode basée sur l'homogénéité des valeurs spectrales des habitats (M3)

Cette dernière méthode considère que le clustering des pixels est donné par les données terrain, et étudie simplement la qualité de celui-ci. Elle évalue l'homogénéité des valeurs spectrales des pixels associées à un même habitat dans le transect candidat. Nous croisons pour cela $Hab_T(T_{cand})$ et $Pix_I(T_{cand})$, et mesurons l'inertie intra-classe et inter-classe des pixels de $Pix_I(T_{cand})$ groupés en fonction des habitats de $Hab_T(T_{cand})$. Plus l'inertie intra-classe est petite (inertie inter-classe est grande) plus la classification habitat/pixel est bonne. Dans notre cas, les pixels $P_i \in Pix_I(T_{cand})$ sont les individus, les classes sont les différents habitats (ou groupement d'habitats) représentés dans $Hab_T(T_{cand})$, les caractéristiques (attributs) sont les 8 bandes spectrales des pixels dont les valeurs sont données par $Rad_I(T_{cand})$. Soit m le nombre d'habitats différents (les classes), s le nombre de valeurs spectrales (les attributs), et k le nombre de pixels de $Pix_I(T_{cand})$ (les individus). On note $R_i = (r_{i_1}, \ldots, r_{i_s})$ le vecteur correspondant aux valeurs radiométriques du pixel $P_i \in Pix_I(T_{cand})$. Soit C_l une classe d'habitats et n_l le nombre de pixels de classe C_l. Son centre de gravité est $\mu_l = \frac{1}{n_l} \sum_{i=1}^{n_l} R_i$, et son inertie est $I_l = \sum_{P_i \in C_l} d^2(R_i, \mu_l)$ avec $d^2(R_i, \mu_l) = \sum_{j=1}^{s} (r_{i_j} - \mu_{l_j})^2$. Plus l'inertie intra-classe, notée $J_a = \sum_{i=1}^{m} I_i$, est faible plus les clusters sont homogènes et éloignés les uns des autres. De même, on pourra calculer l'inertie inter-classe notée $J_b = \sum_l n_l d^2(\mu, \mu_l)$ avec $\mu = \frac{1}{k} \sum_{i=1}^{k} R_i$. Plus l'inertie inter-classe est grande et plus les clusters sont éloignés.

Le meilleur transect candidat est celui pour lequel J_a est minimum (J_b est maximum).

4 Expérimentations

Données utilisées Dans nos expérimentations, nous étudions les données issues du suivi d'un récif corallien en Nouvelle-Calédonie. Les données terrain répertorient 33 habitats selon 24 transects. Les biologistes ont utilisé la méthode du LIT (Line Intercept Transect) de English et al. (1997) pour effectuer cet inventaire. Les positions de départ et d'arrivée des transects ont été acquises avec un GPS Garmin dont la précision spatiale est 5 mètres. En plus de ces données, une image satellitaire THR WorldView-2 a été utilisée. Cette image a été acquise 3 jours après l'inventaire. Elle possède 8 bandes spectrales (proche infrarouge 1, rouge, vert, bleu, red-edge, jaune, bande côtière, et proche infrarouge 2) et sa résolution spatiale est 0. m. Cette image a subi les corrections classiques en télédétection (géométrique, atmosphérique, radiométrique, et scintillement des vagues) et a été fusionnée avec l'image panchromatique (*pansharpening*).

Protocol expérimental La chaîne de prétraitements proposée a été implémentée dans les logiciels *ENVI* et *KNIME* (Berthold et al., 2009). Le logiciel de traitements d'images *ENVI* est utilisé pour extraire les transects candidats de l'image (via un script *IDL*) et le logiciel d'analyse de données *KNIME* est utilisé pour faire les autres traitements (via un workflow).

Afin de valider nos approches, nous avons étudié l'impact des trois méthodes précédentes sur 15 algorithmes de classification supervisée *multi-target* implémentés dans l'outil *MEKA* (Read et al., 2016) : BCC (*Bayesian Classifier Chains*), CC (*Classifier Chains*), CR (*Class-Relevance*), NSR (*Nearest Set Replacement*) et RAkELd (Tsoumakas et al., 2011). Chaque méthode s'appuie sur des méthodes de classification mono-label (J48 par défaut). Nous avons aussi testé en entrée de ces algorithmes NB (*Naive Bayes*) et deux algorithmes de classification floue : ENORA de Jiménez et al. (2014) et FURIA de Hühn et Hüllermeier (2009).

Dans ces expérimentations, les instances sont les pixels (800 environs) caractérisés par leurs valeurs radiométriques (8), et les classes sont des habitats coralliens ou des combinaisons d'habitats (puisqu'un pixel peut être constitué de plusieurs habitats). Chaque classe peut prendre plusieurs valeurs (une proportion d'habitat dans le pixel considéré). En effet, nous avons utilisé *KNIME* pour discrétiser les proportions d'habitats en 12 catégories (0,]0, 10%],]10%, 20%], ..., 100%) représentant le pourcentage du pixel "occupé" par l'habitat.

Plusieurs mesures sont proposées dans *MEKA* pour évaluer la qualité de la prédiction (Read et al., 2011). Dans nos expérimentations, nous présenterons les résultats obtenus avec *Ham-*

ming Score (HS) et *Exact Match* (EM). La première mesure indique le pourcentage de bonnes prédictions sur le nombre total de classes. La deuxième mesure *Exact Match* (EM) indique le pourcentage d'échantillons dont les étiquettes ont été exactement prédites.

multi-target	Hamming Score				Exact Match			
	terrain	M1	M2	M3	terrain	M1	M2	M3
BCC - J48	0.97	0.97	0.97	0.97	0.047	0.13	0.055	0.103
BCC -NB	0.975	0.889	0.89	0.871	0.006	0.006	0.0	0.01
BCC - ENORA	0.909	0.929	0.912	0.87	0.003	0.0	0.0	0.0
CC - J48	0.964	0.969	0.969	0.97	0.051	0.109	0.052	0.108
CC - ENORA	0.975	0.968	0.969	0.971	0.004	0.0	0.0	0.0
CR - J48	0.975	0.969	0.97	0.97	0.049	0.125	0.055	0.097
CR -ENORA	0.975	0.891	0.891	0.956	0.001	0.0	0.0	0.0
NSR - J48	0.939	0.96	0.953	0.958	0.133	0.314	0.164	0.22
NSR -FURIA	0.958	0.956	0.953	0.958	0.111	0.197	0.148	0.216
NSR - ENORA	0.961	0.956		0.958		0.197		0.216
RAkELd -J48	0.974	0.967	0.969	0.97	0.058	0.15	0.056	0.106
Moyenne	**0.961**	**0.947**	**0.945**	**0.947**	**0.0**	**0.11**	**0.053**	**0.098**

TAB. 3: Résultats de la classification sur les données brutes et les données générées par nos 3 approches

Impact des prétraitements sur les classifieurs Le tableau 3 affiche les performances des algorithmes de classification étudiés sur les données brutes (*terrain*) et sur les données prétraitées avec nos méthodes (méthode basée sur les vecteurs de transitions *M1*, méthode basée sur les matrices d'habitats *M2* et méthode basée sur l'inertie *M3*). La mesure de Hamming Score (HS) est assez élevé en raison du nombre important de classes. En effet, nous avons en moyenne 50 classes (habitats ou regroupement d'habitats) pour 800 individus (pixels) en moyenne. Malgré ce nombre de classes élevé, nous constatons que la précision augmente pour la plus part des algorithmes. La valeur EM (qui est une mesure stricte) double dans certains cas avec nos prétraitements (p.ex. *M3*) par rapport aux classifications effectuées sur les données brutes.

La figure 6 montre les performances moyennes des classifieurs et classifieurs flous en fonction des prétraitements effectués sur les données. On remarque que les peformances diminuent légèrement lors de l'utilisation des méthodes floues, et ceci même sur les données brutes. On constate aussi que nos prétraitements améliorent globalement les résultats des classifieurs. Les méthodes M2 et M3 semblent plus particulièrement efficaces. Ces résultats montrent aussi que nos prétraitements sont complémentaires des algorithmes de classification floue pour traiter des données spatialement imprécises.

5   Conclusion et perspectives

Dans cet article, nous nous sommes intéressés au problème de l'imprécision spatiale des données collectées sur le terrain et son impact sur la classification supervisée d'images satellitaires. Nous avons proposé des prétraitements pour améliorer cette précision spatiale en exploitant une image satellitaire THR. Ce processus s'appuie sur une identification des transects candidats dans l'image, suivi d'un redécoupage des données terrain en segments d'habitats correspondant à ces pixels. Un clustering est aussi fait pour détecter des habitats supposés à

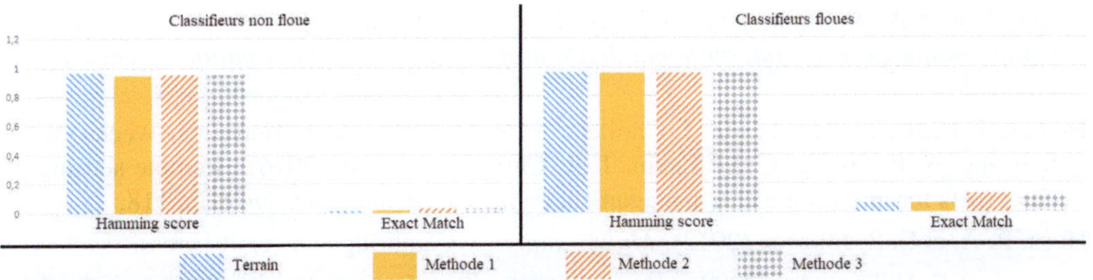

FIG. 6: Comparaison de la performance moyenne des classifieurs et classifieurs floues.

partir des valeurs spectrales associées aux transects candidats. Trois approches ont été proposées et comparées. Ces approches permettent d'extraire la séquence de pixels resemblant le plus aux données terrain. Des expérimentations ont été réalisées sur un jeu de données réelles afin de mesurer l'impact de nos prétraitements sur la qualité d'une classification supervisée. Nous avons pour cela étudié les performances obtenues par 15 algorithmes de classification *multi-target* de la littérature. Ces résultats montrent que notre approche permet de doubler le nombre d'*Exact-Match*. Ils mettent également en avant la limite des mesures existantes (p.ex. *Hamming-Loss* ou distance de *Levenshtein*) pour évaluer la qualité d'une classification multi-classes avec des valeurs nominales (ou numériques discrétisées).

Les perspectives à ce travail sont nombreuses. Il serait par exemple intéressant d'étudier plus précisément l'impact du nombre de classes, de la discrétisation et du *pansharpening* sur nos prétraitements et les performances des classifieurs. Pour cela, le développement d'une mesure de similarité adaptée à des classes avec des valeurs numériques discrétisées semble important. Il serait également intéressant d'utiliser des indices radiométriques calculés ou des produits dérivés (p.ex. une estimation de la bathymétrie) en plus des valeurs spectrales des images. Une autre perspective serait de combiner nos prétraitements avec des algorithmes de régression, et d'en étudier les performances.

Références

Berthold, M. R., N. Cebron, F. Dill, T. R. Gabriel, T. Kötter, T. Meinl, P. Ohl, K. Thiel, et B. Wiswedel (2009). Knime-the konstanz information miner : version 2.0 and beyond. *AcM SIGKDD explorations Newsletter 11*(1), 26–31.

Blewitt, G. et G. Taylor (2002). Mapping dilution of precision (mdop) and map-matched gps. *International Journal of geographical information science 16*(1), 55–67.

Bresenham, J. E. (1965). Algorithm for computer control of a digital plotter. *IBM Systems journal 4*(1), 25–30.

English, S. S., C. C. Wilkinson, et V. V. Baker (1997). *Survey manual for tropical marine resources*. Australian Institute of Marine Science.

Fritz, S. et L. See (2005). Comparison of land cover maps using fuzzy agreement. *International Journal of Geographical Information Science 19*(7), 787–807.

Hagen-Zanker, A., B. Straatman, et I. Uljee (2005). Further developments of a fuzzy set map comparison approach. *International Journal of Geographical Information Science 19*(7), 769–785.

Hedley, J. D., C. M. Roelfsema, I. Chollett, A. R. Harborne, S. F. Heron, S. Weeks, W. J. Skirving, A. E. Strong, C. M. Eakin, T. R. Christensen, et al. (2016). Remote sensing of coral reefs for monitoring and management : a review. *Remote Sensing 8*(2), 118.

Horn, R. A. et C. R. Johnson (2012). *Matrix analysis.* Cambridge university press.

Hühn, J. et E. Hüllermeier (2009). Furia : an algorithm for unordered fuzzy rule induction. *Data Mining and Knowledge Discovery 19*(3), 293–319.

Jiménez, F., G. Sánchez, et J. M. Juárez (2014). Multi-objective evolutionary algorithms for fuzzy classification in survival prediction. *Artificial intelligence in medicine 60*(3), 197–219.

Mustière, S. (2014). *Intégration de données géographiques.* Ph. D. thesis, Université de Grenoble.

Pontius Jr, R. G. et M. L. Cheuk (2006). A generalized cross-tabulation matrix to compare soft-classified maps at multiple resolutions. *International Journal of Geographical Information Science 20*(1), 1–30.

Read, J., B. Pfahringer, G. Holmes, et E. Frank (2011). Classifier chains for multi-label classification. *Machine learning 85*(3), 333–359.

Read, J., P. Reutemann, B. Pfahringer, et G. Holmes (2016). MEKA : A multi-label/multi-target extension to WEKA. *Journal of Machine Learning Research 17*, 21 :1–21 :5.

Rifqi, M. (2010). *Mesures de similarité, raisonnement et modélisation de l'utilisateur.* Ph. D. thesis, Université Pierre et Marie-Curie.

Tsoumakas, G., I. Katakis, et I. Vlahavas (2011). Random k-labelsets for multilabel classification. *IEEE Transactions on Knowledge and Data Engineering 23*(7), 1079–1089.

Summary

In a supervised classification problem, training data often comes from field inventories acquired by domain experts. However, location of these inventories may be approximate (due to intrinsic precision of portable GPS used). This spatial inaccuracy is particularly problematic when these data are used to train a classifier on very high resolution (VHR) satellite images. Indeed, in some cases, spatial accuracy of inventories may be much lower than the one of images. In this paper, we propose three preprocessing methods to correct this spatial inaccuracy of field inventories. The principle of these approaches is to exploit available VHR satellite images to spatially correct field data. Our experiments highlight the interest of these pretreatments and compare the proposed approaches on a dataset consisting of 24 habitat inventories of coral reefs and a VHR satellite image (WorldView-2) . [2]

---

2. This work was supported by the "CORAIL" laboratory of excellence and the DigitalGlobe Foundation (*Satellite image courtesy of the DigitalGlobe Foundation*)

Complémentarités de représentations vectorielles pour la similarité sémantique

Julien Hay*,**, Tim Van de Cruys***
Philippe Muller*** Bich-liên Doan**,****
Fabrice Popineau**,**** Lyes Benamsili*

*Octopeek
22 Rue du Général de Gaulle, 95880 Enghien-les-Bains, France
https://www.octopeek.com
**LRI
Bat 650 / 660, Rue Noetzlin, 91190 Gif-sur-Yvette, France
***IRIT
Université Toulouse III Paul Sabatier
118 Route de Narbonne, 31062 Toulouse, France
****CentraleSupélec
3 rue Joliot-Curie, 91192 Gif-sur-Yvette, France

Résumé. La tâche de similarité sémantique textuelle consiste à exprimer automatiquement un nombre reflétant la similarité sémantique de deux fragments de texte. Chaque année depuis 2012, les campagnes de *SemEval* déroulent cette tâche de similarité sémantique textuelle. Cet article présente une méthode associant différentes représentations vectorielles de phrases dans l'objectif d'améliorer les résultats obtenus en similarité sémantique. Notre hypothèse est que différentes représentations permettraient de représenter différents aspects sémantiques, et par extension, d'améliorer les similarités calculées, la principale difficulté étant de sélectionner les représentations les plus complémentaires pour cette tâche. Notre système se base sur le système vainqueur de la campagne de 2015 ainsi que sur notre méthode de sélection par complémentarité. Les résultats obtenus viennent confirmer l'intérêt de cette méthode lorsqu'ils sont comparés aux résultats de la campagne de 2016.

1   Introduction

De nombreux travaux récents s'intéressent à la similarité sémantique, soit entre mots, soit entre groupes de mots, depuis les syntagmes jusqu'à des documents complets, en passant par la similarité entre phrases. Rapprocher des mots ou des phrases par leur sens permet d'utiliser des traits sémantiques dans des modèles en évitant la dispersion inhérente liée à la taille du vocabulaire, ou à l'espace des phrases possibles. La plupart des travaux dans ce sens calculent des similarités entre des représentations construites sur des bases distributionnelles, c'est à dire où la similarité de sens dérive d'une similarité des contextes d'apparition des mots, une hypothèse énoncée par Harris (1954).

Les représentations prennent la forme de vecteurs, matrices et tenseurs distributionnels (Turney et Pantel, 2010), où les dimensions correspondent à des co-occurrences lexicales (Curran, 2004), syntaxiques (Baroni et Lenci, 2010), ou bien des transformations de ces contextes, par réduction de dimension (Pennington et al., 2014) ou par l'intermédiaire d'apprentissage avec des réseaux de neurones (Mikolov et al., 2013). L'évaluation de ces modèles vectoriels repose soit sur des tâches externes où ils sont mis en jeu, soit sur des mesures intrinsèques, fondées sur des échantillons de mots similaires, ou des groupes de mots similaires.

Plus récemment, la notion de similarité sémantique textuelle motive des représentations vectorielles au delà de mots seuls. La représentation phrastique peut se construire par composition des représentations lexicales (Mitchell et Lapata, 2008; Van de Cruys et al., 2013) ou là encore être construite par l'intermédiaire d'un apprentissage par réseau de neurones (Le et Mikolov, 2014).

Les méthodes appliquées à la reconnaissance de paraphrases ou de similarités s'appuient donc sur des représentations vectorielles et sur différentes façons de les combiner, et utilisent aussi des appariements des éléments de phrase (Sultan et al., 2015). Un problème crucial pour ces représentations vectorielles est l'existence de nombreux hyper-paramètres dans leur construction et dans leur combinaison pour la définition de la similarité textuelle. De même, il existe peu de travaux qui tentent de combiner différentes représentations pour tirer parti d'éventuelles complémentarités des choix effectués en amont.

Nous présentons ici un travail sur la combinaison des représentations vectorielles pour explorer le potentiel de l'association de ces représentations à différentes échelles. Nous revenons dans la section suivante plus en détail sur la tâche de similarité sémantique textuelle avec un bref état de l'art de la campagne *SemEval*. La section 3 présentera nos motivations et hypothèses qui justifieront cette recherche de complémentarité des représentations vectorielles. Nous détaillerons ensuite notre méthode de recherche de complémentarité à travers deux algorithmes optimisant deux critères différents en section 4. Enfin, nous discuterons des résultats obtenus en les comparant aux résultats de la campagne de l'année 2016.

2 Similarité sémantique textuelle

Nous revenons brièvement sur les modèles vectoriels de mots et de phrases, pour discuter de leur place dans la tâche spécifique de mesure de similarité textuelle.

2.1 Modèles vectoriels

La représentation du texte dans un espace vectoriel est une technique de plus en plus utilisée ces dernières années dans plusieurs disciplines du *TAL*, comme en analyse de sentiment et en traduction automatique (Le et Mikolov, 2014). Cette représentation permet de « rapprocher » des mots, des phrases, et de manière générale, du texte, sans passer par une représentation précise de tous les éléments du sens. La représentation vectorielle permet ainsi de construire une forme pouvant positionner les mots les uns par rapport aux autres.

Chaque mot étant réduit à un vecteur de nombres, il est possible de calculer une similarité avec des mesures simples telle que la similarité cosinus. La construction des représentations vectorielles est possible par apprentissage non-supervisé sur de larges *corpus*. Les différentes techniques de construction de ces vecteurs tiennent compte, pour chaque mot, de leurs voisins dans le texte, c'est à dire des mots qui sont proches dans une même phrase : le « contexte ».

Les vecteurs se prêtent également bien à différentes méthodes de composition. Il est possible de composer plusieurs mots afin de construire le vecteur d'une phrase en faisant la moyenne des éléments des vecteurs de tous les mots. D'autres méthodes s'attaquent directement à la représentation de phrases sans passer par la composition de vecteurs de mots (Le et Mikolov, 2014). Des approches supervisées permettent également la représentation de phrases grâce notamment aux réseaux de neurones profonds tels que les *recursive networks*, les *recurrent networks*, ou encore les *convolutional networks*.

2.2 La tâche *SemEval STS*

La tâche *STS* propose de mesurer quantitativement la similarité sémantique de deux phrases sur une échelle de 0 à 5, la valeur 5 signifiant que les phrases sont strictement identiques sur le plan sémantique. Chaque paire de phrases mise à disposition depuis 2012 a été évaluée par plusieurs annotateurs humains rémunérés via la plate-forme de *microworking Amazon Mechanical Turk*, en éliminant les annotateurs peu fiables et les phrases dont la mesure montre trop de variance. À chaque paire de phrases correspond une note moyenne, qui peut donner des valeurs réelles dans tout l'intervalle *[0, 5]*.

Ce sont au total plus de 14 000 paires de phrases qui ont été mises à disposition dans le cadre de cette tâche depuis 2012. Le score d'un système est calculé, par la corrélation de Pearson entre leurs résultats et les données de test annotées pour l'année courante. Chaque équipe peut proposer trois systèmes et les entraîner sur les données des années antérieures.

De manière générale, les participants à la tâche l'abordent comme un problème de régression supervisée, et utilisent des descripteurs classiques comme le nombre de mots en commun, de séquences de différentes longueurs en commun, etc. Des mesures de similarité basées sur un alignement de mots et des mesures provenant du domaine de la traduction automatique sont aussi utilisées. En 2016, les trois participants vainqueurs ont exploité de nouvelles techniques de représentations vectorielles de phrases, toutes basées sur des architectures de réseaux de neurones profonds comme Rychalska et al. (2016) qui ont utilisé un *Recursive Neural Network*.

3 Motivations

3.1 Hypothèse

Une comparaison basique entre deux phrases consisterait à calculer leur similarité topicale et lexicale. D'autres méthodes provenant de la sémantique distributionnelle permettent, quant à elles, de représenter l'ensemble de la phrase dans un espace sémantique commun à toutes les phrases d'un corpus donné. Ces méthodes demandent le prétraitement d'un corpus et de paramétrer l'algorithme qui apprend à représenter chaque phrase. Dans cet article, nous proposons une méthode qui tente de représenter plus finement les phrases sans se restreindre à un paramétrage précis. En l'occurrence, nous pensons que l'humain est capable de cibler différents aspects sémantiques dans l'objectif de comparer des morceaux de texte sur plusieurs plans.

Ces différents aspects peuvent, par exemple, être le sujet traité (*topic*), l'action dans la phrase, le mouvement, les entités impliquées, les informations spatio-temporelles, etc.

En *TAL*, on cherche en général à trouver le meilleur algorithme qui génère les représentations vectorielles, ou on essaye d'optimiser les paramètres de certains algorithmes. À notre connaissance, aucun travail ne tente de détecter automatiquement les aspects sémantiques qui permettraient une comparaison textuelle optimale de niveau humain.

C'est ce que nous proposons de faire grâce à la variation d'un certain nombre de paramètres de prétraitement de phrases et de construction de leur vecteur représentatif. Nous évaluons notre méthode sur la tâche de *Semantic Textual Similarity (STS)* des campagnes *SemEval*. Et afin de capturer automatiquement des aspects sémantiques permettant une comparaison optimale, nous optimisons la sélection de différentes représentations vectorielles sur le critère de la complémentarité dans la tâche de *STS*. Cette variation peut permettre de cibler différents aspects de la phrase, et ainsi faire un jugement de pertinence au plus proche de l'humain.

Dans notre article, nous définissons une suite de représentations vectorielles les plus complémentaires possibles comme une suite de représentations, qui, associées, permettent d'obtenir les meilleurs résultats sur la tâche en exploitant une diversité dans l'affectation des paramètres de prétraitement du corpus et de construction des vecteurs.

Nous proposons d'utiliser une extension de *Word2Vec* (Mikolov et al., 2013), communément appelée *Doc2Vec* (Le et Mikolov, 2014) permettant de représenter un document ou un ensemble de phrases dans un espace sémantique. Nous avons utilisé l'implémentation *Doc2Vec* de *Gensim* (Řehůřek et Sojka, 2010).

3.2   Variation de paramètres

Notre contribution se fonde sur l'hypothèse que la combinaison de différentes représentations vectorielles peut améliorer la qualité du score de similarité calculé, si ces représentations sont suffisamment complémentaires. Plus concrètement, nous pensons qu'une variation des paramètres de prétraitement des corpus et des paramètres de construction des vecteurs peut diversifier la représentation sémantique, et que l'obtention des représentations les plus complémentaires est en mesure d'orienter les calculs de similarité sur différents aspects sémantiques. Les paramètres pris en compte dans notre système sont les suivants :

size (entre 2 et 10000) indique la taille des vecteurs générés. Une même phrase représentée sur 50 dimensions ou 3000 dimensions portera des indices sémantiques différents, dans la granularité de ces indices (aspects topicaux ou aspects sémantiques plus fins).

removePunct (vrai ou faux) indique la suppression ou non de la ponctuation de chaque phrase. La structure de la phrase variera selon la valeur de ce paramètre. Une virgule indiquera une séparation entre deux parties de phrase. Un point d'interrogation indiquera que la phrase est une interrogation ou une demande, et que les informations énoncées ne sont probablement pas factuelles. En revanche, supprimer toute ponctuation produira des vecteurs ne se focalisant que sur les mots et leurs voisins.

window (entre 1 et 20) définit la taille de la fenêtre de contexte de chaque mot. Plus la fenêtre est grande, plus le contexte d'un mot sera constitué de voisins éloignés dans la phrase, à gauche comme à droite. Par exemple, dans la phrase *"Bob joue du piano"*, une *window* de 1 (qui correspondra à une fenêtre de 3 mots, sauf au bord des phrases) centré sur *Bob* prendra en compte l'action (le verbe *jouer*) alors qu'une *window* de 4 considérera aussi sur quoi s'applique l'action (le *piano*).

toLowerCase (vrai ou faux) indique la conservation ou non des majuscules présentes dans la phrase. Les majuscules peuvent, par exemple, permettre de différencier le nom commun d'un nom personnel. Leur suppression permet de réduire les noms personnels à leur forme commune si celle-ci existe et permet également de ne pas différencier un même mot en début de phrase ou non.

removeStopWords (vrai ou faux) indique si les mots vides sont supprimés de chaque phrase ou non. Les mots vides sont des mots peu informatifs mais qui permettent de lier les mots informatifs et structurer la phrase. Leur suppression permettra de focaliser l'analyse sur les mots sémantiquement riches. Au contraire, les conserver permettra de mieux représenter l'enchaînement des mots sémantiquement riches.

lemma (vrai ou faux) indique si la phrase est lemmatisée ou non. Une phrase lemmatisée perd en information sémantique puisque, par exemple, en supprimant la conjugaison, le lien entre un verbe et son sujet est affaibli. Une lemmatisation rendra la taille du vocabulaire beaucoup moins grande et les phrases seront plus proches, ce qui accentuera leur similarité « thématique ».

D'autres paramètres, directement liés à la génération des vecteurs par l'algorithme utilisé, ont aussi subi des variations : *alpha*, *iter*, *sample*, *negative* et *min_count*. Le lien entre certains hyper-paramètres liés à la constitution des vecteurs et le résultat final n'est pas simple à déterminer. Nous proposons donc une méthode d'optimisation qui cherche les combinaisons de paramètres les plus complémentaires.

La figure 1 schématise notre méthode en trois étapes fondamentales. Dans un premier temps l'optimisation des paramètres qui permet d'obtenir un ensemble de modèles classés selon leur performance avec la variation de paramètres décrite en sous-section 3.2. Conjointement à cette optimisation, nous générons des modèles avec des paramètres choisis au hasard. Ensuite, l'algorithme de sélection *topdesc* associe des modèles suffisamment différents en parcourant le classement issu de l'étape 1. Enfin, l'algorithme de sélection *topdelta* analyse les séries obtenues à l'étape 2 et associe les modèles les plus complémentaires, qui présentent une forte plus-value dans l'ensemble des séries. Nous mettons à disposition le code source python via la plateforme *GitHub* [1].

4   Combinaison de modèles complémentaires

4.1   Optimisation des paramètres

Nous commençons par générer des modèles [2] en cherchant les paramètres optimaux par une méthode d'optimisation de type recherche locale. Les onze paramètres cités en sous-section 3.2 ont été utilisés pour chaque modèle. Un modèle est généré grâce à l'outil *Doc2Vec*. *Doc2Vec*

---

1. `https://github.com/hayj/STSSeries/`.

2. Nous définissons un modèle comme étant l'ensemble des représentations vectorielles des phrases générées par l'outil *Doc2Vec* et ayant les mêmes paramètres de prétraitement de corpus (e.g. lemmatisation, mots vides) et de construction des vecteurs (e.g. nombre de dimensions, taille de fenêtre).

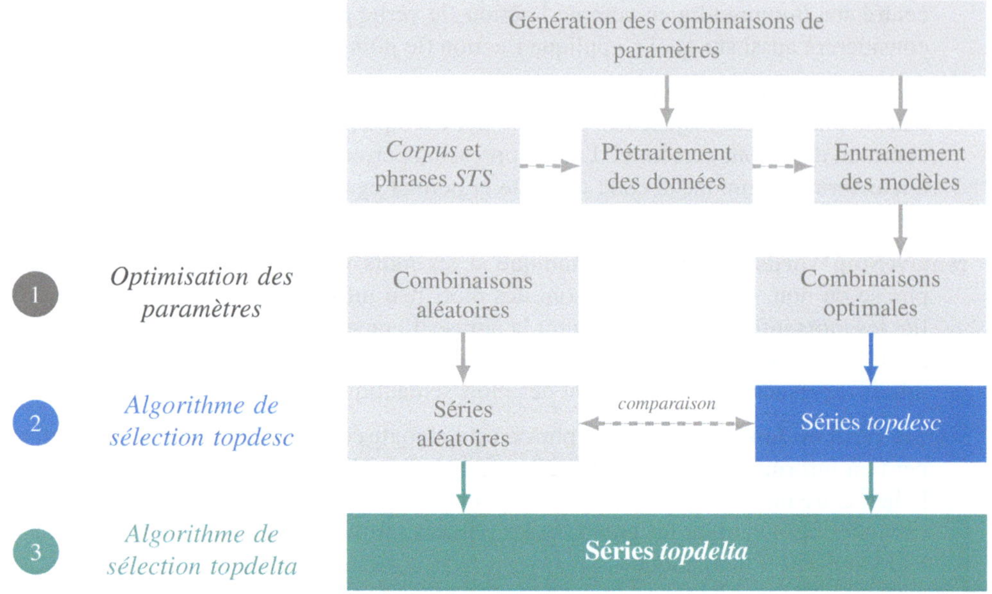

FIG. 1 – *Schéma illustrant les trois étapes : optimisation, algorithmes de sélection topdesc et topdelta*

prend un corpus (un ensemble de phrases) prétraité par une partie des paramètres, et prend également des paramètres propres à l'exécution de l'outil. Cet outil donne en sortie, pour chaque phrase, un vecteur représentatif. La similarité de chaque de paire phrases peut donc être calculée grâce à ces vecteurs. D'autres modèles sont générés avec affectations de paramètres aléatoires. Plus de 50 000 modèles ont été générés lors de cette première étape : la moitié par la procédure d'optimisation et l'autre moitié grâce à une affectation aléatoire des onze paramètres. Chaque modèle permet d'obtenir des représentations vectorielles différentes de toutes les phrases *STS*. Les représentations vectorielles sont apprises par *Doc2Vec* sur les données de la tâche *STS* ainsi que sur le *Brown Corpus* pour un total d'environ 85 000 phrases (dont environ 14 000 provenant de la tâche).

Dans l'objectif d'obtenir un score pour chaque modèle reflétant ses performances sur la tâche *STS*, nous intégrons chaque modèle dans le système *DLS 2015* proposé par Sultan et al. (2015). Le calcul de similarité sémantique est appris par une régression linéaire de type *Ridge*. Le système *DLS 2015* est constitué de deux descripteurs :

1. Le premier correspond à un score d'alignement entre deux phrases. Ce score est obtenu en fonction du nombre de mots que l'aligneur a réussi à relier entre les deux phrases selon différentes métriques (dictionnaire de synonymes, distance de Levenshtein, etc).

2. Le second descripteur correspond à une similarité cosinus reprenant les vecteurs de Baroni et al. (2014).

Lorsque nous intégrons un modèle, cela signifie que nous prenons chaque vecteur de chaque phrase (i.e. les représentations vectorielles issues du modèle entraîné avec une certaine

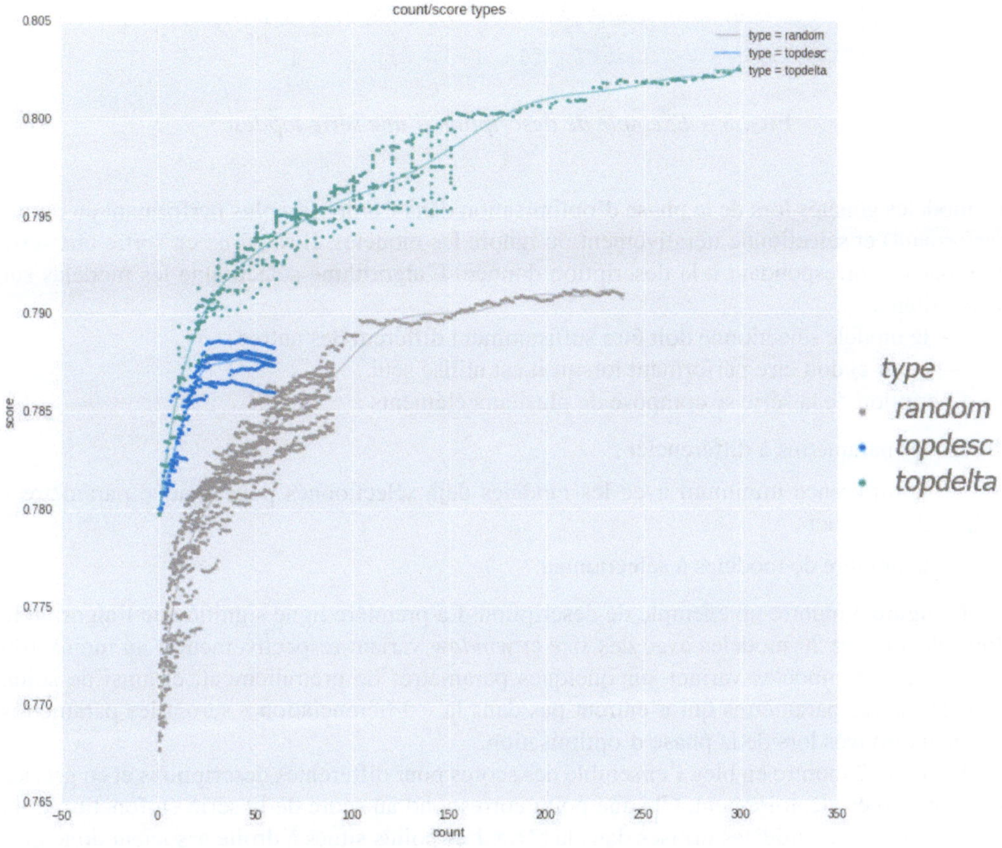

FIG. 2 – *Graphique rassemblant les trois types de séries*

combinaison de paramètres), puis nous calculons les similarités cosinus entre chaque paire de phrases. Ces similarités sont ajoutées en descripteur dans le système *DLS 2015*. Par la suite, l'utilisation de plusieurs modèles produira donc plusieurs descripteurs.

Pour notre première phase d'optimisation, nous n'utilisons qu'un seul modèle en descripteur additionnel. Nous évaluons un modèle (défini par son affectation de paramètres) par la performance du système *DLS 2015* avec, en plus, le descripteur de ce modèle. Enfin, chaque modèle est classé selon ses performances par évaluation croisée sur toutes les données antérieures à celles de l'année 2016.

4.2   Algorithme de sélection *topdesc*

Une fois ce classement obtenu, nous utilisons l'algorithme *topdesc* pour sélectionner des « séries » de modèles [3]. L'algorithme *topdesc* prend en entrée une « description », parcourt tous

---

3. Nous définissons une « série » de modèles comme étant un ensemble ordonné de modèles ayant différents paramètres de prétraitement de corpus et de construction des vecteurs.

```
[ (["size", "windows"], [100, 2], 20),
  (["removeStopWords", "removePunct", "lemma"], None, 6),
  (["min_count", "negative"], [10, 2], 10) ]
```

FIG. 3 – *Exemple de description d'une série topdesc*

les modèles générés lors de la phase d'optimisation dans l'ordre (du plus performant au moins performant) et sélectionne itérativement ou ignore les modèles. Il retourne en sortie une série de modèles correspondant à la description donnée. L'algorithme sélectionne les modèles sur deux critères :
— le modèle sélectionné doit être suffisamment différent des autres ;
— celui-ci doit être performant lorsqu'il est utilisé seul.
La description de la série se compose de plusieurs éléments :

1. les paramètres à différencier ;

2. la différence minimum avec les modèles déjà sélectionnés pour chaque paramètre à différencier ;

3. le nombre de modèles à sélectionner.

La figure 3 montre un exemple de description. La première ligne signifie que l'algorithme doit sélectionner 20 modèles avec des *size* et *window* variant respectivement d'au moins 100 et 2, ensuite 6 modèles variant sur quelques paramètres de prétraitement, et ainsi de suite. Tous les autres paramètres qui n'entrent pas dans la « différenciation » seront les paramètres optimaux trouvés lors de la phase d'optimisation.

La figure 2 montre en bleu l'ensemble des scores pour différentes descriptions et en gris les séries générées aléatoirement. Chaque point correspond au score de la série en fonction d'un certain nombre de modèles utilisés dans la série. Les points situés à droite associent donc plus de modèles que les points plus à gauche, ce qui permet d'observer l'évolution des performances de la série.

L'abscisse correspond donc au nombre de modèles sélectionnés et l'ordonnée correspond au score du système *DLS 2015* comprenant, en descripteurs additionnels, les similarités cosinus de tous les modèles de la série courante U_i. Chaque point du graphique appartient à une courbe $U_i(x)$, x étant un nombre de similarités cosinus (descripteurs) provenant des modèles de la série. Le score en ordonnée correspond donc au système *DLS 2015* avec un nombre x de descripteurs additionnels appartenant à la série U_i. Les séries se prolongent en $x + 1$, le score correspondra alors au même système, i.e. aux mêmes descripteurs, composé de la similarité d'un modèle en plus sélectionné pour la série U_i.

L'objectif de cette seconde étape était d'observer les modèles et leur pouvoir d'amélioration dans différentes séries. Une dizaine de séries ont été testées en faisant varier des descriptions semblables à la figure 3. Pour des raisons de lisibilité, seulement 5 d'entres elles ont été représentées sur la figure 2.

La sélection *topdesc* permet un gain d'environ 1.8% sur la base du système état de l'art 2015 (*DLS 2015*) et du meilleur modèle toujours présent en début de chaque série. Nous remarquerons que les séries générées aléatoirement permettent de surpasser les séries *topdesc* si suffisamment de modèles sont utilisés. Pour contrebalancer cet effet, nous introduisons l'algorithme *topdelta*.

4.3   Algorithme de sélection *topdelta*

L'algorithme de sélection *topdesc* permet de créer des séries de modèles performants. Mais comme nous avons pu le constater, il ne permet pas un gain important en performance. Un algorithme cherchant les modèles les plus complémentaires doit être capable de discriminer automatiquement les paramètres qui influent le moins sur la diversité des représentations. Par exemple, nous pouvons supposer que certains paramètres comme le nombre d'itérations lors de la construction des vecteurs sont directement liés aux performances du modèle et qu'une variation de ces paramètres ne permettra pas nécessairement d'orienter la représentation sur des aspects sémantiques variés. La sélection ne se faisait que sur le critère de performance et ne prenait pas en compte l'apport concret du calcul de similarité issu du modèle parmi l'ensemble des descripteurs. L'algorithme *topdelta* permet quant à lui de combiner des modèles par leur pouvoir de complémentarité. L'hypothèse sous-jacente est que les modèles les plus « complémentaires » sont ceux améliorant le plus une série. Cet algorithme consiste en l'attribution d'un score de « potentiel de complémentarité » à chaque modèle utilisé dans les séries *topdesc* et aléatoires. Une série *topdelta* correspondra donc à la suite de modèles ayant les meilleurs scores. Plusieurs séries différentes peuvent être générées en fonction des affectations de paramètres de l'équation calculant le score de « potentiel » que nous allons détailler.

Plus concrètement, nous pouvons intuitivement considérer que les modèles les plus complémentaires pouvant faire partie d'une série tiennent compte de deux facteurs :

1. d'une part la performance du modèle seul, i.e. son score en dehors d'une série ;

2. d'autre part son « pouvoir de complémentarité », i.e. la différence moyenne d'amélioration des performances entre ce modèle et l'ensemble de tous les modèles prédécesseurs possibles (i.e. qui apparaissent avant dans une série).

Le facteur score seul correspond aux scores obtenus lors de notre première étape. Le deuxième facteur est plus compliqué à mesurer. En effet, le pouvoir de complémentarité moyen d'un modèle doit tenir compte, dans l'idéal, de toutes les associations possibles de celui-ci et de prédécesseurs puisqu'un modèle peut améliorer une série uniquement grâce aux mauvaises performances de ses prédécesseurs. Chaque modèle est utilisé en moyenne trois fois et correspond donc en moyenne à trois points sur la figure 2. Il a donc été possible de faire une moyenne des différences entre le score de la série et le score de la série combiné au modèle courant.

Le score *topdelta* est défini ainsi :

$$potentiel(x) = (1 - \alpha)S + \alpha \frac{\sum_{i=1}^{n} \frac{\tau_i(x) + \Delta_i}{1+\beta}}{n} \tag{1}$$

Le paramètre α permet de régler la balance entre l'influence du score seul S et celle de la complémentarité Δ. La complémentarité Δ est la différence moyenne entre le modèle x courant auquel nous voulons attribuer un score et l'ensemble de tous les prédécesseurs existants dans l'ensemble des séries *topdesc* déjà générées. Le modèle x peut également être un modèle présent dans les séries générées aléatoirement. Le paramètre Δ est normalisé entre sa valeur minimale et maximale parmi toutes les séries. Pour plus de lisibilité, cette normalisation n'est pas incluse dans les équations.

Plus un modèle sera loin dans une série, plus faible sera la probabilité qu'il améliore cette série. Ce constat est général dans la plupart des tâches en apprentissage automatique : tout descripteur peut être indépendamment très performant, mais les performances associées de plusieurs descripteurs ne correspondront pas à la somme de leurs performances individuelles. Il est donc pertinent d'introduire un « bonus » qui permet d'augmenter le *delta* en fonction de la position du modèle dans la série. Le bonus τ a donc été introduit dans l'équation 1 et normalisé par sa borne supérieure β. Ce bonus peut être défini selon deux informations :

1. le nombre de prédécesseurs, puisque plus le modèle a de prédécesseurs, moins il a de chance d'améliorer la série ;

2. le score de la série au niveau de ce modèle, puisque plus le score de la série est élevé par rapport aux autres séries, moins ce modèle aura de chance d'améliorer globalement la série. Afin de simplifier les équations, cette information sera considérée comme normalisée au même titre que Δ et S.

Le bonus τ du modèle x pour la série courante i correspond donc à l'équation 2. Avec $nbAncestors$ le nombre de prédécesseurs, σ réglant l'influence des deux informations et β réglant l'importance du bonus τ (i.e. plus β sera grand, plus le bonus pourra être grand) :

$$\tau_i(x) = \sigma(\beta \times \frac{nbAncestors(x,i)}{nbAncestorsMax}) + (1 - \sigma)(\beta \times S_{serie_i}) \tag{2}$$

La figure 2 montre les séries *topdelta* générées et optimisées (par une méthode de type recherche locale) sur les paramètres α, β, σ. Les meilleures affectations, représentées par la courbe *topdelta* la plus haute sur le graphique, sont $\alpha = 0.9$, $\beta = 1.0$, $\sigma = 0.5$. Nous remarquerons que le facteur de complémentarité est plus important que le score du modèle seul comme le montre l'affectation de α. L'affectation de β montre que le bonus est aussi important que *delta* lui-même. Enfin, l'affectation de σ ne priorise pas l'information du nombre de prédécesseurs par rapport au score de la série.

Sur la figure 2, pour des raisons de complexité en espace mémoire, nous avons prolongé uniquement une série *topdelta* et une série aléatoire, en choisissant la meilleure parmi celles déjà générées. Si l'on considère le score de référence comme étant le système *DLS 2015* avec un modèle généré aléatoirement, alors la série *topdelta* permet un gain de 4%. La prochaine partie est destinée à tester expérimentalement la meilleure série *topdelta* en évaluant notre système sur les données de test mises à disposition en 2016.

5   Expérimentations

Lors de la campagne *SemEval* de 2016 (Agirre et al., 2016), ce sont 43 équipes qui ont participé à la tâche pour un total de 119 essais. Les scores globaux allaient de 0.4 à 0.77 avec une médiane à 0.69. La *baseline* de la campagne 2016 correspond à une similarité basée sur la similarité cosinus des représentations « sac-de-mots » des paires de phrases et a obtenu un score de 0.51.

Le tableau 1 montre que la meilleure série *topdelta* a effectivement amélioré significativement les performances du système *DLS 2015*. Grâce à la sélection automatique de modèles complémentaires, notre système a pu obtenir un score au dessus de la médiane des scores de la campagne de 2016.

Système	Score
Baseline	0.51334
DLS 2015	0.69797
DLS 2015 + TopdeltaSerie	**0.73408**

Tab. 1 – *Score et comparaison*

6   Conclusion et perspectives

À travers notre travail expérimental sur la recherche de complémentarité, nous avons pu montrer qu'il est possible de sélectionner des représentations vectorielles suffisamment complémentaires pour guider le calcul de similarité sur différents aspects sémantiques. Cependant, pour des raisons de temps de calcul, nous n'avons entraîné nos modèles que sur un corpus restreint composé du *Brown Corpus* et des données *SemEval* antérieures à 2016.

Par la suite, nous pensons améliorer notre méthodologie pour qu'elle puisse s'appliquer à de plus larges corpus, ce qui permettrait de prendre en compte d'autres paramètres à faire varier comme le ciblage des entités nommées, que l'on peut conserver ou non dans les phrases. Les entités nommées forment un vocabulaire très large et nous pensons qu'elles jouent un rôle particulier en similarité sémantique textuelle.

Les méthodes supervisées qui ont montré obtenir de meilleurs résultats (Rychalska et al., 2016) sur la tâche *STS* pourront aussi être utilisées dans notre recherche de complémentarité. De plus, d'autres méthodes de représentation vectorielle pourront être combinées à *Doc2Vec* dans l'objectif de capturer des aspects sémantiques différents et potentiellement complémentaires.

Références

Agirre, E., C. Banea, D. Cer, M. Diab, A. Gonzalez-Agirre, R. Mihalcea, G. Rigau, et J. Wiebe (2016). Semeval-2016 task 1 : Semantic textual similarity, monolingual and cross-lingual evaluation. In *Proceedings of the 10th International Workshop on Semantic Evaluation (SemEval-2016)*, San Diego, California, pp. 497–511. Association for Computational Linguistics.

Baroni, M., G. Dinu, et G. Kruszewski (2014). Don't count, predict ! A systematic comparison of context-counting vs. context-predicting semantic vectors. *Acl*, 238–247.

Baroni, M. et A. Lenci (2010). Distributional memory : A general framework for corpus-based semantics. *Computational Linguistics 36*(4), 673–721.

Curran, J. R. (2004). *From distributional to semantic similarity*. Ph. D. thesis, University of Edinburgh, UK.

Harris, Z. (1954). Distributional structure. *Word 10*(23), 146–162.

Le, Q. V. et T. Mikolov (2014). Distributed representations of sentences and documents. In *Proceedings of the 31th International Conference on Machine Learning, ICML 2014, Beijing, China, 21-26 June 2014*, pp. 1188–1196.

Mikolov, T., K. Chen, G. Corrado, et J. Dean (2013). Efficient estimation of word representations in vector space. In *In Proceedsings of Workshop at ICLR*.

Mitchell, J. et M. Lapata (2008). Vector-based models of semantic composition. In *ACL 2008, Proceedings of the 46th Annual Meeting of the Association for Computational Linguistics, June 15-20, 2008, Columbus, Ohio, USA*, pp. 236–244.

Pennington, J., R. Socher, et C. D. Manning (2014). Glove : Global vectors for word representation. In *Proceedings of the 2014 Conference on Empirical Methods in Natural Language Processing, EMNLP 2014, October 25-29, 2014, Doha, Qatar, A meeting of SIGDAT, a Special Interest Group of the ACL*, pp. 1532–1543. English

Řehůřek, R. et P. Sojka (2010). Software Framework for Topic Modelling with Large Corpora. In *Proceedings of the LREC 2010 Workshop on New Challenges for NLP Frameworks*, Valletta, Malta, pp. 45–50. ELRA. http://is.muni.cz/publication/884893/en.

Rychalska, B., K. Pakulska, K. Chodorowska, W. Walczak, et P. Andruszkiewicz (2016). Samsung poland nlp team at semeval-2016 task 1 : Necessity for diversity ; combining recursive autoencoders, wordnet and ensemble methods to measure semantic similarity. In *Proceedings of the 10th International Workshop on Semantic Evaluation (SemEval-2016)*, San Diego, California, pp. 602–608. Association for Computational Linguistics.

Sultan, M. A., S. Bethard, et T. Sumner (2015). Dls@cu : Sentence similarity from word alignment and semantic vector composition. In *Proceedings of the 9th International Workshop on Semantic Evaluation (SemEval 2015)*, Denver, Colorado, pp. 148–153. Association for Computational Linguistics.

Turney, P. et P. Pantel (2010). From frequency to meaning : Vector space models of semantics. *Journal of artificial intelligence research 37*(1), 141–188.

Van de Cruys, T., T. Poibeau, et A. Korhonen (2013). A tensor-based factorization model of semantic compositionality. In *Conference of the North American Chapter of the Association of Computational Linguistics (HTL-NAACL)*, pp. 1142–1151.

Summary

The goal of the Semantic Textual Similarity task is to automatically quantify the semantic similarity of two text snippets. Since 2012, the task has been organized on a yearly basis as a part of the SemEval evaluation campaign. This paper presents a method that aims to combine different sentence-based vector representations in order to improve the computation of semantic similarity values. Our hypothesis is that such a combination of different representations allows us to pinpoint different semantic aspects, which improves the accuracy of similarity computations. The method's main difficulty lies in the selection of the most complementary representations, for which we present an optimization method. Our final system is based on the winning system of the 2015 evaluation campaign, augmented with the complementary vector representations selected by our optimization method. We equally present evaluation results on the data set of the 2016 campaign, which confirms the benefit of our method.

Apport des modèles locaux pour les K-moyennes prédictives

Vincent Lemaire, Oumaima Alaoui Ismaili

2 Avenue Pierre Marzin, 22300 Lannion
(vincent,oumaima)@orange.com

Résumé. Dans le cadre du clustering prédictif, pour attribuer la classe aux groupes formés à la fin de la phase d'apprentissage, le vote majoritaire est la méthode communément utilisée. Cependant, cette approche comporte certaines limitations qui influent directement sur la qualité des résultats obtenus en termes de prédiction. Pour surmonter ce problème, nous proposons d'incorporer des modèles prédictifs localement dans les clusters formés afin d'améliorer la qualité prédictive du modèle global. Les résultats expérimentaux montrent que cette incorporation permet d'obtenir des résultats (en termes de prédiction) significativement meilleurs par rapport à ceux obtenus en utilisant le vote majoritaire ainsi que des résultats très compétitifs avec ceux obtenus par des algorithmes performants d'apprentissage supervisé "similaires". Ceci est effectué sans dégrader le pouvoir descriptif (explicatif) du modèle global.

1 Introduction

L'algorithme des K-moyennes prédictives (Eick et al., 2004; Al-Harbi et Rayward-Smith, 2006; Alaoui Ismaili, 2016) est une version modifiée de l'algorithme des K-moyennes standard. Il vise à décrire et à prédire d'une manière simultanée.

L'idée est de générer dans la phase d'apprentissage un nombre minimal de clusters compacts dont les instances doivent appartenir à la même classe. Ces clusters vont servir par la suite à décrire les données et à prédire la classe des nouvelles instances (voir la figure 1).

La méthode communément utilisée dans la littérature permettant d'attribuer la classe aux clusters formés par l'algorithme des K-moyennes prédictives est le vote majoritaire. Bien que cette approche parvienne à obtenir de bons

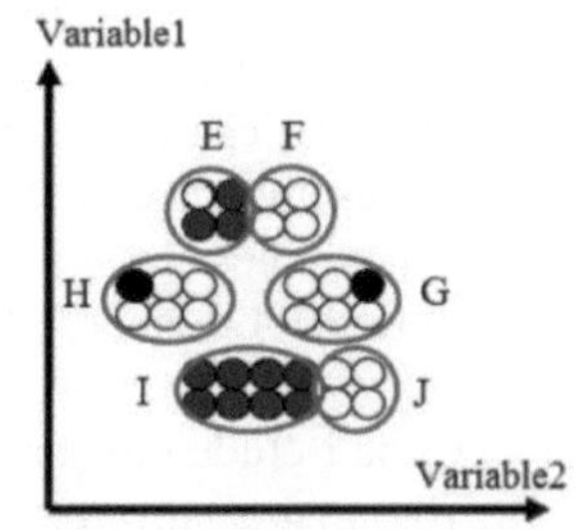

FIG. 1 – *Objectif du clustering prédictif*

résultats, celle-ci a également certaines limites. On citera par example :

— pour le taux de bonne classification (ACC) : si un cluster contient Q% d'instances de la classe C1 et 100-Q% d'instances de la classe C2, alors l'utilisation du vote majoritaire va produire un taux de mauvaise classification très important (Q). La présence d'un modèle local à ce cluster devrait permettre de mieux discriminer les exemples selon leur classe d'appartenance. Ceci est très visible pour les clusters E, H, G de la figure 1.

— pour l'aire sous la courbe de ROC (AUC) : le fait de se baser sur la classe majoritairement présente dans un cluster produit une courbe de ROC, ou de lift, ayant l'allure de la courbe rouge dans la figure 2. Le classement des exemples se fait par cluster et la courbe comporte des segments. L'aire sous la courbe de ROC est sous-optimale (voir la figure 2).

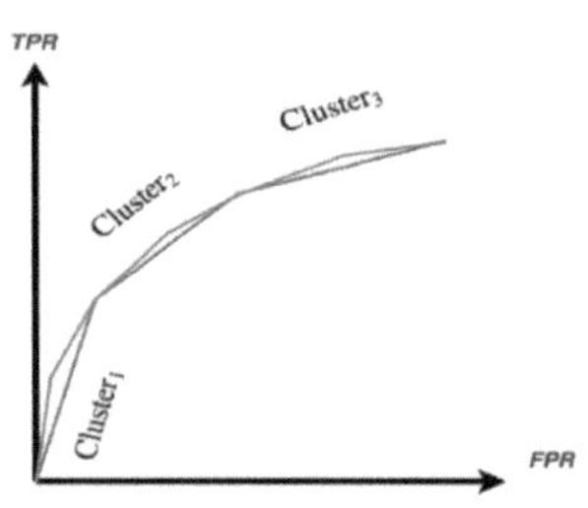

FIG. 2 – *Illustration courbes de ROC*

Pour surmonter ces problèmes, on propose dans cet article d'entrainer un modèle d'apprentissage localement à chaque cluster formé dans la phase d'apprentissage par l'algorithme des K-moyennes prédictives. Le modèle global appris dans cette phase va être par la suite utilisé pour prédire la classe des nouvelles instances.

Le reste de ce papier est organisé comme suit : la section 2 présente les différentes étapes de l'algorithme des K-moyennes prédictives utilisé dans cette étude ainsi que la méthode proposée pour surmonter les problèmes cités ci-dessus. La section 3 présente une brève description des classifieurs qui seront comparés à l'approche proposée, le protocole expérimental et les résultats obtenus. Puis la section 4 présente la partie analyse descriptive du modèle global obtenu. Finalement la section 5 conclue cet article et présente des pistes d'améliorations pour le futur.

2 Les K-moyennes prédictives et choix des modèles locaux

2.1 K-moyennes prédictives

L'algorithme des K-moyennes utilisé dans cette étude est l'algorithme proposé dans (Alaoui Ismaili, 2016). Cet algorithme fourni de meilleurs résultats (en termes de prédiction) par rapport aux algorithmes de clustering prédictif les plus répandus dans la littérature tels que l'algorithme de Eick (Eick et al., 2004) et l'algorithme de Al-Harbi (Al-Harbi et Rayward-Smith, 2006). Il est présenté succinctement ci-dessous (voir Algorithme 1). Il correspond à l'algorithme des k-moyennes classique mais où de la supervision a été incorporée dans certaines des étapes. La section 3.1 donnera plus détails sur chacune des étapes supervisées de l'algorithme 1.

L'objectif de l'étude qui sera menée au cours du présent article sera de mesurer le fait de changer le vote majoritaire (étape 5) en incorporant des modèles locaux au sein des clusters obtenus à la fin de la convergence de l'algorithme des k-moyennes prédictives.

2.2 Choix pour les modèles locaux

Afin de surmonter les problèmes rencontrés par le vote majoritaire lors de l'attribution des classes aux clusters formés par l'algorithme des K-moyennes prédictives, nous pensons que l'ajout de modèles locaux (ajout d'un classifieur localement à chaque cluster) est une solution. Cependant, il est nécessaire que les modèles locaux :

— puissent être entrainés éventuellement avec peu de données
— soient robustes (ratio performances train/test)

Entrée
- Un ensemble de données D, où chaque instance X_i est décrite par un vecteur de d dimensions et par une classe $Y_i \in \{1, \ldots, J\}$.
- Le nombre de clusters, noté K.
Début
1) Prétraitement supervisé des données (Ismaili et al., 2016)
2) Initialisation supervisée des centres (Lemaire et al., 2015)
    Répéter
        3) *Affectation* : générer une nouvelle partition en assignant chaque instance X_i au groupe dont le centre est le plus proche.
        4) *Représentation* : calculer les centres associés à la nouvelle partition
  jusqu'à ce que (convergence de l'algorithme)

5) Attribution des classes aux clusters formés : *vote majoritaire*

---

6) Prédiction de la classe des nouvelles lors de la phase de déploiement :
    $\rightarrow$ *classe du cluster le plus proche*
Fin

Algorithme 1: Algorithme des K-moyennes prédictives

— idéalement puissent ne comporter aucun paramètre utilisateur afin de ne pas avoir à réaliser de cross-validation localement à un cluster.
— aient une complexité algorithmique linéaire en apprentissage (en $O(N)$)
— ne soient pas créés si localement au cluster il n'y pas d'information suffisante pour la création d'un modèle local (dans ce cas et pour ce cluster le vote majoritaire serait conservé)
— conservent (voire améliorent) les qualités d'interprétation initiales du modèle global
— individualisent les prédictions dans un cluster donné afin d'améliorer l'AUC (courbe bleue vis-à-vis de la courbe rouge dans la figure 2).

Une large étude a été réalisée dans (Salperwyck et Lemaire, 2011) afin d'étudier la vitesse d'apprentissage des classifieurs les plus couramment utilisés. Vitesse au sens du nombre d'exemples utilisés versus les performances en classification. Cette étude montre la capacité d'un classifieur naïf de Bayes à apprendre avec peu de données (confirmant (Bouchard et Triggs, 2004)) ; que ce soit dans sa version standard ou dans la version où les variables reçoivent des poids (on parle alors de ANB (Averaging Naive Bayes) ou SNB (Selective Naive Bayes)) (Langley et Sage, 1994). On trouve de plus dans les travaux décrits dans (Boullé, 2007a) un critère analytique issu de la famille MODL (Bondu et al., 2013) (muni de son algorithme d'optimisation) permettant d'apprendre un Selective Naive Bayes (SNB) sans paramètre utilisateur et qui est de plus régularisé. Cette régularisation permet d'exhiber de bonnes performances tout en assurant une très bonne robustesse (ratio des performances entre l'apprentissage et le test proche de 1).

Pour ce SNB les prétraitements et le calcul des poids des variables sont basés sur l'approche MODL (Boullé, 2007b). On y trouve ici un point intéressant : si l'approche MODL ne découvre pas assez d'information dans une base de données alors elle sait se taire au sens dire "qu'aucune variable n'est informative". Dans ce cas le vote majoritaire sera alors considéré comme meilleur à un autre choix. Dans notre cas applicatif l'intérêt est donc qu'on ne retournera un SNB localement à un cluster si et seulement si il est plus "informatif" que le vote majoritaire. Dans le cas contraire le vote majoritaire sera conservé. L'autre intérêt de l'approche MODL est qu'elle est auto-régularisée : il n'y a pas besoin de faire une cross validation pour trouver les bons paramètres d'un modèle. En termes d'interprétation un SNB s'interprète aisément (Lemaire et al., 2009). Par exemple, le poids des variables peut être utilisé pour décrire leur importance respective.

Nous décidons donc qu'un SNB de la famille MODL sera donc entrainé localement dans chacun des K clusters formés (fin de l'étape 4 de l'algorithme 1) : Pour chaque cluster $cluster_l$ ($l \in \{1, \ldots, K\}$), un classifieur SNB est entrainé, notons SNB_l le modèle obtenu.

3 Expérimentation

3.1 Classifieurs de comparaison

Afin d'étudier l'impact de l'utilisation des modèles locaux sur la qualité des résultats issus de l'algorithme des K-moyennes prédictives, nous allons comparer ses performances prédictives avec celles obtenues par la méthode utilisant le vote majoritaire et avec celles obtenues par trois autres algorithmes performants dans le cadre de la classification supervisée.

Le premier modèle combine les arbres de décision avec la régression logistique (Logistic Model Tree (LMT)) (Landwehr et al., 2005), le deuxième modèle combine les arbres de décision avec des classifieurs naïfs de Bayes (Naives Bayes Tree (NBT)) (Kohavi, 1996). Ces modèles ont été choisis pour leurs bonnes performances mais aussi pour leur proximité avec l'approche proposée qui consiste à avoir des modèles locaux entrainés sur une partie des données. Enfin comme notre modèle hybride utilise des $SNBs$ localement aux clusters nous ajoutons en juge paix un SNB 'global' qui lui est entrainé sur l'ensemble des données.

Note : Nous avons décidé de centrer ici l'analyse sur l'algorithme des K-moyennes en termes de classification et de ne pas comparer la méthode proposée avec des algorithmes de clustering concurrents avec lesquels il est parfaitement possible de faire de la prédiction. On concentre la comparaison dans cet article avec d'autres méthodes hybrides telles que LMT et NBT contenant des modèles locaux. La comparaison avec d'autres méthodes de clustering a néanmoins été partiellement déjà réalisée dans (Alaoui Ismaili, 2016) et l'algorithme des K-moyennes prédictives muni du vote majoritaire était déjà très bien positionné. On donne ci-dessous une brève description de LMT, NBT et du SNB.

3.1.1 Naive Bayes Tree (NBT)

L'arbre de "Naive Bayes" (NBT) est un algorithme d'induction d'arbres de décision avec des classifieurs naïfs Bayésiens dans ses feuilles (Kohavi, 1996). L'arbre est induit d'une manière descendante (top-down) avec des segmentations univariées en se basant sur le gain d'information. Un pré-élagage est utilisé lors de la phase d'entrainement de l'arbre pour décider si le nœud sera partitionné ou bien il est terminal. Dans ce cas, un modèle naïf Bayésien est entrainé localement sur les instances de la feuille. NBT est un classifieur qui a de bonnes performances par comparaison soit avec les arbres de décision soit avec le classifieur naïf Bayes seul.

3.1.2 Logistic Model Tree (LMT)

L'arbre de régression logistique (LMT) (Landwehr et al., 2005) est un modèle de classification basé sur un algorithme d'apprentissage supervisé qui combine la régression logistique et les arbres de décision. L'objectif est d'améliorer les performances de la classification obtenues par les arbres de décision. A cette fin, au lieu d'associer à chaque feuille un seul label et un seul vecteur de probabilité (piecewise constant model), un modèle de régression logistique est entrainé sur les feuilles afin d'estimer, pour chaque exemple de test, un vecteur de probabilités plus adapté (piecewise linear regression model). L'algorithme LogitBoost est employé pour ajuster un modèle de régression logistique à chaque nœud , ensuite le nœud est partitionné en utilisant le gain d'information comme fonction d'impureté. L'appel de l'algorithme Logit-Boost dans chaque nœud utilise comme point initial le modèle obtenu dans le nœud parent. Finalement, l'arbre est élagué au moyen de l'algorithme d'élagage de CART. Le nombre d'itérations de LogitBoost dans chaque nœud est déterminé par une validation croisée pour éviter le sur-apprentissage.

3.1.3 Selective Naive Bayes (SNB)

Le classifieur naïf Bayésien est un outil largement utilisé dans les problèmes de classification supervisée. Il a pour avantage de se montrer efficace pour de nombreux jeux de données réels (Hand et Yu, 2001). Cependant, l'hypothèse naïve d'indépendance des variables peut, dans certains cas, dégrader les performances du classifieur. Aussi, des méthodes proposant de réaliser de la sélection de variables ont vu le jour (Langley et Sage, 1994). Elles consistent en la mise en place d'heuristiques d'ajout et de suppression de variables afin de sélectionner le meilleur sous-ensemble de variables maximisant un critère et donc les performances du classifieur, selon une approche wrapper (Guyon et Elisseeff, 2003). Il a été montré par Boullé (Boullé, 2007a) que moyenner un grand nombre de classifieurs Bayésiens naïfs sélectifs, réalisés avec différents sous-ensembles de variables, revenait à ne considérer qu'un seul modèle avec une pondération sur les variables. La formule de Bayes sous l'hypothèse d'indépendance des variables conditionnellement aux classes devient : $P(C_k|X) = \dfrac{P(C_k)\prod_i P(X_i|C_k)^{W_i}}{\sum_{j=1}^{K}(P(C_j)\prod_i P(X_i|C_j)^{W_i})}$ où W_i représente le poids de la variable i. La classe prédite est celle qui maximise la probabilité conditionnelle $P(C_k|X)$. Les probabilités $P(X_i|C_i)$ peuvent être estimées par intervalle à l'aide d'une discrétisation pour les variables numériques. Pour les variables catégorielles, cette estimation peut se faire directement si la variable prend peu de modalités différentes ou après un groupage dans le cas contraire.

3.1.4 K-moyennes prédictives (KM_{VM}, KM_{SNB})

Cet algorithme est présenté brièvement en section 2.1. Il correspond à l'algorithme des k-moyennes classique mais où 3 étapes ont été modifiées pour incorporer de la supervision :

• **Prétraitement des données** : Généralement, la tâche de clustering nécessite une étape de prétraitement non supervisé afin de fournir des clusters intéressants (pour l'algorithme des K-moyennes voir par exemple (Milligan et Cooper, 1988) et (Celebi et al., 2013)). Cette étape de prétraitement peut empêcher certaines variables de dominer lors du calcul des distances. En s'inspirant de ce résultat, Alaoui et al. ont montré dans (Ismaili et al., 2016) que l'utilisation d'un prétraitement supervisé peut aider l'algorithme des K-moyennes standard à atteindre une bonne performance prédictive. Nous utilisons ici la méthode qu'ils ont proposée et nommée Conditional-Info. L'avantage de ce prétraitement supervisé est d'introduire une distance Bayésienne qui donne des garanties en termes de proximité des instances dans un cluster connaissant leur classe d'appartenance ((Alaoui Ismaili, 2016) chapitre 3).

• **Initialisation des centres :** Nous utilisons la méthode supervisée d'initialisation des k-moyennes décrite dans (Lemaire et al., 2015). Cette méthode est basée sur l'idée de la décomposition des classes (Vilalta et al., 2003; Basu et al., 2002). Dans le cas ou $K = C$ chaque centre initial correspond au centre de gravité d'une classe, si $K > C$ les centre suivants sont initialisés à l'aide de la méthode kmeans++ (Arthur et Vassilvitskii, 2007). Dans le cas où $K = C$, la méthode étant déterministe, l'algorithme de convergence des K-moyennes n'est donc réalisé qu'une seule fois.

• **Prédiction de la classe :** Une nouvelle instance en test X, est tout d'abord affectée au cluster, l, dont elle est le plus proche puis on distingue le cas où : (i) la classe prédite est la classe majoritaire présente dans ce cluster (KM_{VM}), (ii) la prédiction de la classe s'effectue selon la règle de décision du modèle $SNB_l : P(C|X) = argmax_{1 \leq j \leq J}(P_{SNB_l}(C_j|X))$ s'il existe un modèle local sinon le vote majoritaire est conservé (KM_{SNB}). Ces deux approches seront comparées plus loin dans l'article.

• **Nombre de clusters :** Cet article présente une première expérimentation des K-moyennes prédictives munies de modèles locaux. Nous avons arbitrairement décidé de fixer $K = C$ dans ce cadre. Il est évident que l'intérêt de travailler dans un contexte ou $K = C$ (i.e. nombre de clusters = nombre de classes à prédire) limite sérieusement l'apport du clustering prédictif relativement à une méthode concurrente de classification appliquée sur les mêmes données. L'exploitation directe d'un bon classifieur sera sûrement meilleure dans ce contexte. Cela étant dit, nous pourrons néanmoins évaluer si l'utilisation de modèles locaux est meilleure que celle du vote majoritaire. Si de plus avec $K = C$ les résultats sont proches des méthodes concurrentes de l'état de l'art alors des travaux futurs réglant la valeur de K seront surement intéressant à mener.

3.2 Protocole expérimental

3.2.1 Base de données utilisées

Pour évaluer et comparer les différents algorithmes, nous allons effectuer des tests sur différents jeux de données de l'UCI (Lichman, 2013). Ces jeux de données ont été choisis afin d'avoir des bases de données diverses en termes de nombre de classes C, de variables (continues V_n et/ou catégorielles V_c) et d'instances N (voir Tableau 1). Elles ont été choisies (sauf Adult) dans la liste de comparaison de l'article comparant LMT et NBT (Landwehr et al., 2005). Le lecteur pourra noter que ce sont de "petites" bases (sauf Adult).

3.2.2 Entrainement des modèles - éléments de reproductibilité

Les codes utilisés pour l'apprentissage :
— de LMT et de NBT sont ceux contenus dans le logiciel R (Hornik, 2017) (qui utilise des wrappers sur Weka (Hall et al., 2009)).

Données	Instances	$\#V_n$	$\#V_c$	# Classes
Glass	214	10	0	6
Pima	768	8	0	2
Vehicle	846	18	0	4
Segmentation	2310	19	0	7
Waveform	5000	40	0	3
Mushroom	8416	0	22	2
Pendigits	10992	16	0	10
Adult	48842	7	8	2

TAB. 1 – *Jeux de données utilisés, V_n : Variables numériques, V_c : Variables catégorielles.*

— des SNB : nous avons obtenu une licence provisoire du logiciel Khiops (Boullé, 2016) qui nous a permis de produire les SNB globaux (Boullé, 2007a)

— des KM_{VM} et KM_{SNB} : pour pouvoir réaliser les éléments de supervision de l'apprentissage de l'algorithme des K-moyennes décrits dans la section 3.1.4 nous avons aussi utilisé le logiciel Khiops afin de produire les SNB locaux aux clusters et les méthodes de prétraitement contenues dans (Ismaili et al., 2016), l'algorithme des K-Moyennes classique étant lui réalisé en Matlab (MATLAB, 2010).

Paramétrage des classifieurs :

— LMT et NBT : paramétrage par défaut dans R. *na.action* : gère les données manquantes ; *control = Weka_control()* : passage du Weka à R et *options = Null*.

— KM_{VM} et KM_{SNB} : le seul paramètre utilisateur est le nombre de clusters. Nous nous limitons dans cette étude dans le cas où le nombre de clusters (K) est égale au nombre de classes (voir Section 3.1.4).

3.2.3 Evaluation des performances

De manière à pouvoir comparer les résultats des 4 modèles KM_{VM}, KM_{SNB}, LMT et SNB les même folds en train / test ont été utilisés. Les performances prédictives présentées dans cet article (ci-dessous) sont données en test sur 10×10 folds cross validation "stratifié". Les 100 résultats en test ainsi obtenus permettent le calcul d'un résultat moyen muni de son écart type.

Le logiciel R et le logiciel Khiops n'ayant pas les mêmes façons de calculer les AUCs nous avons recodé ce calcul de manière à produire des valeurs comparables. Nous donnons ci-dessous dans les résultats proposés pour les valeurs d'AUC (aires sous les courbes de ROC (AUC)) l'espérance de l'AUC : $AUC = \sum_i^C P(C_i)AUC(C_i)$, où $AUC(i)$ désigne la valeur d'AUC de classe i contre toutes les autres et $P(C_i)$ désigne le prior sur la classe i (fréquence des éléments de la classe i). Le calcul $AUC(i)$ est réalisé à l'aide du vecteur des probabilités $P(C_i|X)\forall i$ (et non uniquement de la classe prédite). Ceci n'est en aucune façon un biais en faveur de l'une ou l'autre des méthodes.

3.3 Résultats

Le tableau 2 présente les performances prédictives en termes d'accuracy et en termes d'AUC (présenté en %) obtenues par les 4 algorithmes de l'état de l'art (LMT, NBT, SNB, KM_{VM}) et la variante proposée dans cet article (KM_{SNB}).

Résultats en test pour l'accuracy				
Données	KM_{VM}	KM_{SNB}	LMT	NBT	SNB
Glass	89.28 ± 6.62	95.11 ± 5.09	97.48 ± 2.68	94.63 ± 4.39	97.80 ± 3.04
Pima	66.90 ± 4.87	73.72 ± 4.37	76.85 ± 4.70	75.38 ± 4.71	75.41 ± 3.75
Vehicle	47.33 ± 5.91	72.75 ± 4.22	82.52 ± 3.64	70.46 ± 5.17	63.86 ± 4.43
Segment	80.94 ± 1.93	96.18 ± 1.26	96.30 ± 1.15	95.17 ± 1.29	94.44 ± 1.48
Waveform	49.72 ± 3.39	84.04 ± 1.63	86.94 ± 1.69	79.87 ± 2.32	83.14 ± 1.49
Mushroom	98.57 ± 3.60	99.94 ± 0.09	98.06 ± 4.13	95.69 ± 6.73	99.38 ± 0.27
PenDigits	76.82 ± 9.52	97.35 ± 1.36	98.50 ± 0.35	95.29 ± 0.76	89.92 ± 1.33
Adult	77.96 ± 0.41	86.81 ± 0.39	83.22 ± 1.80	79.41 ± 7.34	86.63 ± 0.40
Moyenne	73.44	88.23	89.98	85.73	86.32
Résultats en test pour l'AUC				
Données	KM_{VM}	KM_{SNB}	LMT	NBT	SNB
Glass	96.83 ± 2.67	98.21 ± 2.52	97.94 ± 0.19	98.67 ± 2.05	99.77 ± 0.60
Pima	65.81 ± 6.37	78.44 ± 5.35	83.05 ± 4.61	80.33 ± 5.21	80.59 ± 4.78
Vehicle	74.60 ± 2.89	91.17 ± 1.68	95.77 ± 1.44	88.07 ± 3.04	87.13 ± 1.95
Segment	69.32 ± 3.11	97.21 ± 0.09	99.65 ± 0.23	98.86 ± 0.51	96.52 ± 0.06
Waveform	69.21 ± 3.17	96.16 ± 0.58	97.10 ± 0.53	93.47 ± 1.41	95.81 ± 0.57
Mushroom	98.47 ± 0.38	99.99 ± 0.00	99.89 ± 0.69	99.08 ± 2.29	99.97 ± 0.02
Pendigits	95.84 ± 2.95	99.66 ± 1.03	99.81 ± 0.10	99.22 ± 1.78	99.19 ± 1.14
Adult	59.42 ± 3.70	92.37 ± 0.34	77.32 ± 10.93	84.25 ± 5.66	92.32 ± 0.34
Moyenne	78.68	94.15	93.91	92.74	93.91

TAB. 2 – *Performances en tests sur 10x10 folds cross-validation*

Les résultats montrent que l'algorithme des K-moyennes prédictives suivi par l'insertion de modèles locaux (KM_{SNB}) exhibe des résultats significativement meilleurs que ceux obtenus par le même algorithme utilisant le vote majoritaire (KM_{VM}). Même s'il est difficile de comparer des résultats moyens nous notons néanmoins que pour les 8 bases de données testées le gain moyen est de 20% tant en accuracy qu'en AUC.

Les comparaisons entre modèles ayant des classifieurs naïf de Bayes en modèles locaux montrent que les résultats de KM_{SNB} sont légèrement meilleurs que ceux de NBT. On notera que KM_{SNB} contient ($K = C$) un nombre de modèles locaux très inférieurs à ceux de NBT (voir (Landwehr et al., 2005) pour plus de détails sur la taille des arbres produits par NBT et LMT). Par contre nous notons un avantage de LMT pour les bases testées [1] sauf pour la base Adult qui est la plus peuplée.

Enfin la comparaison entre KM_{SNB} et le modèle global (juge de paix) SNB indique que la méthode proposée donne des résultats très légèrement supérieures notamment pour les bases de données où l'on sait que les variables explicatives sont très corrélées (où l'hypothèse d'indépendance s'affiblie) comme pour 'PenDigits'.

---

1. Nous retrouvons dans nos expériences les résultats de (Landwehr et al., 2005) hormis pour Glass où les résultats que nous avons trouvés sont significativement meilleurs. Nous conservons néanmoins les résultats trouvés qui favorisent LMT.

Pour compléter la comparaison nous donnons ci-dessous dans le tableau 3 quelques éléments supplémentaires de comparaison.

Classifieur	LMT	NBT	SNB	KM_{VM}	KM_{SNB}
Modèle hybride / global	hybride	hybride	global	global	hybride
Gestion des valeurs manquantes	non	oui (arbre) / non (NB)	oui	oui	oui
Codage variables catégorielles pour les modèles locaux	codage disjonctif complet	codage disjonctif complet	-	-	groupage supervisé
Cross validation requise pour les modèles locaux	oui	oui	-	-	non
Méthode de sélection variables dans les modèles locaux	non	non	-	-	oui

TAB. 3 – *Elements de comparaison d'après (Landwehr et al., 2005; Kohavi, 1996; Boullé, 2007a; Alaoui Ismaili, 2016)*

Nous y observons que la méthode proposée est assez bien placée car elle ne nécessite pas de cross validation, gère les valeurs manquantes nativement, opère une sélection de variables tant dans l'étape de clustering que lors de la construction des modèles locaux. Enfin, elle réalise un groupage supervisé des valeurs de variables catégorielles évitant ainsi de passer par un codage disjonctif complet qui entraine la création d'un vecteur d'entrée souvent grand compliquant ensuite l'interprétation du modèle obtenu.

D'autres axes de comparaison existent comme la complexité algorithmique, la robustesse, le nombre de modèles locaux produits... Mais la place nous manquant nous ne pouvons les aborder en détails. Nous mentionnerons juste le fait que le modèle KM_{SNB} est très compétitif (notamment en présence de variables catégorielles ayant beaucoup de modalités) sur ces points.

Synthèse : l'introduction des modèles locaux dans KM_{VM} pour obtenir KM_{SNB} répond aux objectifs que nous nous étions fixés tant en termes de performance que dans la facilité de mise en œuvre de la méthode. Nous estimons de plus que ce gain en performance n'a pas détruit le caractère interprétable des K-Moyennes prédictives. Même si le but principal de cet article n'est pas de discuter du pouvoir interprétable des K-moyennes prédictives (mais du pouvoir prédictif) nous essayons d'illustrer ce point au cours de la section suivante (dans la limite des considérations de place).

4 Méthodologie d'analyse des résultats

Pour avoir une idée sur la capacité de notre algorithme des K-moyennes prédictives à fournir à la fois des résultats performants (en termes de prédiction) et faciles à interpréter, la base de donnée Vehicle est utilisée comme un exemple illustratif. Cette base de données est constituée de 846 exemples, 18 variables descriptives et une variable à prédire contenant 4 classes (bus, opel, saab, van). Dans cette étude illustrative, nous utilisons l'ensemble des données pour apprendre le modèle avec K égal au nombre de classes $C = 4$. Nous ne détaillons pas ici la signification des variables A1 à A18 mais le lecteur pourra les trouver sur le site des bases de l'UCI (Lichman, 2013). Pour des raisons de place nous nous limitons ici à n'utiliser que les 6 variables les plus informatives dans le clustering initial sans que cela ne change la méthodologie d'analyse.

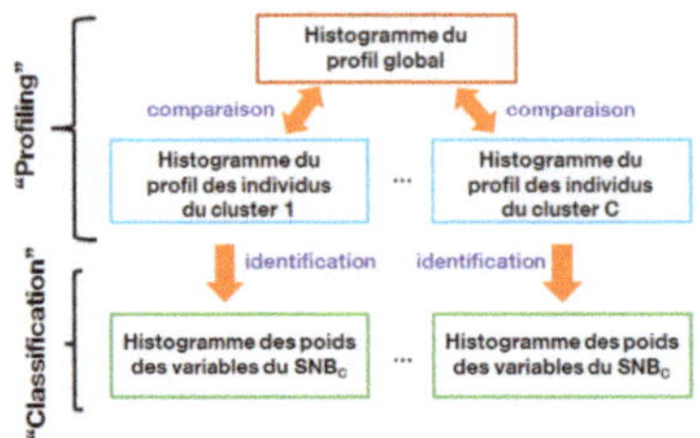

FIG. 3 – *Analyse à deux niveaux.*

L'interprétation d'un KM_{SNB} peut être réalisée simplement à l'aide d'une méthodologie à deux niveaux (voir figure 3). En première analyse, on s'intéresse au profil des clusters en présentant au sein d'une même figure (voir Figure 4), à l'aide d'histogrammes, le profil moyen de la population globale (chaque bâton représente le pourcentage d'individus possédant une valeur dans l'intervalle considéré ; intervalles issus de la phase de prétraitement) ainsi que le profil moyen des individus de chaque cluster. Cette visualisation permet par différenciation de comprendre pourquoi les individus ont été regroupés. A titre d'exemple on s'aperçoit que la variable A12 est très discriminante pour les individus du cluster 4 pour lesquels 100% d'entre eux sont A12<296.5.

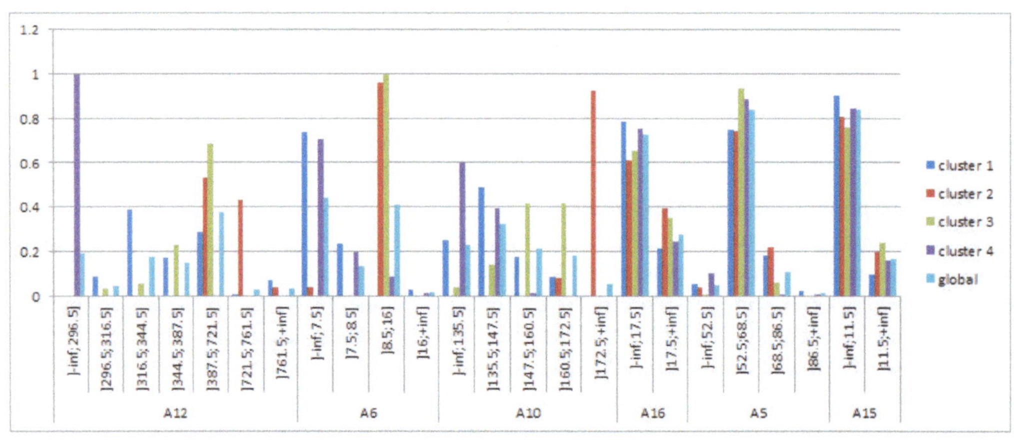

FIG. 4 – *Histogramme : profils moyens des individus en global et pour chaque clusters*

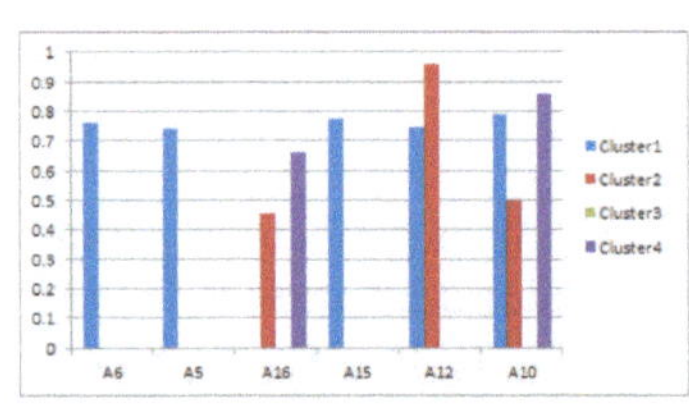

FIG. 5 – *Histogramme : poids des variables au sein des modèles locaux.*

Enfin en deuxième niveau on fournit un histogramme par cluster (voir Figure 5) qui donne le poids des variables des SNB locaux permettant de connaitre le pourquoi de la classification locale. Par exemple, on s'aperçoit que le cluster 3 n'a que des poids à 0 indiquant que le classifieur majoritaire a été conservé. Que pour le cluster 1 les variables ont des poids très proches tandis que pour le cluster 2 la variable A12 est la plus importante... Ce deuxième niveau d'analyse contient des éléments d'interprétation qui ne sont pas disponibles dans KM_{VM}.

L'un des avantages d'incorporer les modèles locaux dans notre algorithme des K-moyennes prédictives est d'améliorer leur pouvoir descriptif (interprétation des résultats). En effet, grâce aux modèles locaux, on est capable non seulement de connaître les variables les plus discriminantes dans le modèle global mais également de connaître celles qui contribuent le plus à la construction de chaque groupe dans la phase d'apprentissage. Par conséquent, à l'arrivée d'une nouvelle instance, on est capable de connaître facilement les différentes raisons qui déterminent la prédiction de sa classe.

5 Conclusion et perspectives

L'introduction des modèles locaux dans KM_{VM} pour obtenir KM_{SNB} répond aux objectifs que nous nous étions fixés tant en termes de **performances**, que dans la facilité de mise en œuvre de la méthode tout en conservant l'aspect **interprétable** du modèle global hybride obtenu. Les résultats expérimentaux se placent très honorablement dans l'état de l'art sur ces deux aspects, et ce malgré le fait de fixer le nombre de clusters comme étant égal au nombre de classes. Dans de futurs travaux nous étudierons la possibilité de trouver automatiquement le bon nombre de clusters par exemple à l'aide d'un clustering hiérarchique descendant plaçant alors la méthode à la manière de LMT mais dans le champ du clustering prédictif. Nous espérons alors un nouveau gain en termes de performances. Enfin nous pensons développer un outil de visualisation des résultats permettant de naviguer dans les clusters afin d'observer aisément les profils moyens et les importances des variables localement aux clusters.

Références

Alaoui Ismaili, O. (2016). *Clustering prédictif - Décrire et Prédire simultanément*. Ph. D. thesis, University Paris Saclay - Agro Paris Tech.

Al-Harbi, S. H. et V. J. Rayward-Smith (2006). Adapting k-means for supervised clustering. *Applied Intelligence 24*(3), 219–226.

Arthur, D. et S. Vassilvitskii (2007). K-means++ : The advantages of careful seeding. In *Proceedings of the Eighteenth Annual ACM-SIAM Symposium on Discrete Algorithms*, pp. 1027–1035.

Basu, S., A. Banerjee, et R. J. Mooney (2002). Semi-supervised clustering by seeding. In *Proceedings of the Nineteenth International Conference on Machine Learning*, pp. 27–34.

Bondu, A., M. Boullé, et D. Gay (2013). Data grid models. Slides for the tutorial given at EGC 2013, Toulouse, France. http ://www.marc-boulle.fr/publications/TutorialEGC13.pdf.

Bouchard, G. et B. Triggs (2004). The tradeoff between generative and discriminative classifiers. In *IASC International Symposium on Computational Statistics (COMPSTAT)*, pp. 721–728.

Boullé, M. (2007a). Compression-based averaging of selective naive Bayes classifiers. *Journal of Machine Learning Research 8*, 1659–1685.

Boullé, M. (2007b). *Recherche d'une repr ?sentation des données efficace pour la fouille des grandes bases de donn ?es*. Ph. D. thesis, ENST.

Boullé, M. (2016). Khiops : outil d'apprentissage supervisé automatique pour la fouille de grandes bases de données multi-tables. In *16éme Journées Francophones Extraction et Gestion des Connaissances, EGC*, pp. 505–510.

Celebi, M. E., H. A. Kingravi, et P. A. Vela (2013). A comparative study of efficient initialization methods for the k-means clustering algorithm. *Expert Syst. Appl. 40*(1), 200–210.

Eick, C. F., N. Zeidat, et Z. Zhao (2004). Supervised clustering - algorithms and benefits. In *International Conference on Tools with Artificial Intelligence*, pp. 774–776.

Guyon, I. et A. Elisseeff (2003). An introduction to variable and feature selection. *J. Mach. Learn. Res. 3*, 1157–1182.

Hall, M., E. Frank, G. Holmes, B. Pfahringer, P. Reutemann, et I. H. Witten (2009). The weka data mining software : An update. *SIGKDD Explor. Newsl. 11*(1), 10–18.

Hand, D. J. et K. Yu (2001). Idiot's bayes-not so stupid after all ? *International Statistical Review 69*(3), 385–398.

Hornik, K. (2017). R FAQ.

Ismaili, O. A., V. Lemaire, et A. Cornuejols (2016). *Supervised pre-processings are useful for supervised clustering*, pp. 147–157. Springer International Publishing.

Kohavi, R. (1996). Scaling up the accuracy of naive-bayes classifiers : a decision-tree hybrid. In *International Conference on Data Mining*, pp. 202–207. AAAI Press.

Landwehr, N., M. Hall, et E. Frank (2005). Logistic model trees. *Mach. Learn. 59*(1-2).

Langley, P. et S. Sage (1994). Induction of selective bayesian classifiers. In *Proceedings of the Tenth International Conference on Uncertainty in Artificial Intelligence*, San Francisco, CA, USA, pp. 399–406. Morgan Kaufmann Publishers Inc.

Lemaire, V., O. Alaoui Ismaili, et A. Cornuejols (2015). An initialization scheme for supervized k-means. In *International Joint Conference on Neural Networks*, pp. 1–8.

Lemaire, V., C. Hue, et O. Bernier (2009). Correlation explorations in a classification model. In *Workshop Data Mining Case Studies and Practice Prize, KDD 2009*.

Lichman, M. (2013). UCI machine learning repository.

MATLAB (2010). *version 7.10.0 (R2010a)*. Natick, Massachusetts : The MathWorks Inc.

Milligan, G. W. et M. C. Cooper (1988). A study of standardization of variables in cluster analysis. *Journal of Classification 5*(2), 181–204.

Salperwyck, C. et V. Lemaire (2011). Learning with few examples : An empirical study on leading classifiers. In *International Joint Conference on Neural Networks*, pp. 1010–1019.

Vilalta, R., M.-K. Achari, et C. F. Eick (2003). Class decomposition via clustering : A new framework for low-variance classifiers. In *International conference on Data Mining (ICDM)*.

Summary

The majority vote is the commonly method used in the predictive clustering context for assigning the class to the resulting clusters in the training phase. However, this method has limits which could influence the results quality obtained. To overcome these problems, we proposed to incorporate a local model inside every cluster to improve the predictive performance of global model. Experimental results show that the incorporation of local models allow us to obtain better results than those obtained using the majority vote; this keeping the nice descriptive aspect of the global model.

ALGeoSPF: Un modèle de factorisation basé sur du clustering géographique pour la recommandation de POI

Jean-Benoît Griesner*, Talel Abdessalem*,**
Hubert Naacke*** Pierre Dosne*

*LTCI, Télécom ParisTech
Paris, France
griesner@telecom-paristech.fr,

**UMI CNRS IPAL, National University of Singapore
talel.abdessalem@telecom-paristech.fr

***Sorbonne Universités, UPMC Univ Paris 06, CNRS, LIP6 UMR 7606
Hubert.Naacke@lip6.fr

Résumé. La recommandation de points d'intérêts est devenue une caractéristique essentielle des réseaux sociaux géo-localisés qui a accompagné l'émergence des échanges massifs de données digitales. Cependant les faibles densités de points d'intérêts visités par les utilisateurs rendent le problème difficile à traiter, d'autant plus que les espaces de mobilité des utilisateurs sont très hétérogènes, allant de la ville au monde entier. Dans ce papier nous explorons l'impact d'une approche de clustering spatial sur la qualité de la recommandation. Notre approche est basée sur un modèle de factorisation de matrices de Poisson et un réseau social inféré des différents comportements de mobilité. Nous avons conduit une évaluation comparative des performances de notre approche sur un jeu de données réaliste. Les résultats expérimentaux montrent que notre approche permet une précision supérieure aux techniques de recommandation alternatives.

1   Introduction

La recommandation de *points d'intérêts* (ou POI pour *Point Of Interest*) consiste à proposer à un utilisateur une liste de POI qu'il pourrait être intéressé de visiter. Ce problème est devenu une composante majeure des réseaux sociaux géo-localisés (ou LBSN pour *Location-Based Social Networks*) permettant aux utilisateurs de découvrir de nouveaux POI mais également aux POI d'augmenter leur attractivité. Il faut toutefois tenir compte de différentes caractéristiques des LBSN, à savoir : (i) **sparsité** : la densité de la matrice utilisateur-POI est très faible, (ii) **fréquences de visite** : nous savons seulement combien de fois un utilisateur a été localisé dans un lieu, et (iii) **feedback implicite** : nous ne disposons pas d'une évaluation explicite du POI par l'utilisateur.

Nous considérons ici le cas où les visites des utilisateurs couvrent une large étendue géographique pouvant aller jusqu'au monde entier. Quand la surface couverte par les données augmente les données deviennent de plus en plus creuses car le nombre de POI augmente tandis que le nombre moyen de POI visités par utilisateur reste constant. Il résulte que la densité (*i.e.*, la proportion de POI visités par utilisateur) diminue. Pour résoudre ce problème de **faible densité** nous avons étudié des solutions pour augmenter la densité des données sans réduire la zone géographique couverte. Notre idée est de définir un ensemble de **superPOI** chacun représentant un groupe de POI. L'ensemble des superPOI constitue une structure hiérarchique incluant d'autres superPOI. Le second problème à résoudre est de tenir compte des fluctuations des **comportements de mobilité** des utilisateurs, pouvant aller d'une échelle géographique locale (une ville) à globale (le monde). Notre principale motivation est de nous assurer que notre modèle de recommandation disposera de suffisamment d'informations pour chaque utilisateur. Notre approche ne se limite pas à 2 classes et peut s'adapter à un nombre de classes quelconque en fonction des données.

Ainsi les contraintes de densité voudraient que nous agrégions les POI dans des superPOI, et en même temps les comportements de mobilité exigent de conserver suffisamment de POI locaux. Pour trouver le bon **compromis** nous proposons une solution unifiée qui s'appuie sur notre définition de superPOI de façon à agréger les POI de manière flexible (*c.f.* section 5) et également qui classifie les utilisateurs de façon à trouver le meilleur niveau d'agrégation (*c.f.* section 5). Nous pouvons résumer les contributions auxquelles nous avons abouti ainsi :
— Une approche probabiliste de factorisation qui **passe à l'échelle**.
— Une **structure hiérarchique** pour définir plusieurs niveaux de **superPOI**.
— La définition de différents **comportements de mobilité** des utilisateurs.
— Des résultats expérimentaux qui confirment l'**efficacité** de notre approche sur un jeu de données de grandes dimensions.

2   État de l'art

Ye et al. (2011) ont proposé une méthode de filtrage collaboratif (CF) *memory-based* qui intègre les influences sociale et géographique. En particulier ils ont mis en évidence que le facteur géographique jouait un rôle essentiel dans la qualité du modèle. Malheureusement cette approche n'est pas capable de traiter des jeux de données à grande échelle. De nombreuses méthodes CF *model-based* ont aussi été proposées notamment par Zhang et Wang (2015); Hu et al. (2008). Parmi ceux-ci la classe de méthodes la plus exploitée est la classe des modèles de factorisation de matrice tels que présentés par Zhang et Wang (2015); Griesner et al. (2015). La factorisation de matrice vise à exprimer l'interaction utilisateur-objet en grâce à des vecteurs d'attributs latents. La factorisation de matrice probabiliste de Salakhutdinov et Mnih (2007) (PMF) est une approche qui vise à minimiser une fonction objectif des moindres carré avec des termes de régularisation quadratiques. Plus récemment Griesner et al. (2015) ont proposé un modèle pour traiter le problème de l'évaluation implicite. Leurs résultats étaient prometteurs mais la complexité de leur approche empêchait cette méthode de passer à l'échelle.

L'un des principaux problèmes est l'absence d'évaluation explicite de l'expérience utilisateur. Pour traiter les jeux de données implicites un modèle a été proposé il y a quelques années par Hu et al. (2008). Ce modèle distingue les préférences de l'utilisateur et la confiance que nous pouvons avoir dans cette préférence. Les auteurs ont démontré que leur approche était plus efficace que d'autres méthodes existantes sur de petits jeux de données. Cette méthode a été exploitée et enrichie par Lian et al. (2014) pour intégrer l'influence géographique des POI en modélisant le phénomène de clustering spatial directement dans le processus de factorisation. Cependant la complexité est trop élevée pour l'appliquer sur des jeux de données réels. La factorisation de Poisson a été proposée récemment par Gopalan et al. (2013) comme une solution alternative efficace. Il s'agit d'un modèle de factorisation probabiliste qui surpasse les modèles de factorisation alternatifs soumis aux mêmes contraintes de densité. De nombreux travaux récents ont proposé d'intégrer l'influence sociale tel que Zhang et Wang (2015). L'idée est d'exploiter les opinions des voisins d'un utilisateur sur des POI non visités par celui-ci. En particulier Zhang et Wang (2015) ont proposé un modèle appelé LTSCR qui utilise les similarités sociales des utilisateurs et les intègre dans un modèle de factorisation. Cependant les informations sociales ne sont généralement pas présentes dans les jeux issus des LBSN par souci de confidentialité.

3   Modèle des données

La plupart des LBSN disposent d'un ensemble d'utilisateurs $\mathcal{U}$, d'un ensemble de POI $\mathcal{P}$, d'informations temporelles $\mathcal{T}$ et sociales $\mathcal{S}$. Dans ce contexte un utilisateur u peut faire des *check-ins* (*i.e.* des visites) à un POI donné p à l'instant t.

Definition 1 *(POI) Un point d'intérêt correspond à un site unique associé à une activité spécifique (e.g. musée, restaurant, université...). Nous notons $\mathcal{P}$ l'ensemble des POI. Ici nous supposons que nous n'avons accès qu'aux localisations, i.e. , aux paires (latitude,longitude) pour chaque POI.*

Definition 2 *(Check-in) Le check-in de l'utilisateur u visitant un POI p à l'instant t est associé au tuple $<u,p,t>$. Ainsi pour calculer la fréquence de visite de u à p il suffit d'agréger le nombre de check-ins correspondant. Etant donné que chaque POI est associé au moins à un superPOI, chaque check-in incrémente également la fréquence de visite de ce superPOI.*

Definition 3 *(SuperPOI) L'agrégation de plusieurs POI ou superPOI sur une zone géographique unique constitue un superPOI. L'ensemble des superPOI est un ensemble de POI ou superPOI. Les zones de chaque superPOI sont disjointes deux à deux (c.f. section 5).*

Definition 4 *(Profil utilisateur) Chaque utilisateur dispose d'un profil qui correspond à l'ensemble de tous ses check-ins : $\mathcal{P}^u = \{<u,p_i,t_j> \in \mathcal{D}\}$. L'agrégation de tous les profils utilisateur constitue le jeu de donnée complet $\mathcal{D} = \{\mathcal{P}^u \,/\, u \in \mathcal{U}\}$.*

Notre objectif est de recommander une liste de POI à un utilisateur donné en se basant sur ses check-ins passés et d'autres informations annexes. Ces informations annexes correspondent pour nous aux localisations. Nous utilisons ces localisations notamment pour construire un graphe d'accessibilité géographique implicite (AGRA).

Definition 5 *(AGRA) Notre graphe d'accessibilité AGRA, noté $\mathbf{G}=(V,E,\rho)$ est un graphe orienté où chaque noeud $v \in V$ représente un POI associé à ses coordonnées géographiques, chaque arête $e=(p_i,p_j) \in E$ n'existe que si la transition $p_i \rightarrow p_j$ est observée dans au moins un itinéraire utilisateur et ρ est une fonction qui associe à chaque arête $e=(p_i,p_j)$ son accessibilité correspondante $\mathcal{A}_{i,j}$ (définie à l'équation 3).*

Problem 1 ***Recommandation de POI à large échelle*** *: Étant donnée une collection de check-ins $\mathcal{D}$ de faible densité distribuée sur le monde entier, l'objectif est de fournir à un utilisateur u une top-k liste de POI qu'il pourrait avoir envie de visiter.*

4 Modèle des influences géographique et sociale

Cette section présente GeoSPF (*i.e.* , *Geographical Social Poisson Factorization*), notre méthode pour extraire les influences sociales implicites à partir des comportements de mobilité géographique. À cet effet nous introduisons notre graphe d'accessibilité (AGRA) que nous utilisons pour notre modèle géographique.

4.1 Idée générale

GeoSPF est basé sur l'hypothèse que le choix de l'utilisateur dépend d'une combinaison de préférences géographique, sociale et personnelle. Si nous notons $\alpha(u,p)$ le degré d'intérêt qu'un utilisateur u a pour un POI p, $\mathcal{S}(u,p)$ l'influence sociale que u a obtenu pour p, et $\mathcal{G}(u,p)$ la préférence géographique de l'utilisateur u concernant p, la probabilité d'observer la paire (u,p) dans les données devrait être directement proportionnelle à l'intérêt de u pour p, et diminuer de façon monotone, tel que :

$$P(u,p) \propto \mathbb{F}[\alpha(u,p),\mathcal{G}(u,p),\mathcal{S}(u,p)] \tag{1}$$

où $\mathbb{F}[\cdot]$ est une fonction qui combine les intérêts personnels, l'influence sociale et l'influence géographique. Les approches existantes proposées par Lian et al. (2014); Griesner et al. (2015) ont vérifié que l'influence géographique a un impact significatif sur la qualité de la recommandation. Cependant ils utilisent en général un espace isotrope uniforme et exploitent seulement les distances entre les check-ins. Ainsi de telles approches ne tiennent pas compte des contraintes naturelles qui pourraient rendre la mobilité entre deux POI difficile même s'ils sont proches les uns des autres. Au-delà des distances, nous introduisons ici le concept d'accessibilité, comme nous le verrons dans la section 4.2, pour mieux intégrer l'influence géographique dans les choix des utilisateurs. Les **étapes principales** de GeoSPF sont les suivantes : (**i**) Nous construisons un graphe d'accessibilité AGRA basé sur les transitions observées (d'un POI à l'autre) et leurs probabilités, puis (**ii**) nous construisons un réseau social implicite ISN à partir de AGRA et des similitudes entre les historiques de transitions des utilisateurs, et enfin (**iii**) nous intégrons l'ISN dans un modèle de recommandation de factorisation sociale de Poisson pour obtenir notre modèle GeoSPF.

4.2 Accessibilité géographique

L'idée de l'accessibilité consiste à modéliser la probabilité qu'un utilisateur se déplace vers un POI p_{j+1} après avoir visité le POI p_j. Pour ce faire nous appliquons un modèle de Markov de premier ordre. Une transition est observée dans l'itinéraire d'un utilisateur u s'il existe dans le jeu de données deux check-ins consécutifs $<u,p_i,t_1>$ et $<u,p_j,t_2>$ effectués dans deux POI différents p_i et p_j à deux timestamps t_1 et t_2, tels que $t_1<t_2$ et si aucun autre enregistrement intermédiaire $<u,p_k,t'>$ $(t_1<t'<t_2)$ ne se trouve dans le jeu de données. Nous notons cette transition comme suit : $p_i \to p_j$ dans le reste de l'article. Ainsi pour un utilisateur donné la probabilité de visiter p_{j+1} sera déduite de sa dernière visite. Plus formellement nous avons $P(p_{j+1}|p_j,p_{j-1},...,p_1)=P(p_{j+1}|p_j)$ où nous définissons $P(p_{j+1}|p_j)$ comme probabilité de transition $\mathcal{T}_{j,j+1}$ de p_j à p_{j+1}. Nous pouvons calculer cette probabilité en utilisant l'estimation empirique du maximum de vraisemblance comme suit :

$$\mathcal{T}_{j,j+1}=P(p_{j+1}|p_j)=\frac{N(p_j,p_{j+1})}{N(p_j)} \tag{2}$$

où $N(p_j,p_{j+1})$ est le nombre d'utilisateurs ayant la séquence $p_j \to p_{j+1}$ dans leur profil, et $N(p_j)$ est le nombre d'utilisateurs ayant visité p_j. Nous avons $N(p_j,p_{j+1}) \leqslant N(p_j)$, donc nous savons que $\mathcal{T}_{j,j+1}$ est borné : $\mathcal{T}_{j,j+1} \in [0,1]$. Observons que pour calculer cette probabilité les check-ins doivent suivre l'ordre chronologique. Ensuite nous pouvons combiner cette probabilité avec l'information géographique afin d'estimer l'accessibilité $\mathcal{A}_{j,j+1}$ entre les POI p_j et p_{j+1}. Nous définissons cette accessibilité comme suit :

$$\mathcal{A}_{j,j+1}=\frac{1}{0.5+d(p_j,p_{j+1})} \cdot \mathcal{T}_{j,j+1} \tag{3}$$

où $\mathcal{T}_{j,j+1}$ fait référence à l'équation 2 et $d(p_j,p_{j+1})$ est la distance euclidienne entre les POI p_j et p_{j+1}. Si p_{j+1} est loin de p_j l'accessibilité sera faible. Mais lorsque beaucoup de transitions sont observées de p_j à p_{j+1} l'accessibilité augmente. L'équation 3 est inspirée des poids géographiques utilisés par Liu et Xiong (2013). La valeur de 0,5 au dénominateur est déterminée empiriquement en fonction des spécificités des données. Cela signifie que nous accordons plus d'importance aux distances inférieures à 500 mètres. Nous utiliserons ensuite cette accessibilité pour définir notre *Jaccard symétrique pondéré d'accessibilité* dans la sous-section 4.3.

4.3 AGRA : Graphe d'accessibilité

Des travaux précédents tels que Ma et al. (2011); A. et al. (2014) ont montré que les influences sociales jouaient un rôle important dans la qualité finale de la recommandation de POI. Cependant en général dans les LBSN nous n'avons pas accès à un réseau social explicite : nous avons seulement accès à l'historique des check-ins. Ainsi notre approche vise à construire un réseau social implicite (*implicit social network* ou ISN) basé sur la similarité entre les profils des utilisateurs et leurs transitions dans le graphe AGRA. Nous définissons ci-dessous quatre mesures de similarité possibles choisies pour leur flexibilité et la qualité de leurs résultats.

Adamic/Adar : Cette mesure accorde une grande importance aux transitions rares (c'est-à-dire avec une faible accessibilité). Intuitivement plus les deux utilisateurs partagent des POI impliqués dans des transitions rares, plus on s'attend à ce qu'ils soient proches. Ainsi avec $D(\cdot)$ la fonction donnant le degré d'un noeud, nous définissons :

$$S_{\text{AA}}(u_1,u_2)= \sum_{v\in\mathcal{P}^{u_1}\cap\mathcal{P}^{u_2}} \frac{1}{\log(D(v))} \tag{4}$$

Jaccard standard : Il s'agit de la mesure de Jaccard standard. Ainsi nous définissons la similarité de Jaccard $S_J(u_1,u_2)$ de deux utilisateurs u_1 et u_2 comme suit :

$$S_{\text{J}}(u_1,u_2)=|\mathcal{P}^{u_1}\cap\mathcal{P}^{u_2}|/|\mathcal{P}^{u_1}\cup\mathcal{P}^{u_2}| \tag{5}$$

Jaccard pondéré symétrique : Avec cette mesure nous étendons la mesure Jaccard standard en considérant l'accessibilité entre les points d'intérêt visités. Pour ce faire nous ajoutons à l'ensemble des POI visités ceux ($\Gamma(\mathcal{P}^u)$) qui sont accessibles en un seul bond en parcourant AGRA. Soit $G=\Gamma(\mathcal{P}^{u_1})\cup\Gamma(\mathcal{P}^{u_2})$ l'ensemble des POI visités par u_1 ou u_2. Soit $N=|G|$. Soient $\rho^{u_1}\in\mathbb{R}_+^N$ et $\rho^{u_2}\in\mathbb{R}_+^N$ deux vecteurs de poids d'accessibilité. Le vecteur ρ^{u_1} est construit ainsi : $\forall i\in[0,N]$ **Si** $p_i\in\mathcal{P}^{u_1}$ **Alors** $\rho_i^{u_1}=1$ **Sinon Si** $p_i\in\Gamma(\mathcal{P}^{u_1})$ **Alors** $\rho_i^{u_1}=\sum_{v\in\mathcal{P}^{u_1}}A_{v,p}$ **Sinon** $\rho_i^{u_1}=0$. De même nous construisons le vecteur ρ^{u_2}. Il s'agit d'une métrique symétrique. Ainsi nous définissons la similarité de Jaccard symétrique pondérée par l'accessibilité $S_{AWS}(u_1,u_2)$ comme suit :

$$S_{AWS}(u_1,u_2)=\frac{\sum_{i\in[0,N]}\min(\rho_i^{u_1},\rho_i^{u_2})}{\sum_{i\in[0,N]}\max(\rho_i^{u_1},\rho_i^{u_2})} \tag{6}$$

Jaccard pondéré antisymétrique : Dans cette métrique nous essayons de prendre en compte l'asymétrie d'influence qui pourrait exister entre deux utilisateurs. Pour ce faire nous changeons la définition de G comme suit : $G=\Gamma(\mathcal{P}^{u_1})\cup\mathcal{P}^{u_2}$. Au lieu d'étendre les deux ensembles $\mathcal{P}^{u_1}$ et $\mathcal{P}^{u_2}$ nous étendons seulement l'ensemble des POI visités par l'utilisateur u_1. Ensuite nous calculons le Jaccard pondéré antisymétrique $S_{AWA}(u_1,u_2)$ en utilisant l'équation 6. Notons que $S_{AWA}(u_1,u_2)\neq S_{AWA}(u_2,u_1)$.

4.4 GeoSPF : Modèle de factorisation

La factorisation de Poisson a été proposée par Gopalan et al. (2013); Chaney et al. (2015). Le but des approches de factorisation est d'approximer la matrice utilisateur-POI $\mathbf{X}$ représentant les fréquences de visite, par le produit scalaire de facteurs latents tels que : $\mathbf{X}\approx\mathbf{U}\mathbf{V}^T$, où $\mathbf{U}\in\mathbb{R}^{m\times k}$ et $\mathbf{V}\in\mathbb{R}^{n\times k}$ avec $k\ll\min(m,n)$. La factorisation de Poisson (PF) est une approche générative probabiliste basée sur une loi de Poisson pour modéliser les observations. Il s'agit d'un modèle rapide et adapté aux données creuses. Récemment Chaney et al. (2015) en ont proposé une extension appelé SPF (*Social Poisson Factorization*). L'extension SPF aboutit à de bons résultats pour la recommandation de POI car SPF possède des propriétés intéressantes qui correspondent à nos besoins en termes de **qualité** et de **passage à l'échelle**. De plus SPF permet d'intégrer **l'information sociale** qui est importante dans notre contexte. Enfin SPF sépare les questions : *qui est membre du cercle ?* et *quelle influence ce membre transmet-il réellement ?* SPF suppose que l'appartenance au cercle est connue à l'avance alors que le degré d'influence est appris. Cette **séparation** est essentielle ici car le degré d'influence d'un utilisateur ne dépend pas des POI qu'il partage avec les autres utilisateurs mais plutôt des interactions cachées (non divulguées) que les utilisateurs peuvent avoir. GeoSPF s'appuie sur la distribution suivante :

$$y_{i,j} \sim \text{Poisson}\left[\mathbf{u}_i^T \cdot \mathbf{v}_j + \sum_{k \in V(i)} \mathbf{s}_{i,k} \cdot x_{k,j} \right] \tag{7}$$

où $V(i)$ fait référence à l'ensemble des voisins de l'utilisateur i dans l'ISN, et $\mathbf{s}_{i,k}$ fait référence au facteur latent d'influence sociale. Cette variable modélise l'influence que le voisin k a sur l'utilisateur i. Le choix du voisinage $V(i)$ est important car $V(i)$ contiendra tous les voisins les plus proches de l'utilisateur i. Ainsi contrairement à SPF nous n'utilisons aucun réseau social explicite. De plus nous pouvons ajuster la qualité de la recommandation en fonction des métriques de similarité. Enfin nous pouvons également appliquer des filtres de seuillage soit sur le graphe d'accessibilité, soit sur le graphe social implicite.

5   Modèle des influences locale et globale

Notre modèle *Augmented Local-Global GeoSPF* (noté ALGeoSPF) consiste à définir des strates locales et globales de superPOI afin d'augmenter la densité des données. Le principal avantage d'ALGeoSPF est sa capacité à détecter différents comportements de mobilité, des échelles locale jusqu'à mondiale. Un autre avantage est qu'elle permet d'isoler toutes les étapes du processus de recommandation (*i.e.* , inférence, apprentissage, prédiction du réseau social) au sein de chaque classe d'utilisateurs. On évite ainsi toute propagation de bruit à travers les classes.

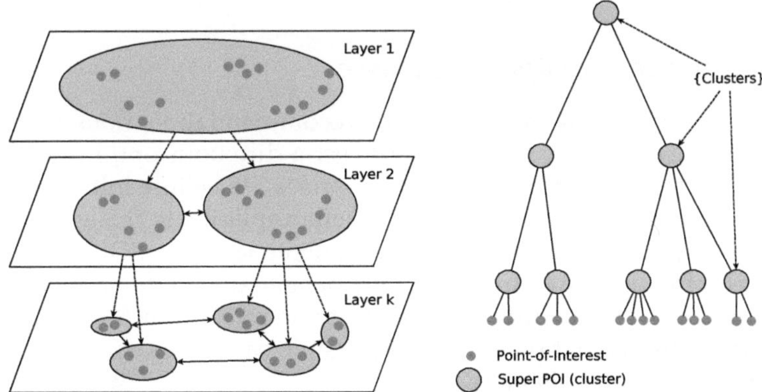

FIG. 1: Illustration de 3 strates hiérarchiques de check-ins et de superPOI associés.

5.1   Strates hiérarchiques de SuperPOI

Notre agrégation de SuperPOI permet de traiter des jeux de données de faible densité à grande échelle en agrégeant des portions des jeux de données d'origine. On note $\mathfrak{P}$ l'ensemble de toutes les strates de superPOI. Nous définissons une structure multi-strates pour agréger progressivement chaque POI en superPOI visité par un nombre croissant d'utilisateurs. La figure 1 représente une illustration de cette structure. Cela permet de répondre aux exigences de densité de notre problème pour différentes classes d'utilisateurs. Soit k le nombre de strates, $\mathfrak{P}_k$ l'ensemble des superPOI définis au niveau k et N_{max}^k le nombre maximum d'utilisateurs visitant un superPOI de $\mathfrak{P}_k$. La condition suivante définit la zone maximale qu'un superPOI représente, en notant p un superPOI : $\forall p \in \mathfrak{P}_k, N(p) < N_{max}^k$ avec $N(p)$ étant le nombre total d'utilisateurs distincts visitant le POI p. De plus chaque niveau vise à agréger les POI autant que possible pour s'assurer que chaque p n'est pas "trop petit", c'est-à-dire qu'il n'y a pas p' dans la strate supérieure $\mathfrak{P}_{k+1}$ tel que p' agrège p et p' satisfait $N(p') < N_{max}^k$.

5.2   Algorithme de clustering géographique

Nous adoptons une approche de clustering qui consiste à diviser l'espace géographique initial (par exemple le monde entier pour le jeu de données à grande échelle YFCC) en plusieurs cellules rectangulaires identiques. Les approches traditionnelles, comme proposé par Al-Ghossein et Abdessalem (2016), sont basées sur les *quad-tree* : il s'agit de construire un arbre où la racine est la carte du monde entier et chaque noeud est le quart de sa région parente. Nous divisons récursivement une cellule c jusqu'à ce qu'elle satisfasse la condition concernant le nombre d'utilisateurs différents qui ont fait des check-ins dans cette cellule : $N(c) < N_{max}$. Les cellules satisfaisant cette condition sont choisies pour être un superPOI. Le résultat de l'algorithme de clustering est un ensemble de *cellules superPOI* notées S. Le paramètre N_{max} permet de contrôler le niveau d'agrégation. Nous spécifions l'état d'une cellule superPOI basée sur $N(\cdot)$ au lieu du nombre de POI car ainsi on détecte mieux les comportements de mobilité des utilisateurs lorsque de nombreux POI populaires sont proches les uns des autres dans une zone comptant un petit nombre de POI, ce qui arrive relativement souvent. L'algorithme est présenté dans l'algorithme 1.

5.3   Sélection personnalisée de classe

Au moment où un utilisateur attend une recommandation, nous nous appuyons sur l'algorithme de clustering pour ajuster (c'est-à-dire pour optimiser) les deux paramètres qui affectent la densité du jeu de données : la cellule initiale et la taille du cluster. La **cellule initiale** est la cellule sur laquelle appliquer le clustering. La **taille du cluster** est définie par N_{max}. Lorsque N_{max} augmente les superPOI seront plus vastes mais il y en aura moins, ce qui augmentera la densité du jeu de données. Cependant N_{max} est borné : pour chaque utilisateur il existe un maximum N_{max} (noté N_{max}^{user}) au-delà duquel la recommandation n'est plus possible car l'utilisateur n'aura pas visité suffisamment de superPOI distincts.

Algorithm 1 Méthode de clustering *Top-down* pour ALGeoSPF

1: **Input :**
    — N_{max} : nombre maximum d'utilisateurs ayant visité une cellule.
2: **Global Output :**
    — S : l'ensemble des superPOI.
3: **Initialize :** $S \leftarrow \varnothing$
4: **function** WORLDTOSUPERPOIS (C : une cellule)
5:     Split C en 4 cellules rectangulaires identiques $C_1, \cdots, C_4$
6:     **for each** C_i **do**
7:         **if** $N(C_i) > N_{max}$ et $\#POIs(C_i) \geqslant 2$ **then**
8:             worldToSuperPOIs (C_i)
9:         **else** Mettre C_i dans S

En réglant ces paramètres nous avons constaté que leur impact sur la densité varie beaucoup selon les utilisateurs, ce qui justifie notre approche personnalisée. Pour certains utilisateurs une cellule initiale plutôt petite (*e.g. Paris*) donne une densité élevée. Pour d'autres, bien que *Paris* soit la cellule initiale (car la cellule *Paris* contient tous les check-ins de l'utilisateur), la cellule initiale *France* permet d'avoir N_{max} et permet une densité plus élevée. Plus généralement nous avons observé qu'une telle méthode d'optimisation permet de détecter plusieurs classes d'utilisateurs partageant le même couple quasi-optimal de paramètres (cellule initiale, N_{max}). Nous observons que chaque utilisateur appartient à l'une ou l'autre de ces classes. Ainsi nous associons chaque utilisateur à son optimal personnalisé N_{max}^{user} qui est le N_{max} qui maximise la densité des check-ins distincts dans les clusters.

6 Évaluation expérimentale

Nous avons conduit des expériences sur trois jeux de données issus du monde réel contenant des check-ins provenant de LBSN largement utilisés, à savoir : YFCC, Gowalla et Foursquare. Afin d'évaluer la qualité à différentes échelles géographiques nous avons filtré les jeux de données de façon à ce qu'ils couvrent respectivement une petite, une moyenne et une grande superficie. Ainsi Gowalla@Paris couvre une ville, Foursquare couvre une région, Gowalla couvre un pays et YFCC couvre l'Europe. Le jeu de données YFCC a été récemment proposé par Thomee et al. (2016). La table 1 présente quelques statistiques sur les jeux de données utilisés. Dans notre protocole d'évaluation 20% des données sont sélectionnées au hasard pour les tests et le reste est utilisé pour l'apprentissage du modèle. Ainsi nous comparons [4] GeoSPF et ALGeoSPF avec les modèles de recommandation suivants :   (i) **NMF** *Non Negative Matrix Factorization* de Lee et Seung (2000), (ii) **PMF** *Probabilistic Matrix Factorization*

---

1. données disponibles ici : https ://sites.google.com/site/yangdingqi/home/foursquare-dataset
2. données disponibles ici : http ://www.yongliu.org/datasets
3. données disponibles ici : https ://webscope.sandbox.yahoo.com/catalog.php ?datatype=i&did=67
4. Le code pour reproduire les expériences est disponible ici : https ://gitlab.telecom-paristech.fr/griesner/geopfModeles

TAB. 1: Statistiques sur les jeux de données

Dataset	#Check-ins	#Users	#POIs	avg#POIs	Densité
Gowalla@Paris	42323	2384	4895	5.6	0.362 %
Foursquare[1]	109077	4825	19645	3.1	0.115 %
Gowalla[2]	191365	6749	24353	4.1	0.116 %
YFCC[3]	48453357	214328	12758657	61.2	0.0017 %

de Salakhutdinov et Mnih (2007), (iii) **SLIM** *Sparse Linear Methods* de Ning et Kary-pis (2012), (iv) **BPR** *Bayesian Personalized Ranking* de Rendle et al. (2009), (v) **WRMF** *Weighted Regularized Matrix Factorization* de Hu et al. (2008), qui donne de très bons résultats, (vi) **PoissonMF** de Gopalan et al. (2013) correspond au modèle probabiliste de Poisson qui sert de socle à notre approche, (vii) **GeoSPF** notre méthode, et enfin (iix) **ALGeoSPF** qui correspond à notre modèle final *Augmented Local-Global GeoSPF*.

La figure 3 présente les performances globales obtenues par chaque méthode comparatives listées ci-dessus. Sur la figure 3a le Rappel@5 et le Rappel@10 sont présentés pour le jeu de données Foursquare. La figure 3b (resp. 3c) concerne Gowalla@Paris (resp. Gowalla). Enfin la figure 3d présente la métrique NDCG@5 sur les trois jeux de données. Conformément à nos prévisions, NMF et PMF donnent une qualité relativement mauvaise étant donné qu'ils ont été conçus pour opérer sur des jeux de données explicites. Cette observation est donc cohérente avec les résultats de Liu et Xiong (2013). De même SLIM ne parvient pas à fournir une qualité satisfaisante car il n'est opérant, lui aussi, que sur les jeux de données contenant une évaluation explicite de la part de l'utilisateur. Malheureusement la complexité de WRMF le rend pratiquement inutilisable sur de grands jeux de données : le temps de calcul de WRMF rend sont usage en situation réelle prohibitif. Comme résultat majeur de nos expériences nous observons que l'avantage relatif de GeoSPF sur tous les jeux de données est d'environ 200%. Ce gain notable rend GeoSPF approprié pour la recommandation de POI sur de vastes zones géographiques. Il confirme que l'exploitation d'informations contextuelles restreintes (uniquement le GPS et la date d'enregistrement) par le biais d'une solution géographique et sociale combinée donne une qualité finale élevée.

La figure 2 présente la qualité d'ALGeoSPF appliqué sur le jeu de données YFCC en considérant les utilisateurs urbains isolés des globetrotters. Plus précisément la figure 2a présente le rappel@10 de GeoSPF et d'ALGeoSPF pour différentes tailles moyennes du réseau social implicite. La figure 2b présente le rappel@5 et le rappel@10 des autres méthodes ainsi qu'ALGeoSPF sur le jeu de données YFCC (en utilisant une taille de réseau social fixe de 80). Nous observons qu'ALGeoSPF surpasse les autres méthodes bien que BPR soit très proche. Nous observons également que les mesures de rappel des modèles testés pour le jeu de données YFCC sont bien plus faibles que d'autres jeux de données, ce qui est dû à la faible densité des données, elle-même directement liée à l'étendue de la zone géographique couverte.

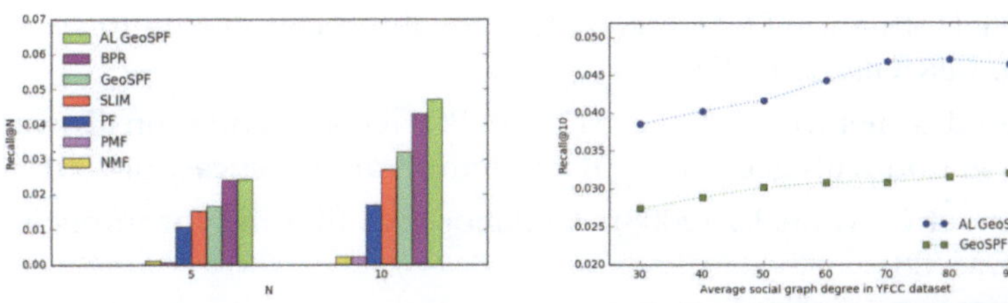

(a) Rappel@10 sur le YFCC   (b) Rappel@5 et Rappel@10

FIG. 2: Rappel@10 sur la figure 2a de GeoSPF et d'ALGeoSPF en fonction du degré moyen du graphe social. Rappel@5 et Rappel@10 sur la figure 2b.

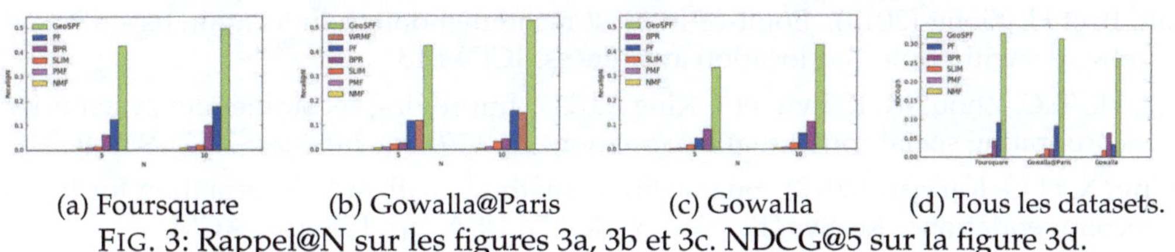

(a) Foursquare   (b) Gowalla@Paris   (c) Gowalla   (d) Tous les datasets.

FIG. 3: Rappel@N sur les figures 3a, 3b et 3c. NDCG@5 sur la figure 3d.

7 Conclusions

Dans cet article nous avons proposé une nouvelle approche nommée ALGeoSPF qui passe à l'échelle pour la recommandation de POI dans les LBSN. L'objectif principal d'ALGeoSPF est de construire un modèle qui ne souffre pas de la faible densité des données des LBSN et qui prenne en compte les comportements de mobilité spécifiques des utilisateurs. Basés sur les concepts de *superPOI* et *d'accessibilité* que nous avons introduits, notre approche **(i)** construit efficacement un modèle de factorisation implicite large-échelle et **(ii)** intègre les préférences de mobilité de l'utilisateur dans une structure hiérarchique et enfin **(iii)** présente de meilleurs résultats que la plupart des approches existantes sur des jeux de données de grandes dimensions. Notamment nous avons démontré par des résultats expérimentaux qu'ALGeoSPF surpasse de façon significative toutes les approches alternatives testées en termes de *rappel* et de *NDCG*. Nous observons en particulier que nous sommes parmi les premiers à tester une approche de recommandation de POI sur le jeu de données YFCC.

Références

A., R., A. J., et C. J. Tauro (2014). A novel, generalized recommender system for social media using the collaborative-filtering technique. *SIGSOFT Softw. Eng. Notes 39*(3).

Al-Ghossein, M. et T. Abdessalem (2016). Somap : Dynamic clustering and ranking of geotagged posts. WWW '16 Companion, pp. 151–154.

Chaney, A. J., D. M. Blei, et T. Eliassi-Rad (2015). A probabilistic model for using social networks in personalized item recommendation. RecSys '15, pp. 43–50. ACM.

Gopalan, P., J. M. Hofman, et D. M. Blei (2013). Scalable recommendation with poisson factorization. *CoRR abs/1311.1704*.

Griesner, J., T. Abdessalem, et H. Naacke (2015). POI recommendation : Towards fused matrix factorization with geographical and temporal influences. pp. 301–304.

Hu, Y., Y. Koren, et C. Volinsky (2008). Collaborative filtering for implicit feedback datasets. ICDM '08.

Lee, D. D. et H. S. Seung (2000). Algorithms for non-negative matrix factorization. In *In NIPS*, pp. 556–562. MIT Press.

Lian, D., C. Zhao, X. Xie, G. Sun, E. Chen, et Y. Rui (2014). Geomf : Joint geographical modeling and matrix factorization for point-of-interest recommendation. KDD '14.

Liu, B. et H. Xiong (2013). Point-of-interest recommendation in location based social networks with topic and location awareness. ICDM'13.

Ma, H., T. C. Zhou, M. R. Lyu, et I. King (2011). Improving recommender systems by incorporating social contextual information. *ACM Trans. Inf. Syst. 29*(2), 9 :1–9 :23.

Ning, X. et G. Karypis (2012). Sparse linear methods with side information for top-n recommendations. RecSys '12, New York, NY, USA, pp. 155–162. ACM.

Rendle, S., C. Freudenthaler, Z. Gantner, et L. Schmidt-Thieme (2009). Bpr : Bayesian personalized ranking from implicit feedback. UAI '09, Arlington, Virginia, United States, pp. 452–461. AUAI Press.

Salakhutdinov, R. et A. Mnih (2007). Probabilistic matrix factorization. pp. 1257–1264. Curran Associates, Inc.

Thomee, B., D. A. Shamma, G. Friedland, B. Elizalde, K. Ni, D. Poland, D. Borth, et L.-J. Li (2016). Yfcc100m : The new data in multimedia research. *Commun. ACM 59*(2).

Ye, M., P. Yin, W.-C. Lee, et D.-L. Lee (2011). Exploiting geographical influence for collaborative point-of-interest recommendation. SIGIR '11.

Zhang, W. et J. Wang (2015). Location and time aware social collaborative retrieval for new successive point-of-interest recommendation. CIKM '15. ACM.

Summary

The task of points-of-interest recommendation has become an essential feature in social networks (LBSN) with the significant growth of shared data on LBSN. However it remains a challenging problem, because of the high level of sparsity of the data in LBSN. Moreover, in this context the mobility behavior of the users is very heterogeneous, ranging from urban to worldwide mobility. In this paper, we explore the impact of spatial clustering on the recommendation quality. The proposed approach combines spatial clustering with users' influences. It is based on a Poisson factorization model built on an implicit social network, inferred from the geographical mobility patterns. We conduct a comprehensive performance evaluation of our approach on the YFCC dataset (a very large-scale real-world dataset). The experiments show that our approach achieves a significantly superior quality compared to other existing recommendation techniques.

Apprendre les relations de préférence et de co-occurrence entre les labels en classification multi-labels

Khalil Laghmari[*,**]
Christophe Marsala[**]
Mohammed Ramdani[*]

[*]Laboratoire Informatique de Mohammedia,
FSTM, Hassan II University of Casablanca,
BP 146 Mohammedia 20650 Maroc.
laghmari.khalil@gmail.com
ramdani@fstm.ac.ma
[**]Sorbonne Universités,
UPMC Univ Paris 06,
CNRS, LIP6 UMR 7606,
4 place Jussieu 75005 Paris, France.
christophe.marsala@lip6.fr

Résumé. En classification multi-labels, chaque instance est associée à un ou plusieurs labels. Par exemple, un morceau de musique peut être associé aux labels 'heureux' et 'relaxant'. Des relations de co-occurrence peuvent exister entre les labels : par exemple, les labels 'heureux' et 'triste' ne peuvent pas être associés au même morceau de musique. Les labels peuvent aussi avoir des relations de préférence : par exemple, pour un morceau de musique contenant plusieurs piques, le label 'heureux' est préféré par rapport au label 'relaxant'. Les relations entre les labels peuvent aider à mieux prédire les labels associés aux instances. Les approches existantes peuvent apprendre soit les relations de co-occurrence, soit les relations de préférence. Ce travail introduit une approche permettant de combiner l'apprentissage des deux types de relations. Les expérimentations menées montrent que la nouvelle approche introduite offre les meilleurs résultats de prédiction par rapports à cinq approches de l'état de l'art.

1 Introduction

La reconnaissance de formes (pattern recognition) constitue une compétence d'intelligence fondamentale. Par exemple, en considérant un ensemble de labels disponibles : {'heureux', 'relaxant', 'triste', 'nerveux'}, l'intelligence humaine est capable d'associer ces labels à des morceaux de musique selon les émotions qu'ils expriment.

Le défi de transférer la compétence de reconnaissance de formes aux ordinateurs fait partie du domaine de l'apprentissage artificiel. L'apprentissage est dit supervisé lorsqu'un ensemble d'instances dont les labels associés sont connus est disponible. L'apprentissage consiste à établir des liens entres les attributs descriptifs des instances et les labels associés. L'objectif de l'apprentissage est de pouvoir prédire les labels associés aux instances en se basant sur les attributs descriptifs. L'ensemble d'instances est dit multi-labels lorsque chaque instance est associée à un ou plusieurs labels parmi un ensemble de labels disponibles.

La classification multi-labels (Herrera et al. (2016)) est une tâche d'apprentissage supervisé sur des instances multi-labels. La classification floue (Bouchon-Meunier et al. (1997)) où l'association entre chaque instance et les labels disponibles possède un degré dans l'intervalle $[0,1]$ est une généralisation de la classification multi-labels où le degré d'association est binaire (0 ou 1). Dans cet article on s'intéresse à la classification multi-labels, et plus particulièrement au défi d'apprendre des relations entre les labels et les exploiter pour améliorer les prédictions (Loza Mencía et Janssen (2014) ;Loza Mencía et Janssen (2016)). Il existe deux types principaux de relations entre les labels :

— les relations de co-occurrence : par exemple, les émotions 'heureux' et 'triste' sont rarement associées au même morceau de musique, et les émotions 'heureux' et 'relaxant' peuvent être associées au même morceau de musique.

— les relations de préférence : par exemple, pour un morceau de musique contenant plusieurs piques, le label à préférer entre 'relaxant' et 'heureux' pour l'associer à ce morceau de musique est le label 'heureux'.

Les approches de classification multi-labels existantes peuvent apprendre soit uniquement des relations de co-occurrence, soit uniquement des relations de préférence (Gibaja et Ventura (2015)). Dans cet article, nous faisons l'hypothèse qu'une approche qui permet d'apprendre les deux types de relations entre les labels peut avoir une meilleure performance en prédiction que les approches existantes.

La suite de cet article est organisée comme suit : l'état de l'art des approches de classification multi-labels est discuté dans la Section 2 ; la nouvelle approche de classification multi-labels permettant l'apprentissage des relations de co-occurrence et de préférence entre les labels est présentée dans la Section 3 ; l'étude expérimentale comparant la nouvelle approche avec les approches existantes est présentée dans la Section 4.

2 Classification multi-labels

2.1 Description formelle de la classification multi-labels

Soit $X = \{x_i\}_{1 \leq i \leq n}$ un ensemble d'instances. Soit $A = \{a_j\}_{1 \leq j \leq p}$ un ensemble d'attributs descriptifs. Chaque instance x_i est un vecteur de valeurs d'attributs descriptifs $(x_{i,a_1}, \ldots, x_{i,a_p}) = (x_{i,a_j})_{1 \leq j \leq p}$. Soit $C = \{c_l\}_{1 \leq l \leq k}$ un ensemble de labels. Chaque instance x_i est associée à un sous-ensemble de labels $y_i \subseteq C$.
L'ensemble de sous-ensembles de labels est noté $\mathcal{P}(C)$. Soit $\lambda : X \rightarrow \mathcal{P}(C)$ la fonction qui associe chaque instance $x_i \in X$ au sous-ensemble de labels correspondant $\lambda(x_i) = y_i$. La fonction λ est dite *fonction de supervision* de l'ensemble d'apprentissage X.
Soit $E : \mathcal{P}(C) \times \mathcal{P}(C) \rightarrow [0,1]$ une fonction objectif à optimiser. La classification multi-labels consiste à apprendre à partir de l'ensemble d'apprentissage supervisé

(X, λ) un classifieur $H : a_1 \times \ldots \times a_p \rightarrow \mathcal{P}(C)$ qui prédit pour chaque instance $x \in a_1 \times \ldots \times a_p$ l'ensemble de labels correspondants $H(x)$. L'objectif du classifieur multi-labels est d'optimiser la fonction objectif E évaluant la prédiction $H(x)$ par rapport au véritable sous-ensemble de labels $y \subseteq C$ associé à x.

2.2 Approches de classification multi-labels

La classification multi-labels est une généralisation de la classification mono-label où chaque instance $x_i \in X$ ne peut être associée qu'à un seul label à la fois : $|y_i| = 1$. La classification multi-labels peut être effectuée en adaptant les classifieurs mono-label au cas des instances multi-labels (Sun et al. (2016) ;Agrawal et al. (2016) ;Wang et al. (2015)). L'inconvénient de cette catégorie d'approches est qu'il faut modifier l'algorithme de classification pour modifier la stratégie d'apprentissage de relations entre les labels.

Une autre stratégie pour construire un classifieur multi-labels consiste à appliquer des transformations sur les instances multi-labels pour se ramener au cas mono-label (Tsoumakas et Katakis (2007)). Cette catégorie d'approches possède deux principaux avantages :

— les classifieurs mono-label existants peuvent être utilisés pour gérer les sous problèmes de classification mono-label générés par la transformation des instances.

— il est possible de modifier la stratégie d'apprentissage de relations entre les labels en modifiant juste la méthode de transformation sans modifier l'algorithme de classification de base.

Les trois principales catégories d'approches de transformation du cas multi-labels au cas mono-label sont discutées dans la suite.

2.2.1 Approches basées sur la prédiction directe de sous-ensembles de labels

La classification multi-labels peut être transformée en classification mono-label en considérant chaque sous-ensemble de labels en tant qu'un nouveau label (Read (2008)). Soit C' l'ensemble de nouveaux labels, et soit $L : X \rightarrow C'$ la fonction qui associe à chaque instance de l'ensemble d'apprentissage $x_i \in X$ un nouveau label $L(x_i) \in C'$. Le nouveau label $L(x_i)$ correspond au sous-ensemble de labels y_i initialement associé à x_i. L'ensemble de nouveaux labels C' peut contenir au plus n labels différents $C' = \{c'_l\}_{1 \leq l \leq n}$ dans le cas où les sous-ensembles de labels $\{y_i\}_{1 \leq i \leq n}$ dans l'ensemble d'apprentissage X sont tous différents.
Soit $L^{-1} : C' \rightarrow X$ la fonction qui fournit pour un nouveau label $c'_l \in C'$ une instance $x_i \in X$ telle que $L^{-1}(c'_l) = x_i$ et $L(x_i) = c'_l$.
Un classifieur mono-label $h : a_1 \times \ldots \times a_p \rightarrow C'$ peut être construit à partir de X muni de la fonction de supervision L. Le classifieur multi-labels H fournit une prédiction pour une instance donnée $x \in a_1 \times \ldots \times a_p$ en faisant la conversion du nouveau label prédit $h(x)$ en un sous-ensemble de labels dans C. Le classifieur H est donné par : $H(x) = \lambda(L^{-1}(h(x)))$.
L'inconvénient de cette catégorie d'approches de transformation est que deux sous-ensembles de labels ayant des labels en commun sont considérés comme totalement

différents dans le problème transformé. Par conséquent, les relations entre les labels appartenant à deux sous-ensembles de labels différents ne peuvent pas être apprises.

2.2.2 Approches basées sur la prédiction intermédiaire de la présence de chaque label

Soit $\lambda_{c_l} : X \rightarrow \{0,1\}$ la fonction qui associe à chaque instance $x_i \in X$ la valeur 1 si le label c_l est associée à l'instance x_i ($c_l \in \lambda(x_i)$), et la valeur 0 sinon.

L'approche 'Binary Relevance' (BR) consiste à construire un classifieur multi-labels H à partir d'un ensemble de k classifieurs mono-labels $\{H_{c_l}\}_{1 \leq l \leq k}$ (Tsoumakas et Katakis (2007)). Chaque classifieur $H_{c_l} : a_1 \times \ldots \times a_p \rightarrow \{0,1\}$ apprend de l'ensemble X muni de la fonction de supervision λ_{c_l} à prédire pour une instance donnée x si elle est associée au label c_l ($H_{c_l}(x) = 1$) ou non ($H_{c_l}(x) = 0$). Le classifieur multi-labels H est donné par : $H(x) = \{c_l, H_{c_l}(x) = 1\}_{1 \leq l \leq k}$. L'inconvénient de l'approche BR est que les classifieurs $\{H_{c_l}\}_{1 \leq l \leq k}$ sont tous indépendants. L'approche BR ne permet donc pas d'apprendre des relations de co-occurrence entre les labels.

L'approche 'Classifier Chains' (CC) est une extension de l'approche BR permettant l'apprentissage des relations entre les labels en introduisant un ensemble d'attributs descriptifs supplémentaires $B = \{b_l\}_{1 \leq l \leq k}$. Chaque instance x_i est étendue telle que $x_i^e = (x_{i,a_1}, \ldots, x_{i,a_p}, \lambda_{c_1}(x_i), \ldots, \lambda_{c_k}(x_i))$. L'ensemble d'apprentissage X_l de chaque classifieur H_{c_l} est construit par une projection de l'ensemble d'apprentissage étendu $X^e = \{x_i^e\}_{1 \leq i \leq n}$ sur l'espace d'attributs descriptifs $A \cup \{b_{l'}\}_{1 \leq l' < l}$. Les attributs $\{b_{l'}\}_{l' \geq l}$ sont donc ignorés par le classifieur H_{c_l}. Le classifieur $H_{c_2} :$ $a_1 \times \ldots \times a_p \times b_1 \rightarrow \{0,1\}$ ne peut pas fournir directement une prédiction pour une instance $x \in a_1 \times \ldots \times a_p$. En effet, la valeur de l'attribut b_1 est inconnue pour les instances qui ne font pas partie de l'ensemble d'apprentissage. L'instance x est donc d'abord étendue par la prédiction du classifieur $H_{c_1} : x = (x_{a_1}, \ldots, x_{a_p}, H_{c_1}(x_i))$ avant d'être reçue par le classifieur H_{c_2}. Chaque classifieur H_{c_l} a donc la possibilité de fournir des prédictions en se basant sur les prédictions des autres classifieurs qui le précèdent : $\{H_{c_{l'}}\}_{1 \leq l' < l \leq k}$. L'inconvénient de l'approche CC est que les relations de co-occurrence qui peuvent être apprises dépendent de l'ordre initial des labels. Par conséquent, la prédiction d'un label c_l ne peut pas dépendre d'une relation de co-occurrence avec les labels $c_{l'}, l' > l$.

L'approche 'Aggregating Independent and Dependent classifiers' (AID) permet d'apprendre les relations entre les labels sans dépendre de l'ordre initial des labels en se basant sur deux ensembles de classifieurs (Montañés et al. (2011)). Le premier ensemble de classifieurs $\{h_{c_l}\}_{1 \leq l \leq k}$ est construit par l'approche BR (chaque classifieur h_l est indépendant des autres classifieurs). Le deuxième ensemble de classifieurs $\{H_{c_l}\}_{1 \leq l \leq k}$ est construit de façon similaire à l'approche CC. La différence est que l'ensemble d'apprentissage X_{c_l} pour le classifieur H_{c_l} est construit en projetant l'ensemble étendu X^e sur tous les attributs initiaux et supplémentaires sauf l'attribut b_l à prédire : $A \cup B - \{b_l\}$. Ceci permet au classifieur H_{c_l} d'établir sa prédiction en se basant sur la présence ou l'absence des autres labels $c_{l'}, l' \neq l$. Chaque instance donnée $x \in a_1 \times \ldots \times a_p$ est étendue par les prédictions du premier ensemble de classifieurs $x^e = (x_{a_1}, \ldots, x_{a_p}, h_{c_1}(x), \ldots, h_{c_{l-1}}(x), h_{c_{l+1}}(x), \ldots, h_{c_k}(x))$ avant d'être passée en entrée au classifieur H_{c_l}. Chaque classifieur dépendant H_{c_l} fournit sa prédiction en se basant sur les prédictions initiales $\{h_{c_{l'}}(x)\}_{l'\neq l}$ et en ignorant les prédictions finales des autres classifieurs $\{H_{c_{l'}}(x)\}_{l'\neq l}$. La prédiction du classifieur multi-labels H est donnée par : $H(x) = \{c_l, H_{c_l}(x) = 1\}_{1\leq l\leq k}$.

L'approche AID possède deux inconvénients remarquables :

— elle nécessite l'apprentissage de $2k$ classifieurs
— l'ensemble de labels prédit finalement n'est pas nécessairement en accord avec les relations apprises contrairement à l'approche CC. En effet, chaque label prédit finalement est en accord avec les relations apprises uniquement par rapport aux prédictions initiales $\{h_{c_{l'}}(x)\}_{l'\neq l}$ qui sont remplacées par les prédictions finales $\{H_{c_{l'}}\}_{1\leq l'<l\leq k}$.

L'approche 'Pre-selection, Selection, and Interest of chaining based classifier' (PSI) permet de combiner les avantages des approches CC et AID (Laghmari et al. (2016)). Un ensemble de classifieurs initiaux $\{H_{c_l}\}_{1\leq l\leq k}$ est construit de la même façon que les classifieurs dépendants dans l'approche AID. Ceci permet d'apprendre initialement les relations entre les labels sans restriction. Un ordre de prédiction est établi ensuite afin de fournir des prédictions cohérentes avec les relations apprises comme dans l'approche CC. Le fait qu'un classifieur H_{c_l} soit appris en considérant l'ensemble étendu d'attributs $A \cup C - \{c_l\}$ n'implique pas nécessairement que la prédiction de H_{c_l} dépend de tous les attributs $A \cup C - \{c_l\}$. L'ordre des classifieurs $\{H_{c_l}\}$ est établi tel que chaque classifieur H_{c_l} soit précédé par les classifieurs dont il dépend.

Le défi relevé par l'approche PSI est le cas d'une dépendance cyclique : par exemple, le cas où un classifieur H_{c_l} dépend de l'attribut $b_{l'}$, et le classifieur $H_{c_{l'}}$ dépend de l'attribut b_l. L'ordre de prédiction entre H_{c_l} et $H_{c_{l'}}$ ne peut pas être donné dans ce cas. L'approche PSI est basée sur trois mesures appelées pré-selection, sélection, et intérêt de chaînage qui permettent d'éliminer les dépendances cycliques. La mesure de pré-selection fournit l'ensemble de classifieurs impliqués dans une dépendance cyclique. La mesure de sélection sélectionne un classifieur à remplacer par un nouveau classifieur. La mesure d'intérêt de chaînage fournit l'ensemble d'attributs à considérer par le nouveau classifieur de façon à apprendre les relations entre les labels sans retomber dans une dépendance cyclique. Lorsqu'un classifieur est remplacé certaines dépendances cycliques disparaissent mais pas nécessairement toutes. Les trois mesures PSI sont appliquées itérativement jusqu'à l'élimination de toutes les dépendances cycliques.

L'approche PSI possède deux principaux avantages :

— même si certains classifieurs peuvent être appris deux fois pour éliminer une dépendance cyclique, seulement les k classifieurs finaux sont gardés par l'approche PSI.
— l'ordre de prédiction est établi après l'apprentissage des classifieurs. Ceci permet de ne pas empêcher l'apprentissage de certaines relations au préalable comme dans l'approche CC.

L'inconvénient de toutes les approches basées sur la prédiction intermédiaire de la présence de chaque label avant de fournir une prédiction multi-labels (BR, CC, AID, et PSI) est que les relations exprimant une préférence entre les labels ne sont pas apprises.

2.2.3 Approches basées sur la prédiction intermédiaire de la préférence entre chaque paire de labels

L'approche 'Ranking by Pairwise Comparisons' (RPC) est basée sur $\frac{1}{2}k(k-1)$ classifieurs $\{H_{c_l,c_{l'}}\}_{1\leq l<l'\leq k}$ permettant la prédiction d'une préférence entre chaque couple labels $(c_l, c_{l'})$ (Hüllermeier et al. (2008)).
L'ensemble d'apprentissage $X_{c_l,c_{l'}}$ du classifieur $H_{c_l,c_{l'}}$ est le sous-ensemble de X contenant uniquement les instances associées exclusivement à l'un des deux labels c_l ou $c_{l'}$:
$X_{c_l,c_{l'}} = \{x_i \in X, (c_l \in y_i \; et \; c_{l'} \notin y_i) \; ou \; (c_l \notin y_i \; et \; c_{l'} \in y_i)\}$.
Soit $\lambda_{c_l,c_{l'}} : X \to \{c_l, c_{l'}, \emptyset\}$ la fonction donnée par :
  — $\lambda_{c_l,c_{l'}}(x_i) = c_l$ si $(c_l \in y_i \; et \; c_{l'} \notin y_i)$
  — $\lambda_{c_l,c_{l'}}(x_i) = c_{l'}$ si $(c_l \notin y_i \; et \; c_{l'} \in y_i)$
  — $\lambda_{c_l,c_{l'}}(x_i) = \emptyset$ dans les autres cas
La fonction $\lambda_{c_l,c_{l'}}$ fournit le label préféré entre c_l et $c_{l'}$ pour les instances de l'ensemble d'apprentissage. Le symbole $\emptyset$ indique que l'instance x_i n'appartient pas à l'ensemble d'apprentissage du classifieur $H_{c_l,c_{l'}}$. Chaque classifieur $H_{c_l,c_{l'}}$ apprend à partir de l'ensemble $X_{c_l,c_{l'}}$ muni de la fonction de supervision $\lambda_{c_l,c_{l'}}$ à prédire le label préféré entre c_l et $c_{l'}$ pour une instance donnée x.
Soit $V_{c_l} : a_1 \times \ldots \times a_p \to [\![0, k-1]\!]$ la fonction qui fournit pour chaque label $c_l \in C$ le nombre de fois où il a été préféré pour une instance x (le nombre de votes pour le label c_l) : $V_{c_l}(x) = |\{(c_{l'}, c_{l''}), H_{c_{l'},c_{l''}}(x) = c_l\}_{1\leq l'<l''\leq k}|$.
L'approche RPC ne fixe pas une méthode de prédiction et permet juste d'ordonner les labels selon le nombre de fois qu'ils ont été préférés par les classifieurs $\{H_{c_l,c_{l'}}\}_{1\leq l<l'\leq k}$. Il est possible par exemple de prédire les labels dont le nombre de votes est supérieur à un seuil fixé v. Le classifieur multi-labels H dans ce cas est donné par :
$H(x) = \{c_l \in C, V_{c_l}(x) \geq v\}$.
  L'approche 'Calibrated Label Ranking' (CLR) est une extension de l'approche RPC qui permet de sélectionner les labels à prédire en utilisant un label virtuel au lieu d'un paramètre seuil (Fürnkranz et al. (2008)). L'approche CLR introduit un label virtuel c_0 et apprend k classifieurs de plus $\{H_{c_l,c_0}\}_{1\leq l\leq k}$ par rapport à l'approche RPC. La fonction de supervision correspondant au classifieur H_{c_l,c_0} est donnée par :
$\lambda_{c_l,c_0}(x_i) = c_l$ si $c_l \in y_i$, et $\lambda_{c_l,c_0}(x_i) = c_0$ sinon.
Le classifieur multi-labels H prédit tous les labels qui reçoivent plus de votes que le label virtuel : $H(x) = \{c_l \in C, V_{c_l}(x) \geq V_{c_0}(x)\}$.
  L'avantage des approches basées sur l'apprentissage de préférences (RPC, et CLR) est que l'ensemble d'apprentissage est réduit pour chaque classifieur permettant de prédire une préférence. Ceci est aussi un inconvénient car cela empêche d'apprendre les relations de co-occurrence puisqu'il n'y a pas nécessairement assez d'instances en commun entres les ensembles d'apprentissage de deux classifieurs.

3 Nouvelle approche de classification multi-labels

Soit $X = \{x_1, x_2, x_3, x_4, x_5, x_6\}$ un ensemble d'apprentissage, et $C = \{c_1, c_2, c_3, c_4\}$ un ensemble de labels ($|C| = k = 4$). La Table 1 représente les fonctions de supervision liant les instances aux labels correspondants. Par exemple, le classifieur H_{c_1,c_3}

permettant de prédire la préférence entre c_1 et c_3 dans l'approche RPC (Section 2.2.3) est construit à partir du sous-ensemble d'apprentissage $X_{c_1,c_3} = \{x3, x6\}$ muni de la fonction de supervision λ_{c_1,c_3}. Les instances associées au symbole $\emptyset$ dans la Table 1 sont ignorées à l'étape d'apprentissage du classifieur H_{c_1,c_3}.

	λ_{c_1,c_2}	λ_{c_1,c_3}	λ_{c_1,c_4}	λ_{c_2,c_3}	λ_{c_2,c_4}	λ_{c_3,c_4}	λ_{c_1}	λ_{c_2}	λ_{c_3}	λ_{c_4}
x_1	c_1	$\emptyset$	$\emptyset$	c_3	c_4	$\emptyset$	1	0	1	1
x_2	c_1	$\emptyset$	$\emptyset$	c_3	c_4	$\emptyset$	1	0	1	1
x_3	c_1	c_1	c_1	$\emptyset$	$\emptyset$	$\emptyset$	1	0	0	0
x_4	c_2	$\emptyset$	$\emptyset$	c_2	c_2	$\emptyset$	0	1	0	0
x_5	$\emptyset$	$\emptyset$	$\emptyset$	$\emptyset$	$\emptyset$	$\emptyset$	1	1	1	1
x_6	$\emptyset$	c_3	$\emptyset$	c_3	$\emptyset$	c_3	0	0	1	0

TAB. 1: Exemple de données d'apprentissage

Un exemple d'une règle de décision basée sur une combinaison des relations de dépendance et de préférence est donné par : 'si pour une instance x, c_1 est préféré au c_2, et c_3 est associé à x, alors prédire que c_4 est associé à x'.

Afin d'apprendre cette règle de décision, le classifieur H_{c_4} permettant de prédire l'absence ou la présence du label c_4 doit considérer λ_{c_1,c_2} et λ_{c_3} dans la Table 1 en tant qu'attributs descriptifs supplémentaires. Cependant, certaines instances n'ont pas une valeur définie pour les attributs de préférences supplémentaires (symbole $\emptyset$).

Pour remédier à ce problème des valeurs manquantes, l'idée de notre approche est de les prédire en utilisant les classifieurs de préférences $\{H_{c_l,c_{l'}}\}_{1 \leq l < l' \leq k}$ décrits dans l'approche RPC (Section 2.2.3). Ensuite, pour apprendre à la fois les relations de préférence et de dépendance, chaque classifieur $H_{c_l}, l \in [\![1, k]\!]$ est construit en considérant $\{\lambda_{c_{l'},c_{l''}}\}_{1 \leq l' < l'' \leq k}$ et $\{\lambda_{c_{l'}}\}_{l' \neq l}$ en tant qu'attributs descriptifs supplémentaires. Ceci risque de produire des dépendances cycliques qui peuvent être éliminées en utilisant l'approche PSI (Section 2.2.2). Notre approche appelée Stacked_RPC_PSI, est donc une combinaison des approches RPC et PSI permettant de tirer avantage à la fois des relations de préférence et de dépendance entre les labels, et en utilisant le minimum nombre de classifieurs binaires.

4 Expérimentation

4.1 Mesures de description des instances multi-labels

La performance des classifieurs multi-labels peut dépendre de la répartition des labels par rapport aux instances. Trois mesures sont souvent utilisées pour décrire la distribution des labels dans un jeu de données multi-labels (Tsoumakas et Katakis (2007)) :

— la cardinalité (label cardinality) qui évalue la moyenne du nombre de label associés à une instance : $\mathbb{LC} = \dfrac{1}{n} \sum_{i=1}^{n} |y_i|$.

Données	Domaine	Instances	Attribues	Labels	$\mathbb{LC}$	$\mathbb{LD}$	$\mathbb{DLC}$
emotions	musique	593	72	6	1.869	0.311	27
scenes	images	2407	294	6	1.074	0.179	15
yeast	biologie	2417	103	14	4.237	0.303	198

TAB. 2: Données multi-labels.

— la densité (label density) qui évalue la moyenne du nombre de labels associés à une instance par rapport au nombre total de labels : $\mathbb{LD} = \dfrac{1}{n} \sum_{i=1}^{n} \dfrac{|y_i|}{k} = \dfrac{\mathbb{LC}}{k}$.

— le nombre de combinaisons distinctes de labels (distinct label combinations) qui évalue le nombre de sous-ensembles de labels différents qui sont associés aux instances : $\mathbb{DLC} = |\{y_i\}_{1 \leq i \leq n}|$.

4.2 Données et procédure d'expérimentation

Trois jeux de données multi-labels provenant de domaines différents sont utilisés pour comparer la performance de prédiction des classifieurs multi-labels (Table. 2). Le jeu de données des émotions (Trohidis et al. (2008)) contient un ensemble de 594 instances. Chaque instance représente un morceau de musique décrit par 72 attributs et associé à une ou plusieurs émotions parmi l'ensemble {amazed-suprised, happy-pleased, relaxing-calm, quiet-still, sad-lonely, angry-aggresive}. Le jeu de données des scènes (Boutell et al. (2004)) contient 2407 instances. Chaque instance représente une image décrite par 294 attributs et associée à un sous-ensemble de labels dans {Beach, Sunset, FallFoliage, Field, Mountain, Urban}. Le jeu de données des protéines contient 2417 instances décrites par 103 attributs (Elisseeff et Weston (2001)). Chaque protéine est associée à une localisation dite composant cellulaire. L'objectif est de prédire les localisations des protéines dans les cellules de levure.

La nouvelle approche introduite Stacked_RPC_PSI est comparée avec cinq autres approches existantes (AID, BR, CC, CLR, et PSI). Les arbres de décision (Quinlan (1993)) sont utilisés pour construire les classifieurs mono-labels de base. La méthode de validation croisée en 10 groupes est appliquée sur chaque jeu de données. La moyenne par rapport aux 10 plis pour les mesures d'évaluation de la prédiction est calculée pour chacun des trois jeux de données 'emotions', 'scenes', et 'yeast'.

Approche	CRHS	FMEASURE	GMEAN	EM	HL	PRECISION	RECALL	ACC−
AID	0.46	0.55	0.60	0.19	0.24	0.58	0.58	0.84
BR	0.45	0.54	0.60	0.18	0.24	0.59	0.56	0.85
CC	0.46	0.55	0.60	0.21	0.25	0.59	0.56	0.85
CLR	0.45	0.54	0.59	0.17	0.24	0.55	**0.60**	0.83
PSI	**0.48**	0.56	0.61	**0.25**	0.24	0.59	0.58	0.84
Stacked_RPC_PSI	**0.48**	**0.57**	**0.62**	0.24	**0.23**	**0.60**	0.59	**0.86**

TAB. 3: Évaluation de la prédiction sur les données 'emotions'.

Approche	CRHS	FMEASURE	GMEAN	EM	HL	PRECISION	RECALL	ACC−
AID	0.55	0.58	0.62	0.46	0.15	0.57	**0.63**	0.91
BR	0.51	0.54	0.56	0.44	**0.12**	0.53	0.57	**0.95**
CC	0.57	0.59	0.60	0.54	0.13	0.60	0.59	0.93
CLR	0.50	0.53	0.58	0.40	0.13	0.51	0.59	0.94
PSI	0.57	0.59	0.60	0.54	0.13	0.59	0.59	0.93
Stacked_RPC_PSI	**0.60**	**0.62**	**0.63**	**0.56**	**0.12**	**0.63**	0.62	0.94

TAB. 4: Évaluation de la prédiction sur les données 'scenes'.

Approche	CRHS	FMEASURE	GMEAN	EM	HL	PRECISION	RECALL	ACC−
AID	0.40	0.53	0.63	0.06	0.27	0.56	0.55	0.81
BR	0.42	0.54	0.63	0.06	0.25	0.60	0.55	0.85
CC	0.43	0.52	0.59	**0.16**	0.24	0.60	0.52	0.87
CLR	**0.47**	**0.59**	**0.66**	0.10	**0.21**	**0.67**	**0.59**	**0.88**
PSI	0.43	0.53	0.60	0.15	0.26	0.58	0.53	0.84
Stacked_RPC_PSI	0.44	0.54	0.61	0.13	0.23	0.62	0.53	**0.88**

TAB. 5: Évaluation de la prédiction sur les données 'yeast'

4.3 Mesures d'évaluation de la qualité de prédiction

La qualité de prédiction peut être évaluée en se basant sur plusieurs mesures (Herrera et al. (2016)) :

La mesure de l'erreur de hamming (Hamming-loss) (Destercke (2014)) donnée par $HL = \frac{|y_i \triangle H(x_i)|}{k}$, avec $y_i \triangle H(x_i)$ étant la différence symétrique entre l'ensemble correct de labels associés et l'ensemble de labels prédit donnée par :

$$y_i \triangle H(x_i) = \{c_l \in y_i - H(x_i)\}_{1 \leq l \leq k} \bigcup \{c_l \in H(x_i) - y_i\}_{1 \leq l \leq k}.$$

L'erreur de Hamming évalue la proportion des erreurs entre les labels effectivement associés à l'instance et les labels prédits par rapport au nombre total de labels disponibles. Le nombre de labels disponibles représente le nombre maximal des erreurs possibles entre les labels effectivement associés à l'instance et les labels prédits. L'erreur de Hamming est une mesure très optimiste pour les données ayant une cardinalité et une densité faibles. Le classifieur multi-labels dans ce cas apprend à prédire des sous-ensembles de labels avec une cardinalité faible. Ainsi, même si aucun des labels prédits est effectivement associé à l'instance ($y_i \cap H(x_i) = \emptyset$) le nombre d'erreurs ($|y_i \triangle H(x_i)|$) reste petit par rapport au nombre maximal d'erreurs k parce que la cardinalité de l'ensemble y_i et de l'ensemble $H(x_i)$ est faible.

Le score de Hamming (closely related Hamming score) (Godbole et Sarawagi (2004)) n'est pas sensible à la cardinalité et à la densité des labels. Il mesure le nombre de labels prédits correctement par rapport au nombre de l'union des labels prédits et des labels effectivement associés à l'instance :

$$CRHS = \frac{|y_i \cap H(x_i)|}{|y_i \cup H(x_i)|}.$$

La précision (precision) mesure la probabilité qu'un label prédit soit effectivement associé à l'instance :

$$PRECISION = \frac{|y_i \cap H(x_i)|}{|H(x_i)|}.$$

Le rappel (recall) mesure la probabilité qu'un label associé à l'instance soit prédit :

$$RECALL = \frac{|y_i \cap H(x_i)|}{|y_i|}.$$

La mesure F_β (van Rijsbergen (1974)) combinant la précision et le rappel est donnée pour chaque $\beta > 0$ par : $\mathbb{F}_\beta = (1 + \beta^2) \dfrac{\text{PRECISION} \times \text{RECALL}}{\beta^2 \times \text{PRECISION} + \text{RECALL}}$ Plus d'importance est donnée à la précision pour les valeurs $\beta < 1$, et plus d'importance est donnée pour le rappel pour les valeurs $\beta > 1$. La même importance est donnée pour la précision et le rappel pour la valeur $\beta = 1$.

La moyenne géométrique (GMEAN) (Kubat et al. (1997)) est une mesure d'évaluation de la qualité de prédiction adaptée aux données avec un déséquilibre de labels (présence de labels associés à presque toutes les instances, et des labels associés à très peu d'instances). En effet, toutes les mesures précédentes favorisent un classifieur qui prédit le label majoritaire en cas de déséquilibre de labels. La moyenne géométrique combine la précision positive donnée par $acc^+ = \dfrac{|\{c_l, c_l \in y_i \ et \ c_l \in H(x_i)\}_{1 \leq l \leq k}|}{|y_i|} = \text{RECALL}$, et la précision négative donnée par $acc^- = \dfrac{|\{c_l, c_l \notin y_i \ et \ c_l \notin H(x_i)\}_{1 \leq l \leq k}|}{|C - y_i|}$ en une seule mesure donnée par : $\text{GMEAN} = \sqrt{acc^+ \times acc^-}$.

La correspondance exacte (exact match) est la mesure d'évaluation la plus stricte considérant la prédiction d'un ensemble de labels correcte seulement si l'ensemble prédit correspond exactement à l'ensemble de labels effectivement associés à l'instance : $\text{EM} = 1$ if $y_i = H(x_i)$, 0 sinon.

4.4 Résultats et discussion

Toutes les approches exploitant les relations entre les labels fournissent généralement des résultats meilleurs que l'approche BR qui ne permet pas l'apprentissage des relations entre les labels (Tables 3 à 5).

La nouvelle approche Stacked_RPC_PSI fournit les meilleurs résultats pour les données 'emotions' et 'scenes', mais pas pour les données 'yeast'. En effet les données 'yeast' présentent un déséquilibre dans la distribution de labels : certains labels sont très rares ou sont prédominants. L'approche CLR fournit les meilleurs résultats pour les données 'yeast' parce qu'elle est basée sur l'apprentissage de préférence utilisant juste un sous-ensemble réduit de l'ensemble d'apprentissage. L'effet du déséquilibre de la distribution de labels est donc réduit pour l'approche CLR. Les approches CC, AID, et PSI sont basées sur les dépendances entre les labels qui peuvent propager les erreurs de prédiction. Dans le cas où la prédiction d'un label dépend de la prédiction d'un label rare qui ne sera presque jamais prédit, l'erreur de prédiction pour le label rare peut être propagée pour les labels dépendants. La nouvelle approche Stacked_RPC_PSI fournit des résultats meilleurs que les approches CC, AID, et PSI parce qu'elle est basée aussi sur l'apprentissage de préférences. Ceci confirme l'hypothèse que la combinaison des relations de co-occurrence et des relations de préférence peut améliorer les prédictions.

5 Conclusion

Apprendre les relations entre les labels et les exploiter pour améliorer les prédictions est un défi intéressant dans la classification multi-labels. L'approche RPC permet l'apprentissage des relations de préférences entre les labels, et l'approche PSI permet l'apprentissage des relations de co-occurrence entre les labels sans restriction au préalable. Ce travail introduit l'approche Stacked_RPC_PSI qui combine les deux approches RPC et PSI afin de bénéficier à la fois des relations de préférence et de co-occurrence pour améliorer la prédiction. L'expérimentation sur trois jeux de données montrent que l'approche Stacked_RPC_PSI est très compétitive avec les approches de l'état de l'art. L'inconvénient de l'approche Stacked_RPC_PSI est qu'elle est sensible au problème du déséquilibre de la distribution de labels (présence de labels rares ou de labels prédominants). Une idée qui pourrait réduire l'impact du déséquilibre de la distribution de labels dans l'approche Stacked_RPC_PSI consiste à éviter d'apprendre des dépendances par rapport aux classifieurs de préférence triviaux qui prédisent le label majoritaire.

Références

Agrawal, S., J. Agrawal, S. Kaur, et S. Sharma (2016). A comparative study of fuzzy pso and fuzzy svd-based rbf neural network for multi-label classification. *Neural Computing and Applications*, 1–12.

Bouchon-Meunier, B., C. Marsala, et M. Ramdani (1997). *Learning from Imperfect Data*. John Wiley & Sons.

Boutell, M. R., J. Luo, X. Shen, et C. M. Brown (2004). Learning multi-label scene classification. *Pattern Recognition 37*(9), 1757 – 1771.

Destercke, S. (2014). *Multilabel Prediction with Probability Sets : The Hamming Loss Case*, pp. 496 – 505. Cham : Springer International Publishing.

Elisseeff, A. et J. Weston (2001). A kernel method for multi-labelled classification. In *In Advances in Neural Information Processing Systems 14*, pp. 681–687. MIT Press.

Fürnkranz, J., E. Hüllermeier, E. Loza Mencía, et K. Brinker (2008). Multilabel classification via calibrated label ranking. *Machine Learning 73*(2), 133–153.

Gibaja, E. et S. Ventura (2015). A tutorial on multilabel learning. *ACM Comput. Surv. 47*(3), 52 :1–52 :38.

Godbole, S. et S. Sarawagi (2004). *Advances in Knowledge Discovery and Data Mining : 8th Pacific-Asia Conference, PAKDD 2004, Sydney, Australia, May 26-28, 2004. Proceedings*, Chapter Discriminative Methods for Multi-labeled Classification, pp. 22–30. Berlin, Heidelberg : Springer Berlin Heidelberg.

Herrera, F., F. Charte, A. J. Rivera, et M. J. del Jesus (2016). *Multilabel Classification Problem Analysis, Metrics and Techniques*, Chapter Multilabel Classification, pp. 17–31.

Hüllermeier, E., J. Fürnkranz, W. Cheng, et K. Brinker (2008). Label ranking by learning pairwise preferences. *Artificial Intelligence 172*(16–17), 1897 – 1916.

Kubat, M., R. Holte, et S. Matwin (1997). *Learning when negative examples abound*, pp. 146–153. Berlin, Heidelberg : Springer Berlin Heidelberg.

Laghmari, K., C. Marsala, et M. Ramdani (2016). Graded multi-label classification : Compromise between handling label relations and limiting error propagation. In *11th Inter. Conf. on Intelligent Systems : Theories and Applications (SITA)*, pp. 1–6.

Loza Mencía, E. et F. Janssen (2014). Stacking label features for learning multilabel rules. In S. Džeroski, P. Panov, D. Kocev, et L. Todorovski (Eds.), *Discovery Science - 17th Inter. Conf. DS 2014, Bled, Slovenia, October 8-10, 2014, Proceedings*, Volume 8777 of *Lecture Notes in Computer Science*, pp. 192–203. Springer.

Loza Mencía, E. et F. Janssen (2016). Learning rules for multi-label classification : a stacking and a separate-and-conquer approach. *Machine Learning 105*(1), 77–126.

Montañés, E., J. R. Quevedo, et J. J. del Coz (2011). Aggregating independent and dependent models to learn multi-label classifiers. In D. Gunopulos, T. Hofmann, D. Malerba, et M. Vazirgiannis (Eds.), *ECML/PKDD (2)*, Volume 6912 of *Lecture Notes in Computer Science*, pp. 484–500. Springer.

Quinlan, J. R. (1993). *C4.5 : Programs for Machine Learning*. San Francisco, CA, USA : Morgan Kaufmann Publishers Inc.

Read, J. (2008). A Pruned Problem Transformation Method for Multi-label classification. In *Proc. 2008 New Zealand Computer Science Research Student Conference (NZCSRS 2008)*, pp. 143–150.

Sun, Z., Z. Guo, M. Jiang, X. Wang, et C. Liu (2016). *Research and Application of Fast Multi-label SVM Classification Algorithm Using Approximate Extreme Points*, pp. 39–52. Cham : Springer International Publishing.

Trohidis, K., G. Tsoumakas, G. Kalliris, et I. P. Vlahavas (2008). Multi-label classification of music into emotions. In J. P. Bello, E. Chew, et D. Turnbull (Eds.), *ISMIR*, pp. 325–330.

Tsoumakas, G. et I. Katakis (2007). Multi-label classification : An overview. *Int J Data Warehousing and Mining 2007*, 1–13.

van Rijsbergen, C. J. (1974). Foundations of evaluation. *Journal of Documentation 30*, 365–373.

Wang, X., S. An, H. Shi, et Q. Hu (2015). *Fuzzy Rough Decision Trees for Multi-label Classification*, pp. 207–217. Cham : Springer International Publishing.

Summary

In multi-label classification each instance can be associated to more than one label. For example, a music record can be associated to both labels 'happy' and 'relaxing'. Labels can be related with co-occurrence dependencies: for example, labels 'happy' and 'sad' can not be associated to the same music record. Labels can also be related with preference relations: for example, the label 'happy' is preferred over the label 'relaxing' to be associated to a music record containing several pikes. Label relations can help to better predict labels associated to instances. Existing approaches can learn either co-occurrence relations or preference relations. This work introduces an approach allowing to learn the two types of relations in order to improve the predictive performance. Experiments carried out show that the new introduced approach gives the best prediction results compared to five approaches from the state of the art.

Découverte de motifs graduels partiellement ordonnés : application aux données d'expériences scientifiques

Simon Ser*, Fatiha Saïs*, Maguelonne Teisseire**

*LRI, Université Paris Sud, Bât. 650-Ada Lovelace,
91405 Orsay Cedex, France
simon.ser@emersion.fr, Fatiha.Sais@lri.fr
http://www.lri.fr/~sais
** TETIS Irstea Université de Montpellier,
500, rue J. F. Breton 34093, Montpellier Cedex 5, France
maguelonne.teisseire@irstea.fr
http://textmining.biz/Staff/Teisseire/

Résumé. Les données séquentielles sont aujourd'hui omniprésentes et concernent divers domaines d'application. La fouille de données de séquences permet d'extraire des informations et des connaissances pouvant être à forte valeur ajoutée. Cependant, lorsque les données de séquences sont riches en données numériques, des méthodes de fouille de données plus fines sont nécessaires pour extraire des connaissances plus expressives représentant la variabilité des valeurs numériques ainsi que leur éventuelle interdépendance. Dans cet article, nous présentons une nouvelle méthode de découverte de séquences graduelles fréquentes représentées par des graphes à partir d'une source de données de séquences en RDF (Resource Description Framework [1]). Ces dernières sont transformées en graphes graduels partiellement ordonnés, *gpo*. Nous proposons un algorithme permettant de découvrir les sous-graphes *gpo* fréquents. Une expérimentation sur deux jeux de données réelles ont montré la faisabilité et la pertinence de notre approche.

1 Introduction

En raison du développement du marché des objets connectés et des techniques de géolocalisation, les données séquentielles sont omniprésentes et produites en quantité de plus en plus importante. Elles concernent une multitude de domaines d'application, allant de la médecine jusqu'aux télécommunications en passant par l'éducation (Kumar et al. (2011)). Les données séquentielles peuvent être produites sous la forme de suites d'informations ordonnées (e.g., parcours de patients, séquences de génomes, expériences scientifiques) ou sous la forme de séries temporelles (e.g., analyse du signal, données météorologiques, économétrie).

La fouille de motifs séquentiels, qui consiste à découvrir des sous-séquences fréquentes à partir d'une base de données séquentielles, a suscité un grand intérêt dans une multitude de

---

1. https://www.w3.org/RDF/

domaines. Par exemple, en télécommunication, des motifs séquentiels sur des mouvements de groupes d'utilisateurs d'appareils mobiles peuvent être utilisés pour prédire la position future d'un utilisateur. Dans le domaine bioinformatique on peut rechercher des motifs dans des séquences d'ADN ou des motifs séquentiels permettant la prédiction de la fonction de certaines protéines. Dans le domaine des sciences expérimentales, les scientifiques recherchent dans les comptes-rendus d'expériences des sous-séquences d'étapes fréquentes permettant la prédiction de valeurs d'observations manquantes ou encore des relations de cause-à-effet. Dans cet article, nous avons choisi ce dernier domaine d'application pour définir, illustrer et évaluer l'efficacité de notre approche de découverte de séquences graduelles partiellement ordonnées.

Les expériences scientifiques réalisées sont souvent répétées plusieurs fois dans des conditions différentes. Le volume et les proportions des produits utilisés, ainsi que la configuration du milieu de l'expérimentation varient. Ainsi, trouver des observations similaires entre plusieurs expériences n'est pas envisageable. Par contre, dans ce contexte il est pertinent de rechercher des évolutions similaires entre deux observations. Ces augmentations ou diminutions des valeurs des observations sont appelées gradualité. Aussi, une expérience ne se déroule pas de manière linéaire : certaines manipulations sont réalisées en parallèle avec d'autres ce qui constitue une information importante sur l'ordre de déroulement des étapes de l'expérience qui doit être prise en compte. En effet, il faut conserver la coexistence des observations, i.e., il n'existe pas d'ordre total sur celles-ci, mais uniquement un ordre partiel. Comme étape préalable à la découverte de règles causales nous proposons une méthode automatique qui extrait des motifs séquentiels fréquents. Ces motifs sont graduels, puisque qu'ils expriment la diminution et l'augmentation des valeurs des attributs ; ils sont partiellement ordonnés car ils représentent l'ordre partiel pouvant être présent dans les données initiales. L'approche que nous présentons dans cet article prend en entrée une base de séquences valuées partiellement ordonnées sous la forme d'une base de graphes orientés étiquetés aux sommets et fournit en sortie un ensemble de motifs séquentiels *graduels* partiellement ordonnés représentés par des graphes orientés étiquetés aux arcs. La méthode développée a été testée et évaluée sur deux jeux de données réelles en biologie. Le premier concerne des données issues du projet Qualiment CellExtraDry sur les processus de transformation et de stabilisation de la levure ; et le second concerne des données issues du projet Carrédas sur des expériences sur la dégustation et la digestion de gels laitiers.

Cet article est organisé de la façon suivante. Nous présentons tout d'abord un rapide panorama des méthodes qui s'intéressent à la découverte de séquences fréquences et de motifs graduels. Nous posons ensuite quelques définitions avant de détailler notre proposition ainsi que les algorithmes associés. Nous présentons et discutons les expérimentations réalisées sur des données réelles. Nous concluons par un bilan et des perspectives à court et moyen terme.

2 État de l'art

Les recherches sur l'extraction de connaissances à partir de données séquentielles restent peu nombreuses au sein de la communauté fouille de données même si un regain se fait ressentir du fait de la mise à disposition de nombreuses séries temporelles (comme par exemple dans le domaine de l'imagerie satellitaire). Nous pouvons citer Pei et al. (2004) qui traite le problème de l'extraction de motifs séquentiels à partir d'une base de données de séquences à l'aide de l'algorithme *PrefixSpan*, en utilisant une technique de croissance de motif. Afin de lever la contrainte forte de précédence, Pei et al. (2006) propose l'algorithme *Frecpo* pour extraire des motifs partiellement ordonnés de séquences simples sans items répétés et sans itemsets. Malgré les bonnes performances de *Frecpo*, son champ d'application est très limité étant donné que la même information peut apparaître plusieurs fois ou plusieurs informations peuvent être datées en même temps dans une base de données.

Dans Casas-Garriga (2005), un algorithme est présenté pour extraire des motifs partiellement ordonnés (po) clos (c'est-à-dire que pour chaque motif extrait, il n'existe pas de sous-séquence ayant le même support) d'une base de séquences. Il extrait d'abord des motifs séquentiels, puis transforme les motifs séquentiels en motifs po en post-traitement. Il n'extrait donc pas directement les motifs po. D'autre part, d'après Fabrègue et al. (2015), il n'extrait qu'un sous-ensemble des motifs po.

Dans Fabrègue et al. (2015), l'algorithme *OrderSpan* est décrit et permet d'extraire des motifs po clos d'une base de séquences directement, en utilisant comme dans Pei et al. (2004) une technique de croissance de motif. *OrderSpan* est efficace et peut passer à l'échelle, néanmoins il prend en entrée une base de données de séquences non po et n'est pas capable de gérer les items graduels.

Berzal et al. (2007) adapte *Apriori* (Agrawal et Srikant, 1994) afin d'extraire des motifs graduels d'une base de données de valeurs. D'une part, cette méthode ne passe pas à l'échelle en raison de sa complexité algorithmique et d'autre part, elle ne s'intéresse pas aux informations datées. Dans Di-Jorio et al. (2009), un algorithme nommé *GRITE* permet d'extraire plus efficacement les motifs graduels, mais ne s'intéresse également pas aux contraintes de temporalité.

Lonlac et al. (2017) présente un processus d'extraction de motifs graduels fermés sous contrainte de temporalité. Les auteurs utilisent *Apriori* (Agrawal et Srikant, 1994) mais un autre algorithme plus performant comme *PrefixSpan* (Pei et al., 2004) pourrait le remplacer. Néanmoins, la contrainte de temporalité est appliquée en post-traitement en filtrant les motifs produits ce qui alourdit le processus. Ajoutons aussi que la base de données d'entrée est très simple et peut être vue comme une seule séquence valuée non partiellement ordonnée.

Nous pouvons constater qu'il n'existe pas d'approche permettant d'extraire directement des motifs graduels po d'une base de données de séquences. C'est ce que nous proposons dans cet article en adoptant l'algorithme Fabrègue et al. (2015) en utilisant également une technique de croissance de motif.

3 Motifs graduels partiellement ordonnés

Nous allons tout d'abord présenter quelques définitions en les illustrant à l'aide de notre domaine d'application : les expériences scientifiques. Ensuite, nous décrirons notre algorithme.

3.1 Concepts et définitions

Une expérience est composée de plusieurs étapes, chaque étape ayant des observations. Une observation possède une qualité et une valeur (par exemple la qualité *température* et la valeur *42 degrés*) et peut être vue comme un item valué. Une étape peut être modélisée par un itemset valué.

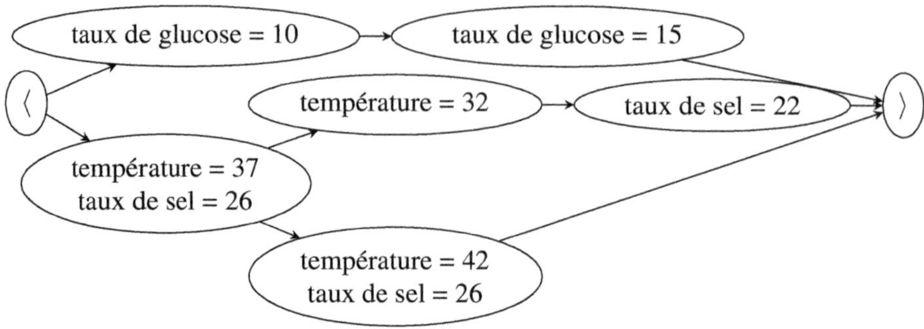

FIG. 1: Un exemple d'expérience

Définition 1 (Item valué) *Soit $\mathcal{I}$ un ensemble d'items. Un **item valué** I_v est un couple (I, v) avec $I \in \mathcal{I}$ et $v \in \mathbb{R}$. Un **itemset valué** IS_v est un ensemble non vide et non ordonné d'items valués vérifiant :*

$$\forall (I, v), (I', v') \in IS_v, I \neq I'$$

On note $\mathcal{I}_v = \mathcal{I} \times \mathbb{R}$ l'ensemble des items valués et $\mathcal{IS}_v = \mathcal{P}(\mathcal{I}_v) \setminus \{\varnothing\}$ l'ensemble des itemsets valués.

Une évolution entre deux items valués (augmentation, diminution, stagnation) peut être représentée par un item graduel. On dit alors que les deux items valués supportent l'item graduel.

Définition 2 (Item graduel) *Un **item graduel** I_g est un item $I \in \mathcal{I}$ muni d'un symbole $\circ \in \{<, >, =\}$, noté I°. On note $\mathcal{I}_g$ l'ensemble des items graduels :*

$$\mathcal{I}_g = \left\{ I^\circ ; I \in \mathcal{I}, \circ \in \{<, >, =\} \right\}$$

Définition 3 (Item graduel supporté par un couple d'items valués) *Soit un couple d'items valués (I_v, I'_v) tel que $I_v = (I, v)$ et $I'_v = (I, v')$. Ce couple **supporte** l'item graduel I° si et seulement si $v \circ v'$.*

Les étapes d'une expérience ne se déroulent pas nécessairement l'une après l'autre, par exemple deux étapes peuvent se dérouler en parallèle. On peut donc représenter une expérience par un graphe dont les sommets sont les étapes. Un exemple d'un tel graphe est illustré figure 1. Ce graphe est appelé une séquence valuée partiellement ordonnée.

Définition 4 (Séquence valuée partiellement ordonnée) *Une **séquence valuée partiellement ordonnée** (séquence valuée po, ou vpo) est un graphe orienté acyclique étiqueté aux sommets $G = (\mathcal{V}, \mathcal{A}, \Sigma_\mathcal{V}, l_\mathcal{V})$ où :*
- *$\mathcal{V}$ est l'ensemble des sommets et $\mathcal{A}$ est l'ensemble des arcs où $(\mathcal{V}, \prec)$ est un ordre partiel sur les sommets et $\mathcal{A} = \{(u, v) \in \mathcal{V}^2 \mid (u, v) \in \prec\}$*
- *$\Sigma_\mathcal{V} = \mathcal{IS}_v$ est l'alphabet des étiquettes des sommets, soit l'ensemble des itemsets valués*
- *$l_\mathcal{V} : \mathcal{V} \to \Sigma_\mathcal{V}$ donne la correspondance entre les sommets et leur étiquette*

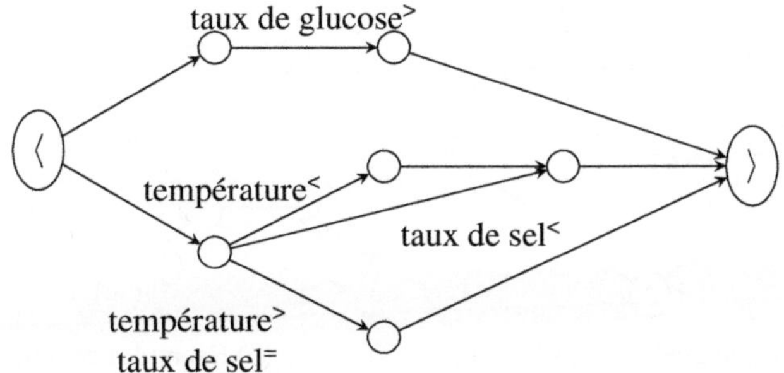

FIG. 2: La séquence graduelle po correspondant à la séquence valuée po de la figure 1

Les deux sommets étiquetés par $\langle$ et $\rangle$ sont utilisés pour marquer le début et la fin de la séquence po.

Pour u, v deux sommets du graphe, $u \prec v$ si et seulement s'il y a un chemin de u à v. S'il n'y a pas de chemin de u à v, alors ces deux éléments ne sont pas comparables.

Si une étape se déroule avant une autre, on peut lister les items graduels représentant les évolutions des observations entre ces deux étapes. On dit alors que la séquence supporte les items graduels.

Définition 5 (Item graduel supporté par une séquence valuée po) *Une séquence valuée po* $G_v = (\mathcal{V}, \mathcal{A}, \Sigma_\mathcal{V}, l_\mathcal{V})$ *supporte un item graduel* I_g *s'il existe deux sommets* $V \prec V' \in \mathcal{V}$ *tel qu'il existe deux items valués* $I_v \in l_\mathcal{V}(V)$ *et* $I'_v \in l_\mathcal{V}(V')$ *tel que le couple d'items valués* (I_v, I'_v) *supporte* I_g.

Dans le graphe d'une expérience, les évolutions des observations entre les étapes sont représentées par des arcs étiquetés par l'item graduel associé à cette évolution. Par exemple, d'un sommet *la température vaut 36 degrés* à un sommet *la température vaut 42 degrés*, on peut définir un arc *la température augmente*. Le graphe obtenu est appelé séquence graduelle partiellement ordonnée. La figure 2 illustre la séquence graduelle po correspondant à la séquence valuée po de la figure 1.

Définition 6 (Séquence graduelle partiellement ordonnée) *Une* **séquence graduelle partiellement ordonnée** *(séquence gpo) est un graphe orienté acyclique étiqueté aux arcs* $G = (\mathcal{V}, \mathcal{A}, \Sigma_\mathcal{A}, l_\mathcal{A})$ *où :*
— $\mathcal{V}$ *est l'ensemble des sommets et* $\mathcal{A}$ *est l'ensemble des arcs*
— $\Sigma_\mathcal{A} = \mathcal{I}_g \cup \{\varnothing\}$ *est l'alphabet des étiquettes des arcs, soit l'ensemble des items graduels (ou* $\varnothing$ *pour signifier une absence d'étiquette)*
— $l_\mathcal{A} : \mathcal{A} \to \Sigma_\mathcal{A}$ *donne la correspondance entre les arcs et leur étiquette*

Pour signifier une absence d'évolution de la valeur d'un item (donc une absence d'item graduel) mais pour conserver l'ordre de deux sommets, on veut pouvoir dessiner un arc entre ces sommets sans l'étiqueter. L'étiquette $\varnothing$ est alors utilisée.

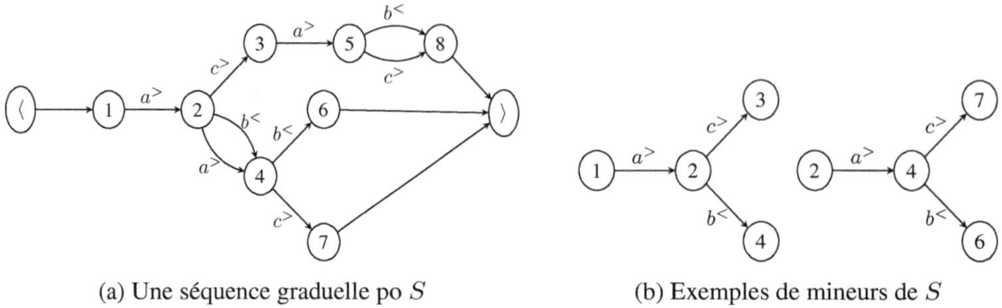

(a) Une séquence graduelle po S (b) Exemples de mineurs de S

FIG. 3: Exemples de mineurs d'une séquence graduelle po

3.2 Support

Notre but est d'extraire un ensemble d'évolutions communes à plusieurs expériences. Plus précisément, nous souhaitons extraire les évolutions qui sont suffisamment fréquentes, que nous appellerons *motifs graduels po*. Pour cela, nous allons définir la notion de support.

Il s'agit de compter le nombre de séquences dans la base de données qui supportent un motif donné. La notion de M-inclusion est adoptée pour définir formellement l'occurrence du motif dans une séquence. Deux graphes sont m-inclus s'il est possible de passer de l'un à l'autre en supprimant des arêtes ou sommets et en fusionnant des sommets.

Définition 7 (M-inclusion) *Soit S, S_p des séquences po. On dit que S_p est **m-inclus** dans S si et seulement s'il existe un mineur (Lovász, 2005) de S isomorphe à S_p. On note $S_p \preceq_m S$.*

La figure 3 illustre cette définition.

Définition 8 (Support en nombre de séquences) *Soit DB une base de données de séquences po et S_p une séquence po. Le **support** de la séquence S_p par la base DB est défini par :*

$$support(DB, S_p) = Card\{S \in DB \mid S_p \preceq_m S\}$$

3.3 Algorithmes

Étant donnée une base de données de séquences valuées po, *GradualSpan* va extraire l'ensemble des séquences graduelles po ayant un support supérieur à un support minimum θ donné. Ces séquences extraites sont appelées des motifs graduels po. Notre algorithme fonctionne en trois étapes (la dernière n'est pas développée dans cet article) :
— **Transformation des items valués en items graduels** : chaque séquence valuée po de la base de données est convertie en séquence graduelle po.
— **Découverte des motifs graduels po** : l'algorithme (Fabrègue et al., 2015) *OrderSpan* est modifié pour accepter une base de données de séquences graduelles po en entrée à la place de séquences po. Il produit des motifs graduels po en sortie.

3.3.1 Transformation des items valués en items graduels

La conversion d'une séquence valuée po en une séquence graduelle po est réalisée à l'aide de l'algorithme 1 par un parcours en profondeur (DFS).

Algorithme 1 VALUEDTOGRADUAL

Entrée : S_v une séquence valuée po de racine n_v, *last* un dictionnaire des derniers items valués rencontrés et *visited* un dictionnaire des sommets visités
Sortie : S_g la séquence graduelle po de racine n_g associée à S_v

  1 **if** *visited* contains the key n_v **then**
  2     $n_g \leftarrow visited.\text{GET}(n_v)$
  3 **else**
  4     $n_g \leftarrow \text{NEWNODE}()$
  5     $visited.\text{PUT}(n_v, n_g)$
  6 **for all** I_v valued item of $n_v.itemset$ **do**
  7   **if** *last* contains the key $I_v.item$ **then**
  8        $(v_{last}, n_{last}) \leftarrow last.\text{GET}(I_v.item)$
  9        $I_g \leftarrow \text{NEWGRADUALITEM}(I_v.item, v_{last}, I_v.value)$
 10   create an arc from n_{last} to n_g with label I_g
 11     $last \leftarrow last.\text{PUT}(I_v.item, (I_v.value, n_g))$
 12 **for all** n_v^{next} successor of n_v **do**
 13     $n_g^{next} \leftarrow \text{VALUEDTOGRADUAL}(n_v^{next}, last, visited)$
 14   create an unlabelled arc from n_g to n_g^{next}
 15 **return** n_g

L'algorithme est appliqué récursivement à chaque sommet de la séquence valuée po d'entrée. Tout d'abord, comme il y a autant de sommets dans la séquence vpo que dans la séquence gpo associée, un nouveau sommet est créé (lignes 1-5). Le dictionnaire *visited* permet de ne créer qu'un sommet pour la séquence graduelle par sommet de la séquence valuée.

Ensuite, on va tracer les arcs entre les sommets existants et le nouveau sommet (lignes 6-11). Pour chaque item valué I_v, on vérifie si on a déjà rencontré son item $I_v.item$. Si oui, on crée l'item graduel I_g à partir de l'item valué déjà rencontré et de l'item valué actuel, puis on dessine l'arc correspondant. Dans tous les cas, on retient dans le dictionnaire *last* que l'on vient de rencontrer l'item.

Enfin, on rappelle l'algorithme récursivement sur tous les successeurs du sommet actuel (ligne 12). Afin de conserver les arcs de la séquence vpo d'entrée, on dessine des arcs non étiquetés du sommet actuel aux sommets nouvellement créés.

Pendant la traversée du graphe, le dictionnaire *last* contient tous les items déjà rencontrés lors du parcours du chemin de la racine jusqu'au sommet actuel. Lorsqu'on parcourt les successeurs, chaque appel récursif va déclencher de nouvelles rencontres d'items, or on ne souhaite pas qu'une rencontre d'item dans une branche soit visible dans une autre branche. Pour cela, l'opération d'ajout PUT dans le dictionnaire *last* ne doit pas le modifier *in-place*. Pour représenter ce dictionnaire, on préférera donc utiliser un arbre de recherche (Knuth (1998)) plutôt qu'une table de hachage (cela permet de réaliser les opérations en temps logarithmique tout en partageant la mémoire).

L'algorithme VALUEDTOGRADUAL consiste en un parcours en profondeur de chaque séquence valuée de la base d'entrée. Néanmoins, afin d'extraire tous les items graduels, il est nécessaire de visiter plusieurs fois les mêmes noeuds, plus précisément de visiter tous les chemins du graphe orienté acyclique. La complexité dans le pire des cas de VALUEDTOGRA-DUAL est $\mathcal{O}(|DB_v|.v_{max}.2^{v_{max}})$, avec $|DB_v|$ le nombre de séquences dans la base et v_{max} le nombre de sommets de la séquence la plus grande. Cette complexité est linéaire en nombre de séquences à traiter et exponentielle en la taille des séquences.

3.3.2 Découverte de motifs graduels

La découverte de motifs graduels est réalisée avec l'algorithme 2, une variante de OR-DERSPAN (Fabrègue et al., 2015).

Algorithme 2 FORWARDTREEMINING

Entrée : DB_g une base de données de séquences graduelles po, θ un support minimum et $mined$ l'ensemble des sous-ensembles de la base de données déjà explorés
Sortie : $pattern$ un ensemble de motifs graduels po
1   $pattern \leftarrow$ NEWDAG()
2   $pattern.begin.database \leftarrow$ NEWPROJECTEDDATABASE(DB_g)
3   $nodeQueue \leftarrow$ NEWQUEUE($\{pattern.begin\}$)
4   **while** $nodeQueue$ is not empty **do**
5      $n \leftarrow nodeQueue$.POP()
6      $occList \leftarrow$ LISTOCCURENCES($n.database, \theta$)
7   **for all** occ in $occList$ such that $occ.support = |DB_g|$ **do**
8         $n' \leftarrow$ NEWNODE()
9         $n'.database \leftarrow n.database$.PROJECTON($occ.item$)
10   draw an arrow from n to n' labelled by $occ.item$
11        $nodeQueue$.PUSH(n')
12   **for all** occ in $occList$ such that $occ.support < |DB_g|$ **do**
13        $DB'_g \leftarrow \{S \in DB_g \mid S$ supports $occ.item\}$
14   **if** $DB'_g \notin mined$ **then**
15           $mined \leftarrow mined \cup \{DB'_g\}$
16   FORWARDTREEMINING($DB'_g, \theta, mined$)
17 MERGINGSUFFIXTREE($pattern.end$)
18 OUTPUT($pattern$)

Chaque appel à FORWARDTREEMINING extrait un motif ayant un support égal au support maximal de la base de données. Tout d'abord, un graphe acyclique orienté est créé pour contenir le motif qui sera extrait (ligne 1). On va attacher à chaque sommet une base de données projetée contenant les suffixes des séquences de DB_g par rapport au préfixe (i.e. items rencontrés sur le chemin de la racine jusqu'au sommet actuel). Une base projetée est attachée après tous les items sur lesquels elle a été projetée. Pour le premier sommet, la base de données projetée est exactement la base de données d'entrée (ligne 2). Une file $nodeQueue$ est initialisée avec le premier sommet (ligne 3).

La boucle ligne 4 étend le motif au maximum, i.e. la file est vide lorsque le motif ne peut plus être étendu. La liste des items ayant un support au moins égal à θ est construite par un parcours en profondeur de chaque séquence de la base projetée (ligne 6).

Dans un premier temps, on ne considère que les items qui ont un support égal au cardinal de la base d'entrée (lignes 7-11). Comme on est en train de construire un motif ayant un support égal au support maximal, seuls ces derniers peuvent être ajoutés au motif sans faire diminuer son support. Pour chacun de ces items, on crée un nouveau sommet n' en lui attachant la base de données projetée sur l'item.

Ensuite, on considère les items qui ont un support strictement inférieur au cardinal de la base (lignes 12-16). Ces items vont pouvoir être étendus avec des items du même support pour produire des motifs. Pour cela, on extrait le sous-ensemble DB'_g de la base de données qui supporte l'item, et on se rappelle récursivement sur ce sous-ensemble de la base d'entrée. Pour éviter de parcourir plusieurs fois les mêmes sous-ensembles de la base d'entrée, on utilise l'ensemble *mined*.

Une fois que le motif ne peut plus être étendu, on supprime les redondances du motif en appliquant MERGINGSUFFIXTREE (ligne 17, cet algorithme n'est pas présenté dans ce papier).

Notons que cet algorithme a la propriété d'extraire des motifs graduels po *clos*, c'est-à-dire que pour chaque motif extrait, il n'existe pas de sous-séquence ayant le même support.

La procédure FORWARDTREEMINING a la même complexité qu'ORDERSPAN (Fabrègue et al., 2015) étant donné que le parcours des séquences est strictement identique.

4   Expérimentations

Nous présentons dans cette section les premiers résultats de l'évaluation de notre approche que nous avons effectuée sur des données scientifiques.

Description du jeu de données. Nous avons évalué notre approche de découverte de motifs graduels partiellement ordonnés sur des données scientifiques représentées en RDF et relevant du domaine de l'agro-alimentaire. Ces données sont décrites suivant les classes et les propriétés de l'ontologie PO^2 (Ibanescu et al. (2016)) représentant les processus de transformations [2]. Plus particulièrement, PO^2 contient les classes suivantes :
— *Itinéraire*, une réalisation d'un processus, composée d'un graphe dirigé d'étapes,
— *Mixture*, représente l'objet étudié dans le processus et elle est composée d'un ensemble de produits,
— *Étape*, possède des manipulations et observations sur une mixture à un instant donné,
— *Attribut*, possède une qualité (e.g. volume, poids, température...), une unité et une valeur numérique,
— *Observation*, représente une mesure effectuée à une date donnée, en utilisant une méthode de mesure donnée, concerne une étape, un produit ou une mixture donnée et obtient une ou plusieurs valeurs résultat.

Chaque itinéraire peut être vu comme une séquence valuée po, les attributs étant des items valués.

Dans le cadre du projet INRA CellExtraDry, PO^2 a été enrichie par une partie d'Agrovoc [3]. Elle a été ensuite peuplée par 3 processus de transformation de micro-organismes (levures) suivant 20 itinéraires, 53 étapes (séchage, chauffage ...) et 286 observations. Chaque processus possède 3 à 6 itinéraires, chaque itinéraire possède à son tour une quinzaine d'étapes et environ 70 observations. Les données réelles ne pouvant être mises à disposition, pour des raisons de confidentialité, un échantillon de ces données, décrivant un seul processus de stabilisation et dont certaines valeurs ont été modifiées, est accessible avec le code en *Java* de l'algorithme et ses résultats sur : https://github.com/emersion/gradualspan.

Résultats de l'algorithme GradualSpan. En exécutant *GradualSpan* sur la base de données avec un support minimal égal à 15, on obtient 5 motifs graduels po. Le premier a un support

---

2. PO^2 est disponible à l'adresse suivante : http://agroportal.lirmm.fr/ontologies/PO2
3. Agrovoc est accessible via le lien : http://aims.fao.org/fr/agrovoc

de 20 (il est supporté par toute la base). Les suivants ont un support de 16 et sont tous des variations du premier (ils contiennent des items graduels en plus ce qui fait diminuer le support du motif).

TAB. 1: Les attributs produits, les étapes et les attributs observés impliqués dans les motifs

Attributs-Produits	*Attributs-Observés*	*Étapes*
p_1 : Masse-Glucose	o_1 : consommation-eau	e_1 : préparation milieu pré-culture 2
p_2 : Masse-Eau	o_2 : logarithme-concentration	e_2 : fermentation pré-culture 2
p_3 : Masse-Extrait de Levure	o_3 : concentration	e_3 : préparation milieu G+
p_4 : Masse-kh2po4	o_4 : impulsion	e_4 : culture
	o_5 : logarithme-concentration-par-batch	e_5 : nettoyage du fermenteur
	o_6 : concentration-par-batch	e_6 : séchage à l'étuve
	o_7 : c-33924	e_7 : séchage sur lit fluidisé 45°90°
	o_8 : différence-d-impulsion	e_8 : séchage sur lit fluidisé 60° 60°
	o_9 : conversion-d-impulsion	e_9 : stérilisation du milieu
	o_{10} : énergie-active	

Dans le tableau 1 nous présentons la liste des attributs représentant la composition des mixtures, la liste des attributs observés ainsi que la liste des étapes impliqués dans des variations exprimées dans les cinq motifs découverts dans la source de données.

m_1

m_3

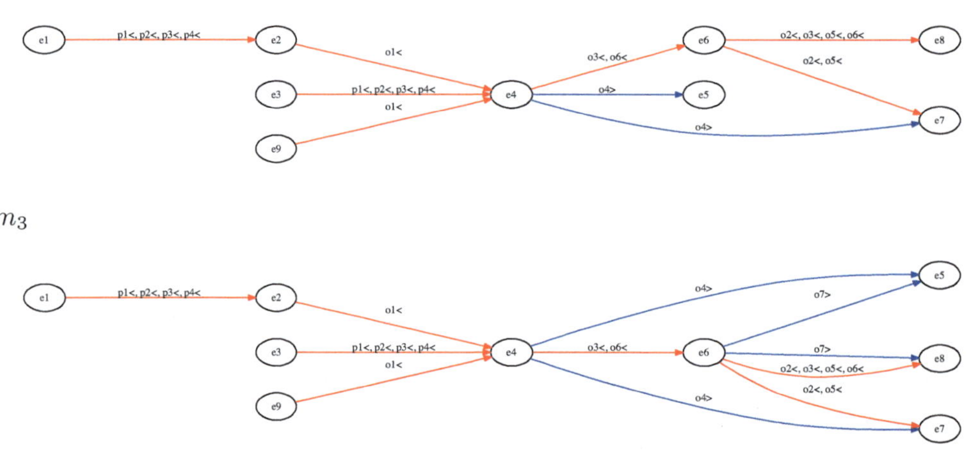

FIG. 4: Deux exemples de motifs extraits : m_1 et m_3

Les motifs produits par GradualSpan sont représentés par un graphe graduel dont les arcs expriment les variations des valeurs des attributs des produits et des attributs observés; et les nœuds représentent une étape ou une succession d'étapes. Afin de reconstituer les étapes concernées par les variations, nous avons mis en correspondance les motifs obtenus avec les graphes graduels représentant les 20 itinéraires considérés. En figure 4, nous montrons deux exemples de motifs graduels extraits et traduits en considérant les étapes des graphes graduels de départ (les arcs rouges expriment une diminution et les arcs bleus une augmentation). Nous pouvons remarquer que m_1 et un sous-graphe de m_3 et que dans m_3 nous avons deux informations additionnelles qui expriment le fait qu'on a observé une augmentation de la valeur de l'observation o_7 lorsque l'étape e_6 et suivie de l'étape e_8 ainsi que lorsque e_6 est suivie de e_8.

L'un des objectifs visés par les experts biologistes ayant produit cette source de données est de trouver des relations de causes-à-effets entre les attributs composants les mixtures et les attributs observés. En effet, on pourrait traduire les différents chemins exprimés dans les motifs graduels partiellement ordonnés en règles logiques, dont les prémisses sont variations sur les valeurs des attributs-produits et des observations intermédiaires et la conclusion représenterait les variations détectées pour les observations concernant les dernières étapes dans le graphe. A partir du motifs m_1 on pourrait générer 12 règles comme par exemple, celles qui expriment :
R1 : Si $(p_1^< p_2^< p_3^< p_4^<)$ entre les étapes e_3 et e_4 alors $(o_4^>)$ entre les étapes e_4 et e_7.

R2 : Si $(p_1^< p_2^< p_3^< p_4^<)$ entre les étapes e_3 et e_4, et $(o_3^< o_6^<)$ entre les étapes e_4 et e_6 alors $(o_2^< o_3^< o_6^< o_5^<)$ entre les étapes e_6 et e_8.

En résumé, les motifs graduels obtenus sont très expressifs et permettent de représenter des relations de dépendances entre des variations subies par les attributs des produits composant les mixture et ceux des observations. Il est possible de générer des règles logiques exprimant ces dépendances. Dans la suite nous souhaitons, tout d'abord, faire évaluer les motifs obtenus par les experts du domaine afin de rendre compte de leur qualité et pertinence pour le domaine d'application. Nous souhaitons également générer les règles logiques à partir des motifs de façon complètement automatique.

5 Conclusion

La méthode que nous avons développée est inspirée de l'approche OrderSpan Fabrègue et al. (2015) qui prend en entrée une base de séquences et qui produit des séquences partiellement ordonnées. Nous avons proposé un premier algorithme pour transformer les séquences partiellement ordonnées en des séquences graduelles partiellement ordonnées exprimant les variations (augmentation et diminution) des valeurs des attributs. Puis un second algorithme a été développé pour rechercher les sous-séquences graduelles partiellement ordonnées fréquentes, i.e. respectant une valeur de support minimum. Enfin, un post-traitement est ensuite appliqué afin d'éliminer les arcs vides (non porteurs d'informations) mais aussi des arcs redondants ou pouvant être retrouvés par transitivité. Les perspectives associées sont nombreuses. Nous citerons tout d'abord la nécessité d'offrir aux experts une interface aisée de navigation entre les données sources et les motifs po afin de valider ceux-ci. Enfin la prise en compte des itemsets graduels doit être également proposée.

Références

Agrawal, R. et R. Srikant (1994). Fast algorithms for mining association rules. *Proceedings of the 20th International Conference on Very Large Databases*, 487–499.

Berzal, F., J. Cubero, D. Sanchez, M. Vila, et J. Serrano (2007). An alternative approach to discover gradual dependencies. *International Journal of Uncertainty, Fuzziness and Knowledge-Based Systems 15*, 559–570.

Casas-Garriga, G. (2005). Summarizing sequential data with closed partial orders. *SIAM International Conference on Data Mining*.

Di-Jorio, L., A. Laurent, et M. Teisseire (2009). Mining frequent gradual itemsets from large databases. *Advances in Intelligent Data Analysis VIII, 8th International Symposium on Intelligent Data Analysis, IDA 2009, Lyon, France, August 31 - September 2, 2009. Proceedings*, 297–308.

Fabrègue, M., A. Braud, S. Bringay, F. L. Ber, et M. Teisseire (2015). Mining closed partially ordered patterns, a new optimized algorithm. *Knowledge-Based Systems 79*, 68–79.

Ibanescu, L., J. Dibie, S. Dervaux, E. Guichard, et J. Raad (2016). Po^2 - A process and observation ontology in food science. application to dairy gels. In *Metadata and Semantics Research - 10th International Conference, MTSR 2016, Göttingen, Germany, November 22-25, 2016, Proceedings*, pp. 155–165.

Knuth, D. (1998). *The Art of Computer Programming*, Volume 3, Chapter 6.2.2. Binary Tree Searching, pp. 572–611. Addison-Wesley.

Kumar, P., P. Kumar, P. R. Krishna, et S. B. Raju (2011). *Pattern Discovery Using Sequence Data Mining: Applications and Studies* (1st ed.). Hershey, PA, USA: IGI Global.

Lonlac, J., Y. Miras, A. Beauger, M. Pailloux, J.-L. Peiry, et E. M. Nguifo (2017). Une approche d'extraction de motifs graduels (fermés) fréquents sous contrainte de la temporalité. *EGC 2017, vol. RNTI-E-33*, 213–224.

Lovász, L. (2005). Graph minor theory. *Bull. Amer. Math. Soc. (New Series) 43*, 75–86.

Pei, J., J. Han, B. Mortazavi-Asl, J. Wang, H. Pinto, Q. Chen, U. Dayal, et M.-C. Hsu (2004). Mining sequential patterns by pattern-growth: the PrefixSpan approach. *IEEE Transactions on Knowledge and Data Engineering 16*, 1424–1440.

Pei, J., H. Wang, J. Liu, K. Wang, et P. Yu (2006). Discovering frequent closed partial orders from strings. *IEEE Transactions on Knowledge and Data Engineering 16*.

Summary

The sequential data is today omnipresent and covers an important range of application domains. Sequence pattern mining allows to extract information and knowledge that can be of high added value. However, when the sequence data is rich in numerical data finer data mining methods are required to be able to extract more expressive knowledge representing the variability of numerical values and their possible interdependence. In this paper, we present a new method for the discovery of frequent gradual sequences represented by directed graphs (DAG), from a data sources of sequences in RDF (Resource Description Framework). The former ones, are first transformed into *pog* (partially ordered gradual sequences) DAGs labeled at the arcs and the nodes. Then, on these graphs, we apply an algorithm which mines and discovers the frequent *pog* subgraphs. Experiments on two real datasets in biology have shown the feasibility and the relevance of our approach.

Utilisation de techniques de modélisation thématiques pour la détection de nouveauté dans des flux de données textuelles.

Clément Christophe*,**, Julien Velcin*, Manel Boumghar**

*Laboratoire ERIC, Université Lumière Lyon2,
5 av. P. Mendès-France, 69676 Bron Cedex, France
Julien.Velcin@univ-lyon2.fr
**EDF R&D,
7 Boulevard Gaspard Monge, 91120 Palaiseau, France
manel.boumghar@edf.fr
cle.christophe@gmail.com

Résumé. Avec l'avènement des réseaux sociaux et la multiplication des messages produits au sujet des entreprises, mieux comprendre les retours clients est devenu un enjeu primordial. Des techniques de classification automatique et de modélisation thématique permettent d'ors déjà d'observer les principales tendances observées dans ces données. Il est intéressant, dans une optique d'anticipation, d'observer les thématiques émergentes et de les identifier avant qu'elles ne prennent de l'ampleur. Afin de résoudre cette problématique, nous avons étudié la piste de l'utilisation de modèles LDA pour détecter les documents relatifs à ces thématiques émergentes. Nous avons testé trois systèmes sur plusieurs scénarios d'arrivées de la nouveauté dans le flux de données. Nous montrons que les modèles thématiques permettent de détecter cette nouveauté mais que cela dépend du scénario envisagé.

1 Introduction

De nombreuses entreprises souhaitent être en mesure d'analyser les données qui leur parviennent chaque jour. C'est le cas de l'entreprise EDF avec laquelle ce projet a été effectué. EDF surveille l'évolution des thématiques discutées dans différents types de corpus textuels (réclamations, mails, chatbot, etc.). Un plan de classement prédéfini permet de recourir à des algorithmes de classification supervisée performants afin de placer les différents documents dans des catégories prédéfinies au fur et à mesure de leur arrivée. Cependant, de nombreux documents se retrouvent mal ou même non classés. Cela peut être dû au fait que les catégories évoluent au fil du temps et qu'il est nécessaire de réviser ces plans de classement. Être en mesure de détecter au plus tôt ces tendances nouvelles représente un atout important pour une entreprise. EDF souhaite pouvoir détecter les documents qui ont permis d'amorcer ces évolutions car ils peuvent avoir le potentiel d'anticiper la constitution de nouvelles catégories. Ils constituent une forme d'explication du changement en cours permettant une meilleure interaction avec les utilisateurs du système au sein d'EDF. Afin de surveiller ces évolutions, il est nécessaire de prendre en compte la notion de nouveauté. Dans ce contexte, l'analyse de nouveauté à partir du flux des documents est une piste envisagée sérieusement pour mieux appréhender ces évolutions.

Dans cet article nous voulons étudier la possibilité d'utiliser des méthodes basées sur des thématiques pour améliorer la détection de nouveauté. Nous avons développé une méthode générique et trois modèles afin de capter les documents nouveaux. Les thématiques construites dans chacun des modèles sont issues de modèles LDA (Blei et al. (2003)) mais il est tout à fait envisageable d'utiliser d'autres modèles comme PLSA (Hofmann (1999)) ou NMF (Lee et Seung (1999)). En plus des modèles développés et au vu de la difficulté d'accessibilité des jeux de données annotés pour la nouveauté, nous avons mis au point une méthodologie permettant d'ajouter artificiellement de la nouveauté dans des données textuelles. Cette méthodologie nous permet de tester plusieurs scénarios d'arrivée (fréquence, volume, etc.) et de mesurer la performance de nos systèmes.

Nous commencerons par définir la notion de nouveauté dans un flux de données textuelles. Nous présenterons ensuite la méthode générique et la déclinaison en trois modèles distincts. Nous montrerons comment nous ajoutons artificiellement de la nouveauté dans notre jeu de données et enfin nous présenterons les différents résultats que nous avons obtenus. En conclusion, nous verrons dans quelle mesure et par quels moyens notre système pourrait être amélioré et dans quels cas il serait particulièrement utile.

2   État de l'art

La détection de nouveauté peut être définie comme le fait de reconnaître des données qui sont différentes d'une certaine manière des données habituellement traitées. Il est courant de rapprocher les idées de nouveauté et de signaux faibles car les méthodes de détection sont souvent employées sur des jeux de données contenant un très grand nombre d'exemples normaux et peu de données considérées comme "anormales". À partir de cette définition, nous pouvons voir le problème de détection de nouveauté comme un problème de classification à deux classes où nous avons une classe de données "anormales" en faible volume qui doit être distinguée des autres possibilités. Au sein de la littérature, les termes *novelty detection* sont souvent rapprochés de termes comme *anomaly detection* et *outlier detection* . Le dictionnaire Merriam-Webster définit le terme *novelty* comme ceci : «qui ne ressemble à rien de ce qui a déjà été observé".»

Dans (Pimentel et al. (2014)), la détection de nouveauté est classée en cinq catégories distinctes : (1) probabiliste, (2) basée sur la distance, (3) basée sur la reconstruction, (4) basée sur le domaine, et (5) basée sur des techniques de théorie de l'information. La première méthode cherche à estimer la densité d'une classe normale et suppose que des zones de basse densité ont peu de chances de contenir des données normales. La seconde approche part du principe qu'une nouveauté va apparaître loin de ses plus proches voisins. Pour (3), il est nécessaire d'entraîner un modèle de régression et l'observation d'une erreur importante entre la prédiction et la valeur réelle donne du poids à un score de nouveauté. La quatrième méthode va utiliser des méthodes spécifiques aux domaines pour caractériser les données d'entraînement.

Généralement, elles définissent une frontière autour des données dites "normales". L'approche (5) va calculer l'apport informationnel des données d'entraînements grâce à l'entropie ou à d'autres techniques basées sur la théorie de l'information de Shannon. Elle se base sur le principe qu'une nouveauté va modifier significativement le contenu informationnel d'un jeu de données.

Les modèles que nous allons présenter se basent sur des mesures de distances (2nde approche) pour calculer un score de nouveauté d'un document arrivant dans notre corpus. Les techniques de modélisation thématiques existantes permettent d'associer des termes et des documents qui ont des relations sémantiques et qui sont souvent utilisés au sein d'un même sujet. Afin de générer automatiquement des thématiques, nous utiliserons un modèle de *Latent Dirichlet Allocation* (Blei et al. (2003)). *LDA* est un modèle probabiliste utilisé pour décrire un corpus de D documents associés à un vocabulaire de taille V. Dans ce modèle, des variables latentes sont utilisées pour représenter des thématiques présentes dans chaque document. LDA utilise un processus génératif qui permet de simuler la création d'un document. A partir des paramètre α et β, le modèle détermine les variables cachées Z_n correspondant aux thématiques. Ces thématiques sont décrites par une distribution de probabilité des termes du vocabulaire sur les thématiques ($\phi_k = p(w_n|z_k)$, où w_n est le n-ième mot du vocabulaire) et une distribution de probabilité des thématiques sur les documents ($\theta^d = p(z_k|d)$). La distribution ϕ_k est, en partie, illustrée dans le tableau 1.

Topic 1	*algorithm (0.042), routing (0.038), dynamic (0.033), packet (0.018)*
Topic 2	*data (0.070), queries (0.033), query (0.028), optimal (0.022)*

TAB. 1 – *Exemple de thématiques LDA.*

Le modèle LDA permet la construction de thématiques à un temps donné. Il sera nécessaire, à terme, de s'intéresser à l'aspect temporel des données afin de construire des modèles pouvant évoluer dans le temps. Plusieurs méthodes ont été présentées ces dernières années et permettent de modéliser l'évolution des thématiques dans le temps, c'est le cas pour (Wang et McCallum (2006), Blei et Lafferty (2006), AlSumait et al. (2008), Wang et al. (2012), et Amoualian et al. (2016)). Ces modèles se basent sur des approches différentes pour modéliser l'évolution des thématiques. Certains utilisent des fenêtres temporelles et se basent sur les paramètres α et β pour mettre à jour le modèle (Blei et Lafferty (2006)) tandis que d'autres (AlSumait et al. (2008) lient les distributions de termes-thématiques pour déterminer les β. Il est intéressant de noter que des approches par prédiction (Wang et al. (2012)) ainsi que l'utilisation d'objets mathématiques complexes comme les copules (Amoualian et al. (2016)) ont fait leur preuve. Pour modéliser la détection au plus tôt, des modèles basés sur des mesures physiques comme la vitesse ou l'accélération sont apparus dans la littérature (Xie et al. (2016), He et Parker (2010). Ces méthodes permettent de détecter très tôt des événements qui apparaissent rapidement mais ne détectent pas les nouveautés qui peuvent apparaître progressivement.

Nous avons observé que ces articles ne proposent pas de méthodes d'évaluation quantitatives pour la détection de la nouveauté. C'est pourquoi nous avons décidé de ne pas nous baser sur ces modèles complexes mais plutôt sur des modèles LDA.

3 Les modèles

3.1 Méthode générique

Dans cette section, nous allons décrire le modèle de façon générique et expliquerons les différents moyens que nous pouvons utiliser afin de l'implémenter.

Nous observons un certain nombre de documents $\mathcal{D} = \{(d_i, t_i), i \in \mathbb{R}\}$ avec i l'indice du document, d_i le texte du document et t_i sa date d'apparition. t_c correspond au moment où nous observons les documents arriver. w_h et w_c correspondent à la taille des fenêtres temporelles définissant l'historique et le contexte récent que l'on prend en compte. L'historique correspond à un sous-ensemble de documents $D_{hist} \subset \mathcal{D}$ où $D_{hist} = \{(d_i, t_i) \in \mathcal{D}/t_c - w_h \leq t_i < t_c\}$. Le contexte correspond à un ensemble de documents $D_{cont} \subset \mathcal{D}$ où $D_{cont} = \{(d_i, t_i)/t_c < t_i \leq t_c + w_c\}$.

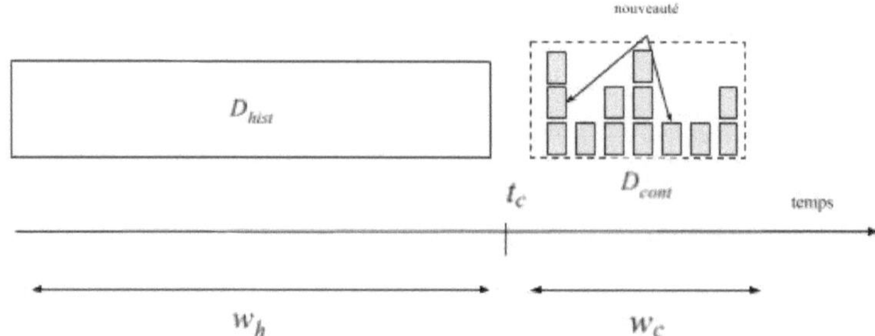

FIG. 1 – *Modèle générique.*

Au sein de cet article, nous utiliserons les notations notées dans le tableau 2

Symbole	Définition
d_i	contenu du document i
t_i	date de parution du document i
t_c	date d'observation
$\mathcal{D}$	ensemble des documents
w_h	taille de la fenêtre d'historique
w_c	taille de la fenêtre de contexte
$H = D_{hist}$	ensemble des documents dans W_h
$C = D_{cont}$	ensemble des documents dans W_c
Z_D	ensemble des thématiques *LDA* calculés sur D

TAB. 2 – *Notations utilisées dans cet article.*

3.2   Calcul de distance.

Comme nous l'avons dit précédemment, nous voulons détecter au plus tôt l'émergence de thématiques nouvelles ainsi que différents phénomènes complexes. Ces thématiques sont construites à partir des documents et c'est donc ces derniers qui induisent la nouveauté. Afin de la mesurer au niveau des thématiques, il faut aussi être capable de la mesurer au niveau des documents. Dans notre modèle, nous voulons leur associer un score de nouveauté qui dépend des documents de l'historique. Plus le score de nouveauté est grand, plus le document peut être considéré comme nouveau. Nous nous basons sur le fait que la nouveauté apparaît anormalement loin, en termes de distance, de ses plus proches voisins. Notre fonction de scoring *score* doit agréger des calculs de dissimilarité des documents par rapport à l'historique et au contexte. Cette dissimilarité peut être calculée par rapport à plusieurs ensembles. Une première idée consiste à calculer la dissimilarité entre les documents du contexte et de l'historique : $score(d_i, H) = aggreg_{\substack{d' \in H \\ d_i \in C}}(diss(d, d'))$ pour tout d_i dans C.

Plusieurs fonctions sont connues dans la littérature pour calculer la dissimilarité entre documents. Si nous considérons $\vec{x}$ un vecteur de dimension n où n correspond au nombre de mots dans le vocabulaire. $\vec{x}$ peut représenter un document sous la forme de sac de mots ou bien les mots les plus probables d'une thématique LDA. Nous pouvons utiliser la divergence Cosine, la divergence de Kullback-Leibler symétrique ou encore la divergence de Jensen-Shannon :

$$— \; cosineDiv(x_1, x_2) = 1 - \frac{\sum x_{1i}.x_{2i}}{\sqrt{\sum x_{1i}^2}.\sqrt{\sum x_{2i}^2}}$$

$$— \; KLDiv(x_1, x_2) = \tfrac{1}{2}\sum x_{1i}.log(\tfrac{x_{1i}}{x_{2i}}) + \tfrac{1}{2}\sum x_{2i}.log(\tfrac{x_{2i}}{x_{1i}})$$

$$— \; JSDiv(x_1, x_2) = \tfrac{1}{2}\sum x_{1i}.log(\tfrac{x_{1i}}{\frac{1}{2}(x_{1i}+x_{2i})}) + \tfrac{1}{2}\sum x_{2i}.log(\tfrac{x_{2i}}{\frac{1}{2}(x_{1i}+x_{2i})})$$

3.3   Modèle de comparaison documents-documents

La Figure 2 représente une comparaison des termes présents dans les documents de l'historique et du contexte récent. Le modèle consiste à calculer une distance entre tous les documents deux à deux : à chaque document arrivant dans la fenêtre de contexte, nous le comparons avec tous les documents de l'historique. Pour la comparaison entre les documents, nous pouvons utiliser les mesures citées dans la partie 3.2. Nous avons choisi d'utiliser une divergence *cosine* car elle est connue pour avoir une performance élevée (Strehl et al. (2000)). Les scores associés aux termes correspondent au TF-IDF de chaque terme estimé sur le corpus. Une fois les distances calculées, nous obtenons une matrice de distance avec, en ligne, les documents du contexte (là où nous voulons trouver la nouveauté) et, en colonne, les documents de l'historique. Nous avons vu dans l'état de l'art qu'un document nouveau est anormalement loin de ses voisins. Nous ne voulons donc pas comparer un document du contexte avec tous les documents de l'historique mais seulement avec les documents qui y ressemblent fortement donc avec ses plus proches voisins. Le but est d'identifier les documents isolés dont même les plus proches voisins sont anormalement loin. Afin d'agréger les résultats, nous faisons donc une moyenne sur les distances par rapport aux k plus proches voisins. Plus ce score est élevé, plus le document est susceptible d'être nouveau.

Détection de nouveauté avec LDA.

— Moyenne des k plus proches voisins : $score(d) = \frac{1}{|V_k|} \sum_{\substack{i=0 \\ d_i' \in J}}^{k} diss(d, d_i')$, et J est l'ensemble de taille k qui minimise la fonction $diss(d, d_i')$

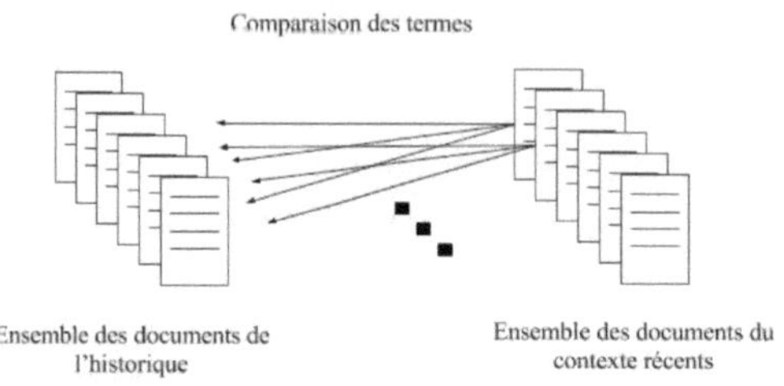

FIG. 2 – *Comparaison des documents deux à deux.*

3.4   Modèle de comparaison thématiques-documents

La Figure 3 introduit la notion de thématiques dans le modèle. Ce dernier permet de comparer les termes des documents du contexte récent avec les termes les plus probables des thématiques de l'historique. Comme nous l'avons dit en présentant le modèle LDA, une thématique est décrite grâce à sa distribution de probabilité sur les termes et sur les documents. Nous prenons les 100 termes les plus probables par thématique et nous pouvons donc comparer les documents avec les thématiques dans un même espace. Pour ce modèle nous choisissons d'utiliser la distance *cosine* en prenant, pour score, la probabilité des termes dans la thématique avec laquelle on compare. Bien que la comparaison entre un score TF-IDF et une probabilité ne soit pas mathématiquement rigoureuse, nous considérons les probabilités comme un score d'appartenance à une thématique, ce qui nous permet d'utiliser les deux mesures dans la même expression. Ce modèle détermine rapidement si un document fait partie des données «normales»ou s'il se trouve loin des thématiques de l'historique.

3.5   Modèle de comparaison thématiques-thématiques

La Figure 4 représente une variante du modèle précédent dans le sens où, au lieu de comparer directement les documents du contexte avec les thématiques de l'historique, nous allons construire des thématiques sur ces documents puis déterminer si une ou plusieurs thématiques peuvent être considérées comme nouvelles (étape (a)). Pour comparer les thématiques du contexte avec celles de l'historique, nous calculons la distance entre les termes les plus probables de chaque thématique. Nous agrégeons les résultats de la même manière que dans la partie 3.3. Afin de sélectionner seulement les thématiques vraiment nouvelles, nous fixons un seuil qui correspond à : $threshold = \mu(score) + \sigma(score)$. Ce seuil traduit la notion

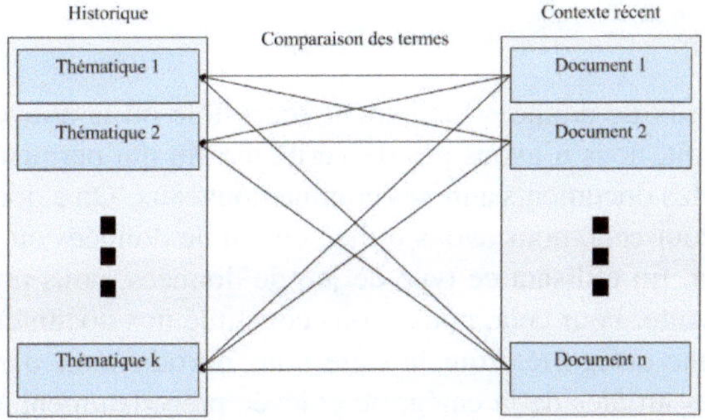

FIG. 3 – *Comparaison des documents avec les thématiques de l'historique*

d'anormalement distant des thématiques précédentes. Une fois les thématiques nouvelles identifiées, nous allons utiliser les documents les plus probables de celles-ci et comparer leurs
termes avec les thématiques de l'historique (étape (b)). Cela permet de déterminer quels sont
les documents responsables de la nouveauté de la thématique. Ensuite, nous allons comparer
les termes des documents les plus probables au sein de ces thématiques nouvelles avec les
termes des thématiques de l'historique (étape (b)). Cela permet de déterminer quels sont les
documents responsables de la nouveauté de la thématique.

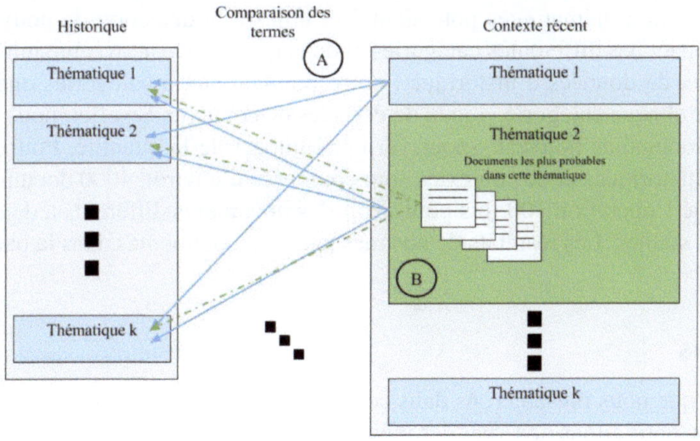

FIG. 4 – *Comparaison des documents des thématiques nouvelles avec les thématiques de l'historique*

4 Expérimentation

4.1 Méthodologie

Il n'existe pas de jeux de données facilement accessible où la nouveauté est annotée par document. Autrement dit, nous n'avons pas de vérité terrain qui permettrait d'observer si les systèmes classent bien les documents annotés comme nouveaux. On a donc dû constituer notre propre vérité terrain. Pour cela, nous avons utilisé un jeu de données où chaque texte est déjà associé à une catégorie. En utilisant ce type de jeu de données, nous pouvons simuler artificiellement de la nouveauté. Pour cela, nous avons constitué nos documents de l'historique en enlevant la totalité d'une catégorie. Pour la suite nous introduisons, dans nos documents de contexte, une partie des articles de la catégorie enlevée précédemment. Cela nous permet de contrôler la quantité de nouveauté que nous introduisons et nous pouvons donc étudier l'impact que cela a sur nos modèles.

4.2 Jeu de données

Les données de l'entreprise EDF sont des données sensibles, donc nous avons choisi un jeu de données public (Tang et al. (2012)) [1] pour tester nos modèles. Ces données correspondant à des résumés d'articles scientifiques publiés entre 1990 et 2005 et associés à cinq catégories : theory, database, datamining, visu et medical.

Nous avons appliqué notre méthodologie à ce jeu de données et nous avons constitué une fenêtre d'historique contenant les articles publiés entre 1990 et 1999 en enlevant chacune des catégories. Nous avons donc une fenêtre de contexte contenant les articles publiés entre 2000 et 2005 dans laquelle nous avons introduit un certain nombre de documents correspondant à la catégorie enlevée précédemment. Le but de ces expériences était de voir comment les techniques de modélisation thématiques pouvaient être utiles à la détection de nouveauté : nous avons étudié l'impact des différentes catégories et de la quantité de nouveauté introduite. Nous avons donc 5 jeux de données d'historique : correspondant aux 5 catégories que nous avons enlevées, et, pour chaque catégorie, 4 jeux de données de contexte. En effet, nous avons ajouté 1, 5, 20 et 100 documents nouveaux pour vérifier l'impact de la quantité. Pour information, les ensembles d'historiques et de contextes sont composés d'environ 4000 documents chacun. Nous avons répété l'opération 100 fois pour avoir des documents différents à détecter et donc des résultats plus stables. Les résultats de nos mesures sont commentés dans la partie suivante.

4.3 Résultats

Les résultats que nous présenterons dans cette partie sont composés de deux parties. Dans un premier temps, nous allons observer des mesures d'AUC (*Area Under Curve*) moyennes qui permettent de quantifier la qualité de détection de nos systèmes. Pour rappel, l'AUC mesure l'aire sous une courbe ROC, c'est une mesure très utilisée dans le domaine de la recherche d'information et nous pouvons l'utiliser car nous avons ramené notre problème à un problème de classification binaire. Les articles cités dans l'état de l'art utilisent une mesure de perplexité

---

1. https://aminer.org/collaboration

pour mesurer la qualité de leur thématique mais ne propose pas de mesure quantitative pour la détection de la nouveauté. Dans un second temps, nous présenterons la précision à 100 de nos systèmes. Cette mesure nous permet de nous concentrer uniquement sur le début de classement de nouveauté : c'est-à-dire les documents qui sont fortement susceptibles d'être présentés à des experts métiers. Il est important de noter que notre méthodologie permet de détecter des nouvelles catégories mais ne mesure pas la nouveauté apparaissant au sein des catégories : par exemple, entre 1990 et 2005, nous pouvons imaginer que les articles de recherche sur le thème des bases de données ont beaucoup évolué et n'utilisent pas forcément les mêmes termes. Notre système n'intègre pas encore ces changements et cela peut expliquer les scores de détection pas à la hauteur de nos attentes.

Au niveau des mesures d'AUC, il est intéressant de constater qu'à partir de seulement 5 nouveaux documents introduits dans l'ensemble de contexte, on peut observer des différences dans les tendances de détections entre les modèles. En effet, dans la Table 3, quand on ajoute 5 nouveaux documents, on voit qu'il est plus difficile de détecter des catégories comme *datamining* et *medical*. Au contraire, les catégories *theory* et *visu* ont l'air d'être assez faciles à détecter ($AUC > 0.7$). Lorsqu'on utilise des modèles thématiques, que ce soit pour résumer l'historique (Table 4) ou pour la fenêtre de contexte courant (Table 5), nous remarquons que la tendance s'inverse et que la catégorie *medical* est plus facile à détecter. Bien sûr, les catégories *database* et *datamining* restent assez difficiles à détecter. Cela peut s'expliquer par le fait que ces deux catégories partagent beaucoup de termes en commun et que les thématiques LDA ne font pas la différence entre ces deux ensembles. Au contraire, il semble que les catégories *theory* et *medical* utilisent des termes plus spécifiques qui permettent d'avoir des thématiques plus facilement identifiables. Enfin il est intéressant de noter que, dans le troisième modèle (Table 5), la première étape identifie les nouvelles thématiques assez bien car on retrouve bien les nouveaux documents insérés dans leur liste des 100 documents les plus probables.

Nb of docs	1	5	20	100
database	0.81	0.68	0.67	0.66
datamining	0.47	0.59	0.54	0.57
medical	0.71	0.61	0.65	0.66
theory	0.73	0.82	0.80	0.80
visu	0.67	0.75	0.72	0.71

TAB. 3 – *AUC moyennes du modèle de comparaison documents-documents*

Nb of docs	1	5	20	100
database	0.73	0.68	0.66	0.65
datamining	0.33	0.47	0.43	0.44
medical	0.74	0.73	0.74	0.74
theory	0.75	0.75	0.76	0.75
visu	0.66	0.61	0.60	0.60

TAB. 4 – *AUC moyennes du modèle de comparaison thématiques-documents*

Détection de nouveauté avec LDA.

Nb of docs	1	5	20	100
database	0.43	0.64	0.73	0.60
datamining	0.25	0.68	0.53	0.55
medical	0.62	0.71	0.69	0.69
theory	0.33	0.85	0.81	0.83
visu	0.63	0.57	0.53	0.65

TAB. 5 – *AUC moyennes du modèle de comparaison thématiques-thématiques*

Les résultats présentés dans la Table 6 montrent le nombre moyen de documents nouveaux que l'on retrouve dans les 100 premiers documents classés par score de nouveauté (2.5% du classement). C'est, en quelque sorte, un zoom sur le début de la courbe ROC. Ces 100 premiers documents sont destinés à être présentés à des experts métiers pour interprétation. La première colonne montre le niveau de détection lorsque l'on compare deux à deux les documents du contexte et de l'historique par rapport aux termes qu'ils utilisent. On peut voir que les scores sont très faibles pour les catégories *datamining* et *medical* : c'est-à-dire que les documents nouveaux ne sont pas les plus éloignés, en termes de distance, de leurs plus proches voisins. Pour ce modèle, qui compare les documents deux à deux, la quantité de nouveauté introduite n'a pas d'effets sur la détection. La deuxième colonne présente les mêmes résultats une fois que l'on a résumé nos documents de l'historique sous forme de thématique LDA. Pour cela nous avons utilisé le modèle présenté en partie 3.4. On peut voir une nette amélioration des scores relatifs aux catégories *theory* et *medical*. Une légère baisse de la catégorie *visu* et une baisse significative pour les catégories *database* et *datamining*. Cette dernière observation nous confirme que ces deux catégories posent des problèmes à cause des termes qu'elles utilisent : en effet, elles partagent beaucoup de termes et les nouveaux documents *database* sont forcément proches des thématiques relatives à la catégorie *datamining* dans l'historique.Lorsque l'on résume notre fenêtre de contexte sous forme de thématiques (partie 3.5), on observe la même tendance que précédemment, à part pour la catégorie *visu* qui semble rester assez constante. Cette méthode permet d'identifier certains types de documents nouveaux sans comparer tous les documents : l'étape d'identification des nouvelles thématiques permet de diminuer le nombre de documents à comparer (100 par thématiques nouvelles identifiées). Aussi, les modèles thématiques permettent de manipuler des matrices plus légères (en comparant thématiques de l'historique et du contexte) par rapport à la comparaison de documents deux à deux.

Modèle	1	2	3
database	9.45	7.65	4.25
datamining	1.65	0.75	0.25
medical	2.45	8.63	9.75
theory	16.80	17.45	22.75
visu	3.70	3.20	3.50

TAB. 6 – *Comparaison des mesures de précision à 100 des différents modèles*

5   Conclusion et perspectives

Dans cet article, nous avons commencé par apporter des précisions sur la définition de la nouveauté. Nous avons listé des articles de l'état de l'art sur des techniques qui nous ont inspirées ou nous inspireront pour la suite. Nous avons ensuite évalué la capacité des modèles thématiques à détecter de la nouveauté dans des flux de données textuelles en développant une méthodologie qui, à partir de données classées, nous permet d'introduire artificiellement de la nouveauté. Cette méthodologie pourrait être améliorée en utilisant d'autres jeux de données où les catégories n'évolueraient pas dans le temps : cela permettrait d'éviter la détection de nouveauté intra-classes. Nous avons montré que les modèles thématiques peuvent être utilisés pour la détection de nouveauté dans certains cas. Les modèles que nous avons développés sont des modèles simples basés uniquement sur des mesures de distances et nous observons des différences significatives par rapport à un modèle basé uniquement sur la comparaison des termes. Nous n'avons pas étudié l'influence des différents paramètres utilisés. Il serait intéressant d'observer à quel point le nombre de plus proches voisins utilisés ou encore le nombre de thématiques influent sur la précision du modèle. Pour la suite de ce travail, il est question de se baser sur des méthodes thématiques temporels présentés dans AlSumait et al. (2008), Amoualian et al. (2016), Blei et Lafferty (2006), et Wang et al. (2012) afin de pouvoir détecter la nouveauté dans des thématiques qui évoluent dans le temps en étudiant, par exemple, l'évolution des paramètres α et β. Aussi, afin d'aborder la question de la détection au plus tôt, nous aimerions nous baser sur des systèmes présentés dans Xie et al. (2016) et He et Parker (2010) et ainsi adapter des mesures d'accélération aux thématiques.

Références

AlSumait, L., D. Barbará, et C. Domeniconi (2008). On-line lda : Adaptive topic models for mining text streams with applications to topic detection and tracking. In *Data Mining, 2008. ICDM'08. Eighth IEEE International Conference on*, pp. 3–12. IEEE.

Amoualian, H., M. Clausel, E. Gaussier, et M.-R. Amini (2016). Streaming-lda : A copula-based approach to modeling topic dependencies in document streams. In *SIGKDD*.

Blei, D. M. et J. D. Lafferty (2006). Dynamic topic models. In *Proceedings of the 23rd international conference on Machine learning*, pp. 113–120. ACM.

Blei, D. M., A. Y. Ng, et M. I. Jordan (2003). Latent dirichlet allocation. *Journal of machine Learning research 3*(Jan), 993–1022.

He, D. et D. S. Parker (2010). Topic dynamics : an alternative model of bursts in streams of topics. In *Proceedings of the 16th ACM SIGKDD international conference on Knowledge discovery and data mining*, pp. 443–452. ACM.

Hofmann, T. (1999). Probabilistic latent semantic analysis. In *Proceedings of the Fifteenth conference on Uncertainty in artificial intelligence*, pp. 289–296. Morgan Kaufmann Publishers Inc.

Lee, D. D. et H. S. Seung (1999). Learning the parts of objects by non-negative matrix factorization. *Nature 401*(6755), 788.

Pimentel, M. A., D. A. Clifton, L. Clifton, et L. Tarassenko (2014). A review of novelty detection. *Signal Processing 99*, 215–249.

Strehl, A., J. Ghosh, et R. Mooney (2000). Impact of similarity measures on web-page clustering. In *Workshop on artificial intelligence for web search (AAAI 2000)*, Volume 58, pp. 64.

Tang, J., S. Wu, J. Sun, et H. Su (2012). Cross-domain collaboration recommendation. In *KDD'2012*.

Wang, X. et A. McCallum (2006). Topics over time : a non-markov continuous-time model of topical trends. In *Proceedings of the 12th ACM SIGKDD international conference on Knowledge discovery and data mining*, pp. 424–433. ACM.

Wang, Y., E. Agichtein, et M. Benzi (2012). Tm-lda : efficient online modeling of latent topic transitions in social media. In *Proceedings of the 18th ACM SIGKDD international conference on Knowledge discovery and data mining*, pp. 123–131. ACM.

Xie, W., F. Zhu, J. Jiang, E.-P. Lim, et K. Wang (2016). Topicsketch : Real-time bursty topic detection from twitter. *IEEE Transactions on Knowledge and Data Engineering 28*(8), 2216–2229.

Summary

With the advent of social networks and the multiplication of product messages about companies, better understanding of customer feedback has become a key issue. Clustering techniques and thematic modeling already allow to observe the main trends observed in this data. It is interesting, from an anticipatory perspective, to observe the emerging themes and to identify them before they grow in size. To solve this problem, we studied the use of LDA models to detect documents related to these emerging themes. We tested three systems on several novelty arrival scenarios in the data stream. We show that the thematic models allow to detect this novelty but that it depends on the scenario considered.

Analyse en rôles sémantiques pour le résumé automatique

Elyase Lassouli*, Yasmine Mesbahi*
Camille Pradel* Damien Sileo*,**

*Synapse Développement
5 rue du Moulin Bayard, 31 000 Toulouse
http://www.synapse-developpement.fr/
**IRIT, Université Toulouse 3
118 Route de Narbonne, 31 062 Toulouse
https://www.irit.fr

Résumé. Cet article présente une approche visant à extraire les informations exprimées dans un corpus de textes et en produire un résumé. Plusieurs variantes de méthodes extractives de résumé de texte ont été implémentées et évaluées. Leur principale originalité réside dans l'exploitation de structures appelées CDS (pour *Clause Description Structure*) issues d'un composant d'annotation en rôles sémantiques et non directement des phrases composant les textes. Le résumé obtenu est un sous-ensemble des CDS issus du corpus d'origine ; ce format permettra dans la suite la détection d'incohérences textuelles. Dans ce travail, nous retransformons les CDS résumés en texte pour permettre la comparaison de notre approche avec celles de la littérature. Les premiers résultats sont très encourageants : les variantes que nous proposons obtiennent généralement de meilleurs scores que des implémentations de méthodes de référence.

1 Introduction

Sur le Web, l'utilisateur est démuni face à de très grands volumes de documents de qualité assez inégale et d'une fiabilité parfois douteuse. Le résumé automatique peut permettre aux humains de mieux appréhender ces données surabondantes Notre objectif est d'utiliser le résumer automatique de corpus pour construire une base de connaissances fiable permettant l'identification d'incohérences dans un nouveau texte. Cette approche est illustrée dans la figure 1 : elle consiste à extraire d'une grande quantité de textes les faits redondants en se basant sur l'idée qu'ils représentent des connaissances consensuelles et donc aptes à permettre de façon fiable l'identification d'incohérences dans un nouveau texte. En plus d'un début de modèle de détection d'incohérence, ce travail peut être vu comme une contribution à la tâche de résumé automatique de corpus de textes ; dans cet article, nous le présentons et l'évaluons comme tel.

La principale originalité de l'approche réside dans l'exploitation de structures appelées CDS (pour *Clause Description Structure*) issues d'un composant propriétaire produisant des

---

Ce travail a été financé dans le cadre du projet DGA-RAPID *Détection d'Incohérences Textuelles* n162906126

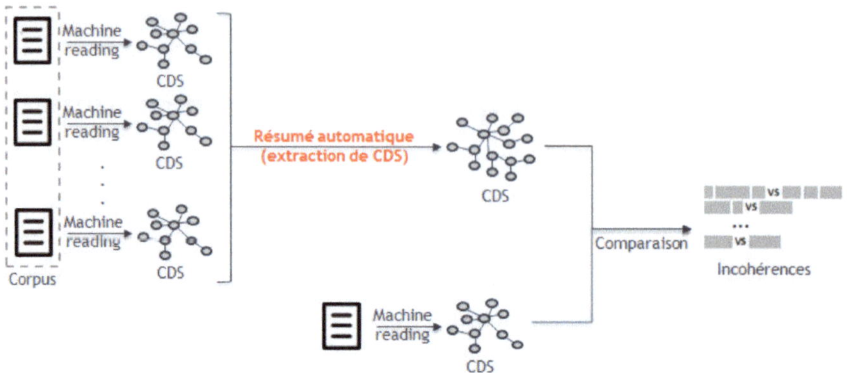

FIG. 1: Résumé automatique de corpus pour la détection d'incohérences dans un texte

résultats très proches sur la forme d'une analyse en rôles sémantiques (*Semantic Role Labeling*). Le format des CDS nous permet d'adapter directement des méthodes extractives de la littérature (il s'agit dans notre cas de sélectionner des CDS et non plus des phrases) et d'en proposer de nouvelles. Les CDS permettent également de représenter le contenu d'un texte avec un certain niveau d'abstraction (entités nommées et anaphores résolues, formes actives et passives normalisées, éléments du texte rattachés à une ressource lexicale généraliste), ce qui permet de concentrer les efforts sur le contenu et non sur la forme. Les premières expérimentations menées sur un jeu de données réduit montrent des résultats très encourageants : les variantes que nous proposons obtiennent généralement de meilleurs scores (rappel, précision et F-mesure calculés avec ROUGE) que des implémentations de méthodes de référence.

Nous donnons d'abord un aperçu des méthodes existantes en section 2. Puis nous décrivons le composant de génération des CDS en section 3 et les différentes variantes de notre approche en section 4. Enfin, nous présentons et discutons l'évaluation de l'approche en section 5 ;

2   Etat de l'art

Le résumé automatique de textes est une tâche populaire en Traitement Automatique des Langues et a fait l'objet de nombreuses recherches Saggion et Poibeau (2013); Lloret et Palomar (2012). Les systèmes existants exploitent principalement deux approches :

— L'approche extractive : consiste à extraire au sein d'un texte les phrases les plus "importantes" (ou les phrases clé). Les travaux de cette approche exploitent des techniques d'apprentissage automatique comme les modèles de Markov cachés Conroy et O'leary (2001), les méthodes Bayésiennes Aone et al. (1998), les réseaux de neurones Krysta M. Svore et Burges (2007).

— L'approche abstractive : consiste à reformuler les phrases du texte. Ces phrases peuvent alors être différentes du texte d'origine Mani (2001). Cette approche peut être divisée en deux tâches : la représentation sémantique de la phrase et la génération de textes. Les travaux liés à cette approche sont prometteurs mais plus exploratoires et ne sont que rarement mis en œuvre en contexte industriel.

Assez peu de travaux ont à notre connaissance été menés pour exploiter des représentations du texte de plus haut niveau, comme une analyse en rôles sémantiques Saggion et Poibeau (2013). Quelques études préliminaires ont pourtant montré des résultats encourageants : Trandabăţ (2011) exploite les rôles sémantiques, la résolution d'anaphores et les relations de discours, Salim et al. (2010) combine l'analyse en rôles sémantiques à des méthodes statistiques pour déterminer les phrases à sélectionner dans une approche extractive, Khan et al. (2015) étend ce travail à une approche abstractive.

3   Machine Reading

Dans l'approche que nous présentons, les textes considérés sont traités à l'aide de la technologie de *Machine Reading* (MR), conçue par Synapse. Les sorties produites par le MR sont proches de celles d'un composant d'annotation en rôles sémantiques Gildea et Jurafsky (2002) (*Semantic Role Labeling*) et sont décrites dans (Laurent et al., 2015). En résumé, ce traitement appliqué sur un texte produit un ensemble de structures appelées CDS (pour *Clause Description tion Structure*) décrivant chacune une clause (une unité lexicale portant sur une formule actancielle) identifiée dans le texte analysé sous forme de prédicat appliqué à des arguments (sujet, objet, compléments). Le composant de *Machine Reading* a été développé pour le français et l'anglais. Les expérimentations décrites plus bas portent exclusivement sur la langue française.

4   Méthodes mises en place

Nous avons développé trois méthodes différentes capables d'extraire un sous-ensemble d'un groupe de CDS dans le but de produire un résumé de leur contenu : une méthode très simple constituera une *baseline*, une autre, *SumBasic*, est une adaptation au format des CDS d'une méthode de référence en résumé automatique de texte, et la troisième exploite plus directement la structure des CDS et des représentations vectorielles latentes construites à partir de représentations des termes qui les composent.

4.1   Baseline

Cette première méthode est une application directe de l'hypothèse selon laquelle les informations à retenir sont les informations redondantes. Dans cette approche, nous sélectionnons simplement les CDS qui sont générées au moins n fois à partir du corpus pour construire la base de connaissances résumée de ce corpus. Dans les expérimentations menées dont les résultats sont décrits en section 5, nous avons considéré que deux CDS sont équivalentes si elles ont les mêmes sujet, verbe, objet, lieu et temps. Nous avons également fixé la valeur de n à 2 ; cette valeur devrait être plus grande pour traiter des corpus plus importants.

4.2   SumBasic

La méthode *SumBasic* introduite dans (Nenkova et Vanderwende, 2005) est une approche extractive pour le résumé d'un corpus de documents exploitant la fréquence relative des mots non nuls. Dans cette méthode, chaque phrase S se voit assigné un score représentant à quel point la phrase est constituée de mots fréquents : $Weight(S) = \sum_{w \in S} \frac{p(w)}{|S|}$ où $p(w)$ est le poids de chaque mot ; à l'étape initiale, $p(w)$ reflète la fréquence relative du mot w (rapport entre le nombre d'apparition de w dans le corpus et le nombre total de mots dans le corpus).

Le résumé est construit progressivement en extrayant à chaque étape la phrase présentant le plus grand score jusqu'à obtenir un texte de la taille souhaitée. Pour limiter la redondance du résumé généré, après chaque sélection d'une phrase, le poids de chaque mot de cette phrase est mis à jour : $p_{new}(w) = p_{old}(w)^2$.

L'adaptation de la méthode *SumBasic* au format des CDS est directe : la CDS est l'équivalent d'une phrase dans la méthode originale, et les mots composant chacun des éléments qui constituent cette CDS sont traités comme les mots d'une phrase.

4.3 Embeddings et K-means

Cette méthode consiste à projeter sur un espace vectoriel les CDS d'un corpus de textes puis à appliquer l'algorithme *K-means* sur l'ensemble des vecteurs de ces CDS.

Chaque CDS est transformée en un vecteur qui est le résultat de la concaténation de chacun des vecteurs des éléments qui la constituent. Un élément de CDS (sujet, action, objet ou complément) peut être composé de un ou plusieurs mots. Le vecteur d'un élément est obtenu en sommant les vecteurs de chaque mot qui le compose (la prise en compte ou non des mots vides n'a exposé aucune différence sur les résultats des expérimentations). Les vecteurs de chaque mot (*word embeddings*) ont été pré-entraînés [1] avec FastText Bojanowski et al. (2016). Dans les expérimentation, nous avons considéré dans chaque CDS les éléments suivants : sujet, verbe, objet, lieu et temps. Les *embeddings* de mots étant représentés sur 300 dimensions, le vecteur représentant une CDS obtenu après concaténation a pour dimension 1500.

Nous appliquons ensuite l'algorithme de clustering K-means dans cet espace, l'hypothèse étant que les clusters obtenus réuniront des CDS de sens proches ou identiques. Pour chaque cluster, la CDS la plus proche du centroïde est sélectionnée pour construire le résumé.

Le paramètre k définit donc le nombre de CDS que comportera le résumé généré. On peut ainsi contrôler la taille du résumé et s'assurer que les faits peu appuyés (non redondants) du corpus n'apparaîtront pas dans ce résumé ; en effet, les CDS correspondant à ces faits seront rattachées à des clusters mais elles seront suffisamment éloignées du centroïde pour ne pas être extraites. Pour les expérimentations, nous avons déterminé la valeur de k pour que les résumés générés soient du même ordre de longueur que les résumés manuels.

5 Evaluation

Nous rappelons que l'objectif de ce travail est d'extraire les informations consensuelles des textes d'un corpus afin d'identifier d'éventuelles contradictions dans un nouveau texte. Des évaluations extrinsèques seront effectuées au fil des développements futurs. Nous présentons dans la suite une évaluation intrinsèque. Les CDS extraites par le composant de résumé sont utilisées pour regénérer un résumé textuel qui peut ensuite être comparé à des résumés effectués manuellement via la métrique ROUGE (Lin, 2004) (*Recall-Oriented Understudy for Gisting Evaluation*), traditionnellement utilisée pour évaluer la tâche de résumé automatique.

---

1. https ://fasttext.cc/docs/en/pretrained-vectors.html

Pour évaluer notre approche, nous avons utilisé le corpus de résumé multi-documents [2] issu du projet RPM2 (Résumé Plurimédia Multi-documents et Multi-opinions) (De Loupy et al., 2010). Ce corpus contient 400 article de journaux (datant de 2009) répartis dans 20 thématiques. Chaque thématique est constituée de 2 clusters, chaque cluster contenant 10 documents. Pour chaque catégorie, les articles du second cluster ont été publiés 1 mois après les articles du premier. Le corpus comporte également des résumés produits à la main. Chaque cluster de 10 documents a été résumé manuellement par 4 annotateurs différents. Il y a donc au total 160 résumés manuels, 4 pour chacun des 40 clusters du corpus.

Afin de pouvoir comparer les performances des méthodes présentées plus haut avec celles d'implémentations de méthodes de références, nous avons utilisé la librairie *sumy* [3] qui fournit des implémentations pour les méthodes de résumé automatique les plus populaires. Le tableau ci-dessous montre les scores des trois variantes présentées plus haut (préfixées de la mention 'CDS_') ainsi que les méthodes LSA, Lex-Rank, KL-Sum et Text-Rank.

	Rappel	Précision	F-score
LSA	0,533	0,243	0,331
Lex-Rank	0,610	0,226	0,325
KL-Sum	0,575	0,203	0,297
Text-Rank	**0,642**	0,160	0,255
CDS_Baseline	0,337	**0,314**	0,293
CDS_Sumbasic	0,591	0,244	0,344
CDS_Kmeans	0,535	0,259	**0,345**

Les approches exploitant les CDS surpassent en terme de précision et de F-score les méthodes de référence pour le jeu de données considéré. La méthode Baseline obtient la meilleure précision, ce qui n'est pas étonnant car celle-ci ne prend pas de risques en ne sélectionnant que du contenu redondant. La méthode K-means obtient le meilleur F-score, ce qui est encourageant car c'est selon nous la méthode qui exploite le mieux les informations portées par les CDS. Il est cependant important de garder à l'esprit que cette méthode d'évaluation présente l'avantage de permettre une comparaison directe aux travaux de la littérature mais n'est pas complètement représentative de l'usage final qui sera fait du composant de résumé automatique. Elle introduit en effet un biais important en traduisant les CDS en texte.

Nous prévoyons pour la suite d'exploiter ces résumés de corpus sous forme de CDS pour mettre en œuvre des mécanismes de détection d'incohérences sémantiques.

Références

Aone, C., M. E. Okurowski, et J. Gorlinsky (1998). Trainable, scalable summarization using robust nlp and machine learning. In *Proceedings of the 17th international conference on Computational linguistics-Volume 1*, pp. 62–66. Association for Computational Linguistics.

Bojanowski, P., E. Grave, A. Joulin, et T. Mikolov (2016). Enriching word vectors with subword information. *arXiv preprint arXiv :1607.04606*.

---

2. `http://rpm2.org/outils_et_ressources.html` - disponible sur demande
3. `https://github.com/miso-belica/sumy`

Conroy, J. M. et D. P. O'leary (2001). Text summarization via hidden markov models. In *Proceedings of the 24th annual international ACM SIGIR conference on Research and development in information retrieval*, pp. 406–407. ACM.

De Loupy, C., M. Guégan, C. Ayache, et S. Seng (2010). A french human reference corpus for multi-document summarization and sentence compression. In *LREC. 2010*. http ://www.lrec-conf.org/proceedings/lrec2010/pdf/919_Paper.pdf.

Gildca, D. et D. Jurafsky (2002). Automatic labeling of semantic roles. *Computational linguistics 28(3)*, 245–288.

Khan, A., N. Salim, et Y. J. Kumar (2015). A framework for multi-document abstractive summarization based on semantic role labelling. *Applied Soft Computing 30*, 737–747.

Krysta M. Svore, L. V. et C. J. Burges (2007). Enhancing single-document summarization by combining ranknet and third-party sources. In *Proceedings of the joint conference on empirical methods in natural language processing and computational natural language learning*.

Laurent, D., B. Chardon, S. Nègre, C. Pradel, et P. Séguéla (2015). Reading comprehension at entrance exams 2015.

Lin, C.-Y. (2004). Rouge : A package for automatic evaluation of summaries. In *Proceedings of the ACL-04 workshop. 2004*. http ://www.aclweb.org/anthology/W/W04/W04-1013.pdf.

Lloret, E. et M. Palomar (2012). Text summarisation in progress : a literature review. In *Journal Artificial Intelligence Review archive Volume 37 Issue 1, January 2012 Pages 1-41* .

Mani, I. (2001). *Automatic summarization*, Volume 3. John Benjamins Publishing.

Nenkova, A. et L. Vanderwende (2005). The impact of frequency on summarization. https ://pdfs.semanticscholar.org/676b/1549adae511164c1b5343f10260fd42035b4.pdf.

Saggion, H. et T. Poibeau (2013). Automatic text summarization : Past, present and future. In *Multi-source, multilingual information extraction and summarization. Springer Berlin Heidelberg, 2013. p. 3-21*. https ://hal.archives-ouvertes.fr/hal-00782442/document.

Salim, N., L. Suanmali, et M. Binwahlan (2010). Srl-gsm : a hybrid approach based on semantic role labeling and general statistic method for text summarization.

Trandabăţ, D. (2011). Using semantic roles to improve summaries. In *Proceedings of the 13th European Workshop on Natural Language Generation*, pp. 164–169. Association for Computational Linguistics.

Summary

This article presents an approach to extracting the information expressed in a corpus of texts and to produce a summary. Several variants of extractive methods of text summarization have been implemented and evaluated. Their main originality lies in the exploitation of structures called CDS (which stands for *Clause Description Structure*) derived from an semantic role labeling component and not directly from the sentences composing the texts. The summary obtained is a subset of the CDSs from the original corpus; this format will allow the detection of textual inconsistencies. In this work, we re-transform the summarized CDS into text to allow comparison of our approach with those of the literature. First results are very encouraging: the proposed methods generally outperform implementations of reference methods.

Modélisation des métadonnées d'un *data lake* en *data vault*

Iuri D. Nogueira, Maram Romdhane, Jérôme Darmont

Université de Lyon, Lyon 2, ERIC EA 3083
5 avenue Pierre Mendès France, F69676 Bron Cedex
iuri.deolindonogueira@univ-lyon2.fr, maram.romdhane@univ-lyon2.fr,
jerome.darmont@univ-lyon2.fr

Résumé. Avec l'avènement des mégadonnées, l'informatique décisionnelle a dû trouver des solutions pour gérer des données de très grands volume et variété. Les lacs de données (*data lakes*) répondent à ces besoins du point du vue du stockage, mais nécessitent la gestion de métadonnées adéquates pour garantir un accès efficace aux données. Sur la base d'un modèle multidimensionnel de métadonnées conçu pour un lac de données présentant un défaut d'évolutivité de schéma, nous proposons l'utilisation d'un *data vault* pour traiter ce problème. Pour montrer la faisabilité de cette approche, nous instancions notre modèle conceptuel de métadonnées en modèles logiques et physiques relationnel et orienté document. Nous comparons également les modèles physiques en termes de stockage et de temps de réponse aux requêtes sur les métadonnées.

1 Introduction

Les lacs de données (*data lakes*) ont été introduits par Dixon (2010). Ils proposent une manière, née avec les mégadonnées (*big data*), de stocker dans leur format natif des données volumineuses, variées et diversement structurées, en vue de les analyser (*reporting*, visualisation, fouille de données...).Ce concept s'oppose à celui des entrepôts de données, très intégrés et orientés sujet, mais qui ont l'inconvénient de diviser les données en silos étanches (Stein et Morrison, 2014). Toutefois, tout le monde s'accorde pour dire qu'un lac de données doit être bien conçu sous peine de devenir un marécage (*data swamp*) inexploitable (Alrehamy et Walker, 2015) ; c'est à dire qu'il doit permettre le requêtage des données (sélection/restriction) avec un bon temps de réponse et pas seulement leur stockage et leur accès « clé-valeur ». En revanche, les solutions pour y parvenir sont peu ou prou inexistantes dans la littérature et relèvent à l'heure actuelle de pratiques industrielles peu divulguées.

C'est pourquoi Pathirana (2015) a proposé un modèle conceptuel de métadonnées permettant l'indexation et l'interrogation efficace d'un lac de données patrimoniales. Ce modèle multidimensionnel est proche des modèles en flocons en usage dans les entrepôts de données, mais ne concerne que les métadonnées et non le corpus de documents lui-même. Il a été instancié au niveau physique dans différents systèmes de gestion de bases de données (SGBD) NoSQL. Cependant, le type de schéma employé est très difficile à faire évoluer lorsque ceux des sources de données évoluent ou que de nouvelles sources sont à prendre en compte, alors que c'est un point crucial dans la gestion d'un lac de données.

En conséquence, nous proposons dans cet article de : 1) remplacer le modèle multidimensionnel de Pathirana (2015) par un modèle ensembliste, en l'occurrence un *data vault* (Linstedt, 2011), qui est un modèle de données permettant des évolutions de schémas aisées et qui n'a, à notre connaissance, jamais été employé dans le contexte de la gestion de métadonnées ; 2) vérifier la faisabilité, d'une part, et l'efficacité de ce modèle en termes de réponse aux requêtes sur les métadonnées (à la manière d'un index), d'autre part, car il induit de nombreuses jointures. Pour cela, nous traduisons notre *metadata vault* conceptuel en différents modèles logiques (relationnel et orienté document) et physiques (PostgreSQL et MongoDB), ce qui permet également de comparer l'efficacité respective des deux modèles physiques.

2   État de l'art

Les lacs de données sont généralement construits pour intégrer de très grands volumes de données non structurées de manière rapide. Ils ne se limitent toutefois pas à une technologie de stockage (la plupart du temps HDFS – *Hadoop Distributed File System*), mais proposent un nouvel écosystème de données permettant rapidement, à la demande, de croiser des données, sans besoin de prétraitements coûteux tels que la construction d'un entrepôt de données. Les données sont immédiatement accessibles, contrairement, de nouveau, aux entrepôts de données qui sont rafraîchis périodiquement via une phase d'ETL (extraction, transformation, chargement) qui peut être coûteuse (Miloslavskaya et Tolstoy, 2016).

La modélisation ensembliste (*ensemble modeling*) est une approche utilisée dans l'industrie, qui vise à renormaliser les entrepôts de données afin de permettre une meilleure évolutivité, tant en termes de données que de schéma (Rönnbäck et Hultgren, 2013). Les deux approches qui s'en dégagent sont l'*anchor modeling* (Regardt et al., 2009) et les *data vaults* (Linstedt, 2011). Elles sont en fait très proches (Rönnbäck et Hultgren, 2013), avec une évolutivité un peu plus aisée et une évolution de schéma non destructive pour l'*anchor modeling*, mais un plus grand nombre d'objets à gérer en raison d'une modélisation en sixième forme normale (6NF), ainsi que des procédures de maintenance des attributs temporels (*timestamps*) non automatisées. Les *data vaults* sont plus proches de la modélisation multidimensionnelle traditionnelle et sont supportés par un plus grand nombre d'outils, ce qui a guidé notre choix.

Un *data vault* est défini au niveau logique relationnel comme un ensemble lié de tables normalisées orienté détail et suivi d'historique, qui prend en charge un ou plusieurs domaines fonctionnels d'une organisation. C'est une approche hybride englobant la 3NF et le schéma en étoile (Linstedt, 2011). Plus concrètement, un *data vault* est composé des éléments principaux suivants. Un centre (*hub*) est une entité de base qui représente un concept métier (un niveau hiérarchique de dimension dans un entrepôt de données classique, client ou produit, par exemple). Il contient principalement une clé (*business key*). Un lien (*link*) matérialise une association entre deux centres ou plus. Il correspondrait à une entité de faits dans un entrepôt classique. Un satellite contient des attributs relatifs à un centre ou un lien.

3   Modèle de métadonnées en *data vault*

Afin de proposer un cas d'utilisation susceptible d'illustrer notre propos et de servir de preuve de concept, nous avons exploité le corpus de données issu du projet TECTONIQ, qui vise à valoriser le patrimoine industriel textile de Lille Métropole (Kergosien, 2017). Ce corpus rassemble des données hétérogènes, fournies par différentes sources : descriptions de bâtiments industriels (documents XML orientés données), articles de presse liés à l'industrie textile (documents XML orientés documents), photos et plans de bâtiments et monuments liés à l'industrie textile (images JPEG) et livres d'histoire de France du domaine public (documents PDF). Il doit permettre divers types d'analyses. C'est pourquoi le stockage du corpus est effectué dans un lac de données et que Pathirana (2015) a proposé une modélisation multidimensionnelle de ses métadonnées. Nous nous proposons dans cet article de rendre ces métadonnées évolutives face à l'ajout de nouvelles sources de données, en détournant en quelque sorte les concepts des *data vaults* (centres, liens et satellites) pour stocker les métadonnées.

La Figure 1 illustre notre modèle conceptuel de métadonnées en *data vault*. Les rectangles arrondis bleus y représentent les centres, les rectangles gris les satellites et l'hexagone vert un lien. Les associations entre centres et liens sont toutes de cardinalité « plusieurs à plusieurs » pour assurer la plus grande généralité, tandis que les associations entre centres ou liens et satellites sont de cardinalité « un à plusieurs ».

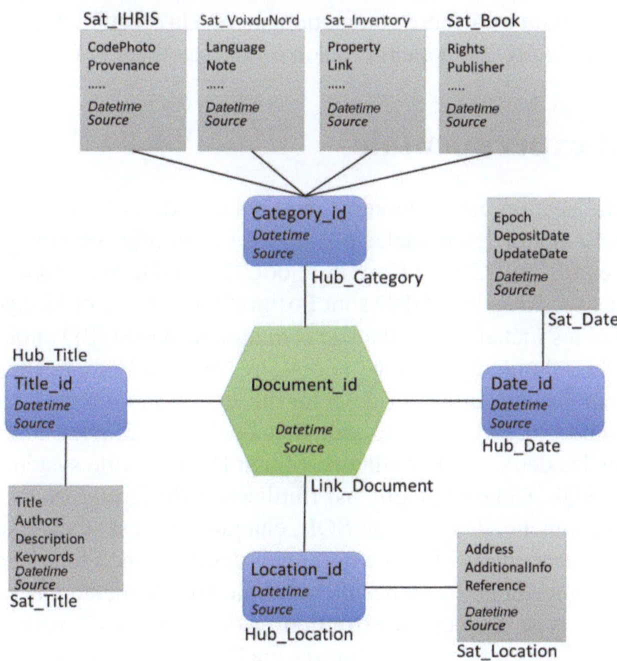

FIG. 1: Modèle de métadonnées en *data vault*

Afin d'identifier les centres, nous ciblons les métadonnées indicatrices des caractéristiques de chaque document en entrée, qui sont susceptibles de constituer des clés. Ainsi, nous sélectionnons le titre (*Hub_Title*), la localisation (*Hub_Location*), la date (*Hub_Date*) et la catégorie des documents (*Hub_Category*). À chacun de ces centres, nous associons ensuite un satellite qui contient les attributs descriptifs du centre. Le centre *Hub_Category* est associé à quatre satellites qui forment une classification correspondant à chacune des source de données dont nous disposons. Les attributs descriptifs de ces satellites sont spécifiques à chacune des sources. Le lien document (*Link_Document*) permet d'associer tous les centres. Finalement, puisque notre modèle concerne seulement des métadonnées, chaque entité (centre, lien, satellite) est décrite par une référence directe (*Source*) à un document (fichier physique) du lac de données. Grâce à cette modélisation, toute nouvelle source de données ou évolution de schéma au sein du corpus de données peut être prise en charge par l'ajout de satellites, pour les cas les plus simples, voire de centres et de liens. De plus, les entités qui deviendraient obsolètes sont simplement identifiées grâce à leur horodatage (attribut *Datetime*).

Pour montrer que notre modèle conceptuel peut s'adapter à différents contextes, et pour les comparer, nous le déclinons en deux types de modèles logiques et physiques : un modèle relationnel avec PostgreSQL et un modèle NoSQL orienté document avec MongoDB. Le modèle relationnel des métadonnées est traduit du modèle conceptuel (Figure 1) de manière classique. Notons seulement que, dans les satellites, la clé primaire est constituée de la clé primaire du centre dont dépend le satellite et de l'attribut *Datetime*.Le modèle orienté document des métadonnées exploite la notion de collection. Chaque centre, lien et satellite est traduit en collection comportant des documents ayant chacun un identifiant (*ObjectID*). Dans le modèle physique de MongoDB, cet identifiant est généré automatiquement à la création d'un document. Chaque centre est associé au lien *Link_Document* et à son ou ses satellites grâce à son *ObjectID*.

4   Validation expérimentale

L'objectif de cette section est de montrer la faisabilité de notre modèle de métadonnées en *data vault* et de comparer les modèles physiques PosgreSQL et MongoDB. Nous avons mené nos expériences sur un PC Intel Core i5-5300U 2,30 GHz avec 8 Go de mémoire, sous Windows 64 bits. Les versions des SGBD sont PostgreSQL 9.6.2-1 et MongoDB ssl 3.4.3.

Après avoir inséré les métadonnées dans le format natif des SGBD choisis via des scripts, nous avons mesuré le volume de stockage nécessaire. Nos mesures tiennent compte des index, de l'espace mémoire non utilisé et de celui qui est libéré lors de la suppression ou du déplacement des données. Le volume des métadonnées générées pour 245 fichiers est faible (moins d'1 Mo) dans les deux cas. Par ailleurs, MongoDB nécessite systématiquement moins d'espace que PostgreSQL. Cela est justifié par l'utilisation du format JSON, qui est très léger, dans MongoDB. En revanche, dans PostgreSQL, chaque table est stockée comme un vecteur de pages de taille prédéterminée (8 Ko), ce qui induit des pages non totalement remplies.

Dans le but de mesurer la performance de notre modèle de métadonnées, nous avons formulé cinq requêtes de type projection/restriction et de complexité croissante en termes de nombre de centres impliqués (et donc de jointures via le lien *Link_Document*), que nous appliquons sur les deux modèles physiques. (1) Documents dont le titre contient le terme « industrielle ». (2) Documents dont le titre contient le terme « industrielle » et dont l'emplacement est « bibliothèque ». (3) Documents dont le titre contient le terme « industrielle », dont l'emplacement est « bibliothèque » et dont la date est « 2010 ». (4) Documents dont le titre contient le terme « industrielle », dont l'emplacement est « bibliothèque », dont la date est « 2010 » et qui appartiennent à la categorie *Ouvrage*. (5) Documents dont le titre contient le terme « industrielle » et qui appartiennent à une catégorie passée en paramètre.

La Figure 2a présente le temps d'exécution moyen des requêtes (1) à (4) sous PostgreSQL et MongoDB, respectivement. Nous avons exécuté 100 fois chaque requête (dans l'ordre indiqué ci-dessus) pour pallier les éventuelles variations de temps d'exécution. La Figure 2a montre des temps de réponse spectaculairement bas pour MongoDB, alors que ceux obtenus avec PostgreSQL semblent évoluer de manière exponentielle. La Figure 2b illustre le temps d'exécution moyen de la requête (5) sur 100 exécutions. Elle est distincte de la Figure 2a car la requête (5) est plus complexe que les précédentes. En effet, il n'est pas possible de déterminer dynamiquement le satellite *Catégorie* à utiliser. Il faut donc exécuter la requête (5) en deux étapes : la première pour déterminer la catégorie et la seconde pour récupérer le reste des informations sachant la catégorie. Ces deux opérations induisent des temps de réponse très supérieurs à ceux des requêtes (1) à (4). MongoDB se montre une nouvelle fois plus efficace (trois fois plus rapide en moyenne) que PostgreSQL. Cette différence de temps d'exécution s'explique par la réécriture en interne par PostgreSQL d'une sous-requête induisant une jointure coûteuse, alors que MongoDB permet l'union rapide des collections.

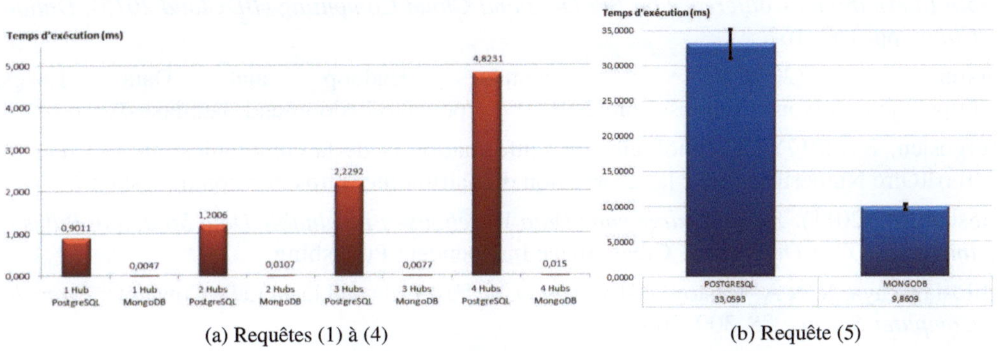

(a) Requêtes (1) à (4)   (b) Requête (5)

FIG. 2: Temps moyen de réponse des requêtes

5   Conclusion

Partant de la modélisation des métadonnées d'un lac de données sous forme multidimensionnelle et constatant que l'évolution du schéma n'était pas garantie, nous avons proposé une modélisation en *data vault* des métadonnées. La traduction de notre modèle conceptuel de métadonnées en modèles logiques et physiques et des expériences menées sur le corpus TECTONIQ ont permis de montrer la faisabilité de notre approche en termes de volume de stockage et de temps de réponse aux requêtes formulées sur les métadonnées. La comparaison de deux modèles physiques (PostgreSQL et MongoDB) a également fait apparaître la supériorité des modèles logiques orientés document pour stocker ce type de métadonnées.

Les perspectives ouvertes par ce travail incluent de tester la robustesse du modèle de métadonnées lors d'un passage à l'échelle des données sources, d'ajouter des sources de données pour vérifier la pertinence de la modélisation en *data vault* et de tester des requêtes plus complexes que des projections/restrictions. Il serait également intéressant de comparer l'efficacité de la modélisation en *data vault* et l'*anchor modeling*, les tenants de cette dernière argumentant que la modélisation en 6NF permet malgré tout de bons temps de réponse, grâce à la technique d'élimination de jointures employée dans les optimiseurs modernes. Finalement, différentes modélisations alternatives des métadonnées, indépendamment des techniques de modélisation employées, pourraient être envisagées et comparées. Les schémas des documents XML du corpus pourraient aussi être extraits automatiquement pour enrichir les métadonnées.

Remerciements

Les auteur·es remercient Eric Kergosien, porteur du projet TECTONIQ, pour la mise à disposition du corpus de données, ainsi que les évaluateur·trices de l'article pour leurs retours.

Références

Alrehamy, H. H. et C. Walker (2015). Personal Data Lake With Data Gravity Pull. In *IEEE 5th International Conference on Big Data and Cloud Computing (BDCloud 2015), Dalian, China*, pp. 160–167.

Dixon, J. (2010). Pentaho, Hadoop and Data Lakes. https ://jamesdixon.wordpress.com/2010/10/14/pentaho-hadoop-and-data-lakes/.

Kergosien, E. (2017). TEchnologies de l'information et de la communication au Cœur du TerritOire NumérIQue pour la valorisation du patrimoine. https ://tectoniq.meshs.fr/.

Linstedt, D. (2011). *Super Charge your Data Warehouse : Invaluable Data Modeling Rules to Implement Your Data Vault*. CreateSpace Independent Publishing.

Miloslavskaya, N. et A. Tolstoy (2016). Big Data, Fast Data and Data Lake Concepts. *Procedia Computer Science 88*, 300–305.

Pathirana, N. (2015). Modeling territorial knowledge from web data about natural and cultural heritage. Mémoire de Master, Université Lumière Lyon 2.

Regardt, O., L. Rönnbäck, M. Bergholtz, P. Johannesson, et P. Wohed (2009). Anchor Modeling. In *28th International Conference on Conceptual Modeling (ER 2009), Gramado, Brazil*, Volume 5829 of *Lecture Notes in Computer Science*, pp. 234–250.

Rönnbäck, L. et H. Hultgren (2013). Comparing Anchor Modeling with Data Vault Modeling. https ://hanshultgren.files.wordpress.com/2013/06/modeling_compare_05_larshans.pdf.

Stein, B. et A. Morrison (2014). The enterprise data lake : Better integration and deeper analytics. *Technology Forecast*, 1. http ://www.pwc.com/us/en/technology-forecast/2014/cloud-computing/assets/pdf/pwc-technology-forecast-data-lakes.pdf.

Summary

With the rise of big data, business intelligence devised solutions for managing great data volume and variety. Data lakes are an answer from a storage point of view, but require managing adequate metadata to guarantee efficient data access. From a multidimensional metadata model designed for a data lake presenting a lack of schema evolutivity, we propose to use a data vault to address this issue. To illustrate the feasibility of this approach, we instantiate our metadata conceptual model into relational and document oriented logical and physical models. We also compare the physical models in terms of metadata storage and query response time.

Fouille de motifs temporels négatifs

Katerina Tsesmeli*, Manel Boumghar***, Thomas Guyet**
René Quiniou*, Laurent Pierre***

*Univ Rennes, Inria, CNRS, IRISA
prenom.nom@inria.fr
**Agrocampus Ouest, IRISA - UMR 6074
***EDF R&D Saclay

Résumé. Dans cet article nous étudions le problème de l'extraction de motifs fréquents contenant des événements positifs, des événements négatifs spécifiant l'absence d'événement ainsi que des informations temporelles sur le délai entre ces événements. Nous définissons la sémantique de tels motifs et proposons la méthode NTGSP basée sur des approches de l'état de l'art. Les performances de la méthode sont évaluées sur des données commerciales fournies par EDF (Électricité de France).

1   Introduction

Dans de nombreux domaines d'application tel que le diagnostic, la santé ou le marketing, les praticiens s'intéressent aux événements qui sont corrélés à des événements indésirables ou qui les déclenchent. Souvent, l'occurrence de la situation indésirable s'explique par la présence d'une action spécifique, mais aussi par l'absence de certains événements (Cao et al., 2016). Par exemple, dans le cadre du marketing, si un client de supermarché n'a pas reçu de promotions depuis longtemps, il a une très forte probabilité de choisir la concurrence, alors que dans le cas contraire il resterait fidèle à son enseigne. Pour réagir au mieux, il est important de découvrir les événements ainsi que leurs contextes d'occurrence ou d'absence afin de déterminer la meilleure action à exécuter pour éviter la situation indésirable, comme l'attrition en marketing. De plus, il est important de connaître les caractéristiques temporelles des situations indésirables, *i.e.* de quelle manière il faut anticiper l'occurrence de ces situations. Par exemple, ne pas envoyer d'offre promotionnelle dans les trois jours précédant le jour habituel de courses d'un client peut conduire ce client à acheter moins de produits, mais lui envoyer une telle offre trop tôt peut n'avoir aucun effet. Une information temporelle, comme les délais acceptables, peut améliorer la précision des prédictions et de la recommandation d'action auprès des décisionnaires.

Notre but est d'extraire d'une base de séquence d'événements datés des motifs temporels indiquant l'absence de certains événements appelés *événements négatifs* (Cao et al., 2016). Ainsi, le motif négatif $p = \langle a \neg c\, b \rangle$ indique que a est suivi fréquemment de b sans la présence de c entre eux. De plus, nous souhaitons traiter la dimension temporelle, *i.e.* savoir quel laps de temps s'écoule entre une occurrence de a et une occurrence de b en l'absence de c.

Peu de travaux se sont intéressés à la fouille de motifs séquentiels négatifs et, à notre connaissance, le présent travail est le premier qui concerne la fouille de motifs temporels négatifs. PNSP (Positive and Negative Sequential Patterns mining) (Hsueh et al., 2008), étend GSP pour la fouille de motifs séquentiels négatifs. Toutefois, PNSP est incomplet. Sa stratégie d'élagage est incorrecte et nombre de motifs séquentiels négatifs pourtant fréquents ne sont pas extraits. Neg-GSP (Zheng et al., 2009) propose une version alternative s'appuyant sur une application partielle du principe d'Apriori aux motifs séquentiels positifs mais pas aux négatifs. Cependant la stratégie d'élagage de Neg-GSP bien que correcte est très inefficace car elle n'applique le principe d'Apriori qu'à la partie positive du motif. Proposé récemment, e-NSP (efficient NSP, Cao et al. (2016)) calcule le support des motifs séquentiels négatifs à partir du support de leurs sous-motifs séquentiels positifs, ce qui ne nécessite pas de parcours supplémentaire de la base de séquences. e-NSP produit les mêmes motifs que PNSP et souffre de la même incomplétude mais il est nettement plus performant que PNSP et Neg-GSP.

Nous proposons une formalisation et une sémantique pour les motifs temporels négatifs. Nous proposons une méthode pour résoudre le problème d'extraction de tels motifs à partir d'une base de séquences temporelles. La méthode d'extraction proposée s'appuie sur les algorithmes PrefixSpan (Pei et al., 2004), e-NSP (Cao et al., 2016) et TGSP (Yen et Lee, 2013). Il faut noter qu'aucun de ces algorithmes ne traite complètement le problème d'extraction de motifs qui nous intéresse. Enfin, la méthode est évaluée sur des données réelles.

2 Motifs temporels négatifs

Cette section introduit les motifs temporels négatifs qui étendent les motifs séquentiels (Pei et al., 2004), d'une part, avec des contraintes imposant l'absence de certains itemsets (aspect négatif) et, d'autre part, des contraintes sur le délai entre occurrences d'itemsets (aspect temporel). Nous proposons un formalisme pour de tels motifs et définissons leur sémantique. Dans la suite, $[n] = \{1, \dots, n\}$ dénote l'ensemble des n premiers entiers strictement positifs.

Soit $\mathcal{I}$ un ensemble d'items. Formellement, un *motif temporel négatif (MTN)* est une séquence $p = \langle \xrightarrow[\neg q_0]{[l_0, u_0]} p_1 \xrightarrow[\neg q_1]{[l_1, u_1]} p_2 \xrightarrow[\neg q_2]{[l_2, u_2]} \dots \xrightarrow[\neg q_{n-1}]{[l_{n-1}, u_{n-1}]} p_n \xrightarrow[\neg q_n]{[l_n, u_n]} \rangle$ où $p_{i_{i \in [n]}}$ est un itemset positif ($p_i = \{p_i^j\}$, $p_i^j \in \mathcal{I}$), $\neg q_{i_{i \in [0,n]}}$ est un itemset négatif ($q_i = \{q_i^j\}$, $q_i^j \in \mathcal{I}$) et $[l_i, u_i]_{i \in [0,n]}, l_i, u_i \in \mathbb{R}^+$ est une contrainte temporelle spécifiant les bornes du délai admissible entre l'occurrence de p_i et celle de p_{i+1}. $[l_0, u_0]$ (resp. $[l_n, u_n]$) encadre le délai entre le début de la séquence et l'occurrence de p_1 (resp. entre l'occurrence de p_n et la fin de la séquence). Une contrainte d'absence (itemset négatif) peut être vide, de même qu'une contrainte temporelle (intervalle temporel).

À noter qu'un itemset, positif ou négatif, ne contient que des items positifs. De plus, un motif ne peut contenir deux itemsets négatifs consécutifs. En effet, une telle succession est difficilement interprétable (cf. Cao et al. (2016)). La *partie positive* du motif est la sous-séquence restreinte aux itemsets positifs.

Le motif temporel négatif $p = \langle \xrightarrow[\neg q_0]{[l_0, u_0]} p_1 \xrightarrow[\neg q_1]{[l_1, u_1]} \dots \xrightarrow[\neg q_{n-1}]{[l_{n-1}, u_{n-1}]} p_n \xrightarrow[\neg q_n]{[l_n, u_n]} \rangle$ a une *occurrence* dans la séquence $s = \langle s_1, \dots, s_m \rangle$ (s *supporte* p) ssi **il existe** des indices $(e_i)_{i \in [n]}$ tels que $\forall i \in [n]$, $e_i \in [m] \wedge j < k \Rightarrow e_j < e_k$ et :

1. $\forall i \in [1, n]$, $p_i \subseteq s_{e_i}$ (inclusion des itemsets positifs),

2. $\forall i \in [0, n]$, $\forall j, e_i < j < e_{i+1}$, $q_i \not\subseteq s_j$ (satisfaction des contraintes d'absence). e_0 (resp. e_{n+1}) est un indice virtuel marquant le début (resp. la fin) de la séquence s.

3. $\forall i \in [0, n]$, $l_{e_i} \leq t_{e_{i+1}} - t_{e_i} \leq u_{e_i}$ (satisfaction des contraintes temporelles),

Soient $\neg q_i$ un itemset négatif de p, p_i son itemset (positif) prédécesseur (ou un marqueur de début de séquence) et p_{i+1} son itemset (positif) successeur (ou un marqueur de fin de séquence). La définition précédente spécifie l'*absence faible* pour les itemsets négatifs : **il existe une** occurrence de (p_i, p_{i+1}) dans s qui ne contient pas q_i. L'absence forte impose que **toute** occurrence de (p_i, p_{i+1}) dans s ne contient pas q_i.

Exemple 1 (Occurrence d'un motif séquentiel négatif (MSN) sous sémantique d'absence forte et faible). Soient le motif $p = \langle a \rightarrow b \xrightarrow{\neg c} d \rangle$ et les séquences $s_1 = \langle a\ b\ e\ d \rangle$ et $s_2 = \langle a\ b\ c\ a\ d\ e\ b\ d \rangle$. La partie positive de p est $\langle a\ b\ d \rangle$. Elle a une seule occurrence dans s_1, par conséquent les deux sémantiques ne font pas de différence. Mais elle a 4 occurrences dans s_2 aux positions $(1, 2, 5)$, $(1, 2, 8)$, $(1, 7, 8)$ et $(4, 7, 8)$. Les deux premières occurrences ne satisfont pas la contrainte négative ($\neg c \equiv$ absence de c entre b et d) alors que les deux dernières la satisfont. Selon la sémantique d'absence faible, la séquence s_2 contient le motif p alors que selon la sémantique d'absence forte la séquence s_2 ne contient pas le motif p.

Exemple 2 (Occurrence d'un motif temporel négatif). Le MTN $p = \langle a \xrightarrow[\neg c]{[1,3]} e \xrightarrow{[2,2]} d \rangle$ spécifie qu'il y a entre 1 et 3 unités de temps entre l'occurrence de l'item a et l'occurrence de l'item e et il ne doit pas y avoir d'occurrence de l'item c entre l'occurrence de a et celle de e. De plus, l'item d doit se produire exactement 2 unités de temps après e.

La séquence temporelle $s = \langle (d, 37), (a, 38), (e, 41), (b\ c, 42), (d, 43) \rangle$ supporte p (ou p a une occurrence dans s). Les itemsets positifs de p apparaissent aux positions $(2, 3, 5)$ sans occurrence de c entre a (position 2) et e (position 3). L'occurrence de e, 3 unité de temps après a, satisfait la contrainte temporelle entre a et e. De même, l'occurrence de d, 2 unités de temps après l'occurrence de e, satisfait la contrainte temporelle entre e et d.

La fouille de motifs temporels négatifs dans une base de séquences temporelles datées $\mathcal{D}$ consiste à extraire toutes les sous-séquences (motifs) incluses fréquemment dans des séquences de la base, *i.e.* ayant un support supérieur à un seuil σ donné a priori. Pour réduire la complexité de la recherche, nous reprenons la contrainte d'e-NSP imposant que tout itemset négatif doit être fréquent. Contrairement à e-NSP, la négation spécifie l'absence faible.

3 NTGSP : fouille de motifs temporels négatifs

Dans cette section nous présentons la méthode NTGSP – Negative Time Gap Sequential Pattern – pour l'extraction des motifs temporels négatifs (MTN) à partir de séquences d'itemsets datés. NTGSP emprunte à PrefixSpan (Pei et al., 2004) pour l'extraction de motifs séquentiels, à e-NSP (Cao et al., 2016) pour l'extraction de motifs négatifs et à TGSP (Yen et Lee, 2013) pour l'extraction d'intervalles temporels entre itemsets positifs.

Les quatre étapes de l'algorithme sont décrites ci-dessous. Le processus de fouille sera illustré sur la base $\mathcal{D}$ suivante et les paramètres $\sigma = 2$, $\mu = 3$, $\varepsilon = 1$ et $\delta = 2$:

s_1 :	$\langle ((ab), 1), (a, 4), (d, 7), (d, 9) \rangle$	s_2 :	$\langle ((ab), 2), (b, 3), (d, 9) \rangle$
s_3 :	$\langle ((ab), 4), (c, 5), (a, 7), (d, 10) \rangle$	s_4 :	$\langle (b, 3), ((ab), 5), (d, 11) \rangle$
s_5 :	$\langle ((ab), 3), (c, 7), (d, 9) \rangle$		

1. Extraction des motifs séquentiels La première étape utilise l'algorithme PrefixSpan (Pei et al., 2004) avec le seuil de support minimum σ pour extraire les motifs séquentiels de la base de séquences temporelles $\mathcal{D}$.

Les motifs séquentiels de $\mathcal{D}$ sont $\langle (ab)\ c\ d \rangle$, $\langle b\ b\ d \rangle$ et tous leurs sous-motifs.

2. Génération des motifs séquentiels négatifs candidats (MSC) Les MSC sont générés en passant à négatif un ou plusieurs itemsets de chacun des motifs générés à l'étape précédente.

Les MSC générés à partir du motif $\langle (ab)\ c\ d \rangle$ de l'étape 1 sont :
$$\boldsymbol{p_1} = \langle \xrightarrow[\neg(ab)]{}\ c \to d \rangle,\ \boldsymbol{p_2} = \langle (ab)\ \xrightarrow[\neg c]{}\ d \rangle,\ \boldsymbol{p_3} = \langle (ab) \to c\ \xrightarrow[\neg d]{} \rangle,\ \boldsymbol{p_4} = \langle \xrightarrow[\neg(ab)]{}\ c\ \xrightarrow[\neg d]{} \rangle.$$

3. Extraction des motifs séquentiels négatifs (MSN) NTGSP calcule le support sur le dataset $\mathcal{D}$ de chaque MSC obtenu à l'étape 2 et élague les MSC dont le support est inférieur au seuil μ fixant le le support minimum des MSN.

Parmi les MSC de l'étape 2, seul $\boldsymbol{p_2} = \langle (ab)\ \xrightarrow[\neg c]{}\ d \rangle$ a un support strictement positif :
$supp(\boldsymbol{p_2}) = |\{s_1, s_2, s_4\}| = 3 \geq \mu$. $\boldsymbol{p_2}$ est donc un motif séquentiel négatif.

4. Extraction des motifs temporels négatifs (MTN) Finalement, NTGSP extrait les intervalles temporels représentant les délais admissibles entre les itemsets positifs des MSN par clustering des délais fournis par les occurrences de motifs dans les séquences temporelles de $\mathcal{D}$. Pour ce faire NTGSP utilise l'algorithme de clustering CLIQUE (Agrawal et al., 2005). Soit p un MSN obtenu à l'étape 3 et comportant n itemsets positifs. Pour chaque occurrence de p dans une séquence de $\mathcal{D}$, le vecteur des délais entre itemsets positifs de p peut se représenter par un point dans un espace de dimension $n + 1$. Nous cherchons à regrouper ces points proches pour construire la composante temporelle des MTN. CLIQUE décompose l'espace de dimension $n + 1$ en hypercubes unitaires de taille ε et élague ceux qui ne sont pas suffisamment denses relativement à un seuil δ. Chaque composante connexe du graphe des hypercubes unitaires denses constitue un cluster. Un cluster est ensuite décomposé en sous-hypercubes maximaux et les contraintes temporelles sont générées à partir des coordonnées des côtés de ces sous-hypercubes dans chaque dimension. Pour des raisons d'efficacité NTGSP utilise la sémantique d'*absence faible* et seule la première occurrence du motif dans une séquence temporelle est utilisée.

Soit $\varepsilon = 1$ et $\delta = 2$. Le vecteur de délais associé à $\boldsymbol{p_3} = \langle (ab)\ \xrightarrow[\neg c]{}\ d \rangle$ est de dimension 1.

Aux occurrences de $\boldsymbol{p_3}$ sont associés respectivement les vecteurs de délais (6), (7) et (6). Seule l'unité 6 est dense : elle contient 2 points. Elle constitue un cluster. La contrainte temporelle résultante est $[6, 6]$. Nous obtenons donc le motif $\langle (ab)\ \xrightarrow[\neg c]{[6,6]}\ d \rangle$.

4   Expérimentations

NTGSP a été expérimenté sur des données synthétiques et sur des données réelles fournies par EDF. Faute de place nous présentons des résultats sur des données réelles uniquement.

NTGSP est implémenté en C++ (algorithme PrefixSpan) et Python (NSP et TGSP). L'identification des occurrences de motifs séquentiels négatifs est effectuée par un algorithme de recherche d'expressions régulières car ces algorithmes bénéficient d'années de recherche et sont très efficaces.

Le jeu de données CRM (Customer Relationship Management) d'EDF contient les séquences temporelles correspondant aux interactions de 375.143 clients avec la compagnie, soit

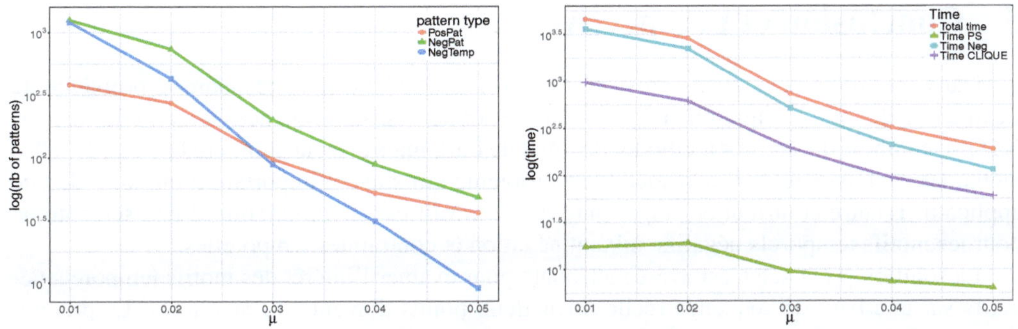

FIG. 1 – *Nombre de motifs positifs, négatifs et temporels, à gauche, et temps d'exécution (en secondes), à droite, en fonction du support minimum (μ).*

globalement 944.514 itemsets datés (sur 75 items). La figure 1 illustre quelques aspects quantitatifs de la fouille de motifs montrant que le nombre de motifs et temps d'exécution suivent une classique complexité exponentielle lorsque le support diminue.

Le tableau 1 fournit quelques exemples de motifs extraits des données EDF. Pour des raisons de confidentialité les événements ont dû être anonymisés. Cependant, pour montrer l'intérêt de NTGSP, le tableau contient une classe de motifs particulièrement importante, que nous avons appelés *motifs duaux*. Ils se présentent par paires ($\langle C \neg A\ U \rangle$, $\langle C\ A\ \neg U \rangle$) où C dénote un contexte, A un événement lié à une action ou un état et U un *événement indésirable*, lié à une panne, par exemple. Le premier motif de la paire exprime que dans le contexte C et en l'absence de l'action A l'événement indésirable U se produit. Le deuxième motif indique dans le même contexte en présence de A l'événement indésirable U ne se produit pas.

Les motifs 1 et 2 sont de tels motifs duaux. De plus, ils fournissent des informations temporelles importantes pour savoir dans quel laps de temps l'action inhibitrice doit être exécutée pour éviter l'événement indésirable. À noter le support élevé des motifs 1 et 2 : le motif 1 se produit dans $0.0562 \times 375.143 = 21.083$ interactions de clients et le motif 3 a un support de 4.0% et apparaît dans 15.000 séquences, ce qui est particulièrement significatif.

Les motifs (non duaux) 3 et 4 contiennent la même séquence d'événements mais des contraintes temporelles différentes qui correspondent à deux hypercubes (rectangles) maximaux issus de deux représentations différentes d'un cluster.

TAB. 1 – *Quelques exemples motifs temporels négatifs*

num	motif négatif	motif temporel négatif	support
1	$\langle 4\ \neg 3\ 10 \rangle$	$4 \xrightarrow[\neg 3]{[0,190]} 10$	5.62%
2	$\langle 4\ 3\ \neg 10 \rangle$	$4 \xrightarrow{[1,240]} 3 \xrightarrow[\neg 10]{} $	4.00%
3	$\langle 10\ 3\ 10\ \neg 4 \rangle$	$10 \xrightarrow{[1,50]} 3 \xrightarrow{[0,30]} 10 \xrightarrow[\neg 4]{}$	1.03%
4	$\langle 10\ 3\ 10\ \neg 4 \rangle$	$10 \xrightarrow{[1,60]} 3 \xrightarrow{[0,20]} 10 \xrightarrow[\neg 4]{}$	1.06%

5   Conclusion et perspectives

Dans cet article nous avons présenté l'algorithme NTGSP pour résoudre le problème de l'extraction de motifs temporels négatifs à partir d'une base de séquences temporelles datées. NTGSP combine différentes méthodes de l'état de l'art, mais c'est la première fois que de telles méthodes sont associées pour résoudre un problème qui s'avère important d'un point de vue applicatif. L'autre contribution importante de ce travail est la formulation d'une sémantique pour les motifs temporels négatifs, mixant négation et contraintes temporelles.

La solution proposée s'est avérée adéquate pour évaluer l'intérêt des motifs temporels négatifs sur une base de séquence réelle, mais deux points doivent être améliorés. Le premier concerne la structure de l'algorithme qui effectue les opérations en séquence au lieu de « pousser » les contraintes d'absence et les contraintes temporelles dans le processus de fouille de motifs séquentiels initial. Le second concerne la complétude de la proposition. Nous souhaitons, à l'avenir, proposer une alternative aux contraintes de la méthode d'e-NSP, notoirement incomplète pour la génération de motifs séquentiels négatifs.

Références

Agrawal, R., J. Gehrke, D. Gunopulos, et P. Raghavan (2005). Automatic subspace clustering of high dimensional data. *Data Mining and Knowledge Discovery 11*(1), 5–33.

Cao, L., X. Dong, et Z. Zheng (2016). e-NSP : Efficient negative sequential pattern mining. *Artificial Intelligence 235*, 156–182.

Hsueh, S.-C., M.-Y. Lin, et C.-L. Chen (2008). Mining negative sequential patterns for e-commerce recommendations. In *Proceedings of Asia-Pacific Services Computing Conference*, pp. 1213–1218. IEEE.

Pei, J., J. Han, B. Mortazavi-Asl, J. Wang, H. Pinto, Q. Chen, U. Dayal, et M.-C. Hsu (2004). Mining Sequential Patterns by Pattern-Growth : The PrefixSpan Approach. *IEEE Transactions on knowledge and data engineering 16*(11), 1424–1440.

Yen, S.-J. et Y.-S. Lee (2013). Mining non-redundant time-gap sequential patterns. *Applied Intelligence 39*(4), 727–738.

Zheng, Z., Y. Zhao, Z. Zuo, et L. Cao (2009). Negative-GSP : An efficient method for mining negative sequential patterns. In *Proceedings of the Australasian Data Mining Conference*, pp. 63–67.

Summary

We investigate the problem of extracting frequent sequences with positive events, negative events specifying the absence of events as well as temporal information about the delay between these events. We formulate the semantics of such patterns and we propose algorithm NTGSP based on state of the art methods. The performance of NTGSP is evaluated on commercial data provided by EDF, a major french power distribution company.

Approche contextuelle par régression pour les tests A/B

Emmanuelle Claeys*, Pierre Gançarski *
Myriam Maumy-Bertrand**

*ICube – Université de Strasbourg – 67412 – Illkirch – France
{claeys, gançarski}@unistra.fr
**IRMA – Université de Strasbourg – 67084 – Strasbourg – France

Résumé. Les tests A/B sont des procédures utilisées par les entreprises du web
et de la santé entre autres, pour mesurer l'impact d'un changement de version
d'une variable par rapport à un objectif. Bien qu'un nombre de plus en plus
important de données soit disponible, la mise en place concrète d'un tel test
peut impliquer un coût important relatif à l'observation et à l'évaluation d'une
variation lorsque celle-ci n'est pas optimale.

Dans ce papier, nous présentons une nouvelle approche intégrant le principe
d'un bandit contextuel prenant en compte ces variables via une procédure de
stratification.

1   Introduction

Dans de nombreux domaines économiques, industriels voire sociaux, il peut être intéressant d'évaluer l'impact d'un changement sur un gain attendu.

Il devient alors nécessaire d'établir un processus permettant d'évaluer l'impact de différentes alternatives d'une entité (médicament, page web,...) sur les gains et ainsi de choisir la
plus optimale en fonction de ces derniers. Un *Test A/B* consiste à évaluer concrètement ces
différentes alternatives par rapport à un objectif défini a priori. Pour cela, dans une première
phase, bornée dans le temps, appelée *phase d'exploration*, les items (objets, personnes visées
par test,...) sont soumis à l'une des alternatives de façon irrévocable. Ainsi, dans le cadre d'un
test A/B sur une page web, un certain nombre fixé de visiteurs verront exclusivement la version A de la page, et l'autre partie des visiteurs la version B, jusqu'à la fin du test, et ce même
en cas de revisite. À la fin de cette période, les gains cumulés des différentes alternatives (par
exemple la somme des conversions ...) sont comparés. L'estimation du gain moyen associé
à chaque alternative se compare en général avec le *regret cumulé*, défini comme la différence
entre l'alternative optimale (celle qui maximise le gain total) et les alternatives proposées. La
meilleure alternative est alors choisie pour la *phase d'exploitation*, c'est-à-dire celle mise en
production pour les nouveaux visiteurs.

Une première approche dite fréquentiste nécessite d'anticiper correctement le temps nécessaire pour conclure sur la différence entre les variations et donc déterminer l'alternative optimale. Elle impose aussi de choisir un ratio fixe d'affectation des items à chaque alternative.
Or il peut être intéressant de changer ce ratio au cours du test. En effet, il se peut qu'une alternative réalise très rapidement un gain cumulé important : il convient alors de terminer la phase

de test (si cette alternative est optimale) ou de favoriser l'affectation des items à cette alternative. A contrario, une alternative présentant des résultats très médiocres, c'est-à-dire s'avérant sous-optimale, devra être désavantagée afin de limiter les pertes ou le manque à gagner.

Pour contourner ce problème, de nombreuses méthodes adoptent un mécanisme d'*allocation dynamique*. Ce mécanisme consiste à adapter le ratio d'affectations afin de basculer automatiquement l'affectation des items vers l'alternative optimale lorsqu'elle est identifiée.

Dans le domaine du test A/B, les modèles de bandits sont des stratégies d'allocation dynamique très utilisées.

Cependant, la quantité d'informations disponibles, autrement dit la taille du vecteur contextuel, influe fortement sur la performance des modèles de bandits contextuels (Chu et al., 2011). Par ailleurs, certaines caractéristiques peuvent être bruitées voire inutiles ou au contraire avoir un fort impact sur le gain généré par un item. Enfin, l'information peut être quantitative ou bien qualitative et dans ce dernier cas augmenter fortement la complexité.

Dans cet article, nous proposons un algorithme sélectionnant les informations les plus pertinentes pour identifier des sous-populations homogènes sur chacune desquelles un modèle de bandits indépendants est alors appliqué.

La section 2 de cet article introduit le principe du modèle de bandits contextuels et présente les principales méthodes existantes sur lesquelles nous nous appuyons. La section 3 donne notre proposition d'algorithme CTREE-UCB. La section 4 présente les résultats expérimentaux. Enfin, la section 5 conclue et donne les perspectives de nos travaux de recherche.

2   État de l'art sur l'allocation dynamique

Une première stratégie, ϵ-greedy, (Auer et al., 2002a) consiste à allouer aléatoirement une proportion ϵ du trafic à la meilleure alternative et le reste aux autres alternatives existantes.

D'autres approches comme EXP3 (Auer et al., 2002b) ou UCB (Auer et al.a, 2002) utilisent la borne supérieure du gain moyen estimé de chaque bras pour affecter les items à la meilleure alternative. Après plusieurs itérations, l'intervalle de confiance converge pour chaque bras vers le gain moyen.

Les bandits *contextuels* estiment la moyenne du gain de chaque bras selon des informations caractérisant un item. Le plus utilisé LinUCB construit une régression linéaire à partir du contexte pour estimer les moyennes des gains obtenus par chaque bras.

Cependant, l'utilisation de ces bandits reste difficile pour plusieurs raisons.

En effet, la complexité des algorithmes de bandits contextuels augmente avec la dimension du vecteur contextuel. De plus, la fonction de gain réel n'est pas nécessairement une fonction linéaire du vecteur contextuel. Enfin, identifier les données contextuelles qui ont un réel impact sur la récompense est une problème en soi.

En pratique, ces méthodes nécessitent donc une analyse préalable de la pertinence des données contextuelles qui s'avère, dans la plupart des cas, difficile à réaliser.

L'amélioration apportée par des modèles de bandits lorsqu'ils sont appliqués indépendamment sur différents sous-groupes a déjà été prouvée par Maillard et Mannor (2014).

Soient $\mathcal{A}$ un ensemble fini de $N_\mathcal{A}$ bras et $\mathcal{B}$ un ensemble fini de $N_\mathcal{B}$ sous-groupes de N items avec $N_\mathcal{B} \leqslant N$. Chaque item n est défini par un vecteur contextuel f_n.

Nous définissons $\{\nu_{a,b}\}_{a\in\mathcal{A},b\in\mathcal{B}}$ comme une distribution de probabilités réelles dans l'intervalle $[0;1]$ de moyenne $\mu_{a,b}\in\mathbb{R}$ telle que $\nu_{a,b}$ soit R-sous-gaussienne :

$$\forall\lambda\in\mathbb{R}, \qquad \log\mathbb{E}_{\nu_{a,b}}\exp(\lambda(X-\mu_{a,b})) \leqslant R^2\lambda^2/2 \tag{1}$$

où R est une constante positive

et X le gain produit par un item.

La première idée de diviser les visiteurs en différents sous-ensembles provient de Agrawal et al. (1989).

Intuitivement, le bras choisi pour l'exploitation n'est pas nécessairement optimal pour un sous-ensemble de la population testée. Cela conduit à un regret linéairement croissant dépendant du gap $\Delta_{a,b'}^2$.

Pour identifier et construire des groupes homogènes, de nombreuses techniques existent : le lecteur trouvera une liste détaillée dans Kotsiantis (2007). L'une des méthodes qui nous a semblé la plus prometteuse et la plus adaptée à notre problème est basée sur l'apprentissage d'un arbre construit par partitionnements récursifs. Cette technique permet d'estimer différentes moyennes pour des variables explicatives spécifiques et de les identifier à travers une analyse de régression (Strasser et Weber, 1999). Des algorithmes comme CART (Breiman et al., 1999) et C4.5 (Salzberg, 1994) utilisent cette technique.

Enfin, CTree (conditional inference Tree), dérivé de C.A.R.T (Hothorn et al., 2006), est un algorithme non paramétrique intégrant des modèles de régression arborescents à travers des procédures d'inférences conditionnelles.

3 Contribution

Maillard et Mannor (2014) ont proposé l'algorithme Single-K-UCB qui affecte les items à différents sous-groupes et associe des modèles de bandits indépendants pour chacun de ses sous-ensembles. Ils supposent ainsi défini a priori l'ensemble $\mathcal{B}$ des sous groupes. De plus, ils supposent que les sous-groupes sont homogènes et que les distributions $\{\nu_{a,b}\}_{a\in\mathcal{A},b\in\mathcal{B}}$ sont connues. Dans ce cas, ils ont montré que le regret cumulé est borné par le regret d'une sous-population pour laquelle le bras choisi n'est pas optimal.

Les auteurs ont aussi prouvé que si des sous-groupes pouvaient être associés à des bras optimaux différents, l'utilisation de modèles de bandits indépendants pour chaque sous-groupe permet de réduire le regret cumulé.

Néanmoins, si ces méthodes ont prouvé leur efficacité dans certains cas, elles restent fortement dépendantes de données contextuelles utilisées. Un mauvais choix de celles-ci peut amener à des sous-groupes non pertinents et donc à conserver un regret linéaire continu dû à un ou plusieurs sous-groupes non identifiés.

Dans leurs approches la distribution des sous-groupes doit être connue à priori. Une autre hypothèse est que les sous-groupes aient des probabilités de gain différentes. Cependant, un utilisateur peut proposer des sous groupes ne respectant pas ces propriétés. Un tel algorithme ne sera alors pas plus performant qu'un algorithme non contextuel.

Ainsi, nous nous proposons de baser la construction de ces groupes sur différentes estimations de la récompense : l'idée est que des items produisant un même gain, indépendamment des alternatives possibles, doivent faire partie d'un même sous-groupe. Pour réaliser cette opération, nous nous proposons d'utiliser une méthode d'apprentissage supervisée.

Nous proposons donc d'identifier automatiquement les variables les plus discriminantes pour ainsi identifier des sous-groupes homogènes en utilisant uniquement une distribution de gain issue d'un bras (qui peut par exemple être obtenue à partir de l'alternative originale au préalable du test).

Nous appliquerons ensuite un modèle de bandit à chaque sous-groupe lors de la phase d'exploration.

Pour cela, nous proposons d'identifier toutes les covariables pertinentes des items pour créer automatiquement ces sous-groupes optimaux sous un critère α de confiance.

Dans la suite, nous examinons comment la performance d'un algorithme de bandit peut être améliorée si elle s'applique à un sous-groupe où la probabilité de distribution du gain (indépendamment d'un bras) est très similaire entre chaque item de ces sous-groupes.

Soit une fonction de gain suivant une distribution de Bernoulli pour différents sous-groupes $b \in \mathcal{B}$ avec un bras optimal $\star_b$ existant, qui peut-être possiblement différent, pour chaque sous groupes.

Dans notre approche, nous identifions des sous-groupes qui maximisent la divergence de Kullback Leibler entre deux distributions $\nu_{a,b}$ et $\nu_{a,b'}$: $\mathrm{KL}(\nu_{a,b}, \nu_{a,b'})$. Ces groupes sont basés sur les covariables f observables pour des items soumis à au moins un seul bras.

En pratique, cette approche, contrairement à d'autres algorithmes tels que LinUCB

— permet d'identifier les covariables qui influencent la distribution, et n'utilise pas les variables non pertinentes,

— présente une complexité moindre dans la mesure où elle utilise un nombre réduit de covariables et où elle estime l'intervalle de confiance du gain de chaque bras [1],

— est parallélisable du fait de l'utilisation de modèles de bandits indépendants.

Dans certains domaines comme le marketing, un léger changement sur une page web peut avoir en pratique un très faible impact sur le désir d'achat d'un visiteur. Si une grande partie des visiteurs ne n'est pas affectée par le test, dans le meilleur des cas, les visiteurs seront tous classés dans un sous-groupe, dans le pire des cas, notre algorithme ne sera pas moins performant que les algorithmes de bandits existants, soumis à un regret linéaire. En revanche, nous supposons que l'environnement est stationnaire, ce qui signifie qu'un bras optimal ne peut devenir sous-optimal au cours du temps.

4 Expérimentations

Dans cette section, nous comparons CTREE_UCB à Lin-UCB et UCB.

Nous avons testé avec différentes configurations (différents bras, nombre d'itérations, contextes et fonctions de gain) avec une version de notre approche développée en langage libre R. Nous avons utilisé notamment, le jeu de données UCR (Car Evaluation Database).

Une première série de tests a été effectuée sur la base de données The Car Evaluation Database qui contient six attributs d'entrée : achat, maintenance, portes, personnes, ergot, sécurité. Nous avons sélectionné 100, 500, 700 et 1000 premiers éléments pour construire les différents jeux d'entraînement.

---

1. pour LinUCB il est nécessaire d'inverser la matrice M de co-variance $O(M^3)$, ce qui peut aussi être très coûteux lorsque nous avons un nombre élevé de covariables

taille du learn set	nb de sous groupes	Regret cumulé / Iterations		
		Ctree_UCB	UCB	LinUCB
100	1	0.26 [0.23 ± 0.29]	0.26 [0.23 ± 0.29]	**0.25** [0.22 ± 0.28]
500	3	**0.27** [0.24 ± 0.30]	0.36 [0.32 ± 0.40]	0.33 [0.29 ± 0.37]
700	3	**0.22** [0.19 ± 0.24]	0.32 [0.29 ± 0.35]	0.30 [0.27 ± 0.33]
1000	4	**0.23** [0.20 ± 0.26]	0.45 [0.39 ± 0.51]	0.41 [0.35 ± 0.47]

TAB. 1 – *Expérimentation avec quatre variables contextuelles pour le dataset car*

Nous associons à l'acceptabilité de la voiture la récompense à maximiser. L'accessibilité des voitures présente 4 niveaux associés à la valeur différente du gain possible : *unacc, acc,good, vgood* : (-1,0,1,2).

Nous cherchons ici à proposer la taille du coffre à bagages (*lug_boot*) qui maximise l'acceptabilité de la voiture. Il y a 3 bras possibles, représentant 3 tailles de coffre différentes (small, med, big).

Nous sélectionnons uniquement les items ayant $lug\_boot = small$ issus du jeu d'entraînement. Les items des autres bras sur le jeu d'entraînement sont alors ignorés pour l'apprentissage.

Le tableau 1 renvoie les résultats selon la taille du jeu d'apprentissage. Le regret est calculé à partir de la moyenne des récompenses réalisées par les items ayant les mêmes caractéristiques.

Des expérimentations complémentaires sont actuellement réalisées pour déterminer la performance de l'algorithme CTree_UCB en faisant varier la taille du jeu de d'apprentissage, le nombre de bras, le type de variables explicatives, l'intervalle de confiance (I.C.) utilisé pour la génération de l'arbre, le type de gain et la différence entre les bras sur la fonction de gain.

Dans de nombreuses expériences, nous voyons que CTree_UCB concurrence Lin-UCB et UCB. De plus, il est possible de savoir quel bras est le plus adapté à chaque sous-groupe et de poursuivre l'exploration si le meilleur bras n'a pas encore été identifié.

5 Conclusion

Nous avons proposé un nouvel algorithme de bandits et montré comment il peut être utilisé pour résoudre certains problèmes concernant les tests personnalisés. Notre méthode propose d'explorer un nouveau type de compromis pour l'exploration contextuelle lorsque le gain n'est pas forcement un fonction linéaire du contexte.

Pour T itérations, K bras, et des vecteurs contextuels à d dimensions, le regret de notre algorithme est borné par $O(\log (KT))$ contrairement au $O(\sqrt{T * N_f * \ln^3 (K * T * \ln T/\delta)})$ de LinUCB avec une constante δ. En pratique, la récompense n'est pas toujours une fonction linéaire du contexte. Dans certains cas, le regret sera linéairement croissant. Cependant, en utilisant un modèle pour chaque sous-groupe, nous obtenons un regret cumulé global inférieur à LinUCB et UCB.

À partir d'observations issues d'un seul bras sur un jeu d'apprentissage, il est possible d'identifier des sous-groupes plus homogènes que la population globale. À court terme, il nous semble intéressant de voir si des résultats de meilleure qualité peuvent être obtenus avec différents types d'arbres.

Enfin, d'un point de vue applicatif, pour montrer son efficacité, nous prévoyons d'appliquer notre méthode à des cas réels de tests *A/B* appliqués au webmarketing.

Références

Agrawal, R., D. Teneketzis, et V. Anantharam (1989). Asymptotically efficient adaptive allocation schemes for controlled markov chains : finite parameter space. *IEEE Transactions on Automatic Control 34*(12), 1249–1259.

Auer, P., N. Cesa-Bianchi, et P. Fischer (2002a). Finite-time analysis of the multiarmed bandit problem. *Machine Learning 47*(2), 235–256.

Auer, P., N. Cesa-Bianchi, Y. Freund, et R. E. Schapire (2002b). The nonstochastic multiarmed bandit problem. *SIAM Journal on Computing 32*(1), 48–77.

Breiman, L., J. H. Friedman, R. A. Olshen, et C. J. Stone (1984). *Classification and Regression Trees*. Monterey, CA : Wadsworth and Brooks.

Chu, W., L. Li, L. Reyzin, et R. Schapire (2011). Contextual bandits with linear payoff functions. In *Proceedings of the Fourteenth International Conference on Artificial Intelligence and Statistics*, pp. 208–214.

Hothorn, T., K. Hornik, et A. Zeileis (2006). Unbiased recursive partitioning : A conditional inference framework. *Journal of computational and graphical statistics 15*(3), 651–674.

Kotsiantis, S. B. (2007). Supervised machine learning : A review of classification techniques. In *Proceedings of the 2007 Conference on Emerging Artificial Intelligence Applications in Computer Engineering*, pp. 3–24.

Maillard, O.-A. et S. Mannor (2014). Latent bandits. In *Proceedings of the 31st International Conference on International Conference on Machine Learning - Volume 32*, ICML'14, pp. I–136–I–144. JMLR.org.

Salzberg, S. L. (1994). C4.5 : Programs for machine learning. *Machine Learning 16*(3), 235–240.

Strasser, H. et C. Weber (1999). The asymptotic theory of permutation statistics. *Mathematical Methods of Statistics 8*, 220–250.

Summary

In this work we devise a principled approach which mixes the contextual bandit framework with the learning of a stratification procedure. The proposed algorithm is able to balance contextual exploration and exploitation more efficiently than state-of-the-art bandit algorithms for finite time at cost of a controlled probability for a linear regret. Finally, the learned structure is easily interpretable by a human.

Un modèle Bayésien de co-clustering de données mixtes

Aichetou Bouchareb[*,**], Marc Boullé[*], Fabrice Rossi[**], Fabrice Clérot[*]

[*]Orange Labs :
prenom.nom@orange.com
[**]SAMM EA 4534 - Université Paris 1 Panthéon-Sorbonne :
prenom.nom@univ-paris1.fr

Résumé. Nous proposons un modèle de co-clustering de données mixtes et un critère Bayésien de sélection du meilleur modèle. Le modèle infère automatiquement les discrétisations optimales de toutes les variables et effectue un co-clustering en minimisant un critère Bayésien de sélection de modèle. Un avantage de cette approche est qu'elle ne nécessite aucun paramètre utilisateur. De plus, le critère proposé mesure de façon exacte la qualité d'un modèle tout en étant régularisé. L'optimisation de ce critère permet donc d'améliorer continuellement les modèles trouvés sans pour autant sur-apprendre les données. Les expériences réalisées sur des données réelles montrent l'intérêt de cette approche pour l'analyse exploratoire des grandes bases de données.

1 Introduction

Dans un monde où les technologies d'acquisition de données sont en croissance rapide, l'analyse exploratoire des bases de données hétérogènes et de grandes tailles reste un domaine peu étudié. Une technique fondamentale de l'analyse non supervisée est celle du clustering, dont l'objectif est de découvrir la structure sous-jacente des données en regroupant les individus *similaires* dans des groupes homogènes. Cependant, dans de nombreux contextes d'analyse exploratoire de données, cette technique de regroupement d'objets reste insuffisante pour découvrir les motifs les plus pertinents. Le co-clustering (Hartigan, 1975), apparu comme extension du clustering, est une technique non-supervisée dont l'objectif est regrouper conjointement les deux dimensions de la même table de données, en profitant de l'interdépendance entre les deux entités (individus et variables) représentées par ces deux dimensions pour extraire la structure sous-jacente des données. Cette technique est la plus adaptée, par example, dans des contextes comme l'analyse des paniers de consommation où l'objectif est d'identifier les sous-ensembles de clients ayant tendance à acheter les mêmes de produits, plutôt que de grouper simplement les clients (ou les produits) en fonction des modèles d'achat/vente.

Dans la littérature, plusieurs approches de co-clustering ont été développées. En particulier, certains algorithmes de co-clustering proposent d'optimiser une fonction qui mesure l'écart entre la matrice de données et la matrice de co-clusters (Cheng et Church, 2000). D'autres techniques sont basées sur la théorie de l'information (Dhillon et al. (2003)), sur les modèles de mélange pour définir des modèles de blocs latents (Govaert et Nadif, 2008), sur l'estimation Bayésienne des paramètres (Shan et Banerjee (2008)), sur l'approximation matricielle (Lee et

Seung, 2011), ou sur le partitionnement des graphes (Dhillon, 2001). Cependant, ces méthodes s'appliquent naturellement sur des données de même type.

Dans Bouchareb et al. (2017), nous avons proposé une méthodologie permettant d'étendre l'utilisation du co-clustering au cas d'une table de données contenant des variables numériques et catégorielles simultanément. L'approche est basée sur une discrétisation de toutes les variables en fréquences égales, suivant un paramètre utilisateur, suivi par l'application d'une méthode de co-clustering sur les données discrétisées. Dans ce papier, nous proposons une nouvelle famille de modèles permettant de formaliser cette méthodologie. Le modèle proposé ici ne nécessite aucun paramètre utilisateur et permet une inférence automatique des discrétisations optimales des variables selon une approche regularisée, par opposition à la discrétisation définie par l'utilisateur proposée par Bouchareb et al. (2017). Un nouveau critère, mesurant la capacité du modèle à représenter les données, et de nouveaux algorithmes sont présentés.

Le reste de ce papier est organisé comme suit. En section 2, nous présentons le modèle proposé, le critère de sélection et la stratégie d'optimisation implémentée. La section 3 présente des résultats expérimentaux sur des données réelles, et la section 4 conclusion et perspectives.

2 Un modèle de co-clustering de données mixtes

Avant de présenter le modèle proposé, décrivons les données telles qu'elles sont vues par notre modèle. Les données sont composées d'un ensemble d'instances (identifiants de ligne de la matrice) et un ensemble de variables pouvant être numériques ou catégorielles. Nous définissons la notion d'une observation qui représente un 'log' d'une interaction entre une instance et une variable. Cette représentation nous permet de considérer le cas des valeurs manquantes dans les données mais aussi le cas de plusieurs observations par couple (instance, variable) comme dans les séries temporelles. Un example simple, illustrant cette représentation, est donné par :

$$
\begin{array}{c}
\begin{array}{cccccc}
& X_1 & X_2 & X_3 & X_4 & X_5
\end{array} \\
\begin{array}{c}
i_1 \rightarrow \\
i_2 \rightarrow \\
i_3 \rightarrow \\
i_4 \rightarrow
\end{array}
\begin{bmatrix}
0 & -1 & . & \{b,a\} & A \\
3 & \{0.2, 1, 0\} & 0 & b & B \\
2 & . & 5 & \{a,c\} & A \\
. & 1 & 22 & c & C
\end{bmatrix}
\end{array}
$$

Cet example contient 4 instances ($i_1, \ldots, i_4$), 3 variables numériques (X_1, X_2, X_3), 2 variables catégorielles (X_4, X_5) et un total de 21 observations.

2.1 Les paramètres du modèle

Le modèle de co-clustering est défini par une hiérarchie des paramètres. A chaque étage de la hiérarchie, les paramètres sont choisis en fonction des paramètres précédents.

Définition 1. *Le modèle de co-clustering des données mixtes est défini par :*
— *la taille de la partition de chaque variable. Une partition est un regroupement des valeurs dans le cas d'une variable catégorielle et une discrétisation en intervalles dans le cas d'une variable numérique,*
— *la partition des valeurs de chaque variable catégorielle en groupes de valeurs,*
— *le nombre de clusters d'instances et de clusters de parties de variables. Ces choix définissent la taille de la matrice des co-clusters,*

— *la partition des instances et des parties de variables selon le nombre de clusters choisi,*
— *la distribution des observations sur les cellules de la matrice des co-clusters,*
— *la distribution des observations associées à chaque cluster d'instances (resp. parties de variables) sur l'ensemble des instances (resp. parties de variables) dans le cluster,*
— *la distribution des observations dans chaque partie de variable catégorielle sur l'ensemble des valeurs dans la partie.*

Notations.   Pour formaliser ce modèle, nous considérons les notations suivantes :
- N : le nombre total d'observations (connu),
- K_n : le nombre de variables numériques (connu),
- K_c : le nombre de variables catégorielles (connu). $\mathbf{X}_c$ l'ensemble de ces variables,
- V_k : le nombre de valeurs uniques de la variable catégorielle X_k (connu),
- J_k : le nombre de parties de la variable X_k (**inconnu**),
- I : le nombre total d'instances (connu),
- $J = \sum_k J_k$: le nombre total de parties de variables (déduit),
- G_u : le nombre de clusters d'instances (**inconnu**),
- G_p : le nombre de clusters de parties de variables (**inconnu**),
- $G = G_u \times G_p$: le nombre de co-clusters (déduit),
- N_{g_u,g_p} : le nombre d'observations dans le co-cluster formé par le cluster d'instances g_u et le cluster de parties de variables g_p (**inconnu**),
- $N_{g_u}^{(u)}$: le nombre d'observations dans le cluster d'instances g_u (déduit),
- $N_{g_p}^{(p)}$: nombre d'observations dans le cluster de parties de variables g_p (déduit),
- $m_{g_u}^{(u)}$: le nombre d'instances dans le cluster d'instances g_u (déduit),
- $m_{g_p}^{(p)}$: le nombre de parties dans le cluster de parties de variables g_p (déduit),
- $m_{j_k}^{(k)}$: le nombre de valeurs dans la partie j_k de la variable X_k (déduit)
- $n_{i.}$: le nombre d'observations associées à la $i^{ème}$ instance (**inconnu**),
- $n_{.kj_k}$: le nombre d'observations associées à la partie j_k de la variable X_k (**inconnu**)
- n_{v_k} : le nombre d'observations associées à la valeur v_k de la variable catégorielle X_k (**inconnu**)

Un modèle de la définition 1 est complètement défini par le choix des paramètres ci-dessus notés **inconnu**.

2.2 Le critère Bayésien de sélection du meilleur modèle

Nous faisons l'hypothèse d'une distribution a priori des paramètres la moins informative possible, en exploitant la hiérarchie des paramètres avec un a priori uniforme à chaque niveau.

Étant donné les paramètres, la vraisemblance conditionnelle $P(\mathcal{D}|\mathcal{M})$ des données sachant le modèle peut être définie par une distribution multinomiale sur chaque niveau de la hiérarchie. Le produit de la probabilité a priori du modèle et de la vraisemblance, permet de calculer de manière exacte la probabilité a posteriori du modèle connaissant les données $P(\mathcal{M}|\mathcal{D})$. A partir de cette probabilité, nous définissons un critère de sélection de modèle $\mathcal{C}(\mathcal{M}) = -\log P(\mathcal{M}|\mathcal{D})$, donné par théorème 1.

Théorème 1. *Parmi les modèles définis en définition 1, un modèle suivant un a priori hiérarchique uniforme est optimal s'il minimise le critère :*

$$\mathcal{C}(\mathcal{M}) = \sum_{X_k \in \mathbf{X}_c} \log V_k + K_n \log N + \sum_{X_k \in \mathbf{X}_c} \log B(V_k, J_k) + \log I + \log J$$

$$+ \log B(I, G_u) + \log B(J, G_p) + \log \binom{N + G - 1}{G - 1} + \sum_{g_u=1}^{G_u} \log \binom{N_{g_u}^{(u)} + m_{g_u}^{(u)} - 1}{m_{g_u}^{(u)} - 1}$$

$$+ \sum_{g_p=1}^{G_p} \log \binom{N_{g_p}^{(p)} + m_{g_p}^{(p)} - 1}{m_{g_p}^{(p)} - 1} + \sum_{X_k \in \mathbf{X}_c} \sum_{j_k=1}^{J_k} \log \binom{n_{.kj_k} + m_{j_k}^{(k)} - 1}{m_{j_k}^{(k)} - 1} \qquad (1)$$

$$+ \log N! - \sum_{g_u=1}^{G_u} \sum_{g_p=1}^{G_p} \log N_{g_u, g_p}! + \sum_{g_u=1}^{G_u} \log N_{g_u}^{(u)}! - \sum_{i=1}^{I} \log n_{i.}!$$

$$+ \sum_{g_p=1}^{G_p} \log N_{g_p}^{(p)}! - \sum_{X_k \in \mathbf{X}_c} \sum_{v_k=1}^{V_k} \log n_{v_k}!$$

où $B(A, B) = \sum_{b=1}^{B} S(A, b)$ est le nombre de Stirling de deuxième espèce donnant le nombre de répartitions possibles de A valeurs en, au plus, B groupes.

Les trois première lignes représentent le coût a priori du modèle tandis que les deux dernières représentent le coût de la vraisemblance. Pour des raisons de manque d'espace, la preuve de ce théorème n'est pas présentée dans ce papier.

2.3 Algorithme d'optimisation

En raison de leur grande expressivité, les modelés de co-clustering des données mixtes sont complexes à optimiser. Dans ce papier, nous proposons une heuristique d'optimisation en deux étapes. Dans la première étape, nous commençons par partitionner les variables en fréquences égales en utilisant un ensemble prédéfini des tailles de partitions et nous appliquons la méthodologie proposée en Bouchareb et al. (2017) pour trouver des co-clusters initiaux. Parmi les tailles testées, nous choisissons la solution initiale qui correspond à la valeur minimale du critère (1) comme point de départ. A partir de cette solution initiale, la deuxième étape est une post-optimisation qui effectue les fusions de clusters, les fusions de parties de variables, les déplacements de parties de variables entre clusters et déplacements de valeurs entre parties, qui minimisent le mieux le critère. Cette post-optimisation permet de choisir le meilleur modèle parmi un large sous-ensemble de modèles testés tout en améliorant l'interpretabilité, étant donné que le modèle optimisé est souvent très compact, comparé à la solution initiale.

3 Expérimentation

Pour valider l'apport du modèle proposé dans l'analyse exploratoire des données mixtes, nous l'avons appliqué sur les bases de données Iris et CensusIncome (Lichman, 2013).

La base Iris est composée de 150 instances, 750 observations, 4 variables numériques et 1 variable catégorielle. Les tailles des partitions de départ sont de 2 à 10 parties par variable.

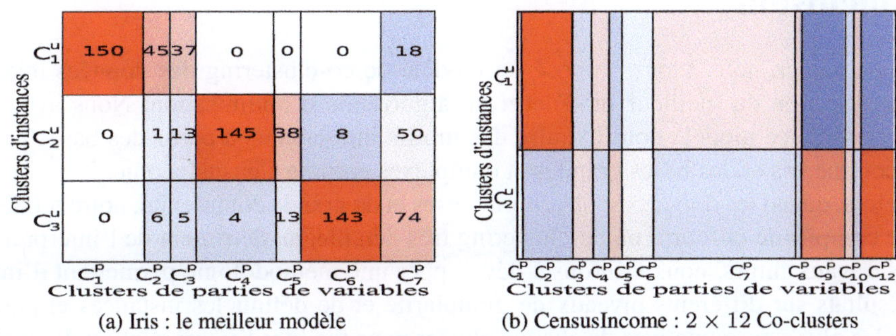

(a) Iris : le meilleur modèle

(b) CensusIncome : 2×12 Co-clusters

FIG. 1 — *(a) : le meilleur modèle représentant la base Iris. (b) : un modèle simplifié de la base CensusIncome.*

La figure 1a montre le meilleur modèle pour la base Iris. Ce modèle est le résultat d'une discrétisation initiale en 3 parties par variable en fréquences égales suivi d'une post-optimisation qui fusionne deux parties pour en faire 14 au total. La couleur du co-cluster montre l'information mutuelle entre les instances et les parties de variables formant le co-cluster. La couleur rouge représente une sur-représentation des observations par rapport au cas d'indépendance. La couleur bleu représente une sous-représentation et la couleur blanche un co-cluster vide. Pour confirmation, le nombre d'observations par co-cluster est montré sur la figure 1a.

Le modèle optimisé comporte 3 clusters d'instances et 7 clusters de parties de variables. Les compositions des clusters de parties de variables les mieux représentés permettent d'expliquer les clusters d'instances. En particulier, nous distinguons :

— un cluster (C_1^u) de 50 instances contenant les petites fleurs setosa caractérisées par C_1^p (i.e. *Class*{*setosa*}, *PetalLength*] − inf; 2.4], et *PetalWidth*] − inf; 0.8]),
— un cluster (C_2^u) de 51 instances contenant les grandes fleurs virginica caractérisées par C_4^p (i.e. *PetalLength*]4.85; +inf[, *PetalWidth*]1.65; +inf[, et *Class*{*virginica*}),
— un cluster (C_3^u) de 49 instances contenant les fleurs moyennes versicolor caractérisées par C_6^p (i.e. *PetalLength*]2.4; 4.85], *PetalWidth*]0.8; 1.65], et *Class*{*versicolor*}).

On remarque que les variables *Class*, *PetalLength*, et *PetalWidth* sont fortement corrélées et les plus informatives vis-à-vis des clusters d'instances.

Pour la base CensusIncome, composée de 299.285 instances, 11.945.874 observations, 8 variables numériques et 34 variables catégorielles, les tailles de partitions de départ sont de 2 à 128, par puissance de 2. Le meilleur modèle est trouvé à partir de la solution initiale correspondant à 64 parties par variable. Le modèle post-optimisé contient 256 parties de variables, 607 clusters d'instances, et 97 clusters de parties de variables. En première analyse, notre modèle de co-clustering permet de distinguer globalement deux familles d'instances (figure 1b), les individus actifs (payeurs d'impôts, âgés de 27 à 64, gagnant plus que $50K$ par an, ...) et les individus inactifs (non payeurs d'impôts, âgés de moins de 15 ans, gagnant moins de $50K$ par an, ...).

Globalement, le modèle obtenu permet d'obtenir un résumé de la base de données très riche en informations et exploitable à plusieurs niveaux de granularité pour piloter l'analyse exploratoire.

4   Conclusion

Dans ce papier, nous avons proposé un modèle de co-clustering des données mixtes, un critère de sélection du meilleur modèle et un algorithme d'optimisation. Nous avons montré l'efficacité de ce modèle pour extraire des motifs intéressants à partir des bases petites et simples comme Iris et des bases grandes et complexes comme CensusIncome.

Toutefois, quand les données sont volumineuses et de grande complexité, notre modèle capture cette complexité et fourni un co-clustering très détaillé, au détriment de l'interprétabilité. Dans des travaux futurs, nous viserons à développer une méthodologie permettant d'interpréter les résultats sur différents niveaux de granularité et de définir les instances et parties de variables les plus représentatives de chaque cluster pour faciliter l'interprétation du modèle.

Références

Bouchareb, A., M. Boullé, F. Clérot, et F. Rossi (2017). Application du coclustering à l'analyse exploratoire d'une table de données. In *Extraction et gestion des connaissances*, Volume RNTI-E-33, pp. 177–188.

Cheng, Y. et G. M. Church (2000). Biclustering of expression data. In *Proc. of the Inter. Conf. on Intelligent Systems for Molecular Biology*, Volume 8, pp. 93–103. AAAI Press.

Dhillon, I. (2001). Co-clustering documents and words using bipartite spectral graph partitioning. In *the 7th ACM SIGKDD*, KDD '01, New York, NY, USA, pp. 269–274. ACM.

Dhillon, I. S., S. Mallela, et D. S. Modha (2003). Information-theoretic co-clustering. In *Proc. of the ninth Inter. Conf. on Knowledge Discovery and Data Mining*, pp. 89–98. ACM.

Govaert, G. et M. Nadif (2008). Block clustering with Bernoulli mixture models : Comparison of different approaches. *Computational Statistics and Data Analysis 52*(6), 3233–3245.

Hartigan, J. A. (1975). *Clustering Algorithms*. New York, NY, USA : John Wiley & Sons, Inc.

Lee, D. D. et H. S. Seung (2011). Algorithms for non-negative matrix factorization. In *Advances in Neural Information Processing Systems*, Volume 13, pp. 556–562.

Lichman, M. (2013). UCI ML repository. http://archive.ics.uci.edu/ml.

Shan, H. et A. Banerjee (2008). Bayesian co-clustering. In *Proc. of the Eighth IEEE ICDM*, ICDM '08, Washington, DC, USA, pp. 530–539. IEEE Computer Society.

Summary

We propose a MAP Bayesian approach to perform and evaluate a co-clustering of mixed-type data tables. The proposed model infers an optimal segmentation of all variables then performs a co-clustering by minimizing a Bayesian model selection cost function. One advantage of this approach is that it is user parameter-free. Another main advantage is the proposed criterion which gives an exact measure of the model quality, measured by probability of fitting it to the data. Continuous optimization of this criterion ensures finding better and better models while avoiding data over-fitting. The experiments conducted on real data show the interest of this co-clustering approach in exploratory data analysis of large data sets.

Régression Laplacienne semi-supervisée pour la reconstitution des dates de pose des réseaux d'assainissement

Vivien Kraus *, Khalid Benabdeslem *,
Frederic Cherqui **

*Université Lyon 1 - 43 Bd du 11 Novembre 1918, 69622 Villeurbanne
**Univ Lyon, INSA-LYON, Université Claude Bernard Lyon 1,
DEEP, F-69621, F-69622, Villeurbanne

Résumé. La date de pose est souvent un facteur principal d'explication de la dégradation des conduites d'assainissement. Pour les gestionnaires de ces réseaux, connaître cette information permet ainsi (par l'utilisation de modèles de détérioration) de prédire l'état de santé actuel des conduites non encore inspectées. Cette connaissance est primordiale pour prendre des décisions dans un contexte de forte contrainte budgétaire. L'objectif est ainsi de reconstituer ces dates de pose à partir des caractéristiques du patrimoine et de son environnement. Les données à manipuler présentent plusieurs niveaux de complexité importants. Leurs sources sont hétérogènes, leur volume est important et les informations sur leur étiquetage (dates) sont limitées : seulement 24 % du linéaire est connu pour les réseaux d'assainissement de la métropole de Lyon. La base de données sous-jacente contient les caractéristiques connues des conduites (profil géométrique, matériau utilisé, etc.). Dans ce papier, nous proposons de mesurer l'effet et l'impact de quelques méthodes d'apprentissage statistique semi-supervisé, et de proposer ainsi une approche alternative adaptée à la reconstitution de ce type de données.

1   Introduction

Depuis la prolifération des bases de données partiellement étiquetées, l'apprentissage automatique a connu un développement important dans le mode semi-supervisé [Chapelle et al. (2006)]. Cette tendance est due à la difficulté de l'étiquetage des données d'une part et au coût de cet étiquetage quand il est possible, d'autre part. L'apprentissage semi-supervisé est un cas particulier de l'apprentissage à partir de données faiblement étiquetées [Li et al. (2013)], qui consiste en général à modéliser une fonction statistique à partir de données regroupant à la fois des exemples étiquetés et d'autres non-étiquetés. Pour aborder une telle problématique, deux grandes familles d'approches existent : celle basée sur la propagation de la supervision en vue de l'apprentissage supervisé [Zhu (2006)] et celle basée sur la transformation de la partie étiquetée en contraintes en vue de leur intégration dans un processus de clustering (non-supervisé) [Basu et al. (2008)]. Nous nous intéressons ici à la première famille d'approches avec une difficulté particulière. Il s'agit d'apprendre avec une partie supervisée relativement réduite par rapport à la partie non-supervisée. Dans ce paradigme semi-supervisé, la littérature a connu un essor important, depuis déjà une vingtaine d'années, notamment en classification, avec des approches populaires comme le self-training [Chapelle et al. (2006)], le co-training [Blum et Mitchell (1998)], Transductive-SVM ou S^{3}VM [Joachims (1999), Bennett et Demiriz (1999)], les approches à base de graphes [Blum et Chawla (2001)] et les approches génératives [Nigam et al. (2000)]. Dans ce même paradigme, les problèmes de régression ont également suscité l'intérêt de plusieurs travaux de recherche, que nous pouvons citer sans vouloir être exhaustifs. Il s'agit d'approches diverses : à base de régression linéaire [Azriel et al. (2016); Ji et al. (2012)], logistique [Amini et Gallinari (2002)] ou Laplacienne [Cai et al. (2006), Belkin et al. (2006)] ; d'autres utilisant le principe du co-training [Zhou et Li (2005)] ; ou satisfaisant des contraintes plus spécifiques liées à l'ordre de préférences entre les données non-étiquetées [Zhu (2006)] ou à leur distribution géométrique dans les espaces multidimensionnels [Ryan et Culp (2015), Moscovich et al. (2016)].

Dans ce papier, nous proposons d'améliorer l'algorithme proposé par [Ji et al. (2012)]. L'idée est de bénéficier de la réduction de dimensions proposée dans leur travail et de remplacer la régression linéaire par une régression Laplacienne qui est censée reconnaître mieux la structure géométrique induite des données non-étiquetées. Pour ce faire, nous nous appuyons en plus sur les travaux de [Belkin et al. (2006)]. Ces deux approches seront donc à la base de l'approche proposée et seront décrites dans la section suivante. Ensuite, nous appliquons cette proposition sur des données des réseaux d'assainissement de la métropole de Lyon pour la reconstitution des dates de pose des canalisations. En effet, cette connaissance est primordiale pour les collectivités locales afin d'inspecter l'état de santé de ces réseaux. L'approche retenue ne prend pas en compte la dimension spatiale de l'évolution (temporelle) des réseaux car cette approche fait l'objet de travaux spécifiques en lien avec un géographe [1].

2   Notations et formulations

Notons par : n le nombre total d'individus, m le nombre d'individus labellisés, $(\mathbf{v_i})_{i=1}^{n}$ les données d'entrée, $\mathbf{z}$ la variable cible, de dimension n (dont seulement m éléments ne sont pas manquants). Dans notre cas, les données d'entrée sont dans un espace multidimensionnel $\mathcal{X}$ et la cible est réelle. Notons également $\kappa \colon \mathcal{X} \to \mathcal{X}$ le noyau de Mercer [Mika et al. (1999)] que l'on utilise pour tenir compte des non-linéarités de la régression. On note K la matrice carrée symétrique réelle, définie pour $(i,j) \in \{1,...,n\}^2$ par : $K_{i,j} = \kappa(\mathbf{v_i}, \mathbf{v_j})$. Cette matrice est potentiellement très grande par son nombre d'éléments (n^2). Dans notre application nous prendrons le noyau RBF : $\kappa(\mathbf{v_i}, \mathbf{v_j}) = e^{-\frac{\|\mathbf{v_i}-\mathbf{v_j}\|^2}{2\omega^2}}$, qui rajoute un hyperparamètre ω. L'extraction des s composantes principales de K de plus hautes valeurs propres définit les données d'apprentissage dans une nouvelle matrice X de n lignes par s colonnes. La régularisation Laplacienne fait intervenir la matrice Laplacienne d'un certain graphe L, dont la matrice d'adjacence en i,j est 1 si i et j sont ressemblantes (la distance dans l'espace des variables est inférieure à un seuil `radius`), 0 sinon, ainsi que deux régulariseurs τ et C. Enfin, les données de test sont notées $(\mathbf{v_{ti}})_{i=1}^{b}$.

---

1. http://www.hireau.org

3   Approche proposée : LapS3L

Nous proposons une méthode, que nous appelons LapS3L, qui consiste à améliorer l'algorithme SSSL [Ji et al. (2012)], tout en remplaçant la deuxième étape de l'algorithme par la régression semi-supervisée LapRLS [Belkin et al. (2006)] dans le cas linéaire. Il y a de nombreuses motivations pour cela :

1. La première étape du SSSL est censée traiter le problème de la *non linéarité*, on peut donc espérer n'avoir à faire qu'une régression linéaire dans la seconde étape ;

2. La régularisation Laplacienne est une généralisation des moindres carrés : si les paramètres ν et γ_{lap} sont nuls, alors le problème linéaire résolu avec la régularisation Laplacienne est exactement le même que le problème des moindres carrés utilisés pour la deuxième étape du SSSL.

L'approche que nous proposons est légèrement différente du principe déjà évoqué dans [Chapelle et al. (2006)] et mis en place dans le SSSL (décomposer le problème semi-supervisé en une étape non supervisée puis une étape complètement supervisée). La deuxième étape est aussi semi-supervisée, mais elle utilise des données que l'on peut traiter par une méthode linéaire. Par rapport au SSSL, on introduit une régularisation dans le calcul de w (ligne 9 dans l'algorithme 1).

Algorithm 1 LapS3L

1: **procedure** LEARNING($(\mathbf{v_i})_{i=1}^{n}, (z_i)_{i=1}^{n}, \kappa, s, \tau, C$)

2:      $\forall i, j \in \{1, ..., n\}, K_{i,j} \leftarrow \kappa(\mathbf{v_i}, \mathbf{v_j})$

3:      Trouver $(\sigma_i, \mathbf{u_i})_{i=1}^{s}$, les s plus fortes valeurs propres et vecteurs propres associés de K

4:      $D \leftarrow \text{diag}(\sigma_i)_{i=1}^{n}$

5:      $\forall i \in \{1, ..., n\}, \forall j \in \{1, ..., s\}, U_{i,j} \leftarrow \mathbf{u_{j}}_i$ ▷ Chaque vecteur est une colonne

6:      $X \leftarrow {}^{t}KU$

7:      Trouver $(i_k^{\text{labeled}})_{k=1}^{m}$, les indices des individus labellisés

8:      $\forall k \in \{1, ..., m\}, X_{lk,.} \leftarrow X_{i_k^{\text{labeled}},.}, z_{lk} \leftarrow z_{i_k^{\text{labeled}}}$

9:      $w \leftarrow \left[\tau{}^{t}XLX + {}^{t}X_lX_l + CI_s\right]^{-1} {}^{t}X_lz_l$

10:      $\gamma \leftarrow D^{\frac{1}{2}}w$

11:      **procedure** PREDICTION($(\mathbf{v_{ti}})_{i=1}^{b}$)

12:          $\forall i \in \{1, ..., n\}, \forall j \in \{1, ..., b\}, K_{b_{i,j}} \leftarrow \kappa(\mathbf{v_i}, \mathbf{v_{tj}})$

13:          $\Phi \leftarrow D^{-\frac{1}{2}}{}^{t}UK_b$

14:          $\hat{z} \leftarrow \Phi^{t}\gamma^{*}$

15:      **end procedure**

16: **end procedure**

---

4   Application aux données d'assainissement

Les réseaux d'assainissement ont été construits et étendus pour et par la ville. Ce patrimoine existant impacte les pratiques de gestion : de nombreuses études [Ahmadi et al. (2014), Harvey et McBean (2014)] ont montré l'importance primordiale de la connaissance de la date de pose des conduites pour estimer leur état actuel de détérioration et prédire leur dégradation. L'enjeu est donc pour la Métropole de Lyon de reconstituer les dates de pose des réseaux d'assainissement dont seulement 24 % du linéaire est connu.

4.1 Description des données

La base de données contient sept variables, dont quatre variables catégorielles (matériau, forme, structurant, type d'effluent) et trois variables continues (longueur, largeur, hauteur). Pour représenter les données catégorielles, nous utilisons un encodage où chaque modalité de chaque variable est représentée par une variable booléenne. La variable `Forme` possède plus de 300 modalités, ce qui porte la dimension des données à 346. Le choix des variables s'est fait en concertation avec les experts métiers de la Direction de l'Eau de la Métropole de Lyon. Les individus sont les conduites du réseau d'assainissement. Le réseau contient 85766 conduites, mais nous n'en gardons que 4000 (pour pouvoir traiter la matrice K). Enfin, la variable cible est la date de pose. Elle est comprise entre 1900 et 2014 (avant normalisation).

4.2 Résultats

En appliquant notre méthode d'apprentissage semi-supervisé à la base de données Assainissement, on obtient une erreur quadratique moyenne RMSE de 9.32. La valeur des paramètres a été obtenue par l'exploration d'une grille par validation croisée. Afin d'empêcher les variations dues au choix des échantillons, la validation est répétée 10 fois.

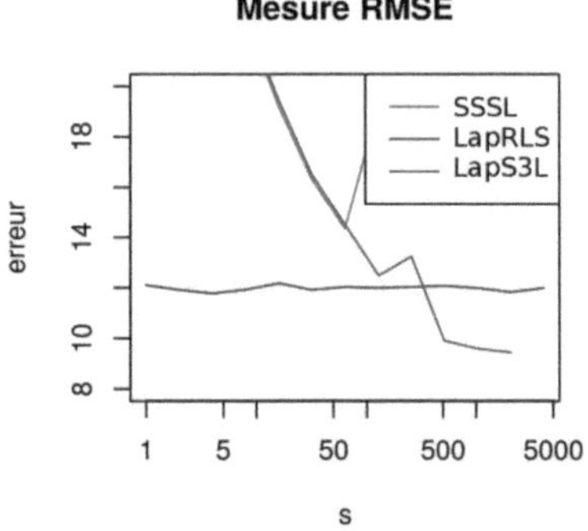

FIG. 1: Résultats sur la base de données Assainissement de la métropole de Lyon : Erreur RMSE (validation croisée) en fonction du nombre de valeurs propres

On peut remarquer que l'approche LapS3L affiche des résultats meilleurs que l'algorithme SSSL non régularisé, et meilleurs que la régularisation Laplacienne (LapRLS) pour la mesure d'erreur quadratique. Pour expliquer ces résultats, on peut regarder l'évolution de l'erreur en fonction de la valeur du paramètre s (figure 1). L'erreur pour la méthode SSSL trouve un minimum en fonction de s, puis diverge rapidement. Pour comprendre ce phénomène, il suffit de se rappeler que la deuxième étape de l'algorithme SSSL consiste à effectuer une régression aux moindres carrés ordinaires. Si s augmente considérablement, la régression tentera de classifier des données correspondant à des valeurs propres trop faibles. Ces données sont assimilables à du bruit, et donc la méthode est victime de sur-apprentissage. La régularisation introduite dans la méthode proposée permet de mitiger ce risque dans une certaine mesure, raison pour laquelle la méthode proposée fournit de meilleurs résultats pour des valeurs de s plus grandes.

5 Conclusion

Nous avons proposé une approche de régression semi-supervisée qui combine deux approches intéressantes de l'état de l'art. La méthode proposée correspond aux exigences du cadre applicatif, et donne une erreur de régression quadratique plus faible que les deux méthodes de référence.

Cependant, la norme 2 employée dans la régularisation Laplacienne utilisée montre des limites dans le cas où le nombre de canalisations non datées augmente, alors que le nombre de canalisations datées reste constant [Alaoui et al. (2016)]. Bien que ce cas ne semble pas correspondre à notre problème, où il faut reconstituer les dates des canalisations *anciennes* uniquement, il serait intéressant de mettre en place une régularisation différente.

Remerciements

Ce travail a été réalisé grâce au soutien financier du LABEX IMU (ANR-10-LABX-0088) de l'Université de Lyon, dans le cadre du programme « Investissements d'Avenir » (ANR-11-IDEX-0007) géré par l'Agence Nationale de la Recherche (ANR).

Références

Ahmadi, M., F. Cherqui, J.-C. D. Massiac, et P. L. Gauffre (2014). Influence of available data on sewer inspection program efficiency. *Urban Water Journal 11*(8), 641–656.

Alaoui, A. E., X. Chen, A. Ramdas, M. J. Wainwright, et M. I. Jordan (2016). Asymptotic behavior of ℓ_p-based laplacian regularization in semi-supervised learning. In *COLT*, Volume 49 of *JMLR Workshop and Conference Proceedings*, pp. 879–906. JMLR.org.

Amini, M.-R. et P. Gallinari (2002). Semi-supervised logistic regression. In *Proceedings of the 15th European Conference on Artificial Intelligence*, pp. 390–394. IOS Press.

Azriel, D., L. D. Brown, M. Sklar, R. Berk, A. Buja, et L. Zhao (2016). Semi-supervised linear regression. *arXiv preprint arXiv :1612.02391*.

Basu, S., I. Davidson, et K. Wagstaff (2008). *Constrained clustering : Advances in algorithms, theory, and applications*. CRC Press.

Belkin, M., P. Niyogi, et V. Sindhwani (2006). Manifold regularization : A geometric framework for learning from labeled and unlabeled examples. *Journal of Machine Learning Research 7*, 2399–2434.

Bennett, K. P. et A. Demiriz (1999). Semi-supervised support vector machines. In *Advances in Neural Information processing systems*, pp. 368–374.

Blum, A. et S. Chawla (2001). Learning from labeled and unlabeled data using graph mincuts. In *ICML*, pp. 19–26. Morgan Kaufmann.

Blum, A. et T. Mitchell (1998). Combining labeled and unlabeled data with co-training. In *Proceedings of the eleventh annual conference on Computational learning theory*, pp. 92–100. ACM.

Cai, D., X. He, et J. Han (2006). Semi-supervised regression using spectral techniques. Technical report.

Chapelle, O., B. Schölkopf, et A. Zien (2006). *Semi-Supervised Learning*. MIT Press.

Harvey, R. R. et E. A. McBean (2014). Predicting the structural condition of individual sanitary sewer pipes with random forests. *Canadian Journal of Civil Engineering 41*(4), 294–303.

Ji, M., T. Yang, B. Lin, R. Jin, et J. Han (2012). A Simple Algorithm for Semi-supervised Learning with Improved Generalization Error Bound. *ICML 2012*.

Joachims, T. (1999). Transductive inference for text classification using support vector machines. In *ICML*, Volume 99, pp. 200–209.

Li, Y.-F., I. W. Tsang, J. T. Kwok, et Z.-H. Zhou (2013). Convex and scalable weakly labeled svms. *Journal of Machine Learning Research 14*, 2151–2188.

Mika, S., B. Schölkopf, A. J. Smola, K.-R. Müller, M. Scholz, et G. Rätsch (1999). Kernel PCA and de-noising in feature spaces. In *Advances in neural information processing systems*, pp. 536–542.

Moscovich, A., A. Jaffe, et B. Nadler (2016). Minimax-optimal semi-supervised regression on unknown manifolds. *arXiv preprint arXiv :1611.02221*.

Nigam, K., A. K. McCallum, S. Thrun, et T. Mitchell (2000). Text classification from labeled and unlabeled documents using em. *Machine learning 39*(2), 103–134.

Ryan, K. J. et M. V. Culp (2015). On semi-supervised linear regression in covariate shift problems. *Journal of Machine Learning Research 16*, 3183–3217.

Zhou, Z.-H. et M. Li (2005). Semi-supervised regression with co-training. In *Proceedings of the 19th International Joint Conference on Artificial Intelligence*, IJCAI'05, San Francisco, CA, USA, pp. 908–913. Morgan Kaufmann Publishers Inc.

Zhu, X. (2006). Semi-supervised learning literature survey. *Computer Science, University of Wisconsin-Madison 2*(3), 4.

Summary

The installation date is often a primary consideration to explain the deterioration of the sanitation system. With this knowledge, the managers can (through deterioration models) predict the current condition of pipes that have not yet been examined, which is an essential information to take decision in a limited budget context. The data that has to be dealt with has different levels of complexity. The data has heterogeneous sources, a large volume, and limited information on its labelling (years): only 24% of the linear amount is known for the sanitation network. The underlying database will consist of the known features of the pipes (geometric profile, installation depth and so on). This study assessed the effect of some semi-supervised learning methods, and proposed a new approach suitable for this type of data.

L'exploitation de données contextuelles pour la recommandation d'hôtels

Marie Al Ghossein*,**, Talel Abdessalem*,***, Anthony Barré**

*LTCI, Télécom ParisTech, Université Paris-Saclay, 75013 Paris, France
**AccorHotels, Paris, France
***UMI CNRS IPAL, National University of Singapore
{marie.alghossein, talel.abdessalem}@telecom-paristech.fr, anthony.barre@live.fr

Résumé. Les systèmes de recommandation ont pour rôle d'aider les utilisateurs submergés par la quantité d'information à faire de bons choix à partir de vastes catalogues de produits. Le déploiement de ces systèmes dans l'industrie hôtelière est confronté à des contraintes spécifiques, limitant la performance des approches traditionnelles. Les systèmes de recommandation d'hôtels souffrent en particulier d'un problème de démarrage à froid continu à cause de la volatilité des préférences des voyageurs et du changement de comportements en fonction du contexte. Dans cet article, nous présentons le problème de recommandation d'hôtels ainsi que ses caractéristiques distinctives. Nous proposons de nouvelles méthodes contextuelles qui prennent en compte les dimensions géographique et temporelle ainsi que la raison du voyage, afin de générer les listes de recommandation. Nos expérimentations sur des jeux de données réels soulignent la contribution des données contextuelles à l'amélioration de la qualité de recommandation.

1 Introduction

Les systèmes de recommandation ont été principalement introduits pour aider les utilisateurs à faire face à la surcharge d'information sur le Web et pour augmenter le profit des entreprises. Leur tâche est de faire des suggestions d'items personnalisées à un utilisateur. Plusieurs domaines d'application ont bénéficié du développement de ces systèmes utilisés pour recommander des films à Netflix, des produits à Amazon, ou encore de la musique à Spotify. Néanmoins, le problème de recommandation d'hôtels se distingue des autres problèmes et soulève des difficultés particulières.

Les systèmes de recommandation d'hôtels souffrent d'un problème de démarrage à froid continu et cela pour trois raisons principales. Tout d'abord, le voyage est une activité relativement rare et la majorité des gens réservent un hôtel une ou deux fois par an. Ensuite, l'intérêt des voyageurs est susceptible de changer avec le temps. Ce phénomène est en particulier observé chez les personnes qui changent de statuts et passent de la réservation d'hôtels de la classe économique à la réservation d'hôtels luxueux. Enfin, la sélection d'un hôtel est généralement influencée par plusieurs facteurs contextuels comme par exemple la localisation, la temporalité, la météo et la raison du voyage. Les systèmes de recommandation basés sur le contexte offrent une solution efficace pour faire face à ces difficultés (Adomavicius et Tuzhilin (2011)).

Dans cet article, nous proposons un système de recommandation d'hôtels qui combine deux nouvelles approches prenant en compte les dimensions géographique et temporelle ainsi que la raison du voyage. Le système regroupe dans un premier temps les utilisateurs qui partagent les mêmes affinités concernant les destinations visitées ainsi que les périodes de visite. Les modèles de recommandation sont ensuite construits indépendamment pour chaque groupe d'utilisateurs et l'apprentissage des modèles est guidé par la raison du voyage. Nos expérimentations sur des jeux de données réels extraits des bases de données d'AccorHotels [1] démontrent la contribution des données contextuelles à améliorer la qualité de recommandation.

La suite de cet article s'organise comme suit. Dans la section 2, nous donnons un aperçu de quelques approches de recommandation. Les sections 3 et 4 décrivent les méthodes sur lesquelles reposent le système de recommandation proposé. Enfin, nous présentons nos résultats expérimentaux dans la section 5, avant de conclure dans la section 6.

2 Préliminaires

Les systèmes de recommandation gèrent trois types d'entités : les utilisateurs, les items à recommander et les interactions entre utilisateurs et items. On distingue principalement deux approches pour la recommandation : le filtrage basé sur le contenu et le filtrage collaboratif. Dans le filtrage basé sur le contenu, les attributs descriptifs des items sont utilisés pour recommander à l'utilisateur des items similaires à ceux qu'il avait appréciés dans le passé. Les techniques de filtrage collaboratif exploitent la mesure de similarité entre les ensembles d'interactions effectuées par chaque utilisateur afin de sélectionner les items à recommander.

Pour traiter le problème de démarrage à froid continu rencontré lors de la recommandation d'hôtels, nous avons recours aux systèmes de recommandation basés sur le contexte. Ces systèmes tentent de reproduire le processus de prise de décision des voyageurs en considérant les facteurs contextuels qui influencent en général leurs décisions. Les recommandations sont alors guidées par le contexte actuel de l'utilisateur et par le comportement passé d'autres utilisateurs dans des situations similaires. Construire un système de recommandation robuste consiste alors à identifier les facteurs contextuels qui impactent les utilisateurs et à développer des modèles qui prennent en compte ces facteurs.

Cependant, les approches préalablement proposées échouent à s'adapter aux contraintes propres au problème de recommandation d'hôtels. La grande majorité des approches est conçue de façon à manipuler des données collectées explicitement comme les notes ou les commentaires. Elles ne peuvent être facilement transposées pour gérer des données collectées implicitement comme les réservations d'hôtels (utilisées dans notre cas de figure) ou les données de navigation. Par ailleurs, le contexte est traditionnellement modélisé comme une variable multidimensionnelle où chaque dimension correspond à un facteur contextuel. Les approches proposées supposent que les facteurs contextuels contribuent de façon égale au processus de prise de décision de l'utilisateur. Sachant que les voyageurs donnent plus de priorité à certains facteurs plutôt qu'à d'autres, ces approches ne sont pas adaptées au problème considéré.

---

1. http ://www.accorhotels.com

TAB. 1 – *Exemples de clusters de pays de résidence (liste non-exhaustive par cluster).*

Cluster 1	France, Belgique, Andorre, Guinée, Guyane, Algérie, Tunisie, Sénégal
Cluster 2	Italie, Allemagne, Suisse, Pays-Bas, Grèce, Roumanie, Russie, Turquie
Cluster 3	États-Unis, Canada, Pérou, Portugal, Inde, Chine, Corée du Sud, Vietnam
Cluster 4	ÉAU, Bahreïn, Koweït, Qatar, Maroc, Espagne, Tanzanie, Cuba

Une étude menée avec des experts du domaine révèle que les voyageurs sont influencés par plusieurs types de contexte qui sont principalement le contexte physique, social et psychologique. Le système de recommandation présenté intègre les dimensions géographique et temporelle (contexte physique) et la raison du voyage (contexte psychologique).

3   Intégration des influences géographique et temporelle

Nos jeux de données contiennent des utilisateurs répartis partout dans le monde et des hôtels répandus dans plus de 90 pays. La sélection d'un hôtel est généralement conditionnée par la destination à visiter. Nous considérons deux facteurs influençant le choix de destinations. Tout d'abord, le pays de résidence de l'utilisateur joue un rôle important dans le processus de décision. Les résidents d'un même pays suivent en général les mêmes tendances et visent dans la majorité de leurs déplacements des régions relativement proches du lieu de résidence. Ensuite, la popularité des destinations change en fonction des périodes de l'année marquée par les vacances et les saisons.

Afin d'intégrer l'influence des dimensions géographique et temporelle sur les utilisateurs, nous proposons de regrouper les pays de résidence dont les résidents ont des comportements similaires à l'égard du choix des destinations et des périodes de visite. La répartition des utilisateurs dans des clusters découle de ce regroupement de pays. Les modèles de recommandation sont ensuite construits indépendamment pour chaque cluster d'utilisateurs. Ces modèles, dits locaux (par opposition au modèle global construit pour l'ensemble des utilisateurs), sont capables de capter des préférences de granularité plus fine puisqu'ils couvrent des utilisateurs qui partagent des goûts similaires vis-à-vis des destinations.

Un pays de résidence est représenté par un vecteur comprenant un élément par destination et par mois. La valeur de cet élément est égale à la proportion de résidents ayant visité la destination en question durant le mois concerné. On applique l'algorithme K-moyennes afin d'obtenir K clusters de pays de résidence. La table 1 montre des exemples de pays par cluster.

Le clustering des pays de résidence suppose que les utilisateurs dont on dispose constituent un échantillon représentatif de la population de chaque pays. Le clustering dépend aussi de la distribution des hôtels AccorHotels dans tous les pays, sachant que celle-ci n'est pas uniforme.

4   Intégration de la raison du voyage

Le comportement du voyageur n'est pas le même lors d'un voyage d'affaires ou d'un voyage pour le plaisir. La raison du voyage n'est pas fournie explicitement par l'utilisateur mais peut être inférée à partir d'autres caractéristiques du séjour. Celles-ci couvrent, entre autres, le délai entre la date de réservation et la date du séjour, les jours de la semaine pendant lesquels le séjour est effectué (week-end ou non) et le nombre d'adultes et/ou d'enfants. D'autre part, on note que les préférences des utilisateurs peuvent changer entre deux réservations successives.

Nous proposons un modèle qui prend en compte la raison du voyage afin d'améliorer l'apprentissage des paramètres du modèle de recommandation. Le modèle proposé donne aussi plus de poids aux interactions les plus récentes qui représentent mieux les préférences actuelles de l'utilisateur. Le modèle se base sur BPR (Rendle et al. (2009)), un modèle de factorisation de matrices, où nous utilisons un échantillonnage non uniforme du jeu de données afin d'apprendre le modèle.

Soit U l'ensemble des utilisateurs de taille m et H l'ensemble des hôtels de taille n. Soit $R \in \mathbb{R}^{m \times n}$ la matrice utilisateur-hôtel contenant m utilisateurs et n hôtels. La valeur de r_{uh} est égale à 1 si l'utilisateur u a visité l'hôtel h, et 0 sinon. Le but de la factorisation de matrices est d'approximer la matrice R par le produit de deux matrices de facteurs latents $P \in \mathbb{R}^{m \times k}$ et $Q \in \mathbb{R}^{k \times n}$, sachant que $k \ll \min(m, n)$.

Plusieurs méthodes ont été proposées afin d'apprendre les paramètres du modèle, i.e., les matrices P et Q. BPR (Rendle et al. (2009)) considère des paires d'items lors de l'apprentissage du modèle et optimise le ranking de ces items l'un par rapport à l'autre. L'hypothèse principale est qu'un item h observé pour un utilisateur u est préféré par rapport à un item h' non observé pour u. Les données considérées pendant la phase d'apprentissage sont représentées par l'ensemble suivant :

$$D_S := \{(u, h, h') \mid r_{uh} = 1 \wedge r_{uh'} = 0\}$$

où les triplets sont échantillonnés uniformément du jeu de données à cause du grand nombre de paires (h, h'). Nous ajoutons deux hypothèses au modèle existant.

Premièrement, nous supposons qu'un hôtel réservé par un utilisateur dans le cadre d'un voyage est préféré par rapport aux hôtels généralement choisis lors de voyages du même type. Soit I_{uh} l'ensemble des caractéristiques du séjour (citées ci-dessus) qui définissent le type du voyage. Nous proposons d'échantillonner les triplets de D_S et de D_S^{int} alternativement. D_S^{int} est défini de façon similaire que D_S et la probabilité d'échantillonner h' est la suivante :

$$p(h' \mid I_{uh}) \propto |\{r_{ah'} = 1 \mid I_{ah'} = I_{uh}, \forall a \in U\}|$$

La demande sur certains hôtels est plus forte lors des voyages dans certains contextes (voyage d'affaires ou pour le loisir). Ces hôtels ont alors plus de chance d'être sélectionnés comme item négatif pour ce contexte particulier.

Deuxièmement, nous supposons que les hôtels réservés récemment sont préférés par rapport aux choix plus anciens. Nous proposons alors d'échantillonner, en plus, d'un autre ensemble D_S^{rec}, défini comme suit :

$$D_S^{rec} := \{(u, h, h') \mid r_{uh} = 1 \wedge r_{uh'} = 1 \wedge rec(u, h, h') = 1\}$$

où $rec(u, h, h')$ est égal à 1 si la réservation faite par u dans h est plus récente que celle faite dans h', et 0 sinon.

Les trois ensembles D_S, D_S^{int} et D_S^{rec} sont utilisés pour apprendre le modèle. Nous introduisons les paramètres γ_{int} et γ_{rec} indiquant les probabilités de tirer les triplets de chacun des trois ensembles.

5 Évaluation expérimentale

Dans cette section, nous présentons une validation expérimentale des deux parties du système de recommandation proposé en utilisant un jeu de données réel issu des bases de données

TAB. 2 – *recall@N et NDCG@N pour Knni et BPR sous globalRS et localRS_K.*

Méthode	Métrique	globalRS	localRS_5	localRS_10	localRS_15
Knni	**recall@5**	0,0846	0,0861	0,08590	**0,0863**
	recall@10	0,1284	**0,1306**	0,1301	**0,1306**
	NDCG@5	0,0667	**0,069**	0,0689	**0,069**
	NDCG@10	0,0823	0,0848	0,0847	**0,085**
BPR	**recall@5**	0,3212	0,3253	**0,3261**	0,3258
	recall@10	0,3704	0,3740	**0,3741**	**0,3741**
	NDCG@5	0,2873	0,302	**0,303**	0,3028
	NDCG@10	0,3048	0,3194	**0,3201**	**0,3201**

d'AccorHotels.

Nous sélectionnons les utilisateurs ayant fait au moins une réservation depuis 4 ans. Le jeu de données utilisé contient 7,8 millions utilisateurs, 4,5 mille hôtels et 34 millions réservations. Nous divisons notre jeu de données en un ensemble d'apprentissage et un ensemble de test. Pour chaque utilisateur nous incluons 20% des hôtels visités les plus récents dans l'ensemble de test, et les 80% restants constituent l'ensemble d'apprentissage. Nous évaluons le $recall@N$ et le $NDCG@N$ du système (Shani et Gunawardana (2011)).

Afin d'évaluer la première partie du système, nous comparons les deux approches suivantes. Dans *globalRS*, un seul modèle de recommandation est construit pour tous les utilisateurs. Dans *localRS_K*, un modèle de recommandation est construit par cluster d'utilisateurs, pour un total de K clusters. Les résultats sont affichés dans la table 2 et concernent les deux modèles de recommandation suivants : Knni (Sarwar et al. (2001)) basé sur la recherche de plus proches voisins et BPR (Rendle et al. (2009)). La qualité de recommandation est améliorée sous *localRS_K* pour tout K. Après avoir mené un grand nombre d'expériences, nous fixons K à 10, maximisant le gain obtenu sur un grand nombre de modèles par rapport à *globalRS*.

Ensuite, nous comparons les méthodes suivantes :
— **BPR** (Rendle et al. (2009)) avec $k = 100$ et $\lambda_* = 0,0025$.
— **BPR$_{int}$** utilise les ensembles D_S et D_S^{int} avec $k = 100$, $\gamma_{int} = 0,5$ et $\lambda_* = 0,0025$.
— **BPR$_{rec}$** utilise les ensembles D_S et D_S^{rec} avec $k = 100$, $\gamma_{rec} = 0,1$ et $\lambda_* = 0,0025$.
— **BPRx3** utilise les ensembles D_S, D_S^{int} et D_S^{rec} avec $k = 100$, $\gamma_{rec} = 0,1$, $\gamma_{int} = 0,6$ et $\lambda_* = 0,0025$.

Nous reportons dans la table 3 les résultats pour un cluster d'utilisateurs qui en comprend environ 60 mille, sachant que les conclusions sont similaires pour les autres clusters. Les résultats montrent l'importance de l'intégration des données liées à la raison du voyage et de la mise en valeur des interactions les plus récentes. Ceci a un impact sur l'apprentissage du modèle qui génère de meilleures recommandations.

6   Conclusion

Nous proposons dans cet article un système de recommandation d'hôtels basé sur le contexte afin de faire face au problème de démarrage à froid continu rencontré lors de la re-

TAB. 3 – *recall@N et NDCG@N pour les variantes de BPR.*

Métrique	BPR	BPR$_{rec}$	BPR$_{int}$	BPRx3
recall@5	0,3396	0,3703	0,3497	**0,3734**
recall@10	0,4328	0,4457	0,4376	**0,4477**
NDCG@5	0,3146	0,3548	0,3245	**0,3577**
NDCG@10	0,351	0,3847	0,3588	**0,3871**

commandation d'hôtels. Nous intégrons dans un premier temps les dimensions géographique et temporelle et regroupons ensemble les utilisateurs soumis aux mêmes influences. Nous construisons ensuite un modèle de recommandation par groupe d'utilisateurs et utilisons les caractéristiques liées à la raison du voyage afin d'améliorer l'apprentissage du modèle. Nous envisageons l'intégration d'autres facteurs contextuels dans de futurs travaux, comme la météo ou les points d'intérêt.

Références

Adomavicius, G. et A. Tuzhilin (2011). Context-aware recommender systems. In *Recommender systems handbook*, pp. 217–253. Springer.

Rendle, S., C. Freudenthaler, Z. Gantner, et L. Schmidt-Thieme (2009). Bpr : Bayesian personalized ranking from implicit feedback. In *Proceedings of the twenty-fifth conference on uncertainty in artificial intelligence*, pp. 452–461. AUAI Press.

Sarwar, B., G. Karypis, J. Konstan, et J. Riedl (2001). Item-based collaborative filtering recommendation algorithms. In *Proceedings of the 10th international conference on World Wide Web*, pp. 285–295. ACM.

Shani, G. et A. Gunawardana (2011). Evaluating recommendation systems. *Recommender systems handbook*, 257–297.

Summary

In recent years, recommender systems have witnessed an increased interest from industry and academia. The deployment of such systems in the hotel industry needs to satisfy specific constraints, making the direct application of classical approaches insufficient. There is an inherent complexity to the problem, starting from the decision-making process for selecting accommodations, which is sharply different from the one for acquiring tangible goods, to the multifaceted behavior of travelers, often selecting accommodations based on contextual factors. Travelers recurrently fall into the cold-start status due to the volatility of interests and the change in attitudes depending on the context. In this paper, we propose a context-aware recommender system for hotel recommendation. The system is based on two novel approaches that take into account geography, temporality, and the trips' intent. Our experiments on a real-world dataset show the impact of taking into account contextual data in improving the quality of the recommendation.

Et si les réseaux sociaux pouvaient nous aider dans nos choix de carrière?

Rémy Kessler**, Guy Lapalme*, Fabrizio Gotti*, Abdessamad Outerqiss*, Philippe Langlais*

*Université de Montréal
C.P. 6128, succursale Centre-ville, Montréal H3C 3J7, Canada
{lapalme,gottif,outerqia,felipe}@iro.umontreal.ca
** IRISA - UMR 6074, Université de Bretagne-Sud
56017 Vannes, France
remy.kessler@univ-ubs.fr

Résumé. Dans cet article, nous présentons une méthode d'analyse de corpus afin de générer deux interfaces originales de visualisation dans le domaine de l'e-recrutement. Notre approche s'appuie sur des millions de profils issus de plusieurs réseaux sociaux et sur des milliers d'offres d'emploi collectées sur Internet. Nous décrivons dans ces travaux les étapes nécessaires pour leur réalisation. La première visualisation est une carte dynamique indiquant les métiers qui recrutent, dans quel domaine, dans quelle région tandis que la seconde met en avant les parcours professionnels et permet d'observer les perspectives ainsi que les antécédents à plus ou moins long terme pour chaque métier considéré.

1 Introduction

Les développements rapides des réseaux sociaux durant la dernière décennie ont considérablement modifié la dynamique de recherche d'emploi, comme le décrivent Sivabalan et al. (2014). Dans le cadre du projet de recherche Butterfly Predictive Project [1] (BPP), nous faisons l'hypothèse que l'acquisition et l'exploitation des traces laissées par les individus sur les réseaux sociaux (LinkedIn, Viadeo, etc.) sont une voie intéressante afin de construire des ressources permettant d'aider au positionnement professionnel des candidats et ainsi faciliter leur mise en correspondance avec des emplois à pourvoir. Chaque jour, des milliers d'offres d'emploi sont diffusées sur Internet en même temps que des milliers de profils candidats sont créés ou modifiés sur les sites d'emploi ou les réseaux sociaux, aussitôt indexés par des métamoteurs spécialisés ou des moteurs de recherche généralistes. Plusieurs organismes privés ou publics publient régulièrement des statistiques permettant de mesurer les tendances. On citera par exemple Keljob [2], l'United States Department of Labor [3] ou Statistique Canada [4]. Il ne s'agit cependant que d'*instantanés* reflétant l'état du marché. Nous présentons dans cet article

---

1. http://rali.iro.umontreal.ca/rali/?q=fr/butterfly-predictive-project
2. http://www.keljob.com/editorial/actu-de-lemploi/barometre-de-lemploi.html
3. http://data.bls.gov/timeseries/CES0000000001?output_view=net_1mth
4. http://www.statcan.gc.ca/daily-quotidien/140307/dq140307a-fra.htm

deux visualisations particulières du domaine, ainsi que les méthodes qui ont permis de les générer. La première visualisation est une carte dynamique permettant de savoir quels sont les métiers qui recrutent, dans quel domaine, quelle région ainsi que les compétences les plus fréquemment demandées. Construite à partir de la collection de réseaux sociaux professionnels, la seconde visualisation met en avant les parcours professionnels et permet d'observer les perspectives ainsi que les antécédents à plus ou moins long terme pour chaque métier considéré. Nous souhaitons au travers de ces visualisations aider l'étudiant en recherche d'orientation, la personne en recherche d'emploi ou en réflexion sur un changement de carrière, en lui fournissant des éléments d'information sur les perspectives d'évolution dans le métier qu'il envisage. Il pourra aussi vérifier s'il est normal qu'il n'ait pas eu de promotion dans son emploi actuel. Dans la section suivante, nous présentons des travaux liés à notre étude puis, à la section 3, les visualisations obtenues, avant de donner quelques statistiques sur les données exploitées à la section 4. Nous décrivons les différents traitements ayant permis de réaliser ces deux visualisations à la section 5.1 et à la section 5.2.

2   Travaux connexes

La plupart des travaux dans le domaine de l'e-recrutement se sont principalement intéressés à la génération de ressources linguistiques au travers de représentations, généralement dans le but d'effectuer de l'appariement de candidatures par la suite. Les travaux de le Vrang et al. (2014) présentent ainsi l'ontologie ESCO[5], un projet européen multilingue de classification de compétences et de métiers afin de créer une harmonisation européenne en matière de recrutement. En s'appuyant sur des données extraites de réseaux sociaux ainsi que sur des offres d'emploi collectées aux Etats-Unis, Muthyala et al. (2017) proposent un moteur de recherche d'emploi qui offre à l'utilisateur des filtres concernant les informations collectées sur les sociétés telles que la taille ou encore les avantages sociaux. L'utilisation des réseaux sociaux afin d'améliorer les appariements a déjà été abordée par Diaby et Viennet (2014) qui présentent un système de recommandation afin de proposer des offres d'emploi pertinentes aux utilisateurs. Ils concluent par ailleurs que les meilleures performances sont obtenues avec la section « Compétences » de LinkedIn. Introduite en 2012 dans le cadre d'un processus de folksonomie décrit dans Bastian et al. (2014), cette section a permis aux membres de lister leurs compétences et leurs domaines d'expertise, mais aussi de recommander ou d'obtenir des recommandations de membres de leur réseau. La visualisation de données est un moyen efficace pour transmettre des informations de façon interactive et synthétique. Que ce soit au travers de nuages de mots ou au travers de projections (Blanco et Martin-Merino (2007); Sinclair et Cardew-Hall (2008)), les techniques de représentation ont souvent été utilisées pour représenter visuellement une grande variété de jeux de données. De nombreux outils ont été élaborés pour aider à la visualisation de données tels que Gephi (Bastian et al. (2009)) ou encore D3[6] (Bostock et al. (2011)) qui permet la création de graphiques personnalisés. Ces outils sont particulièrement adaptés à la visualisation de données tout en étant des logiciels libres et flexibles. L'originalité de ce travail est donc d'exploiter les réseaux sociaux afin d'offrir des outils intelligents capables d'analyser le marché du travail et de produire une visualisation interactive et synthétique susceptible d'aider les candidats dans leur choix de carrière.

---

5. European Skills Competences and Occupations `https://ec.europa.eu/esco/`
6. `https://d3js.org/`

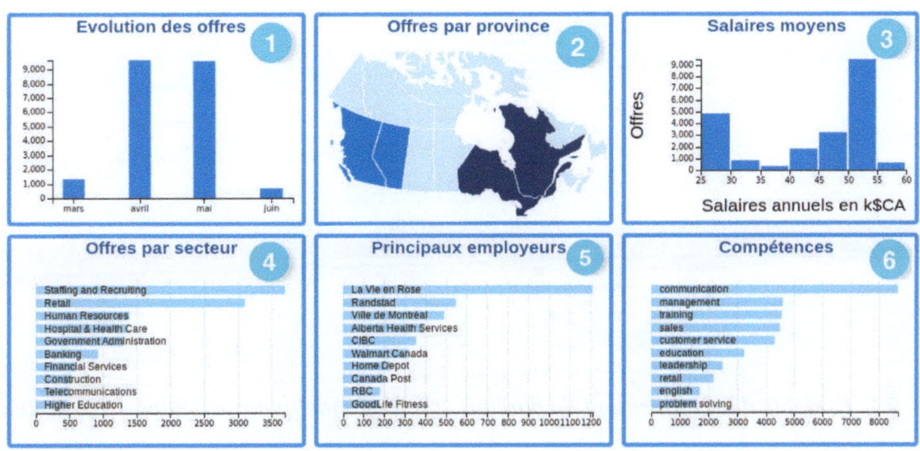

FIG. 1 – *Vue d'ensemble du baromètre de l'emploi.*

3   Visualisations

La figure 1 présente une vue d'ensemble du tableau de bord que nous avons désigné *Baromètre de l'emploi*. Six graphiques sont proposés en plus d'une liste déroulante permettant de filtrer en fonction d'un *univers* [7]. Développés à l'aide de D3, ces graphiques représentent le volume d'offres d'emploi par mois ①, la localisation géographique ②, le salaire annuel moyen ③, le secteur ④, les compagnies qui recrutent ⑤ et les compétences requises ⑥. L'utilisateur peut alors interagir avec chaque graphique, les autres se mettant automatiquement à jour. Il peut par exemple sélectionner un secteur de recrutement et connaitre les principaux employeurs qui recrutent dans ce secteur d'activité, le volume d'offres d'emploi dans ce secteur.

La seconde visualisation décrit les parcours professionnels. Développée également à l'aide de D3, celle-ci permet d'afficher les parcours professionnels sous forme d'arbres de transitions. Interfaçant avec une base de données de type NoSQL du côté serveur, l'application web permet à l'utilisateur de sélectionner le métier qui l'intéresse ou d'effectuer une recherche en saisissant un métier. La figure 2 présente le résultat obtenu pour le métier *comptable* en choisissant de présenter les résultats sous forme de chronologie. Chaque transition vers un autre poste est représentée par un arc dont l'épaisseur du trait est fonction de la fréquence de la transition. Les 8 transitions les plus fréquentes sont affichées de la plus fréquente à la moins fréquente, de haut en bas. En sélectionnant un métier, l'utilisateur affiche l'ensemble des transitions possibles depuis ce noeud avec la moyenne de temps nécessaire avant de passer au métier suivant. En survolant un métier avec la souris, l'infobulle indique différentes informations comme le pourcentage de profils sur l'ensemble des profils de la collection qui ont suivi cette transition, ainsi que la durée moyenne pour passer d'un poste à l'autre. L'utilisateur peut ainsi sélectionner le métier qui l'intéresse et consulter les carrières possibles pour ce métier, les étapes nécessaires pour y arriver ainsi que les possibilités d'évolution.

---

7. Les univers sont une modélisation des secteurs d'activité intégré au projet BPP et qui regroupe des familles de métiers assez proches (par exemple la banque et la finance sont regroupées dans un même univers).

FIG. 2 – *Exemple de visualisation de parcours professionnel pour le métier de comptable.*

4   Données et statistiques

Nous présentons dans cette section les données qui ont permis de réaliser les visualisations. Dans le cadre du projet BPP plus de dix millions de profils issus de plusieurs réseaux sociaux (LinkedIn, Viadeo, Indeed et d'autres) ont été récoltés à l'aide d'un processus de collecte automatique. Ces données issues de profils publics professionnels ont été préalablement anonymisées puis agrégées. L'origine géographique étant le Canada (2,7 M de profils) et la France (7,5 M de profils), les profils sont soit en français, soit en anglais ou encore bilingues. Chaque profil résume différentes informations sur le parcours du candidat telles que ses diplômes et ses formations et une section du profil rend compte de ses expériences. La collection contient en moyenne 2,75 expériences par profil. Chacune contient plusieurs éléments tels que les dates de début et de fin, le nom de la société employeur, la fonction occupée par le candidat au cours de cette expérience, le lieu et un éventuel descriptif de sa mission au sein de cette société. Chaque profil regroupe un grand nombre de champs, mais il existe cependant environ 12 % de profils vides et 33 % de profils contenant peu d'information. En complément de ces données, 300 000 offres d'emploi ont été collectées sur Internet. Ces offres d'emploi couvrent un grand nombre de métiers et sont issues, elles aussi, du Canada ou de la France. Chaque offre d'emploi contient un titre, une description contenant le détail de l'offre d'emploi, la date de mise en ligne, le lieu de l'emploi proposé ainsi que le nom de la compagnie qui recrute.

5   Méthodologie

5.1   Baromètre de l'emploi

Nous souhaitons au travers de cette visualisation offrir une vue globale des tendances du marché de l'emploi. Pour ce faire, nous avons considéré chacune des composantes d'une offre à savoir le nom de la compagnie, sa localisation géographique, la date de publication de l'offre, la fonction et les compétences requises pour cette fonction ainsi que le salaire. Compte tenu de l'importance de l'aspect géographique pour cette visualisation, nous nous sommes concentrés uniquement sur les offres d'emploi canadiennes écrites en anglais, issues de la collection présentée en section 4. Identifier le nom de la compagnie et la date de publication d'une offre est relativement facile. Géolocaliser l'offre représente un niveau de difficulté accrue. L'extraction de la fonction ou encore des compétences dans le contenu textuel d'une offre d'emploi est une tâche complexe, comme le soulignent Kessler et al. (2008). Afin d'extraire la fonction depuis le titre des offres d'emploi, nous avons ainsi constitué une liste de noms de métiers normalisés regroupant sous un terme unique les différentes écritures pour chaque métier (féminin, pluriel, erreurs typographiques, etc.) classées selon leur fréquence d'apparition. À l'aide de règles, un processus normalise et compare les titres avec cette liste de métiers. Ce processus est décrit plus en détail dans Kessler et Lapalme (2017). L'extraction automatique de compétences ayant eu de faibles résultats (F-score de 0,42), nous avons opté pour une liste de 6000 compétences, extraite des travaux de Bastian et al. (2014). Nous identifions à l'aide de cette liste un grand nombre de compétences. Plusieurs prototypes ont aussi été développés afin d'extraire le salaire, cependant les premières observations ont montré que celui-ci n'était présent que dans 14% des offres d'emploi et qu'il pouvait être formulé de nombreuses façons (taux horaire, mensuel, bonus, etc.). Afin d'offrir une vision des salaires dans le baromètre, nous avons plutôt collecté les salaires annuels moyens sur le site Emploi Québec [8].

5.2   Parcours professionnels

Divers choix ont été faits afin de pouvoir représenter les parcours professionnels. Sur les 10 millions de profils issus de cette collection, nous recensons 26 millions d'expériences dont 23 millions contiennent une date de début et une date de fin. Pour les besoins de ce travail, nous considérons qu'il y a une transition entre deux expériences lorsque la période entre la première expérience et la seconde est inférieure à 3 mois sans chevauchement entre les deux expériences de plus de 3 mois. Nous identifions par la suite les fonctions à l'aide du processus décrit en section 5.1, ainsi que les sociétés où se sont déroulées les expériences. Nous observons une grande variation d'écriture dans les noms de compagnies tels qu'on les trouve écrits dans les réseaux sociaux, ce qui a rendu la tâche plus complexe (ex. : Mac Donalds, Mac Do, etc.). Lorsqu'un utilisateur cherche un poste, nous trouvons tous les profils contenant ce poste, puis agrégeons les parcours de ces profils. Nous recensons ainsi pour ce poste les différentes expériences précédentes et suivantes. La dernière étape consiste à transformer les résultats obtenus en arbre de transitions tel que montré à la section 3. Le tout prend moins d'une seconde.

6   Conclusion et travaux futurs

Nous avons présenté deux interfaces originales de visualisation dans le domaine de l'e-recrutement ainsi que les méthodes d'analyse de corpus pour les générer. Nous souhaitons au travers de ces outils proposer aux personnes en recherche d'emploi, en réflexion sur leur carrière, un tableau de bord synthétique et clair du marché ainsi que des perspectives professionnelles en fonction de chaque métier. Construite à partir d'offres d'emploi récoltées sur Internet, la première visualisation est une carte dynamique permettant de connaitre les tendances du marché de l'emploi. Nous prévoyons d'adapter la visualisation pour traiter les offres émanant de la France et pour agréger d'autres sites d'emploi afin d'affiner les statistiques. La seconde visualisation a été constituée à partir de profils issus de réseaux sociaux, et permet

---

8. http://imt.emploiquebec.gouv.qc.ca/

d'observer les perspectives ainsi que les antécédents pour un métier recherché. Ces travaux constituent une amorce de l'étude et de la modélisation des « parcours professionnels » qui pourraient permettre de prédire certains aspects d'expériences futures.

Références

Bastian, M., M. Hayes, W. Vaughan, S. Shah, P. Skomoroch, H. Kim, S. Uryasev, et C. Lloyd (2014). Linkedin skills : Large-scale topic extraction and inference. In *Proceedings of the 8th ACM Conference on Recommender Systems*, New York, NY, USA, pp. 1–8. ACM.

Bastian, M., S. Heymann, et M. Jacomy (2009). Gephi : An Open Source Software for Exploring and Manipulating Networks. In *Int. AAAI conference on weblogs and social media*.

Blanco, Á. et M. Martin-Merino (2007). A partially supervised metric multidimensional scaling algorithm for textual data visualization. In *IDA 2007 Springer.*, pp. 252–262.

Bostock, M., V. Ogievetsky, et J. Heer (2011). D3 data-driven documents. Volume 17, Piscataway, NJ, USA, pp. 2301–2309. IEEE Educational Activities Department.

Diaby, M. et E. Viennet (2014). Développement d'une application de recommandation d'offres d'emploi aux utilisateurs de Facebook et LinkedIn. In *EGC 2014*, Rennes.

Kessler, R., N. Béchet, M. Roche, M. El-Bèze, et J. M. Torres-Moreno (2008). Automatic profiling system for ranking candidates answers in human resources. In *OTM 2008 Workshops*, pp. 625–634. Springer.

Kessler, R. et G. Lapalme (2017). Agohra : génération d'une ontologie dans le domaine des ressources humaines. In *TAL. Volume 58 num 1/2017*, pp. 39–63.

le Vrang, M., A. Papantoniou, E. Pauwels, P. Fannes, D. Vandensteen, et J. De Smedt (2014). Esco : Boosting job matching in europe with semantic interoperability. pp. 57–64.

Muthyala, R., S. Wood, Y. Jin, Y. Qin, H. Gao, et A. Rai (2017). Data-driven Job Search Engine Using Skills and Company Attribute Filters. In *ArXiv e-prints*.

Sinclair, J. et M. Cardew-Hall (2008). The folksonomy tag cloud : when is it useful ? In *Journal of Information Science 34*, pp. 15–29.

Sivabalan, L., R. Yazdanifard, et N. H. Ismail (2014). How to transform the traditional way of recruitment into online system. Volume 7, pp. 178.

Summary

In this work, we describe the analysis methods used in the creation of two original visualization interfaces in the field of e-recruitment. These interfaces were designed using millions of user profiles gathered on social networks as well as thousands of job offers collected over the internet. This work also describes the necessary steps for the implementation of the interfaces. The first visualization is a dynamic map indicating which jobs are in-demand, in which field and in which region. The second visualization tool highlights career paths and allows the user to observe the perspectives as well as the antecedents for each job considered.

Une approche sémantique hybride pour la recommandation des articles d'actualité à large échelle

Hemza Ficel,
Mohamed Ramzi Haddad,
Hajer Baazaoui Zghal

Laboratoire Riadi , École Nationale des Sciences de l'Informatique,
Université de la Manouba, La Manouba 2010, Tunisie
hemza.ficel@ensi-uma.tn
haddad.medramzi@gmail.com
hajer.baazaouizghal@riadi.rnu.tn

Résumé. Les portails d'actualités en ligne produisent un flux d'information ayant un volume et une vélocité importants. Dans ce contexte, il devient plus difficile de proposer en temps réel des recommandations dynamiques adaptées aux intérêts de chaque utilisateur. Dans cet article, nous présentons une approche hybride pour la recommandation des articles d'actualité reposant sur l'analyse sémantique du contenu disponible. L'approche est basée sur l'hybridation de plusieurs approches personnalisées et non personnalisées pour remédier au problème de démarrage à froid. L'expérimentation de notre approche dans un environnement à large échelle et à fortes contraintes temps réel dans le cadre du challenge NEWSREEL a permis d'évaluer la qualité de ses recommandations et de confirmer l'apport de la sémantique dans le processus de recommandation.

1 Introduction

C'est à travers des messages du type « La rédaction vous conseille », « Lire aussi », « Sur le même sujet », « Vous pourriez également être intéressé par », que les portails d'actualités en ligne proposent aux utilisateurs des sélections personnalisées de contenu pouvant les intéresser afin de les assister dans leur exploration des articles d'actualités. Dans ce domaine d'application, les systèmes de recommandation font face à un flux abondant et continu d'actualités qu'il faut collecter, analyser et mettre à disposition des utilisateurs selon leurs préférences et dans les plus brefs délais. Par ailleurs, la recommandation des articles d'actualité diffère des domaines d'application traditionnels des systèmes de recommandation qui se caractérisent par une parcimonie de données reflétant les comportements des utilisateurs à cause de l'inaccessibilité de certains produits (produits non disponibles ou ayant un coût d'acquisition élevé). En effet, les articles d'actualité étant gratuits et accessibles à tous les utilisateurs, les approches de recommandation à adopter doivent être capables de prendre en considération un flux abondant d'interactions entre les utilisateurs et le contenu. À titre d'exemple, sur la plateforme de recommandation de Plista [1], le nombre d'événements observés par seconde peut dépasser les 5000 et le temps de réponse maximal pour fournir une recommandation est limité à 100ms. Dans ce contexte, il est nécessaire qu'un système de recommandation adopte une approche temps-réel, capable de monter en charge et proposant des recommandations dynamiques qui s'adaptent rapidement aux comportements observés chez chaque utilisateur. De plus, vu la nature non structurée du contenu traité, il est judicieux d'adopter des approches sémantiques capables d'extraire les concepts et les thématiques invoquées dans les articles d'actualité afin de mieux cerner les préférences et les intérêts des utilisateurs.

Les contraintes fortes de la problématique de la recommandation continue, temps réel et à large échelle des articles d'actualité ont conduit à une large adoption d'approches non personnalisées et non sémantiques fondées sur critères de popularité et de nouveauté (Lommatzsch et al., 2016) pour leurs faibles complexités. Plusieurs approches récentes se focalisent sur les technologies de traitement des données massives (p.ex. Apache Spark [2] et Flink [3]) afin d'assurer le passage à l'échelle (Domann et al., 2016) sans prendre en considération l'aspect sémantique du contenu ni les préférences personnelles de chaque utilisateur. D'autres travaux ont intégré les connaissances extraites à partir du contenu dans le processus de recommandation pour mieux assimiler les facteurs et les thématiques qui influencent les attitudes du consommateur et améliorer ainsi la qualité des suggestions (Capelle et al., 2013). Néanmoins, ces travaux ne tiennent pas compte des contraintes liées à la recommandation en ligne en temps réel. En effet, les approches proposées sont généralement évaluées hors-ligne sur des jeux de données statiques et limités ne reflétant pas les conditions réelles de ce domaine d'application nécessitant une gestion continue du flux de données entrant et une capacité à générer en temps réel et à large échelle des recommandations personnalisées et dynamiques.

C'est dans ce contexte que s'inscrit ce travail dont l'objectif est de proposer une approche de recommandation personnalisée d'articles d'actualité traitant l'aspect sémantique du contenu et respectant les contraintes temps réel et de passage à l'échelle du domaine d'application. Notre approche est basée sur l'hybridation de plusieurs approches personnalisées et non personnalisées afin d'éviter le problème de démarrage à froid. Pour valider l'intérêt de la proposition, notre système de recommandation a été évalué pendant le challenge NEWSREEL 2017 dont l'objectif est de faire la recommandation d'articles d'actualité en temps réel et à large échelle pour un ensemble de magazines et de journaux en ligne.

Le reste de cet article est organisé comme suit. La section 2 détaille l'approche proposée ainsi que les composantes du système développé. La section 3 présente les différentes expérimentations menées ainsi que les résultats obtenus. Enfin, nous concluons cet article avec un résumé de la contribution et des travaux futurs.

2   Notre système de recommandation

La figure 1 présente l'architecture du système de recommandation intégrant l'approche proposée et qui inclut un composant pour le traitement des données (A) et un composant pour le filtrage et la recommandation des articles d'actualité (B). Dans cette section, nous détaillons le système proposé, ses composants ainsi que les techniques utilisées.

---

1. https ://www.plista.com/
2. https ://spark.apache.org/
3. https ://flink.apache.org/

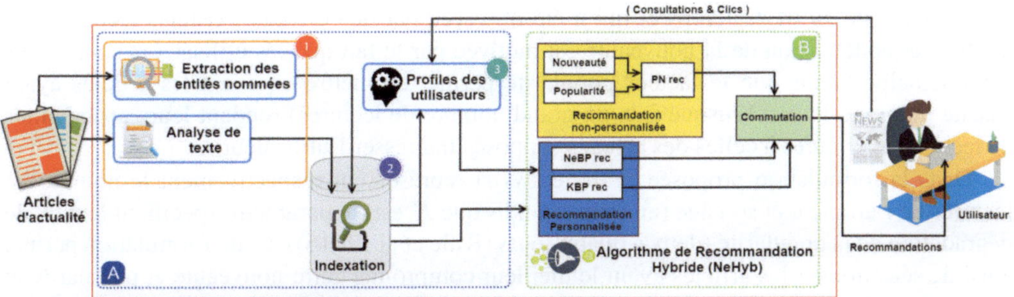

FIG. 1 – *Architecture du système de recommandation proposé.*

2.1   Le traitement des données

Le contenu textuel des articles d'actualité passe tout d'abord par une phase de prétraitement linguistique et d'indexation. La première étape (figure 1 (1)) consiste à analyser le texte pour en extraire d'une part les mots-clés normalisés après lemmatisation et d'autre part les entités nommées (p.ex. personnes, pays, organisations, etc...) qui y sont mentionnées. Les mots-clés et les entités nommées sont ensuite indexés (figure 1 (2)) pour faciliter et accélérer les recherches et les requêtes ultérieures. Pour un document d de n mots, la phase d'analyse et d'indexation a une complexité linéaire (i.e. $\mathcal{O}(n)$). Les connaissances ainsi extraites serviront par la suite à modéliser les intérêts des utilisateurs (figure 1 (3)) en analysant les contenus des articles avec lesquels ils ont interagi.

2.2   Les algorithmes de recommandation

Pour faire face aux défis de personnalisation des recommandations et du démarrage à froid, nous proposons une approche hybride par commutation (Burke, 2002) qui sélectionne, selon le cas à traiter, exclusivement une de ses deux approches sous-jacentes. La première approche, nommée PN, est non personnalisée dans la mesure où elle se base sur les critères de nouveauté et de popularité pour évaluer la pertinence d'un article d'actualité. Cette approche est adoptée pour faire face au problème de démarrage à froid et qui se présente dans les cas où l'utilisateur actif est inconnu ou lorsque l'article considéré est nouveau et n'a pas encore été lu ou évalué. Par contre, dans les cas où les données sur le l'utilisateur ou l'article ne sont pas parcimonieuses, l'approche a recours au filtrage par similarité de contenu. Dans ce travail, deux variantes du filtrage par contenu ont été évaluées. La première, nommée KBP, modélise l'article d'actualité avec ses mots-clés alors que la deuxième, nommée NeBP, n'a recours qu'aux entités nommées mentionnées dans le texte.

La proposition de l'approche non personnalisée PN est motivée par des études récentes portant sur la recommandation d'actualité et affirmant la pertinence des critères de popularité et de nouveauté comme indicateurs de l'intérêt que susciterait un article d'actualité chez le consommateur (Kille et al., 2016). Pour estimer la pertinence $PN(a)$ d'un article d'actualité a en fonction de sa nouveauté $N(a)$ et sa popularité $P(a)$, nous proposons l'équation 1 qui adopte une forme exponentielle (Ding et Li, 2005) pour modéliser la décroissance progressive de la popularité au fil du temps et qui a été observée par des travaux existants (Kille et al., 2016). La modélisation de la nouveauté est motivée par le fait que les utilisateurs sont attirés par l'actualité tandis que le facteur popularité permet de mettre en avant les articles ayant suscité un grand intérêt brusque (i.e. un grand nombre de lectures) rendant leurs probabilités de lecture supérieures à celles des articles supposés intéresser l'utilisateur.

Dans la formulation proposée, $P(a)$ et $N(a)$ représentent respectivement le nombre de lectures de l'article a et son âge (en jours), tandis que K est un paramètre spécifiant le taux de dégradation de la popularité (deux à quatre jours (Kille et al., 2016)). Cette formulation permet ainsi de sélectionner les articles ayant le meilleur compromis entre nouveauté et popularité et a le mérite d'être adaptée au contexte de la recommandation temps-réel grâce à sa complexité constante ($\mathcal{O}(1)$).

$$PN(a) = P(a) * e^{-kN(a)} \tag{1}$$

Les approches KBP et NeBP proposent des recommandations personnalisées basées sur le contenu des articles d'actualité puisqu'elles suggèrent à un utilisateur donné les articles les plus similaires à ceux qu'il a déjà lus dans le passé. Cependant, les deux approches diffèrent au niveau de la représentation des articles et donc celle des profils des utilisateurs. En effet, KBP a recours à un vecteur de termes pondérés par leurs importances pour représenter un article ou l'historique des lectures d'un utilisateur alors que NeBP se limite aux entités nommées. Dans les deux variantes, nous adoptons la mesure de pondération TF-IDF (Pazzani et Billsus, 2007) pour quantifier l'importance d'un mot-clé ou d'une entité nommée dans un article d'actualité. Dans ce contexte, le profil de l'utilisateur s'enrichit au fur et à mesure des articles lus par les termes ou les entités nommées qui y sont présents. Enfin, nous avons recours à une variante de la mesure de similarité cosinus [4] pour calculer la concordance entre un article candidat et le profil de l'utilisateur actif et filtrer ainsi les actualités potentiellement capables de l'intéresser. Le calcul de similarité entre deux documents d_1 et d_2 ou entre un document d et un utilisateur u est proportionnel à la taille de leurs vecteurs représentatifs (resp. $\mathcal{O}(|d_1|+|d_2|)$ et $\mathcal{O}(|d|+|u|)$). Dans ce travail, le choix du cosinus comme mesure de similarité a été effectué sur la base de leur complexité et sa popularité dans le domaine de la recherche d'information. Son apport par rapport à d'autres mesures devrait être validé par des expérimentations comparatives contrôlées hors ligne.

3 Expérimentations

Les expérimentations ont été menées sur la plateforme de recommandation d'articles d'actualité de Plista [5] dans le cadre de la compétition NEWSREEL [6] de la conférence CLEF 2017. Cette plateforme collecte les contenus ainsi que les données d'usage sur les sites des éditeurs d'actualités partenaires, les partage en temps réel avec les systèmes de recommandation participants qui doivent en retour fournir des suggestions ciblées en moins de 100ms. La pertinence des systèmes participants est alors évaluée en fonction du nombre de consultations que leurs

---

4. `https://lucene.apache.org/core/4_6_0/core/org/apache/lucene/search/similarities/TFIDFSimilarity.html`
5. Open Recommandation Platform, `https://orp.plista.com/`
6. http ://www.clef-newsreel.org/

Algorithme	Nombre de requêtes	Nombre de clics	CTR (%)
KBP	7891	59	0.7477
NeBP	34490	259	0.7509
NeHyb	75535	764	1,0115

TAB. 1 – *Résultats comparatifs des différents algorithmes testés pendant l'expérimentation.*

recommandations ont provoqué. En effet, plus le taux de clics sur les articles recommandés augmente, plus il est considéré comme performant.

Pour valider notre proposition, nous avons implémenté plusieurs prototypes basés sur quatre composants principaux à savoir (1) un service de communication avec la plateforme pour l'ingestion des données et la livraison des recommandations, (2) une base de données NOSQL (MongoDB) pour stocker les profils des utilisateurs, (3) un composant basé sur le framwork FOX[7] pour extraire les entités nommées sous forme d'une liste de triplés RDF et enfin (4) un index distribué (ElasticSearch) pour organiser les mots-clés et les entités nommées issus des articles de manière à accélérer les recherches et les requêtes lors de la phase d'inférence. Ces prototypes ont été déployés lors de la compétition sans phase d'apprentissage préalable et donc sans connaissance du domaine d'application.

Le Tableau 1 illustre les valeurs des taux de clics relatives à chaque algorithme que nous avons évalué pendant ce challenge. Les résultats montrent que l'algorithme NeHyb surpasse les stratégies de base : KBP et NeBP. De plus, nous pouvons constater que toutes les solutions à base de sémantique (NeHyb et NeBP) fournissent des recommandations plus pertinentes que l'autre solution (KBP). Cela montre que la modélisation des préférences d'un utilisateur avec des connaissances sémantiques dérivées des entités nommées permet de mieux cerner ses intérêts et donc de présenter les meilleures prédictions.

Le système de recommandation implémentant l'approche hybride NeHyb a été déployé sans connaissances à priori. Au fil du temps, il a collecté et analysé des données émanant de 82336 articles et de 3755547 utilisateurs. Ces traitements ont été menés sur une machine dotée de deux processeurs Intel Xeon E5-26xx avec une fréquence de 2GHz chacun, une mémoire cache de 4Mo, 4Go de RAM et 94Go d'espace de stockage. L'expérimentation nous a permis de valider l'intérêt de l'approche proposée puisque le système déployé a été capable de traiter le flux abondant et véloce des données tout en respectant la contrainte temps réel. En effet, le système a pu traiter jusqu'à 4000 requêtes par minute avec un temps de réponse moyen de 47ms, une occupation moyenne du processeur de 6% et une occupation moyenne de l'espace mémoire de 240Mo.

4 Conclusions et perspectives

Dans ce travail, nous avons proposé et évalué en conditions réelles une approche hybride, sémantique et personnalisée pour la recommandation des articles d'actualité en ligne. L'approche est capable de respecter les contraintes de la recommandation en temps réel tout en permettant le passage à l'échelle grâce à sa faible complexité et à sa capacité à traiter les flux

---

7. http ://aksw.org/Projects/FOX.html

continus de données dès leur arrivée tout en faisant l'apprentissage de manière incrémentale et non en lot à l'instar des approches basées sur les voisinages comme le filtrage collaboratif.

Nos futurs travaux porteront sur l'extraction, l'analyse et l'interprétation approfondies du contexte à partir du contenu non structuré des articles d'actualité et des comportements observés chez les consommateurs. La résolution de ce verrou scientifique permettrait de mieux raffiner les recommandations effectuées en les adaptant aux contexte de consommation.

Références

Burke, R. (2002). Hybrid Recommender Systems : Survey and Experiments. *User Model User-Adap Inter 12*(4), 331–370.

Capelle, M., F. Hogenboom, A. Hogenboom, et F. Frasincar (2013). Semantic News Recommendation Using Wordnet and Bing Similarities. In *Proceedings of the 28th Annual ACM Symposium on Applied Computing*, SAC '13, New York, NY, USA, pp. 296–302. ACM.

Ding, Y. et X. Li (2005). Time Weight Collaborative Filtering. In *Proceedings of the 14th ACM International Conference on Information and Knowledge Management*, CIKM '05, New York, NY, USA, pp. 485–492. ACM.

Domann, J., J. Meiners, L. Helmers, et A. Lommatzsch (2016). Real-time News Recommendations using Apache Spark. In *CLEF (Working Notes)*, pp. 628–641.

Kille, B., A. Lommatzsch, F. Hopfgartner, M. Larson, J. Seiler, D. Malagoli, A. Sereny, et T. Brodt (2016). CLEF NewsREEL 2016 : Comparing Multi-Dimensional Offline and Online Evaluation of News Recommender Systems. CEUR workshop proceedings.

Lommatzsch, A., N. Johannes, J. Meiners, L. Helmers, et J. Domann (2016). Recommender Ensembles for News Articles based on Most-Popular Strategies. In *CLEF (Working Notes)*, pp. 657–668.

Pazzani, M. J. et D. Billsus (2007). Content-Based Recommendation Systems. In *The Adaptive Web*, Lecture Notes in Computer Science, pp. 325–341. Springer, Berlin, Heidelberg.

Summary

Online news portals produce a huge amount of content in high velocity streams. In this context, it becomes more difficult to provide dynamic real-time and large-scale recommendations that best suit each user's interests. In this article, we present a hybrid news recommendation approach based on the semantic analysis of news articles' content. The approach exploits several personalized and non-personalized approaches to alleviate the cold start problem. Experiment results in an active large-scale news delivery platform during the NEWSREEL challenge show that our system produces significantly better quality recommendations than non-semantic recommenders.

Méthode basée sur les ensembles approximatifs pour l'apprentissage incrémental en présence des données déséquilibrées

Sarra Bouzayane* ***, Inès Saad* **

*Université de Picardie Jules verne, Amiens
{sarra.bouzayane, ines.saad}@u-picardie.fr
**Ecole supérieure de commerce, Amiens
***Institut Supérieur d'Informatique et de Multimédia, Sfax

Résumé. Ce papier propose une méthode basée sur la théorie des ensembles approximatifs et dédiée à l'apprentissage supervisé incrémental dans un contexte de données déséquilibrées. Cette méthode consiste en trois phases : la construction d'une table de décision, l'inférence d'un ensemble de règles de décision et la classification de chaque action potentielle dans l'une des classes de décision prédéfinies. La méthode *MAI2P* est validée dans le contexte des MOOCs (*Massive Open Online Courses*).

1 Introduction

Lorsque les exemples d'apprentissage sont fournis de manière séquentielle, l'apprentissage incrémental pour une prise de décision s'avère une obligation (Greco et al., 2004). Généralement, la phase d'apprentissage est traitée par les techniques conventionnelles de l'apprentissage machine. Cependant, ces techniques demeurent sensibles au problème des données déséquilibrées qui résulte de la répartition inégale entre les instances des classes de décision. Cette inégalité affecte considérablement la qualité de la décision en particulier quand il s'agit de données massives. Ce problème peut, toutefois, être surmonté par l'approche DRSA (*Dominance-based Rough Set Approach*) (Greco et al., 2001) qui repose sur les préférences et l'expertise des décideurs humains pour la construction d'un ensemble d'apprentissage afin de garantir la répartition égale des instances sur l'ensemble de classes de décision.

Ce travail propose une méthode *MAI2P* (*Multicriteria Approach for the Incremental Periodic Prediction*) basée sur l'approche DRSA pour la classification multicritère incrémentale et périodique. La méthode *MAI2P* se compose de trois phases. La première vise à construire une table de décision et repose sur trois étapes : l'identification d'un ensemble d'apprentissage ; la construction d'une famille cohérente de critères pour la caractérisation des actions ; et la classification de chaque action d'apprentissage dans l'une des classes de décision. La deuxième phase est basée sur notre algorithme *DRSA-Incremental* (Bouzayane et Saad, 2017) pour l'inférence et la mise à jour de l'ensemble de règles de décision. La troisième consiste à la classification des "Actions potentielles", en utilisant les règles précédemment inférées. L'approche *MAI2P* est validée sur le contexte des MOOCs (Massive Open Online Courses).

Le papier est structuré comme suit : La section 2 définit les notions de base de l'approche DRSA. La section 3 présente un état de l'art. La section 4 détaille la méthode *MAI2P*. La section 5 discute les résultats de l'expérimentation. La section 6 conclut le papier.

2   Préliminaires : Dominance-based Rough Set Approach

L'approche DRSA développée par Greco et al. (2001) est dédiée au problème de tri en aide multicritère à la décision et inspirée de la théorie des ensembles approximatifs. Elle permet de comparer des actions à travers une relation de dominance, rendant compte des préférences d'un décideur, afin d'inférer les règles de décision. Cette approche définit une table d'information par un 4-uplets S= $\langle A, F, V, f \rangle$ tels que : A est un ensemble fini des actions de référence ; F est une famille cohérente de critères ; V est un ensemble des valeurs possibles des critères ; et $f : A \times F \longrightarrow V$ est une fonction d'information tel que $f(x, g) \in V_g, \forall x \in A, \forall g \in F$. Chaque action de référence est affectée à une seule classe $Cl_t; t \in \{1, , N\}$.

Relation de dominance : La relation de dominance D_P est définie comme suit : $\forall (x, y) \in A^2$, $xD_Py \Leftrightarrow f(x, g_j) \succcurlyeq f(y, g_j) \ \forall g_j \in P \subseteq F$. $\forall x \in A$, est associé un ensemble, *P-dominant*, d'actions dominant x et un ensemble, *P-dominé*, d'actions dominées par x.

Union inférieure (supérieure) : $Cl_n^{\leq} = \cup_{s \leq n} Cl_s$ $(Cl_n^{\geq} = \cup_{s \geq n} Cl_s)$; $n = \{1 \ldots N\}$: L'union inférieure (supérieure) de Cl_n signifie que "x appartient au maximum (minimum) à la classe Cl_n ou bien à une classe au mieux (moins) aussi bonne que Cl_n".

Approximation inférieure $\underline{P}(Cl_n^{\geq})$ *(ou* $\underline{P}(Cl_n^{\leq})$*)* : regroupe toutes les actions dont l'ensemble P-dominant (P-dominé) est affecté avec *certitude* à des classes au moins (mieux) aussi bonnes que Cl_n. En revanche, l'approximation supérieure regroupe toutes les actions dont l'affectation est réalisée d'une *manière possible*.

Règles de décision : L'ensemble de règles de décision est appelé modèle de préférences. Ces règles sont générées à partir de l'approximation inférieure et se présentent sous la forme :

$$\textbf{Si } f(x, g_1) \geq r_1 \bigwedge ... \bigwedge f(x, g_n) \geq r_n \textbf{ alors } x \in Cl_t^{\geq} \text{ tel que } (r_1, ..., r_n) \in (V_{g_1} \times ... V_{g_n}).$$

3   Travaux antérieurs

Quelques approches dynamiques ont été proposées dans la littérature pour la mise à jour incrémentale des règles de décision suite à la variation de l'ensemble d'apprentissage.

Les auteurs dans (Greco et al., 2004) ont proposé un algorithme appelé *Glance*. Cet algorithme est basé sur des actions négatives. En effet, chaque règle d'une union donnée doit impérativement ne pas satisfaire x, si x n'appartient pas à cette union, mais elle peut aussi ne satisfaire aucune action x et dans ce cas elle demeure sans supports. Ces règles sans supports sont dites non-robustes et donc l'algorithme est aussi dit non robuste. L'algorithme *Glance* stocke dans la mémoire uniquement les règles de décision et pas les exemples d'apprentissage et donc il est économe par rapport à l'utilisation de l'espace mémoire. La complexité de l'algorithme est linéaire si on considère le nombre d'actions et elle est exponentielle en considérant le nombre de critères. Les auteurs dans (Li et al., 2013) ont proposé un algorithme de mise à jour incrémentale des approximations inférieures et supérieures de l'approche DRSA lors de l'ajout (ou la suppression) d'une seule action dans le système d'information. La méthode nécessite : premièrement, la mise à jour des unions inférieures et supérieures des classes de décision, deuxièmement, la mise à jour des ensembles *P-dominant* et *P-dominé* de chaque action dans le système d'information et enfin la mise à jour des approximations inférieures et supérieures des unions des classes de décision. L'algorithme proposé minimise le temps de calcul lorsqu'une action entre ou quitte le système d'information sans affecter la qualité des règles de décision inférées.

Afin d'inférer des règles de décision robustes, nous choisissons de généraliser l'algorithme présenté dans Li et al. (2013) afin de considérer l'entrée simultanée d'un ensemble d'actions.

4 *MAI2P* : Méthode de classification incrémentale

Cette section présente la méthode *MAI2P* que nous avons proposée pour la prédiction incrémentale et périodique de la classe de décision Cl_i à laquelle une action x est susceptible d'appartenir. Cette méthode se compose de trois phases (cf. Figure 1).

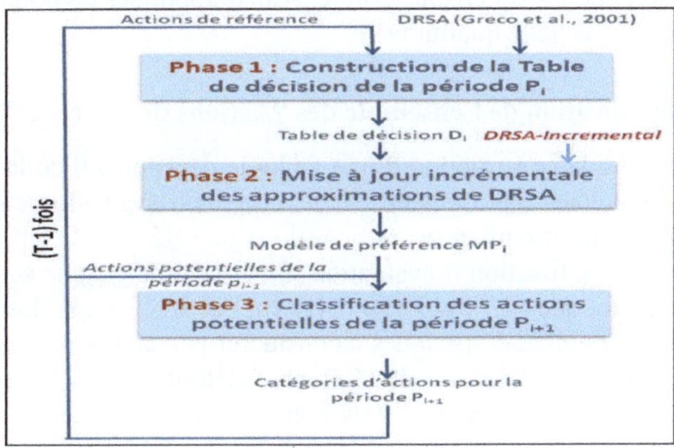

FIG. 1 – *Description générale de la méthode MAI2P (P_i= période i ; T= nombre de périodes)*

4.1 Phase 1 : Construction de la table de décision de la période P_i

Cette phase est composée de trois étapes :

4.1.1 Etape 1 : Construction d'un ensemble des "Actions de référence"

Cette étape consiste à définir un ensemble d'apprentissage contenant un nombre suffisant d'exemples représentatifs pour chacune des classes de décision prédéfinies. Afin de respecter la terminologie utilisée dans l'approche DRSA, nous appelons les exemples d'apprentissage, "Actions de référence". La construction de cet ensemble s'effectue par un ou plusieurs décideurs en fonction de leur expertise et leur expérience. D'un point de vue psychologique (Miller, 1956), un décideur humain se caractérise par une capacité cognitive représentant la limite supérieure à laquelle il peut associer ses réponses aux stimuli qui lui sont accordés. Ainsi, pour la construction de l'ensemble d'apprentissage, il est suffisant que les actions sélectionnées soient représentatives et de qualité, quel que soit leur effectif. L'intervention des experts pour la construction de l'ensemble d'apprentissage permet d'obtenir des sous-ensembles équitables des "Actions de référence" et de surmonter le problème de données déséquilibrées.

La méthode *MAI2P* doit être appliquée sur les systèmes d'informations qui évoluent dans le temps, où l'ensemble des "Actions de référence" varie d'une période à une autre. Ainsi, chaque période P_i, le décideur doit définir un nouvel ensemble A'_i des "Actions de référence" qui se rajoute à l'ensemble des "Actions de référence", A_{i-1}, de toutes les périodes précédentes.

4.1.2   Etape 2 : Construction d'une famille cohérente de critères

Comparé à un attribut, un critère doit permettre de mesurer les préférences des décideurs selon un point de vue personnel (Mousseau et al., 1996). Dans ce travail, l'approche que nous adoptons est ascendante qui consiste à construire une famille de critères à partir d'une liste d'indicateurs susceptibles d'influencer l'opinion des décideurs concernant la caractérisation des actions. Ensuite, des réunions directes doivent être menées avec le décideur afin d'obtenir ses informations préférentielles sur chaque critère. Afin d'appliquer les points de vue préférentielles, nous adoptons une échelle qualitative.

4.1.3   Etape 3 : Classification de l'ensemble des "Actions de référence"

Cette étape consiste à la construction d'une table de décision D_i de la période P_i. C'est une matrice dont les colonnes représentent les "p" critères d'évaluation contenus dans F_i et dont les lignes forment un ensemble de "m" "Actions de référence" contenues dans A'_i. Le contenu de la matrice est la fonction d'évaluation $f_i(A_{j,i}, g_k)$ de chaque action $A_{j,i} \in A'_i$ sur chaque critère $g_k \in F_i$ tel que $i \in \{1..T\}$, $j \in \{1..m\}$ et $k \in \{1..p\}$. Les variables T, m et p sont respectivement le nombre de périodes à considérer pendant le processus de prédiction, la taille $|A'_i|$ de l'ensemble des "Actions de référence" définit à la $i^{ème}$ période et la taille de l'ensemble $|F_i|$ de la famille de critères. La dernière colonne de la table contient la décision d'affectation de chaque "Action de référence" dans l'une des N classes de décision.

4.2   Phase 2 : Mise à jour incrémentale des approximations de DRSA

Cette phase applique notre algorithme *DRSA-Incremental* (Bouzayane et Saad, 2017) sur la table de décision D_i construite pendant la période P_i afin d'en inférer un modèle de préférence, MP_i, susceptible de classer chaque action dans l'une des classes de décision prédéfinies.

Cette phase est appliquée dès que la table de décision est complète. Elle considère l'ensemble des "Actions de référence", A_{i-1}, de toutes les périodes précédentes et l'ensemble des "Actions de référence", A'_i, de la période P_i. L'algorithme *DRSA-Incremental* est déclenché dès l'insertion de l'ensemble A'_i dans la table de décision. Il est composé de quatre étapes :

1. Calculer les *unions supérieures* et *inférieures* de chacune des classes de décision Cl_{i-1}.

2. Calculer les *ensembles dominants* et *dominés* pour chaque action insérée $x^+ \in A'_i$.

3. Mettre à jour les *ensembles dominants* et *dominés* pour chaque action $A_{j,i-1} \in A_{i-1}$.

4. Mettre à jour les approximations de chacune des unions de classes de décision.

La sortie de la phase 2 est un modèle de préférence permettant de classer les "Actions potentielles" pendant la période P_{i+1}.

4.3 Phase 3 : Classification des "Actions potentielles" de la période P_{i+1}

La troisième phase exploite les règles de décision précédemment inférées afin d'attribuer chacune des "Actions potentielles" dans l'une des N classes de décision prédéfinies. Une "action potentielle" est une action susceptible d'être classée dans l'une des classes de décision.

Cette phase s'exécute pendant la période P_{i+1} tout au long du processus de prédiction tel que $i \in \{2, \dots, T\}$. Elle commence par l'évaluation de toutes les "Actions potentielles" sur l'ensemble de critères construits. Ensuite, il s'agit d'appliquer les règles de décision inférées pendant la période P_i afin de les affecter dans les classes de décision prédéfinies.

La méthode *MAI2P* s'exécute périodiquement tout au long du processus de prédiction : la première et la deuxième phases se déroulent pendant toutes les périodes P_i tel que $i \in \{1, \dots, T-1\}$ alors que la troisième se déroule pendant la période P_i ; tel que $i \in \{2, \dots, T\}$.

5 Expérimentation et évaluation de la méthode *MAI2P*

Nous avons traité le cas d'un MOOC (formation en ligne et gratuite) Français qui a duré 5 semaines et accédé par 2360 apprenants. L'objectif est la prédiction hebdomadaire de la classe de décision à laquelle appartiendra un apprenant : Cl_1 des "Apprenants en risque d'abandon" ; Cl_2 des "Apprenants en difficulté" mais qui sont actifs ; et Cl_3 des "Apprenants leaders".

— *Phase*1. Nous avons construit, avec l'aide de l'équipe pédagogique, quatre ensembles des "Apprenants de référence" A'_i tel que $i \in \{1, 2, 3, 4\}$ et $|A'_i| = 30$. Ensuite, une famille cohérente de 11 critères a été définie dont 8 sont statiques (exp. niveau d'études) et 3 sont dynamiques (exp. le nombre hebdomadaire de messages). Enfin, à la fin de chaque semaine une table de décision est construite.

— *Phase*2. Cette phase a été appliquée à la fin de chaque semaine S_i une fois que la table de décision D_i est complète tel que $i \in \{1, 2, 3, 4\}$ en appliquant l'algorithme *DRSA-Incremental* pour la mise à jour incrémentale des règles de décision.

— *Phase*3. Cette phase était appliquée au début de chaque semaine S_i du MOOC en appliquant le modèle de préférence inféré à la fin de la semaine S_{i-1} pour la classification de l'ensemble d'apprenants potentiels tel que $i \in \{2, 3, 4, 5\}$.

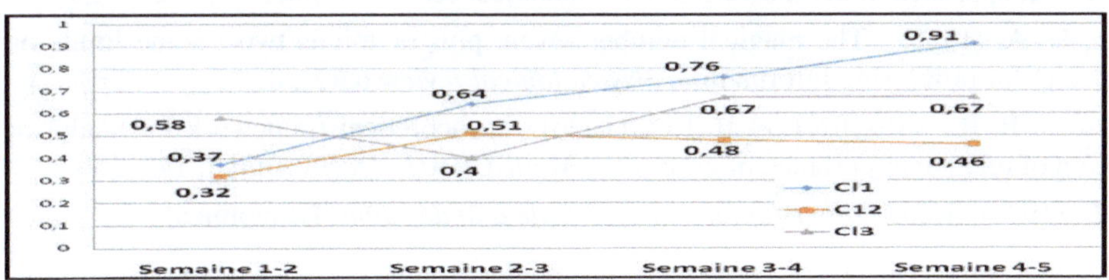

FIG. 2 – *Qualité de la prédiction (F-mesure) durant les semaines du MOOC*

La Figure 2 met l'accent sur la variation de la F-mesure des trois classes de décision Cl_1, Cl_2 et Cl_3 d'une semaine à une autre.

— La F-mesure de la classe Cl_1, des "Apprenants de risque", augmente au cours du temps. En effet, le MOOC est connu par les *lurkers*. Ces apprenants restent actifs au bout de la première semaine mais en ayant une intention préalable d'abandonner la formation.

Ce type d'apprenants dévalorise la performance du modèle de prédiction qui est basé sur le profil et le comportement de l'apprenant et non pas sur son intention.

— La F-mesure de la classe Cl_3, des "Apprenants leaders" augmente progressivement au cours du temps. En effet, d'une semaine à une autre, les apprenants multiplient leur participation au forum ce qui donne une information plus ample sur leur profils. Aussi, les évaluations proposées par le MOOC sont de plus en plus complexes d'une semaine à une autre ce qui permet d'une vision plus précise sur les compétences des apprenants.

6   Conclusion

Dans ce papier, nous avons proposé une méthode de classification multicritère et incrémentale *MAI2P* basée sur l'approche DRSA pour la prédiction périodique de la classe de décision à laquelle une action est susceptible d'appartenir. La méthode *MAI2P* est composée de trois phases : la construction d'une table de décision ; l'inférence d'un modèle de préférences en appliquant l'algorithme *DRSA-Incremental* et la prédiction de la classe de décision à laquelle appartiendra chaque action. Les expérimentations de la méthode *MAI2P* sur un MOOC Français ont démontré une qualité de prédiction satisfaisante qui atteint une F-mesure = 0.66.

Références

Bouzayane, S. et I. Saad (2017). Incremental updating algorithm of the approximations in drsa to deal with the dynamic information systems of moocs. *In the international conference on Knowledge Management, Information and Knowledge Systems (KMIKS)*, 55–66.

Greco, S., B. Matarazzo, et R. Slowinski (2001). Rough sets theory for multicriteria decision analysis. *EJOR 129*(1), 1–45.

Greco, S., R. Slowinski, J. Stefanowski, et M. Zurawski (2004). Incremental versus nonincremental rule induction for multicriteria classification. *Transaction on Rough Sets II*, 33–53.

Li, S., T. Li, et D. Liu (2013). Dynamic maintenance of approximations in dominance-based rough set approach under the variation of the object set. *Int. J. Intell. Syst. 28*, 729–751.

Miller, G. A. (1956). The magical number seven, plus or minus two : some limits on our capacity for processing information. *Psychological review 63*(2), 81.

Mousseau, B. R., VINCENT, et B. Roy (1996). A theoretical framework for analysing the notion of relative importance of criteria. *J. Multi-Criteria Decis. Anal 5*, 145–159.

Roy, B. (1985). *Méthodologie multicritère d" aide à la décision*. Economica.

Summary

This paper proposes a method based on the rough set theory and dedicated to the incremental supervised learning in a context of unbalanced data. This method consists of three phases: the construction of a decision table, the inference of a set of decision rules, and the classification of each potential action in one of the predefined decision classes. The *MAI2P* method is validated in the context of MOOC (*Massive Open Online Course*).

Extraction de connaissances sur les défaillances de compteurs d'essieux

Iwo Doboszewski*,**,*** Simon Fossier**, Christophe Marsala***

*AGH University of Science and Technology, al. Mickiewicza 30, 30-059 Krakow
idobosz@agh.edu.pl,
**Thales Research & Technology France, 1 av. Augustin Fresnel, 91767 Palaiseau, France
simon.fossier@thalesgroup.com
***Sorbonne Universités, UPMC Univ Paris 06, CNRS, LIP6 UMR 7606,
4 place Jussieu 75005 Paris
christophe.marsala@lip6.fr

Résumé. Cet article propose une méthode d'analyse pour des enregistrements opérationnels d'un ensemble de compteurs d'essieux, qui constituent un élément central à l'infrastructure ferroviaire. Notre objectif est de fournir une façon efficace d'extraire automatiquement des éléments de connaissance concernant les défaillances de ces systèmes.

Puisque les données fournies ne contiennent pas de vérité de terrain sur les causes de défaillances, les informations et leurs causes doivent être extraites des relations sous-tendant les événements enregistrés. Après une phase de prétraitement, les événements sont groupés en fonction des relations qui ont été mises en lumière entre eux. Ces regroupements peuvent ensuite être utilisés pour créer des classes d'événements en utilisant un système de classification adapté.

Au delà de cette application spécifique, cette approche est une façon nouvelle d'aborder les problèmes d'analyse de fiabilité.

1 Introduction

Pour la sûreté et l'opérabilité des trains, l'infrastructure des réseaux ferroviaires est massivement surveillée, en temps réel, par des opérateurs de contrôle de trafic. Les données sont enregistrées et analysées pour améliorer leur fiabilité (Rosenberger et Pointner, 2015). Les sorties principales du système de surveillance sont les détections de pannes et leur diagnostic. En outre, les informations sur les contrôles, réparations et révisions sont parfois enregistrées, ce qui facilite l'extraction d'une information utile à partir des données.

Cet article propose une méthode d'extraction de connaissances pour une telle situation. Nous travaillons avec des données composées d'événements enregistrés automatiquement dans le système : passage de trains, mouvements d'aiguillages, défaillances d'équipement, etc. Il n'y a pas de vérité terrain sur les causes de défaillance, ni d'information sur les réparations. Nous savons aussi qu'une partie des défaillances enregistrées ne résultent pas d'une défaillance physique des dispositifs, mais plutôt d'une absence de réponse, possiblement provoquée par des causes externes indépendantes.

L'étude se concentre sur un sous-ensemble des dispositifs : les compteurs d'essieux. Pour extraire une connaissance sur les défaillances à partir des données, nous proposons une procédure en deux étapes : d'abord, une détection et un filtrage des rapports de défaillance qui semblent provenir de conditions externes ; puis, à partir des relations entre événements consécutifs, une classification des défaillances par effets et fréquence. Cette procédure est une étape préliminaire pour une possible analyse de fiabilité (Schroeder et Gibson, 2007).

Cet article est structuré de la façon suivante. Dans la section 2, les compteurs d'essieux et le jeu de données utilisé sont décrits, suivis par les étapes de prétraitement des données. Dans la section 3, le modèle de traitement est présenté. Enfin, nous présentons nos résultats et conclusions. Notons que, dans cet article, la terminologie utilisée pour le domaine de la maintenance est cohérente avec celle du European Committee for Standardization (2010).

2 Compteurs d'essieux et jeu de données

2.1 Compteurs d'essieux

Un compteur d'essieux est composé de bobines inductives placées le long des voies et d'un estimateur, connectés électriquement. Quand l'essieu d'un train passe, il perturbe le champ électromagnétique entre les bobines, conduisant à un changement de tension dans le circuit, mesuré par l'estimateur et comparé avec un seuil prédéfini. Le passage du seuil est signalé au système et enregistré comme un passage de train (Rosenberger (2011), Wei et al. (2010)). Dans notre cas, les valeurs sont uniquement accessibles dans la couche basse du système et ne sont pas enregistrées par le système de surveillance. L'estimateur compte par ailleurs le nombre d'essieux entrant et sortant de la section, et se signale comme libre (non-occupé) au module d'enclenchement quand ces nombres sont égaux. Ces comptes ne sont pas accessibles ici.

Il y a différentes sources de défaillance pour les compteurs d'essieux :
— une dégradation physique. Les bobines sont placées le long de la voie, en environnement hostile (vibrations, pluie, humidité, poussière et large gamme de températures), ce qui dégrade les circuits, les sortant de leur zone de fonctionnement nominale.
— une erreur de comptage. La perturbation du champ électromagnétique entre bobines peut provoquer une erreur de comptage d'un essieu. Dans ce cas, indépendemment de son état réel, la section de voie est traitée comme perturbée, et une défaillance est enregistrée par le système. L'opérateur doit alors réinitialiser le compteur. Ces situations sont, a priori, les causes de défaillance les plus fréquentes, bien que ces erreurs puissent aussi provenir d'une dégradation des rails.
— des causes externes, conduisant à un problème opérationnel du compteur. Parmi celles-ci : rupture d'alimentation, fermeture de section de voie en maintenance, ou redémarrages système et mises à jour.

2.2 Description des logs

Les données prennent la forme de logs journaliers enregistrés par le système de supervision ferroviaire. Ils proviennent d'une station polonaise, sur 11 mois, du 1er janvier au 17 novembre

2015. Nous en avons extrait des enregistrements provenant de 79 compteurs d'essieux, qui ont signalé 692 défaillances au total.

Nous ne disposons pas d'un historique des données et ne pouvons donc pas observer la vie complète des équipements. Les systèmes de surveillance enregistrent les événements dans des disques locaux de taille limitée. Quand de nouvelles données arrivent et que le disque est plein, les plus anciennes sont effacées. La période d'enregistrement ne correspond donc pas au cycle de vie des équipements ou au plan de maintenance, rendant une estimation directe de la distribution du temps de vie résiduel impossible (par exemple via l'estimateur Kaplan-Meier (Hosmer et al., 2008)).

Les maintenances, informations constructeur et autres données techniques ne sont pas présentes. Nous ne connaissons donc pas les causes et solutions au problèmes signalés. Seuls sont enregistrés les défaillances détectées et le passage des trains, sous la forme de messages `occupé` ou `libre`, couplés à l'identifiant d'équipement et l'horodatage de l'événement.

2.3   Prétraitement des données

Parfois, plusieurs équipements signalent des défaillances dans un temps court (typiquement 30 minutes). Selon les experts, de tels rapports quasi-simultanés sur différents équipements ne sont pas des défaillances physiques, et doivent provenir d'événements externes : redémarrages systèmes, phénomènes naturels, coupures de courant, etc. nous parlerons ici d'*interruptions de service*. Des groupes de défaillances sont ici considérés comme interruptions de service si au moins 4 équipements sont affectés dans un intervalle de 30 minutes, et ils sont alors retirés des données avant analyse.

3   Introduction au modèle de traitement

Comme expliqué précédemment, les données analysées sont non-étiquetées, et il est difficile de construire explicitement un modèle du problème, ce qui nous a dirigé vers des techniques d'apprentissage non-supervisé. De nombreuses techniques de traitement peuvent être utilisées pour ce type de problème : recherche de règles d'association, partitionnement de données, cartes auto-adaptatives, réduction de dimensionnalité (par ex. analyse en composantes principales) (James et al., 2009).

Nous avons choisi une analyse de partitionnement des données qui offre une très bonne méthode de représentation de plusieurs modes de défaillance. En outre, notre base de défaillances est de taille modeste et sa représentation vectorielle est de faible dimension, ce qui rend la réduction de dimensionnalité peu utile.

La méthode de partitionnement choisie est le clustering hiérarchique, dans lequel une heuristique permet de décider du nombre de groupes à retenir à partir de l'analyse du dendrogramme généré (James et al., 2014, chapter 4). Les regroupements en clusters sont effectués à l'aide de la distance euclidienne avec une approche *complete linkage* pour les calculs de distances entre groupes[1].

---

1. Les calculs ont été réalisés à partir de la bibliothèque SciPy (Jones et al., 01).

3.1 Représentation vectorielle des défaillances

Nous souhaitons différencier les types de défaillances selon la fréquence à laquelle elles apparaissent et leur effet sur le fonctionnement, mesuré par la période d'inopérance qu'elles induisent. Les variables suivantes ont été choisies pour décrire les défaillances :
— t_{last} : durée depuis la dernière défaillance (en secondes) ;
— t_{next} : durée avant la prochaine défaillance (en secondes) ;
— op_{last} : nombre de cycles d'opération depuis la dernière défaillance ;
— op_{next} : nombre de cycles d'opération avant la prochaine défaillance ;
— t_{off} : durée de fonctionnement incorrect depuis la dernière défaillance (en secondes).

La variable t_{off} est associée à la perturbation introduite par la défaillance dans le système et la sévérité de celle-ci. En particulier, si la défaillance a été résolue par un redémarrage du compteur, le temps avant que l'équipement soit à nouveau opérationnel devrait rester court. Cette variable est critique pour déterminer les effets des défaillances sur l'infrastructure.

Rappelons que nous ne savons pas si une indisponibilité longue de l'équipement est due à une réelle défaillance ou si, pour une raison quelconque, l'équipe de maintenance a pris un temps inhabituel pour atteindre et réparer l'équipement, ou même si l'équipement a été réparé rapidement mais n'a pas pu être utilisé par la suite.

Les première et dernière défaillances d'un enregistrement, pour lesquelles t_{last} ou t_{next} n'est pas connu, ont été incluses dans l'analyse si une période suffisante (fixée à deux semaines) existe entre le début des enregistrements et la défaillance. C'est cette durée qui est alors utilisée dans les calculs.

La plupart des variables a une distribution dense sur les valeurs faibles, le reste étant plus épars, ce qui montre que la plupart des événements a lieu dans des intervalles de temps plutôt courts. Pour certains événements, ces intervalles peuvent aller jusqu'à plusieurs jours.

Il y a une corrélation nette entre les variables t_{next} et op_{next} (et entre t_{last} et op_{last}). Intuitivement, si le trafic est réparti de façon homogène à l'échelle d'une année, la relation entre les deux variables doit être quasi-linéaire sur un compteur. Ceci correspond globalement à nos observations, mais un certain nombre d'événements s'éloignent de cette relation.

Pour le partitionnement des données, chaque variable a été normalisée dans $[0, 1]$ par division par son maximum global : les variables ont des unités différentes, et il n'est pas pertinent de les comparer directement. De plus, puisque l'écart entre les opérations est d'au plus quelques minutes, les variables temporelles à valeurs élevées auraient rendu insignifiant l'impact des autres variables.

Une fois le partitionnement effectué, nous caractérisons les clusters sur la base des distributions de variables présentées ci-dessus. Avec cinq variables, il est possible d'étudier les distributions manuellement, afin d'interpréter opérationnellement les résultats algorithmiques.

4 Résultats

À partir de l'analyse du dendrogramme, une coupure permettant d'obtenir 3 clusters a été choisie. Au total, 487 signalements ont été identifiés comme résultant d'un événement externe (section 2.2). Par ailleurs, 5 signalements ont eu lieu trop près du début ou de la fin des mesures pour que toutes les valeurs des variables puissent être fournies (section 3.1). Il y a 42 défaillances dans le cluster 1, 136 dans le cluster 2 et 22 dans le cluster 3.

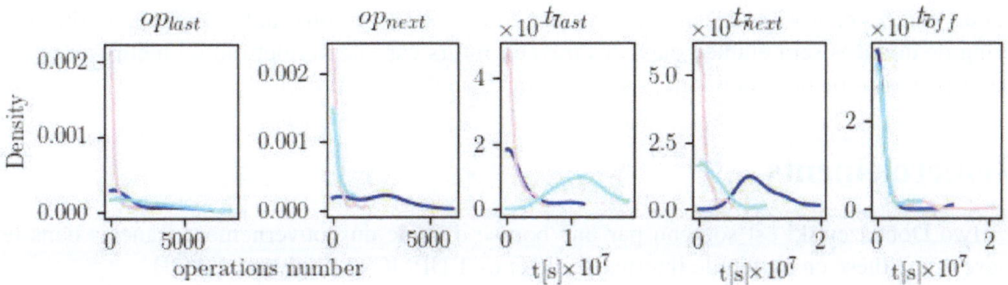

FIG. 1 – *Distribution des variables de partitionnement entre les trois clusters.*

La Fig. 1 présente les distributions lissées des variables introduites dans la section 3.1 pour chaque cluster. Dans le cluster 1, un grand nombre de défaillances ont de hautes valeurs de t_{next} et $opnext$. Les valeurs de t_{last} and op_{last} sont aussi généralement plus hautes que dans le cluster 2. Nous pouvons interpréter ces défaillances comme aléatoires et ne résultant pas de la tendance de l'équipement à tomber en panne, mais plutôt comme des défaillances exceptionnelles. Dans le cluster 2, les variables t_{last} et t_{next} ont des valeurs plutôt basses. Ces défaillances sont séparées entre elles par des durées courtes. Elles peuvent être interprétées comme systématiques, le compteur d'essieux tombant en panne de façon répétée. Le cluster 3 contient des défaillances à haut t_{last}, et t_{next} est légèrement plus haut que dans le cluster 2. Ces défaillances sont interprétées comme rares ou aléatoires, comme dans le cluster 1.

Les valeurs de t_{off} ne sont pas spécifiques à un cluster. Bien que le cluster 2 présente des valeurs plutôt plus hautes, la tendance est peu claire. Ce résultat est légèrement décevant, dans la mesure où nous nous attendions à ce que t_{off} permette de séparer les défaillances à conséquences sérieuses de celles qui n'ont eu que peu d'impact sur le trafic. Ainsi, le cluster dans lequel les valeurs de t_{off} auraient été en général plus hautes et les autres variables plus basses aurait contenu les défaillances les plus sérieuses : fréquentes, et à conséquences fortes.

5   Conclusion

L'étude présentée dans cet article est la première étape d'une analyse de fiabilité d'équipements de trafic ferroviaire en présence de données limitées et incomplètes. Les étapes présentées fournissent une façon d'appréhender la validation des données et la construction d'un système de classification pour les défaillances, en fonction des spécificités du domaine. Bien que le problème soit loin d'être résolu, nous avons obtenus quelques résultats positifs.

L'approche par clustering hiérarchique a mis en évidence trois groupes dans les données, avec des caractéristiques différentes. Bien que n'expliquant pas complètement les modes de défaillances, les résultats sont prometteurs.

En perspective, on peut remarquer que certaines améliorations seraient intéressantes à étudier dans le but de proposer d'autres types de clusters, par exemple, l'ajout de nouvelles variables. Actuellement, l'espace décrit dans la section 3.1 est fortement hétérogène car la plupart des points ont des valeurs très basses pour toutes les variables, alors que quelques uns ont des valeurs élevées et proches des maximums. Par ailleurs, l'utilisation d'autres techniques de clustering de données sera étudiée dans des travaux futurs car elle permettrait de mettre en avant une caractérisation des défaillances selon d'autres angles de représentation.

Remerciements

Iwo Doboszewski est soutenu par une bourse d'étude du gouvernement français dans le cadre d'une thèse en co-tutelle internationale entre l'UPMC et l'université AGH.

Références

European Committee for Standardization (2010). European standard 13306/2010.

Hosmer, D. W., Jr., S. Lemeshow, et S. May (2008). *Applied Survival Analysis : Regression Modeling of Time to Event Data, 2nd Edition*. John Wiley & Sons, Inc.

James, G., D. Witten, T. Hastie, et R. Tibshirani (2009). *The Elements of Statistical Learning. Data Mining, Inference, and Prediction*. Springer.

James, G., D. Witten, T. Hastie, et R. Tibshirani (2014). *An Introduction to Statistical Learning with Applications in R*. Springer.

Jones, E., T. Oliphant, P. Peterson, et al. (2001–). SciPy : Open source scientific tools for Python. [Online ; accessed 2017-02-10].

Rosenberger, M. (2011). Future challenges to wheel detection and axle counting. *SIGNAL+ DRAHT 9*.

Rosenberger, M. et F. Pointner (2015). High availability : definition, influencing factors and solutions.

Schroeder, B. et G. A. Gibson (2007). Disk failures in the real world : What does an mttf of 1,000,000 hours mean to you ? In *FAST*, Volume 7, pp. 1–16.

Wei, C.-l., C.-c. Lai, S.-y. Liu, et al. (2010). A fiber bragg grating sensor system for train axle counting. *IEEE Sensors Journal 10*(12), 1905–1912.

Summary

This paper proposes an approach to analyze operation records of axle counters, a core part of railway infrastructure. Our aim is to introduce an efficient way to automatically extract knowledge regarding failures of such devices.

As the data provided does not contain a ground truth regarding causes of failures, failure information and their causes should be extracted from underlying relations between recorded events. After a data pre-processing step, the recorded events are clustered with respect to the relationships that can be highlighted among them. As a result, classes of events can be highlighted, from which a classification system can be proposed.

Beyond this specific application, the approach is a novel way to tackle reliability analysis problems.

Extraction de chaînes cohérentes en vue de reconstuire la Trajectoire de l'information

Charles Huyghues-Despointes[*,**], Leila Khouas[**], Julien Velcin[*] et Sabine Loudcher[*]

*Université de Lyon, Lyon 2, ERIC EA 3083, France
**Bertin IT

Résumé. Sur Internet, l'information se propage en particulier au travers des documents textuels. Cette propagation soulève de nombreux défis : identifier une information, suivre son évolution dans le temps, comprendre les mécanismes qui régissent sa propagation, etc. Étant donné un document parmi un grand corpus dans lequel de nombreuses informations circulent, pouvons-nous retrouver les chemins empruntés par l'information pour arriver à ce document ? Nous proposons de définir la notion de trajectoire comme l'ensemble des chemins le long desquels de l'information s'est propagée et nous proposons une méthode pour l'estimer. Nous avons mis en œuvre une évaluation humaine pour juger de la qualité des chemins calculés. Nous montrons que les évaluations concordent la plupart du temps et que notre algorithme est efficace pour retrouver les bons chemins.

1 Introduction

L'information se propage. Lorsqu'elle est reçue, une information est ingérée, nuancée, et reformulée pour être à nouveau transmise. Cette propagation se déroule à tous les niveaux de communication : lors d'une conversation, à la radio, à la télévision, mais aussi lorsque nous publions du contenu, par exemple sur Internet. Les documents que nous partageons, contiennent de multiples informations provenant d'autres documents, et qui seront, en partie, reprises dans le futur. Ainsi les informations présentes dans un document ont une histoire. Ce sont des suites d'événements de propagations qui les ont conduites à être présentes dans ce document. Nous appelons l'ensemble de ces lignées, pour chaque document, la Trajectoire de l'information.

Lorsqu'une information se propage, elle est sujette à des modifications, dans sa forme ou dans son fond. Certains travaux se sont intéressés à la traque de ces changements, comme Leskovec et al. (2009). Cependant, après de nombreuses mutations, il peut être difficile de trouver le lien entre l'information de départ et l'information actuelle, comme le soulignent des travaux cherchant à retrouver les sources d'une information, par exemple Farajtabar et al. (2015).

Nous proposons d'estimer la Trajectoire de l'information en calculant des chaînes de documents textuels le long desquelles il est plausible que de l'information se soit propagée. Pour ce faire nous n'explicitons pas l'information qui circule le long de la chaîne, mais nous intéressons à la manière dont se comportent les documents entre eux au sein de la chaîne. Aborder

```
1 Donald Trump Is Also an Outlier in Political Science
2 Donald Trump Is Forcing Ted Cruz to Rewrite His Playbook
3 The Republican Establishment Is Losing at Its Own Game
4 Ted Cruz and Allies Work to Halt Donald Trump's Gains
```

FIG. 1: Chaîne de propagation plausible tirée d'articles du New York Times (titres affichés)

FIG. 2: Deux trajectoires de mêmes support. {[ACD], [BCE]} et {[ACD],[ACE],[BD]}.

le problème de la propagation d'information à partir d'une telle structuration du corpus n'a pas, à notre connaissance, été traité dans la littérature. Nous inscrivons notre travail comme un premier pas dans cette direction. Nous commençons par détailler notre objectif et notre approche en première section. Nous avons mené une campagne d'évaluation auprès d'experts qui suggère que la plausibilité d'une chaîne est estimable et que notre approche, bien que simple, donne de bons résultats. Notre protocole d'évaluation et nos résultats sont discutés en deuxième partie. Nous concluons sur les perspectives d'utilisation de cet ensemble de chaînes et nos idées pour améliorer et approfondir notre approche.

2 Extraction des chaînes de propagation

Le contexte du problème est le suivant : nous analysons un ensemble de documents textuels (un corpus) dont nous connaissons certaines méta-données, comme la date de publication, les auteurs, etc. Notre première hypothèse est l'existence d'un phénomène de propagation de l'information : durant le processus de création des documents, les auteurs récupèrent, interprètent et reformulent différentes informations issues de documents antérieurs du corpus (ou d'ailleurs). Notre seconde hypothèse est qu'une information qui a muté garde un lien sémantique fort avec l'information dont elle dérive.

On appelle **chaîne de propagation** une chaîne de documents le long de laquelle au moins une information s'est propagée au sens évoqué ci-dessus. Nous appelons **trajectoire** un ensemble de chaînes de documents. On dit qu'une chaîne de documents est une **chaîne de propagation plausible** si des évaluateurs humains s'accordent pour dire qu'il a pu y avoir une propagation d'information le long de cette chaîne. Un exemple de chaîne de propagation plausible est donné en Fig. 1. Une trajectoire n'est un graphe sur les documents. La Fig 2 montre deux trajectoires différentes utilisant les mêmes arêtes. Notre objectif est le suivant : calculer une trajectoire contenant le plus de chaînes de propagation plausibles, c'est-à-dire cohérentes, et le moins de chaînes non plausibles.

Notre approche consiste à parcourir toutes les chaînes possibles et à sélectionner celles qui satisfont un certain critère de cohérence. Toutes les chaînes ne sont pas possibles, en particulier elles doivent satisfaire deux propriétés. La première est une propriété de croissance : une chaîne $ABCD$ est une chaîne de propagation à condition que CD le soit aussi. Sinon, cela veut dire qu'une information circule le long de $ABCD$ sans qu'aucune ne circule le long de CD. Ainsi, si CD ne satisfait pas notre critère de cohérence, nous n'explorons pas les chaînes qui passent par CD. La seconde exploite la date de publication des documents. Une information se propage toujours du document le plus ancien vers le document le plus récent.

Nous procédons de la manière suivante : nous calculons pour chaque document D les chaînes qui finissent en D, que nous notons $FinishIn(D)$. Pour cela, nous calculons l'ensemble des chaînes candidates pour D, que nous notons $Candidates(D)$. Les chaînes candidates pour D sont toutes les chaînes formées de documents publiés avant D. Étant donnée notre propriété de croissance, nous parcourons les chaînes qui finissent en C à la condition que la chaîne CD satisfasse notre critère de cohérence. Une fois tous les candidats accumulés, les chaînes qui finissent en D sont le résultat de notre stratégie de sélection *select*. La trajectoire calculée T est l'union de toutes les chaînes calculées. Le pseudo-code de l'algorithme est donné en Algorithme 1.

```
Data : un corpus de document Corpus, une stratégie de sélection select
Result : T l'ensemble des chaînes calculées
Treated ← ∅;
T ← ∅;
for D ∈ Corpus par date de publication croissante do
    FinishIn(D) ← ∅;
    Candidates(D) ← {D};
    for C ∈ Treated vérifiant date(C) < date(D) et select({CD}) ≠ ∅ do
        Candidates(D) ← Candidates(D) ∪ {chain.D, chain ∈ FinishIn(C)};
    end
    FinishIn(D) ← select(Candidates(d));
    T ← T ∪ FinishIn(D);
    Treated ← Treated ∪ {D}
end
return T
```

Algorithme 1 : Calcul d'une trajectoire de l'information

Notre stratégie de sélection est la suivante : nous définissons la mesure d'attachement d'un document à une chaîne comme une mesure de la vraisemblance de l'ajout du document à la fin de la chaîne. Dans nos expériences, nous avons donné à l'attachement du document D à la chaîne ABC la forme suivante : $attach(D, ABC) = F(sim(A, D), sim(B, D), sim(C, D))$ où sim est une fonction de similarité sémantique entre documents. F peut être une fonction simple comme le minimum ou une moyenne. Nous sélectionnons les k chaînes maximales selon l'attachement pour le document actuel avec comme contrainte que l'attachement doit être supérieur à un seuil de cohérence.

3   Expérimentations

L'estimation de la Trajectoire comme nous le proposons étant un problème neuf à notre connaissance, nous nous sommes tournés vers l'évaluation humaine de manière à construire des jeux de données annotés. Nous avons pris deux jeux de données anglophones. Le premier est le Citation Network Dataset V1 d'AMINER[1] construit par Tang et al. (2008). Il est composé de résumés de papiers scientifiques extraits de collections comme ACM et DBLP. Notre second jeu de données correspond à l'ensemble des articles du Huffington Post US sur la période du 1er juillet au 30 novembre 2016. Les jeux contiennent respectivement 629 814 et 49 648 documents.

Nous avons créé deux jeux de données dérivés contenant moins de documents pour avoir un nombre de chaînes à évaluer raisonnable. Nous avons choisi de sélectionner 150 résumés

---

1. Le jeu AMINER est disponible ici : `https://aminer.org/citation`

au hasard pour les deux corpus. Cependant pour le Huffington Post, nous avons été plus précis. Nous avons enlevé les articles contenant le mot "Trump" très représenté dans le jeu (> 11 000 documents). Nous n'avons gardé que les articles entre 100 et 3000 signes pour ne pas perdre l'attention de l'évaluateur dans des articles trop longs à lire ou qui présentent trop peu de contexte. Nous avons créé nos trajectoires à partir d'une similarité cosinus sur les vecteurs TFIDF des documents. Nous avons construit six trajectoires en faisant varier la mesure d'attachement F d'une part (la moyenne arithmétique ou le minimum) et le seuil d'admissibilité d'autre part (parmi les valeurs 0,1 ou 0,2 ou 0,5). Nous avons réuni ces trajectoires pour chaque jeu de données. Cela nous donne deux ensembles de chaînes à évaluer.

Dans le cas d'une évaluation humaine, l'expertise des évaluateurs entre en jeu. Nous avons demandé à quatre chercheurs en informatique d'annoter les chaînes que nous avons calculées. Ils sont habitués à lire des documents tels que ceux d'AMINER. Les articles du Huffington Post sont destinés à un lectorat étendu et nous n'avons pas remis en cause la capacité de nos participants à les comprendre et à les mettre en contexte. La démarche de l'évaluateur est la suivante : d'abord, l'évaluateur doit prendre connaissance du contexte de la chaîne. Ensuite, il lit le premier document de la chaîne (le plus ancien). Puis, chacun des documents suivant lui est proposé en succession. À partir de là, il doit pour chaque déterminer s'il y a un lien sémantique fort ou faible avec le document précédent et s'il est fortement/faiblement/non plausible que de l'information se soit propagée du premier document jusqu'à celui-ci.

Nous donnons dans la Tab. 1a le ratio d'accord des participants pour l'évaluation des liens directs et celle de l'attachement pour les chaînes d'au moins trois documents. Nous séparons les résultats en deux, selon qu'on considère l'intensité du lien ou juste son existence. Pour les liens directs, les évaluateurs sont d'accord dans au moins 70 % des cas sur les deux jeux de données et dans au moins 80 % des cas (sauf pour l'intensité sur AMINER) pour l'attachement. Cela renforce l'intuition que l'évaluation est plus facile quand le contexte est plus riche. Ces deux résultats montrent que les humains arrivent à évaluer la cohérence des chaînes de documents avec consistance. Ceci nous conforte dans l'idée que le problème que nous traitons est bien posé.

(a) Accord inter-évaluateurs

Objet évalué	propriété	AMINER	HuffPost
Lien avec le	évaluations	81	149
doc précédent	Fort/Faible/Non	68.09%	77.27%
	Lien/Non	76.60%	79.55%
Attachement avec	évaluations	66	107
la chaîne	Fort/Faible/Non	57.89%	83.70%
(chaîne de taille > 2)	Lien/Non	80.70%	85.87%

(b) répartitions des évaluations (en %)

	Catégorie	1	2	3	4	5
Lien direct	AMINER	40.7	23.5	4.9	17.3	13.6
	HuffPost	18.8	10.7	1.3	63.8	5.4
Attachement	AMINER	34.8	19.7	19.7	9.1	16.7
	HuffPost	7.5	4.7	1.9	74.7	11.2

Nous choisissons de répartir nos évaluations en cinq catégories selon l'accord des évaluateurs. La majorité a jugé qu'il y avait : un lien fort (Catégorie 1), un lien faible (Catégorie 2), un lien sans trancher sur son intensité (Catégorie 3), une absence de lien (Catégorie 4). Il y a une catégorie 5 qui est le cas ou la majorité n'est pas atteinte. La répartition est donnée en Tab. 1b. Nous remarquons que les résultats sont très bons pour AMINER avec seulement 9 % de non-attachement. A contrario, les chaînes sur le HuffPost sont globalement mauvaises à la fois pour le lien direct (64 %) et pour les attachements (75 %). Pour comprendre ce résultat, nous devons nous rappeler comment a été créé l'ensemble de chaînes que nous évaluons. Il s'agit de l'union de plusieurs trajectoires, parmi lesquelles deux trajectoires calculées avec un seuil d'admissibilité de 0,1. Nous montrons plus loin que les mauvaises chaînes proviennent

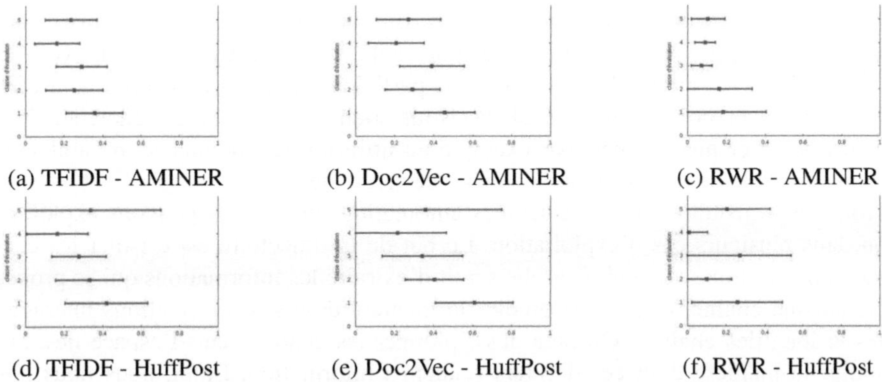

(a) TFIDF - AMINER   (b) Doc2Vec - AMINER   (c) RWR - AMINER

(d) TFIDF - HuffPost   (e) Doc2Vec - HuffPost   (f) RWR - HuffPost

FIG. 3: Moyenne et écart-type des mesures d'attachement sur les chaînes par catégorie

de ces trajectoires. Cette différence entre AMINER et HuffPost pose le problème du choix du seuil d'admissibilité : le seuil idéal dépend du jeu de données.

Maintenant nous avons des chaînes annotées, nous disposons d'une vérité terrain qui nous permet de rechercher un critère de cohérence plus pertinent. Nous proposons d'étudier qualitativement des fonctions d'attachement basées sur d'autres similarités. En plus du TFIDF, nous étudions : Une similarité basée sur Doc2Vec (Le et Mikolov, 2014) (avec un espace de taille 20). Nous considérons aussi une similarité calculée par marche aléatoire avec retour, développée par Shahaf et Guestrin (2010), que nous nommons RWR, paramétrée avec une probabilité de retour de 99 %. Toutes les similarités sont entraînées sur l'intégralité des documents des corpus créés. Nous définissons une mesure d'attachement par moyenne arithmétique pour chacune de ces mesures. Pour chaque catégorie de chaînes annotées, nous calculons la moyenne et l'écart-type de l'attachement présenté sous forme d'intervalles en Fig. 3. Nous remarquons que les trois mesures attribuent un meilleur score aux chaînes jugées liées qu'aux chaînes jugées non liées. En particulier Doc2Vec semble être la mesure qui dissocie le mieux les chaînes fortement liées des chaînes non liées. Ceci montre qu'il est possible de capturer au moins en partie le jugement humain sur les chaînes avec des mesures bien connues. Si l'évaluation humaine montrait que la tâche est réalisable par des experts, celle-ci renforce notre intuition que la tâche est également réalisable par une machine.

4   Conclusion

Calculer des approximations de la Trajectoire est un problème encore ouvert. Nous avons proposé un cadre pour le formuler ainsi qu'une approche gloutonne qui calcule des chaînes de proche en proche. Dans le but de qualifier ces chaînes, nous avons mené une campagne d'évaluation humaine. Le bénéfice a été double : d'une part, nous avons vu que les évaluations humaines étaient consistantes entre elles, ce qui nous conforte dans l'idée que le problème est bien posé puisque la tâche est réalisable par l'humain. D'autre part, nous nous sommes servi de ces évaluations comme d'une vérité terrain pour tester différents critères de cohérence. Nous avons vu que ces critères réussissent à capturer les jugements humains. Nous interprétons ce résultat comme une première preuve que la tâche est aussi réalisable de manière automatique.

Plusieurs axes d'améliorations sont envisagés. En particulier, Nous comptons former un critère de cohérence plus performant encore. Pour cela, nous prévoyons une nouvelle campagne d'évaluation avec un nombre plus élevé de participants, ce qui aura aussi pour effet de consolider ou nuancer nos premiers résultats. Nous souhaitons également chercher de nouvelles façons de créer nos chaînes, par exemple en utilisant des méthodes probabilistes qui tireraient un ensemble de chaînes dont la cohérence serait élevée.

Une fois des trajectoires fiables calculées automatiquement, nous pouvons explorer leur utilisation dans plusieurs cas d'exploitation. Le but de la trajectoire est d'isoler les chaînes de propagation, aussi une volonté naturelle serait d'extraire les informations qui se propagent le long de chaque chaîne, mais aussi étudier la manière dont ses informations interagissent entre elles le long des chaînes. On peut aussi plonger les chaînes dans l'espace des auteurs afin d'étudier la manière dont ces derniers relaient l'information. Enfin, nous nous posons la question de la synthèse et de la visualisation des chaînes elles-mêmes. Cela peut être la constitution d'un résumé de la propagation de l'information, une piste prometteuse en ce sens réside dans les travaux menés par Shahaf et al. (2013).

Références

Farajtabar, M., M. Gomez-Rodriguez, M. Zamani, N. Du, H. Zha, et L. Song (2015). Back to the past : Source identification in diffusion networks from partially observed cascades. In *Proceedings of the Eighteenth International Conference on Artificial Intelligence and Statistics, AISTATS 2015, San Diego, California, USA, May 9-12, 2015*.

Le, Q. V. et T. Mikolov (2014). Distributed representations of sentences and documents. In *Proceedings of the 31th International Conference on Machine Learning, ICML 2014, Beijing, China, 21-26 June 2014*, pp. 1188–1196.

Leskovec, J., L. Backstrom, et J. Kleinberg (2009). Meme-tracking and the Dynamics of the News Cycle. In *Proceedings of the 15th ACM SIGKDD International Conference on Knowledge Discovery and Data Mining*, KDD '09, New York, NY, USA, pp. 497–506. ACM.

Shahaf, D. et C. Guestrin (2010). Connecting the dots between news articles. In *Proceedings of the 16th ACM SIGKDD International Conference on Knowledge Discovery and Data Mining*, KDD '10, New York, NY, USA, pp. 623–632. ACM.

Shahaf, D., C. Guestrin, et E. Horvitz (2013). "metro maps of information" by dafna shahaf, carlos guestrin and eric horvitz, with ching-man au yeung as coordinator. *SIGWEB Newsletter 2013*(Spring), 4 :1–4 :9.

Tang, J., J. Zhang, L. Yao, J. Li, L. Zhang, et Z. Su (2008). Arnetminer : Extraction and mining of academic social networks. In *KDD'08*, pp. 990–998.

Summary

We propose the notion of Trajectory as the set of paths along which some information spread and we show an algorithm for approximate it. We show that humans evaluations mostly match and that our algorithm finds good paths effectively.

Étiquetage thématique automatisé de corpus par représentation sémantique

Lucie Martinet[**,***], Hussein T. Al-Natsheh[*,***,****], Fabien Rico[*,#],
Fabrice Muhlenbach[*,##], Djamel A. Zighed[*,***]

[*]Université de Lyon, France
[**]CESI EXIA/LINEACT, 19 Avenue Guy de Collongue, F-69130 Écully, France
[***]Lyon 2, ERIC EA 3083, 5 Avenue Pierre Mendès France - F69676 Bron Cedex
[****]CNRS, ISH FRE 3768, 14 avenue Berthelot - 69363 Lyon Cedex 07
[#]Lyon 1, ERIC EA 3083, 5 Avenue Pierre Mendès France, F69676 Bron Cedex
[##]UJM-Saint-Etienne, CNRS, Lab. Hubert Curien UMR 5516, F-42023 Saint Etienne

Résumé. Dans les corpus de textes scientifiques, certains articles issus de communautés de chercheurs différentes peuvent ne pas être décrits par les mêmes mots-clés alors qu'ils partagent la même thématique. Ce phénomène cause des problèmes dans la recherche d'information, ces articles étant mal indexés, et limite les échanges potentiellement fructueux entre disciplines scientifiques.

Notre modèle permet d'attribuer automatiquement une étiquette thématique aux articles au moyen d'un apprentissage des représentations sémantiques d'articles du corpus déjà étiquetés. Passant bien à l'échelle, cette méthode a pu être testée sur une bibliothèque numérique d'articles scientifiques comportant des millions de documents. Nous utilisons un réseau sémantique de synonymes pour extraire davantage d'articles sémantiquement similaires et nous les fusionnons avec ceux obtenus par un modèle de classement thématique. Cette méthode combinée présente de meilleurs taux de rappel que les versions utilisant soit le réseau sémantique seul, soit la seule représentation sémantique des textes.

1 Introduction

L'activité des chercheurs a été bouleversée par un accès toujours plus important aux bibliothèques numériques en ligne. La recherche d'information dans ces bibliothèques numériques se fait le plus souvent au moyen de mots-clés entrés dans des moteurs de recherche. Néanmoins, l'appariement entre les mots-clés entrés et ceux utilisés pour décrire les documents scientifiques pertinents présents dans ces bibliothèques numériques peut s'avérer limité si la terminologie employée n'est pas la même dans les deux cas. Tout chercheur appartient à une communauté avec laquelle il partage des connaissances et un vocabulaire communs. Cependant, lorsque celui-ci souhaite étendre l'exploration bibliographique au-delà de sa communauté d'appartenance afin de recueillir des éléments d'information qui le conduisent à de nouvelles connaissances, il convient de lever plusieurs verrous scientifiques et techniques induits par la grande taille des bibliothèques numériques, l'hétérogénéité des données et la complexité du langage naturel. Les chercheurs qui travaillent dans un contexte pluri- et trans-disciplinaire doivent pouvoir accéder aux documents qui les intéressent sans pour autant être bloqués par la barrière d'un cloisonnement disciplinaire induit par une méconnaissance du vocabulaire employé par d'autres disciplines scientifiques. Le plus souvent, les réseaux sémantiques sont une bonne réponse aux problèmes de variations linguistiques en retrouvant des synonymes ou des champs lexicaux communs. Dans le domaine scientifique, toutefois, cette approche n'est pas suffisante car elle se heurte à la terminologie propre au jargon scientifique et technique qui, par nature, est très spécifique, et qui a la particularité d'évoluer très rapidement. Une autre solution pourrait être apportée par le plongement lexical (ou *"word embedding"*). Cette technique permet de retrouver des termes liés par une proximité au sein d'un même document et, de là, de déduire une proximité sémantique. Cette approche présente malgré tout les problèmes de ne pas donner d'information sur le nombre de termes dont il faut tenir compte pour être encore considéré comme sémantiquement proche du terme initial et de ne pas trop bien fonctionner quand il s'agit d'un concept composé de plusieurs termes plutôt que d'un seul et unique terme.

Dans cet article, nous proposons une solution combinant deux sources d'information sémantique : la première est issue de l'ensemble de synonymes déduits d'un réseau sémantique, la seconde provient de la représentation sémantique d'une projection vectorielle des articles.

2   État de l'art

La recherche de documents sémantiquement similaires n'est pas un problème nouveau en fouille de textes. Dans les bibliothèques numériques, les documents peuvent être enrichis par des méta-données qui permettent de les qualifier, les étiqueter et les classer. Ces enrichissements (*tags*, mots-clés ou catégories de sujets) manquent cependant d'une taxonomie standardisée et sont pénalisés par la subjectivité du jugement des personnes impliquées dans le processus d'annotation manuel (Abrizah et al., 2013).

Dans ces bibliothèques numériques, pour parvenir à atteindre des documents sémantiquement liés à des documents ou des mots-clés fournis en entrée, l'emploi de sources d'extension sémantique nous semble être une piste incontournable. Une première solution consiste à utiliser des bases de données lexicales comme *WordNet* (Miller, 1995) ou des bases de connaissances telles que *BabelNet* (Navigli et Ponzetto, 2012), *DBpedia* (Lehmann et al., 2015) ou *YAGO* (Mahdisoltani et al., 2015).

Une autre solution consiste à utiliser des techniques de plongement lexical (Bojanowski et al., 2017) pour trouver des terminologies sémantiquement similaires. Malgré l'avantage de ces techniques, celles-ci ne fournissent pas de critère permettant de définir précisément une proximité et ainsi de concevoir qu'un terme proche dans la projection puisse être encore considéré comme étant sémantiquement proche du terme initial. Les modèles thématiques, tels que l'*allocation de Dirichlet latente*, ou LDA (Blei et al., 2003), ainsi qu'une version supervisée de LDA (Ramage et al., 2009), sont parmi ceux qui semblent être les plus appropriés pour résoudre le problème qui nous intéresse. Cependant, dans le cas d'une application réelle à des millions de documents, telle qu'une bibliothèque numérique comportant des collections d'articles scientifiques touchant de nombreuses disciplines, et cela sur un grand nombre d'années, même les approches évolutives récentes demandent l'utilisation de puissances de calcul vraiment conséquentes, comme l'emploi d'une ferme de calcul (*computer cluster*) (Liang et al., 2015).

3 Modèle *Æ2TS* et expérimentations

Notre méthode de classification de documents, destinée à l'attribution d'étiquettes aux articles d'une bibliothèque numérique, est une combinaison de deux autres méthodes connues.

Corpus scientifique et catégories de sujets. La première méthode repose sur la construction d'un modèle d'apprentissage supervisé effectué à partir d'une représentation vectorielle sémantique des articles de la bibliothèque numérique *ISTEX*[1], qui offre les avantages d'être pluridisciplinaire et issue de collections provenant de différents éditeurs scientifiques. Elle propose plus de 4 millions d'articles, dont les méta-données sont publiques, correspondant à nos critères de sélection (publication durant ces vingts dernières années, en anglais, ayant les méta-données titres, résumés, mots-clés et sujets). Les étiquettes à attribuer aux articles sont issues de la collection "Web of Science"[2] contenant plus de 250 sujets faisant consensus dans le monde de la recherche. Ces sujets sont dits *aplanis*, étant présentés avec leur domaine père, sous forme de liste comme par exemple [informatique, intelligence artificielle]. Nous travaillons ici uniquement sur des sujets simples, c.-à-d. sans combinaison de sujets reliés par des mots de liaison, composés de termes uniques ou d'un nom et d'un adjectif (p. ex. « intelligence artificielle »), afin d'éviter toute confusion entre sujet combiné et liste aplanie. Seuls les sujets connus du réseau sémantique sont utilisés, afin de bénéficier d'une liste de synonymes conséquente. Au total, nous avons recensé 33 sujets d'étiquettes, en anglais, constitués de sujets simples, qui permettent de construire des ensembles de tests positifs significatifs de plus de cent articles.

Données. Nous construisons un ensemble d'entraînement, pour chaque sujet recherché, grâce à une requête sélectionnant les articles de la bibliothèque scientifique numérique comportant les étiquettes associées (issues de *Web of Science*) dans leur titre ou leur résumé. Cette requête s'effectue par le moteur de recherche *Elasticsearch* (Dixit, 2017) d'*ISTEX*. L'ensemble de tests est construit par des articles contenant les mots recherchés dans leur liste de mots-clés ou de sujets, mais absents de leur titre et résumé.

Méthode de Représentation Sémantique par Projection Vectorielle : « RSPV ». Tous les articles de la bibliothèque sémantique numérique sont préalablement transformés dans leur représentation dans un espace sémantique vectoriel (utilisation de LSA (Halko et al., 2011), sur la matrice de sac de bi-grammes et uni-grammes de mots). Seuls les mots, non vides, ayant une fréquences d'au moins 20 apparitions sont considérés. Nous construisons ensuite un modèle de classement pour chaque sujet avec les forêts aléatoires. Cette méthode s'appuie sur un ensemble d'entraînement sur des ensembles d'exemples positifs et négatifs de même taille. Les exemples positifs sont extraits du corpus *ISTEX* avec *Elasticsearch* et les exemples négatifs sont retournés de façon aléatoire. Tous les articles du corpus sont ainsi ordonnés suivant leur probabilité d'appartenir au sujet recherché en une liste qui est ensuite tronquée (100 000 premiers) pour donner la sortie de RSPV.

Méthode d'ensemble de synonymes : « Synset ». La méthode d'attribution d'étiquette *Synset* s'appuie sur une banque de synonymes, telle que *BabelNet*, pouvant être utilisée à la fois comme un dictionnaire encyclopédique, un réseau sémantique ou une base de connaissances. À partir d'une étiquette issue de termes de référence de la base *Web of Science*, nous composons un groupe de mots synonymes « synset », ou « *synonym set* », ayant une équivalence

---

1. http://www.istex.fr/
2. https://images.webofknowledge.com/images/help/WOS/hp_subject_category_terms_tasca.html

Étiquetage thématique automatisé de corpus par représentation sémantique

sémantique. Une requête recherchant l'étiquette et tous ses synonymes est ensuite lancée dans le moteur de recherche d'*ISTEX* sur les méta-données des articles. Cette requête exécutée, nous obtenons une liste d'articles ordonnés par pertinence que nous appellons « liste *synset* ».

Méthode de Auto-Etiquetage Thématique de Texte basé sur la Sémantique : « Æ2TS ». Notre méthode *Æ2TS* est une combinaison des deux méthodes décrites précédemment, soit une fusion des résultats des listes *synset* et *RSPV*. Nous appliquons la moyenne des rangs attribués à un article donné dans *RSPV* et *synset*, puis nous ré-ordonnons les articles avec cette nouvelle valeur de rang moyen, ce qui peut s'exprimer comme suit : soit s_A le rang attribué à l'article A par la méthode *synset* et r_A le rang attribué à A par la méthode *RSPV*, la valeur t_A utilisée pour réaliser l'ordre des listes fusionnées sera $t_A = \frac{s_A + r_A}{2}$. Lorsque la méthode *synset* n'attribue aucun rang à un article A, nous appliquons la formule suivante : $t_A = r_A \times |S|$, où S est l'ensemble des résultats donnés par la méthode *synset*, et $|S|$ le nombre de résultats de cette liste. Notons que nous restreignons volontairement la liste des résultats de la méthode *Æ2TS* à au plus le double de la taille des résultats obtenus avec la méthode *synset*, la liste *synset* ayant un nombre de résultats plus petit que celui de la liste *RSPV*.

4 Résultats et discussion

Synset	RSPV	Æ2TS	Sujets	$|test|$	$|S|$	Synset	RSPV	Æ2TS	Sujets	$|test|$	$|S|$
6.54%	12.18%	**19.18%**	Artificial Intelligence	657	7903	14.16%	8.58%	**28.33%**	Substance Abuse	466	7893
22.70%	5.41%	**24.98%**	Information Systems	1313	8440	14.37%	5.39%	**18.12%**	Thermodynamics	2727	8375
0.00%	5.69%	**10.35%**	Rehabilitation	773	7449	**7.16%**	3.69%	5.83%	Psychology	1871	7187
16.25%	13.29%	**20.68%**	Philosophy	677	7116	**5.45%**	3.05%	**5.45%**	Ophthalmology	459	2096
3.71%	6.39%	**11.17%**	Microscopy	6819	8547	0.00%	7.92%	**12.46%**	Ceramics	1276	8249
3.64%	0.22%	**9.89%**	Infectious Diseases	1375	8343	9.41%	7.93%	**12.69%**	Toxicology	1552	5563
9.52%	2.12%	**16.40%**	Respiratory System	189	8968	9.96%	**32.95%**	28.54%	Neuroimaging	522	3679
12.44%	5.12%	**12.44%**	Literature	860	7357	**7.59%**	4.44%	7.31%	Sociology	698	4718
32.40%	14.46%	**35.48%**	Robotics	747	3705	14.71%	5.53%	**18.76%**	Psychiatry	1700	7448
29.85%	7.10%	22.76%	Pediatrics	747	8233	3.64%	**10.62%**	9.74%	Oncology	2937	5705
0.02%	4.40%	**5.63%**	Mechanics	4640	8222	5.88%	**8.98%**	8.05%	biophysics	323	3674
0.07%	**5.81%**	1.19%	Condensed Matter	1514	1523	4.91%	4.21%	**7.72%**	Emergency Medicine	285	1379
18.21%	14.07%	**35.98%**	Transplantation	4997	8975	8.81%	10.73%	**15.47%**	Surgery	6412	8271
16.70%	18.06%	**19.93%**	Religion	587	6956	**4.45%**	0.11%	3.40%	Physiology	2761	8494
6.38%	2.82%	**7.74%**	Pathology	2726	8544	0.57%	**1.89%**	0.57%	Mycology	530	542
4.26%	2.85%	**8.45%**	Immunology	4769	8787	9.02%	12.65%	**16.37%**	Biomaterials	1020	3649
8.41%	28.31%	**37.45%**	Nursing	3282	8252						
						9.75%	8.81%	**15.82%**	**moyenne**	1885	6492
						6 / 33	5 / 33	**25 / 33**	**meilleurs résultats**		

TAB. 1 – *Valeurs de rappel des trois méthodes : liste issue d'un réseau sémantique (Synset), liste issue d'une représentation sémantique par projection vectorielle (RSPV) et méthode globale (Æ2TS). Les résultats sont donnés pour 33 sujets scientifiques issus de "Web of Science". Le nombre d'articles utilisés pour le test est noté $|test|$ et le nombre d'articles retournés par la méthode synset est noté $|S|$. Le nombre d'articles retournés par la méthode RSPV est toujours plus grand que $|S|$, et le nombre d'articles retournés par la méthode globale (Æ2TS), fusion des deux précédentes méthodes, est nécessairement plus grand encore. Pour chaque sujet, le meilleur résultat des trois méthodes est indiqué en caractères gras.*

Les résultats obtenus par chacune des trois méthodes selon le protocole décrit précédemment sont présentés dans le Tableau 1. La qualité des résultats de chaque méthode est évaluée au moyen du rappel. Notons que pour savoir si une réponse est correcte ou non pour un article donné, il faudrait avoir une évaluation humaine experte dans tous les domaines, ce qui n'est pas envisageable. Nous avons ainsi utilisé pour nos expérimentations un petit jeu de test déjà étiqueté (au minimum 100 articles par sujet). En raison du petit nombre d'articles présents dans cet ensemble de test, les valeurs de rappel sont globalement faibles pour les trois méthodes.

La combinaison des deux approches dans la méthode *Æ2TS* est celle qui fournit les meilleurs taux de rappel (15,82%) pour le plus grand nombre de sujets testés (24/33). Les quelques cas où la seule méthode d'utilisation du réseau sémantique (*Synset*) dépasse les deux autres ne concerne que des sujets pour lesquels le concept est constitué d'un seul terme (comme « psychologie »). Les concepts issus de plusieurs termes (comme « intelligence artificielle ») semblent mieux retrouvés pour les deux autres méthodes que pour la méthode classique *Synset*, et tout particulièrement pour la méthode *Æ2TS*. Les résultats présentés ici, bien que devant être confortés par d'autres expériences, sont déjà encourageants et confirment l'intérêt de l'apport d'une représentation sémantique issue d'une projection vectorielle pour pouvoir auto-étiqueter des documents scientifiques avec des étiquettes composées d'un ou de plusieurs termes.

5   Conclusion et perspectives

Dans ce travail, nous avons étudié trois méthodes permettant d'attribuer sémantiquement des étiquettes de sujets scientifiques aux articles d'un corpus. Ces étiquettes sont issues d'une taxonomie de la collection *Web of Science*. Or les bibliothèques numériques multidisciplinaires combinent des corpus provenant de nombreux éditeurs scientifiques utilisant chacun leur propre taxonomie. Ce phénomène freine l'accès de certains articles à des chercheurs d'autres disciplines par leur emploi d'une terminologie et d'une taxonomie différentes. En enrichissant la bibliothèque numérique avec plus de balises obtenues à travers la méthode d'auto-étiquetage thématique de textes scientifiques *Æ2TS* que nous proposons, la taxonomie et les balises étendront l'exploration de la recherche à davantage d'articles sémantiquement pertinents.

L'approche *Æ2TS* combine deux sources d'information sémantique (synonymes issus d'un réseau sémantique et résultats de la représentation sémantique d'une projection vectorielle). Notre étude expérimentale montre une amélioration significative en terme de rappel par rapport aux résultats obtenus en utilisant seulement les synonymes de sujets extraits des réseaux sémantiques. Ajoutons que lorsqu'une requête est menée sur un mode exploratoire dans une bibliothèque numérique scientifique, il est difficile de connaître directement les termes exacts de la thématique des documents recherchés. La requête sera donc le plus souvent une périphrase composée de plusieurs termes, situation où la méthode *Æ2TS* retourne les meilleurs résultats.

Remerciements

Les auteurs souhaitent remercier le projet ISTEX ainsi que la Région Auvergne-Rhône-Alpes (ARC6) pour leurs soutiens ayant permis la réalisation de ce travail.

Références

Abrizah, A., A. N. Zainab, K. Kiran, et R. G. Raj (2013). LIS journals scientific impact and subject categorization : a comparison between Web of Science and Scopus. *Scientometrics 94*(2), 721–740.

Blei, D. M., A. Y. Ng, et M. I. Jordan (2003). Latent Dirichlet Allocation. *Journal of Machine Learning Research 3*, 993–1022.

Bojanowski, P., E. Grave, A. Joulin, et T. Mikolov (2017). Enriching word vectors with subword information. *TACL 5*, 135–146.

Dixit, B. (2017). Chapter 2. The Improved Query DSL. In *Mastering Elasticsearch 5.x*, pp. 74–141. Birmingham, UK : Packt Publishing, Limited.

Halko, N., P.-G. Martinsson, et J. A. Tropp (2011). Finding structure with randomness : Probabilistic algorithms for constructing approximate matrix decompositions. *SIAM review 53*(2), 217–288.

Lehmann, J., R. Isele, M. Jakob, A. Jentzsch, D. Kontokostas, P. N. Mendes, S. Hellmann, M. Morsey, P. van Kleef, S. Auer, et C. Bizer (2015). DBpedia – A large-scale, multilingual knowledge base extracted from Wikipedia. *Semantic Web 6*(2), 167–195.

Liang, F., Y. Yang, et J. Bradley (2015). Large scale topic modeling : Improvements to LDA on Apache Spark. `https://tinyurl.com/y7xfqnze`.

Mahdisoltani, F., J. Biega, et F. M. Suchanek (2015). YAGO3 : A knowledge base from multilingual wikipedias. In *CIDR 2015, Asilomar, CA, USA, January 4-7, 2015*. www.cidrdb.org.

Miller, G. A. (1995). WordNet : A lexical database for English. *Communications of the ACM (CACM) 38*(11), 39–41.

Navigli, R. et S. P. Ponzetto (2012). BabelNet : The automatic construction, evaluation and application of a wide-coverage multilingual semantic network. *Artificial Intelligence 193*, 217–250.

Ramage, D., D. Hall, R. Nallapati, et C. D. Manning (2009). Labeled lda : A supervised topic model for credit attribution in multi-labeled corpora. In *Proceedings of the 2009 Conference on Empirical Methods in Natural Language Processing*, pp. 248–256. ACL.

Summary

In scientific text corpus, some articles from different research communities are not tagged by the same keywords even if they share the same topic. This causes issues in information retrieval systems using limited number of tag variations and thus, lower chances of interdisciplinary exploration. Our approach automatically assigns a topic tag to articles by learning a classifier for each topic based on the semantics representation of the title and the abstract of already tagged articles. The approach requires much less computation power than using topic modeling on millions of documents. In our proposed model, we use topic sysnomyns to retrieve more semantically similar articles and merge them to the articles obtained by the topic classifier. The experiments show higher recall against two variations of the model, one only uses the synonyms set, and another one only uses the semantic representation of the text.

Analyse des sentiments à partir des commentaires Facebook publiés en Arabe standard ou dialectal marocain par une approche d'apprentissage automatique

Abdeljalil Elouardighi*, Mohcine Maghfour*, Hafdalla Hammia*, Fatima-Zahra Aazi**

* Laboratoire de Modélisation Mathématiques et de Calculs Economiques
Faculté des Sciences Juridiques Economiques et sociales, Université Hassan 1er,
Km 3, route de Casablanca, B.P. : 784, Settat, Maroc.
abdeljalil.elouardighi@uhp.ac.ma, m.maghfour.@gmail.com, hhammia@gmail.com
** ESCA Ecole de Management,
7, Rue Abou Youssef El Kindy, 20 070 Casablanca, Maroc.
faazi@esca.ma

Résumé. L'analyse des sentiments est un processus pendant lequel la polarité (positive, négative ou neutre) d'un texte donné est déterminée. Nous nous intéressons dans ce travail à l'analyse des sentiments à partir des commentaires Facebook, réels, partagés en arabe standard ou dialectal marocain par une approche basée sur l'apprentissage automatique. Ce processus commence par la collecte des commentaires et leur annotation à l'aide du crowdsourcing suivi d'une phase de prétraitement du texte afin d'extraire des mots arabes réduits à leur racine. Ces mots vont être utilisés pour la construction des variables d'entrée en utilisant plusieurs combinaisons de schémas d'extraction et de pondération. Pour réduire la dimensionnalité, une méthode de sélection de variables est appliquée. Les résultats obtenus des expérimentations sont très prometteurs.

1 Introduction

L'analyse des sentiments (AS) devient un domaine d'étude très ouvert à la recherche. L'objectif étant d'analyser, à partir des textes partagés sur les réseaux sociaux, les opinions, les sentiments, les attitudes et les émotions des communautés sur différents sujets. En général, on distingue deux catégories d'approches pour l'AS des textes publiés sur les réseaux sociaux : la première est basée sur le lexique, consiste à utiliser une collection prédéfinie de mots et d'annoter chacun avec une valeur traduisant sa polarité (sentiment positif, négatif ou neutre). La deuxième est basée sur des techniques d'apprentissage automatique. L'AS dans ce cas peut être vu comme étant un problème de classification supervisée de texte. Sur les réseaux sociaux, comme Facebook, les commentaires partagés en arabe prend généralement la forme de l'Arabe Standard Moderne (ASM) ou l'Arabe dialectal (Duwairi et Qarqaz, 2014). Nous nous intéressons dans ce travail à l'AS à partir des commentaires Facebook écrits en ASM ou en Arabe Dialectal Marocain (ADM) en utilisant une approche basée sur l'apprentissage automatique.

Nos principales contributions dans ce travail consistent à : décrire les propriétés de la langue ASM et surtout l'ADM et leurs défis pour l'AS ; présenter un ensemble de techniques de prétraitement des commentaires Facebook écrits en ASM et en ADM pour l'AS et finalement construire et sélectionner des entités (mots ou séquence mots) des commentaires permettant d'obtenir le meilleur modèle de classification des sentiments.

Le reste de cet article est organisé comme suit : dans la section 2, nous décrivons le processus d'apprentissage automatique proposé et son application aux commentaires Facebook écrits en ASM ct cn ADM. Nous présentons également les méthodes de sélection et d'extraction des variables (mots ou séquences de mots) utilisées dans la phase de classification. Les résultats des expérimentations sont donnés dans la section 3. Une conclusion et quelques perspectives de ce travail sont présentées dans la section 4.

2 Processus d'apprentissage automatique appliqué aux commentaires Facebook en Arabe

L'AS des commentaires Facebook écrits en ASM ou en ADM selon une approche d'apprentissage automatique, nécessite l'implémentation de plusieurs étapes. La figure suivante (Fig. 1) fournit un aperçu global de ce processus. Nous décrirons dans les paragraphes suivants les principales tâches de chaque étape.

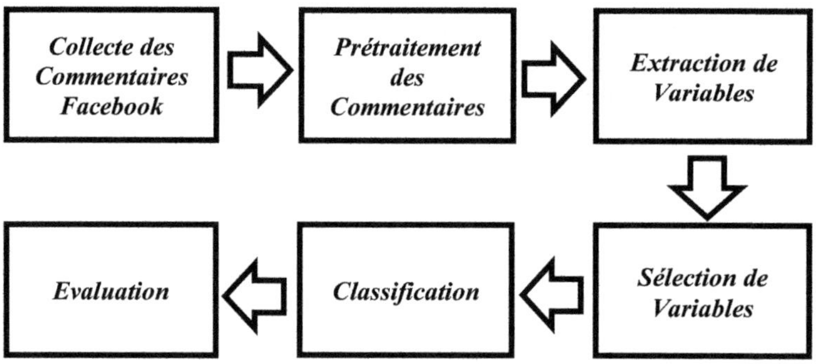

FIG. 1 – *Etapes du processus proposé pour l'analyse des sentiments.*

2.1 Collecte des commentaires Facebook

Le processus d'apprentissage automatique proposé est testé sur des commentaires Facebook écrits en ASM ou en ADM, sur les élections législatives marocaines ayant eu lieu le 7 octobre 2016. Nous avons ciblé des journaux marocains qui publient en ligne des commentaires en langue arabe (moderne ou dialectal). La collecte de ces commentaires a été effectuée utilisant l'API : "Facebook Graph API" sur une période de 70 jours et nous a permis de sélectionner 10254 commentaires. Pour une libre exploitation, nous avons publié la base de données dans (ElecMorocco, 2017).

2.2 Traitement des commentaires Facebook

Le traitement du texte des commentaires est une phase critique dans le processus d'analyse des sentiments étudié. L'objectif étant d'extraire des variables (sous forme de mots ou de séquences de mots) pour les utiliser dans la classification. La qualité du traitement a donc clairement un impact majeur sur les performances des modèles de classification et les résultats obtenus à la fin du processus.

On commence cette étape par un nettoyage et une normalisation du texte : suppression des signes, des symboles, des lettres répétées, des mots vides ou des mots qui ne fournissent aucune information sur le sujet étudié. La tâche suivante est l'opération de tokénisation par laquelle le texte du commentaire est divisé en unités lexicales (tokens). Dans un texte en Arabe moderne ou dialectal, ces unités sont plus complexes puisqu'elles sont composées souvent de plus d'un mot, d'où l'importance de la tâche de désuffixation ou racinisation. Pour développer et appliquer un racinisateur sur les commentaires collectés, nous nous sommes inspirés du racinisateur light10 de (Larkey et al., 2007) qui propose l'élimination des préfixes et suffixes les plus courants d'un token dans le langage arabe moderne, sur lequel nous ajoutons une extension pour l'arabe dialectal marocain .

Le tableau suivant (Table. 1) présente un exemple de prétraitement d'un commentaire.

Tâche	Résultat
Texte initial	الكلام الي كي يقولو هاذ السياسي ماشي معقووووول ! هههههههه #السياسةالمغربية Les discours de ce politicien ne sont pas raisonnables! hahahahaha #politique_marocaine
Nettoyage	الكلام الي كي يقولو هاذ السياسي ماشي معقووووول هههههههه السياسة المغربية
Normalisation	الكلام الي كي يقولو هاد السياسي ماشي معقول هه السياسة المغربية
Tokénisation	'الكلام' ,'الي' ,'كي' ,'يقولو' ,'هاد' ,'السياسي' ,'ماشي' ,'معقول' ,'هه' ,'السياسة' ,'المغربية'
Supression des mots vides	'الكلام' ,'يقولو' ,'السياسي' ,'ماشي' ,'معقول' ,'هه' ,'السياسة' ,'المغربية'
Désuffixation	'كلام' ,'قول' ,'سياس' ,'ماش' ,'معقول' ,'هه' ,'سياس' ,'مغرب'

TAB. 1 – *Exemple de prétraitement d'un commentaire.*

2.3 Extraction et sélection de variables

L'AS par apprentissage supervisé nécessite la détermination au préalable de la polarité des opinions exprimées dans le texte pour construire la variable objectif. L'annotation des commentaires collectés a été effectuée en utilisant le crowdsourcing. Cette tâche a été confiée à un groupe de volontaires pour définir la polarité des commentaires, positifs ou négatifs. Au final, 6581 commentaires ont été annotés négatifs et 3673 positifs. Les variables d'entrée sont automatiquement extraites depuis le corpus formé à partir des commentaires prétraités utilisant les schémas d'extraction n-gram et de pondération TF / TF-IDF.

Des études telle que celle de (Pang et al., 2008) ont montré que la qualité des modèles de classification dépend des spécificités des données utilisées. Pour cela, nous avons testé six combinaisons de schémas d'extraction et de pondération pour garantir la meilleure qualité des modèles développés.

Afin de réduire la dimensionnalité et améliorer la qualité des modèles de classification, une méthode de sélection de variables a été utilisée. Il s'agit du score « somme des carrés intergroupe à intra-groupe » (BSS / WSS) utilisé dans (Dudoit et al., 2002; Sehgal et al., 2006), pour sélectionner les mots ou les séquences de mots les plus discriminants. Le score permet de classer les variables par ordre de pertinence. Une fois l'ordre établi, on choisit le sous ensemble optimal de mots par la méthode pas à pas de type forward.

2.4   Classification des commentaires

Pour classer les commentaires Facebook, nous avons appliqué trois algorithmes de classification supervisée(implémentés sur le logiciel R) : Naïve Bayes(NB), les Forêts Aléatoires (FA) et les Machines à Vecteurs Support (SVM).

3   Résultats et discussion

La combinaison des schémas d'extraction et de pondération nous a permis de tester six configurations différentes (six jeux de données), pour lesquelles nous avons appliqué le score de sélection de variables. Chaque jeu de données était devisé en trois sous-ensembles : 50% pour l'apprentissage, 25% pour la validation et 25% pour le test. Le tableau (Table. 2) résume les résultats des expérimentations menées.

Configurations	Classifieurs	Nombre de variables sélectionnées	TBC avec les variables sélectionnées sur l'échantillon de validation	TBC avec les variables sélectionnées sur l'échantillon de test	TBC calculé en présence de toutes les variables
1 - Unigram/ TF	SVM	186	0.74	0.75	0.76
	NB	56	0.71	0.73	0.39
	FA	149	0.75	0.75	0.74
2 - Unigram/ TF-IDF	SVM	198	0.77	0.78	0.78
	NB	55	0.72	0.72	0.42
	FA	56	0.76	0.76	0.75
3 - Bigram/ TF	SVM	195	0.72	0.73	0.72
	NB	20	0.69	0.68	0.35
	FA	175	0.73	0.72	0.73
4 - Bigram/ TF-IDF	SVM	199	0.72	0.72	0.72
	NB	20	0.67	0.67	0.36
	FA	198	0.72	0.73	0.72
5 - (Unigram+Bigram)/ TF	SVM	200	0.76	0.77	0.76
	NB	100	0.74	0.74	0.39
	FA	89	0.76	0.76	0.71
6 - (Unigram+Bigram)/ TF-IDF	SVM	199	0.77	0.77	0.78
	NB	50	0.72	0.71	0.56
	FA	148	0.76	0.75	0.73

TAB. 2 – *Taux de bon classement pour les configurations testées avec selection de variables.*

Pour chaque configuration, nous avons présenté le meilleur taux de bon classement (TBC), obtenu sur la base de l'échantillon de validation. Le graphique (Fig. 2) présente l'évolution des TBC de la configuration [Unigram+Bigram/TF], pour les trois algorithmes utilisés, en fonction du nombre de variables insérées dans l'ordre décroissant de pertinence. Le tableau (Table. 2) présente aussi les TBC obtenus sur l'échantillon test ainsi que ceux calculés en présence de toutes les variables (sans sélection préalable de variable).

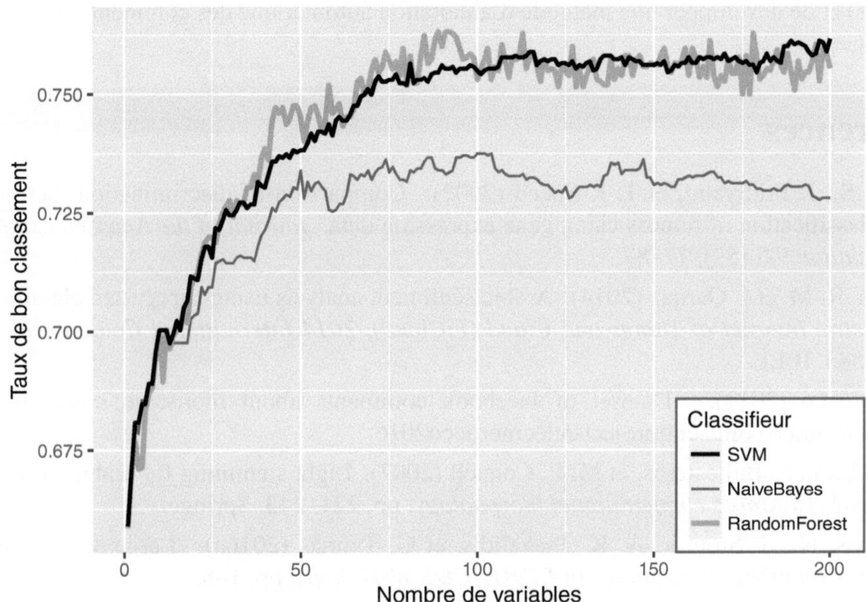

FIG. 2 – *Evolution du taux de bon classement en fonction des variables introduites pour la configuration : Unigram + Bigram / TF.*

En général, ces résultats montrent que les meilleures performances ont été obtenues avec les combinaisons [Unigram/TF-IDF] et [Unigram + Bigram/TF-IDF] quel que soit l'algorithme utilisé. Considérant l'impact de la sélection de variables pour les différentes configurations, nous pouvons conclure que la deuxième configuration, avec l'extraction Unigram et la pondération TF-IDF, est la plus efficace en terme du ratio : Taux de bon classement / nombre de variables.

4   Conclusion

Ce travail a porté sur l'AS en utilisant les commentaires Facebook écrits et partagés en ASM ou ADM. Le processus proposé est appliqué à des données relatives aux élections législatives marocaines de 2016. Plusieurs combinaisons de schémas d'extraction (n-gram) et de pondération (TF / TF-IDF) pour la construction des variables ont été testées pour garantir les meilleures performances des modèles de classification développés. Les résultats ont montré que la qualité des modèles dépend des sous-ensembles de variables constitués à partir de la combinaison des schémas d'extraction et de pondération. L'application d'une méthode de sélection de variables nous a permis de réduire les dimensions tout en gardant un niveau de performance similaire ou meilleur.

La taille de l'ensemble de données utilisé dans ce travail est relativement réduite. Pour avoir des conclusions plus solides, nous prévoyons de construire une base de commentaires plus importante et d'implémenter notre approche dans un environnement distribué (en utilisant le Framework Hadoop (Nodarakis et al., 2016b) ou Spark (Nodarakis et al., 2016a) par exemple) et de développer une méthode d'annotation automatique des commentaires basée sur un lexique.

Références

Dudoit, S., J. Fridlyand, et T. P. Speed (2002). Comparison of discrimination methods for the classification of tumors using gene expression data. *Journal of the American statistical association 97*(457), 77–87.

Duwairi, R. M. et I. Qarqaz (2014). Arabic sentiment analysis using supervised classification. In *Future Internet of Things and Cloud (FiCloud), 2014 International Conference on*, pp. 579–583. IEEE.

ElecMorocco (2017). Dataset of facebook comments about moroccan elections 2016, https ://github.com/sentiprojects/elecmorocco2016.

Larkey, L. S., L. Ballesteros, et M. E. Connell (2007). Light stemming for arabic information retrieval. In *Arabic computational morphology*, pp. 221–243. Springer.

Nodarakis, N., S. Sioutas, A. K. Tsakalidis, et G. Tzimas (2016a). Large scale sentiment analysis on twitter with spark. In *EDBT/ICDT Workshops*, pp. 1–8.

Nodarakis, N., S. Sioutas, A. K. Tsakalidis, et G. Tzimas (2016b). Mr-sat : A mapreduce algorithm for big data sentiment analysis on twitter. In *WEBIST (1)*, pp. 140–147.

Pang, B., L. Lee, et al. (2008). Opinion mining and sentiment analysis. *Foundations and Trends® in Information Retrieval 2*(1–2), 1–135.

Sehgal, M. S. B., I. Gondal, et L. Dooley (2006). Missing value imputation framework for microarray significant gene selection and class prediction. In *International Workshop on Data Mining for Biomedical Applications*, pp. 131–142. Springer.

Summary

Sentiment analysis is a process during which the semantic orientation or polarity (i.e. positive, negative or neutral) of a given text is determined. This work deals with the sentiment analysis for Facebook's comments written in Arabic Modern Standard or Moroccan Dialectal from a Machine Learning perspective. The process starts by collecting and preparing the Arabic Facebook comments that we have annotated using crowdsourcing. Then, several combinations of extraction and weighting schemes for features construction was conducted to ensure the highest performance of the developed classification models. In addition, to reduce the dimensionality and improve the classification performance, a features selection method is applied. Our Machine Learning approach was implemented with the purpose of analysing the Facebook comments, written in Modern Standard Arabic or in Moroccan Dialectal Arabic, on the real data.

Définir les catégories de *DBpédia* avec des règles d'associations et des redescriptions

Justine Reynaud*, Esther Galbrun* Mehwish Alam** Yannick Toussaint*, Amedeo Napoli*

*LORIA (CNRS - INRIA - Université de Lorraine)
Campus Scientifique BP 239 – 54506 Vandœuvre-lès-Nancy
prenom.nom@loria.fr,
** Semantic Technology Lab, ISTC-CNR,
Rome, Italy.
mehwish.alam@istc.cnr.it

Résumé. *DBpédia*, qui encode les connaissances de *Wikipédia*, est devenue une base de référence pour le web des données. Les ressources peuvent y être répertoriées par des catégories définies manuellement, dont la sémantique n'est pas directement accessible par des machines. Dans cet article, nous proposons de remédier à cette lacune au moyen de méthodes de fouille de données, à savoir la recherche de règles d'associations et de motifs apparentés. Nous présentons une étude comparative de ces variantes sur une partie de *DBpédia* et discutons le potentiel des différentes approches.

1   Introduction

Le foisonnement des bases de connaissances sur le web pose de nouveaux enjeux quant à leur construction, leur enrichissement et leur interrogation. Nous prenons ici l'exemple de *DBpédia*. Dans cette base de connaissances, les ressources peuvent appartenir à une ou plusieurs *catégories*, générées manuellement. Cependant, les catégories sont définies en extension : on sait *comment* les ressources sont groupées, mais pas *pourquoi* elles sont groupées ainsi. Dans cet article, nous souhaitons définir les catégories en intension. C'est-à-dire que nous nous intéressons à des méthodes permettant d'expliciter les critères de regroupement.

Savoir caractériser ces catégories permettra non seulement d'enrichir *DBpédia* par cette nouvelle connaissance, mais aussi de corriger la base : les ressources assignées à tort à une catégorie ou inversement, les ressources non assignées à une catégorie à laquelle elles sont sensées appartenir pourront être détectées automatiquement.

La base de connaissances de *DBpédia* contient un ensemble de triplets RDF, dont les sujets correspondent à des articles de *Wikipédia*, associés à des paires (`predicat, objet`) qui représentent les catégories auxquelles ces articles sont rattachés et d'autres informations.

Afin de caractériser ces catégories en terme des autres informations, nous recherchons des définitions en exploitant des techniques de fouille de données. Chaque paire distincte (`predicat, objet`) est représentée par un attribut Booléen, tandis que chaque article est représenté par une entité, associée à un sous ensemble d'attributs représentant les catégories et informations de l'article correspondant. On dénote Y' l'ensemble d'entités qui possèdent l'ensemble d'attributs Y, aussi appelé le *support* de Y. Une règle d'association entre deux ensembles d'attributs A et B, dénotée $A \to B$, s'interprète comme "si une entité possède A, alors elle possède aussi B". On associe à cette règle une valeur, la *confiance*, indiquant dans quelle mesure cette affirmation est vraie : $\text{conf}(A \to B) = |A' \cap B'| \, / \, |A'|$. A et B sont appelés respectivement l'*antécédent* et la *conséquence* de la règle $A \to B$. Lorsque $\text{conf}(A \to B) = 1$, on parle d'implication, dénotée $A \Rightarrow B$. Si $A \Rightarrow B$ et $B \Rightarrow A$, on a une définition $A \equiv B$.

Comme nous travaillons sur des données incomplètes, nous avons besoin d'une notion qui soit moins restrictive qu'une définition exacte. Nous introduisons donc la notion de *quasi-définition*, qui est à la définition ce que la règle d'association est à l'implication, et que nous dénotons donc $A \leftrightarrow B$. Pour évaluer la qualité de ces règles nous considérons la confiance minimum, $\text{c}^-(A \leftrightarrow B) = \min(\text{conf}(A \to B), \text{conf}(B \to A))$, qui garantie une bonne confiance dans les deux directions et est plus adaptée à une recherche de quasi-définitions. Au contraire, la confiance maximum $\text{c}^+(A \leftrightarrow B)$ prend une valeur de 1 dès que l'une des deux règles est une implication, même si sa réciproque a une confiance très faible.

2   Algorithmes

Pour extraire des quasi-définitions, nous avons recours à des techniques existantes, développées pour la fouille de règles d'associations et de redescriptions.

Règles d'association. Depuis l'introduction par Agrawal et al. (1993) des règles d'association, de nombreux algorithmes ont été développés, dont `Eclat` (Zaki, 2000) que nous utilisons ici. L'objectif est d'énumérer exhaustivement de manière efficace les règles ayant un support et une confiance au-dessus de seuils choisis. Dans la formulation originale du problème, on considère un unique jeu de données et tous les attributs peuvent se trouver aussi bien d'un côté que de l'autre de la règle. Dans notre formulation, au contraire, on considère deux ensembles d'attributs distincts. Nous avons donc ajouté une étape de post-traitement pour ne conserver que les règles qui satisfont la séparation des attributs.

Règles de traduction. Considérant un jeu de données Booléen à deux vues, l'approche proposée par van Leeuwen et Galbrun (2015), avec l'algorithme `Translator`, vise à obtenir un ensemble compact de règles permettant de "traduire" les données d'une vue vers l'autre et vice-versa. On peut effectivement reconstruire une vue en utilisant l'autre vue et un ensemble de règles d'associations. En partant d'un jeu de données vide et en considérant chaque règle tour à tour, on insère les attributs qui constituent la conséquence de la règle dans les lignes correspondant aux entités qui possèdent son antécédent. Une fois toutes les règles parcourues, on applique un masque pour corriger les erreurs restantes et reconstruire ainsi fidèlement la vue originale. Les règles de traduction peuvent être uni-directionnelles, s'appliquant uniquement dans une direction ou dans l'autre, ou bien bi-directionnelles. La sélection des règles s'inspire du principe de longueur de description minimum (MDL). C'est à dire que le critère de sélection est la compression : on cherche un ensemble de règles qui permette de représenter une vue étant donnée l'autre et vice-versa de la manière la plus succincte possible. Cela permet d'obtenir un nombre restreint de règles très informatives, en évitant la redondance.

Redescriptions. La fouille de redescriptions, introduite par Ramakrishnan et al. (2004), a pour but de trouver des descriptions alternatives pour un même ensemble d'entités. La simila-

ERT	Android_(OS)_devices ↔ *(dbo:operatingSysem dbr:Android_OS)*	(R1)
ET	Nokia_mobile_phones ↔ *(dbo:manufacturer dbr:Nokia)*, *(dbp:manufacturer Nokia)*	(R2)
R	Nokia_mobile_phones ↔ *(dbp:manufacturer Nokia)*	(R3)
ER	Nokia_mobile_phones ↔ *(dbo:manufacturer Nokia)*	(R4)
ERT	Samsung_Galaxy ↔ *(dbo:manufacturer Samsung_Electronics)*, *(dbo:operatingSysem Android_OS)*	(R5)
ERT	Sony ↔ *(dbo:manufacturer dbSony)*, *(dbo:operatingSysem Android_OS)*	(R6)
ERT	Mobile_operating_systems ↔ *(rdf:type dbo:Software)*, *(rdf:type dbo:Work)*	(R7)

FIG. 1: Exemples de règles obtenues par les algorithmes Eclat (E), Translator (T) et ReReMi (R). Lorsque le préfixe n'est pas précisé, il s'agit de *dbr*.

rité des descriptions est mesurée par le coefficient de Jaccard des ensembles d'entités décrites :

$$J(A \leftrightarrow B) = \frac{|A' \cap B'|}{|A' \cup B'|} = \frac{|(A \cup B)'|}{|(A \cap B)'|}.$$

L'objectif est donc de construire des paires de descriptions ayant un support et une similarité au-dessus de seuils choisis. Nous utilisons l'algorithme ReReMi (Galbrun et Miettinen, 2012). Considérant un jeu de données à deux vues, incluant potentiellement des variables numériques, l'algorithme ReReMi utilise des heuristiques pour construire des descriptions qui peuvent impliquer à la fois conjonctions et disjonctions. Cependant, nous ne considérons ici que des variables Booléennes, et pour permettre la comparaison avec les autres approches, nous avons restreint l'algorithme aux seules conjonctions.

3   Résultats expérimentaux

Afin de mener une comparaison qualitative fine et détaillée, nous restreignons notre étude à un sous-ensemble de *DBpédia* en sélectionnant tous les triplets dont les sujets appartiennent la catégorie Smartphones. Le jeu de données ainsi obtenu contient 566 entités, 330 attributs représentant des catégories et 475 attributs représentant d'autres informations.

Nous avons appliqué les trois algorithmes, Eclat, Translator et ReReMi sur le jeu de données ainsi obtenu. Les règles candidates obtenues sont de la forme $R_C \leftrightarrow R_I$ où R_C et R_I sont des ensembles d'attributs, représentant des catégories et d'autres informations respectivement, interprétés comme des conjonctions.

Chaque algorithme retourne une liste ordonnée de règles candidates. Pour Translator, les règles sont retournées dans l'ordre dans lequel elles sont intégrées au modèle de compression. Avec Eclat et ReReMi elles sont triées par ordre décroissant de confiance maximum (c^+) pour le premier, et de Jaccard (J) pour le second. Pour un algorithme X, on dénote $\mathcal{R}_X^k$ les k premières règles retournées et $\mathcal{R}_X$ l'ensemble des règles retournées. Des exemples de règles obtenues sont présentés dans la Figure 1.

Nous avons évalué manuellement toutes les règles retournées par les algorithmes afin de vérifier si elles correspondent effectivement à une définition. Par exemple, la règle (R7) ne constitue pas une définition, puisque la catégorie *Mobile_operating_systems* est plus spécifique que le type *Smartphone*. La règle (R1) fournit en revanche une définition correcte de la catégorie *Android_(OS)_devices*. L'ensemble des définitions correctes obtenues avec les trois algorithmes forme une base de 20 définitions, dénotée $\mathcal{D}$, qui nous fournit une référence de vérité pour la comparaison des algorithmes.

Étant donné une règle candidate $R_C \leftrightarrow R_I$ et une définition $D_C \equiv D_I$ de la base $\mathcal{D}$, on dit que la règle *couvre* la définition si et seulement si $D_C \subseteq R_C$ et $D_I \subseteq R_I$. On souligne qu'une règle candidate peut couvrir plusieurs définitions de $\mathcal{D}$. Par exemple, la règle (R6) couvre les deux définitions *Sony $\equiv$ (dbp:manufacturer dbr:Sony)* et *Sony $\equiv$ (dbp:manufacturer dbr:Sony), (dbo:operatingSystem dbr:Android_(OS))*. Étant donné la base $\mathcal{D}$ et un ensemble de règles candidates $\mathcal{R}$ on peut déterminer la *couverture* de $\mathcal{D}$ par $\mathcal{R}$ comme $\mathrm{couv}(\mathcal{D}, \mathcal{R}) = \{D \in \mathcal{D} \mid \exists R \in \mathcal{R}, R \text{ couvre } D\}$. Pour chaque algorithme on peut ainsi calculer le pourcentage de définitions couvertes par les règles retournées, ce que nous appelons le *rappel* de l'algorithme et on peut calculer de la même manière la *précision* de chaque algorithme, c'est à dire le pourcentage de règles retournées qui constituent une définition correcte. On a donc

$$\mathrm{rappel}(X) = \frac{|\mathrm{couv}(\mathcal{D}, \mathcal{R}_X)|}{|\mathcal{D}|} \quad \text{et} \quad \mathrm{precision}(X) = \frac{|\{R \in \mathcal{R}_X \mid \exists D \in \mathcal{D}, R \text{ couvre } D\}|}{|\mathcal{R}_X|}.$$

Les statistiques des résultats obtenus avec chaque algorithme sont indiquées dans la Table 1a.

On s'intéresse également à l'évolution du nombre de définitions couvertes par les règles candidates à mesure que l'on augmente le nombre de règles considérées. La Figure 1b représente $|\mathrm{couv}(\mathcal{D}, \mathcal{R}_X^k)|$ en fonction de k. On compare l'ordre original dans lequel les règles candidates sont retournées par chaque algorithme (lignes pleines) et la couverture obtenue en les ordonnant par c^- décroissant (lignes pointillées). Les points pleins et vides représentent respectivement des règles qui sont des définitions correctes et celles qui n'en sont pas.

Les résultats obtenus avec `Eclat` sont proches des résultats obtenus avec `ReReMi`. Cela n'est pas surprenant car `ReReMi` est limité ici aux conjonctions et les mesures de confiance et de coefficient de Jaccard sont similaires. Par contre, `ReReMi` ne fait pas une énumération exhaustive et retourne donc moins de règles. L'algorithme `Translator` retourne des résultats nettement différents des autres algorithmes, ce qui s'explique par un critère de sélection des règles reposant sur la compression.

On observe de la redondance dans les ensembles de règles : certaines règles, bien que n'étant pas identiques, n'apportent pas d'information supplémentaire. Cela se manifeste par des règles prises en compte qui ne permettent pas de couvrir de nouvelle définition, c'est à dire que la valeur de k est incrémentée mais celle de la couverture n'augmente pas (cf. Figure 1b).

Les différents algorithmes utilisent différentes mesures de qualité pour sélectionner et trier les résultats : c^+ pour l'algorithme `Eclat`, J pour l'algorithme `ReReMi` et la compression `Translator`. On observe qu'utiliser c^- pour ordonner les règles candidates est particulièrement utile avec les résultats d'`Eclat`, les redondances se retrouvant en fin de liste. Par contre, comme `Translator` équilibre la qualité et la diversité des résultats, réordonner les résultats n'apporte pas de gain notable.

4   Discussion

Sélectionner et interpréter les règles. Les approches considérées ici recherchent toutes des associations entre deux ensembles d'attributs, mais elles ne favorisent pas les mêmes motifs, car elles ne partagent pas le même objectif. En particulier, `ReReMi` favorise les règles courtes dans le but de faciliter l'interprétation tandis que `Translator` favorise des règles plus longues qui contiennent un maximum d'information afin d'obtenir une représentation

	E	T	R
$|\mathcal{R}|$	52	23	17
supp min.	10	5	29
supp moy.	32	65	69
supp max.	183	566	183
$|R_{\mathbf{I}}|$ moy.	3.6	2.9	1.2
$|R_{\mathbf{C}}|$ moy.	2.6	3.7	1.6
c⁻ moy.	.70	.72	.76
c^+ moy.	.90	.90	.93
J moy.	.65	.67	.72
precision	84%	70%	100%
rappel	50%	90%	35%
redondance	70%	8%	76%

(a)

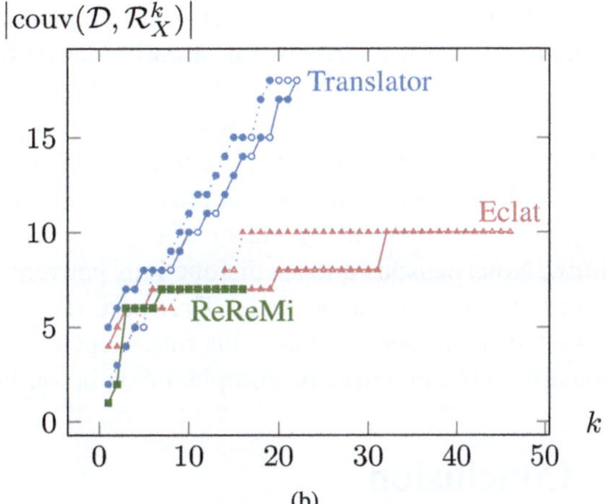

(b)

TAB. 1: Statistiques des ensembles de règles obtenus par les différents algorithmes (1a) et nombre de définitions couvertes en fonction du nombre de règles prises retournées (1b).

compacte. Par exemple, `Translator`, retourne la règle (R2) tandis que `ReReMi` retourne les deux règles (R3) et (R4). Ici, le prédicat *dbp :manufacturer* résulte de l'extraction automatique des données et le prédicat *dbo :manufacturer* – créé manuellement pour compléter le schéma de l'ontologie – forment un doublon. Les triplets contenant le prédicat *dbp :manufacturer* que nous avions extraits ont d'ailleurs été récemment supprimés de *DBpédia*. Cette observation soulève la question de l'interprétation de la conjonction. Celle-ci ne joue pas le même rôle dans (R2) et dans la règle (R5) : alors que les attributs associés par la conjonction dans (R2) sont redondants et qu'il est possible d'en éliminer un sans altérer la validité de la définition, ce n'est pas le cas dans (R4) où la présence des deux attributs est nécessaire.

L'interprétation des règles n'est valable que dans le domaine dans lequel elles ont été obtenues. Par exemple, (R3) n'est pas vraie en général, puisqu'il existe des appareils manufacturés par Nokia qui ne sont pas des téléphones mobiles. Elle a été obtenue et s'applique dans le monde clos des smartphones. Ce point ouvre des pistes de réflexion intéressantes, sur l'interprétation en monde ouvert, mais ce n'est pas notre priorité pour le moment : nous considérons les définitions obtenues uniquement dans un monde clos – celui qui est défini lors de l'extraction du jeu de données.

Utiliser des motifs plus expressifs. Nous nous sommes intéressés ici uniquement aux ressources identifiées par une URI, représentées sous la forme de jeux de données Booléens. Il serait intéressant de prendre en compte un vocabulaire plus riche, tant du côté des données que du schéma. Les données contiennent en effet par exemple des valeurs numériques (poids, distances, etc.) ainsi que des dates qu'il serait utile de prendre en compte. L'algorithme `ReReMi` permet déjà de traiter des valeurs numériques, mais ce n'est pas le cas de `Translator`. Nous n'avons pas tenu compte du schéma de *DBpédia*, à savoir les hiérarchies de classes et de prédicats. Intégrer ces connaissances dans le processus de fouille permettrait d'affiner les définitions ou d'en trouver de nouvelles. En utilisant les outils de la FCA, cela pourrait se traduire par un *scaling*, c'est-à-dire l'ajout d'attributs liés à la hiérarchie. Mais nous pourrions également tirer profit des structures de patrons, qui sont une généralisation de la FCA permettant d'intégrer une hiérarchie sur les attributs. Les algorithmes de fouille pourrait aussi être adaptés pour manipuler la hiérarchie directement. La formalisation de ces différentes approches et l'étude de leurs relations fournissent des pistes pour nos travaux à venir.

Dans cette étude, nous avons limité l'algorithme ReReMi aux conjonctions, mais il permet aussi d'utiliser des disjonctions, et ainsi d'obtenir par exemple la redescription *Samsung_mobile_phones* ↔ *(dbo:manufacturer dbr:Samsung)* ∨ *(dbo:manufacturer dbr:Samsung_Electronics)*. Nous pensons que les disjonctions peuvent contribuer à identifier les doublons, en les regroupant dans une même règle. Tirer parti de l'expressivité des redescriptions permise par ReReMi offrirait des résultats plus fins. Cependant, l'utilisation de disjonctions apporte son lot de difficultés, en terme de complexité de la fouille comme de subtilités d'interprétation.

5   Conclusion

Dans cet article, nous avons comparé trois algorithmes pour caractériser les catégories de *DBpédia* : Eclat, Translator et ReReMi. Translator atteint le meilleur rappel, mais les règles sont difficilement interprétables, limitant leur incorporation à la base de connaissances. Les algorithmes Eclat et ReReMi atteignent un rappel similaire. Cependant Eclat retourne beaucoup plus de règles redondantes. L'algorithme ReReMi est prometteur car il permet d'utiliser des disjonctions. Plusieurs pistes sont envisageables pour la suite, dont notamment l'intégration de données plus riches et la prise en compte du schéma de l'ontologie.

Références

Agrawal, R., T. Imieliński, et A. Swami (1993). Mining association rules between sets of items in large databases. In *ACM SIGMOD Rec.*, Volume 22, pp. 207–216. ACM.

Galbrun, E. et P. Miettinen (2012). From Black and White to Full Color : Extending Redescription Mining Outside the Boolean World. *Stat Anal Data Min 5*(4), 284–303.

Ramakrishnan, N., D. Kumar, B. Mishra, M. Potts, et R. F. Helm (2004). Turning CARTwheels : an Alternating Algorithm for Mining Redescriptions. In *KDD'04*, pp. 266–275.

van Leeuwen, M. et E. Galbrun (2015). Association Discovery in Two-View Data. *TKDE 27*(12), 3190–3202.

Zaki, M. J. (2000). Scalable algorithms for association mining. *TKDE 12*(3), 372–390.

Summary

DBpedia, which encode the knowledge of Wikipedia, has become a reference for the web of data. Resources can be indexed by manually-defined categories which are not accessible by a machine. In this article, we take a step towards addressing this accessibility issue by means of data mining techniques for mining association rules and redescriptions. We compare these approaches on a dataset from DBpedia and present our results.

Sémantique des données d'observation en neuro-imagerie selon un point de vue réaliste

Emna Amdouni *, Bernard Gibaud **
,

* Institut de Recherche Technologique B<>com, Rennes, France
emna.amdouni@uni-lyon2.fr,
** LTSI Inserm 1099, Université de Rennes 1, Rennes, France
bernard.gibaud@univ-rennes1.fr

Résumé. L'objectif de ce travail est de décrire avec une approche réaliste la signification des données d'observation en neuro-imagerie sous un format formel pour faciliter leur interprétation par les cliniciens et leur réutilisation dans d'autres contextes.

1 Introduction

Dans le cadre de ce travail, nous nous focalisons sur l'étude de la sémantique des données d'observation associées aux tumeurs cérébrales. Associer une sémantique à une donnée d'observation consiste à mettre la donnée en relation avec d'autres entités participant, soit au phénomène observé (par exemple, la température corporelle d'un sujet), soit à un processus d'observation (par exemple, cette même valeur est reliée à une action d'observation, à son observateur, à l'instrument de mesure utilisé et l'instant de la mesure).

En termes de modélisation ontologique, il existe deux approches de modélisation qui sont adoptées pour décrire sémantiquement le contenu sémantique d'une image : l'approche cognitive (Cimino, 2006) et l'approche réaliste (Smith, 2006). L'approche cognitive oriente sa modélisation autour des "concepts" décrits par des "termes" faisant partie d'un lexique spécifique que nous manipulons pour l'attribution des propriétés (des qualités ou des dimensions) des données d'observation ; ces termes sont construits selon notre perception et connaissance des entités du monde réel. Contrairement à l'approche cognitive, l'approche réaliste aligne les termes des terminologies aux entités qui existent dans le monde indépendamment d'agents cognitifs reconnaissant leur existence. De plus, l'approche réaliste considère qu'il n'y a "qu'une seule réalité objective universelle" ; "chaque attribut du patient est lui-même une entité unique en réalité et on lui attribue son propre identifiant. Ainsi, les entités réelles référencées peuvent être de différents types : entités réelles, mesures, etc.

Jusqu'à aujourd'hui, les principaux formats existants pour la description des données d'observation sont : les comptes rendus radiologiques DICOM (Digital Imaging and Communications in Medicine) SR (Structured Report) (Clunie, 2000) et le modèle AIM (Annotation and Imaging Markup) (Channin et al., 2010) :

— Le compte rendu DICOM SR est une structure de données qui est définie dans le standard DICOM. DICOM SR permet de formaliser la représentation des observations d'imagerie dans les rapports cliniques en introduisant un ensemble de règles qui limitent l'organisation des concepts et un vocabulaire (c'est-à-dire des codes et des significations de code associées) couvrant le domaine des observations d'imagerie. Les observations d'imagerie incluses en DICOM SR concernent principalement les modalités d'images DICOM, les images dérivées, les résultats de segmentation, les mesures (taille, surface, volume, etc.), les évaluations qualitatives, etc.

— Le modèle AIM est un modèle d'information et un format de fichier basé sur XML qui décrit les informations minimales nécessaires pour enregistrer des annotations d'images. Ce modèle d'information a introduit les entités les plus pertinentes dans l'annotation des images médicales (des annotations radiologiques qui se réfèrent à des mesures, des textes, des observations, des formes graphiques délimitant des régions d'intérêt, etc).

Ces formats informatiques permettent de décrire le contenu des images médicales, mais ils ne sont pas adaptés pour supporter un raisonnement logique. En effet, ils utilisent des termes issues de terminologies normalisées (par exemple SNOMED CT), mais n'exploitent pas les définitions formelles de ces termes. Par conséquent, seules les recherches basées sur des mots-clés peuvent être traitées sur des outils de prise de décision exploitant les données de ces formats. Rubin et al., Levy MA et de nombreux autres chercheurs ont encouragé l'utilisation d'ontologies formelles (Rubin et al., 2009) (Van Soest et al., 2014) pour assurer un raisonnement automatique sur ces modèles de données.

Notre travail est basé sur l'hypothèse que l'utilisation des technologies du Web sémantique, en particulier les ontologies et leurs capacités de raisonnement, peut rendre plus explicite la sémantique des données d'observation en neuro-imagerie et faciliter leur exploitation et leur interprétation «avancées». La couverture de toutes les informations impliquées dans l'évaluation des tumeurs cérébrales est impossible car aucune source consensuelle n'existe pour spécifier les exigences précises de ce domaine. Pour surmonter cette difficulté, nous avons limité notre étude au domaine couvert par la terminologie VASARI [1] (Visually Accessible Rembrandt Images). VASARI constitue un cas d'utilisation représentatif de l'ensemble minimaliste des connaissances basiques qui nécessitent une modélisation formelle.

La terminologie VASARI est un vocabulaire d'annotation des gliomes cérébraux de haut grade en particulier le glioblastome multiforme (GBM) dans les images IRM (Imagerie par Résonance Magnétique). Son objectif principal consiste à normaliser la description des tumeurs cérébrales et à faciliter leur interprétation par les neuro-radiologues. La terminologie VASARI contient trente critères d'imagerie et elle a été développée par des experts du domaine qui ont considéré la majorité des évaluations possibles des tumeurs cérébrales en IRM. Chaque critère d'imagerie de la terminologie VASARI est référencé par un numéro (F_1, F_2, etc.) et un ensemble de valeurs de scores possibles. Par exemple, le critère "F_1:tumor location" de VASARI évalue la localisation de l'épicentre géographique et il définit sept valeurs d'étiquette possibles = frontal, temporal, insulaire, pariétal, occipital, tronc cérébral, cervelet.

L'objectif principal de ce travail est de faciliter l'identification, le partage et le raisonnement sur les résultats d'observation des tumeurs cérébrales via la formalisation de leurs significations sémantiques.

---

1. https://wiki.cancerimagingarchive.net/display/Public/VASARI+Research+Project

2 Matériel et méthode

L'annotation des caractéristiques d'imagerie des tumeurs cérébrales implique différents types d'entités : les entités physiques, les qualités liées aux objets physiques et les mesures de volume et de taille. Selon la terminologie VASARI, les entités physiques qui caractérisent certaines anomalies des tissus cérébraux sont : la tumeur cérébrale, l'épicentre de la tumeur cérébrale, les composantes de la tumeur cérébrale (à savoir : région de prise de contraste, région de non prise de contraste, partie nécrotique, composante oedémateuse et la bordure de la tumeur cérébrale) et la partie périphérique d'une tumeur cérébrale ou d'une partie de la tumeur cérébrale.

L'ontologie VASARI a été conçue selon l'approche réaliste. Notre méthodologie de modélisation se compose de cinq étapes principales qui peuvent être décrites comme suit : tout d'abord, nous avons analysé la signification de l'aspect étudié par chaque critère VASARI F_i et nous avons trié ses configurations possibles pour établir la liste des valeurs possibles autorisées pour chaque critère. Deuxièmement, nous avons identifié les principales entités observées qui sont impliquées dans chaque critère. Troisièmement, nous avons défini les entités observées, soit avec des classes d'ontologies existantes soit avec de nouvelles classes ontologiques. Quatrièmement, nous avons spécifié les axiomes caractérisant ces entités. Enfin, nous nous sommes assurés que toutes les configurations possibles pour chaque critère F_i sont bien modélisées de manière formelle.

Après une analyse de la signification des caractéristiques étudiées par les critères VASARI et de l'identification des différentes entités qu'elles impliquent, nous avons procédé à leur description formelle. Cette étape n'a pas été une tâche très simple pour nous étant donné que nous avons rencontré certains problèmes de modélisation que nous avons soulevés et discutés dans ce travail (Amdouni et Gibaud, 2016). Ces problèmes de modélisation concernent : les données d'observations négatives, les données de représentation de la connaissance spatiale et la représentation d'entités complexes touchant notamment à des mesures dérivées de mesures élémentaires.

Toute la construction ontologique (taxonomies des classes et des propriétés) s'appuie sur la version 2 de l'ontologie BFO (Basic Formal Ontology) (Grenon et al., 2004), ce qui facilite l'intégration d'ontologies spécialisées issues de la fonderie OBO (Smith et al., 2007). En particulier, nous avons réutilisé les ontologies suivantes : FMA, IAO, PATO, OBI, OGMS, UO et l'ontologie RO (toutes ces ontologies sont disponibles sur Bioportal du National Center of Biomedical Ontology (NCBO)[2]). Nous avons développé l'ontologie VASARI en format OWL2 en utilisant la version 5 de l'outil Protégé. Nous avons utilisé Ontofox[3] pour l'extraction des ontologies OBO.

Dans notre travail expérimental, nous avons développé un outil d'annotation sémantique des données fondé sur les classes et relations de l'ontologie VASARI. Cet outil permet à l'utilisateur de transformer la description informelle des 30 critères VASARI en une description formelle. Pour faire le test, nous l'avons appliqué au corpus de données REMBRANDT[4]. REMBRANDT contient les observations relatives à 30 critères VASARI formulées par 3 radiologues et relatives à 34 patients atteints de GBM. Les résultats d'observation sont représentés

---

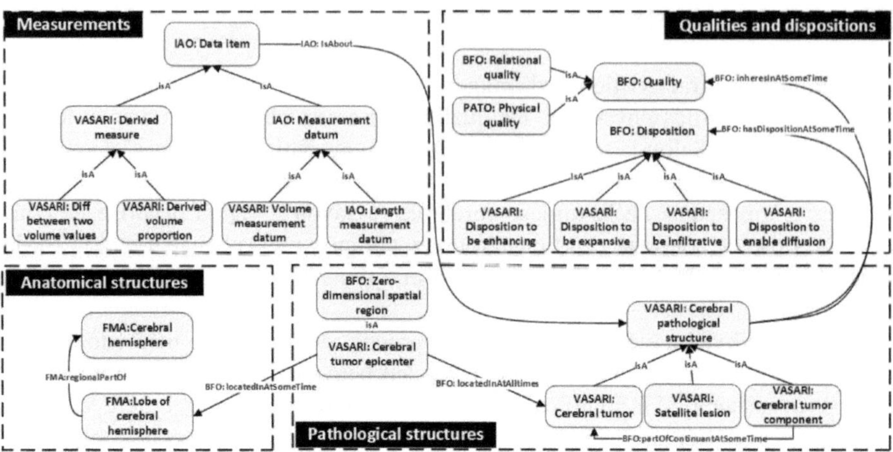

FIG. 1 – *Le modèle de base des classes principales dans l'ontologie VASARI*

dans un fichier Excel où chaque feuille de calcul contient des évaluations soumises par un radiologue. L'ensemble de données sémantiques résultant a été utilisé pour monter l'importance de la représentation réaliste des données d'observations en neuro-imagerie.

3   Résultats

L'ontologie VASARI est composée de huit modules d'ontologies et contient environ 570 classes OWL et 120 propriétés. La figure 1 met en évidence les quatre aspects sémantiques majeurs qui décrivent le domaine VASARI, à savoir : les structures pathologiques, la localisation anatomique, les qualités et dispositions, et les mesures.

Le logiciel d'annotation prend comme donnée d'entrée l'ensemble des valeurs des critères d'imagerie de la base REMBRANDT ainsi que le schéma de l'ontologie VASARI. Ensuite, pour annoter sémantiquement les données, le logiciel réalise quatre tâches principales : tout d'abord, il crée des instances des classes de l'ontologie VASARI en se basant sur les valeurs des critères. Deuxièmement, il décrit les critères d'imagerie en générant des triplets RDF qui établissent des liens sémantiques entre les instances. Troisièmement, il crée dans un graphe RDF des affirmations à partir des triplets. Quatrièmement, il sérialise les données en RDF/XML et enregistre le graphe RDF en mémoire. On note que le logiciel stocke séparément le schéma de l'ontologie et les données d'instances (dans les prochains paragraphes, on emploie le terme Tbox pour faire référence au schéma et Abox pour désigner la base d'instances). En terme de performance, le logiciel génère le graphe RDF de l'ensemble de données contenues dans la base REMBRANDT en 1.06 s (soit $\approx$ 0.47s par feuille).

La figure 2 montre un exemple d'annotation de 10 observations du patient 9000_00_5316 de la base REMBRANDT avec notre ontologie : F1.tumor location= parietal, F2.side of tumor= left, F3.eloquent brain= none, F5.proportion of enhancing= 6-33%, F8.cyst= no ; F12.definition of the enhancing margin= well defined, F14.proportion of edema= 6-33%, F16.hemorrhage= no, F29.lesion size= 6,5cm. Considérons cet exemple pour illustrer quelques capacités d'in-

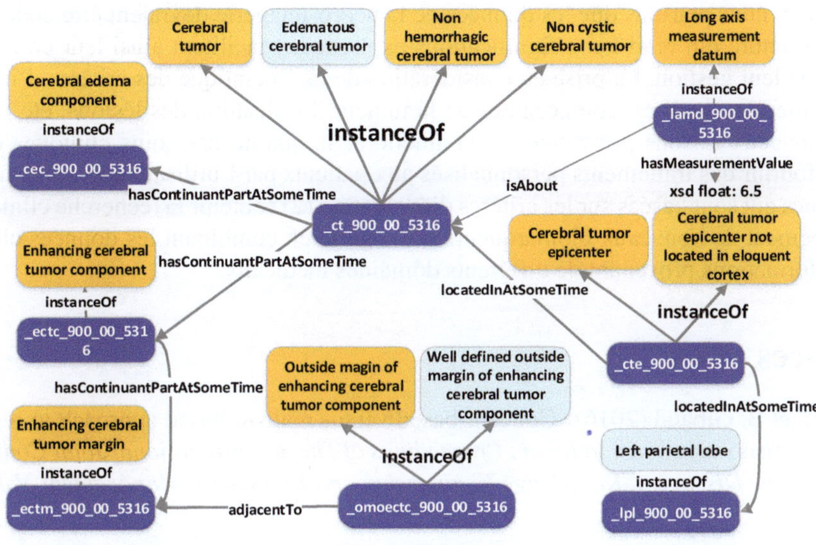

FIG. 2 – *Représentation sémantique des observations du patient 9000_00_5316 de la base REMBRANDT. Les classes déclarées sont représentées en jaune, celles inférées sont représentées en bleu clair et les instances en violet.*

férence et démontrer comment la représentation sémantique permet d'exploiter des connaissances sur différents aspects de la tumeur. Comme le montre la Figure le raisonneur a déduit les affirmations suivantes :

— L'épicentre de la tumeur cérébrale de ce patient est localisée dans le lobe pariétal gauche vu que elle est déclarée située dans son lobe pariétal et dans son hémisphère cérébral gauche. L'axiome mis en jeu est : "fma:left temporal lobe" ≡ def. "fma:parietal lobe" and "fma:regionalPartOf" some "fma:left cerebral hemisphere".

— La tumeur de ce patient est de type oedémateuse vu qu'elle contient une partie de type oedémateux. L'axiome mis en jeu est : "vasari:edematous cerebral tumor" ≡ def. "bfo:has continuant part at some time" some "vasari:cerebral edema component".

— La périphérie de la tumeur qui prend la contraste est bien définie. L'axiome mis en jeu est : "vasari:well defined outisde margin of enhnncing cerebral tumor component" ≡ def. "vasari:outside margin of enhancing cerebral tumor component" "obi:has quality at some time" some "vasari:well defined".

Pour détecter les incohérences contenues dans la base de connaissances nous pouvons utilisé l'objet "ValidityReport" de l'API JENA. Cette structure encapsule tous les axiomes et assertions inconsistants qui sont détectés. Pour générer des explications sur les causes d'incohérences, nous avons utilisé la méthode "explainconsistency()". Cette méthode énumère tous les axiomes impliqués.

4   Conclusion

En résumé, nous pensons que les données de la neuro-imagerie devraient être codées dans un format structuré qui rend leurs significations explicites et facilitent ainsi leur compréhension ainsi que leur gestion. La prise en considération de la sémantique des critères d'imagerie (valeurs de mesure, qualités, composantes de la tumeur, localisation des lésions, etc.) est nécessaire pour deux raisons principales : (1) améliorer la qualité des soins cliniques qui ont tendance à fournir des traitements personnalisés aux patients par l'utilisation de recommandations cliniques qui sont basées sur les critères d'évaluation (2) soutenir la recherche clinique sur le développement de nouveaux biomarqueurs d'imagerie en combinant les données cliniques avec des informations provenant de différents domaines médicaux.

Références

Amdouni, E. et B. Gibaud (2016). Concept-based versus realism-based approach to represent neuroimaging observations. In *Keod : Proceedings of The 8th International Joint Conference On Knowledge Discovery, Knowledge Engineering and Knowledge Management-Vol. 2*, pp. 179–185.

Channin, D., P. Mongkolwat, V. Kleper, K. Sepukar, et D. Rubin (2010). The caBIG annotation and image markup project. *Journal of digital imaging 23*(2), 217–225.

Cimino, J. (2006). In defense of the desiderata. *Journal of biomedical informatics 39*(3), 299–306.

Clunie, D. (2000). *DICOM structured reporting*. PixelMed Publishing.

Grenon, P., B. Smith, et L. Goldberg (2004). Biodynamic ontology : applying bfo in the biomedical domain. *Studies in health technology and informatics*, 20–38.

Rubin, D. L., P. Mongkolwat, et D. S. Channin (2009). A semantic image annotation model to enable integrative translational research. *Summit on translational bioinformatics 2009*, 106.

Smith, B. (2006). From concepts to clinical reality : an essay on the benchmarking of biomedical terminologies. *Journal of biomedical informatics 39*(3), 288–298.

Smith, B., M. Ashburner, C. Rosse, J. Bard, W. Bug, W. Ceusters, L. Goldberg, K. Eilbeck, A. Ireland, C. Mungall, et al. (2007). The OBO Foundry : coordinated evolution of ontologies to support biomedical data integration. *Nature biotechnology 25*(11), 1251–1255.

Van Soest, J., T. Lustberg, D. Grittner, M. S. Marshall, L. Persoon, B. Nijsten, P. Feltens, et A. Dekker (2014). Towards a semantic pacs : Using semantic web technology to represent imaging data. *Studies in health technology and informatics 205*, 166.

Summary

The aim of this work is to describe with a realistic approach the meaning of neuroimaging data in a formal format to facilitate their interpretaion by the clinicians and their reuse in other contexts.

Recommendation-based Keyword Search over Relational Databases

Haithem Ghorbel*, Nouha Othman* and Rim Faiz***,

*Université de Tunis, Institut Supérieur de Gestion de Tunis, LARODEC, Tunisia
gho.haithem,othmannouha@gmail.com
***Université de Carthage IHEC Carthage, LARODEC, Tunisia
rim.faiz@ihec.rnu.tn

Abstract. Recently, there has been a burgeoning interest in keyword search in relational databases owing to its ease of use. Although extensive research has been lately done within this context, most of this research not only requires a prior access to data which severely restricts their applicability if this condition is not verified, but also returns very generic answers. However, providing users with personalized answers has become more than ever necessary due to the overabundance of data which can be annoying for the user. The challenge to return personalized and relevant answers that satisfy users' information needs remains. Inspired by the successful application of the collaborative filtering technique in recommender systems, we propose a novel keyword-based approach to provide users with personalized results based on the hypothesis that only information on the database schema is available.

1   Introduction

Over the decades, an explosive amount of structured data has been stored in Relational Databases (RDB)s. These latter have been widely used owing to the rich information they provide including relationships between the different entities in the DB. Developing effective query methods for users to easily query huge and complex repositories without the need of technical expertise has become one of the biggest challenges of the database community (Agrawal et al., 2002; Aditya et al., 2002). The emergence of web search engines has made keyword search the most commonly used search technique. The strength of this latter is that it enables users to easily express their information needs by a few keywords without needing to know the database schema or structured query languages. Nevertheless, such a technique requires a prior access to the database content in order to build the indices that will pinpoint the different tuples associated with the keywords at run time (Bergamaschi et al., 2011). This is a considerable shortcoming since it limits its applicability if a prior access to data is not possible. Another significant limitation is that the inter-dependencies among the query keywords were ignored. Actually, the meaning of each keyword in a user's query also depends on the meaning of the others. On the other hand, with the tremendous development of information technology, the amount of data has been growing exponentially. Thus, finding the desired information in a massive database has become a crucial but also a challenging task. Recommendation Systems (RSs) are powerful tools to filter data, providing only what the user is most likely looking for. In this paper, we propose a successful attempt to combine RSs techniques and RDB to overcome the limitation of the keyword search. Our proposed approach aims at returning personalized answers when we have no prior access to the actual data stored in the database. The remainder of the paper is structured as follows: In Section 2, we review the main existing work on querying RDBs. Then, we describe our approach in Section 3. Subsequently, we present in Section 4, we report our experimental evaluation and results. Towards the end, we conclude and outline our perspectives.

2 Related work on Querying Relational Databases

Arguably, keyword search has become the standard for seeking information on the Web as it allows the user to easily formulate queries with a few keywords. However, its simplicity comes with a price; keywords are fraught with ambiguity and their intended meaning needs to be explored further (Wang et al., 2008). Over the years, advanced approaches for keyword search over documents have been proposed to return relevant answers to the user. These approaches, though, don't return good results with RDB systems (RDBs), as IR-style search considers tuples as unstructured data, while in RDBs, the retrieved information is spread among tables. Unlike textual documents, the tuples are linked through the foreign-primary key constraints. Thus, foreign-primary key paths connecting tuples that contain keywords, represent an essential ingredient for solving a keyword query over a database. Defining representation models for databases to retrieve these paths is crucial. For these reasons, the direct application of keyword-based approaches to relational databases, where information is fragmented in numerous tables, is neither efficient nor effective (Bergamaschi et al., 2014). Indeed, multiple systems were proposed in the literature, where the most popular ones are BANKS (Aditya et al., 2002), BANKSII (Kacholia et al., 2005), DBXplorer (Agrawal et al., 2002), DISCOVER (Hristidis and Papakonstantinou, 2002) and SQAK (Tata and Lohman, 2008) and the most recent one are KEYMANTIC (Bergamaschi, Domnori, Guerra, Trillo Lado, and Velegrakis, 2011), KEYRY (Bergamaschi, Guerra, Rota, and Velegrakis, 2011) and SEMINDEX (Chbeir et al., 2014). The objective of these systems is to better cover a keyword query, in order to return answers that matches the user's intent. These approaches can be classified into two broad categories: schema based and tuple-based approaches. The Schema-based approaches model the database schema as a graph, in which the nodes express database relations and edges express interdependence between primary and foreign keys. Such approaches can fulfill a keyword query by the use of the schema information to generate SQL queries in RDBs, such as in DBXPLORER, DISCOVER, PRECIS, SQAK, KEYMANTIC, and KEYRY systems. Tuple-based approaches such as BANKS and BANKS II, model the database as a data graph, wherein nodes represent the tuples and edges denote the relationships between a pair of tuples, such as foreign key or primary key dependencies. The particularity of a data graph is that nodes and edges are typically weighted, which provides users with more information on how the objects are interconnected. KEYMANTIC and KEYRY tackled the issue of keyword search over RDBs differently; they can provide answers to the user's query without the necessity of a prior access to the data stored in the database to build indices that will locate the tuples.

3 Proposed Solution

The core idea of our approach, called *DeepRec*, is to combine the keyword search over RDB with some techniques used in recommender systems. DeepRec aims at integrating some recommendation and databases concepts to get better personalized answers to a simple keyword-based query posted by a user. It provides recommendations and serendipitous answers even when no prior access to the database is allowed, relying on both schema and users information. The different components of the given approach are detailed below.

3.1 Schema Terms Matching

The first phase named *Schema Weight Computation* consists in determining which keywords match with schema terms (attributes, relations) starting from a query and the schema information of the database. Attributes and relations are considered as metadata. In order to estimate the keyword-attribute/relation distance, we opted for the Levenshtein measure which computes the minimal number of insertions, deletions and replacements needed for transforming a string X into a string Y. However, a simple string similarity between the keyword and the schema term is not enough due to the heterogeneity of the user's vocabulary. In fact, a user may use different words that do not figure in the schema information of the database. For tis purpose, we employ WordNet for Word Sense Disambiguation (WSD), so that each used keyword is compared to all the synonyms, hyponyms and hypernyms of every schema term to keep the one having the highest similarity.

The second phase named *Schema Weight Personalization* consists in updating the Schema Weight (SW) Matrix by making use of the information gathered from the users' profiles. The main idea here is to add the concept of Collaborative Filtering (CF) of the RSs; build profiles for users and use their search history as well as similar users' history to personalize results.

We compute the Personalized Schema Weight (PSW) that uses sessions information to update the SW matrix. Similar sessions are indexed in a table. Then, we calculate how many times every schema term had the maximum value, for all the queries in the similar sessions. We store the result of this computation in its specific column in the SW matrix. Each value of this column is combined with each one in its analogue column in the SW to get the new PSW values in their corresponding cells. In other words, we weight the values of the SW of each column by a variable that affects the first values depending on the number of times this column had the maximum value.

Computing the best possible matching of keywords to database terms is known as the assignment problem. The popular Munkres, a.k.a. Hungarian, algorithm (Munkres, 1957), is a possible solution to this problem but, it provides only the best matching. Bergamaschi, Domnori, Guerra, Trillo Lado, and Velegrakis (2011) adapted this algorithm to our context, to not stop after the generation of the top one mapping, but continue to generate the other best ones. Besides, the weight matrix is dynamically updated every time a mapping of a keyword to a database term is decided during the calculation.

3.2 Value Weight Contextualization

The Value Weight (VW) matrix computation is performed in the same way as in (Bergamaschi, Domnori, Guerra, Trillo Lado, and Velegrakis, 2011). The computation is mainly done within the domain information of attributes. KEYMANTIC used a semantic distance to estimate the relatedness of two concepts. Thus, every matrix cell in the VW contains a value as an indicator of the eligibility and suitability of the keyword with the attribute domain. The keywords that have already been mapped to schema in the previous step will get assigned 0 in every cell of their lines to ensure that they won't be recomputed in the VW.

After the computation of the best mapping to schema terms M_i and the value weight matrix, the VW matrix is updated according the the terms mapped to schema. In keywords queries, a keyword may refer either to a schema term or to a value in a schema term. We contextualize the value weight matrix according to terms mapped as schema terms from the PSW, taking into consideration the keywords positions in the query. The user can use more than one term to describe one concept. The basic intuition behind our method is to check for each keyword k if it corresponds to any schema term x from the mapped ones. Then, if k corresponds to a keyword mapped to a schema term x, two situations may arise: If x is a relation R, we add a weight Ω to all the attributes of R for every adjacent keywords A(k) $\cup$ B(k), otherwise, if x is an attribute A of a relation R, we increase the weights of this attribute and the related attributes (with functional dependencies) by Ω for all A(k) $\cup$ B(k) keywords neighboring k.

A(k) and B(k) are two functions that retrieve the following and preceding keywords neighboring k respectively. Ω is a variable, its value is proportional to the distance between keywords. The output of this step is a contextualized Value Weight Matrix $V_j(M_i)$. Again, we will use the extension of the Hungarian Algorithm, this time over $V_j(M_i)$, to get the best assignments.

3.3 Generation of the personalized query answers:

The $V_j(M_i)$ with its related M_i is a full matching of the keywords to DB terms, producing together a new combination named A_{ij}. The score of each combination is the sum of weights of the $V_j(M_i)$ and its associated M_i.

SQL queries can be achieved with the possession of the first-score combinations. Yet, this latter just reside on the keywords match to their adequate database terms, without defining the relations between the terms. Works that process under the same assumption of no prior access to data such as (Bergamaschi et al., 2011) only consider the similarity between keywords-attributes/domain of attributes' similarities, which is not always appropriate. To cope with this limitation, we take advantage of the profiles built by our approach, to personalize the answers. Giving a current user making a query in his current session, we compute the similarity of this query with all previous queries in all the sessions using the cosine similarity. The answer that gained interest of the user is credited even its associated query is fairly similar to the user's current query.

4 Experimental Evaluation

4.1 Experimental Setup

In our experiments, we used MySQL 5 as the relational database management system and Word-Net 3.0[1] as a lexical database. We explained the content of the Database to no technical users without exposing its schema information. We asked them to propose keywords queries and describe what they expect as answers for their queries. Then, an expert formulates an SQL query for this purpose. We compared the results generated by our approach with those obtained by the expert. We used a fraction of the MovieLens[2] 100K database. In our tests, 18 users were involved, we group each user's queries in a single session. The number of sessions is between 1 and 3 for each user. We used 105 queries distributed among the users sessions. To evaluate DeepRec, we were based on the number of keywords and that of sessions. For the initialization, we used the Information_schema views provided by MySQL which allows to retrieve metadata about objects in the DB.

4.2 Experimental Results and Discussion

Figure 1 shows a comparison between KEYMANTIC and DeepRec in terms of the percentage of the *1st position answers*, the percentage of the *not in first position answers* and the percentage of the *not found answers* which denotes the relevant answers that the system fails to return.

Experiments showed an amelioration in the percentage of the *1st position answers* over the *not in first position answers*. However, the percentages of the *not found answers* for both approaches are quite similar. The results of success rate according to the number of sessions are given in Figure 2. For the number of keywords and its impact on the success rate, we computed the percentage of answers that were considered as relevant to the users and returned as the first answer while changing the number of keywords in the query as shown in Figure 2.

---

1. www.wordnet.princeton.edu
2. www.MovieLens.com

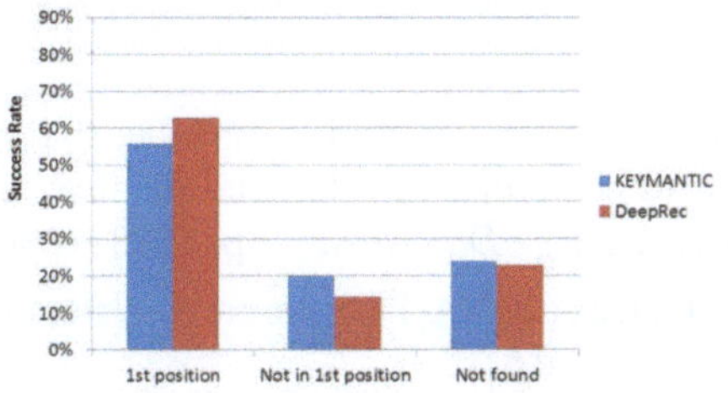

FIG. 1 – *Generated Success Rate for DeepRec and KEYMANTIC*

We remarked that no changes have been noticed for the *not found answers*. Some queries can generate the expected answer, but mostly, not in the first position, except for the ones that have been 'liked' before by the user. The variability of the processing times depends on the number of tables related to the queries. Interesting results are presented for users' interactions including sessions and queries. The number of answers responding to users' expectations has increased. As any CF based

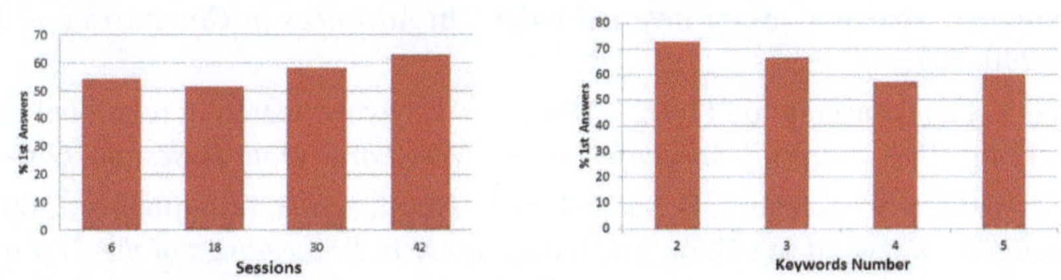

FIG. 2 – *Generated Success Rate according to Sessions and Keywords Number*

system, the more users we have and the more interactions they make with the system, the better its performance is. Experiments show that there isn't an optimal number of keywords. However, the number of keywords may increase either accuracy or serendipity depending on the terms employed by the user. The cold start problem of the CF technique is resolved by DeepRec. Furthermore, the personalization step allows to take into account every result that fits the user's request. This is very useful when a user searches an information that has previously sought. However, with KEYMAN-TIC, regardless the number of times the user interacted with the system, it always recomputes the answers ignoring what the user is probably expecting.

5 Conclusion

This paper addressed the problem of processing keyword queries over RDBs under the assumption that no prior access to data is possible. Our contribution consists in providing users with personalized results in this specific context by extending an existing approach with new components and resources namely, the personalization of the schema weight matrix and the answers, as well as users and information related to their interactions with the system. Beyond simply returning generic answers, our findings indicate that DeepRec provides personalized results that better fit the users' intent. Before the generation of the answers, we took advantage of the current user profile to further personalize answers based on the CF technique of RSs; favoring an answer already liked by the user. Providing personalized answers when no prior access to data is possible, makes DeepRec usable in Web databases and certain systems where building specialized indexes is not a possible option.

References

Aditya, B., G. Bhalotia, S. Chakrabarti, A. Hulgeri, C. Nakhe, P. Parag, and S. Sudarshan (2002). Banks: Browsing and keyword searching in relational databases. In *Proceedings of the 28th international conference on Very Large Data Bases*, pp. 1083–1086.

Agrawal, S., S. Chaudhuri, and G. Das (2002). Dbxplorer: A system for keyword-based search over relational databases. In *ICDE*, pp. 5–16.

Bergamaschi, S., E. Domnori, F. Guerra, R. Trillo Lado, and Y. Velegrakis (2011). Keyword search over relational databases: A metadata approach. In *Proceedings of the 2011 ACM SIGMOD International Conference on Management of Data*, pp. 565–576.

Bergamaschi, S., F. Guerra, S. Rota, and Y. Velegrakis (2011). A hidden markov model approach to keyword-based search over relational databases. In *Conceptual Modeling ER 2011*, pp. 411–420.

Bergamaschi, S., F. Guerra, and G. Simonini (2014). Keyword search over relational databases: Issues, approaches and open challenges. In *Bridging Between Information Retrieval and Databases*, pp. 54–73.

Chbeir, R., Y. Luo, J. Tekli, K. Yetongnon, C. R. Ibanez, A. J. Traina, C. Traina Jr, and M. Al Assad (2014). Semindex: Semantic-aware inverted index. In *Advances in Databases and Information Systems*, pp. 290–307.

Hristidis, V. and Y. Papakonstantinou (2002). Discover: Keyword search in relational databases. In *Proceedings of the 28th international conference on Very Large Data Bases*, pp. 670–681.

Kacholia, V., S. Pandit, S. Chakrabarti, S. Sudarshan, R. Desai, and H. Karambelkar (2005). Bidirectional expansion for keyword search on graph databases. In *Proceedings of the 31st international conference on Very large data bases*, pp. 505–516.

Munkres, J. (1957). Algorithms for the assignment and transportation problems. *Journal of the Society of Industrial and Applied Mathematics* (1), 32–38.

Tata, S. and G. M. Lohman (2008). Sqak: doing more with keywords. In *Proceedings of the 2008 ACM SIGMOD international conference on Management of data*, pp. 889–902.

Wang, H., K. Zhang, Q. Liu, T. Tran, and Y. Yu (2008). Q2semantic: A lightweight keyword interface to semantic search. In *The Semantic Web: Research and Applications*, pp. 584–598.

Résumé

Récemment, la recherche par mots-clés dans les bases de données relationnelles a suscité un intérêt grandissant en raison de sa facilité d'utilisation. Bien que des recherches approfondies fussent dernièrement effectuées dans ce contexte, la plupart de ces recherches non seulement nécessitent un accès préalable aux données, ce qui restreint leur applicabilité si cette condition n'est pas vérifiée, mais aussi renvoient des réponses très génériques. Cependant, fournir aux utilisateurs des réponses personnalisées est devenu plus que jamais nécessaire en raison de la surabondance de données qui peut déranger l'utilisateur. Le défi de retourner des réponses pertinentes et personnalisées qui satisfont les besoins des utilisateurs demeure. Inspiré par l'application réussie de la technique de filtrage collaboratif dans les systèmes de recommandation, nous proposons une nouvelle approche basée sur les mots-clés pour fournir aux utilisateurs des résultats personnalisés basés sur l'hypothèse que seulement une information sur le schéma de la base de données est disponible.

L'ontologie OntoBiotope
pour l'étude de la biodiversité microbienne

Claire Nédellec, Estelle Chaix, Robert Bossy, Louise Deléger
Sandra Dérozier, Jean-Baptiste Bohuon, Valentin Loux

MaIAGE, INRA, Université Paris-Saclay, 78350 Jouy-en-Josas, France
prénom.nom@inra.fr,
http://maiage.jouy.inra.fr/

Résumé. L'intégration des données hétérogènes en Sciences de la Vie est un sujet de recherche majeur. L'importance et le volume considérable des informations sur les milieux de vie des microorganismes dans tous les domaines tels que la santé, l'agriculture ou l'environnement justifie le développement de traitements automatisés. Nous proposons ici l'ontologie OntoBiotope dont nous décrivons les principes de construction ainsi que des exemples d'utilisation pour l'annotation et l'indexation sémantique des habitats microbiens décrits en langue naturelle dans les documents scientifiques.

1   Introduction

La recherche en microbiologie dispose aujourd'hui de très grandes quantités de données sur les habitats des microorganismes en raison de l'expansion des technologies de séquençage à haut-débit et de la croissance du volume des publications et des bases de données. De nombreux domaines de recherche en microbiologie ont l'usage de cette information, dont, en premier lieu, l'étude de la diversité microbienne. L'expression en langue naturelle de l'information sur les habitats microbiens est un frein majeur à son exploitation. Il est très fréquent que des habitats similaires soient décrits par des termes différents, ce qui rend difficile leur comparaison automatique. (Ivanova et al., 2010) souligne l'importance de la construction d'un référentiel commun pour standardiser les descriptions de ces habitats, nous proposons ici un tel référentiel sous la forme d'une ontologie, appelée OntoBiotope.

2   Contexte et motivation

Tous les domaines de la microbiologie produisent des descriptions d'habitat, en premier lieu sous forme d'articles – près de 7 millions d'habitats de microorganismes sont mentionnés dans PubMed selon Deléger et al. (2016). Les bases de données de ressources biologiques comportent toujours un champ «isolation», plus ou moins structuré et détaillé qui décrit le site où l'échantillon a été prélevé, comme BacDive, the *Bacterial Diversity Metadatabase* de DSMZ (`https://bacdive.dsmz.de`). Plus récemment, l'utilisation des technologies de séquençage à haut-débit génère un très grand nombre de séquences de microorganismes associées ici encore à leur lieu d'isolation et disponibles publiquement dans des bases de données comme GenBank.

Parallèlement, l'abondance de ces descriptions favorise l'émergence en biologie de questions transversales aux différents milieux, telles que les questions relatives à la provenance des organismes et aux parcours de contamination, à l'adaptation des microorganismes à différents milieux en lien avec des questions évolutives et génétiques. L'exploitation d'un tel volume de données requiert l'utilisation de méthodes automatiques. Les descriptions des milieux d'échantillonnage microbiens restent largement sous-exploitées par manque de solutions automatisées. La raison est double. L'analyse à grande échelle des descriptions des milieux de vie des microorganismes requiert (1) une classification de référence aux catégories de laquelle attacher les descriptions et (2) un moyen automatique d'associer les descriptions des habitats à ces catégories. Nous proposons dans cet article une solution qui répond à ces deux objectifs.

Le deuxième objectif relève de la fouille de texte pour extraire finement les informations, les catégoriser et les relier. Les progrès récents des méthodes permettent d'atteindre des performances qui les rendent aujourd'hui exploitables pour ce type de tâche mesurées par des compétitions internationales comme *BioNLP Shared Task Bacteria Biotope* (Bossy et al., 2015).

Le premier objectif relatif à la disponibilité d'une classification de référence, est un point critique. Pour être utilisable, elle doit répondre à plusieurs critères. Elle doit être suffisamment riche pour rendre compte de la grande diversité des habitats et permettre ainsi de distinguer des habitats dont les propriétés physico-chimiques diffèrent, mais sans être trop vaste, ce qui nuirait à sa maintenance et à son utilisation manuelle. Sa structure doit à la fois refléter les domaines d'études de biodiversité microbienne pour faciliter son appropriation par les utilisateurs microbiologistes, mais également regrouper les milieux très similaires de manière à en faciliter les traitements. Son organisation doit être hiérarchique pour permettre son utilisation à différents niveaux de précision.

Les classifications d'habitats de microorganismes sont peu nombreuses et ne répondent pas à ces critères. Par exemple, la classification ATCC (Floyd et al., 2005) est une liste de 37 entrées d'habitat environnemental, insuffisante de par sa petite taille et sa structure à plat. GOLD (*Genome OnLine Database*) utilise un vocabulaire contrôlé plus riche, mais non hiérarchisé pour indexer l'information d'isolation des échantillons biologiques (Reddy et al., 2014).

EnvO (*Environment Ontology project* : `https://bioportal.bioontology.org/ontologies/ENVO`) est une ontologie hiérarchique de 7000 classes, soutenue par le *Genomics Standards Consortium* (GSC) destinée à l'annotation manuelle des environnements des organismes et des échantillons biologiques (Buttigieg et al., 2013), mais elle souffre de limitations pour la description des habitats d'organismes microscopiques. Ratkovic et al. (2012) ainsi que Cook et al. (2016) ont montré qu'EnvO n'était pas bien adaptée à l'extraction d'information en microbiologie. Le développement d'EnvO repose sur la réutilisation de classifications connues qui ont été conçues pour d'autres objectifs. La conséquence en est qu'elles ne sont généralement pas adaptées à la description des habitats microbiens. Elle sous-représente certains domaines importants en recherche microbienne comme la transformation des aliments. La classe des aliments réutilise FoodON, *the United Nations Food classification* où par exemple les fromages sont distingués par leur couleur (*red marbled, white*) ou leur présentation (*sliced, dip*). La transformation (cuisson, lavage) ou l'animal dont le lait est utilisé (vache, brebis) sont des concepts plus pertinents pour l'étude écologique. Un autre exemple est la classe des sols issue de la classification pédologique de *Agriculture Organization soil classification*. Elle n'est pas structurée selon les propriétés principales des sols comme l'acidité ou l'humidité qui sont critiques pour les microorganismes.

L'absence d'ontologie adaptée à la catégorisation automatique des descriptions d'habitats microbiens en microbiologie a motivé la construction de l'ontologie OntoBiotope.

3 Construction et principes de l'ontologie OntoBiotope

La partie Habitat qui fait l'objet de cet article est la partie principale de l'ontologie Onto-Biotope. Elle respecte les critères définis ci-dessus. L'approche suivie pour sa construction est assistée par des outils automatiques et des outils d'édition. Une attention particulière est apportée à la terminologie pour permettre son usage à des fins d'extraction fine de l'information.

La construction s'est faite de manière ascendante et descendante. L'approche descendante structure successivement la classification en fonction des grands domaines d'étude de la microbiologie et de leurs subdivisions successives pour faciliter son appropriation par les microbiologistes. L'approche ascendante part de l'ensemble des termes particuliers qui dénotent des habitats pour les regrouper itérativement et hiérarchiquement. Ces termes ont été extraits automatiquement du champ «Habitat» de la base de données GOLD et du champ «Source» de la base de données GenBank par l'extracteur de terme BioYaTeA (Golik et al., 2013) intégré dans la suite Alvis (Ba et Bossy, 2016). L'analyse terminologique manuelle des termes extraits a été assistée par l'outil TyDI (*Terminology Design Interface*) suivant la méthode décrite par Nédellec et al. (2010). La formalisation en sous-arbres assure que les propriétés d'une classe sont partagées par toutes les sous-classes, afin de garantir que les informations indexées par une classe particulière pourront être retrouvées par l'interrogation par des classes parentes. OntoBiotope Habitat ne décrit pas les lieux géographiques, d'autres classifications pertinentes comme la base GeoNames leur sont dédiées. Le sous-arbre *Food* a été construit en adaptant FoodEx2, la nouvelle classification des aliments de l'EFSA (l'Autorité européenne de sécurité des aliments) et grâce à l'expertise des microbiologistes du projet Florilège sur la flore positive des aliments (Falentin et al., 2017).

Le format initial choisi est le format *Open Biomedical Ontologies* (OBO) développé par OBO Foundry dont l'éditeur Obo-Edit présentait au début du projet en 2010 de bonne propriétés d'utilisabilité pour des non-spécialistes. L'expressivité du format OBO est adaptée aux besoins du projet permettant la représentation du niveau lexical (synonymes) et du niveau conceptuel (classes et relations). Trois types de synonymes sont considérés, les synonymes exacts (*exact synonym*) comme les acronymes (*perchloroethylene contaminated site / PCE contaminated site*) ou les variations typographiques, les synonymes proches (*close synonym*) (*polluted site / contaminated site*) et les synonymes associés (*related synonym*) (*PCP percolated soil / PCP contaminated soil*).

OntoBiotope Habitat est distribuée par le portail d'ontologie AgroPortal (`http://agroportal.lirmm.fr/ontologies/ONTOBIOTOPE`), sous la licence *Creative Commons with Attribution* (CC-BY). La version publique ne contient pas d'autre relation que la relation hiérarchique. Elle est explorable en ligne et téléchargeable aux formats standards, OBO (format d'origine) et traduit en RDF/XML. Elle contient 2320 classes et 492 synonymes, elle est organisée dans une hiérarchie d'une profondeur de 13. La racine se divise en 11 grands domaines (figure 1).

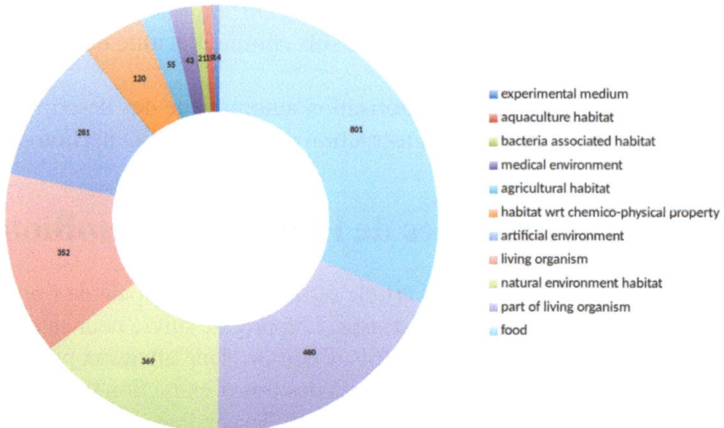

FIG. 1 – *Distribution des classes Habitat dans les branches de l'ontologie OntoBiotope.*

4   Exemples d'utilisation

Nous avons proposé Ontobiotope Habitat comme ontologie de référence pour catégoriser les habitats microbiens et les relier aux bactéries par les trois dernières éditions de la compétition internationale BioNLP Shared Task Bacteria Biotope (Bossy et al., 2015), organisées avec l'objectif de stimuler la recherche en extraction d'information dans le domaine de l'écologie microbienne. Ontobiotope a démontré son utilité pour annoter automatiquement des textes par les différents algorithmes participant aux compétitions.

Welcome	Search relations by taxon	**Search relations by habitat**	Search by phenotype

Search relations by habitat `cheese` **Excel Download**

1496 relations for the habitat "cheese"

DOCUMENT	SURFACE FORM OF HABITAT	▲ TAXON	SURFACE FORM OF TAXON
PMID: 26233450	ricotta, WB ricotta	Arcobacter cryaerophilus	Arcobacter cryaerophilus, A. cryaerophilus
PMID: 25064812	fresh village cheese	Arcobacter cryaerophilus	Arcobacter cryaerophilus, A. cryaerophilus
PMID: 26233450	WB ricotta cheese, industrial ricotta cheese, industrial cow milk ricotta cheese, ricotta cheese, WB cheese	Arcobacter cryaerophilus	Arcobacter cryaerophilus, A. cryaerophilus

FIG. 2 – *Exemple de l'habitat "cheese" dans la base de données Florilège.*

Nous avons développé une telle application en utilisant la Suite Alvis de *text-mining* pour analyser et catégoriser à grande échelle les habitats de microorganismes. Grâce à la catégorisation, les données du texte deviennent comparables et peuvent être croisées avec d'autres données, en particulier les données génétiques. Le projet Florilège en est un exemple, il a pour objectif la mise à disposition de données relatives à la flore positive des aliments, espèces, habitats, phénotypes, usages, *etc.*, dans une base de données structurée (Falentin et al., 2017). Elle intègre les informations de l'ensemble des résumés de la base bibliographique PubMed en microbiologie des aliments, analysée par la suite Alvis. L'ontologie OntoBiotope est utilisée pour indexer les données d'habitats. Les taxa sont normalisés par la taxonomie de référence du NCBI. La figure 2 donne un exemple de l'interface d'interrogation : le taxon *Arcobacter cryaerophilus* et ses habitats dont *fresh village cheese* par exemple ont été identifiés dans des textes, catégorisés et reliés par la relation *lives_in. fresh village cheese* est normalisé par *cheese* qui est l'objet de la requête. La Suite Alvis et l'application sont en cours de déploiement sur l'infrastructure européenne OpenMinTeD, ce qui la rendra publiquement utilisable (Ba et Bossy, 2016) sur différents corpus. A terme, l'application Florilège rendra accessible dans une interface unifiée les données de microbiologie de la littérature et des sources de données expertisées comme la collection allemande de bactéries DSMZ et le Centre International de Ressources Microbiennes (CIRM) dédié aux bactéries de l'INRA. Toutes les données extraites des textes sont également accessibles par le moteur de recherche sémantique AlvisIR (`http://bibliome.jouy.inra.fr/demo/ontobiotope/alvisir2/webapi/search`). L'interface du moteur comme celle la base de données Florilège (`http://genome.jouy.inra.fr/Florilege`) permettent d'exprimer des requêtes pour une recherche hiérarchique et relationnelle (quel organisme vit où ?), c'est-à-dire que les résultats contiennent les relations correspondant à la classe recherchée, ainsi que les relations faisant intervenir les entités associées aux classes plus spécifiques suivant la hiérarchie de l'ontologie.

5 Perspectives

Les branches d'OntoBiotope sont à différents stades de développement en fonction des ontologies réutilisables répondant aux besoinx et des collaborations avec des experts. La partie être vivants et anatomie est ainsi une des parties les plus riches en nombre de concepts avec 51 classes dans la branche *gastrointestinal part*. Sa structuration nécessite une réflexion approfondie. Il ne serait pas judicieux de reprendre en l'état les classifications anatomiques médicales qui sont regroupées en grands systèmes ou par fonction, plutôt que structurées en fonction des propriétés physico-chimiques des milieux. Par contre, le lien vers les concepts d'anatomie médicale devra être préservé de façon à permettre l'intégration de données annotées par ces différentes ressources. Plusieurs sous-arbres complémentaires des habitats, notamment les propriétés des habitats, les phénotypes microbiens et leurs usages technologiques complètent OntoBiotope et seront publiés prochainement.

6 Remerciements

Ce travail a été financé par le programme Quaero d'Oséo, par le métaprogramme INRA MEM et par le projet européen H2020 OpenMinTeD (EC/H2020-EINFRA 654021).

Références

Ba, M. et R. Bossy (2016). Interoperability of corpus processing workflow engines : the case of AlvisNLP/ML in OpenMinTeD. In *INTEROP 2016, LREC*, Portoroz, Slovenia.

Bossy, R., W. Golik, Z. Ratkovic, D. Valsamou, P. Bessieres, et C. Nédellec (2015). Overview of the Gene Regulation Network and the Bacteria Biotope tasks in BioNLP'13 shared task. *BMC bioinformatics 16*(10), S1.

Buttigieg, P. L., N. Morrison, B. Smith, C. J. Mungall, et S. E. Lewis (2013). The environment ontology : contextualising biological and biomedical entities. *Journal of biomedical semantics 4*(1), 43.

Cook, H. V., E. Pafilis, et L. J. Jensen (2016). A dictionary-and rule-based system for identification of bacteria and habitats in text. *ACL 2016 50*.

Deléger, L., R. Bossy, E. Chaix, M. Ba, A. Ferré, P. Bessieres, et C. Nédellec (2016). Overview of the Bacteria Biotope task at BioNLP Shared Task 2016. In *Proceedings of the 4th BioNLP Shared Task Workshop*, pp. 12–22.

Falentin, H., E. Chaix, S. Derozier, M. Weber, S. Buchin, B. Dridi, S.-M. Deutsch, F. Valence-Bertel, S. Casaregola, P. Renault, et al. (2017). Florilege : a database gathering microbial phenotypes of food interest. In *4. International Conference on Microbial Diversity 2017*.

Floyd, M. M., J. Tang, M. Kane, et D. Emerson (2005). Captured diversity in a culture collection : case study of the geographic and habitat distributions of environmental isolates held at the American Type Culture Collection. *Applied and Environmental Microbiology 71*(6), 2813–2823.

Golik, W., R. Bossy, Z. Ratkovic, et C. Nédellec (2013). Improving term extraction with linguistic analysis in the biomedical domain. *Research in Computing Science 70*, 157–172.

Ivanova, N., S. G. Tringe, K. Liolios, W.-T. Liu, N. Morrison, P. Hugenholtz, et N. C. Kyrpides (2010). A call for standardized classification of metagenome projects. *Environmental microbiology 12*(7), 1803–1805.

Nédellec, C., W. Golik, S. Aubin, et R. Bossy (2010). Building large lexicalized ontologies from text : a use case in automatic indexing of biotechnology patents. *Knowledge Engineering and Management by the Masses*, 514–523.

Ratkovic, Z., W. Golik, et P. Warnier (2012). Event extraction of Bacteria Biotopes : a knowledge-intensive NLP-based approach. *BMC bioinformatics 13*(11), S8.

Reddy, T. B., A. D. Thomas, D. Stamatis, J. Bertsch, M. Isbandi, J. Jansson, J. Mallajosyula, I. Pagani, E. A. Lobos, et N. C. Kyrpides (2014). The Genomes OnLine Database (GOLD) v. 5 : a metadata management system based on a four level (meta) genome project classification. *Nucleic acids research 43*(D1), D1099–D1106.

Summary

The integration of heterogeneous data is a major research challenge in Life Sciences. The importance and the volume of information on the environments of microorganisms in all areas such as health, agriculture or environment has prompted the development of automated processes. We describe the design principles of the OntoBiotope ontology, and its use for the automatic annotation and indexing of microbial habitats described in natural language in scientific documents.

Réseau bayésien pour la gestion de l'obsolescence dans une base d'informations en vue de l'évaluation du risque de chute des personnes âgées

Salma Chaieb[1,3,*], Véronique Delcroix [2,**]
Ali Ben Mrad[1,3,***], Emmanuelle Grislin-Le Strugeon[2,**]

1 : FSM, Université de Monastir, Skanes 5000 Monastir, Tunisie
2 : LAMIH-UMR CNRS 8201, Univ. de Valenciennes, 59304 Valenciennes, France
3 CES Lab, ENIS, Université de Sfax, 3038, Sfax, Tunisie
* salma.chaieb2@yahoo.com, *** benmradali2@gmail.com
** {veronique.delcroix,emmanuelle.grislin}@univ-valenciennes.fr

Résumé. L'évaluation périodique du risque de chute des personnes âgées requiert des informations fiables et nombreuses. Comme il n'est pas possible de recueillir régulièrement toutes ces informations, les observations sont faites au fil du temps et conservées, ce qui entraîne une problématique liée au vieillissement des informations. Cet article traite de la détection des informations obsolètes dans une base d'informations sur une personne âgée. Nous proposons une solution comportant un modèle de connaissances sur les personnes âgées sous forme d'un réseau bayésien et un module de raisonnement chargé de la détection et de la gestion des contradictions et des doutes sur les informations.

1 Introduction

La chute est la première cause de décès accidentel chez les personnes âgées de plus de 65 ans. L'évaluation régulière du risque de chute requiert des informations fiables et nombreuses sur la personne âgée et la collecte de ces informations est coûteuse en temps. Pour pallier ce problème, nous proposons un système chargé de collecter les informations au fil du temps, de les stocker et les gérer, en vue de fournir ces informations à la demande. Il s'agit donc d'un cas de la vie réelle où on ne dispose que d'informations incomplètes, incertaines ou incohérentes dans des situations de prise de décision. Ces informations sont très souvent variées et évolutives, risquent de devenir obsolètes et de contredire d'autres informations. Elles doivent ainsi être vérifiées continuellement afin de refléter fidèlement l'état et le comportement des personnes. L'objectif de ce travail est ainsi de maintenir un ensemble d'informations le plus fiable et complet possible, de façon à fournir à la demande des informations avec un degré de confiance élevé.

Pour cela, nous proposons un mécanisme de détection et de gestion des contradictions dans la base d'informations. La détection des observations obsolètes repose sur leur contradiction potentielle avec d'autres observations plus récentes et/ou plus jugées plus fiables portant sur des variables différentes. Détecter ce type de contradiction nécessite de combiner des connaissances sur les dépendances entre les variables et du raisonnement dans l'incertain du fait des observations incomplètes d'une part et de l'incertitude stochastique sur les connaissances. Notre proposition est basée sur l'utilisation d'un réseau bayésien (RB) (Jensen, 1996; Naïm et al., 2011; Pearl, 1988) à même de combiner modèle de connaissance et de raisonnement dans l'incertain. Un RB est un graphe dirigé sans circuit G défini sur un ensemble de nœuds $\mathbf{X} = \{X_1, X_2, ..., X_n\}$, associé avec une distribution de probabilités P sur $\mathbf{X}$ telle que $P(X_1, ..., X_n) = \prod_{i=1}^{n} P(X_i|Pa(X_i))$ où $Pa(X)$ est l'ensemble des parents du nœud X dans G. Ce modèle représente un ensemble d'informations stables et générales : des *connaissances*. Il permet de calculer $P(V|Obs)$ où V est une variable non observée, et Obs désigne une *observation* c'est à dire l'instanciation d'une ou plusieurs variables. La distribution de probabilités *a posteriori* $P(V|Obs)$ représente l'état cognitif, ou la *croyance*, d'un observateur à propos de la variable V, dans une situation bien déterminée. Dans cet article, les observations ne sont pas synchrones, puisque nous considérons des informations recueillies au fil du temps. En conservant les observations du passé, nous ajoutons un degré d'incertitude supplémentaire puisque nous ne pouvons plus affirmer avec certitude que l'observation est encore vraie. La prise en compte du vieillissement des observations ne peut être gérée directement dans le RB. Il ne s'agit pas non plus d'observations incertaines (Pearl, 1988; Valtorta et al., 2002; Mrad et al., 2015). Pour gérer l'incertitude liée au vieillissement des observations, nous proposons des fonctions de *péremption*, qui permettent de calculer pour chaque observation un *degré de confiance*.

Cet article commence par un rapide état de l'art sur la problématique de l'obsolescence des informations. Il présente ensuite l'architecture du système et le modèle de raisonnement permettant la gestion de l'obsolescence. La dernière partie présente la réalisation de notre application.

2   Etat de l'art sur l'obsolescence des informations

Des solutions à la problématique de l'intégration de nouvelles données à une base de connaissance existante sont proposées par les algorithmes de bandit (Louëdec et al., 2015) dans le cadre des systèmes de recommandation en particulier. Il s'agit de mettre à jour l'ensemble des informations en supprimant celles les plus anciennes (dont l'âge dépasse un certain seuil). Des systèmes de reconnaissance automatique de cibles radar (Saidi et al., 2009) ou encore d'information en milieu hospitalier (Todoran, 2014) se basent sur l'étude de mesures de qualité de l'information en fonction de son évolution dans le temps (la qualité locale/en entrée et la qualité globale/en sortie). Dans notre proposition, comme dans les cas mentionnés, les informations traitées sont accompagnées de méta-informations permettant d'évaluer la qualité de ces dernières. Cependant, dans notre cas, il ne s'agit pas de déterminer la pertinence des observations "au moment où elles arrivent" comme cela est décrit dans ces cas, ni de prendre en compte uniquement les informations les plus récentes. Par ailleurs, le vieillissement des informations est un problème connu des bases de données dans lesquelles sont regroupés des enregistrements concernant un grand nombre d'entités, dont chacune est décrite par

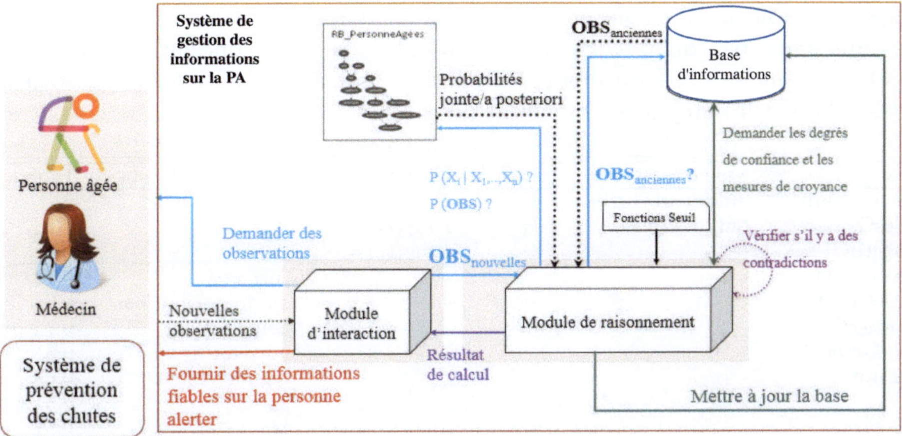

FIG. 1 – *Schéma général du système chargé de la gestion des informations d'une PA*

un nombre limité d'informations. A l'inverse, la base d'informations que nous considé-rons concerne une seule personne, mais regroupe de nombreuses informations qui sont en partie dépendantes les unes des autres (dépendance causale et/ou statistique). La problématique de cet article vise à prendre en compte ces dépendances pour y détecter d'éventuelles contradictions avec une approche probabiliste.

3   Gestion de l'obsolescence des informations

Le rôle du système proposé est de maintenir à jour une base d'informations sur une PA, sur la base d'informations acquises par des dispositifs externes et/ou par interaction avec la personne. Le système peut décider d'interagir avec la PA pour confirmer les observations. Les opérations suivantes sont effectuées de façon cyclique :

1. recueil de données sur la personne, constituées d'observations et de leurs dates ;

2. détection d'éventuelles contradictions entre ces nouvelles observations et les ob-servations plus anciennes, et plus généralement avec l'ensemble des croyances sur l'état des variables pour lesquelles on n'a pas ou plus d'observations ;

3. mise à jour des informations sur la personne à partir des observations et du RB ;

4. interaction avec la personne en vue de réduire les contradictions.

L'architecture comporte quatre composantes (figure 1) : un modèle de connaissances, une base d'informations, un module de raisonnement et un module d'interaction.

Modèle de connaissances : RB qui encapsule les connaissances sur une popula-tion de personnes âgées. Dans ce travail, nous proposons un petit RB à treize nœuds (voir figure 2) qui vise à implémenter un démonstrateur.

Base d'informations : regroupe l'ensemble des variables du RB, les observations associées, les dates de saisie, les fonctions de péremptions et les degrés de confiance (exemple en tableau 1). Seule la dernière valeur observée est conservée. Pour les variables qui n'ont pas ou plus de valeur observée, la base contient la valeur la plus probable sachant les observations récentes et la probabilité *a posteriori* associée. Ces mesures reflètent les croyances sur l'état de la PA.

Variable	Valeur observée	Date	Confiance	Le plus prob.|obs	Prob.|obs
laPersConduit	auMoins1ParSem	t_1	$Pm_1(t_1) = +$	-	-
faitSesCourses	oui	t_1	$Pm_2(t_1) = +$	-	-
dispositifGPS	ok	t_1	$Pm_3(t_1) = +$	-	-
capaVisuelle	-	-	-	correcte	0.98
sortDeChezElle	-	-	-	auMoins1ParSem	0.9
nbSortiesGPS	-	-	-	deuxOuPlus	0.73
capaMarche	-	-	-	normale	0.8
laPersLit	-	-	-	régulièrement	0.63
age	-	-	-	[60-63]	0.51
sexe	-	-	-	M	0.51
IMC	-	-	-	normale	0.38
taille	-	-	-	[160-170]	0.3
poids	-	-	-	[60-75]	0.19

TAB. 1 – *Base d'informations : les observations (avec date et niveau de confiance) et les croyances sur les variables non observées (distributions de probabilités a posteriori).*

Module de raisonnement : gère la cohérence de la base d'information. La présence d'une observation obsolète dans la base d'informations peut se manifester de deux façons. D'une part, quand une observation obsolète entre en contradiction avec des observations sur d'autres variables et qu'en conséquence l'observation simultanée de cet ensemble de valeurs est extrêmement improbable. Nous dirons que la base d'informations n'est pas dans un *état possible*. D'autre part, une observation obsolète peut générer un *doute* sur une variable non observée. Les activités d'inférence, de détection de contradictions, remise en cause des observations passées, suppression des observations obsolètes et vérification des doutes sont répétées jusqu'à ce que la base d'informations soit dans un *état stable*. Le module de raisonnement s'appuie sur les trois concepts suivants :

Une base d'informations est dans un *état stable* si et seulement si elle est dans un *état possible* et on n'a aucun *doute* sur ses variables n'ayant pas ou plus de valeur observée.

Une base d'informations est dans un *état possible* lorsque l'ensemble des observations $\mathbf{OBS} = \mathbf{obs}$ est tel que $P(\mathbf{OBS} = \mathbf{obs}) > \text{Seuil}(\mathbf{OBS})$, où $Seuil(\mathbf{OBS})$ est une fonction qui associe à un ensemble de variables une probabilité en dessous de laquelle un ensemble d'observations n'est "pas possible". Cette définition relaxe le sens strict du mot *possible* qui correspond généralement à une probabilité non nulle. La valeur du seuil dépend logiquement de la taille du domaine des observations et des conventions adoptées dans la définition du RB pour caractériser les situations locales impossibles dans les TPC (Tables de Probabilités Conditionnelles). Nous avons adopté une définition très simplifiée de la fonction seuil.

On dit qu'on a un *doute* sur une variable n'ayant pas ou plus de valeur observée si la croyance sur cette variable est fortement remise en cause par les nouvelles observations.

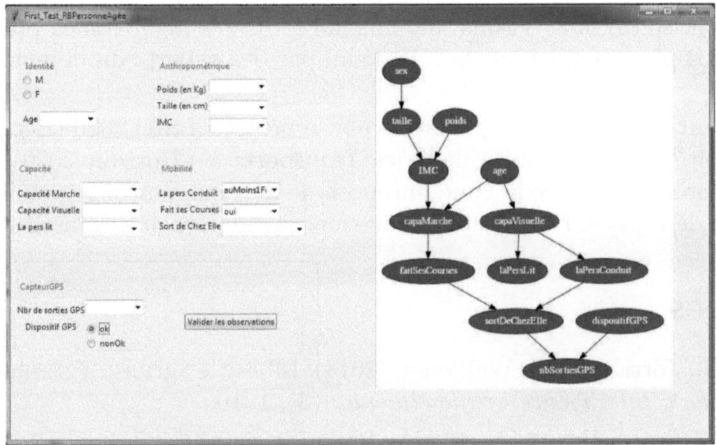

FIG. 2 – *Interfaces graphiques pour la gestion des interactions.*

Module d'interaction : gère en permanence l'arrivée des nouvelles informations et fournit des informations fiables sur des variables cibles à la demande.

4   Réalisation et résultats de l'application

Notre application a été implantée sous l'environnement Windows, avec le le logiciel pyAgrum (Gonzales et al., 2014). Nous avons testé les méthodes proposées sur quelques scénarios à l'aide d'un premier démonstrateur (voir figure 2). Nous avons réalisé un premier test comparatif avec un raisonnement consistant à déclarer obsolète toute information dont le degré de confiance est sous un seuil fixé. Ceci peut conduire à deux écueils : supprimer une information qui n'est pas devenue obsolète ; ne pas supprimer des informations obsolètes. Comparativement, notre proposition évite systématiquement le premier écueil et partiellement le second puisque c'est la contradiction avec une information plus récente qui permet de détecter l'obsolescence. Les résultats préliminaires trouvés sont encourageants mais doivent être vérifiés et améliorés afin d'améliorer la performance du système.

5   Conclusion et perspectives

Nous avons proposé un système chargé de la gestion de l'obsolescence des informations dans le cadre de l'évitement de la chute chez les personnes âgées. Le système détecte d'éventuelles contradictions entre de nouvelles observations et les informations précédemment recueillies sur la personne, et met à jour de la base d'informations à l'aide d'un modèle probabiliste de connaissances générales sur les PA sous forme d'un réseau bayésien. Nos perspectives à court terme concernent une meilleure définition formelle du problème de la gestion d'une base d'informations non synchrones et non pérennes Par la suite, nous visons une amélioration des algorithmes proposés et des tests sur un RB plus complet sur la PA, défini par des experts du domaine.

Remerciements   Ce travail est soutenu par le projet ELSAT2020 (Eco-mobilité Logistique Sécurité et Adaptabilité dans les Transports à l'Horizon 2020) et cofinancé par l'Union Européenne avec le Fond européen de développement régional, l'État et la Région Hauts de France. Les auteurs remercient le support de ces institutions.

Références

Gonzales, C., L. Torti, et P.-H. Wuillemin (2014). Librairie agrum : a graphical universal model. *Revue d'intelligence artificielle–no 2*(3), 1–10.

Jensen, F. V. (1996). *An introduction to Bayesian networks*, Volume 210. UCL press London.

Louëdec, J., M. Chevalier, A. Garivier, et J. Mothe (2015). Algorithmes de bandit pour les systèmes de recommandation : le cas de multiples recommandations simultanées. In *CORIA*, pp. 73–88.

Mrad, A. B., V. Delcroix, S. Piechowiak, P. Leicester, et M. Abid (2015). An explication of uncertain evidence in bayesian networks : likelihood evidence and probabilistic evidence. *Appl. Intell. 43*(4), 802–824.

Naïm, P., P.-H. Wuillemin, P. Leray, O. Pourret, et A. Becker (2011). *Réseaux bayésiens*. Editions Eyrolles.

Pearl, J. (1988). *Probabilistic reasoning in intelligent systems : networks of plausible inference*. Morgan Kaufmann.

Saidi, M. N., A. Toumi, B. Hoeltzener, A. Khenchaf, et D. Aboutajdine (2009). Système automatique de reconnaissance de cibles radar. *6e Atelier Fouille de Données Complexes dans un processus d'extraction de connaissances*, 15.

Todoran, I. G. (2014). *Etude dynamique de la qualité de l'information et des données d'un système d'information complexe*. Ph. D. thesis, Télécom Bretagne, Univ. de Rennes 1.

Valtorta, M., Y.-G. Kim, et J. Vomlel (2002). Soft evidential update for probabilistic multiagent systems. *International Journal of Approximate Reasoning 29*(1), 71–106.

Summary

The frequent evaluation of the risk of fall for elderly people require reliable and abundant information about the person. Since it is not possible to gather regularly all the interesting pieces of information, observations are made over time and stored, which lead to a problem of information aging. This article deals with outdated information in a base of information about an elderly person. We propose a solution that includes a bayesian network-based model of knowledge and a reasoning module in charge of the detection and the management of contradictions and doubts about information.

Prise en compte de la structure des documents pour une indexation performante

Pascal Cuxac, Nicolas Kieffer

INIST-CNRS
2, allée du parc de Brabois
54519 Vandoeuvre lès Nancy
pascal.cuxac@inist.fr, nicolas.kieffer@inist.fr

1 Introduction

L'indexation d'un document a des intérêts multiples : répondre à une requête, faire une classification, comparer des textes... (Gupta et Lehal, 2017).

Nous présentons Skeeft, une méthode automatique d'indexation en langage libre, sans ressource appliquée à du texte intégral (des articles scientifiques). Ce choix permet de s'affranchir du domaine scientifique et traiter un corpus multi-thématiques sans difficulté. L'analyse du texte intégral permet l'extraction de termes pertinents et une meilleure pondération. La structure du document est souvent utilisée afin de cibler des zones d'extractions ou pondérer les termes (You et al., 2013). Notre approche est très différente car nous ne hiérarchisons pas les différentes parties mais nous les mettons en concurrence : il suffit d'identifier les parties du document sans avoir à identifier leur "rôle" (introduction, méthodologie...).

2 Méthodologie

Nous assimilons un document à une classification dont chaque partie est une classe composée de termes. A partir de là le procédé se déroule en 4 grandes étapes :
— extraction des termes pour chaque partie identifiée (toute méthode est utilisable ici) ;
— application d'une sélection de variables : un terme est une variable, la partie ou il apparaît est sa classe d'appartenance (Lamirel et al., 2015) ;
— pondération des termes sélectionnés pour chaque partie ;
— filtrage final, fusion des résultats et affichage.
Le lecteur se rapportera à l'article de Lamirel et al. (2015) pour plus de détails.

3 Résultats expérimentaux

Skeeft est testée sur des documents multi-disciplinaires du réservoir ISTEX [1], indexés manuellement par des experts et comparée aux méthodes suivantes : TopicRank (Bougouin et

---

1. https ://api.istex.fr/documentation/

Boudin, 2014), Keyterm (Lopez et Romary, 2010), KPMiner (El-Beltagy et Rafea, 2009), SingleRank (Wan et Xiao, 2008), Kea (http ://www.nzdl.org/Kea) et Termostat (Drouin, 2003).

Méthode	Rappel	Précision	F-mesure
TopicRank	0.11	0.18	0.14
Keyterm	**0.25**	0.21	0.23
SingleRank	0.06	0.09	0.07
Kea	0.14	0.21	0.17
KPMiner	0.17	0.22	0.19
Termostat	0.24	0.30	**0.27**
Teeft	0.23	0.20	0.21
Skeeft	0.21	**0.32**	**0.25**

TAB. 1 – *Comparaison des performances de Skeeft sur un corpus test indexé manuellement*

Les résultats présentés dans le tableau ci-dessus montrent de bonnes performances de Skeeft en terme de F-mesure puisque seul Termostat donne des résultats légèrement meilleurs. *Ces travaux sont financés par le projet ISTEX - programme ANR-10-IDEX-0004-12.*

Références

Bougouin, A. et F. Boudin (2014). Topicrank : ordonnancement de sujets pour l'extraction automatique de termes-clés. *TAL 55*(5), 45–69.

Drouin, P. (2003). Term extraction using non-technical corpora as a point of leverage. *Terminology 9*(1), 99–117.

El-Beltagy, S. et A. Rafea (2009). Kp-miner : a keyphrase extraction system for english and arabic documents. *Inf Syst 34*(1), 132–144.

Gupta, V. et S. Lehal (2017). Keyword extraction :a review. *Int.j.eng.appl.sci. 2*(4), 215–220.

Lamirel, J.-C., P. Cuxac, A. Chivukula, et K. Hajlaoui (2015). Optimizing text classification through feature selection based on quality metric. *J. of Intel. Inf. Syst. 45*(3), 379–396.

Lopez, P. et L. Romary (2010). Humb : Automatic key term extraction from scientific articles in grobid. *In Proc. of the 5th Int. workshop on semantic evaluation, ACL*, 248–251.

Wan, X. et J. Xiao (2008). Single document keyphrase extraction using neighborhood knowledge. *Proceedings of the 23rd AAAI Conference on Artificial Intelligence*, 855–860.

You, W., D. Fontaine, et J.-P. Barthès (2013). An automatic keyphrase extraction system for scientific documents. *Knowledge and Information Systems 34*(3), 691–724.

Summary

We present Skeeft, a method that improves terms extraction , taking into account the structure of the document. We consider a document to be a classification; a feature selection method is then used to select specific terms.

Elaboration et utilisation d'une base de connaissances d'un domaine technique.

Nicolas Faure*, René-Michel Faure**
* Centre de recherches Magellan, IAE, Université Lyon 3
mkd.onto@gmail.com
** Ecole Nationale des Travaux Publics de l'Etat, Lyon
ramcesh.rmf@orange.fr

Ce poster rend compte d'une entreprise d'élaboration d'un système de représentation des connaissances pour le domaine géotechnique.

1. Caractérisation du domaine

Ce domaine se caractérise en effet par une grande disparité des données techniques (données largement inconnues ou approchées, liées aux caractéristiques physiques des sols) et une forte propension pour la documentation du domaine à être d'ordre descriptif, le lecteur devant raisonner par analogie pour savoir si l'article sera pertinent pour son problème.

2. Objectif poursuivi

Trouver dans la base de données, les articles qui contiennent des phrases qui aideront l'utilisateur à maîtriser son thème de recherche.

3. Source des données

Les données d'origine sont extraites de corpus documentaires rassemblé par les ingénieurs du domaine. Les corpus ainsi constitués représentent plusieurs années des travaux d'une communauté transcrits dans des congrès annuels (AFTES ou AITES en l'occurrence).

4. Originalité de la démarche

Pour répondre à notre problématique, nous avons d'abord envisagé une ontologie de domaine formalisée en OWL, mais nous nous sommes heurtés à plusieurs difficultés :
- La multiplicité des spécialités géotechniques induit une multiplicité d'emplois lexicaux spécialisés et un coût de normalisation assez élevé.
- Le raisonnement par catégories aristotéliciennes correspond au final assez peu au raisonnement usuellement employé par les experts du domaine, qui raisonnent plutôt par prototypes et proximité sémantique.
- Il existe aussi dans la profession une résistance diffuse à l'utilisation d'un formalisme de représentation étranger au mode de pensée des experts, et plus encore à toute tentative de normaliser ces modes de pensée.

Donc, le projet est construit sur une base purement lexicale et informelle, sans formalisme de représentation nécessitant spécification ou formalisation des données de départ.

5. Traitement des données

Les données lexicales sont extraites par OCR et traitement morphosyntaxique, permettant de lister les syntagmes signifiants du corpus. Ces syntagmes sont ensuite manuellement classés par les utilisateurs selon des relations simples (hyponymie/hypéronymie, voisinage) au sein de cartes. Ces cartes représentent généralement une thématique ou une spécialité. En général, elles n'excèdent pas 800 syntagmes et respectent quelques contraintes simples. Ces cartes ainsi constituées sont stockées dans une base de données, aident à l'interrogation et sont surtout un mode s'appropriation du système par les utilisateurs. Une analyse des textes permet de détecter les ensembles de phrases déductives de type ; si…alors, qui traduisent en général la connaissance des phénomènes.

6. Interrogation de la base de connaissances

L'utilisateur peut ensuite interroger la base selon plusieurs modes ; via les noms d'auteur ou via un ensemble de syntagmes constituant une. La recherche des phrases d'articles permet des comparaisons par ressemblance et précise l'origine des informations. De même, les articles peuvent être comparés entre eux et classés par degré de ressemblance.

7. L'avenir

Les essais ont été menés auprès d'experts du domaine en situation réelle fournissent des résultats complets et surtout moins coûteux en temps.

Il est également prévu d'intégrer une connaissance plus complexe dans le système, sous la forme du granule de connaissances, représentation semi-formelle de connaissances

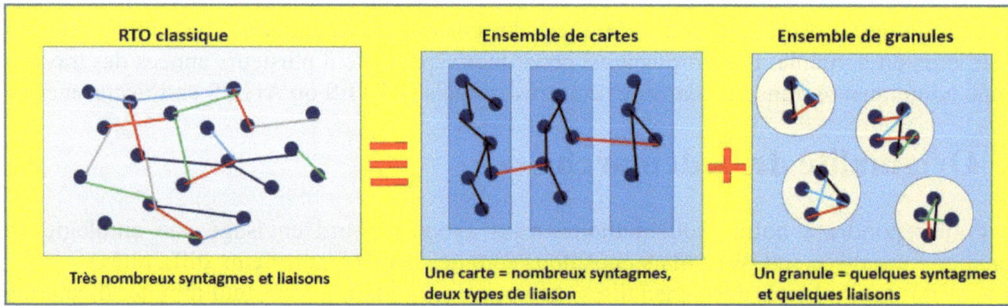

axiomatiques. L'objectif est d'en arriver à une forme de RTO informelle qui permette d'articuler les connaissances entre elles et de fournirdes réponse plus pertinentes.

Plusieurs familles de congrès (JNGG, ITA, AFTES) représentent plusieurs milliers d'articles ont été mis en base. Cette application test, ainsi qu'une bibliographie complète, est en ligne à : ***www.pentes-tunnels.eu/MKD/MKD_en_ligne***

Évaluation comparative d'algorithmes de centralité pour la détection d'influenceurs

Kévin Deturck*
Damien Nouvel**
Frédérique Segond***

*Viseo Technologies 4, avenue Doyen Louis Weil 38000 Grenoble
INaLCO-ERTIM 2, rue de Lille 75007 Paris
kevin.deturck@viseo.com
**INaLCO-ERTIM 2, rue de Lille 75007 Paris
damien.nouvel@inalco.fr
***Viseo Technologies 4, avenue Doyen Louis Weil 38000 Grenoble
frederique.segond@viseo.com

L'influence, d'un point de vue social, peut être définie comme le pouvoir d'un individu qui mobilise des individus cibles pour des actions concrètes ou une opinion donnée. Détecter automatiquement les influenceurs dans les réseaux sociaux fournit des points d'entrée efficaces afin d'avoir un impact dans le cadre d'applications comme la diffusion ciblée d'une information de santé publique, la promotion d'un produit ou encore la réputation en ligne. Nos travaux s'intègrent au projet européen SOMA [1] qui a pour but d'enrichir les connaissances client de systèmes CRM [2] par de l'information issue de médias sociaux ; l'influence en fait partie afin d'évaluer l'impact potentiel d'un client par exemple sur un produit donné.

Il est possible d'analyser un réseau social selon sa structure ou le contenu diffusé, ces deux aspects étant les marqueurs de relations interpersonnelles essentielles à l'influence. Les approches qui analysent le contenu s'intéressent au texte en tenant compte de marqueurs discursifs, comme l'argumentation, qui tendent à influencer (Rosenthal et al., 2012). La structure du réseau est utilisée par les mesures de centralité, qui identifient les nœuds dominants d'un réseau d'après leurs liens. Elles sont beaucoup utilisées parce qu'elles ne requièrent principalement qu'un graphe d'interactions et sont suffisamment variées pour modéliser différentes modalités d'influence (Benyahia et Largeron, 2015). Cette variété requiert de pouvoir appréhender les meilleurs cas d'usage des différentes mesures en les évaluant et en les comparant notamment sur des données aux applications diverses (Ghazzali et Ouellet, 2017).

Nous voulons déterminer les mesures de centralité les plus aptes à identifier les influenceurs en les confrontant à des données réelles portant différentes catégories d'information sur un ensemble d'utilisateurs. Nous utilisons un corpus constitué dans le cadre de la compétition RepLab 2014 (Amigó et al., 2014) qui présente plus de 7000 comptes Twitter [3] manuellement annotés selon qu'ils sont influenceurs ou non. Nous avons sélectionné six algorithmes qui sont le *Degré entrant* comme Baseline, l'*Intermédiarité* qui mesure si un individu fait office de

---

1. http ://www.somaproject.eu/soma-project/
2. « Customer Relationship Management »
3. http ://www.twitter.com

passage obligé, la *Proximité* qui valorise l'accessibilité, *PageRank* et *LeaderRank* qui prennent en compte la valeur des liens, le dernier se voulant une adaptation du premier aux réseaux sociaux, enfin *Hits* distingue les autorités et les relais, les uns étant particulièrement suivis par les autres. Pour un échantillon de 50 comptes du corpus RepLab avec la même proportion (1/3) d'influenceurs que dans le corpus original, nous extrayons deux types d'interaction (Retweet et suivi) et utilisons deux modes d'attribution (lien, pondération des liens). Nous construisons ainsi des graphes aux sémantiques différentes (par exemple un graphe de suivi et un graphe de suivi pondéré par le nombre de Retweets) nous permettant d'analyser la performance des algorithmes à l'aune des catégories d'information extraites. Nous avons aussi pu comparer les algorithmes sélectionnés avec les systèmes de la compétition qui se différencient par leur besoin de supervision. Comme la compétition, nous utilisons MAP pour évaluer la qualité des classements d'utilisateurs en influence produits par les algorithmes par rapport à la référence binaire.

Nous observons des résultats meilleurs (moyenne de 5 %) sur les graphes de suivi que sur les graphes de Retweet, ce que nous expliquons par une audience particulièrement importante en quantité (nombre de liens) et qualité (valeur des liens) pour les influenceurs, donnant l'avantage aux algorithmes Page Rank, Leader Rank et Hits pour lesquels le score de chaque nœud est fonction du nombre de ses liens et de leur poids. Nous avons obtenu le meilleur résultat sur un graphe de suivi avec l'algorithme Hits à 52

Références

Amigó, E., J. Carrillo-De-albornoz, I. Chugur, A. Corujo, J. Gonzalo, E. Meij, M. De Rijke, et D. Spina (2014). Overview of RepLab 2014 : Author profiling and reputation dimensions for Online Reputation Management. *CEUR Workshop Proceedings 1180*, 1438–1457.

Benyahia, O. et C. Largeron (2015). Mesure d'influence via les indicateurs de centralité dans les réseaux sociaux. In *EGC*, pp. 469–470.

Ghazzali, N. et A. Ouellet (2017). *Comparative Study of Centrality Measures on Social Networks*. Springer International Publishing.

Rosenthal, S., J. Andreas, et O. Rambow (2012). Detecting Influencers in Written Online Conversations. *Proceedings of the 2012 Workshop on Language in Social Media (LSM 2012)* (Lsm), 37–45.

Summary

We evaluate the effectiveness of centrality measures on Twitter data in detecting influencers. We apply these measures on graphs representing different user interactions from the RepLab 2014 corpus. We compare them between themselves, against RepLab systems and highlight influencer characteristics.

Catégorisation d'articles scientifiques basée sur les relations sémantiques des mots-clés

Bastien Latard*,** Jonathan Weber*
Germain Forestier*, Michel Hassenforder*

*MIPS, Université de Haute-Alsace, Mulhouse, France
**MDPI AG, Bâle, Suisse

Introduction. La recherche bibliographique est une étape cruciale pour tout chercheur. En effet, la connaissance des travaux existant peut faire gagner un temps précieux tant pour le choix de la méthode à adopter que pour être à jour des dernières avancées. Néanmoins, trouver des articles similaires reste une tâche compliquée et pénible autant pour les domaines étendus que réduits. Les chercheurs passent un temps considérable à chercher des travaux proches de leurs intérêts de recherche, disséminés dans 47'000 revues scientifiques appartenant à quelques 6000 éditeurs différents. Cette étape est cependant incontournable dans tout projet de recherche afin de confronter de nouvelles idées à des solutions existantes, ansi que pour l'acquisition de connaissance à propos d'un domaine spécifique. Dans cet article, une nouvelle méthode d'extraction de connexions entre les catégories des mots-clés d'articles scientifiques est proposée. Les limites de notre approche naïve héritée de la recherche exacte ont été soulignées dans Latard et al. (2017), et cet article fournit une amélioration qui s'attaque à ce problème. Notre recherche a pour but d'intégrer les relations sémantiques dans les moteurs de recherche scientifiques afin de les rendre plus intelligents. Effectivement, en fonction du nombre de résultats renvoyés, une requête plus raffinée / étendue pourrait alors être proposée à l'utilisateur.

FIG. 1 – *Illustration de la logique générale de notre approche*

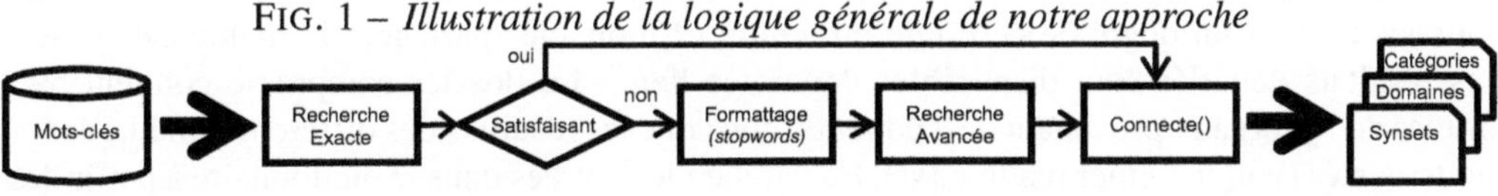

Approche Proposée. Notre approche utilise BabelNet (Navigli et Ponzetto (2012)), une base de données fusionnant lexiques sémantiques (WordNet, VerbNet) et autres bases de données collaboratives (Wikipedia et autres données Wiki). Une requête pour un terme renvoie des "entrées de dictionnaire", des synonymes, des catégories ou des domaines. Cette base de connaissance est intégrée afin d'ajouter de l'information sémantique à partir de tous les mots-clés des articles de la base de données de littérature scientifique, Scilit[1]. Scilit contient à ce jour les métadonnées de plus de 97 millions d'articles. La Figure 1 illustre la logique principale de notre framework. La recherche exacte est l'approche naïve de notre framework qui prend des mots-clés sans préformatage et tente de faire une recherche exacte sur BabelNet. Ses limites sont rapidement atteintes lorsqu'un article comporte des mots-clés composés (plusieurs

---

1. http://www.scilit.net – *développée par MDPI (*http://www.mdpi.com*)*

mots). Ceci est problématique étant donné que 76% des mots-clés Scilit sont composés. Lorsqu'une recherche exacte ne renvoie aucun résultat pour un mot-clé composé, les mots vides (*stopwords*) sont supprimés et le mot-clé est divisé sur les espaces. Cette étape s'appelle la recherche avancée. Le mode utilisé (aussi appelé Multi) est une version étendue des approches

FIG. 2 – *Le mode Multi*

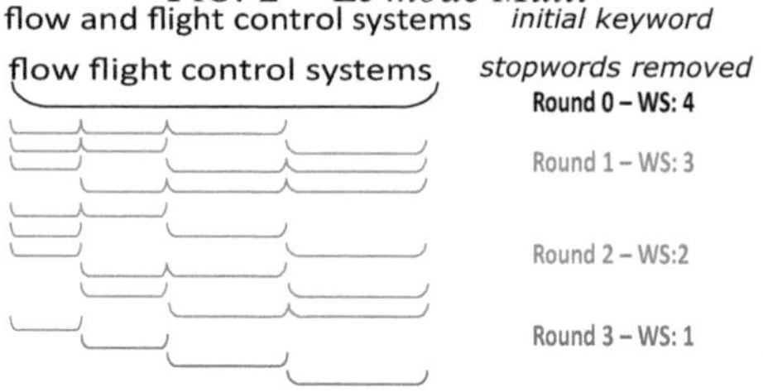

FIG. 3 – *Métriques pour $\alpha = 4$*

Recherche / Métrique	F1	F1($R0$)
Exacte	0.63	0.94
Multi	0.84	0.90

type n-grammes. Il démarre à partir de la plus grande fenêtre (sélection de mots) possible, mais tente toutes les combinaisons linéaires au lieu de seulement les adjacentes. La Figure 2 illustre la logique de propagation de ce mode sur un exemple réel et souligne son avantage principal par rapport aux approches n-grammes où *"flow control"* est plus significatif que *"flow flight"* pour le mot-clé *"flow and flight control systems"*. Cependant des résultats inattendus provenant de combinaisons indésirables, pour de long mots-clés, peuvent aussi être générés.

Analyse et Conclusion. Finalement, notre approche extrait avec succès *"Aerodynamics"* comme catégorie principale de *"lift coefficient ; normalized lift ; flapping flight"*, grâce aux recherches exactes et avancées qui retournent *"Aerodynamics"* respectivement pour *"lift coefficient"* et *"flapping flight"*. Les 43 synsets hérités de *"lift"* (*"normalized lift"*) sont conservés car il n'y a aucun chevauchement de catégories entre les deux mots, et les synsets n'ayant aucun rapport sont naturellement filtrés par la connexion des catégories des mots clés.

La Figure 3 montre $F1$, un indicateur unique représentant le ratio précision/rappel. $F1(R0)$ est une variante évaluant précision et rappel seulement pour les catégories pour lesquelles nous pouvons estimer un degré de certitude minimum (2 mots-clés partagent la même catégorie). Les résultats détaillés sont disponibles depuis ce lien[2]. Le dossier compressé contient 595 articles de 7 journaux provenant de 2 éditeurs, ainsi que les résultats des différentes méthodes et modes testés (voir le fichier readme.txt). En validant les entrées dans le dictionnaire à partir des catégories principales, le sens des mots-clés (et de l'ensemble de leurs synsets) est également vérifié, ce qui permet une exploitation plus poussée des données BabelNet.

Références

Latard, B., J. Weber, G. Forestier, et M. Hassenforder (2017). Towards a Semantic Search Engine for Scientific Articles. In *TPDL*. Springer.

Navigli, R. et S. P. Ponzetto (2012). BabelNet : The automatic construction, evaluation and application of a wide-coverage multilingual semantic network. *Artificial Intelligence 193*, 217–250.

---

2. http://img.mdpi.org/data/latard_egc2018.zip

Visualisation dynamique de connaissances : application aux interactions entre facteurs de risque des maladies cardiovasculaires

Rabia Azzi, Sylvie Despres, Jérôme Nobécourt

Université Paris 13, Sorbonne Paris Cité, LIMICS, INSERM, (UMRS 1142),
Sorbonne Universités, UPMC Université Paris 06, F-93017, Bobigny, France
prenom.nom@univ-paris13.fr,
http://www-limics.smbh.univ-paris13.fr/membres/

Les maladies cardiovasculaires (MCV) sont la première cause de mortalité dans le monde, on estime à 17,7 millions le nombre de décès imputables aux MCV, soit 40% de la mortalité mondiale totale (WHO, 2017). Si les principaux facteurs de risques cardiovasculaires sont aujourd'hui bien connus, leur évaluation à tendance à être faite sans considérer les interactions qui les lient. Evaluer ces facteurs séparément conduit souvent à des erreurs ou des interventions contradictoires dans le suivi du patient expliquant en partie les échecs répétés de certains stratégies de prévention.

Dans ce travail, nous proposons une visualisation dynamique des interactions entre les facteurs de risques afin d'aider à la compréhension du déclenchement des effets en cascade produits par l'intervention sur un facteur (par exemple, agir sur le facteur fumeur pour un patient dépressif peut provoquer une dégradation de son état). Cette approche a pour objectif d'utiliser la visualisation pour faciliter la tâche de définition de stratégie de prévention. La plupart du temps, ces interactions sont représentées par des modèles statistiques prenant la forme de tableaux et résumés en utilisant des graphes. L'objectif que nous poursuivons est la visualisation dynamique de cette représentation sous forme de graphe permettant un parcours des différents facteurs guidé par les interactions existant entre ces mêmes facteurs. Le parcours du graphe permet un accès aux connaissances relatives aux interactions entre facteurs, une réorganisation des connaissances en fonction des cas à traiter, des retours arrières sur les décisions prises ayant conduit à une impasse pour la stratégie de prévention. Les traces de la navigation dans le graphe révèlent des processus de raisonnement la plupart du temps implicites.

La démarche adoptée a consisté à effectuer une analyse détaillée du modèle statistique représentant les interactions entre facteurs de risque (Meneton et al., 2016). A l'issue de cette analyse nous avons construit un modèle conceptuel représenté sous la forme d'un graphe RDF[1]. Les facteurs de risque sont représentés par les nœuds du graphe et les arcs traduisent deux types de relations orientées entre ces nœuds (Fi *prédit* Fj) et (Fi *prédit par* Fk) comme par exemple (fumeur, *prédit*, inactivité physique) ou (fumeur, *prédit par*, dépression).

Différents travaux en psychologie cognitive (Fortin et Rousseau, 1989) ont mis en évidence la capacité du cerveau à analyser rapidement des composantes graphiques et à pouvoir raisonner sur des représentations visuelles. La mise en évidence des interactions entre facteurs

---

1. https ://www.w3.org/TR/REC-rdf-syntax/

(13 nœuds et 45 arcs) provoque l'affichage d'un graphe trop complexe pour être facilement appréhendé. Nous avons donc conçu et développé une méthode de visualisation permettant d'accéder de façon progressive au contenu du graphe. Il est possible de visualiser le graphe dans son ensemble ou d'en obtenir une vue partielle en désactivant certains nœuds et arcs. Ce processus permet ainsi de se focaliser sur des éléments dans le graphe en proposant différentes vues choisies, précises et restreintes. A noter qu'a chaque nœud consulté, les informations qui s'y rapportent sont affichées. Par exemple, une description du noeud, la catégorie à laquelle il appartient, les liens entretenus avec les autres noeuds, etc. Nous faisons l'hypothèse que les parcours du graphe reflètent des connaissances implicites réutilisables dans le contexte d'une évaluation du risque. En effet, chaque action réalisée (choix d'un nœud, clic souris sur un nœud, enchaînement de liens entre des nœuds, etc.) exprime une connaissance propre à l'auteur du parcours. Un système de collecte des actions effectuées au cours de la navigation permet de constituer une trace et de la stocker sous la forme d'un chemin (nœud de départ, nœud de destination). Un premier prototype MCVGraphViz [2] a été développé en utilisant la bibliothèque JavaScript D3.js [3] afin de conduire des expérimentations sur la visualisation dynamique du graphe. Une des perspectives de ce travail est l'exploitation des traces pour construire des modèles d'évaluation du risque afin de faire de la prédiction. Nous travaillons actuellement à définir une démarche adaptée à l'analyse des traces collectées.

Références

Fortin, C. et R. Rousseau (1989). *Psychologie cognitive : une approche de traitement de l'information*. Télé-université.

Meneton, P., C. Lemogne, E. Herquelot, S. Bonenfant, M. G. Larson, R. S. Vasan, J. Ménard, M. Goldberg, et M. Zins (2016). A global view of the relationships between the main behavioural and clinical cardiovascular risk factors in the gazel prospective cohort. *PLOS ONE 11*(9), 1–20.

WHO (2017). *World Health Statistics 2017 :Monitoring Health for the SDGs Sustainable Development Goals*. World Health Statistics Annual. World Health Organization.

Summary

Dynamic visualization of knowledge is recognized as useful and effective to make it explicit, manipulable and understandable. Convinced that type of visualization promote knowledge access, we propose an approach to : (1) represent graphically a conceptual model derived from a statistical model; (2) visualize dynamically the knowledge represented in this model. The main contribution of this work is to offer a methodological framework allowing the user to manipulate this visual representation in the form of graphs according to his needs and to acquire knowledge from the traces constructed during the exploration of the graphs. The proposed method is applied to interactions between risk factors for cardiovascular disease.

---

2. http ://www-limics.smbh.univ-paris13.fr/MCVGraphViz/
3. https ://d3js.org/

Détection de Singularités en temps-réel par combinaison d'apprentissage automatique et web sémantique basés sur Spark

Badre Belabbess*,** Musab Bairat ** Jeremy Lhez *
Olivier Curé **

*Innovation Lab, ATOS, F-95870, Bezons, France
prénom.nom@atos.net,
**LIGM (UMR 8049), CNRS, F-77454, MLV, France.
prénom.nom@univ-paris-est.fr

1 Introduction

L'apprentissage automatique contient un ensemble puissant d'approches qui peut aider à détecter des anomalies de manière efficace. Cependant, il représente un processus lourd avec des règles strictes et une multitude de tâches telles que l'analyse et le nettoyage des données, la réduction de dimension, l'échantillonnage, la sélection d'algorithmes appropriés, le réglage précis des hyper-paramètres, etc. Notre système a été spécifiquement conçu pour simplifier ce processus lourd et accélérer le déploiement d'une solution en peu de temps. Notre système vise à identifier les anomalies dans un grand réseau d'eau potable géré par un leader national expert dans le domaine de l'eau. En fait, la découverte de telles irrégularités dans le réseau d'eau est une préoccupation critique tant sur le plan écologique que financier. Le volume réel d'eau perdue dans le monde a généré une perte de 32 milliards de m3 / an (soit 14 milliards d'euros par an) dont 90 % reste difficilement identifiable en raison de la nature souterraine du réseau. Sur la base de recherches approfondies menées par les experts, les anomalies peuvent être identifiées en utilisant des mesures de pression et de débit envoyées par des capteurs spécifiques dispersés sur tout le réseau de canalisations.

2 Architecture

Le système a été conçu pour traiter à la fois des données massives dynamiques et statiques à l'aide d'une architecture distribuée tolérante aux pannes. L'objectif principal est de pouvoir traiter des flux massifs de données en temps réel et de lancer des modèles intensifs d'apprentissage automatique. Pour répondre aux besoins d'un système distribué robuste, scalable et à faible latence, nous avons basé notre conception sur une architecture Lambda. Ce type d'architecture Big Data résout le problème des fonctions de calcul lourdes sur des données en temps réel en décomposant le problème en trois couches : une couche batch, une couche vitesse et couche service. Un scénario général de bout en bout commence par le stockage des données historiques horodatées sous forme de séries-temporelles à des fins de pré-analyse. La mise en cache de données massives nécessite un système de fichiers distribué robuste pour récupérer les données très rapidement. Le système utilise un cluster Hadoop lors de la première phase de traitement en batch. Cependant, dans la plupart des cas, les données brutes doivent être nettoyés pour augmenter la précision de l'identification des singularités. Deux étapes se succèdent ici, le système infère les données manquantes via des techniques d'interpolation et de maximisation de l'espérance, ensuite des techniques de réduction de dimensions permettent de réduire la taille du dataset initial. Une unité de modélisation distribuée appliquera plusieurs modèles de séries temporelles pour trouver des valeurs aberrantes (*e.g.*, saisonnalité, chronologie, profil, etc). Les valeurs aberrantes seront utilisées pour classer les attributs selon la probabilité d'occurrence d'anomalie, les modèles n'étant appliqués que sur les attributs les mieux classés réduisant ainsi considérablement le temps de traitement. Cette méthode permet une allocation de données dynamique en optimisant la taille des paquets de données transférés entre le HDFS et le moteur Spark. Cette allocation de données est gérée par une unité sémantique profitant des atouts des ontologies. Après avoir converti les données réduites en RDF, un générateur de requêtes continues en SPARQL sélectionnera le graphique de taille minimale en utilisant une ontologie conçue pour le cas d'utilisation actuel. Afin de sélectionner l'algorithme correspondant au profil des flux ingérés, nous utilisons un ensemble complexe de règles telles que l'interdépendance des variables, le profil de distribution des données ou l'estimation de la complexité du traitement. Les résultats trouvés seront envoyés vers un système de messagerie, Apache Kafka, qui mettra en file d'attente les messages de manière ordonnée pour être exposés par un outil de visualisation. Enfin, le système s'appuie sur les annotations de l'utilisateur final pour lancer une nouvelle boucle d'itération qui stockera les signatures de chaque anomalie validée.

3 Contributions

Le système proposé est évolutif, permettant la détection d'anomalies sur des flux en temps réel à l'aide d'un mélange de techniques d'apprentissage automatique et d'une approche web sémantique. En s'appuyant sur le profil des données historiques, le système utilise un ensemble de règles hiérarchiques pour sélectionner le meilleur algorithme adapté au cas d'usage. Nous estimons qu'il s'agit du premier système visant à automatiser le processus complet d'apprentissage automatique depuis le nettoyage des données au lancement des modèles appropriés. Les tâches effectuées au cours de processus sont généralement effectuées manuellement par des experts qui ont besoin d'une connaissance suffisante du domaine de d'application et de l'apprentissage automatique en général. Utilisant les capacités d'un environnement distribué pour traiter des données massives et véloces, notre système propose de trouver automatiquement l'algorithme pouvant les meilleurs résultats en terme de précision et de temps d'exécution.

Summary

Using machine learning to solve complex use cases is generally a cumbersome, costly, and error-prone process. With our system, we remove the burden of this process and demonstrate that many machine learning tasks can be automated.

Nouveau Modèle de Sélection de Caractéristiques basé sur la Théorie des Ensembles Approximatifs pour les Données Massives

Zaineb Chelly Dagdia*,** Christine Zarges*
Gaël Beck***, Mustapha Lebbah***

*Department of Computer Science, Aberystwyth University, United Kingdom
**LARODEC, Institut Supérieur de Gestion de Tunis, Tunisia
{zaineb.chelly, c.zarges}@aber.ac.uk,
***Computer Science Laboratory (LIPN), University Paris-North-13, Villetaneuse, France
{beck, mustapha.lebbah}@lipn.univ-paris13.fr

1   Modèle de Sélection de Caractéristiques

Notre modèle, Sp-RST, défini le problème d'apprentissage des données massives comme un système d'information T_{RDD} où l'univers $U = \{x_1, \ldots, x_N\}$ est l'ensemble des objets, $C = \{c_1, \ldots, c_V\}$ est l'ensemble des caractéristiques conditionnelles parmi lesquelles Sp-RST sélectionne les caractéristiques les plus pertinentes et la caractéristique de décision $D = \{d_1, \ldots, d_W\}$ correspond à la classe. Afin d'assurer la scalabilité de notre algorithme, Sp-RST partage la T_{RDD} en m blocs de données basés sur des partitions de C. Par conséquent, $T_{RDD} = \bigcup_{i=1}^{m}(C_r)T_{RDD_{(i)}}$; où $r \in \{1, \ldots, V\}$. Chaque $T_{RDD_{(i)}}$ est construit en fonction de r caractéristiques aléatoirement sélectionnées à partir de C ; où $\forall T_{RDD_{(i)}} : \nexists\{c_r\} = \bigcap_{i=1}^{m} T_{RDD_{(i)}}$. De ce fait, au lieu d'appliquer Sp-RST (voir Algorithme 1) sur la T_{RDD} comprenant l'ensemble des attributs C, l'algorithme distribué sera appliqué sur chaque $T_{RDD_{(i)}}$.

Nous appliquons l'algorithme N fois sur les m blocs de la T_{RDD}. Plus précisément, à travers toutes les itérations, l'algorithme générera d'abord les m $T_{RDD_{(i)}}$, ensuite pour chaque partition, les instructions distribuées de Sp-RST (Algorithme 1, lignes 5 à 7) seront exécutées à part la ligne 1 de l'algorithme. Cette tâche est indépendante des m partitions générées vu qu'elle calcule la relation d'indiscernabilité de la caractéristique de la décision $IND(D)$ et elle est non liée aux caractéristiques conditionnelles. En dehors de la boucle, ligne 9, le résultat de chaque partition est soit un seul reduct $RED_{i_{(D)}}(C_r)$ ou un ensemble de reducts $RED_{i_{(D)}}^{F}(C_r)$. Si Sp-RST génère un seul reduct, pour une partition $T_{RDD_{(i)}}$ alors la sortie de cette phase de sélection de caractéristiques est l'ensemble des caractéristiques de $RED_{i_{(D)}}(C_r)$. Ces caractéristiques sont les plus pertinentes parmi l'ensemble C_r et résultant a un nouveau système d'information $T_{RDD_{(i)}}$, $T_{RDD_{(i)}}(RED)$, qui préserve quasiment la même qualité des données que $T_{RDD_{(i)}}(C_r)$ qui est basé sur tout l'ensemble des caractéristiques C_r. Si Sp-RST génère une famille de reducts alors l'algorithme choisit aléatoirement un reduct pour représenter la $T_{RDD_{(i)}}$. À ce stade, à chaque bloc de données i correspond un ensemble de caractéristiques sélectionnées $RED_{i_{(D)}}(C_r)$. Cependant, puisque chaque $T_{RDD_{(i)}}$

Algorithm 1 Sp-RST

    Inputs : T_{RDD} Système d'information ; m nombre de partitions ; N nombre d'itérations
    Output : $Reduct$

1: Calculer $IND(D)$

2: **for** each iteration $n \in [1, \ldots, N]$ **do**

3:      Générer $T_{RDD_{(i)}}$ en se basant sur les m partitions

4:      **for** each $T_{RDD_{(i)}}$ partition, $i \in [1, \ldots, m]$ **do**

5:         Générer $AllComb_{(C_r)}$; Calculer $IND(AllComb_{(C_r)})$

6:         Calculer $DEP(AllComb_{(C_r)})$; Séléctionner $DEP_{max}(AllComb_{(C_r)})$

7:         Filtrer $DEP_{max}(AllComb_{(C_r)})$; Filtrer $NbF_{min}(DEP_{max}(AllComb_{(C_r)}))$

8:      **end for**

9:      **for** each $T_{RDD_{(i)}}$ output **do**

10:         $Reduct_m = \bigcup_{i=1}^{m} RED_{i_{(D)}}(C_r)$

11:     **end for**

12: **end for**

13: **return** $(Reduct = \bigcap_{n=1}^{N} Reduct_m)$

---

est basé sur des caractéristiques distinctes, une union des caractéristiques sélectionnées est nécessaire pour représenter la T_{RDD} initiale (Algorithme 1, lignes 9 à 11). L'algorithme est itéré N fois générant N $Reduct_m$. Ainsi, à la fin, une intersection de tous les $Reduct_m$ obtenus est nécessaire (Algorithme 1, ligne 13).

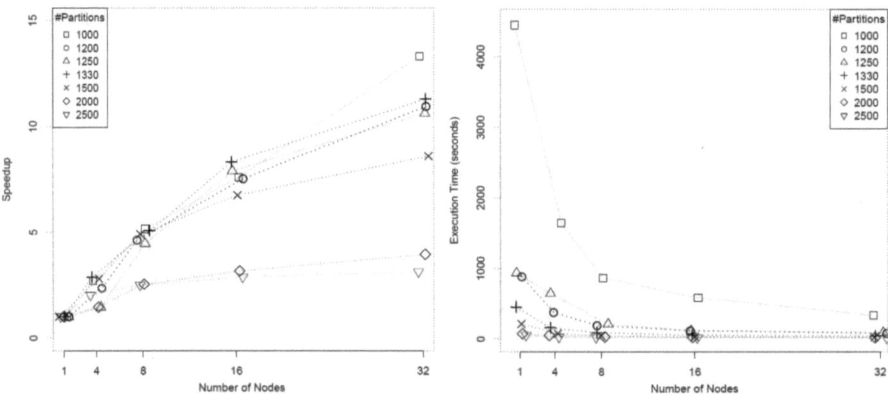

FIG. 1 – *Speedup et le temps d'exécution.*

Pour l'évaluation, nous observons qu'il existe un compromis entre le nombre de partitions et le nombre de noeuds utilisés. Si quelques noeuds sont disponibles, il est conseillé d'utiliser un plus grand nombre de partitions pour réduire le temps d'exécution alors que le nombre de partitions devient moins important si l'on peut accorder un degré élevé de parallélisation. Ce travail s'inscrit dans le cadre d'un projet du programme H2020 de la bourse Marie Sklodowska-Curie, accord Numéro 702527.

eDOI : exploration itérative de grands graphes multi-couches basée sur une mesure de l'intérêt de l'utilisateur

Antoine Laumond*, Norbert Feron*, Guy Melançon*, Bruno Pinaud*

*Université de Bordeaux, CNRS UMR 5800 LaBRI
{prenom.nom}@u-bordeaux.fr

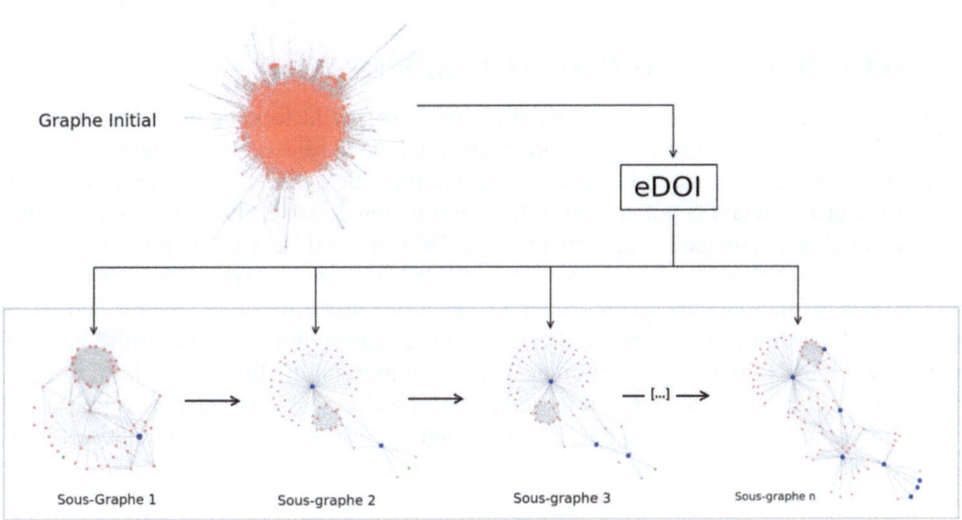

FIG. 1 – **eDOI** : *création d'une série de sous-graphes basés sur une mesure d'intérêt. Les sommets bleus sont sélectionnés par l'utilisateur. Chaque sélection utilisateur permet la création d'un nouveau sous-graphe d'intérêt supérieur. Ce dernier est issu du graphe initial et prend en compte les informations sélectionnées dans les sous-graphes précédents.*

Bien souvent les représentations nœuds-liens d'un réseau sont difficilement lisibles à cause d'une grande taille ou d'une topologie dense ou complexe. Il s'avère dès lors important de s'écarter de la stratégie classique proposant en première intention une vue d'ensemble du graphe. Dans cette optique, nous proposons une stratégie d'exploration appelée **eDOI** basée sur un calcul de sous-ensembles de nœuds intéressants pour l'utilisateur intégrant à la fois un aspect sémantique et prenant en compte la structure multi-couches potentielle de ces réseaux (i.e. des nœuds d'un type donné pouvant être regroupés en sous-réseaux (Kivelä et al., 2014)).

Dans le scénario que nous considérons, l'utilisateur mène une activité d'exploration en ayant une vue partielle des données d'une manière comparable aux moteurs de recherche qui déterminent les éléments les plus pertinents au vu d'une requête utilisateur. Notre méthode

eDOI permet cependant d'améliorer l'interactivité en autorisant l'utilisateur à affiner les recommandations obtenues. L'utilisateur agit pour cela sur un sous-ensemble du graphe initial. Ce sous-graphe donne un contexte aux réponses de la requête tout en étant un dispositif pour affiner le résultat obtenu. En y sélectionnant de nouveaux élément (appelés focus), l'utilisateur permet d'affiner la définition de ses objectifs afin de créer un nouveau sous-graphe d'intérêt supérieur. Doté de cette visualisation et de ce moyen d'action, l'utilisateur se trouve donc lui même aux commandes du moteur de recommandations.

La création itérative de sous-graphes (Fig. 1) est basée sur un calcul d'intérêt dérivé des travaux de Van Ham et Perer (2009). Avant chaque création d"un nouveau sous-graphe, un score est calculé pour chaque nœud du graphe initial en fonction de ses informations topologiques et sémantiques (attributs, couches du nœud et sélection utilisateur). A partir de ce score, un algorithme glouton permet l'extraction du nouveau sous-graphe à partir des nœuds focus. La formule utilisée est la suivante :

$$\textbf{eDOI}(x|Y, L, z) = \alpha.API(x) + \beta.UI_{multi}(x, z(Y, L(x))) + \gamma.D_{exp}(x, Y)$$

$API(x)$ ("A PriorI") donne un score d'intérêt basé sur la topologie du graphe (degré, centralité, etc.) et peut être pré-calculé à priori avant même la sélection utilisateur.

UI ("User Interest") indique l'importance sémantique de l'élément. Il se base sur une requête utilisateur z reflétant la volonté utilisateur en fonction de sa sélection (les sommets focus Y) et des couches L auxquelles appartient x. Le DOI original de Van Ham et Perer (2009) n'avait pas pour vocation de faire évoluer l'objectif de l'utilisateur. Avec notre approche, il est nécessaire que la fonction qui capture l'intérêt sémantique de l'utilisateur z évolue en fonction de ses choix. L'ensemble Y incarne le choix de l'utilisateur et doit donc être utilisé par z afin que le score d'intérêt fluctue en fonction de Y. Il est important de différencier les traitements en fonction des couches car celles-ci n'auront pas nécessairement le même apport pour l'utilisateur. Si le graphe admet des sommets ayant plusieurs types (et donc appartenant à plusieurs couches), z attribue une fonction unique pour chaque couche mais peut aussi attribuer une fonction unique à un n-uplet de couches de x.

Enfin, D ("Distance") est un score basé sur la distance moyenne entre x et chaque sommet focus y de l'ensemble Y. Il est possible d'utiliser un calcul de centroide sur les sommets de Y auquel cas D est basée sur la distance entre x et ce centroide. L'ensemble Y permet ainsi de définir une zone dite focale. Plus un sommet est proche du centre de cette zone, plus son score sera élevé. Avec la modification incrémentale de Y, la zone focale se déplace dans le graphe et fait ainsi varier D en fonction des choix de l'utilisateur. Finalement, l'utilisateur peut naviguer au sein du graphe simplement par l'action de ses sélections de sommets dans les sous-graphes qui lui sont proposés.

Références

Kivelä, M., A. Arenas, M. Barthelemy, J. P. Gleeson, Y. Moreno, et M. A. Porter (2014). Multilayer networks. *J. of Complex Networks* (2), 203–271.

Van Ham, F. et A. Perer (2009). "search, show context, expand on demand" : Supporting large graph exploration with degree-of-interest. *IEEE Trans. on Vis. and Comp. Graph. 15*(6), 953–960.

Méthode d'Apprentissage pour Extraire les Localisations dans les MicroBlogs

Thi-Bich-Ngoc Hoang[*,**], Josiane Mothe[*]

*Université de Toulouse et IRIT, UMR5505 CNRS, France
Prénom.Nom@irit.fr
**University of Economics, the University of Danang, Vietnam

De nombreux travaux actuels s'intéressent aux microblogs et à leur exploitation. Par exemple, SanJuan et al. (2012) ont introduit une tâche d'évaluation à CLEF concernant la contextualisation de tweets pour aider à leur compréhension, en particulier dans le cadre d'évènements comme les festivals (Goeuriot et al., 2016 ; Ermakova et al., 2017).

Un évènement possède trois composants essentiels : une localisation, une temporalité, une information sur l'entité concernée. Cet article est centré sur la dimension de localisation qui est vitale pour les applications géo-spatiales (Munro, 2011). Au cours des dernières années, plusieurs systèmes de reconnaissance d'entités nommées (EN) traitent du problème de l'extraction de localisations spécifiées dans les documents ; mais ces systèmes ne fonctionnent pas bien sur des textes informels.

Plusieurs méthodes se sont intéressées à l'extraction de localisation dans des textes comme Ritter tool (Ritter et al., 2011), Gate NLP (Bontcheva et al., 2013) et Stanford NER (Finkel et al., 2005). Nous avons étudié la combinaison de ces trois méthodes : nous avons extrait les localisations identifiées par chacun des trois outils et les avons fusionnés. Nous avons également ment considéré leur filtrage après extraction en nous appuyant sur la base DBpedia.

Pour les évaluations, nous avons utilisé deux collections standards : la collection Ritter (Ritter et al., 2011) et la collection MSM2013 (Cano Basave et al., 2013). La collection Ritter contient 2 394 tweets dont 213 (soit 8, 8%) avec localisation et 2 181 sans. MSM2013 contient 2 815 tweets dont 496 (soit 17, 6%) avec localisation et 2 319 sans. Les résultats sont présentés dans la table 1 (avec le test statistique).

	Données Ritter			Données MSM2013		
	R(%)	**P(%)**	**F(%)**	**R(%)**	**P(%)**	**F(%)**
Ritter (témoin)	71	82	77	61	80	69
Ritter +Stanford+DBp	77*	79	**78**	72*	79	**75***
Ritter+Gate+DBp	78*	71	74	74*	77	**75***
Ritter+Stanford	80*	64	72	**78***	72	**75***
Ritter+Gate	**82***	56	66	**78***	64	71
Ritter+DBp	45	**97***	62	48	**88***	62

TAB. 1 – *Résultats de la combinaison des modèles Ritter, Gate et Stanford et du filtrage avec DBPedia. Rappel - R(%), Précision - P(%), Mesure F - F(%).*

La combinaison de l'outil Ritter et de Stanford-NER filtré par DBpedia donne la meilleure mesure F. Pour MSM2013, la mesure F augmente de 69 % à 75 %. Lorsque l'on s'intéresse à une forte précision, c'est la combinaison de Ritter avec le filtrage BDPedia qui est la plus efficace (dernière ligne) alors que pour le rappel, il s'agit de la combinaison de Ritter avec Gate (avant dernière ligne).

Prévoir qu'un tweet contient un nom de lieu n'est pas simple car les tweets sont générale-ment écrits dans un langage pseudo-naturel. Les outils usuels de traitement automatique de la langue rencontrent alors des difficultés. Nous avons proposé un ensemble de caractéristiques pour représenter les tweets et nous avons étudié la pertinence de cette représentation dans un modèle prédictif basé sur un apprentissage automatique. Ces caractéristiques sont précisées et détaillées dans (Hoang et Mothe, 2018). Nous avons utilisé différents algorithmes d'apprentis-sage : Naive Baiyes (NB), Support Vector Machine (SMO) et Random Forest (RF) avec une validation croisée. Nous avons obtenu une mesure F d'environ $0, 65$ et une précision (accuracy) de $0, 80$ à $0, 92$ en fonction des cas. RF permet d'optenir les meilleurs résultats.

Le modèle appris permet donc de prédire si un nouveau tweet contient une localisation ou non. Plus de détails sur cette approche sont disponibles dans (Hoang et Mothe, 2018). Dans nos travaux futurs, nous souhaitons analyser comment les localisations pourraient aider à la prédiction de la diffusion des tweets. Nous pourrions ainsi étanedre les travaux présentés dans Hoang et Mothe (2017).

Références

Bontcheva, K., L. Derczynski, A. Funk, M. A. Greenwood, D. Maynard, et N. Aswani (2013). Twitie : An open-source information extraction pipeline for microblog text. In *RANLP*, pp. 83–90.

Cano Basave, A. E., A. Varga, M. Rowe, M. Stankovic, et A.-S. Dadzie (2013). Making sense of microposts (# msm2013) concept extraction challenge.

Ermakova, L., L. Goeuriot, J. Mothe, P. Mulhem, J.-Y. Nie, et E. SanJuan (2017). Clef 2017 microblog cultural contextualization lab overview. In *CLEF*, pp. 304–314.

Finkel, J. R., T. Grenager, et C. Manning (2005). Incorporating non-local information into information extraction systems by gibbs sampling. In *ACL*, pp. 363–370.

Goeuriot, L., J. Mothe, P. Mulhem, F. Murtagh, et E. SanJuan (2016). Overview of the clef 2016 cultural micro-blog contextualization workshop. In *CLEF*, pp. 371–378. Springer.

Hoang, T. B. N. et J. Mothe (2017). Predicting Information Diffusion on Twitter - Analysis of predictive features. *Journal of Computational Science 22*.

Hoang, T. B. N. et J. Mothe (2018). Location extraction from tweets. *Information Processing & Management 54*(2), 129–144.

Munro, R. (2011). Subword and spatiotemporal models for identifying actionable information in haitian kreyol. In *Computational Natural Language Learning*, pp. 68–77.

Ritter, A., S. Clark, O. Etzioni, et al. (2011). Named entity recognition in tweets : an experi-mental study. In *Empirical Methods in Natural Language Processing*, pp. 1524–1534.

SanJuan, E., V. Moriceau, X. Tannier, P. Bellot, et J. Mothe (2012). Overview of the inex 2012 tweet contextualization track. *Initiative for XML Retrieval INEX*, 148.

Fouille de Motifs Graduels Fermés Fréquents Sous Contrainte de la Temporalité

Jerry Lonlac*,** Benjamin Negrevergne** Yannick Miras*** Aude Beauger***
Engelbert Mephu Nguifo*

*CNRS, UMR 6158, LIMOS, Université Clermont Auvergne, F-63173 Aubière, France
**LAMSADE, CNRS UMR 7243, Université Paris Dauphine
{benjamin.negrevergne}@dauphine.fr
***CNRS, UMR 6042, GEOLAB, Université Clermont Auvergne,
F-63000 Clermont-Ferrand
{jerry.lonlac_konlac, engelbert.mephu_nguifo, yannick.miras, aude.beauger}@uca.fr

1 Introduction

La fouille de motifs graduels a pour but la découverte de co-variations fréquentes de la forme "plus/moins X, plus/moins Y" entre attributs numériques dans une base de données. Plusieurs algorithmes d'extraction automatique de tels motifs ont été proposés. La principale différence entre ces algorithmes réside dans la sémantique de variation considérée. Dans certains domaines d'application, on trouve des bases de données dont les objets sont munis d'une relation d'ordre temporel. Ainsi, du fait de leur sémantique de variation, les algorithmes de la littérature sont inadaptés pour de telles données. Dans ce contexte, nous proposons une approche de fouille de motifs graduels sous contrainte d'ordre temporel, qui réduit le nombre de motifs générés. Une étude expérimentale sur des bases de données paléoécologiques permet d'apprendre les groupements d'indicateurs qui modélisent l'évolution de la biodiversité. Les connaissances apportées par ces groupements montre l'intérêt de notre approche pour le domaine environnemental.

2 Fouille de motifs graduels sous contrainte temporelle

Soit une base de données numériques Δ contenant un ensemble d'objets $\mathcal{D} = \{ d_1, ..., d_n \}$ décrit par un ensemble d'attributs $\mathcal{I} = \{ i_1, ..., i_m \}$. Nous dénotons par $d_j[i_k]$ la valeur de l'attribut i_k sur l'objet d_j. Un item graduel est défini sous la forme i^*, où i est un attribut de $\mathcal{I}$ et $* \in \{\geq, \leq\}$ est un opérateur de comparaison. Un itemset (motif) graduel $s = (i_1^{*_1}, ..., i_k^{*_k})$ est un ensemble non vide d'items graduels. Une séquence d'objets $\langle d_1, ..., d_s \rangle$ respecte s si $\forall p \in [1, s-1], \forall l \in [1, k]$, nous avons $d_p[i_l] *_l d_{p+1}[i_l]$.

Le calcul du support d'un motif graduel dans une base de données Δ revient à mesurer à quel point le motif est présent dans Δ. Dans ce travail, nous considérons la sémantique de variation qui définit le support d'un motif graduel s comme la longueur de la plus longue séquence d'objets respectant le motif s.

Soient s un motif graduel fréquent extrait de Δ, $L_s = \langle d_{l_1}, ..., d_{l_j} \rangle$ la plus longue séquence d'objets respectant s. Le motif s respecte l'ordre temporel des objets de Δ si on a l'inégalité suivante : $d_{l_1} < d_{l_2} < ... < d_{l_j}$.

Pour prendre en compte la contrainte de temporalité au cours du processus de fouille, nous intégrons une contrainte temporelle sur les variations des attributs dans l'encodage proposé dans Négrevergne et al. (2014). Cet encodage est défini comme suit : Soit $\mathcal{A} = \{$ $i_1^{\geq}, i_1^{\leq}, ..., i_m^{\geq}, i_m^{\geq}\}$ l'ensemble des variations d'attributs de $\mathcal{I}$. Les transactions dans la nouvelle base de données sont des paires d'objets $(d_j, d_{j'})$, $d_j, d_{j'} \in \mathcal{D}$, avec $j, j' \in [1, n]$ et $j < j'$. Nous dénotons par $t_{(d_j, d_{j'})}$ la transaction qui contient les variations pour tout attribut dans $\mathcal{A}$ entre les objets d_j et $d_{j'}$: pour tout attribut $i \in \mathcal{I}$, $i^{\geq} \in t_{(d_j, d_{j'})} \Leftrightarrow d_j[i] \leq d_{j'}[i]$, $i^{\leq} \in t_{(d_j, d_{j'})}$ sinon. La condition $j < j'$ permets d'imposer la contrainte de temporalité sur les variations d'attributs et constitue une petite optimisation comparée à l'encodage original.

3 Résultats expérimentaux

La figure 1 montre les résultats des tests effectués sur les bases de données paléoécologiques décrites dans Lonlac et al. (2017) contenant des attributs liés à l'eutrophisation. Ces résultats montrent que notre approche réduit le nombre de motifs générés par rapport à l'approche originale implémentée dans l'algorithme `Paraminer` (Négrevergne et al., 2014).

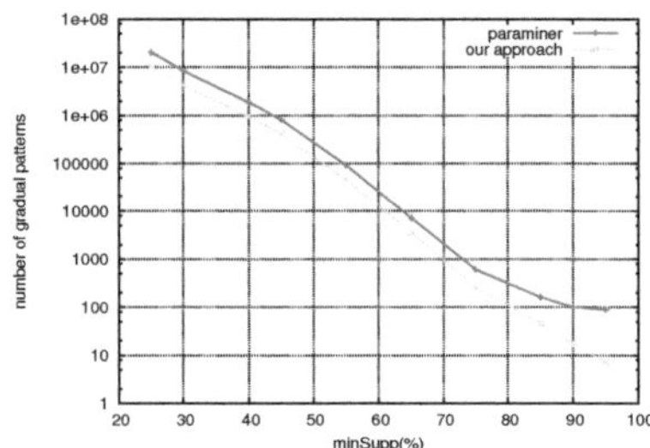

FIG. 1 – *Évaluation comparative de notre approche, avec variation du support minSupp.*

Interprétation des résultats : Les motifs extraits des données paléoécologiques sont pertinents car indicateurs de l'enrichissement trophique. Ils incluent des coévolutions d'indicateurs cohérents dans la mesure où les modèles d'indicateurs traduisent des coévolutions indiquant un statut trophique élevé des eaux du lac considéré. Ils permettent également de renforcer, voire de préciser le potentiel paléoécologique de certains indicateurs paléoécologiques.

Références

Lonlac, J., Y. Miras, A. Beauger, M. Pailloux, J.-L. Peiry, et E. Mephu (2017). Une approche d'extraction de motifs graduels (fermés) fréquents sous contrainte de la temporalité. In *EGC, 23-27 Janvier, Grenoble, France*, pp. 213–224.

Négrevergne, B., A. Termier, M. Rousset, et J. Méhaut (2014). Paraminer : a generic pattern mining algorithm for multi-core architectures. *Data Min. Knowl. Discov. 28*(3), 593–633.

Savoir au dela de voir: vision artificielle et raisonnement logique

Roberto Marroquin, Julien Dubois, Christophe Nicolle

Univ. Bourgogne Franche-Comté, Laboratoire Le2i-FRE 2005, Dijon, France
{roberto-enrique.marroquin-cortez, julien.dubois, cnicolle}@u-bourgogne.fr

Il existe de nombreux travaux sur l'analyse numérique d'une image ou vidéo. Ces travaux concernent soit l'amélioration du signal pour améliorer la qualité de l'image, soit la reconnaissance d'éléments contenue dans l'image.

Au delà des travaux d'extraction d'information à partir du signal numérique construit par les caméras, nous nous sommes intéressés, à la déduction de nouvelles connaissances par agrégation d'informations provenant de sources hétérogènes multiples. Notre ambition est d'extraire des connaissances en couplant les informations issues des algorithmes habituels de traitement d'images avec des connaissances contextuels et des savoir-faire liés à l'usage d'un bâtiment. Cette interopérabilité est réalisée par l'intermédiaire d'une agrégation d'ontologies.

L'ontologie utilise les axiomes définis dans le langage OWL-2. Elle fournit un vocabulaire pour intégrer, re-organiser et analyser sémantiquement des sources de données hétérogènes. Notre ontologie est constituée d'un ensemble de termes dérivés de plusieurs ontologies :

— L'ontologie `DUL`, fournit un ensemble de concepts utilisés pour permettre l'interopérabilité entre différentes ontologies.
— L'ontologie `event`, traite de la notion d'événement et les propiétés associées telles que la localisation le temps, les agents, les facteurs et les produits.
— L'ontologie `ifcowl`, est une représentation sémantique du schéma IFC (standard pour la représentation des données du bâtiment).
— L'ontologie `person` fournit la classe pour décrire une personne physique.
— L'ontologie `ssn` permet la description des capteurs, des observations, des traitements de détection, les capacités de mesures et tout autre concept relatif.
— L'ontologie du temps `time` fournit les concepts pour décrire les propriétés temporelles des ressources.

Toutes les sources de données hétérogènes sont intégrées dans l'ontologie du système WiseNET (Marroquin et al., 2016) en utilisant des techniques issues du linked data : les URIs (Uniform Resource Identifiers) et RDF (Resource Description Framework).

Le traitement des connaissances issues des images est organisé en deux étapes. La première étape concerne la partie extraction et la seconde concerne la partie gestion (voir figure 1).

L'extraction des connaissances consiste à extraire une partie des données d'un ensemble, ensuite filtrer les données pour ne conserver que les données pertinentes et finalement, à enrichir les données avec de la connaissance. Dans notre cas, les caméras intelligentes ajoutent de la connaissance aux parties d'images sélectionnées a l'aide d'algorithmes de traitement d'images. Après avoir réalisé l'extraction des connaissances à partir de ce que voit le réseau

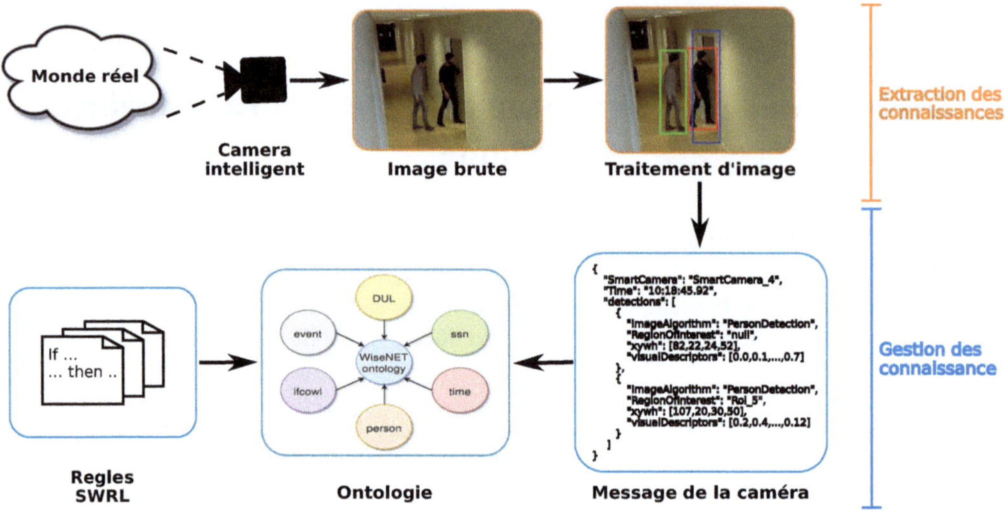

FIG. 1 – *Traitement d'extraction et de gestion des connaissances. Ce traitement commence par l'extraction de données issues du monde réel, représentées sous la forme d'une vidéo. Ensuite, ces données sont converties en connaissances et traduites sous la forme d'un vocabulaire contrôlé défini par l'ontologie WiseNET. Enfin, une étape de peuplement permet d'insérer ces connaissances dans l'ontologie pour réaliser le raisonnement.*

de caméras intelligentes, plusieurs traitements sont réalisés pour combiner cette connaissance avec d'autres, pour réaliser ensuite le raisonnement.

La gestion de la connaissance consiste a convertir les données extraites en un ensemble de termes structurés selon le vocabulaire de l'ontologie. Ce résultat, est envoyé au serveur pour peupler l'ontologie. A partir de l'ontologie peuplée, nous avons réalisé des inférences ou raisonnements. Ces raisonnements permettent de proposer des services aux utilisateurs ou aux gestionnaires du bâtiment, telles que compter le nombre de personnes qui sont dans le bâtiment, monitorer automatiquement le déplacement de ces personnes (heatmap), savoir quelle est l'espace le plus utilisé dans la journée, ou quelle porte est la plus utilisée (dans le but de planifier les opérations de maintenance liées à cet usage). Tout ces service sont fournis en respectant la vie privée de gens (pas de transmission vidéo).

La connaissance réunie peut aussi permettre de résoudre des limitations intrinsèques à la vision par ordinateur, telles que des détections manquées, erronés ou des occultations. Ceci est réalisé par la construction de règles métiers sous la forme de règles SWRL. L'ensemble complet des notre approche est accessible à l'adresse http://wisenet.checksem.fr.

Références

Marroquin, R., J. Dubois, et C. Nicolle (2016). WiseNET-smart camera network interacting with a semantic model : PhD forum. In *Proceedings of the 10th International Conference on Distributed Smart Camera*, pp. 224–225. ACM.

Analyse Ontologique de scénario dans un contexte Big Data

Marwan Batrouni*, Aurélie Bertaux*
Christophe Nicolle*

*Laboratoire électronique, Informatique et image (Le2i) - FRE CNRS 2005
Bât. I3M - Rue Sully - 21000 Dijon - France
prenom.nom@u-bourgogne.fr,
http://checksem.fr

Notre analyse du domaine prédictif a établi deux constats : il n'existe pas de définition universelle de scénario et l'analyse de scénarios ne prend pas en compte suffisamment de contraintes pour établir des prédictions de qualité prouvée. Nous proposons donc une définition universelle des scénarios pour répondre au premier point. Pour répondre au second nous nous sommes intéressés au fait que les prédictions sont plus précises si le volume et l'origine des données étaient conséquent et hétérogène. Ce constat nous a porté dans le domaine du Big Data auxquels doivent être ajoutés la sémantique, la Valeur et la Véracité des données pour une prédiction fiable et sensée. Nous montrons que les ontologies permettent de répondre à l'ensemble de ces critères. Par ailleurs, nous avons identifié que les machines d'états répondent aux besoins (en terme d'outil et de formalisation) de l'analyse de scénario. Nous proposons donc à partir de la définition uniformisée des scénarios, de les analyser par le biais des machines d'états basées sur des ontologies. Cet article ébauche les prérequis de formalisation par la combinaison de 3 domaines qui apportent chacun les réponses aux différents éléments de la définition : l'analyse de scénario, les ontologies et le Big Data.

1   Analyse de scénarios dans un environnement Big Data

Dans le contexte du Big Data, l'analyse de scénarios doit exploiter ses outils pour améliorer son efficacité. Pour cela deux technologies (parmi les 3 ci-dessous) dans la sphère Big Data sont particulièrement intéressantes, à savoir l'analyse prédictive et l'analyse prescriptive.

— **Analyse descriptive : ce qui s'est passé.** ETL, MapReduce, les lacs de données et les algorithmes de clustering...

— **Analyse prédictive : ce qui se passerait.** L'exploration de texte notamment via CRISP-DM.

— **Analyse prescriptive : ce qui devrait arriver.** L'apprentissage machine, la recherche opérationnelle, l'analyse statistique, et la modélisation et la simulation.

Le Big Data fournit des outils capables d'améliorer l'efficacité de l'analyse de scénarios. Cependant les prédictions devant être crédibles et pertinentes il faut prendre en compte la *Valeur* et la *Véracité* des données. Ces deux aspects sont traités par l'utilisation d'ontologies.

2   Les ontologies et le Big Data

Les ontologies sont définies par "une spécification formelle et explicite d'une conceptualisation partagée". Outre leur aspect formel, les ontologies présentent 4 facettes pertinentes : la sémantique par l'inférence pour répondre à la Valeur et pour répondre à la Véracité : la consistance (par la cohérence garantie par les axiomes de la logique de description), la décidabilité (par $\mathcal{SHOIN}(\mathcal{D})$, $\mathcal{SROIQ}(\mathcal{D})$ et $\mathcal{SHIF}(\mathcal{D})$) et la complétude (par l'Open World Assumption, qui permet d'intégrer des connaissances nouvelles et hétérogènes).

3   Ontologies et analyse de scénario : formalisation

En première étape, nous avons établi des définitions et une terminologie concernant le domaine du discours (D) et l'espace-état qui sont des blocs de construction essentiels pour construire le système dynamique à la base du concept *World*.

Un espace-état X est l'ensemble des n-tuples $(d_0, d_1, ..., d_n)$ résultant du produit cartésien de tous les éléments de D.

$$X = \prod_{i \in I} D_i = \left\{ f : \left(f : I \to \bigcup_{i \in I} D_i \right) \wedge (\forall_{i \in I} : (f(i) \in D_i) \wedge \phi(\{f(i)\}) \right\}$$

Où ϕ est le prédicat assurant l'intégrité de l'opération.

La description du *world*, i.e. une séquence d'états sélectionnés à partir de notre espace d'états ; on peut construire un *World* (i.e. l'ensemble des mondes possibles) à partir d'une liste d'exigences coïncidant avec les exigences pour une machine d'états.

Une machine d'état plus généralisée est de nature probabiliste appelée automate probabiliste, qui intègre des distributions de probabilités pour chaque transition possible d'un état à l'autre, ainsi que l'ajout à la définition d'un sixième tuple représentant un vecteur stochastique avec les probabilités de la machine d'état se trouvant dans un état initial donné.

Une façon de transformer une ontologie en un système dynamique est appelé *dérivation des relations ontologiques*, le processus implique une dérivation partielle des relations dans un graphe d'ontologie sur les événements dans un graphe de machine d'états. D'un point de vue conceptuel, il s'agit de ce qu'on appelle la *structure du premier ordre extensionnel* pour laquelle le concept déterministe de l'ontologique tient encore dans une ontologie dérivée. Dans cette interprétation, le domaine du discours et la machine d'états résultante mappent un *world* à une séquence possible d'états $w \equiv \{q_0, q_1..., q_n\}$, dans le langage de l'automate. Par conséquence, la machine d'état est le producteur potentiel de tous les *World* possibles.

Définition 3.1. Scénario : Un scénario est une séquence conceptuelle et sémantiquement cohérente d'états, dans le but soit d'explorer l'avenir d'un système à l'étude, soit de recommander des décisions pour le rapprocher d'un état désiré.

Cette définition synthétise les points clés proposés dans diverses définitions précédentes de scénarios dans le domaine de l'analyse de scénario, à savoir : Séquence, Cohérence, Incertitude et Conceptuel. La définition ajoute également la dimension de cohérence sémantique et met l'accent sur les deux objectifs principaux des scénarios qui sont les objectifs exploratoires et normatifs.

NFB: protocole de Notarisation des Documents dans la Blockchain

Haikel Megrahi *, Nouha Omrane **
Rakia Jaziri***

* Etudiant en Big data - Université Paris 8
haikel.magrahi@etud.univ-paris8.fr
** Expert R&D - Docapost DPS, France
nouha.omrane@docapost.fr
*** Maître de conférences, LIASD
rjaziri@ai.univ-paris8.fr

1 Introduction

Les blockchains comme Bitcoin(Nakamoto, 2008) et Ethereum (Foundation, 1990) et leurs réseaux respectifs pair à pair ont connu une évolution significative dans de nombreux secteurs au cours des dernières années. De nombreux systèmes et protocoles de stockage ont émergé pour permettre le stockage de données distribuées associées aux transactions. Aucun de ces outils n'a proposé l'archivage des documents à valeur probatoire.
Dans cet article, nous décrivons un nouveau protocole appelé NFB (protocole de notarisation des documents dans la Blockchain. Ce protocole assure la communication entre deux systèmes : une blockchain et un système de gestion de documents centralisé. La méthode décrite est utilisée pour permettre aux utilisateurs d'archiver, contrôler, analyser, auditer et valider leurs données dans une solution sécurisée sur des fournisseurs de données tiers.

2 Architecture du protocole NFB

NFB est un protocole qui assure la communication entre deux écosystèmes différents, d'une part, la blockchain qui est un réseau P2P décentralisé où les participants partagent un ledger distribué (registre), non falsifiable et transparent, et d'autre part un système d'archivage des documents à valeur probatoire. Ce protocole repose sur une architecture de microservices, basé sur la couche Blockchain, la couche DMS et la couche de coordination. La couche Blockchain permet de s'interfacer avec la blockchain. Ce microservice met à disposition plusieurs fonctionnalités notamment l'historisation des transactions (Muneeb Ali, 2017), le déploiement de smartcontrats et la récupération des blocs et des transactions (Shawn Wilkinson, 2016). NFB se base sur la Blockchain Quorum (Morgan, 2016) qui est un "fork" de la blockchain publique Ethereum (Foundation, 1990). Il s'agit d'une blockchain permissive et privée, où tous les noeuds qui se connectent au réseau sont connus et chacun a un rôle qui lui est associé. La couche DMS contient l'ensemble des services Web qui gèrent l'archivage électronique des documents dans une solution centralisée. Ce service implémente trois fonctionnalités de base notamment l'archivage des documents, l'indexation des métadonnées associés à un document et la récupération d'un document physique. La couche de coordination implémente le patron gateway et assure une communication entre les deux couches Blockchain et DMS. Elle permet d'orchestrer les tâches et les actions entre les différents acteurs. Cette couche offre des endpoints REST pour l'utilisation "as a service" .

3   Notarisation des documents

Le protocole NFB propose trois fonctionnalités majeures pour la notarisation des documents en utilisant la blockchain notamment l'archivage des documents, la récupération des documents et la preuve de l'existence des documents. La couche de coordination établit une demande de connexion à la couche DMS, et en même temps une demande d'ouverture d'un flux pour tracer les transactions, grâce à la couche Blockchain. L'utilisateur sélectionne le document à archiver et saisit un ensemble défini de métadonnées associées au document. Ensuite, la couche de coordination envoie une requête d'archivage à la couche DMS. Puis, une deuxième requête pour tracer une transaction contenant les informations du document. Lorsqu'un utilisateur souhaite récupérer ou rechercher un document, Il saisit un ou plusieurs mots clé à rechercher. Une demande de récupération du document est envoyée vers la couche DMS. Cette dernière, retourne un ensemble de document qui matchent avec la requête. Ensuite, l'utilisateur choisit le document en question. Lorsqu'il clique sur le document, la couche de coordination envoie une transaction à la blockchain contenant les informations de l'action et du document. Après la récupération du document, la couche de coordination envoie à la couche Blockchain une autre transaction qui contient la réponse de cette action et qui traduit que l'utilisateur a bien récupéré le document.

4   Conclusion

Cette approche met l'accent sur l'un des avantages de l'utilisation de la blockchain : celui qui permet d'apporter des éléments de preuve de l'existence d'informations pendant une période donnée. Elle propose également à des utilisateurs de faire un audit pour prouver, ou vérifier, l'existence des documents grâce à l'utilisation d'un système d'archivage des documents à valeur probatoire. Il permet aussi d'examiner les transactions, en relation avec ce document, tracées dans le ledger de la Blockchain grâce à un identifiant unique.

Références

Foundation, L. (1990). Ethereum. *https ://github.com/ethereum/wiki/wiki/White-Paper*.

Morgan, J. (2016). *Quorum: Whitepaper.* https://github.com/jpmorganchase/quorum-docs/ blob/master/Quorum-Whitepaper-20v0.1.pdf.

Muneeb Ali, R. S. (2017). Blockstack: A new decentralized internet. *http://blockstack.org*.

Nakamoto, S. (2008). Bitcoin: A peer-to-peer electronic cash system.

Shawn Wilkinson, T. B. (2016). Storj: A peer-to-peer cloud storage network.

Comparaison de mesures de centralité basées sur les plus courts chemins dans les réseaux dynamiques

Marwan Ghanem*, Clémence Magnien*
Fabien Tarissan**

*Sorbonne Universités, UPMC Univ Paris 06, CNRS, LIP6 UMR 7606, France
prenom.nom@lip6.fr,
https://www-complexnetworks.lip6.fr/~nom/
**Université Paris-Saclay, CNRS, ENS Paris-Saclay, ISP UMR 7220, France
fabien.tarissan@ens-paris-saclay.fr
https://www-complexnetworks.lip6.fr/tarissan/

Résumé. Définir l'importance des nœuds dans les réseaux statiques est une question de recherche très étudiée depuis de nombreuses années. Dernièrement, des adaptations des métriques classiques ont été proposées pour les réseaux dynamiques. Ces méthodes reposent sur des approches très différentes dans leur façon d'évaluer l'importance des nœuds à un instant donné. Il est donc nécessaire de pouvoir les évaluer et les comparer. Dans cet article, nous comparons trois approches existes pour mieux comprendre ce qui les différencie. Nous montrons que la nature des jeux de données influe grandement sur le comportement des méthodes, et que pour certains d'entre eux, la notion d'importance n'est pas toujours pertinente.

Depuis de nombreuses années, les chercheurs étudiant les réseaux complexes se sont intéressés à la question de l'importance des nœuds. Cela a conduit à l'introduction de plusieurs notions d'importance : centralité de degré, centralité de proximité ou centralité d'intermédiarité. Les principales approches s'appuient toutes sur la notion de chemin. En d'autres termes un nœud est important s'il est proche des autres nœuds ou si les chemins les plus courts passent par ce nœud. Récemment, des adaptations ont été introduites pour prendre en compte l'aspect temporel des réseaux complexes. Une première approche (Tang et al., 2010; Uddin et al., 2013) consiste à représenter un réseau dynamique comme une séquence de réseaux statiques. Une autre approche proposée par (Nicosia et al., 2013; Magnien et Tarissan, 2015) consiste à définir des chemins temporels comme une séquence de liens qui respecte l'ordre chronologique. Une autre approche encore consiste à construire un réseau statique à partir du réseau dynamique (Takaguchi et al., 2016) en dupliquant chaque nœud à l'instant auquel il interagit. Enfin d'autres propositions introduites notamment dans (Scholtes et al., 2016; Pan et Saramäki, 2011) prennent en compte les aspects temporels dans ces jeux de données mais ne permettent d'obtenir qu'une seule valeur globale d'importance. Dans cet article nous étudions les trois approches qui considèrent l'importance de nœud par plusieurs valeurs, et nous les comparons pour mieux comprendre leurs différences.

1 Définitions

Dans cette section, nous présentons les trois méthodes que nous comparerons dans la suite de cet article.

Une première approche a été présentée dans (Uddin et al., 2013). Les auteurs représentent un réseau dynamique sous la forme d'une séquence de réseaux statiques (*snapshots*). Chaque réseau résulte de l'agrégation de tous les liens pendant une période, qui est de même durée pour tous les *snapshots*. Avec cette représentation, une métrique de centralité classique peut être calculée sur chaque *snapshot*. Les nœuds ayant une centralité élevée dans un *snapshot* sont considérés comme les nœuds les plus importants pendant la période correspondant à ce *snapshot*. Ainsi, les nœuds qui sont le plus souvent important dans chaque *snapshot* sont considérés comme les plus importants sur toute la durée de vie du réseau. Dans cet article, nous considérons cette approche avec la centralité de proximité classique. Cette approche a une complexité de $O(|V| \cdot |E| + |V|)$ par *snapshot*, où V est le nombre de nœuds et E est le nombre de liens . Nous ferons référence à cette méthode par le terme *snapshot*.

La deuxième approche a été présentée dans (Magnien et Tarissan, 2015). Les auteurs étudient un réseau dynamique $G = (V, E)$ où V est l'ensemble des nœuds et E est l'ensemble des liens de la forme (u, v, t) tel que $u, v \in V$ et où t est une étiquette temporelle. Avec cette représentation, un chemin temporel de v_0 à v_{k+1} qui commence à t_s , consiste en une séquence de liens ($(v_0, v_1, t_0), (v_1, v_2, t_1), \ldots, (v_i, v_{i+1}, t_i) \ldots, (v_k, v_{k+1}, t_k)$) tels que $t_i < t_{i+1} \forall i, i = 0..k - 1$ et $t_0 > t_s$. La durée de ce chemin est égale à $t_k - t_s$. Ce chemin est considéré étant le plus court chemin s'il a la plus courte durée parmi tous les chemins de v_0 à v_{k+1} qui commencent à t_s. On note $d_{t_s}(v_0, v_{k+1})$ la durée correspondante, appellée la distance temporelle. S'il n'y a pas de chemin de v_0 à v_{k+1} qui commence à t_s, nous considérons alors que $d_{t_s}(v_0, v_{k+1}) = \infty$. Les auteurs définissent la *temporal closeness* d'un nœud u à l'instant t est par $C_t(u) = \sum_{v \neq u} \frac{1}{d_t(u,v)}$.

Notons que cette définition nécessite que la centralité soit calculée à chaque pas de temps t, ce qui est très coûteux en termes de calcul. C'est pourquoi par la suite, nous calculons la *temporal closeness* de chaque nœud toutes les I secondes seulement, c'est qui donne une complexité en $O((D/I)^2)$ ou D est la durée du trace. La valeur de I est basée sur la médiane de la durée du temps inter-contact (le temps écoulé entre deux liens consécutifs)[1].

Dans la troisième approche (Takaguchi et al., 2016), une copie de chaque nœud est créée pour chaque instant où il interagit. Ainsi, un nœud u du réseau dynamique est représenté sous la forme d'un ensemble de nœuds (u, t) où t correspond aux instants où u est actif. Chaque paire consécutive de cet ensemble (((u, t_n) et (u, t_{n+1})) est liée par un lien. Les liens originaux du réseau sont conservés. Cette méthode permet de construire un réseau statique qui respecte la temporalité des interactions. Les auteurs proposent une métrique de centralité, la *temporal coverage centrality*. Elle mesure l'importance d'un nœud (u, t) par la fraction de paires de nœuds ayant un plus court chemin qui passe par (u, t). Le calcul de chacun de ces nœuds (((u, t)) a une complexité en $O(|V|^2 log(|E|))$, ce qui rend cette approche coûteuse. Nous faisons référence à cette méthode par le terme *coverage*.

---

1. Le programme que nous avons utilisé pour calculer les métriques est disponible publiquement sur le lien https ://bitbucket.org/complexnetworks/closeness_centrality_marwan.

2 Jeux de données et analyses

Nous avons utilisés six jeux de données pour cette étude. Cependant, nous avons observés que lorsqu'ils étaient de nature similaire, ils donnaient des résultats similaires. C'est pourquoi nous présentons ici seulement trois jeux de données représentatifs de l'ensemble. [2].

— Enron (Shetty et Adibi, 2005) : contient 47 088 courriels échangés entre 151 employés pendant trois ans. Pour chaque courriel nous avons l'expéditeur, le destinataire et la date d'expédition,

— RollerNet (Tournoux et al., 2009) : représente les contacts physiques entre 62 participants lors d'une sortie en rollers à Paris en août 2006. Il contient 403 834 contacts entre les participants répartis sur environ trois heures,

— Twitter : enregistre les tweets de comptes associés à des groupes terroristes. Chaque nœud représente un hashtag et chaque lien représente un tweet qui contient deux hashtags (nœuds). Par conséquent, un tweet avec plusieurs hashtags génère plusieurs liens. Le jeu de données contient 3048 hashtags et 100 429 liens pendant 22 jours.

2.1 Comparaison au fil du temps

Afin de pouvoir comparer les méthodes entre elles, ainsi que les nœuds entre eux sur chaque jeu de données, nous ne pouvons pas prendre en compte uniquement la centralité. C'est pourquoi nous commençons par ordonner les nœuds à chaque instant. Nous utilisons pour cela la méthode *inverse compétition ranking* [3]. Grâce à cette méthode de classement, pour chaque instant de chaque jeu de données, nous avons un ordre sur les nœuds pour chaque méthode. Nous pouvons comparer ces ordres entre eux, en utilisant le taux de Kendall. Pour deux ordres, le taux de Kendall renvoie une valeur comprise entre -1 et 1. Cette valeur représente la corrélation entre ces deux ordres. 1 indique que les deux ordres sont parfaitement corrélés alors que -1 indique qu'ils ont une corrélation inverse parfaite. Soit $r_k(i)$ le rang du nœud i dans l'ordre k, pour deux ordres r_1, r_2 le taux de Kendall est défini formellement de la manière suivante :
$$\mathcal{K}(r_1, r_2) = 1 - \frac{|\{i,j\}:r_1(i)>r_1(j) \text{ and } r_2(i)<r_2(j)|}{|V|(|V|-1)/2}.$$
Nous regardons tout d'abord l'évolution du taux de Kendall entre la *temporal closeness* et *snapshot*. Nous présentons dans la figure 1 (a) l'évolution du taux pour Enron. Nous pouvons voir que la corrélation est basse au début et augmente avec le temps. Ceci est dû au fait qu'une grande proportion de nœuds est inactive au début et par conséquent la méthode *snapshot* leur attribue le rang le plus bas. Par contre, certains nœuds ont des chemins temporels vers d'autres nœuds grâce à des interactions qui vont avoir lieu plus tard dans le jeu de données. *Temporal closeness* leur attribue une valeur non nulle, donc un rang non nul. Plus tard, ces nœuds deviennent actifs, puisque le réseau évolue, donc ces nœuds sont pris en compte par la méthode de *snapshot* ce qui augmente la corrélation. Nous pouvons également constater que ce phénomène n'est pas limité au début de l'évolution. Les brusques chutes que nous observons (par exemple au $1000ieme$ jour) sont liées qu' à ces moments la, un grand nombre de nœuds est devenu inactif. Par conséquent la corrélation diminue, pour les raisons présentées ci-dessus.

---

2. Comme dit précédemment l'approche *coverage* est très coûteuse donc nous avons seulement appliqué *coverage* sur Enron

3. Cette méthode attribue le rang 0 aux nœuds les moins centraux, ensuite chaque nœud a un rang égal au nombre de nœuds moins centraux que lui

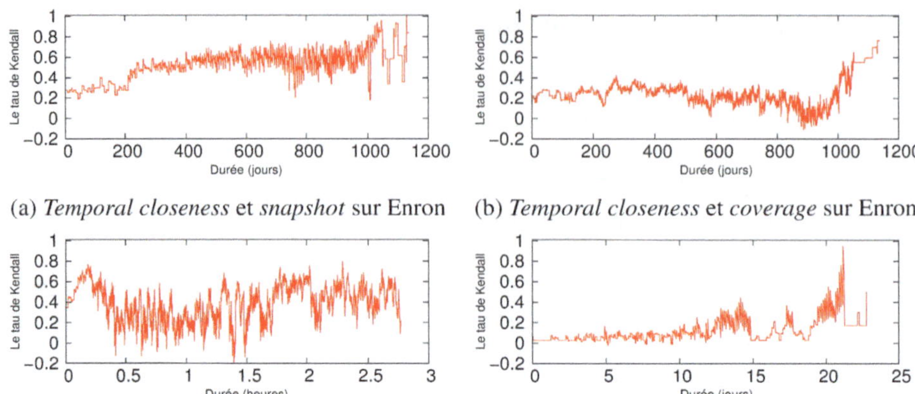

(a) *Temporal closeness* et *snapshot* sur Enron   (b) *Temporal closeness* et *coverage* sur Enron

(c) *Temporal closeness* et *snapshot* sur Rollernet   (d) *Temporal closeness* et *snapshot* sur Twitter

FIG. 1: Évolution du tau de Kendall

Pour Rollernet (Fig. 1 (c)), nous pouvons observer que l'évolution est différente d'Enron. Le taux fluctue fortement et est globalement plus bas et peut également être négatif à certains instants. Ces observations sont liées à l'activité élevée dans Rollernet. Cette activité rend chaque *snapshot* du réseau beaucoup plus dense que ceux analysés dans Enron, ce qui augmente les chances que *snapshot* prenne en compte des chemins temporellement impossibles. Ces chemins ne sont pas pris en compte par *temporal closeness*, donc la corrélation devient naturellement basse.

Ensuite, nous nous concentrons sur Twitter (Fig. 1 (d)). Ce jeu de données a une faible activité ce qui induit une corrélation basse. La corrélation augmente seulement au 14 ème, jour quand un grand nombre de nœud devient actif, pour diminuer de nouveau quand l'activité diminue. Nous pouvons identifier certains instants avec des corrélations élevées, qui sont également liées aux pics d'activité.

Nous considérons enfin la corrélation entre *Temporal closeness* et *coverage* sur Enron. La figure 1 (b) présente l'évolution de cette corrélation pour les deux méthodes. Nous pouvons voir que, globalement, la corrélation est assez basse sauf vers la fin. Puisque *coverage* et *temporal closeness* prennent toutes les deux en compte les liens dans le futur, ceci suggère que cette faible corrélation est due à la différence de notion d'importance entre elles. Finalement la hausse à la fin est due au fait que très peu de nœuds sont actifs. Ceci compense la différence de point du vue entre les deux approches, car il suffit d'être actif pour être important.

Nous pouvons constater par cette première analyse que la corrélation entre *temporal closeness* et *snapshot* dépend de la proportion de nœuds actifs. Nous avons remarqué des limitations à la méthode *snapshot* : (i) *snapshot* est incapable de détecter l'importance d'un nœud inactif puisqu'il ne prend pas en compte les liens futurs et (ii) les grands pics d'activité augmentent les chemins temporellement impossibles, en conséquence l'estimation de l'importance peut être biaisée.

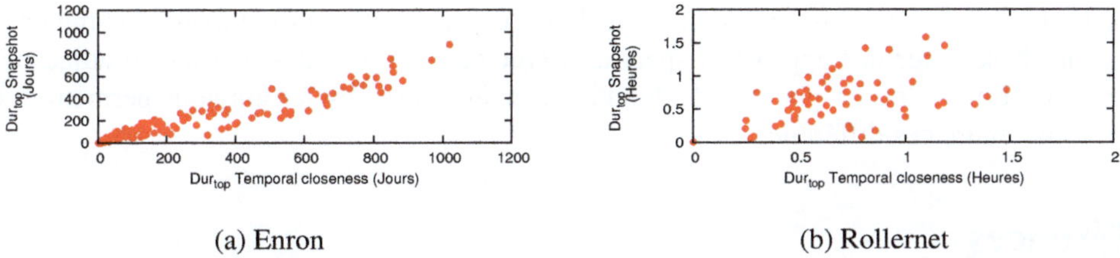

(a) Enron   (b) Rollernet

FIG. 2: Les valeurs de Dur_{top} calculées pour chaque nœud pour *temporal closeness* et *snapshot*

2.2 Différence globale

Dans cette partie, nous cherchons à comprendre plus précisément la différence observée entre *temporal closeness* et *snapshot* sur Enron et Rollernet, car la différence de corrélation est relativement élevée. Pour cela, nous définissons une plage de rangs pour laquelle nous estimons que les nœuds sont importants. Cette plage correspond aux 25% des rangs les plus élevés. Autrement dit, pour un réseau avec n nœuds, cela concerne les nœuds ayant un rang supérieur à $\lfloor n * 0.75 \rfloor$. Puis, nous définissons une valeur (Dur_{top}) qui correspond à la durée pendant laquelle un nœud est important. Nous considérons qu'un nœud est présent dans cette plage entre l'instant où nous calculons la centralité jusqu'à l'instant suivant. Plus formellement soit un nœud u et $R(u) = (r_i)_{i=1...k}$ une séquence de rangs de u, nous définissons Dur_{top} la valeur : $Dur_{top}(u) = I \cdot |\{i \leq k - 1, r_i \geq \lfloor n * 0.75 \rfloor\}|$.

La figure 2 (a) présente pour chaque nœud de Enron, la valeur Dur_{top} calculée par *temporal closeness* et *snapshot*. Nous pouvons voir que ces valeurs sont corrélées : les nœuds ayant les durées les plus élevées sont communs aux deux méthodes. De plus, nous pouvons voir que certains nœuds ont des valeurs beaucoup plus élevées que les autres. Ils sont donc beaucoup plus importants.

La figure 2 (b) présente les valeurs calculées par *temporal closeness* et *snapshot* pour les nœuds de Rollernet. Nous pouvons observer que la corrélation est moins nette que pour Enron. Comme expliqué précédemment, la forte activité de RollerNet entraîne la prise en compte de chemins temporellement impossible par *snapshot*. De plus, nous pouvons voir que les nœuds ne sont jamais considérés comme importants sur une durée plus longue que la moitié de la trace. Ainsi, aucun nœud ne se démarque des autres par une valeur de Dur_{top} élevée, contrairement à ceux d'Enron. Nous pouvons conclure que la notion d'importance globale n'existe pas forcément dans ce cas, car tous les nœuds sont d'importance similaire.

3 Conclusion

Dans cet article, nous présentons une comparaisons de différentes approches existantes pour mesurer l'importance des nœuds dans les réseaux dynamiques. Nous avons montré que (i) la méthode *snapshot* est incapable d'anticiper l'importance d'un nœud, (ii) la méthode *snapshot* peut être biaisée par des activités élevées, (iii) les différentes centralités ne détectent pas forcément les mêmes nœuds importants, (iv) dans certains jeux de données, la notion d'importance globale peut être sans signification. Il est à noter que nous nous sommes ici intéressés aux méthodes basées sur les plus courts chemins. Nous espérons pouvoir comparer ces méthodes avec celles basées sur des approches spectrales (vecteurs propres des matrices d'adjacences notamment). Enfin, l'accès aux jeux de données avec une vérité du terrain nous permettrait de mieux comprendre ces différences.

Références

Magnien, C. et F. Tarissan (2015). Time evolution of the importance of nodes in dynamic networks. In *Proceedings of the International Symposium on Foundations and Applications of Big Data Analytics (FAB), in conjunction with ASONAM, 2015.*, FAB '15, New York, NY, USA, pp. 1200–1207. ACM.

Nicosia, V., J. Tang, C. Mascolo, M. Musolesi, G. Russo, et V. Latora (2013). Graph metrics for temporal networks. In *Temporal networks*, pp. 15–40. Springer.

Pan, R. K. et J. Saramäki (2011). Path lengths, correlations, and centrality in temporal networks. *Physical Review E 84*(1), 016105.

Scholtes, I., N. Wider, et A. Garas (2016). Higher-order aggregate networks in the analysis of temporal networks : path structures and centralities. *Eur. Phys. J. B 89*, 61.

Shetty, J. et J. Adibi (2005). Discovering important nodes through graph entropy the case of Enron email database. In *Proceedings of the 3rd international workshop on Link discovery - LinkKDD '05*, New York, New York, USA, pp. 74–81. ACM Press.

Takaguchi, T., Y. Yano, et Y. Yoshida (2016). Coverage centralities for temporal networks. *The European Physical Journal B 89*(2), 35.

Tang, J., M. Musolesi, C. Mascolo, V. Latora, et V. Nicosia (2010). Analysing information flows and key mediators through temporal centrality metrics. In *Proceedings of the 3rd Workshop on Social Network Systems*, pp. 1–6. ACM.

Tournoux, P. U., J. Leguay, M. Dias de Amorim, F. Benbadis, V. Conan, et J. Whitbeck (2009). The Accordion Phenomenon : Analysis, Characterization, and Impact on DTN Routing. In *Proceedings of the 28rd Annual Joint Conference of the IEEE Computer and Communications Societies (INFOCOM)*, pp. 1116–1124. IEEE.

Uddin, M. S., P. Mahendra, K. S. K. Chung, et L. Hossain (2013). Topological analysis of longitudinal networks. In *HICSS*.

Summary

Defining the importance of nodes in static networks is a question that has been studied extensively for a long time. Recently, adaptations have been defined for dynamic networks. These methods follow different approaches for evaluating a node's importance. It is then necessary to be able to evaluate and compare these methods. In this paper, we compare different approaches to better understand the differences. We consider datasets of different nature, we show that these difference influence each method as well as in certain cases the global importance might be meaningless

Élimination des liens inter-langues erronés dans Wikipédia

Nacéra Bennacer Seghouani, Francesca Bugiotti
Jorge Galicia, Mariana Patricio
Gianluca Quercini

LRI, CentraleSupélec, Univ. Paris-Saclay, Gif-sur-Yvette, 91190, France
{nacera.bennacer, francesca.bugiotti}@lri.fr
{jorge.galicia-auyon, mariana.patricio}@student.ecp.fr
gianluca.quercini@lri.fr

Résumé. Un lien inter-langue dans Wikipédia est un lien qui mène d'un article appartenant à une édition linguistique à un autre article décrivant le même concept dans une autre langue. Ces liens sont ajoutés manuellement par les utilisateurs de Wikipédia et ainsi ils sont susceptibles d'être erronés. Dans ce papier, nous proposons une approche pour l'élimination automatique des liens inter-langues. Le principe de base est que la présence d'un lien erroné est révélée par l'existence d'un chemin de liens inter-langues reliant deux articles appartenant à une même édition linguistique. Notre approche élimine des liens inter-langues, à partir de ceux qui ont un faible *score de correction*, jusqu'à ce qu'il n'y ait plus de chemins entre deux articles d'une même édition linguistique. Les résultats de notre évaluation sur un sous-graphe de Wikipédia consistant en 8 langues montre que l'approche est prometteuse.

1   Introduction

Les liens inter-langues (LILs) de Wikipédia permettent de naviguer facilement entre ses différentes éditions linguistiques et sont également exploités dans des applications de recherche d'information multilingue [de Melo et Weikum (2010); Sorg et Cimiano (2012)]. Cependant, les LILs sont ajoutés manuellement par les utilisateurs de Wikipédia et ainsi ils sont susceptibles d'être erronés (c.a.d. ils relient des articles qui ne décrivent pas un même concept).

Dans ce papier, nous proposons une approche pour l'élimination automatique des LILs. Les travaux existants s'attaquent principalement au problème de la détection des LILs manquants [Bennacer et al. (2015); Moreira et Moreira; Penta et al. (2012); Sorg et Cimiano (2008)]. Comme de Melo et Weikum l'ont fait remarquer, l'existence d'un chemin de LILs entre deux articles appartenant à une même édition linguistique (et, donc, décrivant deux concepts différents) révèle la présence d'un LIL erroné [De Melo et Weikum (2010)]. Autrement dit, si deux articles provenant d'une même édition linguistique appartiennent à une même composante connexe, au moins un LIL de cette composante est erroné et la composante est dite *incohérente*.

Notre approche attribue un *score de correction* aux liens d'une composante incohérente et élimine des liens de façon itérative, à partir de ceux qui ont un score faible (c.a.d., susceptibles d'être erronés), jusqu'à diviser la composante en deux ou plusieurs composantes cohérentes. La contribution principale de ce papier est l'exploration de métriques obtenues de la topologie du graphe Wikipédia afin de calculer la probabilité qu'un LIL soit erroné.

La présentation du papier est organisée comme suit. Dans la section 2 nous présentons un aperçu de l'état de l'art. Nous introduisons, ensuite, dans la section 3, les notations et la terminologie permettant de décrire notre approche que nous présentons dans la section 4. Nous poursuivons, dans la section 5, par les expérimentations et les évaluations menées sur un sous-graphe de Wikipédia consistant en 8 éditions linguistiques. Enfin, nous concluons et présentons nos perspectives.

2   Aperçu de l'état de l'art

Contrairement à l'identification des LILs manquants, qui a fait l'objet de nombreuses recherches [Bennacer et al. (2015); Moreira et Moreira; Penta et al. (2012); Sorg et Cimiano (2008)], peu de travaux ont porté sur l'élimination des LILs erronés.

De Melo et Weikum définissent un ensemble de critères (appelés *assertions*) pour identifier les LILs qui sont susceptibles d'être erronés dans une composante incohérente [De Melo et Weikum (2010)]. Ces critères, qui, contrairement à notre approche, ne prennent pas en compte la topologie du graphe Wikipédia, sont utilisés par un programme linéaire qui divise la composante incohérente en deux ou plusieurs composantes cohérentes tout en minimisant le nombre de liens éliminés.

L'approche proposée par Rinser et ses collègues divise des composantes incohérentes faiblement connexes en plusieurs composantes cohérentes fortement connexes [Rinser et al. (2013)]. Leur évaluation ne montre pas si les liens éliminés sont effectivement ceux erronés.

Enfin, Bolikowski présente une étude intéressante qui montre que le graphe induit par les LILs de Wikipédia consiste en sous-graphes presque complets et la présence de liens entre ces sous-graphes est souvent un signe d'incohérence [Bolikowski (2009)]. Ce papier ne propose pas d'approche automatisée pour l'élimination des LILs erronés.

3   Terminologie

Nous modélisons Wikipédia comme un graphe orienté $W = (PA, IL \cup CL)$: chaque nœud $p_\alpha \in PA$ correspond à un article Wikipédia (identifié par un *titre*) dans une langue α ; un arc est soit un lien interne $(p_\alpha, q_\alpha) \in IL$ entre deux articles de la même édition linguistique, soit un LIL $(p_\alpha, p_\beta) \in CL$. Nous notons que les termes *nœud* et *article* sont synonymes dans ce contexte. Le *graphe des liens inter-langues* $C = (PA, CL)$, obtenu de W en éliminant tous les liens internes, consiste en plusieurs *composantes connexes* ; une composante est dite *incohérente* si elle contient deux articles d'une même édition linguistique.

4   Notre approche

Notre approche identifie d'abord l'ensemble des composantes incohérentes en faisant une visite DFS du graphe C. Ensuite, chaque composante incohérente est divisée en deux ou plusieurs composantes cohérentes en éliminant des LILs de façon itérative. Pour ce faire, chaque lien d'une composante reçoit un *score de correction* γ qui mesure la probabilité qu'il soit correct ; l'élimination commence par les liens qui ont les scores plus faibles (susceptibles d'être erronés).

Pour le calcul du score de correction γ, nous utilisons la topologie du graphe $\mathcal{C}$. Dès lors que les LILs sont ajoutés manuellement par des utilisateurs différents, la probabilité que deux articles appartenant à deux éditions linguistiques différentes aient un LIL erroné vers un même article est faible. Dans l'exemple de la figure 1, le lien entre *es* (article de l'édition espagnole) et en_1 (article de l'édition anglaise) est erroné (le lien correct porte vers l'article en_2) ; il est fort improbable que *it* (l'article correspondant à *es* dans l'édition italienne) ait lui aussi un lien incorrect vers en_1. En d'autres termes, les LILs erronés sont souvent incidents à des nœuds qui sont périphériques dans leurs composantes, comme c'est le cas du nœud en_1.

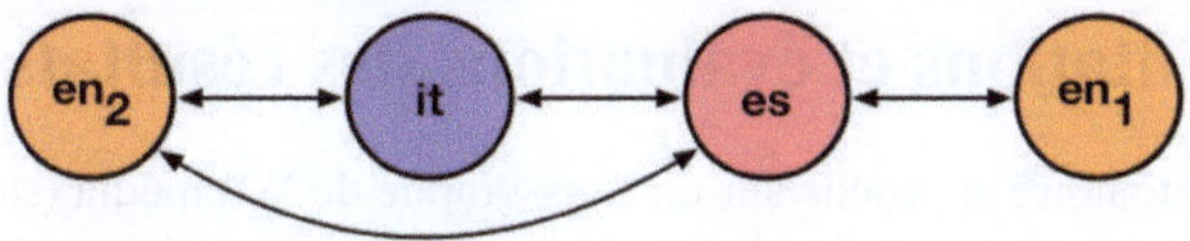

FIG. 1 : Un LIL erroné est souvent incident à un nœud qui périphérique.

Nous définissons ci-dessous quatre métriques basées sur la topologie de $\mathcal{C}$.

Bidirectionnalité. Nous observons que la présence d'un LIL bidirectionnel entre deux nœuds v_i et v_j est souvent signe que le lien est correct. Pour cette raison, nous attribuons un *score de bidirectionnalité* à un LIL l qui vaut 1 si l est bidirectionnel, 0 sinon.

Chemins alternatifs. Un LIL entre deux nœuds v_i et v_j a une forte probabilité d'être correct s'il y a plusieurs chemins qui mènent de v_i à v_j, et vice-versa. Le *score des chemins alternatifs* $\alpha(l)$ d'un LIL $l = (v_i, v_j)$ est défini comme suit :

$$\alpha(l = (v_i, v_j)) = \frac{p(v_i, v_j)}{\max_{(v_k, v_m) \in C} p(v_k, v_m)} \tag{1}$$

où $p(v, w)$ est le nombre de chemins qui mènent de v à w, et vice-versa.

Élimination minimale. Dans le sous-graphe de Wikipédia que nous considérons, nous avons trouvé plusieurs composantes connexes incohérentes à cause d'un seul LIL erroné. Dans ces cas, l'élimination de ce LIL divise la composante en deux composantes cohérentes, ce qui résout le problème. Le score d'élimination minimale $\zeta(l)$ d'un LIL l est 1 si l'élimination de l divise sa composante en deux composantes cohérentes, 0 sinon.

Chaînes de liens. Sorg et Cimiano ont fait remarquer que deux nœuds v_i et v_j reliés par un LIL sont aussi reliés par au moins une *chaîne de liens* : $v_i \xrightarrow{\text{interne}} w_i \xleftrightarrow{\text{inter-langue}} w_j \xleftarrow{interne} v_j$ [Sorg et Cimiano (2008)]. Intuitivement, deux articles v_i (par ex., *Paris* dans la Wikipédia anglaise) et v_j (par ex., *Paris* dans la Wikipédia française) qui décrivent un même concept ont des liens internes vers des articles (par ex., *Eiffel Tower* et *Tour Eiffel*) qui eux-mêmes décrivent un même concept. Donc, plus il y a de chaînes de liens entre v_i et v_j, plus la probabilité que le LIL entre v_i et v_j soit correct est forte. Le *score des chaînes de liens* $\xi(l)$ d'un LIL $l = (v_i, v_j)$ est défini comme suit :

$$\xi(l) = \frac{cl(v_i, v_j)}{\max_{(v_k, v_m) \in C} cl(v_k, v_m)} \tag{2}$$

où $cl(v, w)$ est le nombre de chaînes de liens entre v et w.

Le score de correction.   Le *score de correction* $\gamma(l)$ d'un LIL l est obtenu en calculant une moyenne pondérée des scores présentés ci-dessus $\gamma(l) = w_1 \cdot \beta(l) + w_2 \cdot \alpha(l) + w_3 \cdot \zeta(l) + w_4 \cdot \xi(l)$. Les valeurs des poids w_i ($\sum w_i = 1$) sont discutés dans la Section 5.

5   Expérimentations et évaluations des résultats

Nous avons évalué notre approche sur un sous-graphe de Wikipédia (stocké dans une base de données Neo4j) consistant en huit éditions linguistiques — anglaise, allemande, française, italienne, espagnole, grecque, néerlandaise, chinoise — qui datent de Décembre 2016. Le graphe a 28 539 306 nœuds, 346 165 183 liens internes et 24 033 912 LILs. Nous avons calculé le graphe des liens inter-langues C et sélectionné 400 composantes incohérentes où les LILs erronés ont été identifiés par les auteurs de ce papier. Les expérimentations ont été effectuées sur un ordinateur équipé de Windows 8, d'un processeur Intel Core i7, 8GB de mémoire et un disque SSD de 512 GB.

Résultats.   Afin de régler les quatre poids du score de correction, nous avons appliqué notre approche sur un ensemble d'entraînement (240 composantes, respectivement 683 et 7 653 LILs erronés et corrects) et nous avons mesuré sa capacité d'éliminer des LILs erronés en calculant la précision ($P = |VP|/(|VP|+|FP|)$), le rappel ($R = |VP|/(|VP|+|FN|)$) et la F-mesure (F, moyenne harmonique de P et R). VP est l'ensemble des liens qui sont correctement considérés erronés par notre approche (vrais positifs) ; FP (liens incorrectement considérés erronés) et FN (liens incorrectement considérés corrects) sont respectivement les faux positifs et négatifs. A l'issue de la phase d'entraînement, les valeurs des poids qui donnent les meilleurs résultats sont les suivantes : $w_1 = 0.4$, $w_2 = 0.6$, $w_3 = 0$ et $w_4 = 0.1$. Nous remarquons que la métrique "Élimination minimale" entraîne une augmentation du rappel mais a un impact fortement négatif sur la précision, d'où la décision de mettre $w_3 = 0$. Nous avons appliqué notre méthode avec ces valeurs sur un ensemble de test (160 composantes, respectivement 399 et 4 207 LILs erronés et corrects) et nous avons obtenu $P = 0.78$, $R = 0.83$ et $F = 0.80$. La figure 2 montre que l'approche est plus efficace sur des composantes de petite taille qui constituent la majorité dans C.

En ce qui concerne les performances de l'approche, le calcul du graphe des LILs nécessite de 10 heures (visite DFS du graphe Wikipédia) ; le temps nécessaire pour compléter l'élimination des LILs varie entre 10 et 15 secondes par composante quand l'approche n'utilise pas les chaînes de liens (sinon, il faut compter un temps variable de 1 à 2 minutes).

Comparaison.   Le problème de l'élimination d'un lien erroné peut être décliné comme un problème de classification binaire. Plus précisément, nous décrivons un LIL (u, v) avec quatre

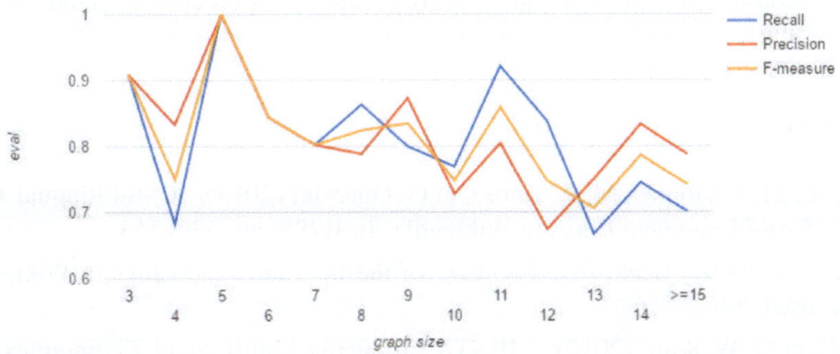

FIG. 2: Résultats en fonction de la taille des composantes.

attributs qui reprennent les métriques présentées en Section 4. Nous utilisons un mécanisme de réechantillonage sans remplacement pour obtenir dix ensembles d'entraînement équilibrés consistant en 916 LILs, distribués uniformément sur les deux classes (erroné, correct).

Nous avons entraîné quatre classificateurs — machine à vecteurs de support à noyau linéaire (*SVM*), Naive Bayes, Forêt d'arbres décisionnels (*R. Forests*) et OneR (classificateur à base de règles) — sur les dix ensembles d'entraînement et nous les avons évalués sur l'ensemble de test précédemment créé. Les résultats dans le tableau 1 montrent que SVM est le meilleur classificateur en termes de précision (0.62), rappel (0.89) et F-mesure (0.73). Nous notons que les mêmes résultats sont obtenus sans considérer l'attribut "Élimination minimale". Les résultats de tous les classificateurs, sauf OneR, sont comparables sur tous les ensembles d'entraînement.

SVM			Naive Bayes			R. Forests			OneR		
P	**R**	**F**	**P**	**R**	**F**	**P**	**R**	**F**	**P**	**R**	**F**
0.62	0.89	**0.73**	0.38	**0.90**	0.53	0.45	0.89	0.60	0.39	0.86	0.54

TAB. 1: Résultats des classificateurs.

6   Conclusions et perspectives

Dans ce papier nous avons présenté une approche pour l'élimination des liens inter-langues (LILs) erronés dans Wikipédia. La contribution principale de cette approche est l'exploration de métriques basées sur la topologie du graphe Wikipédia. Les résultats de notre évaluation sur un sous-graphe de Wikipédia consistant en 8 langues montre que l'approche est prometteuse. Nos travaux actuels portent sur l'étude de la topologie des composantes cohérentes qui peuvent contenir des LILs erronés et que, à notre connaissance, aucune approche considère. Nous souhaitons également intégrer des heuristiques qui exploitent d'autres éléments de Wikipédia tels que les catégories et les pages de redirection et d'homonymie. Une expérimentation sur une grande base de données et une comparaison avec toutes les approches existantes fera l'objet de nos travaux futurs, ainsi qu'une implémentation parallèle de notre approche.

Références

Bennacer, N., M. J. Vioulès, M. A. López, et G. Quercini (2015). A Multilingual Approach to Discover Cross-Language Links in Wikipedia. In *WISE*, pp. 539–553.

Bolikowski, Ł. (2009). Scale-free Topology of the Interlanguage Links in Wikipedia. *arXiv preprint arXiv :0904.0564.*

de Melo, G. et G. Weikum (2010). MENTA : Inducing Multilingual Taxonomies from Wikipedia. In *CIKM*, pp. 1099–1108. ACM.

De Melo, G. et G. Weikum (2010). Untangling the Cross-lingual Link Structure of Wikipedia. In *Proceedings of the 48th Annual Meeting of the Association for Computational Linguistics*, ACL '10, Stroudsburg, PA, USA, pp. 844–853. Association for Computational Linguistics.

Moreira, C. E. M. et V. P. Moreira. Finding Missing Cross-Language Links in Wikipedia. *JIDM 4*(3), 251–265.

Penta, A., G. Quercini, C. Reynaud, et N. Shadbolt (2012). Discovering Cross-language Links in Wikipedia through Semantic Relatedness. In *ECAI*, pp. 642–647.

Rinser, D., D. Lange, et F. Naumann (2013). Cross-lingual entity matching and infobox alignment in wikipedia. *Information Systems 38*(6), 887–907.

Sorg, P. et P. Cimiano (2008). Enriching the crosslingual link structure of wikipedia-a classification-based approach. In *Proceedings of the AAAI 2008 Workshop on Wikipedia and Artifical Intelligence*, pp. 49–54.

Sorg, P. et P. Cimiano (2012). Exploiting Wikipedia for Cross-lingual and Multilingual Information Retrieval. *Data Knowl. Eng. 74*, 26–45.

Summary

Many Wikipedia articles that cover the same topic in different language editions are interconnected via cross-language links However, cross-language links are added manually by the users of Wikipedia and, as such, are often incorrect. In this paper, we propose an approach to automatically eliminate incorrect cross-language links. The rationale is that the presence of an incorrect cross-language link is revealed by the existence of a path of cross-links between two articles of the same language edition. Our approach removes cross-languages links, starting from those having a low *correctness score*, until there is no path between two articles of the same language edition. The results of our evaluation on a snapshot of Wikipedia in 8 languages indicates that our approach shows quantitative promise.

Cartes Auto-Organisatrices Incrémentales appliquées au Clustering Collaboratif

Denis Maurel*,**, Jérémie Sublime*
Sylvain Lefebvre*

*LISITE, ISEP, 28 rue Notre Dame des Champs, 75006 Paris France
prenom.nom@isep.fr,
**CEDRIC, CNAM, 292 rue Saint-Marin 75003 Paris FRANCE

Résumé. Le Clustering Collaboratif (CC) vise à faire ressortir les structures communes présentes dans plusieurs vues indépendantes en se basant sur une première étape de clustering locale, effectuée dans notre cas à l'aide de Cartes Auto-Organisatrices (SOM pour Self Organizing Maps en anglais). Pour faire face à la quantité toujours croissante de données disponibles, l'utilisation de méthodes de clustering incrémentales est devenue nécessaire. Ce papier présente un algorithme de SOM incrémentales compatibles avec les contraintes du CC. Les expérimentations conduites sur plusieurs jeux de données démontrent la validité de cette méthode et présentent l'influence de la taille du batch utilisé lors de l'apprentissage.

1   Introduction

Dans cet article, nous étudions le clustering conjoint de plusieurs bases de données distribuées (nommées vues), aussi appelé Clustering Collaboratif (CC). Une méthode de CC applicable à des données arrivant en continu permet de résoudre des problèmes en temps réel avec une contrainte de confidentialité sur les données. Cet article constitue un résumé de l'article publié dans la conférence ICONIP 2017 (Maurel et al. (2017)).

L'objectif du CC (Cornuéjols et al. (2018)), est de trouver une manière de partitionner un même ensemble d'individus décrits par différents ensembles de caractéristiques. Pour ce faire, les vues vont échanger des informations, sans pour autant échanger les valeurs qu'elles contiennent (dans un soucis de confidentialité). Cet objectif est atteint par l'intermédiaire de vecteurs synthétisant l'information contenue dans chaque base sous forme d'individus représentatifs de la distribution des données. Ces individus sont appelés les prototypes de la vue.

Le CC peut être décomposé en deux phases : la phase locale durant laquelle chaque algorithme de clustering est appliqué localement afin d'obtenir les prototypes de la vue, et la phase collaborative, durant laquelle chaque vue fournit à ses pairs les informations sur ses prototypes afin de partager ce qui a été appris localement.

La création d'une méthode de CC incrémental présente plusieurs défis. Le premier est que, dans notre cas, le CC se base sur des algorithmes de clustering à base de prototypes (Ghassany et al. (2013)), réduisant de fait le nombre de méthodes utilisables. Le deuxième est que les méthodes de clustering incrémentales ne sont pas forcément compatibles avec le CC, même si elles se basent sur des prototypes. Enfin, le troisième défi se trouve dans l'adaptation nécessairement *ad hoc* des règles de mise à jour collaboratives suivant l'algorithme employé.

Ce papier présente une méthode d'apprentissage de SOM incrémentales robuste aux éventuelles évolutions de la distribution des données et compatible avec le paradigme du CC. La composante principale de cette approche se trouve dans la modification de la fonction de température des SOM, qui devient indépendante du temps. À notre connaissance, ce type de méthode n'a encore jamais été proposé dans la littérature.

Cet article est organisé comme suit : un bref bilan des méthodes de clusterings incrémentales et collaboratives est présentée dans la Section 2. Notre approche sur les SOM incrémentales et sur leurs applications au CC est présentée dans la Section 3, suivie par les résultats expérimentaux présentés en Section 4. Une conclusion ainsi qu'une ouverture sur les futures pistes à suivre sont présentées en Section 5.

2   Recherches associées

Un état de l'art sur le CC peut être trouvé dans Cornuéjols et al. (2018). Cet article présente les principales spécificités du domaine ainsi que ses principaux défis.

Le CC basé sur les SOM a été étudié dans Grozavu et al. (2014); Rastin et al. (2015) de même que sa version basée sur les Generative Topographic Mapping (GTM) (Sublime et al. (2017); Ghassany et al. (2013)) et sur Fuzzy C-Means (Pedrycz et Rai (2008); Mitra et al. (2006)). Néanmoins, les méthodes proposées dans ces articles ne fonctionnent pas dans le contexte incrémental qui est étudié ici. Cette contrainte a déjà été étudiée pour les SOM non-collaboratives dans des travaux uniquement dédiés au clustering incrémental : les méthodes proposées par Deng et Kasabov ou encore Papliński (2012) reposent ainsi sur l'évolution topologique de la SOM au cours du temps. Ces références mettent en lumière que même si des méthodes existent pour chaque sous-partie du problème, il n'existe à notre connaissance aucune méthode permettant de faire du CC basé sur les SOM sans modification topologique de ces dernières.

3   CC incrémental basée sur les SOM

3.1   CC Incrémental

La principale limitation du CC basé sur les SOM est à l'heure actuelle que les SOM incrémentales sont toutes basées sur la modification topologique de leurs cartes de neurones. Ce genre de modification n'est pas permis par les règles de mise à jour du CC. En effet, ce paradigme suppose que chaque vue décrit ses individus en utilisant le même nombre de prototypes, et ce pour deux raisons : permettre la comparaison entre vues et garder les correspondances topologiques entre chaque paire de vues. Dans notre cas, les prototypes correspondent aux neurones des SOM, et de fait, la topologie de l'ensemble des SOM doit être unique et fixée au lancement de l'algorithme. De plus, le clustering incrémental se doit d'être réactif aux éventuelles modifications de la distribution des données au cours du temps.

3.2 SOM incrémentale

Dans notre version incrémentale des SOM, nous considérons que les données arrivent en continu. Ainsi, nous supposons qu'à chaque instant, le modèle n'a connaissance que du batch B des N_{batch} derniers individus. La contrainte incrémentale ne permettant pas de définir de temps d'arrêt, notre méthode présente une variation de la fonction de température afin d'éviter toute dépendance temporelle. La nouvelle fonction de température $\widetilde{\lambda}$ est définie par :

$$\widetilde{\lambda}(B, W) = \frac{1}{N_{batch}} \sum_{i=1}^{N_{batch}} \|x_i - \chi(x_i)\|_2 \tag{1}$$

Où x_i et $\chi(x_i)$ correspondent respectivement à un individu du batch et à son plus proche prototype dans la vue étudiée. Cette fonction $\widetilde{\lambda}$ est ensuite bornée entre λ_{min} et λ_{max} afin d'éviter qu'elle ne prenne des valeurs extrêmes, ce qui entraînerait des modifications trop importantes de la topologie de la carte.

Cette définition permet à la carte d'être réactive à la nouveauté. Si les éléments d'un batch sont éloignés des neurones courants, l'ensemble de la carte aura besoin d'être ajusté (hautes valeurs de $\widetilde{\lambda}$). À l'inverse, si les individus sont proches des prototypes courants, la carte n'aura besoin que de d'ajustements locaux (faibles valeurs de $\widetilde{\lambda}$). La fonction de voisinage définie par $\widetilde{\lambda}$ sera désignée par $\widetilde{K}$. Dans la suite de cet article, $\widetilde{K}_{i,j}^m$ désignera la valeur de la fonction de voisinage entre les neurones i et j de la m-ème SOM (et donc de la m-ème vue).

3.3 Adaptation au CC

On considère les bases de données $\{X[i] \mid i \in 1..P\}$ contenant le même ensemble d'individus décrits par différents ensembles de caractéristiques, avec P modèles (ici des SOM) entraînés à représenter chacune des vues. Afin de clarifier les notations, $W^{m \in \{1..P\}}$ désignera le m-ème modèle créé en utilisant la m-ème base de donnée. On impose de plus le critère d'apprentissage suivant : des neurones correspondants ou leurs voisinages proches devront capturer les même individus indépendamment de la vue considérée.

Afin d'adapter le critère original à la version incrémentale du CC, nous l'approximons en utilisant la nouvelle fonction de voisinage $\widetilde{K}$ et en sommant les distances sur le batch courant plutôt que sur l'intégralité des individus :

$$\widetilde{R}^m(\chi, \omega) = \widetilde{R}_{Local}(W) + \widetilde{R}_{Collab}(W) \tag{2a}$$

$$\widetilde{R}_{Local}(W) = \alpha_m \sum_{i=1}^{N_{batch}} \sum_{j=1}^{|W|} \widetilde{K}_{j,\chi(x_i)}^m \|x_i^k - \omega_j^k\|^2 \tag{2b}$$

$$\widetilde{R}_{Collab} = \sum_{m'=1, m' \neq m}^{P} \beta_m^{m'} \sum_{i=1}^{N_{batch}} \sum_{j=1}^{|W|} (\widetilde{K}_{j,\chi(x_i)}^m - \widetilde{K}_{j,\chi(x_i)}^{m'})^2 \|x_i^m - \omega_j^m\|^2 \tag{2c}$$

Avec α et β les coefficients de collaboration fixés et qui définissent les pondérations des termes locaux et collaboratifs dans le critère d'apprentissage. Une synthèse du CC horizontal incrémental peut être trouvée dans l'Alg. 1. Dans un soucis de concision, la formule de

---

Algorithm 1 CC horizontal incrémental

---

1. Initialisation
$\forall m \in 1..P, W^m \leftarrow$ Initialisation du m-ème modèle de la m-ème vue
2. Apprentissage incrémental
loop
   if Arrivée d'un individu **then**
      Mise à jour du batch comme une file d'individus (premier arrivé premier sorti)
      2.1. Étape locale
      $\forall m \in 1..P$, Mise à jour des prototypes de W^m (SOM incrémentale)
      2.2. Étape collaborative
      for $m \in 1..P, \omega \in W^m$ **do**
         $\omega = \omega + (\Delta\omega)_{collab}$
      end for
   end if
end loop

$(\Delta\omega)_{collab}$ n'a pas été explicitée ici. Elle peut être trouvée dans Ghassany et al. (2013) et est obtenue est dérivant le critère de l'Eq. 2 par rapport au point ω à mettre à jour.

4 Résultats Expérimentaux

4.1 Bases de données et mesures de qualité

Afin d'évaluer la méthode présentée dans ce papier, nous l'avons testée sur quatre bases de données : Spam Base, Waveform, Wisconsin Diagnostic Breast Cancer (WDBC) et Isolet [1].

Durant ces expérimentations, chaque base a été normalisée puis divisée en 3 vues contenant chacune un tiers des variables originales. Nous supposons ici que l'on dispose de suffisamment d'information sur chaque variable pour permettre sa normalisation au moment où elle apparaît, par exemple en connaissant ses bornes. Les mesures de qualité ici utilisées sont l'erreur de quantification et l'index de pureté communément utilisés pour l'analyse de SOM.

4.2 Expérimentations

Dans un soucis de concision, seuls les résultats obtenus sur Isolet sont présentés, ces derniers pouvant être généralisés pour l'ensemble des bases étudiées. Les SOM utilisées sont composées de 10×10 neurones, avec $\lambda_{min} = 0.3$, $\lambda_{max} = 3$, $\epsilon = 0.5$ (pas d'apprentissage fixé durant nos expérimentations), $N_{batch} = 10$. Ces paramètres ont été obtenus empiriquement après plusieurs apprentissages.

Les puretés respectives des cartes peuvent être trouvées sur les Fig. 1a, Fig. 1b et Fig. 1c. Il apparaît que le CC améliore la pureté au détriment de la stabilité par rapport aux SOM incrémentales. La stabilité réfère ici à l'écart type de la pureté au cours du temps. Cette instabilité peut être causée par l'apprentissage par batchs qui, par définition, ne sont pas représentatifs de

---

1. http ://archive.ics.uci.edu/ml/index.php

la population globale. Néanmoins, le fait que la méthode aboutisse quand même à un résultat laisse penser que les biais successifs se compensent sur le long terme.

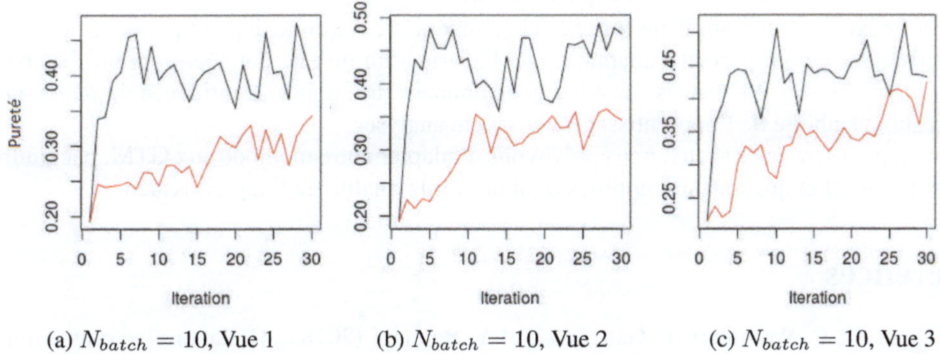

(a) $N_{batch} = 10$, Vue 1   (b) $N_{batch} = 10$, Vue 2   (c) $N_{batch} = 10$, Vue 3

FIG. 1: Évolution des puretés pour la base Isolet. Les lignes rouges représentent les SOM incrémentales tandis que les lignes noires représentent les SOM collaboratives. Chaque itération correspond à l'utilisation d'un nouveau batch.

Dans un second temps, l'impact de la phase collaborative de notre méthode sur le clustering final a été étudié. Sur chaque base de données, deux apprentissages ont été effectué : le premier intitulé SOM Incrémentale (SOMI) ne comprenait que la phase locale de l'Alg. 1 tandis que le second, intitulé CC Incrémental (CCI), comprenait l'ensemble de la méthode. Les résultats de cette expériences sont présentés dans Tab. 1.

	Spam Base			Waveform			WDBC			Isolet		
	1	2	3	1	2	3	1	2	3	1	2	3
SOMI	0.31	**0.18**	0.18	**0.18**	**0.17**	**0.24**	**0.19**	**0.16**	0.20	2.15	2.84	2.85
CCI	**0.26**	0.19	**0.16**	0.23	0.19	0.30	0.19	0.19	**0.16**	**1.27**	**1.38**	**1.37**

TAB. 1: Erreur de quantification sur chaque base de données. Les nombres en gras sont les plus petits de chaque colonne.

Les résultats présentés nous permettent de conclure que dans la plupart des cas, la phase collaborative n'améliore pas significativement les résultats des SOM incrémentales utilisées seules. Cependant dans le cas de la base Isolet, la phase collaborative améliore nettement les résultats obtenus. Il est apparu que la base Isolet était une base *clairsemé* (ou *sparse* en anglais). Cette caractéristique couplée à la division de la base initiale en 3 vue a réduire l'information déjà limitée disponible pour chaque clustering local. Avec l'ajout de la phase collaborative, l'information contenue dans chaque vue a pu être partagée, ce qui a permis de nettement améliorer les résultats par rapport aux clustering locaux. C'est ce résultat qui nous permet de justifier l'intérêt de l'ajout de la phase collaborative de notre méthode.

5   Conclusion et Futures Recherches

Dans cette étude, nous avons présenté une méthode permettant de générer des SOM incrémentales sans modifications topologiques ainsi que leurs application au CC horizontal. Cette méthode se base sur une nouvelle fonction de température $\widetilde{\lambda}$ qui ne dépend plus que des données arrivantes, ce qui permet l'adaptation de la carte à un flux de données continu. Les méthodes présentées ont été testées sur 4 bases de données différentes. L'influence du paramètre N_{batch} sur la stabilité de l'apprentissage a aussi été analysée.

Pour poursuivre ces travaux, nous prévoyons d'adapter notre méthode aux GTM, par nature proche des SOM et qui sont susceptibles d'améliorer la qualité de l'apprentissage.

Références

Cornuéjols, A., C. Wemmert, P. Gançarski, et Y. Bennani (2018). Collaborative clustering : Why, when, what and how. *Information Fusion 39*, 81–95.

Deng, D. et N. Kasabov. Esom : An algorithm to evolve self-organizing maps from online data streams. In *Neural Networks, 2000*, Volume 6, pp. 3–8. IEEE.

Ghassany, M., N. Grozavu, et Y. Bennani (2013). Collaborative multi-view clustering. In *The 2013 International Joint Conference on*, pp. 1–8. IEEE.

Grozavu, N., G. Cabanes, et Y. Bennani (2014). Diversity analysis in collaborative clustering. In *2014 International Joint Conference on*, pp. 1754–1761. IEEE.

Maurel, D., J. Sublime, et S. Lefebvre (2017). Incremental self-organizing maps for collaborative clustering. Springer.

Mitra, S., H. Banka, et W. Pedrycz (2006). Rough–fuzzy collaborative clustering. *IEEE Transactions on Systems, Man, and Cybernetics, Part B (Cybernetics) 36*(4), 795–805.

Papliński, A. P. (2012). Incremental self-organizing map (isom) in categorization of visual objects. In *ICONIP*, pp. 125–132. Springer.

Pedrycz, W. et P. Rai (2008). Collaborative clustering with the use of fuzzy c-means and its quantification. *Fuzzy Sets and Systems 159*(18), 2399–2427.

Rastin, P., G. Cabanes, N. Grozavu, et Y. Bennani (2015). Collaborative clustering : How to select the optimal collaborators ? In *Computational Intelligence, 2015 IEEE*, pp. 787–794.

Sublime, J., B. Matei, G. Cabanes, N. Grozavu, Y. Bennani, et A. Cornuéjols (2017). Entropy based probabilistic collaborative clustering. *Pattern Recognition 72*, 144–157.

Summary

Collaborative clustering aims at revealing the common structures of data distributed on different sites using local clustering methods such as Self-Organizing Maps (SOM). To face the ever growing quantity of data available, incremental clustering methods are required. This paper presents an algorithm to perform incremental SOM-based collaborative clustering. The experiments conducted on several datasets demonstrate the validity of the method and present the influence of the batch size on the learning.

PALM: Un algorithme parallèle pour extraire des clusters de liens dans les réseaux sociaux

Erick Stattner*, Reynald Eugenie*, Martine Collard*

* Université des Antilles
Laboratoire LAMIA
{erick.stattner, reynald.eugenie, martine.collard}@univ-antilles.fr

Résumé. Dans cet article, nous nous intéressons à l'optimisation du processus de recherche de clusters de liens. Nous proposons en particulier l'algorithme PALM (Stattner et al., 2017), qui vise à améliorer l'efficacité du processus d'extraction par l'exploration conjointe de plusieurs zones de l'espace de recherche. Ainsi, nous commençons par démontrer que l'espace des solutions forme un treillis de concepts. Nous proposons ensuite une approche qui explore en parallèle les branches de ce treillis tout en réduisant l'espace de recherche en s'appuyant sur différentes propriétés. Les bonnes performances de notre algorithme sont démontrées en le comparant avec l'algorithme d'extraction d'origine.

1 Introduction

Dans cet article, nous nous intéressons à l'optimisation d'une approche récente de clustering de réseau appelée la recherche de *liens conceptuels*. Il s'agit d'une nouvelle approche qui effectue des clusters de liens en exploitant la structure et les attributs des noeuds pour identifier les liens fréquents entre des groupes de noeuds au sein desquels les attributs sont communs. Ce travail est motivé par le fait que l'algorithme d'extraction d'origine effectue la recherche des clusters de liens de manière séquentielle, sans prendre en compte les parallélisations possibles.

Ainsi dans cet article, nous présentons PALM (Stattner et al., 2017), un algorithme parallèle qui vise à améliorer l'efficacité du processus d'extraction des liens conceptuels en explorant simultanément plusieurs zones de l'espace de recherche. Pour cela, nous démontrons que l'espace des solutions forme un treillis de concepts. Nous proposons ensuite une approche qui explore en parallèle les branches du treillis tout en réduisant l'espace de recherche en s'appuyant sur certaines propriétés des liens conceptuels. L'efficacité de l'algorithme est démontré en l'appliquant à un réseau de télécommunications et en comparant les performances avec l'algorithme d'extraction d'origine. Les résultats obtenus montrent un gain significatif sur le temps de calcul.

2 État de l'art

La recherche de clusters dans les réseaux sociaux, aussi appelée *clustering de réseaux*, est une des approches les plus répandues de la modélisation descriptive de réseaux. L'objectif est d'identifier des groupes de noeuds qui satisfont certaines propriétés. Les principales familles de méthodes pour le clustering de réseaux sociaux peuvent être classifiées comme suit.

(i) Le clustering basé sur les liens fait référence à une famille de méthodes qui recherche une partition des noeuds, appelé *communauté*, en tenant uniquement compte de la structure du réseau (Fortunato, 2010; Blondel et al., 2008). L'objectif est de décomposer le réseau en plusieurs communautés, définies comme des groupes de noeuds fortement connectés. Les algorithmes tentent ainsi d'identifier les groupes qui maximisent les liens intra-communautaires tout en minimisant les liens inter-communautaires (Newman, 2006).

(ii) Le clustering hybride est une approche de clustering de réseau qui vise à tenir compte des attributs des noeuds durant la phase d'extraction des clusters (Zhou et al., 2009; Yoon et al., 2011). En effet, dans de nombreuses applications la définition classique d'une *communauté* ne permet pas de comprendre pleinement les structures étudiées. Ainsi, les techniques de clustering hybrides tentent d'identifier les groupes de noeuds densément connectés, qui possèdent en plus une similitude dans leurs attributs.

(iii) La recherche de liens conceptuels est une nouvelle approche qui exploite les informations disponibles à la fois sur la structure du réseau et les attributs des noeuds, dans le but d'identifier l'ensemble des attributs les plus fréquemment connectés dans le réseau (Stattner et Collard, 2012). De tels groupes fournissent une connaissance sur les attributs qui structurent les liens au sein du réseau.

3 Liens conceptuels

Soit $G = (V, E)$ un réseau, dans lequel V est l'ensemble des noeuds et E l'ensemble des liens avec $E \subseteq V \times V$. L'ensemble V est défini comme une relation $R(A_1, ..., A_p)$ où chaque A_i est un attribut et $|R| = p$. Ainsi, chaque noeud $v \in V$ est défini par le tuple $(a_1, ..., a_p)$ où $\forall k \in [1..p], v[A_k] = a_k$ correspond à la valeur de l'attribut A_k du noeud v.

Un item est une expression logique $A = x$ où A est un attribut et x une valeur. L'item vide est noté $\emptyset$. Un itemset est une conjonction d'items, par exemple *($A_1 = x$ et $A_2 = y$ et $A_3 = z$)*, qu'on note par simplicité *(xyz)*. Quand un itemset est une conjonction de k items non-vides, on parle de k-itemset.

Soient m et sm deux itemsets. Si $sm \subset m$, on dit que sm est un sous-item de m et que m est un super-itemset de sm. Par exemple $sm = xy$ est un sous-itemset de $m = xyz$. Nous notons I_V l'ensemble des itemsets construits à partir des noeuds de V.

Définition 1. Lien conceptuel Posons m_1 et m_2 deux itemsets de I_V et V_{m_1}, V_{m_2}, respectivement les ensembles de noeuds dans V qui satisfont m_1 et m_2. Nous notons $E_{(m_1,m_2)}$ le cluster de liens connectant des noeuds de V_{m_1} à des noeuds de V_{m_2}, c'est-à-dire :

$$E_{(m_1,m_2)} = \{e \in E \; ; \; e = (v_1, v_2) \quad v_1 \in V_{m_1} \; et \; v_2 \in V_{m_2}\} \tag{1}$$

Le cluster $E_{(m_1,m_2)}$ est appelé *"lien conceptuel"* dans la mesure où il ne s'agit pas d'un lien du réseau, mais d'un cluster de liens entre deux groupes de noeuds qui peuvent être vus comme des *"concepts"*, au sens de l'analyse de concepts formels, c'est-à-dire des objets qui partagent des attributs communs. Par exemple, si m_1 est l'itemset cd et m_2 est l'itemset efj, le *lien conceptuel* $E_{(m_1,m_2)} = (cd, efj)$ inclut tous les liens entre les noeuds qui vérifient cd et qui sont connectés à des noeuds qui vérifient efj. Nous notons L_V l'ensemble des liens conceptuels construits à partir des itemsets de I_V.

Le *support* du lien conceptuel $E_{(m_1,m_2)}$ de L_V, est le pourcentage de liens appartenant à $E_{(m_1,m_2)}$, i.e. $supp(E_{(m_1,m_2)}) = \frac{|E_{(m_1,m_2)}|}{|E|}$. Le lien conceptuel entre les itemsets m_1 et m_2 est fréquent si le support de $E_{(m_1,m_2)}$ est plus grand qu'un *seuil de support* minimum β donné, i.e. $supp(E_{(m_1,m_2)}) > \beta$.

Ainsi, nous définissons LC comme l'ensemble des clusters de liens fréquents (les liens conceptuels fréquents) extraits du réseau G.

$$LC = \bigcup_{m_1 \in I_V, m_2 \in I_V} \{E_{(m_1,m_2)} \; ; \; supp(E_{(m_1,m_2)}) > \beta\} \tag{2}$$

Définition 2. Sous-lien conceptuel Soient deux itemsets sm_1 et sm_2 respectivement sous-items de m_1 et m_2. Le lien conceptuel (sm_1, sm_2) est dit *sous-lien conceptuel* de (m_1, m_2) et nous notons $(sm_1, sm_2) \subseteq (m_1, m_2)$. Symétriquement, (m_1, m_2) est le *super-lien* de (sm_1, sm_2).

Propriété 1. Fermeture descendante Si un lien conceptuel est fréquent, tous ses sous-liens le sont également. De la même façon, si un lien est non-fréquent, tous ses sur-liens sont également non-fréquents.

Preuve. Soient sm_1 et sm_2 respectivement des sous-itemsets de m_1 and m_2. Les propriétés $V_{m_1} \subseteq V_{sm_1}$ et $V_{m_2} \subseteq V_{sm_2}$ se vérifient. En conséquence, $(m_1, m_2) \subseteq (sm_1, sm_2)$ et donc $|(m_1, m_2)| \leq |(sm_1, sm_2)|$.

Définition 3. Liens conceptuels fréquents maximaux. Soit β un seuil de support donné, nous appelons *liens conceptuels fréquents maximaux*, tout lien conceptuel fréquent pour lequel il n'existe aucun super-lien qui soit également fréquent.

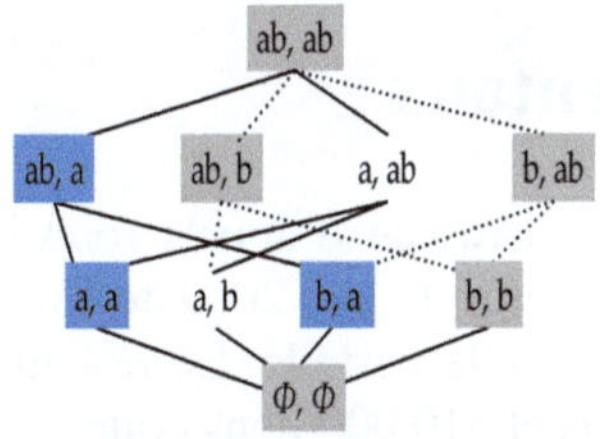

FIG. 1 – *Exemple de treillis de concepts avec (ab ;b) fréquent et maximal, et (b,b) non-fréquent (ainsi les branches non pertinentes, en pointillées, sont élaguées)*

Ainsi, la relation $\subseteq$ qui définit un ordre partiel sur I_V peut être étendue à L_V. En effet, comme le montre la Figure 1, $(L_V, \subseteq)$ induit un treillis de concepts qui peut etre utilisé pour extraire les liens conceptuels fréquents et maximaux.

4   Algorithme PALM

L'algorithme d'origine effectuait la recherche des liens conceptuels en 4 étapes. (i) Génération des 1-itemsets candidats (ii) Génération des 1-liens conceptuels fréquents, à partir des 1-itemsets candidats (iii) Génération des t-itemsets candidats à l'itération t > 1 (iv) Génération des t-liens conceptuels à l'itération t > 1, à partir des t-itemsets candidats

Les parties (iii) et (iv) sont répétées jusqu'à ce qu'il n'y ait plus de nouveaux candidats générés. Bien que cet algorithme permette effectivement d'extraire les liens conceptuels fréquents et maximaux, la recherche s'effectue de manière séquentielle. De plus, l'exploration de l'espace de recherche n'est pas totalement optimisée, ce qui rend l'extraction des liens conceptuels particulièrement coûteuse en temps pour de grands jeux de données.

La première amélioration apportée par PALM concerne la phase de création des candidats. Dans le précédent algorithme, la génération des t-itemsets candidats est effectuée en fusionnant les itemsets m_1 et m_2 possédant t-2 items communs et tel que $(m_1, m_2) \in LI^2_{(t-1)}$ ou $(m_1, m_2) \in RI^2_{(t-1)}$. Or, deux itemsets ont k items en commun si et seulement s'ils partagent au moins un sous-itemset de taille k. Ainsi, en conservant la structure du treillis de concepts nous pouvons explorer les (t-2)-itemsets fréquents et fusionner leurs sous-itemsets respectifs.

A l'étape (iv) de l'ancien algorithme, l'ensemble des liens conceptuels testés est constitué de toutes les combinaisons possibles faites à partir des itemsets de LI_{cand} et des itemsets de RI_{cand}. La fréquence de chacune de ces combinaisons est ensuite évaluée. Cette étape est la plus coûteuse en temps. Afin de réduire le temps de calcul nécessaire, nous réduisons le nombre de liens conceptuels candidats à tester en exploitant la propriété 1 de fermeture.

Enfin, plusieurs étapes de la recherche sont indépendantes et peuvent être parallélisées. En effet dans l'étape (i), nous explorions tous les noeuds du réseau afin d'extraire les 1-itemsets. Dans PALM les noeuds sont répartis sur **T** threads, chargés chacun de l'extraction des 1-itemsets de sa portion de noeuds, puis de la fusion dans une liste globale. Dans la partie (ii), les nouveaux clusters candidats sont générés par jointure des éléments précédents. Cette étape a également été parallélisée en répartissant le travail sur **T** threads.

5 Résultats expérimentaux

Le jeu de données utilisé est un réseau d'appels fourni par un opérateur de téléphonie mobile local. Il représente des abonnés le 1e juin 2009 de 5h à 15h. Les noeuds sont les abonnés et les liens sont les appels passés sur la période. Le réseau a une structure scale-free et est composé d'environ 246 000 noeuds et 510 000 liens collectés sur les 10h d'étude.

Dans une première approche, nous avons étudié l'évolution du temps de calcul (en secondes) avec différents seuils ($\beta = 0.3$ and $\beta = 0.4$) pour les deux algorithmes (cf Figure 2).

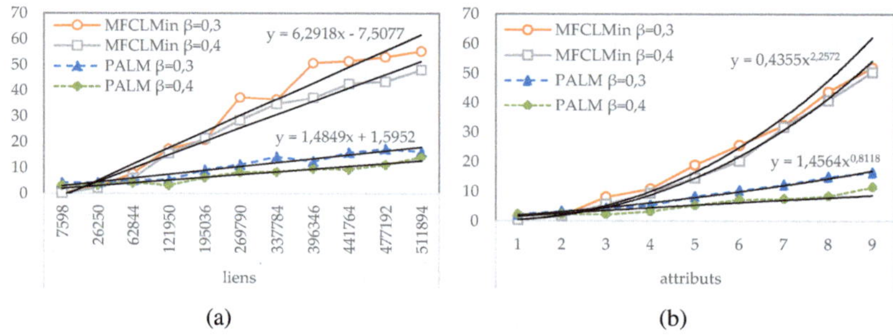

FIG. 2 – *Temps de calcul (sec.) de MFCLMin et PALM selon (a) liens et (b) attributs*

Tout d'abord, nous observons que pour les deux seuils utilisés, le temps de calcul est toujours plus petit pour l'algorithme PALM. Nous observons cependant des tendances communes. En effet, le temps de calcul croît linéairement avec la taille du réseau, alors qu'il peut être approché par une fonction de puissance quand le nombre d'attributs augmente. Ces tendances ont été observées pour plusieurs seuils de support.

Pour mieux comprendre l'évolution du temps de calcul, nous nous sommes focalisés sur l'évolution de (a) la pente du temps de calcul et (b) l'exposant de la fonction de puissance. La Figure 3 montre les résultats avec $\beta \in [0.15..0.5]$.

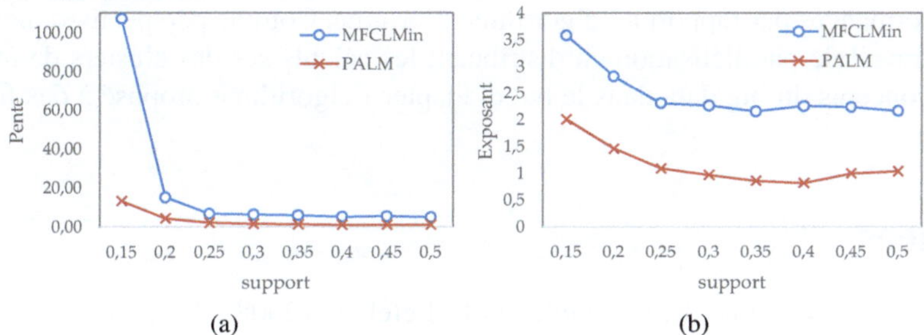

(a)   (b)

FIG. 3 – *Évolution de (a) la pente et (b) l'exposant de la courbe du temps de calcul*

Si nous nous concentrons sur l'évolution de la pente, nous pouvons observer que pour les deux algorithmes, la pente du temps de calcul croît quand le seuil de support décroît. Cependant contrairement à l'algorithme d'origine, PALM explore plus rapidement l'espace des solutions, en particulier pour de petits seuils de support. Un comportement similaire est observé si nous nous intéressons à l'exposant de la courbe du temps de calcul.

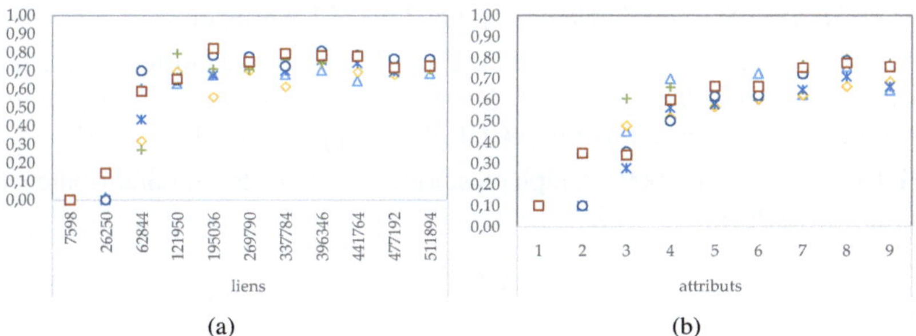

(a)   (b)

FIG. 4 – *Gain sur le temps de calcul comparé à l'algorithme d'origine pour divers seuils de support selon (a) le nombre de liens et (b) le nombre d'attributs*

Pour aller plus loin, nous avons cherché à comprendre quel était le gain sur le temps de calcul apporté par PALM (cf Figure 4). Dans notre contexte, le gain est défini comme la proportion de temps économisée par rapport à l'algorithme d'origine. Le gain fourni par l'algorithme PALM croît rapidement avec la taille du réseau et semble se stabiliser. En effet, le gain est d'environ 75% et reste stable même avec un nombre de liens élevé. Les mêmes tendances sont observées pour les résultats obtenus selon le nombre d'attributs.

6 Conclusion

Dans cet article, nous nous sommes intéressés à l'optimisation de la recherche des liens conceptuels. (i) Nous avons formellement décrit la notion de liens conceptuels et montré que l'espace de solutions forme un treillis de concepts. (ii) Nous avons proposé l'algorithme PALM, qui vise à améliorer l'efficacité du processus d'extraction en explorant simultanément plusieurs zones de l'espace de solutions, tout en réduisant l'espace de recherche. (iii) Enfin, nous avons implémenté l'algorithme en Java et nous avons évalué ses performances sur un réseau de communications téléphoniques. L'efficacité de l'algorithme a été démontré en comparant les performances par rapport à l'algorithme d'origine. Comme perspectives, nous voulons étendre ce travail de parallélisation en distribuant les calculs sur des clusters de machines et utiliser les concepts du big data dans le but d'adapter l'algorithme proposé à des frameworks big data.

Références

Blondel, V., J. L. Guillaume, R. Lambiotte, et E. Lefebvre (2008). Fast unfolding of communities in large networks. *Journal of Statistical Mechanics : Theory and Experiment 2008*.

Fortunato, S. (2010). Community detection in graphs. *Physics Reports 486*, 75–174.

Newman, M. E. (2006). Modularity and community structure in networks. *Proceedings of the National Academy of Sciences 103*(23), 8577–8582.

Stattner, E. et M. Collard (2012). Social-based conceptual links : Conceptual analysis applied to social networks. *IEEE Conference on Advances in Social Networks Analysis and Mining*.

Stattner, E., R. Eugenie, et M. Collard (2017). Palm : A parallel mining algorithm for extracting maximal frequent conceptual links from social networks. In *International Conference on Database and Expert Systems Applications*, pp. 259–274. Springer.

Yoon, S.-H., S.-S. Song, et S.-W. Kim (2011). Efficient link-based clustering in a large scaled blog network. In *Proceedings of the 5th International Conference on Ubiquitous Information Management and Communication*, ICUIMC '11, pp. 71 :1–71 :5. ACM.

Zhou, Y., H. Cheng, et J. Yu (2009). Graph clustering based on structural/attribute similarities. *VLDB Endowment 2*(1), 718–729.

Summary

In this paper, we focus on the optimization of the search for cluster of links. In particular, we propose PALM (Stattner et al., 2017), a parallel algorithm that aims to improve the efficiency of the extraction by simultaneously exploring several areas of the search space. For this purpose, we begin by demonstrating that the solution space forms a concept lattice. Then, we propose an approach that explores in parallel the branches of the lattice while reducing the search space based on various properties of the clusters. We demonstrate the efficiency of the algorithm by comparing the performances with the original extraction approach. The results obtained show a significant gain on the computation time.

Mean-shift : Clustering scalable et distribué

Gaël Beck, Hanane Azzag, Mustapha Lebbah, Tarn Duong, Christophe Cérin

Laboratoire d'Informatique de Paris Nord (LIPN)
Université Paris Nord – Paris 13, F-93430 Villetaneuse, France
Email: {beck, prénom.nom}@lipn.univ-paris13.fr

Résumé. Nous présentons dans ce papier un nouvel algorithme Mean-Shift utilisant les K-plus proches voisins pour la montée du gradient (NNMS : Nearest Neighbours Mean Shift). Le coût computationnel intensif de ce dernier a longtemps limité son utilisation sur des jeux de données complexes où un partitionnement en clusters non ellipsoïdaux serait bénéfique. Or, une implémentation scalable de l'algorithme ne compense pas l'augmentation du temps d'exécution en fonction de la taille du jeu de données en raison de sa complexité quadratique. Afin de pallier, ce problème nous avons introduit le "Locality Sensitive Hashing" (LSH) qui est une approximation de la recherche des K-plus proches voisins ainsi qu'une règle empirique pour le choix du K. La combinaison de ces améliorations au sein du NNMS offre l'opportunité d'un traitement pertinent aux problématiques du clustering appliquée aux données massives.

1   Introduction

L'objectif de la recherche non supervisée est d'affecter un label à des points non labélisés où le nombre et l'emplacement des clusters sont inconnus. Nous nous sommes concentrés sur un algorithme de clustering modal où le nombre de clusters est défini en terme de modes locaux de la fonction de densité de probabilité qui génère les données. Le plus connu des algorithmes de clustering modal est le k-means. Comme ce dernier est basé sur la distribution de mélange normale, il est contraint à trouver des clusters ellipsoidaux ce qui peut être inapproprié pour des jeux de données complexes. Le Mean-shift est une généralisation du k-means en raison de sa capacité à calculer des clusters de topologie aléatoire définis comme les bassins d'attractions des modes locaux générés par la montée de gradient de (Fukunaga et Hostetler, 1975). Afin de calculer les chemins de la montée de gradient, les k plus proches voisins sont appropriés car ils s'adaptent à la topologie locale des données. La version actuelle des k plus proches voisins Mean-shift contient des goulots d'étranglement posés par une grille de recherche multiple pour le choix d'un nombre de voisins optimal et par le calcul exact des k plus proches voisins. Nous proposons ici un nouvel algorithme qui résout ces gouffres computationnels : (a) une échelle normale efficace du choix du nombre des plus proches voisins qui évite la recherche en grille, (b) le locality sensitive hashing (LSH) qui est une version approximée des k plus proches voisins et (c) une implémentation MapReduce distribuée.

2   Méthode

2.1   Le Mean-shift

Le Mean Shift introduit par (Fukunaga et Hostetler, 1975), génère pour un point x de dimension d une séquence de points qui suivent le chemin en montée de la densité de gradient en utilisant la relation de récurrence :

$$x_{j+1} = \frac{1}{k} \sum_{X_i \in k\text{-nn}(x_j)} X_i \tag{1}$$

où $X_1, \ldots, X_n$ est un échantillon aléatoire obtenu d'une fonction de densité commune f, les k plus proches voisins de x sont $k\text{-nn}(x) = \{X_i : \|x - X_i\| \leq \delta_{(k)}(x)\}$ tel que $\delta_{(k)}(x)$ est la distance du k-ème plus proche voisin. $x_0 = x$. L'équation (1) donne au Mean Shift son nom en raison du déplacement successif des itérations de x_j vers la moyenne de ses k plus proches voisins pour la prochaine itération x_{j+1}. La convergence de la séquence $\{x_0, x_1, \ldots\}$ vers un mode local pour la version à noyau de l'équation (1) a été établie par (Comaniciu et Meer, 2002) pour une large classe de noyaux sur des fenêtres fixées. Cette convergence reste valide quand la fenêtre fixe est remplacée par la distance des plus proches voisins qui décroit avec l'augmentation du nombre d'itérations.

Le chemin de montée de gradient vers les modes locaux produit par l'équation (1) forme les bases de l'Algorithme 2.1 (NNMS), notre méthode des plus proches voisins Mean-shift. Les entrées du NNMS sont les échantillons de données $X_1, \ldots, X_n$ et les points candidats que nous souhaitons clusteriser $x_1, \ldots, x_m$ (Ils peuvent être $X_1, \ldots, X_n$ mais ce n'est pas un prérequis). Les paramètres de réglage sont les suivants :
— le nombre de plus proches voisins k
— le seuil sous lequel la convergence des itérations est considérée comme étant sufisante ε_1
— le nombre maximum d'itérations $j_{\max}$
— le seuil sous lequel deux itérés finaux sont considérés comme étant membres du même cluster ε_2
— la cardinalité minimale des clusters formés $c_{\min}$

Les sorties sont les labels des clusters des points candidats $\{c(x_1), \ldots, c(x_m)\}$. Il y a trois sous-routines à l'Algorithme 2.1. Les lignes 1-6 correspondent à la formation des chemins de la montée de gradient dans l'équation 1 qui sont itérés jusqu'à ce que la distance de la dernière itération soit inférieure à ε_1 ou que le nombre maximum d'itérations $j_{\max}$ soit atteint. Les sorties de ces lignes sont les itérés finaux $x_1^*, \ldots, x_m^*$. Les lignes 7-8 concernent la fusion des itérés finaux dans le même cluster lorsque la distance les séparant est sous le seuil ε_2, ceci créant un regroupement initial des $x_1^*, \ldots, x_m^*$. Les lignes 9-13 déterminent si les plus petits clusters ont une cardinalité supérieure à $s_{\min}$ sinon on fusionne les clusters concernés avec leur voisin le plus proche pour produire $c(x_1^*), \ldots, c(x_m^*)$. La ligne 14 assigne les labels de ces clusters aux données originales $x_1, \ldots, x_m$.

2.2   Choix du nombre de plus proches voisins suivant une échelle normale

Le paramètre de réglage critique pour le Mean shift est le choix du nombre de plus proches voisins k. Le travaux pionniers de (Loftsgaarden et Quesenberry, 1965), (Fukunaga et Hostetler,

---

Algorithm 1 NNMS – Plus proches voisins Mean-shift avec les exacts k plus proches voisins

> **Entrées :** $\{X_1, \ldots, X_n\}, \{x_1, \ldots, x_m\}, k, \varepsilon_1, \varepsilon_2, j_{\max}, s_{\min}$
> **Sorties :** $\{c(x_1), \ldots, c(x_m)\}$
> /* Calcul du chemin de montéé de gradient */
> 1: **for** $\ell := 1$ to m **do**
> 2: $j := 0 \,; x_{\ell,0} := x_\ell \,;$
> 3: $x_{\ell,1} := $ mean of k-nn of $x_{\ell,0} \,;$
> 4:   **while** $\|x_{\ell,j+1}, x_{\ell,j}\| > \varepsilon_1$ **or** $j < j_{\max}$ **do**
> 5: $j := j + 1 \,; x_{\ell,j+1} := $ mean of k-nn of $x_{\ell,j} \,;$
> 6: $x_\ell^* := x_{\ell,j} \,;$
> /* Création des clusters par fusions des itérés finaux */
> 7: **for** $\ell_1, \ell_2 := 1$ to m **do**
> 8:   **if** $\|x_{\ell_1}^* - x_{\ell_2}^*\| \le \varepsilon_2$ **then** $c(x_{\ell_1}^*) := c(x_{\ell_2}^*) \,;$
> /* Fusion des petits clusters */
> 9: $C^* := $ cluster avec une cardinalité minimale ;
> 10: **while** $\text{card}(C^*) < s_{\min}$ **do**
> 11: $C' := $ plus proche cluster à C^* ;
> 12:   **for** $x_\ell^* \in C^*$ **do** $c(x_\ell^*) := c(C') \,;$
> 13: $C^* := $ cluster avec une cardinalité minimale ;
> 14: **for** $\ell := 1$ to m **do** $c(x_\ell) := c(x_\ell^*) \,;$

1973) établissent l'erreur quadratique optimale des sélecteurs locaux et globaux pour les estimateurs de densité des plus proches voisins, sachant que ces auteurs ne considèrent pas les sélecteurs basés sur les données. Une grille de recherche basée sur les données cherche à minimiser les indices de qualité de recherche non supervisée comme l'indice Silhouette considéré par (Wang et al., 2007). Notre proposition d'échelle normale pour le sélecteur est :

$$k_{\mathrm{NS}} = v_0 [4/(d+4)]^{d/(d+6)} n^{6/(d+6)} \tag{2}$$

où $v_0 = \pi^{d/2} \Gamma((d+2)/d))$ est l'hyper-volume d'une sphère unitaire d-dimentionnel. La dérivation de l'équation (2) est donnée dans (Duong et al., 2016). Elle suit l'assertion que la sélection des paramètres de réglages basés sur le gradient de densité plutôt que sur la densité elle-même est plus adéquate pour le mean shift (Chacón et Duong, 2013). La complexité de k_{NS} est $O(1)$ ce qui contraste avec le $O(n)$ de la grille de recherche pour sélectionner le nombre optimal de plus proches voisins k sachant que le nombre de recherches de valeurs possibles est usuellement réglé pour être proportionnel à n.

2.3   Plus proches voisins approximés avec le Locality Sensitive Hashing

La tâche calculatoire la plus intensive dans NNMS est le calcul des k plus proches voisins plutôt que la sélection du nombre de plus proches voisins. En effet, pour chaque point candidat, cela requiert le calcul et le tri de la distance $\|X_i - x_j\|, i = 1, \ldots, n, j = 1, \ldots, m$, qui est $O(mn \log n)$. Dans les cas usuels où m est du même ordre de grandeur que n, cela empêche son application pour des jeux de données importants. Une approche de réduction de complexité prometteuse tient sur le calcul des approximés plus proches voisins plutôt que sur les exacts plus proches voisins. Parmi celles existantes, le locality sensitive hashing introduit par (Datar et al., 2004),(Datar et al., 2004) est une approche probabiliste basée sur une projection scalaire aléatoire de points multivariés x

$$L(x; w) = (Z^T x + U)/w$$

où $Z \sim N(0, I_d)$ est une variable aléatoire normale d-variée et $U \sim \text{Unif}(0, w)$ est une variable aléatoire uniforme prise sur $[0, w)$, $w > 0$. Une table de hashage dont les blocs sont basés sur des valeurs entières $\lfloor L(X_i; w) \rfloor, i = 1, \ldots, n$ est alors construite. En raison de propriétés statistiques de la distribution normale, les points proches dans l'espace multidimensionnel de départ auront tendance à tomber dans les mêmes blocs scalaires et les points distants tomberont dans des blocs différents comme vérifié dans (Slaney et Casey, 2008). D'importantes valeurs de w impliqueront moins de blocs avec plus de précision dans la préservation des caractéristiques de X_i, tandis que de petites valeurs de w entraineront plus de blocs avec moins de précision. Nous avons préféré paramétriser le LSH par le nombre de blocs M de la table de hashage. Nous avons fixé $w = 1$ sans perte de généralité $L_i \equiv L(X_i; 1)$. Ces projections scalaires sont ensuite triées dans leur ordre statistique $w = (L_{(n)} - L_{(1)})/M$ où $I_j = [L_{(1)} + w(j-1), L_{(1)} + wj]$, $j = 1, \ldots, M$. La valeur hashée de x est l'index de l'intervalle dans lequel $L(x; 1)$ tombe

$$H(x) = j\mathbf{1}\{L(x; 1) \in I_j\} \tag{3}$$

où $\mathbf{1}\{\cdot\}$ est la fonction d'indication. Afin de chercher les approximés plus proches voisins, le réservoir des potentiels plus proches voisins est réglé à la valeur du bloc contenant la valeur de hashage. Ce réservoir est élargi si nécessaire par concaténation avec les blocs voisins. Les approximés k plus proches voisins de x sont les k plus proches voisins contenus dans le réservoir réduit $R(x) : k\text{-}\widetilde{\text{nn}}(x) = \{X_i \in R(x) : \|x - X_i\| \leq \delta_{(k)}(x)\}$ où $\delta_{(k)}(x)$ est la distance seuil des plus proches voisins à x. L'erreur d'approximation dans les plus proches voisins à x induite par la recherche dans $R(x)$ plutôt que dans toutes les données est probabilistiquement contrôllée, voir (Slaney et Casey, 2008).

L'Algorithme 2 NNLSH est une approximation de la recherche des plus proches voisins avec le LSH et la fonction de hashage fourni par l'équation (3). Les entrées sont les échantillons de données $X_1, \ldots, X_n$. Dans les lignes 2-6, pour chaque point candidat x_ℓ, les approximés k-plus proches voisins $k\text{-}\widetilde{\text{nn}}(x_\ell)$ sont calculés à partir du réservoir $R(x_\ell)$.

La proposition où le NNLSH est intégré au NNMS a été faite par (Cui et al., 2011), ce qui réduit la complexité à $O((mn/M)\log(n/M))$. Le nombre de blocs M est un paramètre de réglage crucial. Malgré un fort intérêt pour le LSH (Har-Peled et al., 2012), il n'existe pas de méthode optimale pour sélectionner le nombre de blocs, nous examinerons donc des heuristiques de performance dans la prochaine section.

Implémenter les approximatifs plus proches voisins NNMS de manière distribuée avec un processus maître et N processus esclaves réduit la complexité à $O(mn/(MN)\log(n/(MN)))$. C'est notre proposition, le DNNMS dans l'Algorithme 3. Les entrées et sorties sont les mêmes que pour l'Algorithme 1. Pour la j-ème itération, les chemins de montée de gradient $x_j = [x_{1,j}; \ldots; x_{m,j}]$ sont collectés dans une matrice $m \times d$. Aux lignes 1 à 6, on itère jusqu'à une convergence globale $\|x_{j+1} - x_j\| \leq \epsilon_2 \equiv \|x_{1,j+1} - x_{1,j}\|, \ldots, \|x_{m,j+1} - x_{m,j}\| \leq \epsilon_2$ ou jusqu'au nombre maximal d'itérations $j_{\max}$. Certains calculs redondants sont effectués lorsque certains des $x_{\ell,j}$ ont déjà convergé, mais cette forme de calcul est nécessaire pour une parallélisation effective en MapReduce (Dean et Ghemawat, 2008). Le paradigme MapReduce est plus efficace si les algorithmes en séries sont repensés, passant d'une itération sur chaque candidat à une itération sur l'ensemble des candidats simultanément. Les lignes 7-14 décrivent la fusion des regroupements reprise de l'Algorithme 1 sans modification majeure étant donné que le MapReduce n'est pas requis ici.

Algorithm 2 NNLSH – Approximés k plus proches voisins avec LSH

Entrées : $\{X_1, \ldots, X_n\}, \{x_1, \ldots, x_m\}, k, M$
Sorties : $\{k\text{-}\widetilde{nn}(x_1), \ldots, k\text{-}\widetilde{nn}(x_m)\}$
/* Création des tables de hashage avec M blocs */
1: **for** $i := 1$ to n **do** $H_i := H(X_i)$;
/* Recherche des approximés plus proches voisins dans les blocs adjacents */
2: **for** $\ell := 1$ to m **do**
3:    $R(x_\ell) := \{X_i : H_i = H(x_\ell), i \in \{1, \ldots, n\}\}$
4:    **while** $\text{card}(R(x_\ell)) < k$ **do**
5:       $R(x_\ell) := R(x_\ell) \cup$ bloc adjacent ;
6:    $k\text{-}\widetilde{nn}(x_\ell) := k\text{-nn}$ de $R(x_\ell)$ à x_ℓ ;

Algorithm 3 DNNMS – Plus proches voisins Mean-shift distribué, avec approximés k plus proches voisins en utilisant le LSH

Entrées : $\{X_1, \ldots, X_n\}, \{x_1, \ldots, x_m\}, k, \varepsilon_1, j_{\max}, \varepsilon_2, s_{\min}, M$
Sorties : $\{c(x_1), \ldots, c(x_m)\}$
/* Calcul des chemins de montée de gradient */
1: $j := 0$; $x_0 := [x_{1,0}; \ldots; x_{m,0}]$;
2: $x_1 :=$ mean of $k\text{-}\widetilde{nn}$ of $\{X_1, \ldots, X_n\}$ to x_0
3: **while** $\|x_{j+1} - x_j\| > \varepsilon_1$ **or** $j < j_{\max}$ **do**
4:    $x_{j+1} :=$ mean of $k\text{-}\widetilde{nn}$ of $\{X_1, \ldots, X_n\}$ to x_j ;
   /* cf Algorithme 2 */
5: $x^* := [x_{1,j}; \ldots; x_{m,j}]$;
6: Identique aux lignes 7–14 dans l'Algorithme 2.1 ;

---

3   Résultats expérimentaux

3.1   Influence des paramètres de parallélisation

3.1.1 Nombre de noeuds

On peut observer sur la figure 1a que notre Scala/Spark implémentation de la montée de gradient avec les k-plus proches voisins est scalable, le temps d'exécution diminue efficacement avec les nombre de noeuds esclaves. Après investigations des lacunes de notre première implémentation, nous avons observer que l'étape de labélisation n'était pas scalable comme montré sur la figure 1b. Cependant, en réutilisant les LSH afin de segmenter les tâches comme

---

Algorithm 4 Labélisation distribuée avec les k plus proches voisins approximés

---

    Entrées : $\{x_1^*, \ldots, x_m^*\}, M_2, \epsilon_2, \epsilon_3$
    Sorties : $\{c(x_1), \ldots, c(x_m)\}$
    /* Création des tables de hashages à M_2 blocs */
1: **for** $i := 1$ to m **do** $H_i := H(x_i^*)$;
    /* Labelisation des données */
2: **for** $\ell := 1$ to m **do**
3:     $R(x_\ell^*) := \{x_i^* : H_i = H(x_\ell^*), i \in \{1, \ldots, m\}\}$
4:     **for** $\ell_1, \ell_2 := 1$ to $card(R(x_\ell^*))$ **do**
5:       **if** $\|x_{\ell_1}^* - x_{\ell_2}^*\| \leq \varepsilon_2$ **then** $c(x_{\ell_1}^*) := c(x_{\ell_2}^*)$;
    /* Calcul des barycentres */
    $C_1, \ldots, C_j :=$ barycentre des clusters
    /* Fusion des plus proches cluster */
6: **for** $C_1, C_2 := 1$ to j **do**
7:     **if** $\|C_1 - C_2\| \leq \epsilon_3$ **then** Fusion de C_1 et C_2

---

décrit dans l'algorithme 4, nous avons observé une scalabilité de la solution réprésentée sur la figure 1c. La troisième étape consistant à fusionner les petits clusters avec leurs plus proches voisins se déroule localement sur le noeud maître, elle prend les coordonnées des barycentres et la cardinalité du cluster associé pour sortir une labélisation finale qui sera appliquée en parallèle. En pratique si les valeurs ϵ_2 et ϵ_3 sont bien choisies, cette étape est immédiate, un mauvais choix de ces valeurs peut entrainer la génération d'un grand nombre de clusters et faire exploser le temps d'exécution.

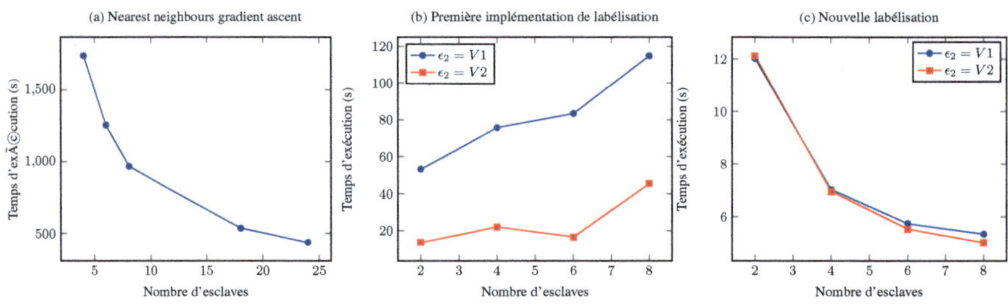

FIG. 1 – *Amélioration de scalabilité. (a) Montée de gradient KNN. (b) Première labélisation. (c) Nouvelle implémentation.*

3.1.2   Influence du nombre de blocs du LSH

Notre nouvelle implémentation tire avantage du LSH durant la phase de montée de gradient mais aussi pendant l'étape de labélisation. Un paramètre clé sera celui du nombre de blocs M_1, M_2 dans le LSH. Si on laisse ce dernier constant comme présenté sur la Figure 2, on constate que la complexité quadratique de la montée de gradient via les k plus proches voisins persiste tout comme pour l'étape de labélisation. Cependant, on peut observer sur la Figure 3

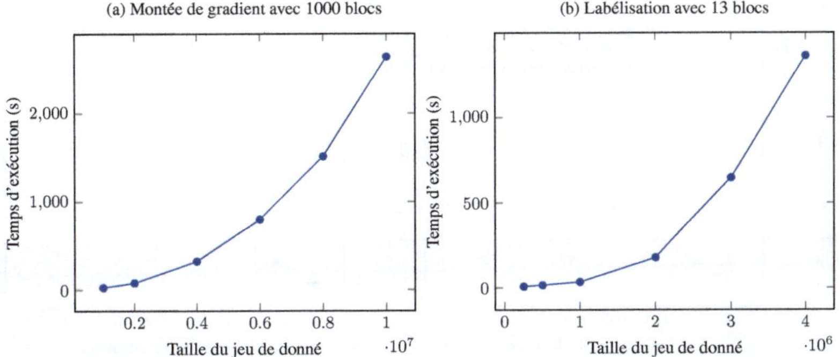

FIG. 2 – *Influence de la taille du jeu de données à nombre de bloc constant. (a) Sur la montée de gradient. (b) Sur la labélisation.*

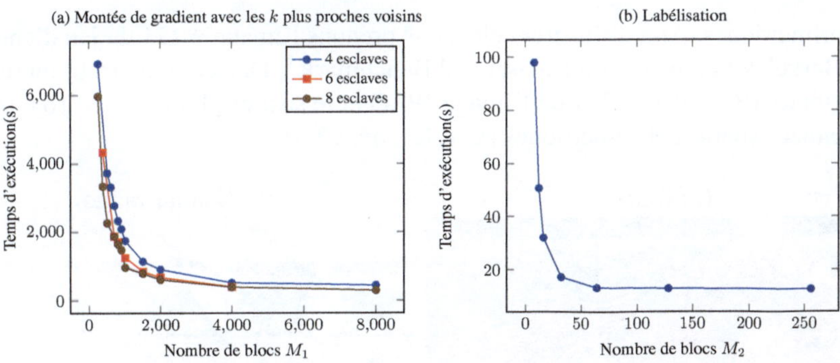

FIG. 3 – *Influence du nombre de blocs pour un jeu de données de taille fixe. (a) Sur la montée de gradient. (b) Sur la labélisation.*

le temps d'exécution diminuer rapidement, en fonction du nombre de blocs, puis ralentir pour atteindre un seuil qui dépendra du nombre de données d'entrées. Une observation intéressante concerne l'augmentation linéaire du temps d'exécution lorsqu'on fixe un nombre d'élément par bloc constant avec l'augmentation de la taille du jeu de données comme illustré sur la Figure 4. Ce résultat permet de conforter notre version du Mean Shift en tant qu'algorithme pleinement scalable.

3.2 Application à la segmentation d'image

La résurgence d'intérêt dans l'algorithme Mean-shift est dûe à son application à la segmentation d'image (Comaniciu, 2003) où une image est transformée dans un espace colorimétrique dans lequel chaque cluster correspond à des régions segmentées de l'image originale. L'espace 3-dimentionnel $L^*u^*v^*$ de couleur (Pratt, 2001) est un choix commun. Sachant qu'une image est un tableau bidimentionnel de pixels, disons que (x, y) sont les indices de lignes et de colonnes d'un pixel. Les informations spatiales et colorimétriques d'un pixel peuvent donc être concaténées en un vecteur 5-dimensionnel (x, y, L^*, u^*, v^*) dans la jointure des domaines

Mean-shift : Clustering scalable avec les plus proches voisins approximés

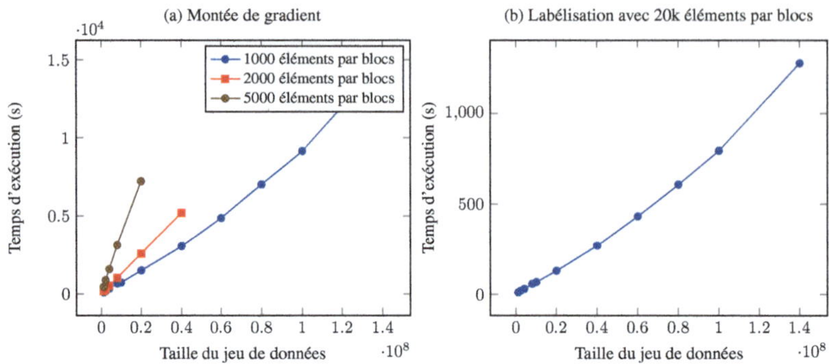

FIG. 4 – *Influence de la taille du jeu de données . (a) Sur la montée de gradient. (b) Sur la labélisation.*

spatio-colorimétriques. Afin d'illustrer cela, nous prenons l'image #171 du jeu d'entrainement coloré de Berkeley Segmentation Dataset and Benchmark [1]. Dans la Fig.3(a-b) on retrouve les pixels originaux RGB 481×321 de l'image JPEG et le scatter plot des $n = 154401$ jointure des coordonnées spatio-colorimétriques (x, y, L*, u*, v*).

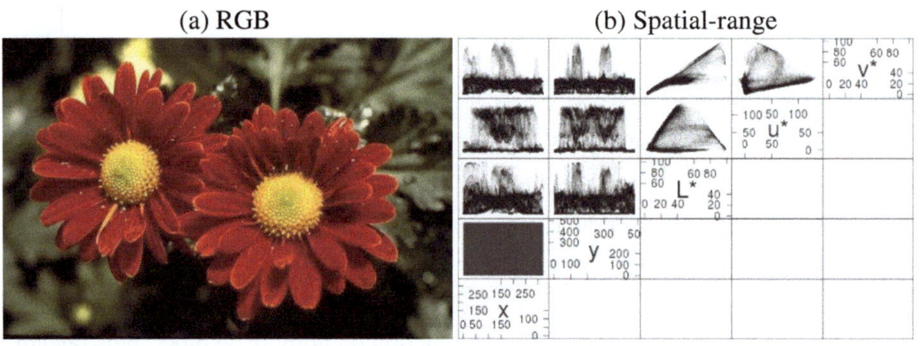

FIG. 5 – *Representations des couleurs de l'image. (a) Image RGB de 481×321 pixels. (b) Scatter plot avec $n = 154401$ transformé en espace (x, y, L^*, u^*, v^*).*

Un algorithme de segmentation d'image basé sur le Mean-shift à noyau avait été introduit dans [2] que nous avons adapté pour un usage avec NNMS. Les paramètres de réglages pour NNMS et DNNMS sont $k_{\mathrm{NS}} = 2463, \varepsilon_1 = 0.005$ fois la marge maximale de la portée des données, $j_{\max} = 100, \varepsilon_2 = 10\varepsilon_1, s_{\min} = 1544$. Nous exécutons le DNNMS-M avec $M = 200, 500, 1000$ blocs. Les temps d'exécution sont respectivement $20, 13$ et 10 minutes, une amélioration significative en comparaison à la nuit de calcul nécessaire pour le NNMS sur un ordinateur de bureau standard. Quant à la qualité de la segmentation d'images dans la Fig.4(a) pour le NNMS avec les exacts plus proches voisins. Cette image segmentée offre une considérable réduction de la complexité de l'image, tout en détectant les centres des fleurs incluant certains détails de granularité fine. Les contours, les bords des pétales, certaines ombres

---

1. http ://www.eecs.berkeley.edu/Research/Projects/CS/vision/bsds

ainsi que différents feuillages d'arrière-plan en sont la preuve. En raison de la nature aléatoire de la projection du LSH pour approximer les plus proches voisins dans le DNNMS, ces clusters sont moins compacts et plus diffus que ceux du NNMS où les projections LSH ne sont pas utilisées. Pour le DNNMS-200 dans la Fig.4(b) avec les approximés plus proches voisins avec $M = 200$ blocs, certains détails sont plus ou moins visibles en l'absence du LSH. Pour le DNNMS-500 et le DNNMS-1000 dans les Fig.4(c-d), les centres jaunes des fleurs sont moins clairement délimités pour les pétales, et il y a de considérables épanchements des pétales sur le feuillage. Nous observons que $M = 200$ blocs est un choix fortuit comme c'est aussi le cas dans la Fig.2 et de plus amples investigations sont requises pour un choix optimal général.

FIG. 6 – *Segmentation d'image colorée via les plus proches voisins Mean-shift. (a) NNMS avec le plus proche voisin exact Mean-shift en série. (b–d) DNNMS-M avec les approximatifs plus proches voisins Mean-shift distribué avec $M = 200, 500$ et 1000 blocs. Les temps d'exécutions sont respectivement 1 nuit, 20, 13 et 10 minutes.*

Le Berkeley Segmentation Dataset and Benchmark fournit une segmentation d'image humaine de leurs images à des fins de comparaisons. Dans la Fig.5(a-b) se trouvent deux détections de bordures faites par l'utilisateur #1107 et #1123. L'utilisateur #1107 se concentre sur la segmentation du feuillage d'arrière plan et le contour de la forme des fleurs, tout en ignorant les détails des pétales des fleurs. L'utilisateur #1123 quant Ã lui se concentre sur la segmentation des pétales individuelles dans le premier plan. Nous portons ici notre attention sur le NNMS et le DNNMS-200 (Fig. 5(c-d)). Le DNNMS-500 et le DNNMS-1000 (Fig. 5(e-f)) donne une qualité insuffisante de la détection des bords. Le NNMS et le DNNMS-200 sont capables de segmenter en une seule exécution avec un unique jeu de paramètres de réglage, simultanément le feuillage d'arrière plan et la forme des pétales de premier plan. On a ainsi une segmentation automatique combinant le résultat de deux experts humains se focalisant sur différentes zones de l'image.

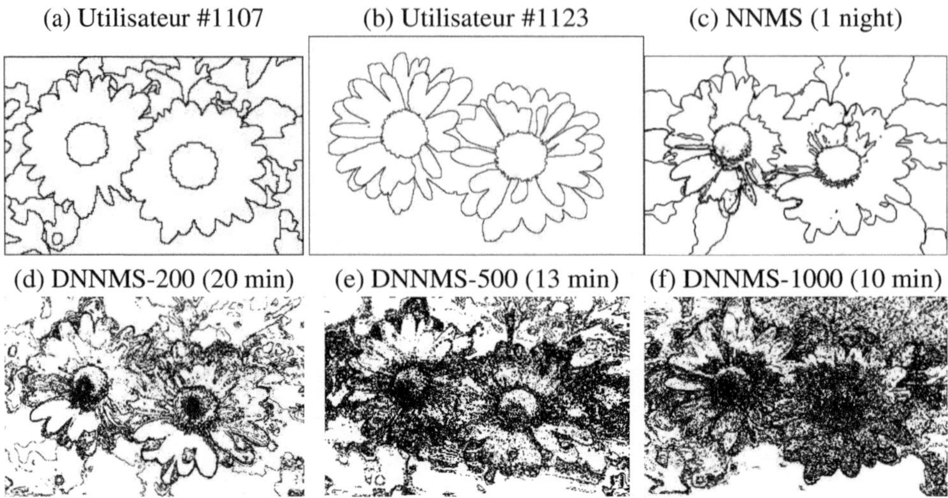

(a) Utilisateur #1107 (b) Utilisateur #1123 (c) NNMS (1 night)

(d) DNNMS-200 (20 min) (e) DNNMS-500 (13 min) (f) DNNMS-1000 (10 min)

FIG. 7 – *Détection de bordure d'image segmentée. (a–b) Deux experts humains : utilisateur #1107 et #1123. (c) NNMS en série avec les exacts plus proches voisins. (d–f) DNNMS-M distribué avec les approximatifs plus proches voisins LSH avec $M = 200, 500$ et 1000 blocs.*

4 Conclusion

Nous avons introduit plusieurs améliorations à l'algorithme des plus proches voisins Mean-shift. La première est une heuristique du choix d'une valeur optimale du nombre de plus proches voisins. La seconde est l'emploi d'une approximation des plus proches voisins via le locality sensitive hashing pour la phase de montée de gradient mais aussi pour la phase de labélisation. La troisième est une implémentation dans un écosystème distribué. Nous avons démontré que ces améliorations diminuent drastiquement le temps d'exécution tout en maintenant la qualité du regroupement vis à vis des exacts plus proches voisins. Ces améliorations rendent possible l'application du Mean-shift pour le clustering appliqué au Big Data dans un futur proche. Certaines améliorations restent cependant à faire sur les paramètres de réglages cruciaux, i.e le nombre de plus proches voisins ainsi que le nombre de blocs dans le locality sensitive hashing pour les approximés plus proches voisins est requis.

Références

Chacón, J. E. et T. Duong (2013).   Data-driven density estimation, with applications to nonparametric clustering and bump hunting. *Electronic Journal of Statistics 7*, 499–532.

Comaniciu, D. (2003). An algorithm for data-driven bandwidth selection. *IEEE Transactions on Pattern Analysis and Machine Intelligence 25*, 281–288.

Comaniciu, D. et P. Meer (2002). Mean shift: a robust approach toward feature space analysis. *IEEE Transactions on Pattern Analysis And Machine Intelligence 24*, 603–619.

Cui, Y., K. Cao, G. Zheng, et F. Zhang (2011). An adaptive mean shift algorithm based on lsh. *Procedia Engineering 23*, 265–269.

Datar, M., N. Immorlica, P. Indyk, , et V. S. Mirrokni (2004). Locality-sensitive hashing scheme based on p-stable distributions. *Proceedings of the twentieth annual symposium on Computational geometry*, 253–262.

Dean, J. et S. Ghemawat (2008). MapReduce: Simplified data processing on large clusters. *Communications of the ACM 51*, 107–113.

Duong, T., G. B. H. Azzag, et M. Lebbah (2016). Nearest neighbour estimators of density derivatives, with application to mean shift clustering. *Pattern Recognition Letters 80*, 224–230.

Fukunaga, K. et L. Hostetler (1973). Optimization of k-nearest-neighbor density estimates. *IEEE Transactions on Information Theory 19*, 320–326.

Fukunaga, K. et L. Hostetler (1975). The estimation of the gradient of a density function, with applications in pattern recognition. *IEEE Transactions on Information Theory 21*, 32–40.

Har-Peled, S., P. Indyk, et R. Motwani (2012). Approximate nearest neighbor: Towards removing the curse of dimensionality. *Theory of Computing 8*, 321–350.

Loftsgaarden, D. O. et C. P. Quesenberry (1965). A nonparametric estimate of a multivariate density function. *Annal of Mathematical Statistics 36*, 1049–1051.

Pratt, W. K. (2001). Digital Image Processing: PIKS Inside.

Slaney, M. et M. Casey (2008). Locality-sensitive hashing for finding nearest neighbors. *IEEE Signal Processing Magazine*, 128–131.

Wang, X., W. Qiu, et R. H. Zamar (2007). A non-parametric clustering method based on local shrinking. *Computational Statistics & Data Analysis 52*, 286–298.

Summary

We introduce an efficient distributed implementation of nearest neighbour mean shift clustering (NNMS). The computationally intensive nature of NNMS has so far restricted its application to complex data sets where a flexible clustering with non-ellipsoidal clusters would be beneficial. A parallel implementation of the standard serial NNMS algorithm on its own brings insufficient performance gains so we introduce two further algorithmic improvements: a normal scale (NS) choice of the optimal number of nearest neighbours, and locality sensitive hashing (LSH) to approximate nearest neighbour searches. Combining these improvements into a single distributed algorithm DNNMS offers the potential for an efficient method for Big Data Clustering.

Exploration et analyses multi-objectifs de séries temporelles de données météorologiques

Yelen PER*, Kevin DALLEAU**, Malika SMAIL-TABBONE***

*LORIA UMR 7503, CNRS, yelen.per@loria.fr
**LORIA UMR 7503, CNRS, kevin.dalleau@loria.fr
***LORIA UMR 7503, Université de Lorraine, malika.smail@loria.fr

Résumé. Cet article présente les investigations menées sur les données mesurées par des capteurs positionnés dans cinq villes de l'île de la Réunion. Des analyses exploratoires préalables permettent de comparer les caractéristiques statistiques des villes considérées relativement aux différentes variables météorologiques mesurées (flux solaires diffus et global, pression atmosphérique, humidité, température, force et direction du vent). Nous appliquons diverses transformations sur les données avant d'analyser les séries univariées ou multivariées agrégées au pas de l'heure ou de la journée afin de construire des modèles de prédiction. Une approche classique de clustering de séries temporelles est testée. Deux algorithmes de biclustering appliqués successivement ont permis de grouper les journées d'observations partageant des paramètres météorologiques horaires. Une caractérisation des biclusters, une visualisation calendaire de leur succession ainsi qu'une recherche de séquences fréquentes permettent d'exploiter les résultats et de faciliter leur interprétation.

1 Introduction

Dans le cadre du défi EGC 2018, deux années de mesures - au pas de la minute - de variables météorologiques dans cinq villes de l'île de la Réunion ont été mises à disposition en vue de leur analyse. Le projet à l'origine de ces données s'inscrit dans le cadre de la politique de développement vers l'autonomie énergétique de l'île. Nous avons choisi d'une part de construire, sur la base des séries de données multivariées, des modèles de prédiction ou *prévision* de l'indice de fraction directe et d'autre part, d'appliquer des méthodes de classification non-supervisée (clustering) sur des données univariées puis multivariées décrivant les journées. Un outil de visualisation permet de voir comment des groupes de journées à profil météorologique similaire se succèdent sur un calendrier.

Les éléments de l'analyse exploratoire des données sont présentés avec les principales transformations des données brutes dans la section 2. Les méthodes de régression utilisées et quelques résultats obtenus sont présentés dans la section 3. Les sections 4 et 5 exposent les deux expériences de clustering ainsi que l'outil de visualisation réalisé pour l'occasion.

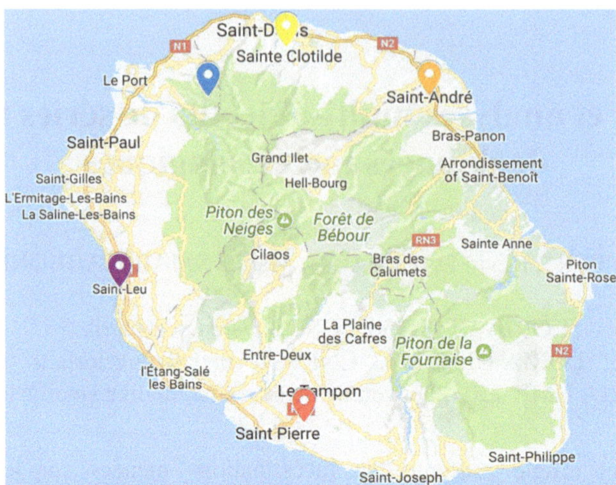

FIG. 1 – *Positionnement*[1] *des villes d'intérêt : La Possession (P) (bleu), Saint-Leu (SL) (violet), Saint-Pierre (SP) (rouge), Saint-André (SA) (orange) et Moufia (M) (jaune).*

2 Analyse exploratoire des données et principales transformations

Sept variables météorologiques ont été mesurées en 2014 et 2015 au pas de la minute dans cinq stations de la Réunion : température extérieure (Text), pression atmosphérique (Patm), taux d'humidité (RH), force et direction du vent (WS, WD), flux solaires global et diffus (FG, FD). L'indice de fraction directe k_b est une variable importante dans le contexte météorologique et est défini comme le rapport entre le flux solaire direct (lui-même défini comme la différence entre flux global et flux diffus) et le flux global. Nous avons adjoint aux sept variables l'indice k_b. Cet indice, compris entre 0 et 1, est proportionnel au degré d'ensoleillement. Ainsi un indice proche de 0 indique une journée nuageuse tandis qu'un indice proche de 1 indique une journée ensoleillée (et donc susceptible de fournir une grande quantité d'énergie).

Les stations concernées par les données sont Moufia (au nord), La Possession (au nord-ouest), Saint-André (à l'est), Saint-Leu (à l'ouest) et Saint-Pierre (au sud) (cf. figure 1).

Quelques valeurs très extrêmes - notamment des flux diffus et global mesurés en janvier 2014 - rendent difficile la visualisation des statistiques. Nous avons également noté que les valeurs de k_b ne sont pas cantonnées dans l'intervalle $[0, 1]$. Cela est probablement dû à l'incertitude des capteurs de flux solaires utilisés qui s'élève à 11% pour la mesure du flux diffus et autant pour celle du flux global, ce qui nous amène à une incertitude de plus de 20% pour la valeur de l'indice k_b. La figure 2 montre les statistiques de base (minimum, maximum, médiane, premier et troisème quartile, moyenne marquée par un point vert) après suppression des valeurs très extrêmes pour chaque année (2014 en rouge et 2015 en bleu).

---

1. Carte réalisée avec Google Maps.

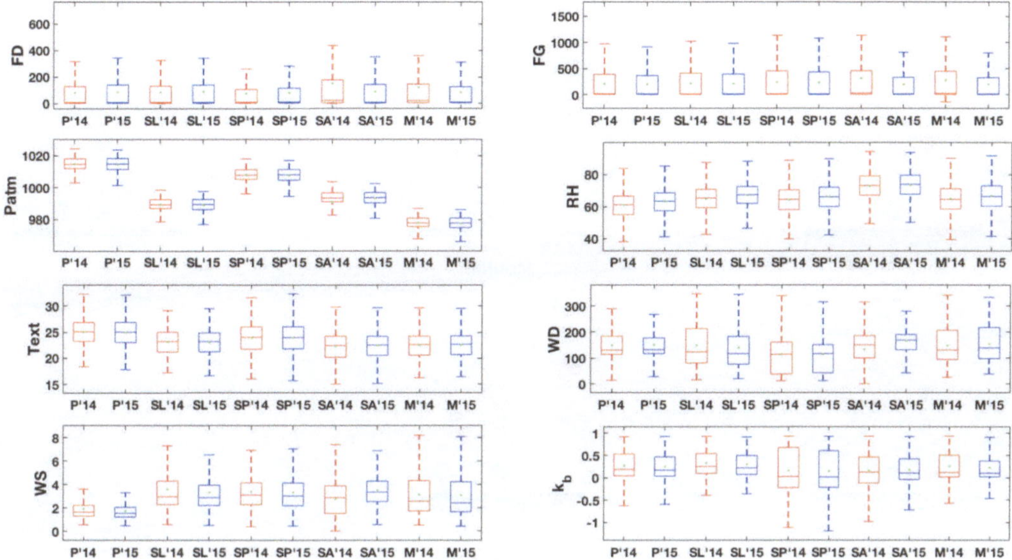

FIG. 2 – *Statistiques sur les données brutes dans les cinq stations après suppression des valeurs extrêmes. Les noms des stations ont été abrégés : M'14 correspond à Moufia 2014.*

Ces statistiques montrent quelques différences entre les cinq villes telles qu'une température légèrement supérieure et un vent moins fort à La Possession, un taux d'humidité supérieur à Saint-André, une pression atmosphérique plus élevée à La Possession et à Saint-Pierre. La période de deux ans est évidemment trop courte pour identifier des tendances dans les séries de mesures, hormis une légère augmentation de la force du vent à Saint-André.

La figure 3 montre les indices de corrélation entre les différentes variables (où les flux solaires global et diffus ont été omis au profit de l'indice k_b) pour chacune des cinq villes. On constate ici que les corrélations entre variables sont similaires pour les villes de La Possession, de Saint-Leu et de Saint-Pierre. Cela correspond bien à la situation géographique de ces villes, situées sur la côte sous le vent[2]. Les villes situées sur la côte au vent se démarquent par une corrélation positive entre la direction du vent et k_b. Saint-André se démarque de toutes les villes par une corrélation négative entre pression atmosphérique d'une part et température extérieure et taux d'humidité d'autre part.

Des jeux de données ont été constitués pour chaque ville par transformation des données brutes au pas de la minute ($\sim$ 1 044 000 lignes). Une agrégation horaire est réalisée et nous générons un jeu de données multivariées au pas de l'heure dans lequel les mesures de chaque heure sont moyennées ($\sim$ 17 400 lignes). Une agrégation journalière donne un jeu de données univariées par variable météorologique où une journée est représentée par la moyenne de la variable considérée (pression atmosphérique, k_b...) sur les heures de la journée. Chaque jeu de données journalières univariées comporte 729 lignes et 24 colonnes ou 13 colonnes si l'on se limite aux mesures diurnes (de 6h à 19h).

---

2. Le climat de La Réunion est – entre autres – marqué par une différence entre deux côtes, la *côte au vent* et la *côte sous le vent*. Cette dernière est protégée des alizés, vents dominants, par des montagnes.

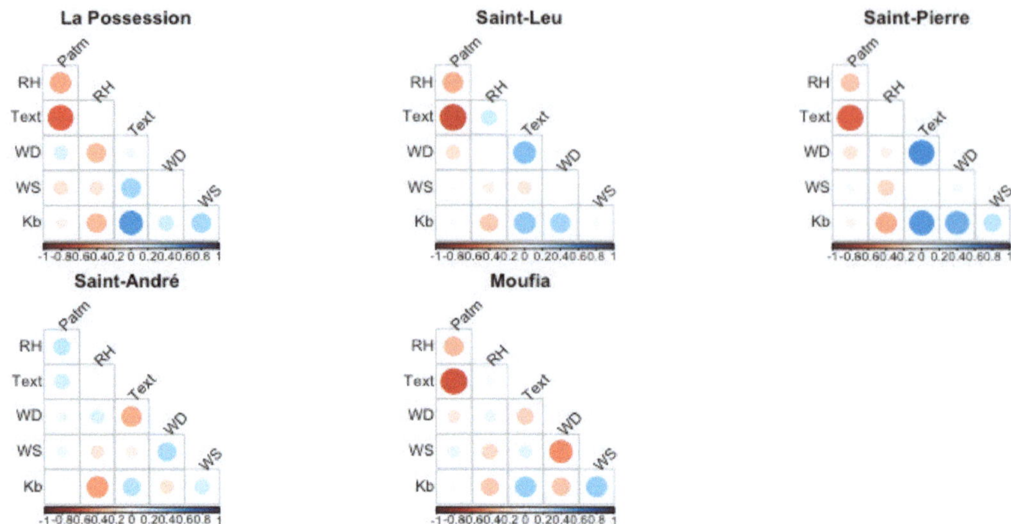

FIG. 3 – Corrélations entre variables pour les villes étudiées.

3   Prévision de l'indice de fraction directe à partir de données multivariées

Afin de permettre la prévision de l'indice de fraction directe à partir de mesures passées, nous avons choisi de travailler à l'échelle de l'heure[3]. Nous avons ensuite enrichi les données horaires multivariées de chaque ville en ajoutant des décalages temporels pour chaque variable météorologique. À ce stade, les lignes du jeu de données avec une valeur de k_b en dehors de l'intervalle $[0, 1]$ ont été supprimées, ce qui représente 20 à 25% selon le jeu de données (ou selon la ville). Dès lors, il s'agit simplement de prédire, par une méthode de régression, la valeur de k_b au temps H à partir des valeurs de k_b, FD, FG, Patm, Text, RH, WD et WS aux temps H-1, H-2, H-3 et H-4 (des décalages plus grands n'ont pas montré d'amélioration des résultats).

Nous avons construit et comparé les performances de trois modèles de régression implémentés dans la plateforme Weka (Witten et Frank (2005)). Le modèle linéaire (*SimpleLinearRegression*) a servi de base de comparaison avec un arbre de décision (*RepTree*) (Holmes et al. (1999)) et un ensemble de règles issues d'arbres de modèles linéaires (*M5Rules*) (Quinlan (1992)).

Un test statistique de Student apparié a été appliqué pour comparer les valeurs de deux métriques sur 100 expériences (10 répétitions de validations croisées à 10 plis) : *(i)* le coefficient de corrélation statistique entre valeurs mesurées de k_b et valeurs prédites et *(ii)* la racine carrée de la moyenne du carré de l'erreur (RMSE). Les résultats des tests effectués sur les données de La Possession et Moufia sont présentés en table 1. Ils sont en faveur du modèle linéaire pour RMSE mais en faveur de l'arbre de décision et de l'ensemble des règles quand on

---

3. Des tests non satisfaisants ont été effectués à l'échelle de la journée. Cela est probablement dû à la faible taille du jeu de données et à l'imprécision des valeurs agrégées sur la journée.

	SimpleLinearRegression		RepTree		M5Rules	
	Coefficient de corrélation	RMSE	Coefficient de corrélation	RMSE	Coefficient de corrélation	RMSE
Données Moufia	0.81	0.17	**0.87**	0.13	**0.88**	0.14
Données La Possession	0.76	0.18	**0.86**	0.15	**0.87**	0.14

TAB. 1 – *Résultats obtenus sur 10 répétitions de validations croisées à 10 plis de trois programmes de régression (avec les paramètres par défaut) sur deux jeux de données. Les valeurs en gras indiquent le programme dont les résultats sont significativement meilleurs que la baseline selon la métrique choisie pour le test.*

effectue le test par rapport au coefficient de corrélation. Les valeurs moyennes de RMSE (entre 0.13 et 0.18) sont acceptables compte tenu de l'incertitude de 20% qui entâche la mesure de k_b. Les valeurs des coefficients de corrélation sont très bonnes (au moins 80%), indiquant qu'il est possible de proposer une prévision fiable des variations de l'indice de fraction directe sur la base des données telles que nous les avons mises en forme.

4   Clustering des journées sur la base de données univariées

En plus de la problématique de prévision, il est pertinent de s'intéresser à l'identification automatique de journées types par rapport à l'ensoleillemment afin de tenter de cerner les spécificités des différentes villes de la Réunion. Pour ce faire, nous nous focalisons sur des séries univariées, au pas de l'heure, par ville. La variable considérée est k_b. Les données nocturnes ont été censurées, afin de ne garder que les données intéressantes concernant le flux solaire. La mesure de distance entre séries choisie est la mesure DTW (*dynamic time warping*). L'objectif est de grouper les journées présentant le même profil d'évolution de l'indice de fraction directe au sein d'un même cluster. Certaines villes, notamment Moufia et Saint-André, présentent des mesures extrêmes, pouvant perturber le clustering. Nous avons donc opté pour une méthode de clustering résistante aux *outliers*, à savoir l'algorithme *genie* (Gagolewski et al. (2016)). La réalisation d'un clustering avec cette méthode nous permet d'obtenir un dendrogramme pour chaque ville. L'examen de ces dendrogrammes nous a permis de faire quelques constats :

— Les villes de La Possession, de Saint-Leu et de Saint-Pierre, toutes trois villes de la côte sous le vent, ont des dendrogrammes similaires, avec des partitions bien marquées pour des hauteurs d'agglomération h aux alentours de 1.7.

— Une coupure très nette autour de $h = 2.25$ pour Moufia.

— Un dendrogramme bien spécifique, avec des clusters très homogènes pour la ville de Saint-André.

Pour des raisons d'espace, nous ne présentons que les dendrogrammes de Saint-André et de Saint-Pierre (figures 4 et 5).

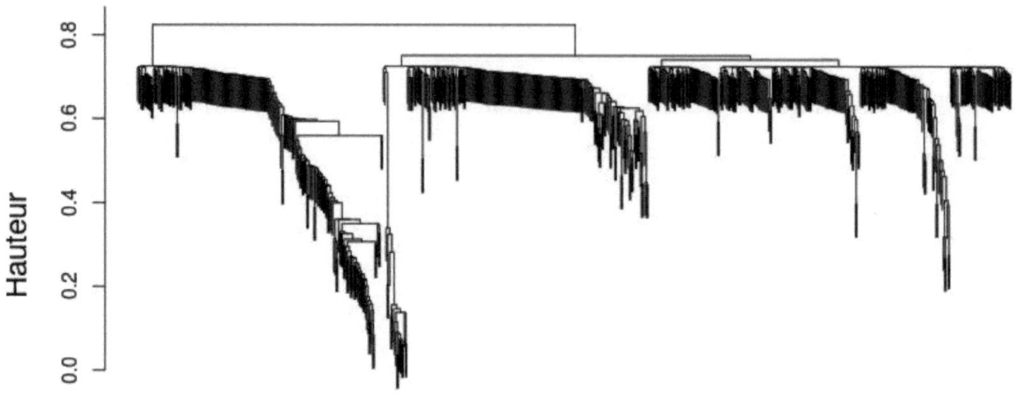

FIG. 4 – *Dendrogramme correspondant aux k_b pour la ville de Saint-André.*

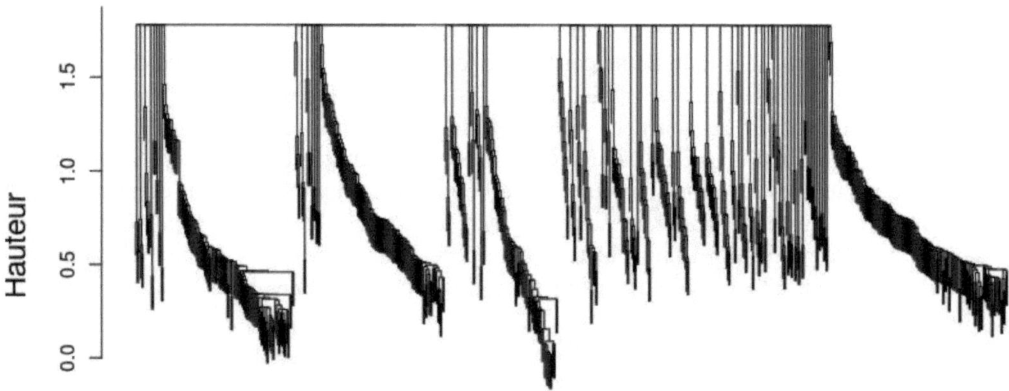

FIG. 5 – *Dendrogramme correspondant aux k_b pour la ville de Saint-Pierre.*

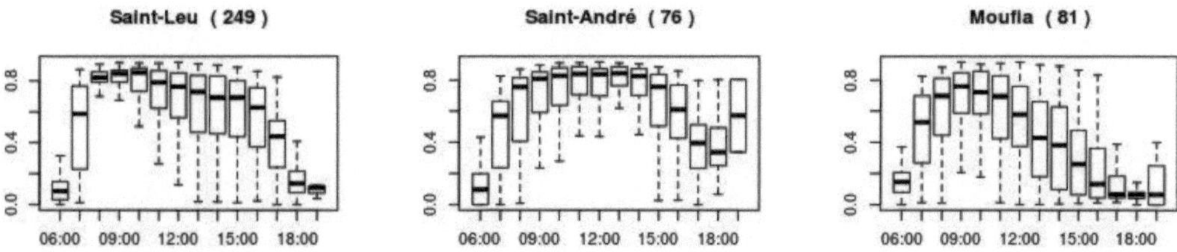

FIG. 6 – *Évolution de k_b pour les journées des clusters les plus gros dans trois villes. Le nombre de jours concernés est indiqué entre parenthèses.*

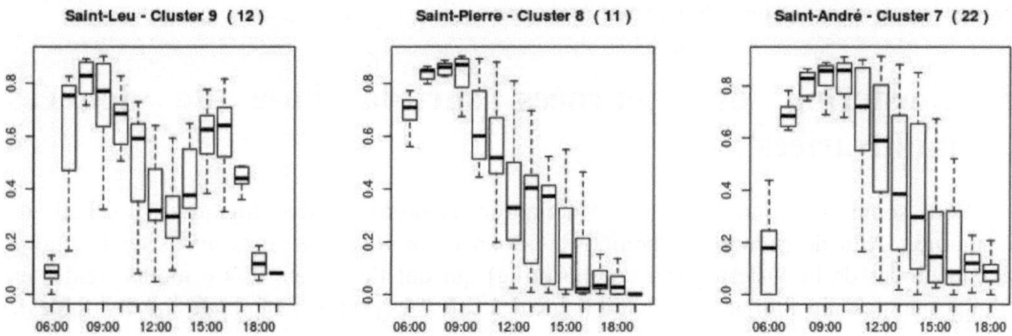

FIG. 7 – *Évolution de k_b pour les journées de certains clusters spécifiques dans trois villes. Le nombre de jours concernés est indiqué entre parenthèses.*

Un clustering est défini sur les villes de la côte sous le vent, en coupant les dendrogrammes à $h = 1.7$. Cette coupure donne 67 clusters pour La Possession, 68 clusters pour Saint-Leu et 59 clusters pour Saint-Pierre. Le nombre de clusters obtenus est élevé, et semble suggérer que l'évolution de k_b au cours des journées est très variable dans chacune de ces villes. De nombreux clusters ne contenant que quelques jours, nous avons fait le choix de ne considérer que les clusters contenant plus de 10 jours. Le même clustering est réalisé pour les villes du Moufia ($h = 0.62$) et de Saint-André ($h = 0.725$). Quatre et neuf clusters sont obtenus, respectivement. La figure 6 présente l'évolution moyenne des valeurs de k_b dans les clusters contenant le plus d'éléments pour Saint-Leu, Saint-André et Moufia. Nous avons fait le choix de ne pas présenter les courbes correspondant à La Possession et à Saint-Pierre car très proches de celle de Saint-Leu. Ces clusters représentent les journées types pour chacune des villes concernées. La journée type ne diffère donc que très peu d'une ville de l'île à une autre. Nous nous sommes donc orientés vers la comparaison de clusters apparaissant moins fréquemment. Certains de ces clusters sont intéressants car associés à des journées très ensoleillées comme on peut le voir sur la figure 7.

Bien que ces clusters spécifiques permettent de décrire certains types de journées, ceux-ci sont obtenus sur la base d'une seule variable. Une étude multivariée a donc été réalisée pour le clustering des journées.

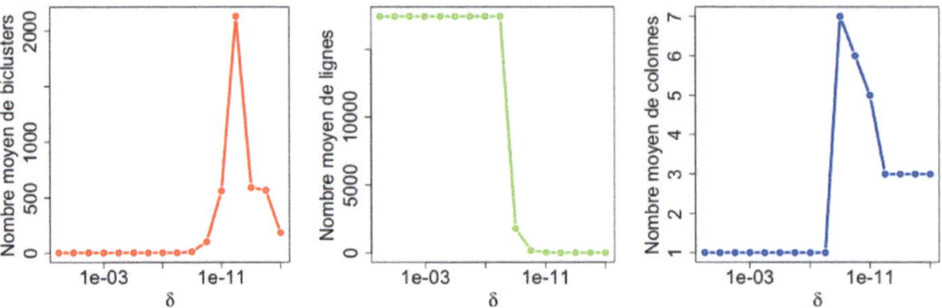

FIG. 8 – *Évolution, en fonction de différentes valeurs du seuil δ, des nombres moyens de biclusters, de lignes et de colonnes par bicluster.*

5   Clustering des journées sur la base de données multivariées

Nous sommes ici intéressés par la définition de profils météorologiques à l'échelle de la journée. Afin de prendre en compte les données multivariées nous avons eu recours à des méthodes de biclustering (ou co-clustering) qui ont l'avantage d'être moins rigides en n'imposant pas une similarité sur la globalité des colonnes pour regrouper des objets (lignes).

5.1   Étape 1 : biclustering des heures sur la base des données météorologiques numériques

Des groupes d'heures associées à des amplitudes similaires des variables météorologiques (FD, FG, Text, Patm...) ont été recherchés avec l'algorithme de biclustering de Cheng & Church (Cheng et Church (2000)). Celui-ci considère initialement une matrice $M = I$ de données et optimise, relativement à une valeur seuil δ, un score H basé sur une adaptation de l'erreur quadratique moyenne associée à une sous-matrice de données ou bicluster. D'une part, les lignes et colonnes de I contribuant le plus à H sont supprimées de M. D'autre part, les lignes et colonnes de I contribuant le moins à H sont ajoutées à M. Après remplacement des éléments de M dans I par des valeurs aléatoires, la réapplication de l'algorithme sur I permet de rechercher une nouvelle sous-matrice. Les biclusters finaux ne couvrent pas forcément l'intégralité des données et peuvent se chevaucher.

Le score d'erreur optimisé est calculé à partir des données. Afin d'éviter une influence inégale des facteurs climatiques, les données ont préalablement été normalisées entre 0 et 1. Un seuil δ optimal a ensuite été recherché par expérimentation. Les nombres moyens par ville de biclusters, de lignes par bicluster et de colonnes par bicluster ont été relevés (cf. figure 8). Le nombre moyen de colonnes par bicluster est maximal pour $\delta = 10^{-9}$, valeur pour laquelle le nombre moyen de biclusters est 10, le nombre moyen de lignes par bicluster vaut 1 817 et le nombre de colonnes est de 7. Les données contenant environ 17 400 lignes, un bicluster couvre ainsi environ 10% des données, ce qui en fait un ensemble assez significatif. Nous obtenons donc 10 biclusters d'environ 1 800 heures partageant un profil similaire pour l'ensemble des paramètres météorologiques.

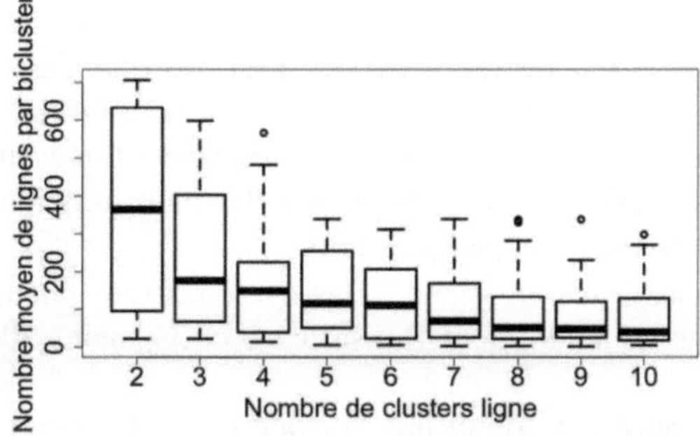

FIG. 9 – *Évolution, en fonction du nombre de clusters ligne, du nombre moyen de lignes par bicluster.*

5.2 Étape 2 : biclustering symbolique des données journalières

Une fois les biclusters d'heures obtenus, nous les utilisons pour représenter chaque journée par la succession des biclusters attachés à chaque heure de la journée (de 0 à 23). Analyser ces données symboliques afin de grouper les journées ayant un profil météorologique similaire (vecteur de biclusters) peut être vu comme un problème de biclustering avec la contrainte de garder toutes les colonnes dans les biclusters afin de préserver l'intégrité de la série temporelle de chaque journée.

L'algorithme du modèle à blocs latents (Keribin et al. (2015)) a été utilisé, notamment parce qu'il permet de fixer un nombre de clusters ligne (nombre de sous-ensembles de lignes) et un nombre de clusters colonne (nombre de sous-ensembles de colonnes) à trouver dans une matrice. Par ailleurs les clusters obtenus couvrent l'intégralité des données et ne se chevauchent pas.

Dans notre cas, le nombre de clusters colonne est fixé à 1 afin de prendre en compte l'ensemble des heures de la journée. Le nombre moyen de lignes par bicluster est analysé pour fixer le nombre de clusters ligne (cf. figure 9). L'algorithme paramétré étant stochastique, afin d'assurer un résultat stable au fil des exécutions, le nombre de six clusters ligne semble être un bon compromis entre nombre de clusters, tailles des clusters et amplitude de ces tailles.

5.3 Analyse et visualisation des biclusters obtenus

Une représentation visuelle et compacte de la répartition calendaire des biclusters de journées est proposée (figure 10). Chacun des biclusters peut être caractérisé par les valeurs médianes des différents facteurs climatiques. Le nombre d'apparition sur une année ou un mois de chacun des biclusters est par ailleurs calculé.

Afin de capter des relations entre biclusters, ou des transitions climatiques récurrentes, des séquences fréquentes de biclusters sont intéressantes à rechercher. L'algorithme *PrefixSpan* (Pei et al. (2001)) procédant par projection de motifs sur des items fréquents a été utilisé. Une fenêtre de taille W est glissée sur la séquence des biclusters et des sous-séquences fréquentes sont recherchées. Des tests nous ont permis de choisir $W = 5$ de façon à obtenir des motifs à support à la fois élevé et stable.

Un programme de visualisation [4] a été développé et peut être testé en ligne. Ce programme requiert le chargement d'un jeu de données (les jeux de données mis à disposition sont préchargés sur le serveur), y applique les traitements décrits (la figure 11 résume ces traitements) et affiche la séquence calendaire, les caractéristiques médianes, les nombres d'apparition ainsi que les sous-séquences fréquentes des biclusters identifiés. L'utilisation de l'outil a permis de mettre en exergue quelques faits :

— Moufia et La Possession sont sujets à des cyclones (ces phénomènes entraînent une couverture nuageuse), notamment Bejisa les 2 et 3 janvier 2014 et Haliba vers le 9 mars 2015.

— Moufia et Saint-André ont connu une période de sécheresse (de telles périodes sont caractérisées par des flux solaires importants, un flux global environ 1.5 fois supérieur au flux diffus et une température élevée) début janvier 2014.

— Saint-André et Saint-Leu connaissent des saisons relativement bien marquées avec des intersaisons en avril et en septembre.

— Le sud-ouest de l'île semble bénéficier d'un climat plus doux que le nord-est.

L'analyse des séquences fréquentes de biclusters a abouti aux résultats suivants :

— Des journées ensoleillées, couvertes par moment, caractérisent le climat de La Possesion, positionnée au nord-ouest de l'île.

— Des transitions climatiques marquées sont typiques des villes de Saint-Leu et Saint-Pierre, localisées dans le sud de l'île.

— Des journées couvertes, ensoleillées par moment, sont représentatives des villes de Saint-André et Moufia, situées au nord de l'île.

6   Conclusion et perspectives

Nous avons mené de nombreuses expériences sur les données du défi de la conférence EGC 2018. Nous présentons dans cet article quelques éléments d'analyse et quelques résultats de façon à rendre compte de la richesse de ces données et des questions qu'elles suscitent (y compris auprès de néophytes). La multiplicité des jeux de données, des variables et des possibilités d'agrégation conduit à un espace assez conséquent d'analyses exploratoires possibles. Une interaction avec des experts des données nous aurait certainement aidés à mieux interpréter les résultats obtenus et probablement orientés vers d'autres expériences. Par exemple, un autre scénario de régression potentiellement intéressant serait de tenter de prédire l'indice de fraction directe d'une journée à partir des valeurs météorologiques mesurées pendant les premières heures du jour.

Par ailleurs, une discrétisation experte des variables météorologiques journalières/horaires aurait permis une recherche de règles d'associations susceptibles de refléter des interactions plus complexes (que des coefficients de corrélation) entre variables météorologiques pour des ensembles significatifs de jours/heures.

Nous avons développé un outil de visualisation que nous avons doté de diverses fonctionnalités destinées à tirer profit des résultats des analyses. Une version étendue (par exemple à d'autres façons de définir les biclusters) pourrait servir de tableau de bord pour aider à la décision.

---

4. `https://avicenne-test1.loria.fr`

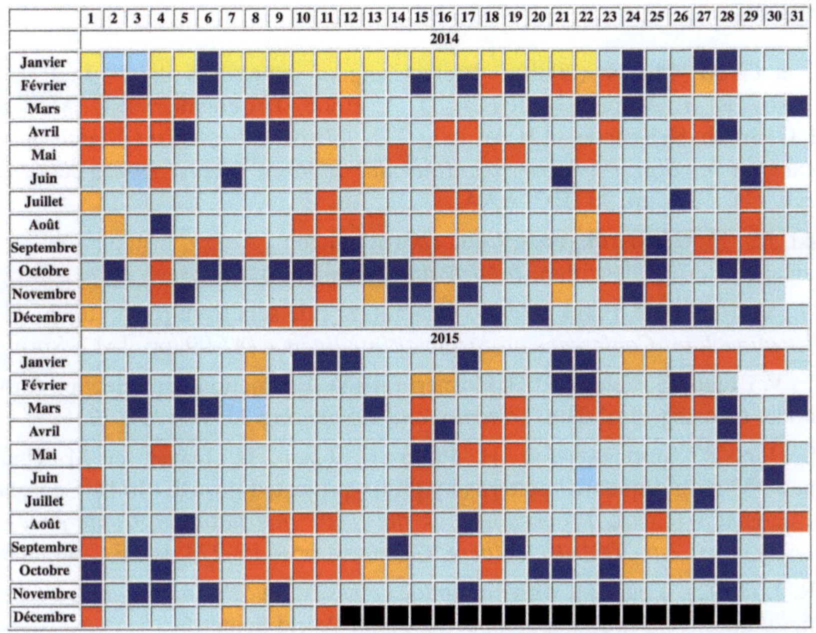

	Indice de fraction directe	Flux diffus (W/m²)	Flux global (W/m²)	Pression atmosphérique (hPa)	Humidité (%)	Température (°C)	Direction du vent (°)	Force du vent (m/s)
	0.12	48	82	975	71	25	177	1
	0.15	6	6	983	65	21	98	6
	0.26	31	73	977	61	25	93	3
	0.31	175	243	976	73	24	126	2
	0.42	30	44	975	60	25	94	4
	0.47	31	39	977	66	25	95	4

FIG. 10 – *Répartition calendaire et caractéristiques médianes de biclusters pour la ville du Moufia. Les cases blanches indiquent une absence de données. Les cases noires indiquent une absence de bicluster.*

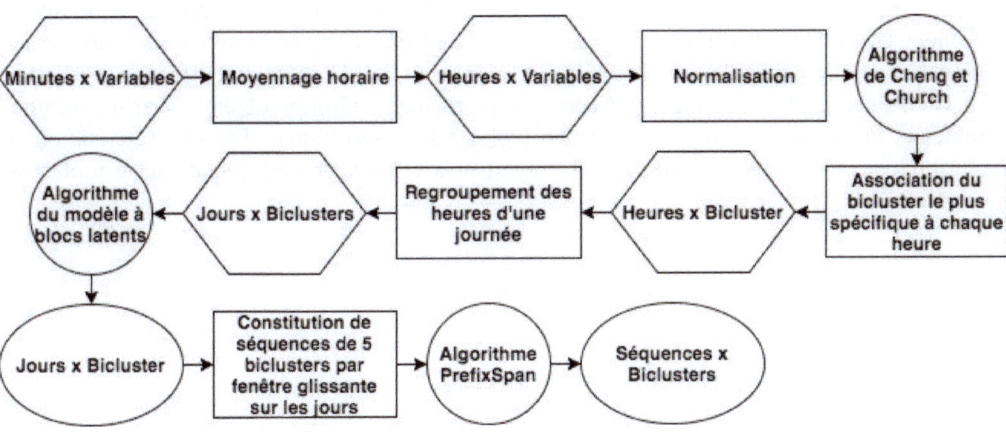

FIG. 11 – *Données (hexagones), transformations (rectangles), algorithmes (cercles) intervenant dans le traitement et résultats (ellipses).*

Références

Cheng, Y. et G. M. Church (2000). Biclustering of expression data. In P. E. Bourne, M. Gribskov, R. B. Altman, N. Jensen, D. A. Hope, T. Lengauer, J. C. Mitchell, E. D. Scheeff, C. Smith, S. Strande, et H. Weissig (Eds.), *Proceedings of the Eighth International Conference on Intelligent Systems for Molecular Biology, August 19-23, 2000, La Jolla / San Diego, CA, USA*, pp. 93–103. AAAI.

Gagolewski, M., M. Bartoszuk, et A. Cena (2016). Genie : A new, fast, and outlier-resistant hierarchical clustering algorithm. *Information Sciences 363*, 8–23.

Holmes, G., M. Hall, et E. Frank (1999). Generating rule sets from model trees. In *In Proc. 12th Australian Joint Conference on Artificial Intelligence (AI-99*, pp. 1–12. Springer.

Keribin, C., V. Brault, G. Celeux, et G. Govaert (2015). Estimation and selection for the latent block model on categorical data. *Statistics and Computing 25(6)*, 1201–1216.

Pei, J., J. Han, B. Mortazavi-Asl, H. Pinto, Q. Chen, U. Dayal, et M. Hsu (2001). Prefixspan : Mining sequential patterns by prefix-projected growth. In D. Georgakopoulos et A. Buchmann (Eds.), *Proceedings of the 17th International Conference on Data Engineering, April 2-6, 2001, Heidelberg, Germany*, pp. 215–224. IEEE Computer Society.

Quinlan, R. J. (1992). Learning with continuous classes. In *5th Australian Joint Conference on Artificial Intelligence*, Singapore, pp. 343–348. World Scientific.

Witten, I. et E. Frank (2005). *Data Mining : Practical Machine Learning Tools and Techniques (Second Edition)*. Morgan Kaufmann.

Summary

Two years of per minute data, measured by sensors located in five cities of Reunion Island, are investigated in this paper. Prior exploratory data analyses have enabled the statistical comparison of characteristics of cities with respect to the measured weather variables (diffuse and overall solar fluxes, atmospheric pressure, moisture, temperature, wind speed and direction). Data was preprocessed and univariate time-series and multivariate time-series aggregated over hours or days were analyzed in order to build simple and effective prediction models. A classical clustering approach was performed. Groups of days sharing weather parameters in common were found by two biclustering algorithms. The characterisation of found biclusters and their succession displayed in a calendar-based visualization tool have helped assess their interest.

Prédiction du Rayonnement Solaire
par Apprentissage Automatique

Pierrick Bruneau, Philippe Pinheiro, Yoann Didry

LIST, L-4362 Esch-sur-Alzette
prenom.nom@list.lu,
http://www.list.lu

Résumé. Cet article décrit une approche flexible pour la prédiction à court terme de variables météorologiques. En particulier, nous nous intéressons à la prédiction du rayonnement solaire à une heure. Cette tâche est d'une grande importance pratique dans l'optique d'optimiser les resources énergétiques solaires. Comme le défi EGC 2018 nous fournit des données météorologiques enregistrées sur cinq sites géographiques de l'île de la Réunion, nous utilisons ces données historiques comme base pour créer des modèles de prédiction, et nous testons la performance de ces modèles selon le site considéré. Après avoir décrit notre méthode de nettoyage de données et de normalisation, nous combinons une méthode de sélection de variables basée sur les modèles ARIMA (*AutoRegressive Integrated Moving Average*) à l'utilisation de méthodes de régression génériques, telles que les arbres de régression et les réseaux de neurones.

1 Introduction

Dans cet article, nous traitons de la prédiction des valeurs futures d'une série temporelle d'intérêt. Nous considérons un horizon de prédiction arbitraire, et un contexte multivarié, où les valeurs historiques de plusieurs séries temporelles sont disponibles en entrée. Vu le contexte particulier du Défi EGC 2018, nous nous intéressons à la prédiction du rayonnement solaire. La prédiction des valeurs futures de variables météorologiques a notamment un intérêt pratique quand il s'agit d'optimiser des sources d'énergie renouvelables (Barbounis et al., 2006).

L'approche classique à la prédiction météorologique utilise des simulations physiques initialisées par des relevés sur le terrain (Lynch, 2008). De manière alternative, dans cet article nous adoptons une approche basée sur l'apprentissage automatique, complètement agnostique de la dimension physique. Plus précisément, la tâche de prédiction est vue comme un problème de régression, avec pour variable cible le rayonnement solaire à un horizon de prédiction donné. Le vecteur d'entrée peut potentiellement utiliser l'ensemble des valeurs historiques (i.e. observées jusqu'à l'instant présent). Ce choix engendre les sous-problèmes suivants :

— *pré-traitement* : les valeurs manquantes affectent généralement les modèles d'apprentissage. L'inspection et la correction préalable des données d'apprentissage est nécessaire.

— sélection de variables : dans le contexte des séries temporelles, il faut trouver un compromis entre le modèle naif n'utilisant que les valeurs présentes comme vecteur d'entrée, et le modèle exhaustif qui utilise l'historique complet. Ce dernier contient intuitivement plus d'information, mais l'estimation de paramètres trop nombreux engendre un excès de variance et de complexité.

Après la revue des travaux existants dans la section 2, nous présentons les données du Défi EGC 2018 dans la section 3.1 [1]. Notre pré-traitement est introduit dans la section 3.2. Une procédure de sélection de variables est ensuite décrite dans la section 3.3. Des modèles de régression génériques sont ensuite entrainés avec les données résultant de ces processus selon le protocole décrit en section 4. Nos résultats expérimentaux permettent d'évaluer la performance respective de deux modèles de régression, de la procédure de sélection de variables, ainsi que de l'impact des sites géographiques où les données ont été enregistrées.

2 Travaux Existants

Considérons un ensemble de séries temporelles météorologiques, x désignant l'une d'entre elles. Ces séries sont indexées par un pas de temps t, de sorte que x_t est la valeur d'une série donnée observée à un temps donné. Le pas de temps est supposé fixe, i.e. le laps de temps entre x_t et x_{t+1} est constant pour tout t. Par commodité et cohérence vis à vis de la littérature du domaine, nous définissons la prédiction à l'horizon l pour la série temporelle x comme la tâche de prédire x_{t+l-1} connaissant les valeurs de la série jusqu'à x_{t-1}. Prédire à l'horizon 1 revient alors à prédire x_t connaissant la série jusqu'à x_{t-1}. En d'autres termes, par commodité, l'instant présent est supposé être $t-1$ dans notre article. Étant donné un ensemble de D séries temporelles $\{x_d\}_{d \in 1...D}$, parmi lesquelles nous isolons une série d'intérêt avec l'index $\delta \in 1...D$, la tâche de prédiction de $x_{\delta,t+l-1}$ étudiée a un caractère multivarié via la connaissance de $x_{d,t-1}$ pour tout d.

Les modèles ARIMA sont l'approche classique pour le traitement des séries temporelles. Ils sont optimisés selon l'horizon 1. Ils mélangent une partie auto-régressive (i.e. processus $AR(p)$) :

$$x_t = \sum_{i=1}^{p} \phi_i x_{t-i} + \sigma_t \tag{1}$$

et une moyenne mobile (i.e. processus $MA(q)$) :

$$\sigma_t = \sum_{i=1}^{q} \theta_i \sigma_{t-i} \tag{2}$$

Dans l'équation (1), σ_t est un bruit gaussien. Intuitivement, la prédiction réalisée selon l'équation (1) est une combinaison linéaire des p dernières valeurs observées (i.e. x_{t-1} à x_{t-p}), additionnée d'un résidu indépendamment distribué. La moyenne mobile permet d'introduire une dépendance entre résidus. Sous réserve de conditions formelles, les deux processus sont stationnaires. Cette propriété a pour conséquence importante que leur espérance est constante

---

1. Les données peuvent être téléchargées à `http://www.egc.asso.fr/news-details-1-40-Defi_EGC_2018_Un_defi_sous_le_soleil_de_lle_de_La_Reunion`

Moufia	Possession	Saint André	Saint Leu	Saint Pierre
-20.92, 55.48	-20.93, 55.33	-20.96, 55.62	-21.20, 55.30	-21.31, 55.45

TAB. 1 – *Coordonnées GPS (latitude, longitude) des sites où les données ont été enregistrées.*

selon t. ARIMA permet de combiner et d'intégrer ces processus, et ainsi d'assouplir la condition de stationarité.

Les modèles GAM (*Generalized Additive Models*) (Hastie et Tibshirani, 1990) proposent plutôt une modélisation additive de fonctions continues. Ils ont déjà été utilisés dans le contexte de l'analyse de la pollution de l'air (Dominici et al., 2002), que l'on peut juger proche de notre travail. En théorie, l'optimisation est alors réalisée selon tous les horizons de prédiction possibles. Toutefois, GAM ne fournit pas de solution pour la sélection de variables dans un contexte multivarié. En effet, la plupart des modèles d'apprentissage automatique sont basés sur un vecteur d'entrée numérique et de taille fixe.

Diverses stratégies peuvent être utilisées pour adapter des réseaux de neurones à notre tâche de prédiction multivariée. Une approche de type *divide-and-conquer* basée sur des modèles MLP (*Multi-Layer Perceptrons*) a été proposée dans (Bruneau et al., 2012). Tandis que des méthodologies de sélection de variables sont bien établies pour les modèles ARIMA (e.g. Box-Jenkins (Anderson, 1976; Box et al., 2015), Hyndman and Khandakar (Hyndman et Khandakar, 2007), parmi d'autres), aucune méthodologie équivalente ne s'est imposée pour les réseaux de neurones. Une méthode de sélection bayésienne pour les MLP est décrite dans (Bruneau et Boudet, 2012), mais elle requiert l'apprentissage avec un vecteur délibérément redondant, dans lequel la sélection est réalisée *a posteriori*.

3 Approche Proposée

3.1 Données

Les D séries temporelles définies pour le *Défi EGC 2018* sont les suivantes :
— I_D : le rayonnement solaire diffus ($W.m^{-2}$)
— I_G : le rayonnement solaire global ($W.m^{-2}$)
— *Patm* : la pression atmosphérique (hPa)
— *RH* : le taux d'humdité relatif (%)
— *Text* : la température extérieure ($°C$)
— *WD* : la direction du vent ($°$)
— *WS* : la vitess du vent ($m.s^{-1}$)

Ces données sont fournies avec un pas temporel d'une minute, tous les horodatages spécifiant une minute exacte (i.e. secondes respectives à 0). Elles sont enregistrées pour 2 années complètes (2014 et 2015) et 5 sites géographiques, indiqués en table 1.

De manière à gérer la variété implicite aux angles dans *WD* (i.e. un angle de 350° est plus similaire à un angle de 10° que de 120°), nous prenons le cosinus et le sinus de cette dernière, formant ainsi respectivement les variables *UnitX* et *UnitY*. La prise en compte de la forte tendance journalière et saisonnière du rayonnement solaire est assurée grâce à l'utilisation du quotient entre rayonnement direct et global k_b (utilisé e.g. dans (Kylling et al., 2000)).

Cette variable construite a une interprétation intuitive (i.e. 0 pour un temps nuageux, 1 pour un temps ensoleillé), pertinente dans le contexte de panneaux photovoltaiques, notamment (Tapakis et al., 2016) :

$$k_b = \frac{I_G - I_D}{I_G} = 1 - \frac{I_D}{I_G} \tag{3}$$

Le rayonnement solaire peut également être normalisé par un modèle de rayonnement maximal théorique (Reno et al., 2012, Section 2.3). Pour une variable météorologique quelconque, des ensembles mensuels-horaires peuvent être calculés pour estimer des moyennes et variances spécifiques depuis un ensemble de données, utilisées ensuite pour la normalisation (Bruneau et al., 2012).

Dans cet article, nous nous intéressons à la prédiction horaire, i.e. prédire le rayonnement solaire une heure après un temps donné. Les séries temporelles étant fournies selon un pas de temps d'une minute, d'après la terminologie introduite en section 2, nous traitons le problème de prédire x_{t+59}.

3.2 Pré-traitement

Avant de s'intéresser à la tâche de prédiction elle-même, nous avons exploré les données fournies. Les fichiers ont été pré-traités grâce aux libraries R *zoo* (Zeileis et Grothendieck, 2005) et *lubridate* (Grolemund et Wickham, 2011), qui fournissent des outils adéquats au traitement des séries temporelles.

Nous avons tout d'abord vérifié la présence d'horodatages manquants ou erronés, et de valeurs manquantes. Tous les horodatages ont été correctement identifiés (i.e. bon format et secondes respectives à 0), mais des valeurs et horodatages manquants ont été trouvés. Par exemple, dans les données de *Moufia*, il n'y a pas de données pour les horodatages allant de `2014-01-22 08:33:00` à `2014-01-22 08:57:00`. Quand l'horodatage est présent, toutes les variables sont presque toujours renseignées, à l'exception notable des données *Saint André*, où seule I_G manque entre `2014-01-05 08:59:00` et `2014-01-05 14:59:00`.

Les fichiers de données ont été complétés avec les horodatages manquants, et les valeurs manquantes ont été interpolées linéairement. Quand la plage d'interpolation est trop grande, des artéfacts visuels indésirables résultent de cette procédure (i.e. lignes droites, ou sinusoïdes dans le cas de *UnitX* and *UnitY*). Les plages temporelles associées doivent alors être exclues de l'analyse pour le site respectif. Toutefois, quand une seule valeur manque, cet artéfact est imperceptible. Afin d'implémenter cette identification visuelle, nous avons adapté un outil de visualisation de séries temporelles ((Anderson, 2012), voir Figure 1), et identifié les périodes d'exclusion visuellement. Ces dernières sont indiquées en table 2.

Toutes les périodes d'exclusion résultent de valeurs et horodatages manquants, sauf le début des données *Moufia*. Le processus stochastique que suivent ces dernières semble ainsi différer significativement des processus de rayonnement habituels (voir figure 1a). L'exploration visuelle nous a amené à constater qu'au contraire de toutes les autres variables, les séries de rayonnement ont un fort *a priori* la nuit. Les valeurs de rayonnement nocturne sont ainsi très proches de 0, et l'incertitude des capteurs à ce niveau engendre des valeurs de k_b aberrantes. Nous corrigeons ce problème en fixant :

$$k_b = 0.5 + e, \text{ with } e \sim \mathcal{N}(0, \sigma^2) \tag{4}$$

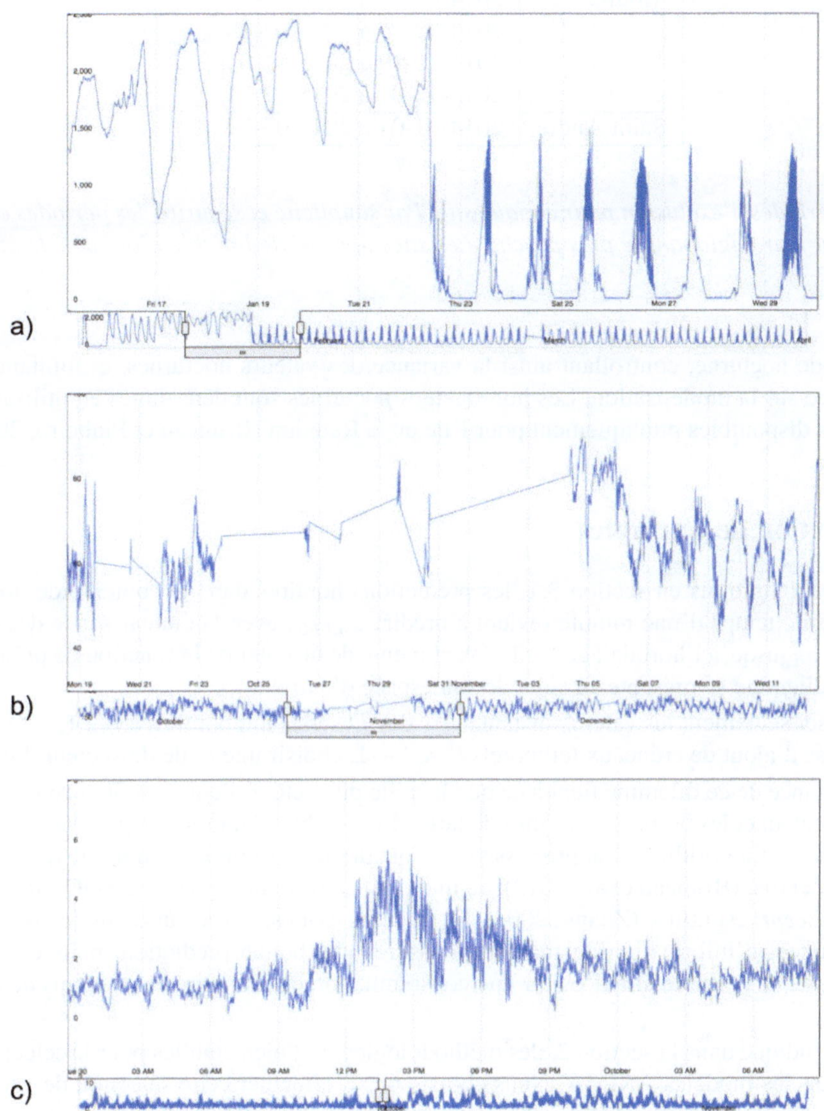

FIG. 1 – *Notre outil* focus+context *d'inspection de séries temporelles.* a) *Le début des séries* I_D *et* I_G *pour* Moufia *suivent un processus stochastique atypique.* b) *Les lignes droites d'interpolation facilient l'identification visuelle des périodes à exclure, ici de la variable* RH *pour* Moufia. c) *3 horodatages manquants le* 2014-09-30 *à* Possession *sont imperceptibles visuellement.*

Site	Périodes d'exclusion
Moufia	2014-01-01 à 2014-01-23
	2014-02-25 à 2014-02-28
	2015-10-19 à 2015-11-05
	2015-12-01 à 2015-12-04
Saint André	2014-01-01 à 2014-03-29

TAB. 2 – *Périodes d'exclusion pour chaque site. Par simplicité et sécurité, les périodes ont été arrondies au jour englobant le plus proche. Les sites absents de la table n'ont pas de période d'exclusion.*

en période nocturne, controllant ainsi la variance des valeurs nocturnes, et limitant ainsi leur influence sur la modélisation. Les horodatages nocturnes sont déterminés en utilisant des éphémérides disponibles publiquement pour l'île de la Réunion (Bruneau et Pinheiro, 2017).

3.3   Sélection de Variables

Selon les définitions en section 3.1, les prédictions horaires dans le contexte de données ayant un pas de temps d'une minute revient à prédire $x_{\delta,t+59}$ avec la connaissance des séries temporelles x_d jusqu'à l'horodatage $t-1$. Avant même de discuter de la fonction de prédiction utilisée, un dilemme se présente au sujet de son espace d'entrée :

— utiliser seulement les valeurs instantanées des D séries temporelles à $t-1$,

— en cas d'ajout de créneaux temporels $t' < t-1$, choisir une taille de vecteur d'entrée.

L'importance de ce dilemme tient à ce que la taille du vecteur d'entrée influence fortement le temps de calcul et les besoins en termes de taille d'ensemble d'apprentissage. Dans le cas du MLP, une étape d'algorithme d'apprentissage est quadratique selon le nombre de dimensions du vecteur d'entrée (Bruneau et al., 2012), au mieux linéaire si un algorithme SGD (*Stochastic Gradient Descent*) est utilisé (Zhang, 2004). En d'autres termes, le vecteur d'entrée doit contenir suffisamment d'information de manière à assurer une bonne prédiction, mais être aussi parcimonieux que possible afin d'éviter une consommation de mémoire et un temps de calcul excessifs.

Comme indiqué dans la section 2, des méthodologies sont bien établies pour la sélection de variables dans les modèles ARIMA. Nous choisissons d'effectuer cette sélection de variables sur chacune des variables météorologiques. Nous utilisons la méthode itérative proposée par (Hyndman et Khandakar, 2007), et implémentée dans la librairie R *forecast*, conduisant à sélectionner un ensemble de créneaux passés pertinents pour la prédiction à l'horizon 1. En principe, cette sélection n'est pas adaptée à notre tâche de prédiction à l'horizon 60. Nous formons cependant l'hypothèse que cette sélection univariée fournit un vecteur d'entrée utile malgré tout à l'horizon 60 pour une méthode de régression générique. Implicitement, la modélisation de covariances entre les variables météorogologiques est déléguée à la procédure d'apprentissage. Nous réalisons cette sélection grâce aux données de *Possession* pour l'année 2014. Ce choix, qui demeure abritraire, est motivé par l'absence d'intervalle d'exclusion pour ce site. Alternativement, il aurait été possible de réaliser une sélection spécifique à chaque site, mais l'application d'un modèle utilisant cette sélection aux données d'un autre site créerait alors un nouveau problème méthodologique.

En pratique, l'estimation de modèles ARIMA d'ordre supérieur à 30 (i.e. valeur de p ou q des équations (1) et (2)) est coûteuse en temps de calcul. Les variables météorologiques ont une saisonnalité de 24 heures *a priori* très marquée : une approche naïve requerrait alors des modèles ARIMA d'ordre au moins égal à 1440, ce qui est impossible en pratique. Pour contourner ce problème, nous avons extrait des séries à pas de temps horaire des données originales (i.e. horodatages ayant leur minutes et secondes à 0). Nous avons estimé des modèles ARIMA sur ces séries construites, alors optimisés pour la prédiction de x_{t+59} avec la connaissance de x_{t-1}, x_{t-61}, etc... Par commodité nous définissons un index horaire T lié à la périodicité horaire, t étant alors lié à une période d'une minute. La conversion de ces index est illustrée en figure 2. Nous soulignons qu'avec ce système, x_{t-1} désigne la même valeur que x_{T-1}, et que l'horizon à une heure est indiqué de manière équivalente par x_{t+59} et x_T.

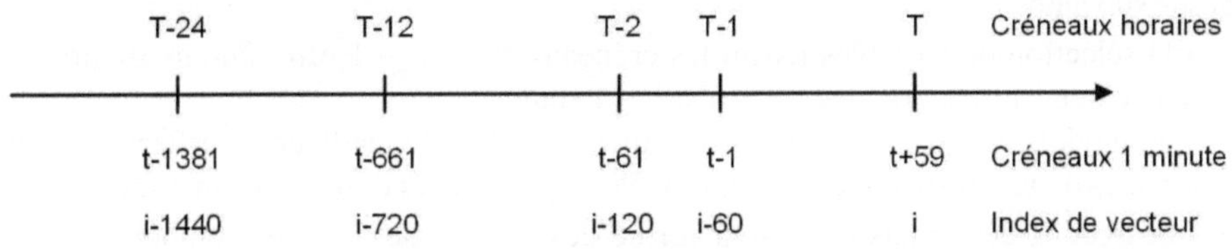

FIG. 2 – *Conversion entre horodatages ayant pour période une minute ou une heure. Comme dans un contexte programmatique l'horizon de prédiction est souvent choisi comme horodatage de référence, la conversion avec un index de tableau est également indiquée.*

Les sélections automatiques réalisées selon (Hyndman et Khandakar, 2007) sont vérifiées à l'aide de graphes d'auto-correlation. Des créneaux passés ont été ajoutés à la sélection initiale jusqu'à avoir un graphe d'auto-correlation satisfaisant. Supposant que cette procédure engendre un modèle $ARIMA(p, d, q)$, nous inférons la sélection de $\max(p, q)$ créneaux temporels (i.e. $x_{t-1} \dots x_{t-\max(p,q)}$ sont concaténés au vecteur d'entrée pour l'apprentissage). Pour limiter le temps de calcul, $\max(p, q)$ est limité à 20. La sélection pour le pas de temps d'une minute, d'une heure, ainsi que les termes saisonniers sont concaténés. Les résultats pour chaque variable météorologique sont résumés en table 3. Nous notons que toutes les sélections sont relativement parcimonieuses, sauf pour *Patm*. Le vecteur résultant est de taille 70. Tous les modèles ARIMA ont utilisé une version différenciée des séries temporelles. Cela signifie que les données originales ne vérifiaient pas l'hypothèse de stationarité (i.e. moyenne est variance constante). Une manière simple d'établir la stationarité faible est de normaliser les séries temporelles selon des moyennes mensuelles-horaires (Bruneau et al., 2012).

4 Expériences

4.1 Protocole

Comme décrit en section 3.3 et résumé par la figure 2, pour un temps présent $T - 1$ notre protocole se concentre sur la prédiction de k_b au temps T. En particulier, nous allons tester les

Variable	Créneaux sélectionnés
k_b	$t-1, t-2, T-2, T-3, T-24$
Patm	$t-1, \dots, t-20, T-2, \dots, T-6, T-12, T-24$
RH	$t-1, \dots, t-5, T-24$
Text	$t-1, t-2, t-3, T-12, T-24$
WS_Mean	$t-1, t-2, t-3, T-2, T-3, T-12, T-24$
UnitX	$t-1, \dots, t-5, T-2, T-3, T-4, T-12, T-24$
UnitY	$t-1, \dots, t-6, T-2, T-3, T-12, T-24$

TAB. 3 – *Créneaux temporels sélectionnés par ARIMA pour chaque variable météorologique. NB : comme $T-1$ et $t-1$ sont équivalents, seul $t-1$ est indiqué quand opportun.*

hypothèses suivantes :

— si la sélection de variables parmi les créneaux $t^* < t-1$ offre une meilleure performance que l'utilisation des valeurs à $t-1$ seules,

— si un modèle appris sur les données d'un site réalise de meilleures performance sur ses données de test respectives qu'un modèle appris sur les données d'un autre site.

Nous désignons désormais le vecteur formé des valeurs des 7 séries temporelles à $t-1$ comme le vecteur *instantané*, et le vecteur résultant de la procédure décrite en section 3.3 comme le vecteur *arima*. Pour tester nos hypothèses, pour chaque site nous utilisons les données de 2014 pour l'apprentissage, et celles de 2015 pour le test. De ces ensembles, nous excluons les éléments associés à la prédiction, triviale, d'un créneau nocturne. Nous utilisons les deux modèles de régression suivants, avec leurs algorithmes d'appentissage associés :

— *Xgboost* : ce modèle est basé sur le *Gradient Boosting* (Friedman, 2001) et les *Generalized Boosted Models* (Ridgeway, 2007). Nous l'avons implémenté grâce à la librairie R *Xgboost*, qui réalise des ensembles d'arbres de régression. L'algorithme utilise plusieurs hyper-paramètres, tels que la vitesse d'apprentissage η, ou la profondeur maximale d'un arbre. Ces paramètres ont été réglés au moyen de la librarie R *caret* avec une validation croisée à 3 ensembles. La totalité de l'ensemble d'apprentissage est utilisée de manière séquentielle par *Xgboost*. Aucune normalisation de données n'a été utilisée dans les résultats présentés pour *Xgboost*, car empiriquement une meilleure performance est alors obtenue.

— *MLP* : ce type de réseau de neurones utilise une seule couche cachée. Nous l'avons implémenté grâce à la librairie R *mxnet* (Chen et al., 2015). La complexité (i.e. le nombre de neurones de la couche cachée) des modèles spécifiques aux vecteurs *instantané* et *arima* est sélectionnée grâce à une validation croisée à 10 ensembles sur les données du site *Possession*. Les meilleures tailles de couches cachées ont été déterminées à 10 et 30, respectivement pour les vecteurs *instantané* et *arima*. Des MLP utilisant ces tailles ont ensuite été optimisés pour chaque site, toujours avec une validation croisée à 10 ensembles. Les réseaux de neurones étant sensibles à la normalisation des données en entrée, les séries temporelles utilisées pour la construction des vecteurs *instantané* et *arima* ont été normalisées grâces aux ensembles mensuels-horaires décrits dans (Bruneau et al., 2012). Les prédictions sont ensuite réalisées en moyennant le résultat des 5 meilleurs modèles en termes d'erreur de validation.

			Moufia	Possession	Saint André	Saint Leu	Saint Pierre
instant	RMSE	Xgboost	0.268	0.266	0.271	0.278	0.264
		MLP	0.318	0.332	0.316	0.384	0.355
	MAE	Xgboost	0.208	0.211	0.217	0.222	0.201
		MLP	0.204	0.246	0.225	0.288	0.263
arima	RMSE	Xgboost	**0.249**	**0.245**	**0.257**	**0.255**	**0.241**
		MLP	0.283	0.283	0.332	0.315	0.286
	MAE	Xgboost	**0.193**	**0.195**	**0.208**	**0.203**	**0.183**
		MLP	0.202	0.214	0.255	0.243	0.205
persistence	RMSE		0.400	0.379	0.405	0.386	0.389
	MAE		0.279	0.268	0.296	0.276	0.270

TAB. 4 – *Erreur de test pour les vecteurs* instantané *et* arima. *Les meilleurs RMSE et MAE sont indiqués en gras pour chaque site.*

4.2 Résultats

En table 4, nous indiquons les RMSE (*Root-Mean-Square Error*) et MAE (*Mean Absolute Error*) obtenues en test pour chaque site. Le RMSE est choisi par son rapport étroit avec les métriques généralement optimisées par les algorithmers d'apprentissage. Le MAE, qui revient à l'erreur moyenne attendue d'une prédiction unique, est choisi pour son interprétabilité. À titre de comparaison, nous indiquons également le résultat obtenu en appliquant le modèle de persistence, utilisé notamment dans (Martín et al., 2010).

Les modèles appris ont tous des performances sensiblement meilleures que le modèle de persistence. L'utilisation du vecteur *arima* améliore sensiblement la qualité des modèles MLP et *Xgboost* l'utilisant, exception faite du MLP pour *Saint-André*. Le MAE atteint alors au mieux 18.3% et 20.2%, respectivement pour les modèles *Xgboost* et MLP. Cette amélioration est cependant à relativiser, car elle reste notamment limitée par rapport à l'impact d'utiliser le modèle *Xgboost* ou MLP. Par exemple, *Xgboost* utilisant le vecteur *instantané* est toujours meilleur que le MLP utilisant le vecteur *arima*.

Par la suite, nous retiendrons les modèles appris avec le vecteur *arima*. Avant d'appliquer les modèles retenus sur les données de test d'autres sites que ceux ayant servi à leur apprentissage, la table 5 indique la correlation moyenne entre sites pour les 7 variables météorologiques. Assez logiquement, les variables liées au vent telles que *WS_Mean*, *UnitX* et *UnitY* ont une corrélation inter-site faible, quasiment nulle pour les variables encodant la direction. *Text* et *Patm* ont la plus forte corrélation, de manière assez logique également car la température extérieure et la pression atmosphérique sont *a priori* assez homogènes sur un territoire de la taille de l'île de la Réunion. La variance assez élevée associée à *Patm* invite à modérer cette observation, suggérant plutôt des groupes homogènes.

Globalement, la table 5 reflète que les sites (et leurs données respectives) ne peuvent pas être agrégés *a priori*. Cette conjecture est renforcés en remarquant que k_b a une assez faible corrélation inter-site. La table 6 montre les valeurs de RMSE obtenues en appliquant les modèles spécifiques à un site donné aux données de test des différents sites. La diagonale de cette table reprend ainsi les RMSE affichés en table 4. La lecture des lignes de cette table montre les

k_b	Patm	RH	Text
0.44 ± 0.09	0.67 ± 0.41	0.57 ± 0.08	0.89 ± 0.02

WS_Mean	UnitX	UnitY	
0.23 ± 0.13	-0.04 ± 0.36	-0.01 ± 0.33	

TAB. 5 – *Correlation inter-site moyenne pour les variables météorologiques étudiées. L'écart-type reflète la dispersion des valeurs moyennées.*

Apprentissage	Test	Moufia	Possession	Saint André	Saint Leu	Saint Pierre
Moufia	Xgboost	0.249	0.392	0.353	0.340	0.365
	MLP	0.283	0.297	0.291	0.317	0.288
Possession	Xgboost	0.307	0.245	0.306	0.291	0.274
	MLP	**0.272**	0.283	**0.276**	**0.303**	0.290
Saint André	Xgboost	0.318	0.439	0.257	0.302	0.398
	MLP	0.330	0.351	0.332	0.353	0.320
Saint Leu	Xgboost	0.278	0.347	0.295	0.255	0.339
	MLP	0.307	0.315	0.312	0.315	0.289
Saint Pierre	Xgboost	0.330	0.314	0.306	0.310	0.241
	MLP	0.306	0.313	0.303	0.317	0.286

TAB. 6 – *RMSE pour la prédiction inter-site utilisant le vecteur* arima. *La ligne reflète le site d'apprentissage, la colonne le site de test. Les cas où le meilleur modèle d'un site ne lui est pas spécifique sont en gras.*

performances d'un modèle donné sur tous les sites. De manière assez frappante, *XGboost* est assez médiocre sur les données des autres sites, quand les MLP sont assez robustes de ce point de vue. Ceci peut-être expliqué en partie par la normalisation des données : les ensembles mensuels-horaires permettent probablement d'encoder des propriétés climatiques générales. De manière également intéressante, la meilleure performance des MLP n'est parfois pas obtenue sur leur site d'origine (e.g. le MLP de *Sain Leu* obtient son meilleur score sur *Saint Pierre*), et le meilleur MLP pour un site donné n'est pas toujours spécifique à ce site (e.g. le MLP de *Possession* est le meilleur MLP pour 4 sites). Cette dernière observation est sans doute partiellement due à l'utilisation des données de *Possession* pour la procédure de sélection de variables et de complexité de modèle.

5 Conclusion

Nous avons répondu à la dimension prédictive du Défi EGC 2018, plus précisément la prédiction de l'indice de rayonnement solaire k_b à l'horizon d'une heure. Nous avons présenté une séquence de pré-traitements, une sélection de variables basée sur le modèle ARIMA, et des résultats expérimentaux obtenus grâce aux modèles *Xgboost* et MLP. *Xgboost* obtient alors les meilleures performances. Notre procédure de sélection de variables apporte un gain de performance, qui reste cependant marginal au fait de substituer *Xgboost* au MLP, notamment. Une rapide étude des corrélations inter-site montre que les données des 5 sites ne peuvent pas être simplement agrégées en un seul ensemble d'apprentissage. Après avoir entrainé nos modèles sur leur site respectif, nous avons observé leur performance sur les données de test d'autres sites. La normalisation mensuelle-horaire semble alors donner un avantage au MLP. Une modélisation des dépendances entre sites plus poussée est une extension possible à nos observations préliminaires.

L'approche adoptée dans cet article fait peu de cas de la nature séquentielle des données traitées. Prendre en compte cette nature peut *a priori* mener à des améliorations qualitatives, par exemple en adaptant une architecture de réseaux de neurones convolutionnelle (Krizhevsky et al., 2012) ou récurrente (Williams et Zipser, 1989) à notre problème de prédiction. Ces modèles ont déjà été utilisés dans des problèmes séquentiels apparentés, tels que l'analyse de sentiment dans un texte (Severyn et Moschitti, 2015) ou la traduction automatique (Liu et al., 2014).

Références

Anderson, B. (2012). d3-tsline : a time-series line graph visualization using D3. `https://github.com/boorad/d3-tsline`.

Anderson, O. D. (1976). *Time series analysis and forecasting : the Box-Jenkins approach.* Butterworths.

Barbounis, T., J. Theocharis, M. Alexiadis, et P. Dokopoulos (2006). Long-term wind speed and power forecasting using local recurrent neural network models. *IEEE Transactions on Energy Conversion 21*(1), 273–284.

Box, G. E., G. M. Jenkins, G. C. Reinsel, et G. M. Ljung (2015). *Time series analysis : forecasting and control.* Wiley & Sons.

Bruneau, P. et L. Boudet (2012). Bayesian variable selection in neural networks for short-term meteorological prediction. In *Neural Information Processing*, pp. 289–296.

Bruneau, P., L. Boudet, et C. Damon (2012). Neural architectures for global solar irradiation and air temperature prediction. In *ICANN*, pp. 548–556.

Bruneau, P. et P. Pinheiro (2017). Sunrise and Sunset Times for La Réunion island. `https://github.com/pbruneau/Reunion-Sun-Rise-Set/`.

Chen, T., M. Li, Y. Li, M. Lin, N. Wang, M. Wang, T. Xiao, B. Xu, C. Zhang, et Z. Zhang (2015). Mxnet : A flexible and efficient machine learning library for heterogeneous distributed systems. *arXiv 1512.01274*.

Dominici, F., A. McDermott, S. Zeger, et J. Samet (2002). On the use of generalized additive models in time-series studies of air pollution and health. *American Journal of Epidemiology 156*, 193–203.

Friedman, J. (2001). Greedy function approximation : a gradient boosting machine. *Annals of Statistics 29*(5), 1189–1232.

Grolemund, G. et H. Wickham (2011). Dates and times made easy with lubridate. *Journal of Statistical Software 40*(3), 1–25.

Hastie, T. et R. Tibshirani (1990). *Generalized additive models*. Wiley & Sons.

Hyndman, R. et Y. Khandakar (2007). Automatic time series for forecasting : the forecast package for R. Technical Report 6/07, Monash University.

Krizhevsky, A., I. Sutskever, et G. Hinton (2012). Imagenet classification with deep convolutional neural networks. In *ACM SIGKDD*, pp. 1097–1105.

Kylling, A., T. Persen, B. Mayer, et T. Svenoe (2000). Determination of an effective spectral surface albedo from ground-based global and direct UV irradiance measurements. *Atmospheres 105*(D4), 4949–4959.

Liu, S., N. Yang, M. Li, et M. Zhou (2014). A recursive recurrent neural network for statistical machine translation. In *ACL*, pp. 1491–1500.

Lynch, P. (2008). The origins of computer weather prediction and climate modeling. *Journal of Computational Physics 227*(7), 3431–3444.

Martín, L., L. Zarzalejo, J. Polo, A. Navarro, R. Marchante, et M. Cony (2010). Prediction of global solar irradiance based on time series analysis : Application to solar thermal power plants energy production planning. *Solar Energy 84*(10), 1772–1781.

Reno, M., C. Hansen, et J. Stein (2012). Global horizontal irradiance clear sky models : Implementation and analysis. SANDIA Report SAND2012-2389.

Ridgeway, G. (2007). Generalized Boosted Models : A guide to the gbm package.

Severyn, A. et A. Moschitti (2015). Twitter sentiment analysis with deep convolutional neural networks. In *ACM SIGIR*, pp. 959–962.

Tapakis, R., S. Michaelides, et A. Charalambides (2016). Computations of diffuse fraction of global irradiance : Part 1–analytical modelling. *Solar Energy 139*(7), 711–722.

Williams, R. et D. Zipser (1989). A learning algorithm for continually running fully recurrent neural networks. *Neural Computation 1*(2), 270–280.

Zeileis, A. et G. Grothendieck (2005). zoo : S3 infrastructure for regular and irregular time series. *CoRR math/0505527*.

Zhang, T. (2004). Solving large scale linear prediction problems using stochastic gradient descent algorithms. In *ICML*, pp. 116.

Summary

This paper describes a flexible approach to short term prediction of meteorological variables. In particular, we focus on the prediction of the solar irradiance one hour ahead, a task that has high practical value when optimizing solar energy resources. As *Défi EGC 2018* provides us with time series data for 5 geographical sites from *La Réunion* island, we test the value of using recently observed data as input for prediction models, as well as the performance of models across sites. After describing our data cleaning and normalization process, we combine a variable selection step based on *AutoRegressive Integrated Moving Average* (ARIMA) models, to using general purpose regression techniques such as neural networks and regression trees.

Mainmise sur les médias et suivi de communautés dans les graphes dynamiques

Haolin Ren*,** Marie-Luce Viaud*
Guy Melançon**

*INA, Bry/Marne, FR
{hren,mlviaud}@ina.fr, www.ina-expert.com
**Université de Bordeaux, CNRS UMR 5800 LaBRI
{Haolin.Ren,Guy.Melancon}@u-bordeaux.fr, www.labri.fr

Résumé. Ce court article présente le design et l'utilisation d'un tableau de bord visuel permettant d'explorer, questionner et comprendre l'évolution des communautés d'un graphe dynamique. L'exemple ayant motivé la conception et la réalisation de ce tableau de bord est celui d'un réseau d'affiliation des personnalités présentes dans les médias français. Le suivi de communautés s'avère utile pour cerner le biais potentiel induit de la co-présence répétée des mêmes personnalités dans les émissions de radio et de télévision au cours du temps.

1 Introduction

La présence des réseaux comme outil de modélisation ou de conception des systèmes naturels et humains est au cœur de la science des réseaux. Dans cette discipline par nature pluridisciplinaire, l'étude des graphes dynamiques pose encore aujourd'hui de nombreux défis notamment lorsqu'il est question de les visualiser (Beck et al., 2014).

L'un des objectifs de la visualisation est de révéler à l'utilisateur la *structure* inhérente aux données. L'oeil humain est particulièrement habile à détecter les motifs graphiques cachées dans l'image montrée à l'écran (Ware, 2000, 2005). On peut argumenter – et c'est le cas dans un grand nombre de champs scientifiques – que la structure tient à la notion de *groupe* (Stacey, 2005; Shavit, 2005) : des ensembles présentant une certaine homogénéité. Dans le cas des graphes, cette homogénéité tient à une densité de liens plus marquée *dans* le groupe qu'avec le reste du graphe. Ce sont ces groupes que l'on appelle les *communautés* (dans un graphe).

La visualisation d'un graphe dynamique trouve là un défi : montrer l'évolution de ces groupes à travers le temps. On parle ainsi souvent des *communautés dynamiques* (Rossetti et Cazabet, 2017), mais ce terme fait implicitement l'hypothèse de la stabilité dans le temps d'une communauté. Or, notre travail et plus particulièrement le domaine auquel nous nous intéressons remettent cette notion de stabilité en question.

Le domaine dans lequel notre travail s'inscrit est celui de l'étude des médias français. Nous considérons des données d'affiliation et construisons le graphe de co-participation à des émissions radiophoniques ou télévisuelles française sur la période 2010 - 2016. L'étude des "communautés" dans ce contexte présente un intérêt particulier pour, par exemple, "lire" le biais potentiel des médias induit d'invitations répétées d'un même panel d'experts sur un sujet donné.

Nous proposons un tableau de bord offrant un ensemble d'outils destinés à sonder les communautés présentes dans un jeu de données extraits des co-participations aux émissions des médias. Ces communautés, celles proposées par différents algorithmes ou encore un groupe d'acteurs sélectionnés par l'utilisateur à l'écran, peuvent ensuite être examinées sous différents angles et à travers différents signaux mesurant leur niveau "d'activité", leur "stabilité" ou encore leur "taux de renouvellement". La construction du tableau de bord suit d'un travail dont les prémisses ont déjà fait l'objet d'une communication courte (Ren et al., 2017).

2   Calculer les communautés

Le point de départ est le chargement et la visualisation d'un graphe de co-participation sur la période 2010-2016. Typiquement, on pourra isoler les acteurs participants à des magazines diffusés de manière périodique et/ou sur un thème spécifique (actualité politique, variétés, sport, etc.).

Parmi les approches permettant d'identifier des communautés (Rossetti et Cazabet, 2017), celles misant sur une évolution incrémentale des communautés doivent être mises à l'écart pour les raisons évoquées plus haut. Nos expérimentations, comparaisons et évaluation informelles (auprès de collaborateurs de l'INA) nous ont conduit à considérer l'approche calculant les communautés sur le graphe rassemblant les co-participations sur l'ensemble de la période.

Ces graphes – parce qu'ils sont obtenus par projection à partir de graphe d'affiliation (Guillaume et Latapy, 2005) (Borgatti et al., 2009) – sont typiquement très denses et leur lecture exige d'en simplifier la structure. Nous utilisons à cette fin l'approche de (Nick et al., 2013) capturant un squelette particulièrement efficace à recouvrer la structure des graphes d'affiliation.

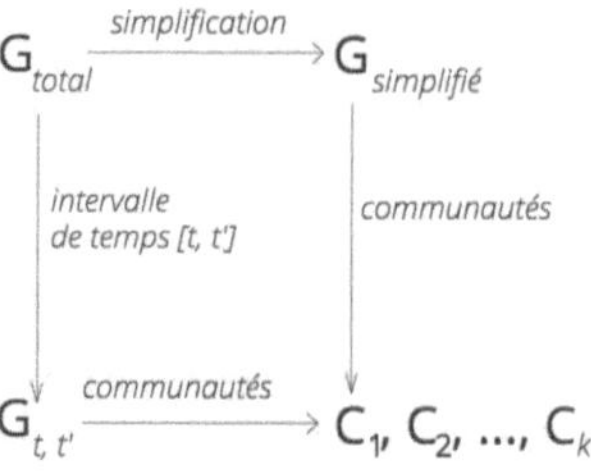

Les sous-graphes obtenus par restriction à un intervalle de temps (où on ne considère que les émissions s'étant déroulées sur cet intervalle) présente une densité modérée et peuvent être examinés sans avoir recours à ce filtrage. Il reste intéressant de confronter deux stratégies pour tenter de faire émerger les communautés (voir la figure).

3   Mainmise sur les médias

Le calcul de communautés à lui seul ne suffit pas à l'analyste qui doit pouvoir questionner les représentations qui lui sont proposées pour explorer le monde des médias (sous l'angle des co-participation aux émissions radiophoniques et télé-visuelles).

Un ensemble d'indicateurs permet de sonder les communautés pour questionner leur "stabilité" et leur évolution dans le temps [1].

---

1. La vidéo d'accompagnement montre bien plus qu'il ne nous est possible d'illustrer ici.

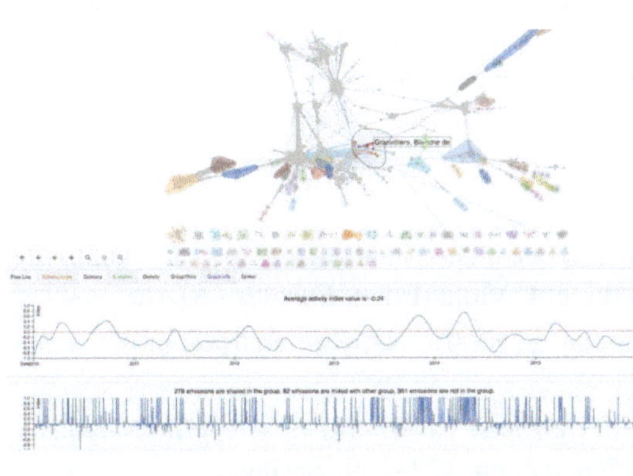

Plusieurs courbes indiquent combien les acteurs d'une communauté ont en effet été invités les uns avec les autres, *plutôt qu'avec d'autres personnes hors de leur groupe*. Ce signal est indispensable puisque les communautés sont calculées sur l'ensemble de la période. Le diagramme en bâtonnets (figure de gauche) indique combien le groupe sélectionné "recouvre" l'ensemble des invités à une émission (1 bâtonnet = 1 émission).

Certaines courbes présentent des profils typiques et reflètent le rythme des actualités. La périodicité des évènements sportifs, par exemple, se lit très facilement (championnats annuels, Tour de France, etc.). Dans ce domaine, les communautés sont particulièrement bien tissées. Les communautés d'experts sur des questions de sécurité est un autre exemple (ils sont sur-sollicités, et sur toutes les chaînes, à certains moments pour commenter des évènements dramatiques). On lit facilement aux sursauts des courbes le calendrier de ces évènements tragiques.

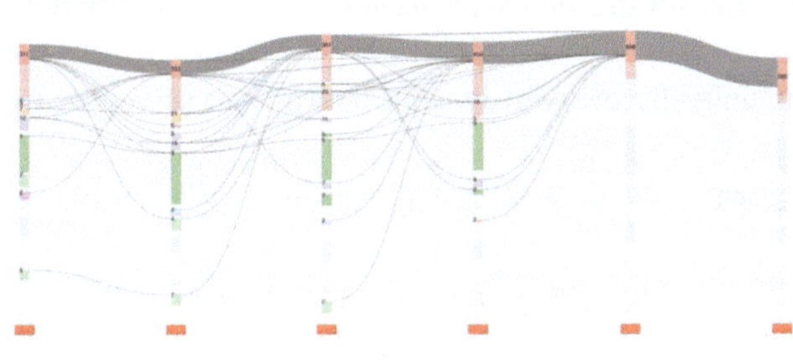

Les communautés que nous étudions présentent encore une autre particularité : des personnes vont et viennent entre les communautés. Un diagramme de Sankey (Reda et al., 2011) (figure de gauche) permet de suivre comment une communauté se fait et se défait, et comment elle se "renouvelle" (des journalistes prenant la relève dans le suivi de l'actualité). En effet, si une personne a pu être affectée à une communauté au vu de la globalité des co-invitations sur toute la période, sa présence sur les émissions avec les membres de sa communauté fluctue dans le temps. D'autres acteurs "papillonnent" d'une communauté à une autre.

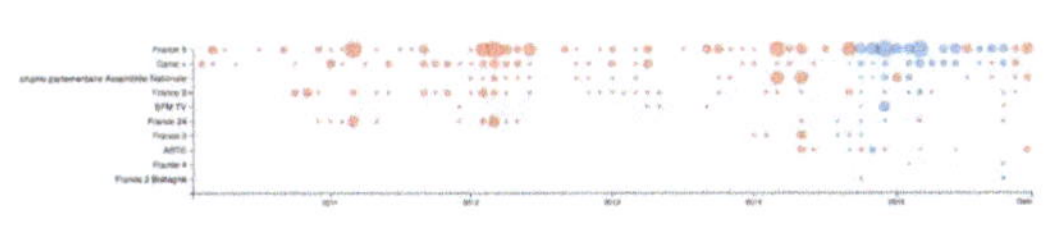

Ayant sélectionné un groupe de personnes, typiquement une communauté suggérée sur l'une des vues (graphe noeuds-liens ou Sankey), on peut avoir un retour de son activité (au sens du signal affichée sur la courbe présenté plus haut) sur un diagramme à bulles (figure de gauche). Les taille des bulles correspond au nombre d'émissions auxquelles ont participé les membres d'une communauté sur un mois.

Les dix chaînes les plus "fréquentées" sont extraites et placées verticalement, les fréquences allant décroissantes vers le bas. La couleur des bulles reflète l'activité interne (bleu) ou externe (rouge) des communautés. Sur la figure (page précédente), clairement la communauté bien qu'identifiée globalement, n'a émergée qu'en fin de période [2].

Références

Beck, F., M. Burch, S. Diehl, et D. Weiskopf (2014). The State of the Art in Visualizing Dynamic Graphs. In R. Borgo, R. Maciejewski, et I. Viola (Eds.), *EuroVis - STARs*.

Borgatti, S. P., A. Mehra, D. J. Brass, et G. Labianca (2009). Network analysis in the social sciences. *Science 323*(5916), 892–895.

Guillaume, J.-L. et M. Latapy (2005). *Bipartite Graphs as Models of Complex Networks*, Volume 3405 of *Lecture Notes in Computer Science*, pp. 127–139. Springer.

Nick, B., C. Lee, P. Cunningham, et U. Brandes (2013). Simmelian backbones : Amplifying hidden homophily in facebook networks. In *Advances in Social Network Analysis and Mining (ASONAM)*, pp. 525–532.

Reda, K., C. Tantipathananandh, A. Johnson, J. Leigh, et T. Berger-Wolf (2011). Visualizing the evolution of community structures in dynamic social networks. In *Computer Graphics Forum*, Volume 30, pp. 1061–1070.

Ren, H., M.-L. Viaud, et G. Melançon (2017). Evolution temporelle de communautés représentatives : mesures et visualisation. *Revues des nouvelles technologies de l'information (EGC 2017) RNTI-E-33*, 417–422.

Rossetti, G. et R. Cazabet (2017). Community discovery in dynamic networks : a survey. *arXiv preprint arXiv :1707.03186*.

Shavit, A. (2005). The notion of 'group' and tests of group selection. *Philosophy of Science 72*(5), 1052–1063.

Stacey, R. (2005). Social selves and the notion of the a "group-as-a-whole". *Group 29*(1), 187–209.

Ware, C. (2000). *Information Visualization : Perception for Design*. Morgan Kaufmann Publishers.

Ware, C. (2005). Visual queries : The foundation of visual thinking. In S.-O. Tergan et T. Keller (Eds.), *Knowledge and Information Visualization*, Volume 3426 of *LNCS*, pp. 27–35.

Summary

This short paper details the design and usage of a visual dashboard to explore, query and understand the evolution of communities in a dynamic graph. Our core example is an affiliation network emerging from personalities present in the French medias. The supervision of community evolution appears as useful to detect potential bias induced from the repeated co-participation of personalities in radio and TV shows along time.

---

2. Ce diagramme est lié à la communauté entourant Emmanuel Macron, voir la vidéo d'accompagnement.

PerForecast : un outil de prévision de l'évolution de séries temporelles pour le planning capacitaire

Colin Leverger*,**, Régis Marguerie*, Vincent Lemaire*,
Thomas Guyet****, Simon Malinowski***

*Orange Labs, {prenom.nom}@orange.com
**IRISA Rennes, {prenom.nom}@irisa.fr
***Univ. Rennes INRIA/CNRS IRISAr
****AGROCAMPUS-OUEST/IRISA - UMR 6074

Résumé. Nous présentons PerForecast, un outil qui vise à automatiser le processus de planning capacitaire en utilisant des données temporelles univariées et des modèles prédictifs configurés automatiquement. L'objectif est d'anticiper les problèmes de dimensionnement dans les infrastructures d'Orange qui assurent la délivrance d'un service aux clients. Il s'agira par exemple de prévoir au plus « tôt » la surcharge d'un serveur, afin de commander en avance de nouvelles machines (avant la détérioration du service considéré). Les démarches de dimensionnent et d'achat étant longues et coûteuses, plus elles sont effectuées tôt, meilleure sera la qualité de service.

1   Introduction

Les logiciels et services d'une entreprise sont souvent hébergés sur des serveurs informatiques. Ces derniers ont une capacité limitée et fixe. Par exemple, il arrive qu'un serveur devienne sous-dimensionné lorsque le nombre de clients augmente au fil du temps. Dans ce cas, il faut commander de nouveaux serveurs, les installer et les configurer. Ces actions sont à la fois longues et coûteuses. Avoir des machines surdimensionnées est également possible : si une application n'utilise au maximum que 2% des capacités d'un serveur, cela signifie que le travail pourrait être fait par un serveur beaucoup plus petit, et donc beaucoup moins cher. L'anticipation de l'installation de nouvelles infrastructures est une tâche qui s'appelle le planning capacitaire (Wang et Nguyen, 2017), et elle se démocratise depuis quelques années.

Le planning capacitaire est une vraie valeur ajoutée en entreprise lorsqu'il évite l'interruption inopinée de certains services. Un site web qui fait défaut à un utilisateur a de fortes chances de ne pas être revisité par la suite, c'est donc une perte de clients que les entreprises cherchent à éviter. La plupart des serveurs, physiques ou virtualisés, remontent périodiquement des données techniques souvent stockées et exploitées par un gestionnaire de supervision. Celles qui concernent l'évolution de l'utilisation de la mémoire RAM ou des processeurs sont de très bons indicateurs de la bonne santé d'un matériel, et les afficher permet de vérifier l'état d'un hardware en temps réel. Un serveur qui consomme 100% de sa mémoire RAM pourra en effet être ralenti, indisponible, et ne plus rendre le service escompté.

Les experts en performance connaissent les limites physiques des serveurs, mais il leur est difficile de savoir avec précision la date à laquelle elles seront atteintes. Utiliser des modèles prédictifs avec les données collectées permettrait d'avoir une meilleure vision de l'évolution des points de mesure, et d'évaluer les échéances. Ces données, assimilées à des séries temporelles, peuvent donc être exploitées pour effectuer des prédictions. Le rôle des modèles prédictifs sera d'analyser les tendances et leurs directions. Visualiser ensuite de manière simultanée ces séries temporelles ainsi que leurs prédictions associées permet à l'expert de discerner une échéance à laquelle un serveur risque d'atteindre ses limites physiques de fonctionnement. Il devient alors possible d'anticiper la commande et l'installation des serveurs, pour gagner du temps et pour assurer une meilleure qualité de service.

C'est dans ce contexte que nous présentons l'outil PerForecast. Il automatise le processus de planning capacitaire, en offrant à l'utilisateur le moyen (i) de téléverser ses données univariées sur un site web, (ii) d'effectuer des prédictions simplement, en cliquant sur un seul et unique bouton, (iii) d'analyser les résultats grâce à un affichage dynamique des courbes prédites. Ce logiciel se décompose en cinq modules et utilise quatre modèles prédictifs qui seront explicités ci-dessous.

2 Architecture de PerForecast

PerForecast est une application composée de **5 modules** (c.f. Figure 1). Le **module 1** permet à l'utilisateur de téléverser ses fichiers univariés sur une interface web avant de lancer le processus de prédiction. Les fichiers doivent avoir un format prédéfini : ils doivent comporter l'en-tête «date ; val » et les colonnes doivent être séparées par un point virgule.

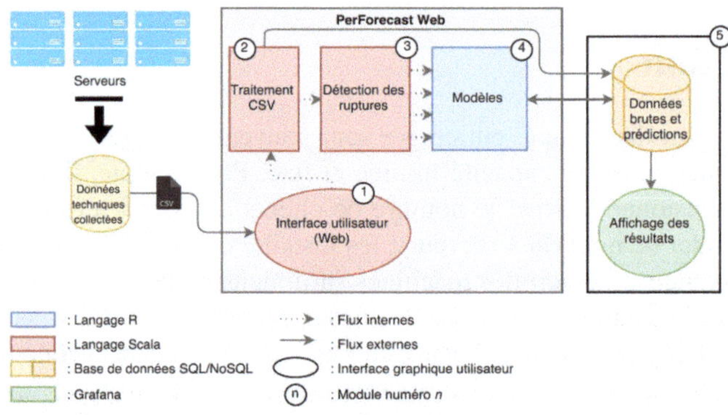

FIG. 1 – *Architecture technique de PerForecast.*

Respecter le format des données est important pour que le **module 2** puisse (i) préparer les données reçues sur l'interface, (ii) formater les dates et les valeurs numériques, (iii) stocker et référencer les données brutes dans une base de données NoSQL, (iv) lancer les prédictions.

Les données présentant des ruptures sont souvent plus difficiles à traiter. La modification plus ou moins brusque d'une tendance ou d'une moyenne dans une série temporelle peut biaiser les prédictions, car les modèles ne sont pas tous capables de considérer les ruptures comme telles. Il est alors important de détecter ces dernières, pour s'en affranchir et améliorer la robustesse de nos prédictions. Le **module 3** utilise donc la technique des fenêtres glissantes (Bondu et Boullé (2011)) pour détecter les ruptures dans les données.

Pour chaque nouveau jeu de données, plusieurs modèles prédictifs vont être alimentés, testés et comparés dans le **module 4**. Celui qui aura les meilleures performances sera affiché en bout de chaîne à l'utilisateur. Les données sont donc fournies aux différents modèles prédictifs par le module 3, directement sous le bon format. Les modèles sont les suivants : (i) le modèle ARIMA sans considérer aucune saisonnalité, (ii) le modèle ARIMA en considérant une possible saisonnalité (Box et al., 2015), (iii) le modèle ETS (pour « Error », « Trend » et « Seasonality », modèle suivant un framework de lissage exponentiel), (iv) le modèle TBATS (également un modèle suivant le framework de lissage exponentiel, mais supportant de multiples saisonnalités ainsi que des saisonnalités complexes (Hyndman et Khandakar, 2008)). Les modèles (i) et (ii) sont configurés automatiquement grâce à R, les modèles (iii) et (iv) n'ont pas besoin de paramètres particuliers. Les modèles sont enfin comparés grâce au critère AIC (Akaike Information Critera). Le modèle avec la plus petite valeur pour AIC sera considéré comme le plus précis et sera alors affiché à l'utilisateur. D'autres indicateurs seront étudiés par la suite de nos travaux.

Le **module 5** de PerForecast stocke et affiche les données calculées. Une base de données spécialisée dans les données temporelles est déployée pour le stockage des informations. Elle est directement utilisée par une interface web (cf. Figure 2) pour l'affichage des résultats.

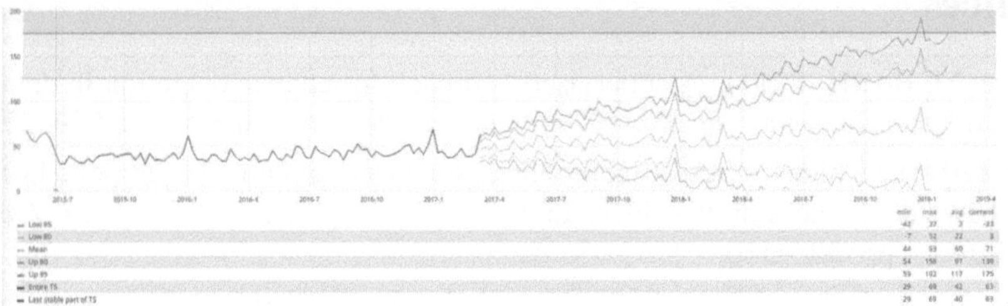

FIG. 2 – *Interface graphique d'affichage des résultats.*

Les trois premiers modules sont développés dans le langage Scala. Le troisième module utilise également un classifieur (issu du logiciel Khiops (Boullé, 2016)) pour détecter les ruptures dans les données temporelles. Le quatrième module utilise une librairie qui porte le langage R dans une librairie Scala ; cela facilite l'industrialisation du code R en créant une interface entre les deux langages. Enfin, le cinquième module est composé d'un agrégat de deux produits libres, utilisés pour stocker les résultats (base de données NoSQL InfluxDB spécialisée dans le stockage des données temporelles, qui offre un langage de requêtage riche et des performances intéressantes) et les afficher (interface utilisateur Grafana).

3 Cas d'usage

PerForecast a été testé avec des données fournies par Orange Money. Ce projet phare du groupe permet aux usagers de s'échanger de l'argent sur la base d'un simple SMS, et il connaît une nette croissance depuis deux ans : ce porte-monnaie virtuel est maintenant déployé dans seize pays africains. Nous disposions des données représentant le nombre maximum de personnes connectées à chaque serveur sur 1 semaine, sur une durée de 4 années. Les valeurs numériques varient de 0 à 150, avec des tendances globalement montantes. Les limites des systèmes sont par ailleurs connues des experts métiers, et intégrées directement dans l'outil d'affichage sous la forme de lignes horizontales rouges et oranges pour l'analyse des résultats par les opérateurs.

4   Conclusion

Nous avons présenté PerForecast, un outil qui vise à automatiser le planning capacitaire dans l'entreprise Orange. Cet outil est d'ores et déjà utilisé par les services d'Orange dans le cadre de preuves de concept. Plusieurs axes d'amélioration sont envisagés. Nous souhaitons par exemple rendre l'outil entièrement automatique ; PerForecast pourrait se brancher sur des systèmes existants en limitant les actions humaines. Ensuite, le traitement de données multivariées est important pour avoir une vision d'ensemble de tous les indicateurs d'un serveur sur un seul tableau de bord. Enfin, la découverte des corrélations entre différents indicateurs sans a priori ni connaissance métier pourrait améliorer la précision des alertes.

Références

Bondu, A. et M. Boullé (2011). A supervised approach for change detection in data streams. In *Proceedings of International Joint Conference on Neural Networks*, pp. 519–526.

Boullé, M. (2016). Khiops : Outil d'apprentissage supervisé automatique pour la fouille de grandes bases de données multi-tables. In *Actes de la conférence Extraction et Gestion des Connaissances*, pp. 505–510.

Box, G. E., G. M. Jenkins, G. C. Reinsel, et G. M. Ljung (2015). *Time series analysis : forecasting and control*. John Wiley & Sons.

Hyndman, R. J. et Y. Khandakar (2008). Automatic Time Series Forecasting : the forecast Package for R. *Journal of Statistical Software July 27(3)*.

Wang, K.-j. et P. H. Nguyen (2017). Capacity planning with technology replacement by stochastic dynamic programming. *European Journal of Operational Research 260(2)*, 739–750.

Summary

We present PerForecast, a tool that aims at making the process of capacity planning automatic, by using univariate time series datasets to make predictions. Those predictions are based on classical predictive models. They are all compared to select the best one – the one we display to the customer. The objective is to anticipate the sizing of Orange infrastructures, in order to predict the power loss of a server, and to order new machines in advance. Indeed, those procedures are long and costly, and the sooner the better for our Quality of Services (QoS).

#Idéo2017 : une plateforme citoyenne dédiée à l'analyse des tweets lors des événements politiques

Claudia Marinica[*,***], Julien Longhi[**], Nader Hassine[*,**]
Abdulhafiz Alkhouli[*], Boris Borzic[*]

[*]ETIS UMR 8051, Université Paris Seine, Université de Cergy-Pontoise, ENSEA, CNRS
{claudia.marinica, boris.borzic, abdulhafiz.alkhouli}@ensea.fr
[**]AGORA, 33 Bd du Port, 95000 Cergy-Pontoise, France
nader2hassine@gmail.com, julien.longhi@u-cergy.fr
[***]Equipe DUKe, LS2N, UMR CNRS 6004, Nantes, France

Résumé. Cette plateforme a pour objectif de permettre aux citoyens d'analyser par eux-mêmes les tweets politiques lors d'événements spécifiques en France. Pour le cas de l'élection présidentielle de 2017, #Idéo2017 analysait en quasi temps réel les messages des candidats, et fournissait leurs principales caractéristiques, l'usage du lexique politique et des comparaisons entre les candidats.

1 Introduction

Les réseaux sociaux font partie du quotidien, notamment en ce qui concerne la « consommation » de l'information (Mercier, 2014). Le service de microblogging Twitter a permis aux réseaux sociaux de prendre une nouvelle dimension car il permet d'évaluer les réactions de ses utilisateurs sur des sujets sociaux (Longhi et al., 2016), politiques (Conover et al., 2011), etc.

L'analyse des tweets politiques lors des campagnes électorales ou d'événements spécifiques peut être considérée comme un genre de discours politique spécifique (Longhi, 2013). Dans ce contexte, Roginsky et Cock (2015) proposent une analyse qualitative d'interactions sur Twitter, mais se limitent à une analyse discursive et communicationnelle. De plus, des nombreux travaux ont étudié la prédiction du résultat des élections présidentielles (ou pourquoi cela n'est pas possible) (Tumasjan et al. (2010), Gayo-Avello et al. (2011)).

Ces travaux, relevant des sciences informatiques ou des sciences humaines et sociales, se font parfois difficilement écho. Les résultats sont difficilement accessibles pour les citoyens, et les analyses accessibles sont déjà agrégées par les médias ou elles intègrent des traitements simples (comme le compte @TwitterFrance). Plus ciblés, le projet Semiotweet[1] propose des analyses très limitées linguistiquement par candidat (occurrence des mots), et la plateforme Politoscope[2] est surtout axée sur l'analyse des communautés autours des candidats à l'élection.

Cet article présente la plateforme #Idéo2017 qui, innovante par l'accès à l'information qu'elle permet aux citoyens, propose un outil d'analyse des tweets d'un ensemble de comptes Twitter emblématiques lors d'événements politiques spécifiques (pour l'élection présidentielle

---

1. http ://www.semiotweet.com/
2. https ://politoscope.org/

en 2017, les comptes officiels des 11 candidats). Dans le cadre des élections, #Idéo2017 traitait les tweets des candidats en constituant un corpus en quasi temps réel (mis à jour chaque 24 heures). Par l'utilisation d'outils et de fonctionnalités issues de la linguistique outillée, ce traitement souligne les principales caractéristiques du corpus et permet des comparaisons entre les différents candidats. De plus, #Idéo2017 permet également une navigation à facettes dans les tweets et une visualisation graphique intuitive, ainsi que l'extraction des corpus.

2   Description de la plateforme #Idéo2017

2.1   Description des fonctionnalités

#Idéo2017 propose cinq fonctionnalités qui regroupent plusieurs traitements. La plateforme est adaptable à divers événements politiques et elle a été testée dans le cadre de l'élection présidentielle 2017 avec les comptes des 11 candidats officiels (http://ideo2017. ensea.fr/plateforme/), des législatives 2017 avec les comptes des 9 partis politiques, et du quinquennat actuel avec les comptes du Président, des ministres et des représentants de l'opposition (liens disponibles en ligne).

Analyse par mot employé. Cette fonctionnalité permet à l'utilisateur de choisir un mot parmi les mots souvent employés dans la politique (Alduy (2017)). Dans le cas de l'éléction présidentielle, 13 mots sont étudiés : *France, état, république, peuple, loi, travail, liberté, démocratie, sécurité, immigration, terrorisme, islam* et *laïcité*. Cet ensemble de mots est mis à jour en fonction de l'événement politique couvert par la plateforme avec des mots spécifiques.

Le choix du mot donne accès à quatre analyses possibles sur les tweets (exemple pour l'élection présidentielle) : (1) l'usage fait de ce mot par les différents candidats sous forme de sur-/sous-emploi du mot, (2) les mots associés à ce mot extraits à base d'une analyse de cooccurrences, (3) l'emploi du mot et de ses dérivés par les différents candidats, et (4) le nuage de mots pour afficher le lexique complet des tweets.

Analyse par compte. Cette analyse permet à l'utilisateur de choisir un compte Twitter et d'analyser ses tweets. En fonction de l'événement, ce compte peut être celui d'un candidat à l'élection présidentielle, d'un parti pour les législatives ou d'un ministre pour le quinquennat.

Les analyses linguistiques disponibles à réaliser sur le compte Twitter choisi sont les suivantes : (1) la détection des mots les plus utilisés, (2) l'émergence de thématiques en regroupant les mots proches sémantiquement ; cette analyse produit un graphe qui fait émerger les grands domaines lexicaux et dégage les principaux thèmes, (3) la détection des relations entre les mots qui permet d'analyser la similitude des mots sous forme graphique, (4) la mise en place d'un nuage de mots qui affiche le lexique des mots, et, (5) l'indentification des spécificités des différents comptes : les mots et catégories spécifiques, et de les comparer.

Moteur de recherche à base de facettes. Le moteur de recherche autonome et en temps réel, disponible dans la plateforme, permet à l'utilisateur de chercher librement sur les tweets de l'événement à l'aide de plusieurs facettes : les comptes, les hashtags et les mentions, et de trier les résultats selon la date ou l'engagement, mais aussi de connaître la répartition exacte du nombre de tweets par compte ou par grande thématique. Cette connaissance de la distribution de tweets nous offre une contextualisation globale pour chaque requête car notre objectif est autant de réaliser un moteur de recherche que d'offrir à nos utilisateurs une plateforme de veille concurrentielle entre les différentes stratégies de communication des comptes.

Visualisation graphique. En plus des analyses linguistiques, nous avons ajoutés des visualisations graphiques de données pour les comptes choisis à l'aide de l'outil de visualisation de données Kibana[3]. Pour cela, nous avons proposé, pour le compte choisi, quatre graphes représentant : les 20 hashtags les plus utilisés, les 20 mentions les plus utilisées, et l'évolution du nombre de tweets et du nombre de retweets par jour.

Extraction d'un corpus. Cette dernière fonctionnalité permet à l'utilisateur de télécharger un sous-corpus de tweets de l'ensemble global de tweets. Cette fonctionnalité est très importante pour les chercheurs en sciences humaines et sociales car ils n'ont pas accès à des outils leur permettant d'extraire et de structurer leur corpus avant utilisation.

2.2 Cas d'utilisation

#Idéo2017 est une plateforme destinée au plus grand nombre et facile d'utilisation. Un cas d'utilisation est décrit dans la suite. Considérons que l'utilisateur choisit de s'intéresser à l'élection présidentielle et au mot *islam*. Dans la suite nous allons décrire les étapes que l'utilisateur suit afin de comprendre l'utilisation de ce mot par les candidats à l'élection.

Etape 1. Etant donné l'intérêt pour un mot précis, la fonctionnalité **"analyse par mot employé"** est utilisée. Parmi les analyses proposées, l'utilisateur choisit de comparer **le suremploi ou sous-emploi** de ce mot par les différents candidats. L'utilisateur remarque que le mot *islam* est sous-employé par *Marine Le Pen*, et modestement employé par *François Fillon*.

Etape 2. Supposons maintenant que l'utilisateur soit surpris de ce résultat. Ainsi, la plateforme lui permet, toujours dans la même fonctionnalité, de chercher **l'emploi de ce mot et de ses dérivés**, et d'observer leur fréquence. Il verra ainsi que le nombre de tweets dans lesquels se trouve cette forme est très important chez ces deux candidats.

Etape 3. Ceci se confirme d'ailleurs en regardant **les mots associés** au mot *islam*, proposés sous forme graphique. Ce mot est en effet très lié à différents réseaux ou noeuds : (1) islamisme / immigration / communautarisme, (2) islamiste / fondamentaliste / idéologie / attentat / terrorisme, et (3) islamique / totalitarisme / Syrie.

Etape 4. Devant ces résultats, un retour au corpus s'impose pour l'utilisateur, et il est rendu possible grâce au **moteur de recherche** ; il permet à l'utilisateur de chercher le mot qui l'intéresse, et les propositions de tweets s'affichent dynamiquement avec un accès direct aux tweets. Ceci confirme le résultat graphique obtenu dans les premières requêtes, puisqu'il est question, dans le tweet de Marine Le Pen, de *terrorisme islamiste*.

2.3 Développement

Pour la mise en place de la plateforme, nous avons suivi plusieurs étapes : (1) l'extraction de l'ensemble de tweets, (2) la mise en place d'un sauvegarde des tweets, (3) l'indexation des tweets pour faciliter la recherche dans l'ensemble de tweets, (4) l'application d'un ensemble d'analyses linguistiques sur les tweets (avec l'utilisation et la modification des scripts d'IRaMuTeQ[4]), (5) la mise en place d'un moteur de recherche sur l'ensemble de tweets, et (6) l'affichage des résultats sur une page web. Afin de traiter un grand nombre de tweets, nous avons utilisé Elasticsearch[5] pour la mise en place d'un index sur les tweets. Celui ci est exploité

---

3. https ://www.elastic.co/fr/products/kibana
4. http ://www.iramuteq.org
5. https ://www.elastic.co

dans l'implémentation des analyses linguistiques et la mise en place du moteur de recherche à facettes. Elasticsearch permet la sélection rapide et en temps réel des tweets contenant un mot spécifique ou résultant du croisement entre les recherches simple et par facettes.

3 Conclusion

Cet article a présenté la plateforme #Idéo2017 qui, adaptable aux différents événements politiques, permet aux citoyens d'analyser par eux-mêmes les tweets politiques en lien avec l'événement. Elles permettent aux citoyens d'appréhender les données sociales relatives à des événements, et de leur donner du sens. Plusieurs versions de la plateforme ont été testées : pour l'élection présidentielle, les législatives, et le quinquennat.

Références

Alduy, C. (2017). *Ce Qu'Ils Disent Vraiment. Decoder Le Discours Des Presidentiables.* SEUIL.

Conover, M., J. Ratkiewicz, M. Francisco, B. Gonçalves, A. Flammini, et F. Menczer (2011). Political polarization on twitter. In *Proc. 5th International AAAI Conference on Weblogs and Social Media (ICWSM)*.

Gayo-Avello, D., P. T. Metaxas, et E. Mustafaraj (2011). Limits of electoral predictions using twitter. In L. A. Adamic, R. A. Baeza-Yates, et S. Counts (Eds.), *ICWSM*. The AAAI Press.

Longhi, J. (2013). Essai de caractérisation du tweet politique. *L'information grammaticale*.

Longhi, J., C. Marinica, et N. Haddioui (2016). *Res per nomen 5, Négation et référence*, Chapter Extraction automatique de phénomènes linguistiques dans un corpus de tweets politiques : quelques éléments méthodologiques et applicatifs à propos de la négation. EPURE.

Mercier, A. (2014). Twitter l'actualité : usages et réseautage chez les journalistes français. recherches en communication. *Recherches en communication 40*, 111–132.

Roginsky, S. et B. D. Cock (2015). Faire campagne sur twitter. modalités d'énonciation et mises en récit des candidats à l'élection européenne. *Les Cahiers du numérique 11*(4), 119–144.

Tumasjan, A., T. O. Sprenger, P. G. Sandner, et I. M. Welpe (2010). Predicting elections with twitter : What 140 characters reveal about political sentiment. In *Proceedings of the Fourth International AAAI Conference on Weblogs and Social Media*.

Summary

This platform aims at allowing to the citizens to analyze by themselves the political tweets in specific political events in France. For the presidential election in 2017, #Idéo2017 analyzes in almost real time the candidates' messages, and provides their main characteristics, how the political lexicon is used and comparisons between the candidates.

Peerus Review: Un outil de recherche d'experts scientifiques

Robin Brochier*,**, Adrien Guille*, Julien Velcin*
Benjamin Rothan**, François Di Cioccio**

*Laboratoire ERIC, 5 Avenue Pierre Mendès France, 69500 Bron
robin.brochier@univ-lyon2.fr, julien.velcin@univ-lyon2.fr, adrien.guille@univ-lyon2.fr
https://eric.ish-lyon.cnrs.fr/
**DSRT, 103 avenue du Marechal de Saxe 69003 Lyon
robin@peer.us, benjamin@peer.us, francois@peer.us
https://peer.us/

Résumé. Nous proposons un outil de recherche d'experts appliqué au monde académique sur les données générées par l'entreprise *DSRT* dans le cadre de son application *Peerus*[1]. Un utilisateur soumet le titre, le résumé et optionnellement les auteurs et le journal de publication d'un article scientifique et se voit proposer une liste d'experts, potentiels reviewers de l'article soumis. L'algorithme de recherche est un système de votes reposant sur un modèle du langage entrainé à partir d'un ensemble de plusieurs millions d'articles scientifiques. L'outil est accessible à chacun sous la forme d'une application web intitulée *Peerus Review*[2].

1   Introduction

L'évaluation par des relecteurs est un processus scientifique par lequel les experts d'une discipline vérifient la qualité du travail de leurs pairs. L'examen et la validation des travaux scientifiques est une pierre angulaire de la recherche scientifique. Le nombre croissant de publications journalières dans un contexte académique de plus en plus compétitif (publier ou périr) et la digitalisation du monde de l'édition légitiment le développement d'outils informatiques d'aide au processus de *reviewing*.

Lorsqu'un chercheur propose un article à un éditeur, ce dernier est en charge de trouver un certain nombre de reviewers. Le temps nécessaire pour trouver ces reviewers constitue le principal goulot d'étranglement de l'édition scientifique, retardant parfois la date de publication d'un article de plusieurs mois. Nous proposons un outil de recherche d'experts scientifiques nommé *Peerus Review*[3]. Les experts recherchés sont les reviewers potentiels d'un article-requête émis sous la forme d'un titre et d'un résumé.

L'algorithme de recherche d'experts s'appuie sur les données générées par l'entreprise *DSRT* afin d'estimer la probabilité de chaque scientifique de la base d'être un expert de l'article soumis. Cette estimation est réalisée en deux étapes, la première calculant les similarités

---

1. https://peer.us/
2. https://review.peer.us/
3. Inscription gratuite et démonstration disponible

entre la requête et les articles de la base de données, puis la seconde agrégeant ces similarités par un système de votes où chaque article renforce le score de ses auteurs.

2   Modèle implémenté

On considère un graphe biparti $G = (V, E)$ composé de deux types de nœuds $V = V_C \cup V_D$ correspondant aux C auteurs et D articles, dont les liens E sont les associations auteur-article. On note A la matrice d'adjacence de G. On dispose en plus d'une matrice d'attributs X pour l'ensemble des articles. La recherche d'experts consiste à générer, étant donné un ensemble (A, X) (voir figure 1) et une requête q composée de texte, les probabilités (ou scores) $s = (s_1, s_2, ..., s_{|C|})$ des auteurs $c = (c_1, c_2, ..., c_{|C|})$ d'être experts de cette dernière.

En pratique, la requête est la concaténation du titre et du résumé et est transformée en vecteur par une technique de modélisation du langage. Nous avons testé différentes techniques telles que *TF-IDF*, *LSA*, *LDA* et *word2vec*. Cette dernière technique est actuellement utilisée et nécessite plus de traitements puisqu'elle ne fournit pas directement de représentation vectorielle pour les articles, mais seulement pour les mots qui les composent. Deux étapes sont ensuite nécessaires pour estimer les scores des auteurs :

— **similarité requête-documents** : la proximité entre la requête et les articles de la base est estimée. Pour ce faire, on calcule la similarité cosinus pour chaque pair de représentations vectorielles requête-article. Pour *word2vec*, la distance entre deux articles est calculée grâce à la distance du cantonnier (ou métrique de Wasserstein) décrite dans Kusner et al. (2015) à partir des représentations lexicales de leurs mots [4].

— **associations documents-auteurs** : on utilise une technique de fusion de données pour attribuer un score à chaque auteur. Celle utilisée dans notre prototype est nommée rang-réciproque et consiste dans un premier lieu à classer les articles selon l'ordre décroissant de leurs similarité à la requête, puis d'agréger les rangs $rank_d(q)$ des articles écrits par chaque auteur selon la formule $RR_{auteur} = \sum\limits_{d \in D(e)} \frac{1}{rank_d(q)}$ où $D(e)$ est l'ensemble des articles écrits par l'auteur e (correspondant à la ligne e de la matrice A) [5].

Ce modèle de votes est l'un des algorithmes confrontés dans Macdonald et Ounis (2006). Dans Balog et al. (2012), les systèmes de votes sont vus comme une altération du second modèle génératif présenté dans Balog et al. (2006) où la probabilité d'un auteur d'être un expert étant donnée une requête est estimée en utilisant la formule de Bayes : $P(e|q) \overset{\text{rang}}{=} P(q|e)P(e) = \sum\limits_{d \in D(e)} P(q|d)P(d|e)P(e)$, $P(q|d)$ étant la similarité entre l'article d et la requête q, $P(d|e)$ étant la force d'association entre l'article d et l'auteur e et $P(e)$ est la probabilité *a priori* de l'auteur e d'être un expert (souvent considérée comme uniforme).

---

4. Cette distance s'inspire du problème du transport et consiste à trouver la distance minimum à parcourir pour se déplacer de l'ensemble des vecteurs du premier article vers l'ensemble du second.

5. On réalise de la sorte un compromis entre la similarité sémantique des articles à la requête et le nombre de publications de chaque auteur afin d'estimer l'expertise de ceux-ci.

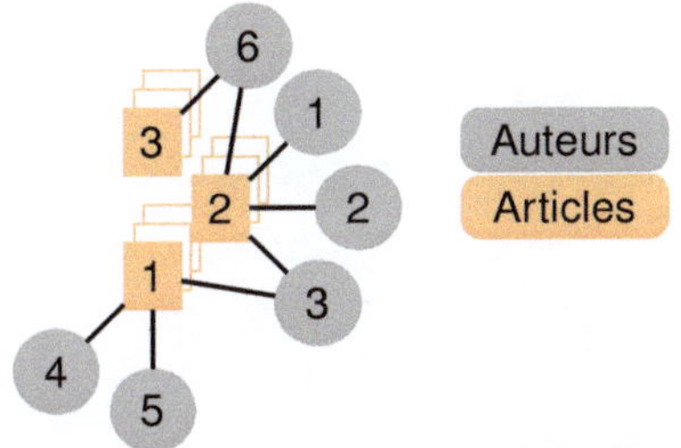

$$A = \begin{pmatrix} 0 & 0 & 1 & 1 & 1 & 0 \\ 1 & 1 & 1 & 0 & 0 & 1 \\ 0 & 0 & 0 & 0 & 0 & 1 \end{pmatrix}_{|D| \times |C|}$$

$$X = \begin{pmatrix} 0.41 & ... & 0.84 \\ 0.97 & ... & 0.17 \\ 0.33 & ... & 0.33 \end{pmatrix}_{|D| \times |X|}$$

(a) Graphe biparti de la base de données où l'on liste les auteurs et articles.

(b) Représentation matricielle correspondante.

FIG. 1: Représentation matricielle d'un jeu de données pour la recherche d'experts.

3   Interface utilisateur

L'utilisateur de *Peerus Review* soumet une requête à travers un formulaire HTML constitué de deux entrées textuelles pour le titre et le résumé. L'algorithme procède alors au classement et retourne la liste des neuf meilleurs auteurs. Les résultats sont présentés séquentiellement (voir figure 2), à raison d'une page par auteur, afin de garantir deux objectifs :

— l'utilisateur doit pouvoir vérifier, par lui-même, la véracité des résultats. Pour cela, l'intégralité des informations liées aux articles des auteurs est présentée (titre, résumé, noms d'auteurs, affiliation et date de publication).

— *Peerus Review* doit pouvoir collecter la satisfaction des utilisateurs vis-à-vis des résultats retournés. C'est pourquoi l'utilisateur doit valider ou invalider un auteur qui lui est présenté afin de pouvoir consulter le suivant. Cela permet d'estimer la qualité de l'algorithme et l'utilisateur peut requérir un classement moyennant le vecteur requête avec les vecteurs des articles qu'il estime satisfaisants (option «recompute»).

4   Travaux futurs et conclusion

Notre prototype permet de rechercher des reviewers potentiels à un article soumis grâce à un système de votes reposant sur une technique de modélisation du langage indépendamment sélectionnée. Dans des travaux futurs, nous exploiterons la topologie des relations auteurs-articles à travers des modèles de propagation dans les graphes (Serdyukov et al. (2008)). À plus long terme, nous explorerons les techniques d'apprentissage de représentations plongeant dans un même espace experts et articles scientifiques (Van Gysel et al. (2016)).

Références

Balog, K., L. Azzopardi, et M. De Rijke (2006). Formal models for expert finding in enterprise corpora. In *Proceedings of the 29th annual international ACM SIGIR conference on Research and development in information retrieval*, pp. 43–50. ACM.

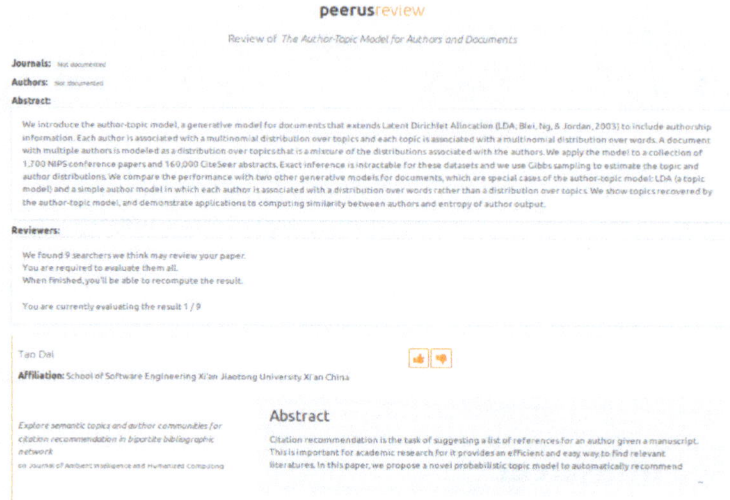

FIG. 2: Présentation du profil d'un auteur, potentiel reviewer, retourné par *Peerus Review*. L'utilisateur peut donner son avis sur la pertinence de l'expert proposé.

Balog, K., Y. Fang, M. de Rijke, P. Serdyukov, L. Si, et al. (2012). Expertise retrieval. *Foundations and Trends® in Information Retrieval 6*(2–3), 127–256.

Kusner, M., Y. Sun, N. Kolkin, et K. Weinberger (2015). From word embeddings to document distances. In *International Conference on Machine Learning*, pp. 957–966.

Macdonald, C. et I. Ounis (2006). Voting for candidates : adapting data fusion techniques for an expert search task. In *Proceedings of the 15th ACM international conference on Information and knowledge management*, pp. 387–396. ACM.

Serdyukov, P., H. Rode, et D. Hiemstra (2008). Modeling multi-step relevance propagation for expert finding. In *Proceedings of the 17th ACM conference on Information and knowledge management*, pp. 1133–1142. ACM.

Van Gysel, C., M. de Rijke, et M. Worring (2016). Unsupervised, efficient and semantic expertise retrieval. In *Proceedings of the 25th International Conference on World Wide Web*, pp. 1069–1079. International World Wide Web Conferences Steering Committee.

Summary

We propose a tool for experts finding applied to academic data generated by the start-up *DSRT* in the context of its application *Peerus*. A user may submit the title, the abstract and otpionnally the authors and the journal of publication of a scientific article and the application then returns a list of experts, potential reviewers of the submitted article. The retrieval algorithme is a voting system based on a language modeling technique trained on several millions of scientific papers.

UNITEX/GRAMLAB: plateforme libre basée sur des lexiques et des grammaires pour le traitement des corpus textuels

Tita Kyriacopoulou*, Claude Martineau*, Cristian Martinez*

*5 boulevard Descartes, Champs-sur-Marne, 77454 Marne-la-Vallée Cedex 2
{tita,claude.martineau,cristian.martinez}@univ-mlv.fr

Résumé. L'objectif de notre recherche est de répondre aux besoins croissants et divers d'extraction d'information pertinente exprimés par de nombreuses disciplines. Nous utilisons pour cela l'analyseur multilingue de corpus Unitex/GramLab développé à l'Université Paris-Est Marne-la-Vallée. Il fait appel à une approche symbolique et utilise des ressources linguistiques, dictionnaires électroniques et grammaires locales. Cette présentation ne constitue qu'une prise en main d'Unitex/GramLab et ne reflète que très partiellement les possibilités du logiciel et son champ d'utilisation, notamment pour l'extraction d'information, qui s'étend du monde de la recherche à celui de l'industrie.

1 Introduction

Un des objectifs de notre recherche est l'identification et l'extraction automatique d'information pertinente à partir de données textuelles provenant d'une multiplicité grandissante de domaines (littéraire, journalistique, scientifique, médical,technique, etc) et de sources (bases de données, bibliothèques numériques, blogues, etc). Afin de permettre un accès efficace à l'information et d'en simplifier l'utilisation nous devons prendre en compte le traitement de corpus de grande taille, la réduction du bruit contenu, le multilinguisme, ainsi que plusieurs tâches de traitement par l'ordinateur et l'utilisateur. C'est pourquoi il est nécessaire d'automatiser certains processus, notamment l'extraction d'entités nommées (noms propres, adresses, dates, etc). Cette analyse automatique est effectuée par des outils principalement issus de deux disciplines : l'informatique et le TAL (Traitement Automatique des Langues). Les deux disciplines fondent leurs analyses sur des techniques statistiques et/ou des connaissances et des ressources linguistiques.

UNITEX/GRAMLAB [1] utilise des ressources linguistiques même s'il doit évoluer vers un système hybride. Il est open source, multilingue [2], multiplateforme et permet d'analyser des textes en langue naturelle grâce à des ressources linguistiques telles que des dictionnaires électroniques et des grammaires locales. Ces dernières sont fondées sur la notion d'automate et de manière plus générale de réseau de transitions récursif (RTN) comportant des sorties. Ces grammaires sont représentées sous forme de graphes aisément réalisables grâce à un éditeur intégré.

---

1. UNITEX/GRAMLAB a été principalement développé par Sébastien Paumier (2001-2012). Son développement se poursuit grâce à une communauté de développeurs et de linguistes.

2. Français, anglais, . . ., grec, russe, arabe (écriture de droite à gauche), thaï et coréen (absence de séparateurs).

2 Ressources linguistiques

2.1 Les dictionnaires électroniques

Les dictionnaires électroniques utilisés par UNITEX/GRAMLAB obéissent au format (1). Nous donnons ci-dessous des exemples d'entrées simples comme composées dans lesquelles *Hum* et *Prof* indiquent qu'il s'agit de noms (*N*) humains et de profession.

(1) *Forme fléchie,forme canonique.catégorie gram.+infos. synt.-sém.+...+synt.-sém. :infos. flex.*

avocat,avocat.N+Hum+Prof:ms	avocat d'affaires,avocat d'affaires.N+Hum+Prof:ms
avocate,avocat.N+Hum+Prof:fs	avocate d'affaires,avocat d'affaires.N+Hum+Prof:fs
avocats,avocat.N+Hum+Prof:mp	avocats d'affaires,avocat d'affaires. N+Hum+Prof:mp
avocates,avocat.N+Hum+Prof:fp	avocates d'affaires,avocat d'affaires.N+Hum+Prof:fp

2.2 Les grammaires locales

Les grammaires locales permettent de décrire des patrons linguistiques à l'aide de graphes. Chaque chemin qui conduit de l'état initial à l'état final est un motif accepté. A titre d'exemple, la grammaire locale de la figure 1 permet reconnaître un certain nombre de patrons linguistiques. Nous donnons ci-après quelques phrases reconnues et non reconnues.

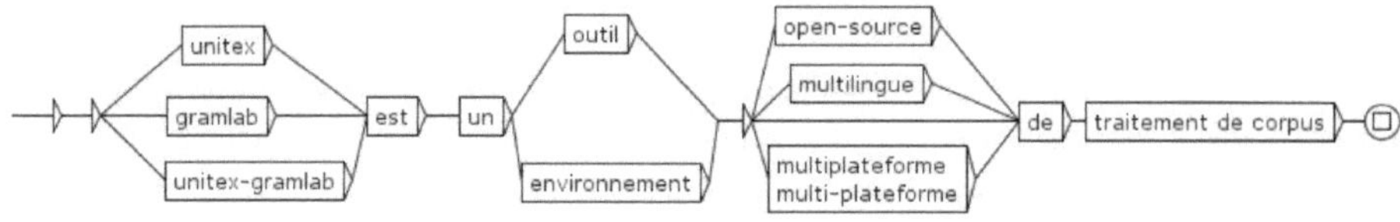

FIG. 1 – *Grammaire locale représentée sous forme de graphe*

— Unitex-GramLab est un outil multilingue de traitement corpus [**RECONNUE**]
— Unitex-GramLab est un outil de traitement de corpus [**RECONNUE**]
— Unitex-GramLab est difficile à apprendre [**ECHEC**]
— Unitex-GramLab est [**ECHEC**]

3 Recherche de motifs et annotation

3.1 Une grammaire qui fait appel au dictionnaire

Une grammaire peut faire appel au dictionnaire. Le graphe de la figure 2 comprend deux chemins, le premier reconnaît un nom humain <N+Hum> suivi d'un verbe à la troisième personne du singulier de l'imparfait <V:I3s>, le second reconnaît un adverbe qui se termine en *ment* <ADV><<ment\$>> suivi d'un verbe au participe passé <V:K>. De plus cette grammaire a la capacité d'écrire dans le texte et entoure les séquences reconnues de balises *Motif* et de construire ainsi une annotation. Le résultat de l'application de cette grammaire se présente sous la forme d'une concordance dont un échantillon est visible à droite de la figure.

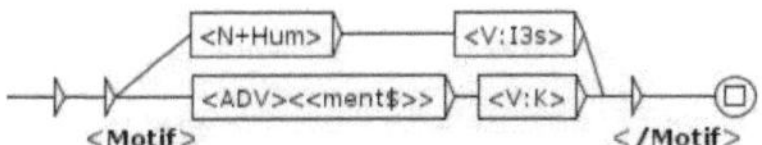

FIG. 2 – *Grammaire de reconnaissance de date et les concordances produites*

3.2   Utilisation d'un sous-graphe et de variables

La grammaire de la figure 3 effectue une normalisation d'une forme basique de date constituée au minimum du numéro de jour (le méta symbole *<NB>* reconnaît une suite de chiffres) et du mois en lettres, éventuellement précédé du nom de jour et/ou suivi de l'année. Elle utilise dans ce but les variables [3] *jour* et *an* qui mémorisent respectivement le numéro de jour et de l'année (si présente). La boîte grisée est un appel au sous graphe *mois_norm* qui transforme le nom du mois en son numéro [4]. La variable *m* mémorise la totalité de la date. Ensuite cette grammaire écrit une balise *<Date>* dans laquelle *an/$mois$/an* constitue la forme normalisée de la date (ordre année, mois, jour) et les *$* entourant chaque variable permettent d'afficher leur contenu. La figure 4 donne un extrait d'une concordance de dates normalisées et balisées.

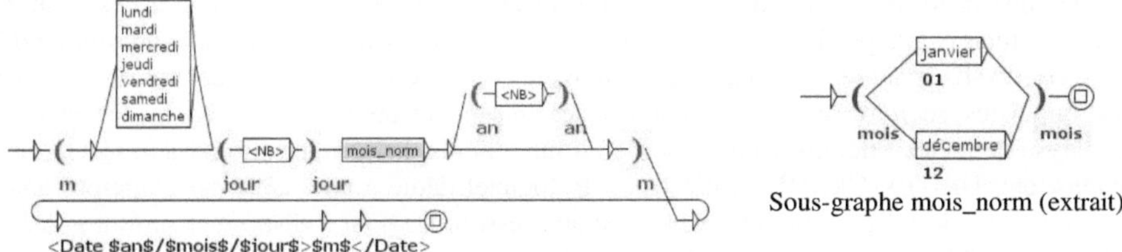

FIG. 3 – *Grammaire de reconnaissance et de normalisation de dates*

```
Mr. Fogg, le <Date 1872/12/21>samedi 21 décembre 1872</Date>, à huit
cle parut le <Date /10/7>7 octobre</Date> dans le Bulletin de la Soc
Fogg. {S}Le <Date /10/9>mercredi 9 octobre</Date>, on attendait pou
```

FIG. 4 – *Concordance de dates normalisées*

3.3   Exemples d'annotations

La possibilité d'élaborer des grammaires utilisant de nombreux sous-graphes et niveaux de sous-graphes de sous-graphes confère à notre logiciel une grande puissance de description pour la construction de patrons linguistiques et d'extraction d'information. Nous pouvons citer certains travaux qui ont su en tirer parti par exemple pour l'extraction d'entités nommées (Maurel et al., 2011; Krstev et al., 2013), l'extraction de segments complexes qui étend la notion d'entités nommées (Kyriacopoulou et Martineau, 2015). La figure 5 donne un exemple d'annotation [5] d'entités nommées dans lequel les reconnaissances d'un nom de personne et d'une date sont mis en évidence.

---

3. Dans une grammaire la zone mémorisée dans une variable est délimitée par des parenthèses qui portent son nom en indice. Les parenthèses rouges représentent des variables d'entrées et les bleues de sorties.

4. Pour des raisons de place seul deux chemins sont exprimés.

5. Cette visualisation est obtenue à partir du texte balisé produit par UNITEX/GRAMLAB. Un script est utilisé pour transformer ce texte en un texte surligné de type html.

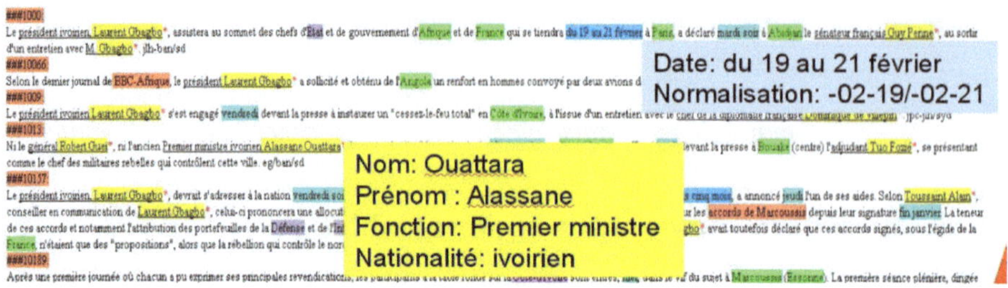

FIG. 5 – *Exemple d'annotation*

4   Conclusion

Nous avons effectué une présentation à la fois brève et détaillée de certaines possibilités d'Unitex/GramLab[6]. Notre logiciel s'utilise à travers deux interfaces écrits en Java UNITEX IDE (classique) et GRAMLAB IDE (orientée projet). Ils appellent le cœur du logiciel écrit en C/C++. Ce dernier est disponible sous la forme d'une API pour C et Java (JNI) qui de surcroît donne accès à un système de fichiers virtuels et à la persistance des ressources. Ces caractéristiques donnent la possibilité d'insérer d'UNITEX/GRAMLAB au sein de chaînes de traitement complexes. Il est utilisé par des universitaires (littéraires, linguistes, sociologues, etc) comme par des entreprises pour effectuer des tâches aussi diverses que l'analyse de textes littéraires, l'analyse de retours clients, la normalisation d'adresses, l'extraction d'opinions, etc. UNITEX/GRAMLAB n'est pas un logiciel dédié à une tâche particulière d'analyse de corpus ou d'extraction d'information mais grâce aux ressources dont il dispose et surtout grâce à celles dont il rend possible l'élaboration et l'utilisation, il permet à chacun de construire une solution la plus conforme à ses besoins et ses attentes.

Références

Krstev, C., I. Obradović, M. Utvić, et D. Vitas (2013). A system for named entity recognition based on local grammars. *Journal of Logic and Computation 24*(2), 473–489.

Kyriacopoulou, T. et C. Martineau (2015). Extraction de « segments complexes » : enrichissement des dictionnaires. *études de linguistique appliquée (éla) octobre-décembre 2015*(180), 407–416.

Maurel, D., N. Friburger, J.-Y. Antoine, I. Eshkol, et D. Nouvel (2011). Cascades de transducteurs autour de la reconnaissance des entités nommées. *Traitement Automatique des Langues 52*(1), 69–96.

Summary

The goal of our research is to meet the growing needs of extraction of relevant information being faced by many disciplines. We present here a brief demonstration of UNITEX/GRAMLAB a software developed at the University of Paris-Est Marne-la-Vallée. It is a multilingual corpus analyzer which is based on a symbolic approach and uses linguistic resources, electronic dictionaries and local grammars. We only focus on some of the main features of UNITEX/GRAMLAB and we do not exhaustively explore their fields of application, especially to develop information extraction systems running over large-scale corpora.

---

6. Les binaires d'installation d'UNITEX/GRAMLAB sont disponibles sur `http://unitexgramlab.org` et les codes sources sur `https://github.com/UnitexGramLab`

KTI-MOOC: un système de recommandation pour la personnalisation du processus d'échange d'informations dans les MOOCs

Sarra Bouzayane* ***, Inès Saad* **

*Université de Picardie Jules verne, Amiens
{sarra.bouzayane, ines.saad}@u-picardie.fr
**Ecole supérieure de commerce, Amiens
***Institut Supérieur d'Informatique et de Multimédia, Sfax

Résumé. Afin d'aider les apprenants à tirer profit du MOOC (*Massive Open Online Course*) qu'ils suivent, nous proposons un outil pour recommander à chacun d'entre eux une liste ordonnée des "Apprenants leaders" capables de le soutenir durant son processus d'apprentissage. La phase de recommandation est basée sur une approche d'aide à la décision multicritère pour la prédiction périodique des "Apprenants leaders". Etant donnée l'hétérogénéité des profils des apprenants, nous recommandons à chacun d'entre eux les leaders appropriés à son profil en utilisant la distance euclidienne et le filtrage démographique.

1 Introduction

À l'ère numérique, le processus d'apprentissage devient de plus en plus médiatisé et centré sur l'apprenant. L'échange d'informations se fait via un système d'information numérisé qui encourage la participation active des utilisateurs. Cet environnement a remis en question les méthodes traditionnelles de traitement de l'information, conduisant à l'innovation d'autres technologies pour faire face à la massification et à l'hétérogénéité des données. Dans ce travail, nous traitons le cas des MOOCs qui sont des systèmes d'information numériques dédiés à l'apprentissage en ligne et ouvert. Les MOOCs sont accessibles à un nombre massif d'apprenants de profils hétérogènes et animés par une équipe pédagogique de taille réduite qui se trouve incapable d'accompagner l'intégralité des participants.

Notre objectif est donc d'identifier, parmi ce nombre massif d'apprenants, ceux qui sont capables de partager des informations correctes et immédiates avec tout apprenant dans le besoin. Nous appelons ces apprenants "Apprenants leaders". Pour ce faire, nous proposons une approche de recommandation qui repose sur une méthode d'aide à la décision multicritère pour la prédiction hebdomadaire des trois classes de décision : Cl_1 des "Apprenants en risque" d'abandonner le MOOC, Cl_2 des "Apprenants en difficulté" et Cl_3 des "Apprenants leaders". Ensuite, la technique de filtrage démographique est appliquée afin de recommander une liste personnalisée des "Apprenants leaders" pour chaque "Apprenant en risque" ou "Apprenant en difficulté" en fonction de son profil. Etant donnée la primeur de MOOCs, peu de travaux existent sur la recommandation dont une majorité recommande les ressources pédagogiques répondant aux besoins des apprenants (Onah et Sinclair, 2015). A nos connaissances, le seul travail qui recommande une ressource humaine est celui de Labarthe et al. (2016) sauf que l'apprenant recommandé est identifié d'une manière intuitive.

2 *KTI-MOOC* : système de recommandation pour un MOOC

L'objectif de notre système de recommandation *KTI-MOOC* (*recommender system for the Knowledg Transfer Improvement within a MOOC*) est la personnalisation du processus d'échange d'informations entre les apprenants du MOOC. Ainsi, l'utilisateur cible de notre système est un "Apprenant en risque" d'abandonner le MOOC ou bien un "Apprenant en difficulté". Ce sont les apprenants à qui nous envisageons recommander des "Apprenants leaders" qui représentent une source pertinente d'information.

Le profil d'un apprenant est représenté par la langue, le pays, la ville et le domaine d'études. Le voisinage d'un apprenant cible ("Apprenant en risque" ou "Apprenant en difficulté") est représenté par les apprenants qui lui sont plus proches considérant ces quatre informations en appliquant la distance euclidienne. Enfin, afin de recommander à un apprenant cible c la liste de leaders appropriés, nous devons lui prédire le taux d'appréciation $r_{c,l}$ pour chaque apprenant leader l, en utilisant les notes données par chaque voisin v pour ce même apprenant leader.

$$\widehat{r}_{c,l} = \frac{\sum_{(v \in V_l(c))} w_{c,v} r_{v,l}}{\sum_{(v \in V_l(c))} \mid w_{c,v} \mid} \tag{1}$$

Dans la formule (1), $v_l(c)$ est le voisinage de l'apprenant cible qui a évalué l'"Apprenant leader" en question. La variable $w_{c,v}$ reflète le poids du voisin, calculé par son degré de similarité avec l'apprenant cible. Le taux $r_{v,l}$ est l'évaluation donnée par le voisin v à l'"Apprenant leader" l en question. Les "Apprenants leaders" en ligne disponibles et d'une valeur $r_{v,l}$ la plus élevée seront recommandés et affichés sur la page personnelle de l'apprenant cible. Afin de remédier au problème de démarrage à froid, s'il n'existe aucune appréciation vis à vis des apprenants leaders, le système recommande à l'apprenant cible des leaders de son voisinage.

Dès que l'apprenant est connecté, l'algorithme de recommandation s'exécute : s'il est un "Apprenant en risque" ou un "Apprenant en difficulté", alors il est un utilisateur cible, auquel sont calculés le voisinage et la fonction de prédiction afin d'en inférer les n-top (dans notre cas 3-top) "Apprenants leaders" appropriés. Sinon, cet apprenant sera recommandé.

3 Expérimentations et résultats

Les algorithmes sont codés avec Java et exécutés sur une machine personnelle avec Windows 7, Intel (R) $Core^{TM}$ i3-3110M CPU @ 2.4 GHz et 4.0 GB de mémoire.

La Figure 1 représente la page personnelle d'un apprenant cible. *KTI-MOOC* est un module intégré dans l'environnement du MOOC qui doit apparaitre sous forme d'une liste déroulante en bas et à droite de la page. La liste contient l'ensemble des "Apprenants leaders" personnalisée en fonction du profil de l'apprenant cible en question.

Dès qu'il clique sur un nom de la liste recommandée, une fenêtre de *Chat* est ouverte pour l'apprenant cible lui permettant (par ordre d'apparition sur la fenêtre de *Chat*) de : (1) Fournir un retour de pertinence sur l'"Apprenant leader" contacté (bouton like/dislike), (2) Ouvrir une

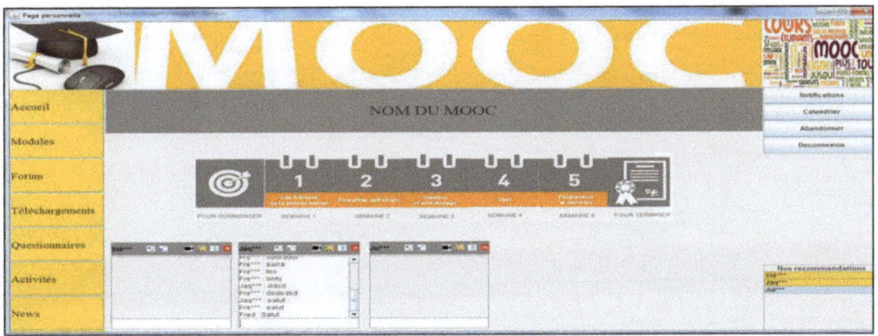

FIG. 1 – *Page personnelle d'un apprenant cible du MOOC*

discussion audio ou bien audio-visuelle avec l'"Apprenant leader" recommandé, (3) Consulter tous les fichier échangés avec l'"Apprenant leader" en question, (4) Joindre et envoyer un fichier (exp. image, pdf, vidéo, etc.) et (5) Fermer la fenêtre de *Chat*. L'apprenant cible peut, sinon, se contenter d'une discussion par écrit via la fenêtre affichée.

La Figure 2 montre que l'algorithme de recommandation est plus rapide lorsque moins d'apprenants sont inscrits et moins d'évaluations sont données. Cela semble logique parce que la technique de filtrage démographique appliquée pour la recommandation traite les données démographiques de tous les apprenants ainsi que les évaluations qu'ils soumettent. La complexité de l'algorithme de recommandation est en $\theta(n)$.

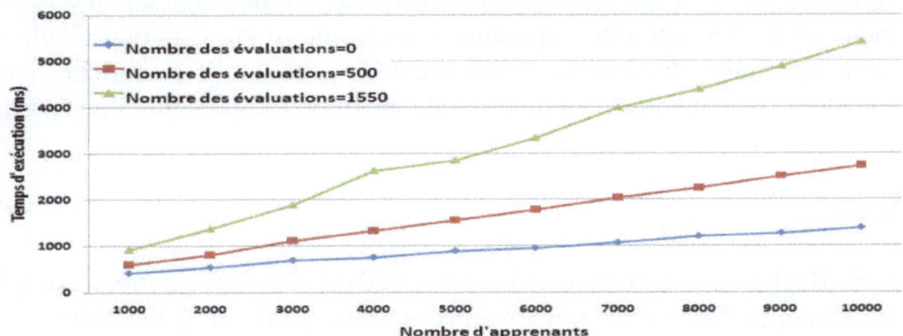

FIG. 2 – *Temps d'exécution de l'algorithme de recommandation*

La couverture de l'espace item est le pourcentage des "Apprenants leaders" recommandés par rapport au nombre total des "Apprenants leaders". La Figure 3 représente les résultats des simulations effectuées sur des ensembles distincts de données en modifiant la taille de l'ensemble cible de recommandation. Les "Apprenants leaders" sont ordonnés selon un ordre croissant de leur fréquence de recommandation. Dans les courbes supérieures la recommandation concerne les "Apprenants en risque" et les "Apprenants en difficulté". En revanche, dans les courbes inférieures la recommandation concerne uniquement les "Apprenants en difficulté".

Nous constatons que la couverture sur l'espace item diminue en diminuant la taille de l'ensemble cible de la recommandation (exp. $\frac{67}{71}$=0.94). En effet, plus le nombre d'apprenants

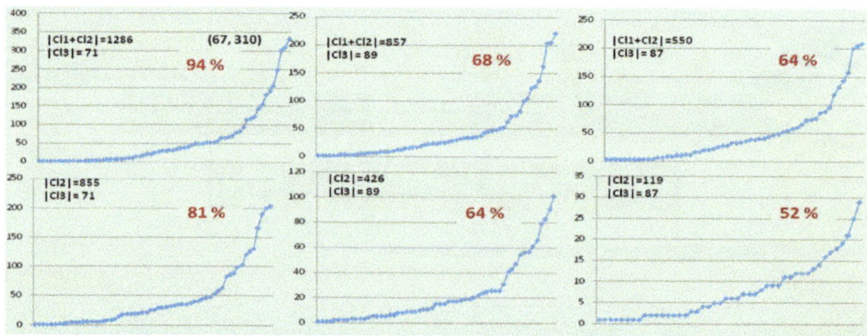

FIG. 3 – *Couverture de l'espace item (Axe des abscisses : Identifiant de l'apprenant leader recommandé ; Axe des ordonnées : Nombre de recommandations d'un apprenant leader).*

cibles est élevé plus les voisinages sont diversifiés. Ceci permet de réduire le taux d'appartenance d'un "Apprenant leader" aux voisinages identifiés. Cependant, dans tous les cas, plus que la moitié des "Apprenants leaders" a été recommandée.

4   Conclusion

Notre système de recommandation *KTI-MOOC* est conçu pour la personnalisation de l'échange d'informations entre les apprenants des MOOCs. Il vise à aider les apprenants à trouver un apprenant source d'une information pertinente. Il représente un module intégré dans l'environnement du MOOC qui doit apparaitre sous forme d'une liste déroulante sur la page personnelle de l'apprenant cible, en bas et à droite de la page. La liste contient l'ensemble des "Apprenants leaders" personnalisée en fonction du profil de l'apprenant cible en question.

Références

Labarthe, H., R. Bachelet, F. Bouchet, et K. Yacef (2016). Increasing mooc completion rates through social interactions : a recommendation system. *EMOOCs*, 471–480.

Onah, D. F. et J. Sinclair (2015). Collaborative filtering recommendation system : a framework in massive open online courses. *INTED2015 Proceedings*, 1249–1257.

Summary

In order to help learners take advantage of the MOOC (*Massive Open Online Course*) they follow, we propose a tool to recommend to each of them an ordered list of "Leader learners" to support him during his learning process. The recommendation phase is based on a multicriteria approach for the periodic prediction of the "Leader learners". Given the heterogeneity of the learners' profiles, we recommend to each of them the appropriate leaders by using the Euclidean distance and the demographic filtering technique.

Universal-endpoint.com : une plateforme d'accès simple au Web des Données

Thomas Raimbault, Abdellah Sabry, Sonia Djebali

Léonard de Vinci Pôle Universitaire, De Vinci Research Center, ESILV, Paris La Défense
{thomas.raimbault, abdellah.sabry, sonia.djebali}@devinci.fr

Résumé. Universal-endpoint.com est une plateforme web permettant un accès simple au Web des Données par trois aspects : (i) une plateforme de correspondance, pour l'accès aux bases du Web des Données depuis un seul point d'accès centralisé, (ii) le langage SimplePARQL, pour une écriture intuitive de requêtes sous forme de triplets à la manière de SPARQL mais ne nécessitant pas une connaissance préalable des bases du Web des Données, et (iii) une aide à la rédaction de requêtes SPARQL.

1 Introduction

Le Web des Données – encore appelé Linked Data ou Web Sémantique (Berners-Lee et al., 2001) – est constitué de centaines de bases RDF (Klyne et al., 2014) inter-liées formant un vaste réseau de milliards de triplets RDF. Une base RDF est composée d'un ensemble de *triplets*, où chaque triplet s'exprime sous la forme (sujet, prédicat, objet). Les triplets peuvent être vus comme des phrases élémentaires sujet–verbe–complément, c'est à dire « Le 'sujet' a pour 'prédicat' la valeur 'objet' ». Chaque ressource est identifiée de manière unique au sein de la base RDF où elle est stockée. Les identifiants sont généralement des IRI [1] pour un accès à travers le Web [2]. Pour récolter et manipuler les données d'une base RDF, SPARQL (Prudhommeaux et Seaborne, 2008) est le langage de requêtes recommandé par le W3C. L'écriture d'une requête SPARQL reste cependant difficile pour la plupart des utilisateurs potentiels du Web des Données. En effet, une des raisons principales est qu'il est souvent nécessaire de connaître les IRI des ressources et propriétés manipulées pour pouvoir interroger les bases.

Notre contribution, avec la plateforme universal-endpoint.com, pour l'interrogation du Web des Données est triple. Premièrement, l'utilisateur peut rédiger des requêtes en SimplePARQL, à la manière de SPARQL où des *ressources imprécises* peuvent être utilisées au sein de triplets – en sujet, en prédicat et/ou en objet. Deuxièmement, la plateforme agit comme une plateforme de correspondance depuis laquelle l'utilisateur peut accéder à différentes bases du Web des Données à la fois. Troisièmement, l'utilisation de SimplePARQL peut-être vu comme une aide à la rédaction de requêtes SPARQL. La figure Fig. 1 présente le schéma de fonctionnement de la plateforme universal-endpoint.com.

Cet article est organisé comme suit. La Section 2 présente les différents services proposés par la plateforme universal-endpoint.com. La Section 3 conclue cet article.

---

1. *Internationalized Resource Identifier*, norme RFC 3987 (2005) généralisant les adresses URI.
2. Seuls les « nœuds blancs » (*blank nodes*) sont des ressources uniquement accessibles localement à la base.

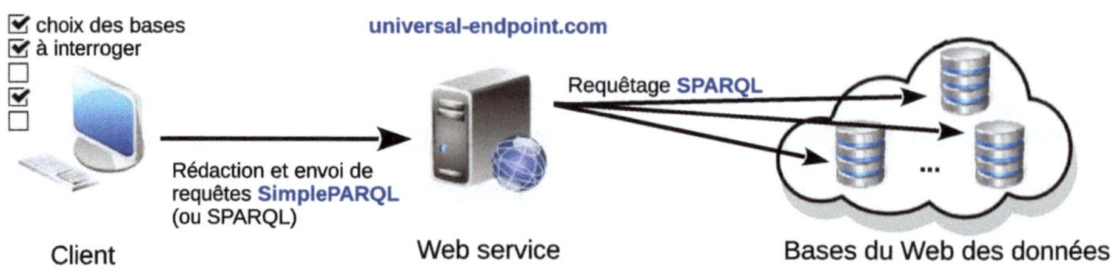

FIG. 1 – *Fonctionnement de la plateforme* `universal-endpoint.com`

2 Les services de la plateforme universal-endpoint.com

2.1 Requêtes SimplePARQL

Dans les bases RDF du Web des Données, les ressources sont décrites par leurs liens aux autres ressources et leurs liens à des valeurs littérales. La sémantique des bases RDF est donc contenue dans ces relations. Cependant, il y a un écart entre la représentation structurée que perçoit l'utilisateur et celle physiquement présente dans une base RDF. Par exemple, l'information (Einstein, lieu-naissance, Ulm) pour l'utilisateur est concrètement stockée sous la forme (ressource1,propriété2,ressource3), (ressource1,foaf:name,"Einstein"), (propriété2,rdfs:label,"birth place"), (ressource3,rdfs:label,"Ulm"). Le rôle de l'approche SimplePARQL est de réduire cet écart. Pour cela, SimplePARQL est une généralisation du langage SPARQL, utilisant quasiment la même syntaxe et la même grammaire mais où les différentes composantes d'un triplet – le sujet, le prédicat et/ou l'objet – peuvent être des *ressources imprécises* (en plus de pouvoir être des variables, des IRI ou éventuellement des blank nodes).

Le premier travail théorique sur SimplePARQL date de 2015 (Djebali et Raimbault, 2015), et à cette même date un premier moteur de requêtes SimplePARQL, peu fonctionnel, était disponible. La présentation faite ici par l'exemple repose sur les fonctionnalités de la nouvelle version du moteur SimplePARQL disponible sur universal-endpoint.com depuis octobre 2017.

Supposons que nous cherchions le lieu de naissance d'Albert Einstein. Dans *DBpedia*, on utiliserait la requête SPARQL REQ. 1, tandis que dans *Wikidata* la requête REQ. 2. Dans les deux cas, la connaissance de (l'identifiant de) la ressource Einstein et de (l'identifiant de) la propriété birth place est nécessaire. Si ce n'est pas le cas, l'utilisateur – expérimenté – sera amené à écrire une requête plus complexe ou à écrire des requêtes préliminaires pour l'obtention de ces identifiants. Mais alors la vision simple et suffisante sous la forme d'une phrase élémentaire exprimée par l'unique triplet « Albert Einstein a pour lieu de naissance la valeur inconnue recherchée » n'est plus perçue par l'utilisateur.

REQ. 1 – requête SPARQL pour *DBpedia*

```
SELECT ?p  WHERE {
<http://dbpedia.org/resource/Albert_Einstein> <http://dbpedia.org/property/birthPlace> ?p
}
```

REQ. 2 – requête SPARQL pour *Wikidata*

```
SELECT ?p  WHERE {
   <http://www.wikidata.org/entity/Q937> <http://www.wikidata.org/entity/P19> ?p
}
```

Avec SimplePARQL, l'utilisateur a la possibilité d'utiliser en plus de ce qui est possible avec SPARQL des *ressources imprécises* au sein des triplets. Cela peut être :

1. Un mot unique (*e.g.* Einstein) : toutes les ressources dans la base interrogée qui sont liées – via un certain prédicat – à un littéral contenant ce mot doivent être retournées.
2. Plusieurs mots entre barres obliques (*e.g.* /birth place/) : toutes les ressources liées à un littéral possédant ces mots (ordre et casse insensibles) doivent être retournées.
3. Un ou plusieurs mots entre double quotes (*e.g.* "Albert Einstein") : toutes les ressources liées à cette expression exacte doivent être retournées [3].

✎ A chaque fois, le filtrage sur la langue peut être précisé (*e.g.* /Einstein Albert/@de).

Concrètement, une requête SimplePARQL est réécrite en un ensemble de requêtes SPARQL offrant la possibilité de *matcher* une ressource imprécise avec des ressources RDF dans la/les base/s interrogée/s. En fonction de la position de la ressource imprécise dans le triplet, les requêtes SPARQL sont générées selon des règles de réécriture et selon certaines priorités que nous avons définies (non présentées ici, mais disponibles en ligne sur la plateforme). Les différents résultats et les différentes pages de résultats sont obtenus selon ces stratégies de réécriture.

La requête REQ. 3 est un exemple de requête SimplePARQL contenant deux ressources imprécises : /Einstein Albert/ et /birth place/. Les résultats de cette requête, fournis par la plateforme universal-endpoint.com, sont présentés en figure FIG. 2 où en plus des valeurs trouvées pour la variable ?p (comme en SPARQL) la plateforme apporte la précision sur les correspondances qui ont été trouvées pour chaque ressource imprécise.

REQ. 3 – requête SimplePARQL (multi-bases).

```
SELECT ?p  WHERE { /Einstein Albert/  /birth place/ ?p }
```

p	Albert Einstein	birth place
http://dbpedia.org/resource/German_Empire	http://dbpedia.org/resource/Albert_Einstein **has for label** Albert Einstein@en	http://dbpedia.org/ontology/birthPlace **has for label** birth place@en
http://dbpedia.org/resource/German_Empire	http://dbpedia.org/resource/Albert_Einstein **has for label** Albert Einstein@de	http://dbpedia.org/ontology/birthPlace **has for label** birth place@en
http://dbpedia.org/resource/Ulm	http://dbpedia.org/resource/Albert_Einstein **has for label** Albert Einstein@en	http://dbpedia.org/ontology/birthPlace **has for label** birth place@en
http://dbpedia.org/resource/Kingdom_of_Württemberg	http://dbpedia.org/resource/Albert_Einstein **has for the proprety** http://xmlns.com/foaf/0.1/name **the value** Albert Einstein@en	http://dbpedia.org/ontology/birthPlace **has for label** birth place@en
http://dbpedia.org/resource/German_Empire	http://dbpedia.org/resource/Albert_Einstein **has for the proprety** http://dbpedia.org/property/name **the value** Albert Einstein	http://dbpedia.org/ontology/birthPlace

FIG. 2 – *Extrait des réponses en interrogeant DBpedia par la requête SimplePARQL* REQ. *3*

Il est intéressant de noter que SimplePARQL cherchant à faire coïncider une ressource imprécise en explorant les voisinages des ressources dans la base RDF questionnée, on peut écrire sa requête par exemple en utilisant le français pour décrire une ressource imprécise. Ainsi la requête SimplePARQL "SELECT ?p WHERE{/Einstein Albert/ /lieu naissance/ ?p}" a des chances d'aboutir si un label en français est associé à la propriété correspondante dans la base.

2.2 Plateforme de correspondance

La plateforme universal-endpoint.com agit comme une plateforme de correspondance (un point d'accès central, un *hub*) depuis laquelle l'utilisateur peut accéder à différentes bases du

---

3. Si l'expression est en position d'objet, il s'agit d'un littéral en SPARQL (et non d'une ressource imprécise).

Web des Données. La plateforme se charge d'interroger en SPARQL les bases sélectionnées via leurs *endpoints* SPARQL publics, puis de centraliser les réponses. L'utilisation de SimplePARQL trouve toute sa place ici, puisque les requêtes peuvent être écrites sans nécessité l'usage d'IRI qui sont propres à une base, et donc une même requête SimplePARQL peut être utilisée pour interroger plusieurs bases différentes.

2.3   Aide à la rédaction de requêtes SPARQL

L'utilisation de SimplePARQL peut-être vu comme une aide à la rédaction de requêtes SPARQL où après chaque requêtage en SimplePARQL, l'utilisateur peut choisir la ressource qu'il souhaite manipuler en lieu et place d'une ressource imprécise. Pour réaliser ceci, sur la figure FIG. 2 l'utilisateur clique simplement sur la double flèche correspondant à la ressource souhaitée pour remplacer la ressource imprécise dans la requête SimplePARQL. Ainsi, à partir d'une requête SimplePARQL l'utilisateur obtient au final (éventuellement par itérations successives) une requête SPARQL – sans ressource imprécise, puisque toutes désambiguïsées.

3   Conclusion

La plateforme universal-endpoint.com propose un ensemble de services pour un accès simplifié aux données de Web des Données. Les travaux futurs sont dans le groupement de résultats intra et inter-bases lorsque les ressources résultats correspondantes aux ressources imprécises sont similaires (soit même IRI soit ressources liées par une propriété owl:sameAs).

Références

Berners-Lee, T., J. Hendler, et O. Lassila (2001).   The Semantic Web. *Scientific American 279*(5), 34–43.

Djebali, S. et T. Raimbault (2015). SimplePARQL : A New Approach Using Keywords over SPARQL to Query the Web of Data. In *Proc. of SEMANTICS'15*, pp. 188–191. ACM.

Klyne, G., J. J. Carroll, et B. McBride (2014).   RDF 1.1 Concepts and Abstract Syntax. `http://www.w3.org/TR/rdf-concepts/`.

Prudhommeaux, E. et A. Seaborne (2008).   SPARQL Query Language for RDF. `www.w3.org/TR/rdf-sparql-query/`.

Summary

Universal-endpoint.com is a web platform allowing easy access to the Web of Data for three reasons: (i) it acts as a hub platform, to access to semantic web databases from a single point centralized access, (ii) the SimplePARQL is a SPARQL-like language that allows more intuitive writing of queries, always in the form of triplets but without requiring prior knowledge of the databases, and (iii) help writing SPARQL queries.

Programme de la conférence

Session 1A : Détection d'exceptions, d'inattendus, d'anomalies, de signaux faibles

Session 1B : Apprentissage 1

Session 4B : Apprentissage 3

Session 5A : Réseaux sociaux 2

Session 5B : Recommandation

Session 5B : Recommandation

Session 6A : Big data

Session 6B : Applications

Session 7A : Texte et Web

Session 7B : Ontologie 2

Session défi EGC 2018

Résumé

La sélection d'articles publiés dans le présent recueil constitue les actes des 18e Journées Internationales Francophones Extraction et Gestion des Connaissances (EGC 2018) qui se sont déroulées à la Maison des Sciences de l'Homme - Paris Nord et l'Université de Paris 13 du 22 janvier au 26 janvier 2018. L'objectif de ces journées scientifiques est de rassembler dans un même lieu les chercheurs de disciplines connexes (Bases de Données, Statistiques, Apprentissage, Représentation des Connaissances, Gestion des Connaissances, Fouille de Données et Science des données) et les ingénieurs qui mettent en œuvre sur des données réelles des méthodes d'extraction et de gestion des connaissances. Cette conférence est un événement majeur fédérateur de la communauté francophone en Extraction et Gestion des Connaissances et regroupe des chercheurs de nombreux pays (notamment France, Belgique, Suisse, Canada, Afrique du Nord). Le programme de la conférence comprend aussi des présentations de chercheurs invités reconnus mondialement pour leurs travaux. Les communications rassemblées dans ce volume traduisent à la fois le caractère multidisciplinaire des travaux de recherche présentés, la richesse des applications sous-jacentes et la vitalité des innovations issues de l'extraction et de la gestion des connaissances.

Summary

The collection of papers presented in this book is the proceedings of the 18th International (French Speaking) Conference on Knowledge Discovery and Management (EGC 2018 in French) which took place on January, 22 to January 26, 2018 in Paris-Aubervilliers, France. The goal of this scientific conference is to bring together in the same location researchers working on closely-related subject (databases, statistics, learning, knowledge representation and manipulation, knowledge management, data mining, and data science) and engineers using knowledge discovery and management methods on real-life datasets. The conference is a major scientific event within the French speaking scientific community of these fields and gathers researchers from several countries (e.g., France, Belgium, Switzerland, Canada, North Africa). The conference program includes keynotes from worldwide known researchers. The papers compiled in this book show at the same time the multidisciplinary aspects of the fields, the abundance of the underlying applications and the vitality and the constant innovation of knowledge discovery and management.

Rédacteurs invités

Christine Largeron est professeur à l'Université Jean Monnet à Saint-Etienne. Elle est membre du Laboratoire Hubert Curien (UMR CNRS 5516) où elle est responsable du projet Data Mining and Information Retrieval. Elle mène et dirige des recherches en fouille de textes et de réseaux sociaux. Elle a participé à différentes compétitions internationales au cours desquelles son équipe a obtenu de très bons résultats (Inex, ImageClef, PanClef, SemEval). Elle a publié deux livres et plus de cent dix articles dans des conférences et journaux nationaux et internationaux. Elle fait partie du comité de programme de conférences internationales (ECML-PKDD, DS-ALT, DSAA, etc.) et elle a été invitée à réviser de articles pour différents journaux dans son domaine (DMKD, KAIS, Pattern Recognition Letters, Pattern Recognition, PlosOne, TKDE, Neurocomputing, Journal Social Network Analysis, etc.).

Hanane Azzag est maître de conférences HdR à l'université de Paris 13 depuis 2006 et habiliter à diriger des travaux de recherche depuis janvier 2013. Elle est membre permanent de l'équipe A3 (Apprentissage Artificiel et Applications) du laboratoire LIPN (UMR 7030 CNRS). Un de ces axes de recherche concerne la visualisation analytique et les modèles biomémitiques. Hanane Azzag est secrétaire de l'association EGC (Extraction et Gestion des Connaissances). Elle a publié plusieurs articles dans des conférences et journaux nationaux et internationaux.

Mustapha Lebbah est maître de conférences HdR à l'université de Paris 13 depuis 2005 et habiliter à diriger des travaux de recherche depuis janvier 2012. Il est membre permanent de l'équipe A3 (Apprentissage Artificiel et Applications) du laboratoire LIPN (UMR 7030 CNRS). Un de ces axes de recherche concerne la classification probabiliste non supervisée à base de modèles de mélanges et les modèles topologiques. Un autre axe de sa recherche concerne le passage à large échelle en se basant sur la modélisation statistique scalable (Science des données et Big Data). Mustapha Lebbah est secrétaire de la Société Francophone de Classification (SFC) et membre élu du bureau de l'association EGC (Extraction et Gestion des Connaissances). Il est aussi membre élu du bureau du groupe "Data Mining et Apprentissage" de la SFdS (Société Française de Statistique). Il a publié deux brevets, et plusieurs articles dans des conférences et journaux nationaux et internationaux.